한말 일제 초기 토지조사와 소유권 분쟁

※ 일러두기
- 자료를 직접 인용할 경우 이해를 돕기 위해 일부 표현은 현대어로 수정하였음을 밝혀둔다.
- 일본은행권과 조선은행권은 등가로 교환되었지만 별도로 발행되고 있던 현상을 감안하여 화폐 단위를 일본은행권은 '엔', 조선은행권은 '원'으로 구분하여 사용하였다.
- 일제강점기는 조선인, 그 이외에는 한국인으로 통칭하였다.
- 용어설명 이외의 용어는 찾아보기를 이용하기를 권한다.

일제침탈사연구총서
17

한말 일제 초기 토지조사와 소유권 분쟁

동북아역사재단 일제침탈사 편찬위원회 기획
최원규 지음

동북아역사재단
NORTHEAST ASIAN HISTORY FOUNDATION

| 발간사 |

　일본이 한국을 침탈한 지 100년이 지나고 한국이 일본의 지배로부터 벗어난 지 70년이 넘었건만, 식민 지배에 대한 청산은 이루어지지 못하고 있다. 일본의 독도영유권 주장은 도를 넘어섰다. 일본은 일본군'위안부', 강제동원 등 인적 수탈의 강제성도 인정하지 않고 있다. 일본군'위안부'와 강제동원의 피해를 해결하는 방안을 놓고 한·일 간의 갈등은 최고조에 이르고 있다. 역사문제를 벗어나 무역분쟁, 안보위기 등 현실문제가 위기국면을 맞고 있다.

　한·일 간의 갈등은 식민 지배의 역사를 어떻게 볼 것인가 하는 역사인식에서 기인한다. 역사는 현재와 과거의 대화이며 이를 기반으로 미래로 나아갈 수 있다. 과거 침략의 역사를 미화하면서 평화로운 미래를 말하는 것은 불가능하다. 식민 지배와 전쟁발발의 책임을 인정하지 않고 반성하지 않으면 다시 군국주의가 부활할 수 있고 전쟁이 일어날 위험성도 배제할 수 없다. 미래지향적 한일관계를 형성하고 나아가 동아시아의 평화와 번영의 기틀을 조성하기 위해 일본은 식민 지배의 책임을 인정하고 그 청산을 위해 노력해야 할 것이다.

　식민 지배의 역사를 청산하기 위해서는 식민 지배는 어떻게 이루어졌는지 그 실상을 명확하게 규명하는 일이 긴요하다. 그동안 일본제국주의에 맞서 조국의 독립을 위해 헌신한 독립운동가들의 활동을 찾아내고 역사적으로 평가하는 일에는 상당한 성과를 거두었다. 반면 일제 식민침탈의 구체적인 실상을 규명하는 일에는 충분한 노력을 기울이지 못했다. 제국주의가 식민지를 침탈했다는 것은 너무나 당연한 사실로 여겨졌기 때문에, 굳이 식민 지배에서 비롯된 수탈과 억압, 인권유린을 낱낱이 확인할 필요가 없었는지도 모른다. 그러는 사이 일본은 식민 지배가 오히려 한국에 은혜를 베푼 것이라고 미화하고, 참혹한 인권유린을 부인하는 역사부정의 인식을 보이는 데까지 이르고 있다. 일제의 통치와 침탈, 그리고 그 피해를 종합적으로 조사하고 편찬할 필요성이 여기에 있다.

일제침탈사를 체계적으로 정리하는 일은 개인이 감당하기 어렵다. 이에 우리 재단은 한국학계의 힘을 모아 일제침탈사 편찬위원회를 꾸렸다. 편찬위원회가 중심이 되어 일제의 식민지 침탈사를 정치·경제·사회·문화 모든 방면에 걸쳐 체계적으로 집대성하기로 했다. 일제 식민침탈의 실체를 파악하기 위해 2020년부터 세 가지 방면으로 사업을 추진하고 있다. 하나는 일제침탈의 실상을 구체적이고 생생한 자료를 통해서 제공하는 일로서 〈일제침탈사 자료총서〉로 편찬한다. 다른 하나는 이들 자료들을 바탕으로 연구한 결과물을 〈일제침탈사 연구총서〉로 간행한다. 그리고 연구의 결과를 대중들이 이해하기 쉽게 〈일제침탈사 교양총서〉를 바로알기 시리즈로 간행한다. 자료총서 100권, 연구총서 50권, 교양총서

70권을 기본 목표로 삼아 진행하고 있다.

〈일제침탈사 연구총서〉는 일제침탈의 실태를 정치·경제·사회·문화 분야로 대별한 뒤 50여 개 세부 주제로 구성했다. 국내외 학계 전문가들이 현재까지 축적된 연구 성과를 반영하면서 풍부한 자료를 활용하여 집필했다. 연구자뿐만 아니라 교육 현장에서도 활용되고 일반 독자들도 이해할 수 있도록 집필하기 위해 노력했다. 연구총서 시리즈가 일제침탈의 역사적 실상을 규명하고 은폐된 역사적 사실을 기억하고 왜곡된 과거사에 대한 인식을 바로 잡음으로써 역사인식의 차이로 인한 논란과 갈등을 극복하는데 기여하는 디딤돌이 되기를 바란다.

2022년
동북아역사재단 이사장

편찬사

1945년 한국이 일제 지배로부터 해방된 지 77년의 세월이 지났다. 그럼에도 불구하고 일본 사회 일각에서는 여전히 일제의 한국 지배를 합리화하고 미화하는 주장이 나오고 있으며, 최근에는 한국 사회 일각에서도 일제 지배를 왜곡하고 옹호하는 주장이 나오고 있다. 이는 한국과 일본 사회, 한일 관계와 동아시아 국제관계의 미래를 위해서도 결코 바람직하지 않은 일이다.

이에 동북아역사재단은 일제의 한국 침략과 식민 지배에 대한 학계의 연구 성과를 총정리한 〈일제침탈사 연구총서〉를 발간하기로 하였다. 이에 따라 2019년 9월 학계의 전문가를 중심으로 편찬위원회를 구성하였으며, 편찬위원회는 학계의 연구 성과를 토대로 정치·경제·사회·문화 부문에서 일제의 침탈이 어떻게 이루어졌는지 정리하여 연구총서 50권을 발간하기로 하였다.

주지하듯이 1905년 일제는 러일전쟁에서 승리한 뒤, 한국에 군대를 주둔시키면서 한국의 외교권을 빼앗고 통감부를 두어 내정에 간섭하였다. 1910년 일제는 군사력으로 한국 정부를 강압하여 마침내 한국을 강제 병합하였다. 이후 35년간 한국은 일제의 식민 통치를 받았다.

일제는 한국의 영토와 주권을 침탈하였을 뿐만 아니라, 군사력과 경찰력으로 한국을 지배하면서, 정치·경제·사회·문화의 모든 부문에서 한국인의 권리와 자유, 기회와 이익을 박탈하거나 제한하였다. 정치적으로는 군사력과 경찰력, 각종 악법을 동원하여 독립운동을 탄압하고, 한국인의 정치활동을 억압하고 참정권을 박탈하였으며, 집회와 결사의 자유를 억압하였다. 경제적으로는 일본자본이 경제의 주도권을 장악하고, 일본인 위주의 경제정책을 수행했으며, 식량과 공업원료, 지하자원 등을 헐값으로 빼앗아 갔고, 농민과 노동자 등 대다수 한국인의 경제생활을 어렵게 하였다. 사회적으로는 한국인들을 차별적으로 대우하고, 한국인의 교육의 기회를 제한하고, 한국인으로서의 정체성을 박탈하여 결국은 일본의 2등 국민으로 만들고자 하였다. 문화적으로는 표현과 창작의 자유, 종교와 사상의 자유를 억압하고, 한글 대신 일본어를 주로 가르치고, 언론과 대중문화를 통제하였다. 중일전쟁, 아시아태평양전쟁을 도발한 뒤에는 인적·물적 자원을 전쟁에 강제동원하고, 많은 이들을 전장에 징집하여 생명까지 희생시켰다.

〈일제침탈사 연구총서〉는 침탈, 억압, 차별, 동화, 수탈, 통제, 동원 등의 단어로 요약되는 일제의 침략과 식민 지배의 실상과 그 기제를 명확히 밝히고자 하였다. 이를 통해 일제의 강제 병합을 정당화하거나 식민 지배를 미화하는 논리들을 비판 극복하고, 더 나아가 일제 식민 지배의 특성이 무엇이었는지, 식민 통치의 부정적 유산이 해방 이후에 어떤 영향을 미쳤는지를 밝히고자 하였다.

편찬위원회는 연구총서와 함께 침탈사와 관련된 중요한 주제들에 관하여 각종 법령과 신문·잡지 기사 등 자료들을 정리하여 〈일제침탈사 자료총서〉도 발간하기로 하였다. 아울러 일반인과 학생들이 보다 쉽게 읽을 수 있는 〈일제침탈사 교양총서〉를 바로알기 시리즈로 발간하기로 하였다.

일제의 한국 침략과 식민 지배의 역사는 광복 후 서둘러 정리해냈어야 했지만, 학계의 연구가 미흡하여 엄두를 내기 어려웠다. 이제 학계의 연구가 어느 정도 축적되어 광복 80주년을 맞기 전에 이와 같은 작업을 할 수 있게 된 것을 다행으로 생각한다. 한일 양국 국민이 과거사에 대한 올바른 역사인식을 갖고 성찰을 통해 미래를 향해 함께 나아갈 수 있기를 기대하면서 삼가 이 책들을 펴낸다.

2022년
동북아역사재단 일제침탈사 편찬위원회

차례

발간사 4
편찬사 7

서론 15

제1부 19세기 후반 토지제도 개혁론과 토지조사

제1장 갑오·광무개혁기 토지제도 개혁론과 토지법 제정
1. 갑오개혁기 양전과 토지제도 개혁론 44
2. 광무개혁기 양전과 토지제도 개혁론 54

제2장 토지조약과 조선정부의 대응
1. 토지조약과 일제의 토지침탈 60
2. 정부의 법적·제도적 대응 63

제3장 갑오·광무정권의 공토정책과 납세제
1. 갑오정권의 토지정책과 작인납세의 제도화 70
2. 광무사검과 공토 조사의 성격 77

제4장 대한제국의 양전·관계사업
1. 양전 원칙과 양안의 특징 84
2. 전답 도형도와 절대면적제의 도입 91
3. 시주·시작의 조사 102

제5장	관계 발급과 관계의 성격	
	1. 관계 발급규정과 내용	**114**
	2. 관계 양식과 발급 과정	**118**

제2부 일제의 식민지적 토지입법과 국유지 조사

제1장	일제의 토지침탈과 농장건설	
	1. 토지침탈 방법과 성격	**126**
	2. 한국흥업의 토지침탈과 농민의 토지환수운동	**130**
	3. 일본인 지주제의 형성	**135**

제2장	대한제국의 토지법 제정 작업과 지향	
	1. 대한제국과 통감부의 토지법 논의	**142**
	2. 대한제국의 부동산권소관법 제정 시도와 좌절	**145**

제3장	일제의 토지관습 조사와 해석	
	1. 부동산법조사회의 토지관습 조사와 인식	**154**
	2. 탁지부의 토지관습 조사와 해석	**164**

제4장	증명제도 도입과 시행	
	1. 토지가옥증명규칙 제정 과정과 내용	**174**
	2. 증명규칙의 보완 입법과 성격	**179**
	3. 한국인의 대응과 이용실태	**183**

제5장	일제의 국유지 확보 작업과 국유지 실지조사
	1. 국유지 확보를 위한 입법 작업 194
	2. 제실유·국유의 구분과 국유지의 범위 199
	3. 임시제실유급 국유재산조사국 관제와 국유지 조사 204
	4. 임시제실유급 국유재산조사국의 분쟁 사례 208
	5. 역둔토 조사와 역둔토대장 조제작업 220

제6장	국유지 실지조사와 국유지 통지
	1. 국유지 실지조사와 도부(圖簿) 작성 224
	2. 국유지 도부(圖簿)의 작성 원칙과 기록 방식 228
	3. 국유지 실지조사와 국·민유 분쟁 231

제3부 토지조사사업 추진 과정과 소유권 조사

제1장	토지조사사업 계획과 지방행정구역 개편
	1. 토지조사사업 계획과 수정 244
	2. 지방행정구역 개편 251

제2장	토지조사 관계법과 토지소유권의 성격
	1. 토지조사 관계법의 내용과 분석 258
	2. 일본민법과 조선민사령의 소유권 267

제3장	과세지 조사와 토지신고 작업 -호명의 실명화-
	1. 결수연명부 작성과 토지신고서 272
	2. 과세지견취도의 작성과 성과 296

제4장	토지신고서 작성과 토지신고자
	1. 토지신고서의 작성 원칙과 조사절차 310

  2. 신고서 내용과 작성 과정   **317**
  3. 토지신고자의 자격과 의미   **333**

제5장 지위등급조사와 지가제 도입
  1. 지위등급조사   **340**
  2. 지세령과 지가제 도입의 수탈성   **350**

제6장 토지조사사업의 작업 과정과 양적 성과
  1. 토지조사사업의 작업 과정   **384**
  2. 특별조사와 부대사업   **389**
  3. 토지조사사업의 양적 성과와 영향   **396**

제4부 토지소유권 사정과 분쟁지 처리

제1장 토지소유권 사정과 장부
  1. 소유권 사정과 공시   **406**
  2. 소유권 정리와 장부조제   **412**

제2장 소유권 분쟁의 유형과 지역별 분포   **423**

제3장 국·민유 구분과 소유권 분쟁
  1. 무토·유토의 법적 규정과 와다 이치로의 국유지 인식   **434**
  2. 국·민유 분쟁 사례와 판정기준   **446**

제4장 민유지 분쟁과 경작권의 향방
  1. 소유권과 경작권의 분쟁과 추이   **466**
  2. 민유지 분쟁 사례   **484**

제5장 **고등토지조사위원회의 불복신청과 재결**
    1. 고등토지조사위원회의 구성과 불복신청   496
    2. 불복신청 원인과 경계 불복신청   505
    3. 재결의 도별 실태   512
    4. 불복신청 사례   518

제5부 동아시아 각국의 토지조사와 토지소유권

제1장 **일본의 지조 개정과 토지소유권**
    1. 일본의 지조 개정   552
    2. 메이지 민법의 성립과 토지소유권의 성격   555

제2장 **대만의 토지조사사업과 토지소유권 처리**
    1. 청말 청부(淸賦)사업과 토지소유관계   564
    2. 토지조사사업과 토지소유권 처리   567

제3장 **중국의 토지권 관행과 토지소유권 처리**
    1. 중국의 토지권 관행   578
    2. 근대 중국의 토지법과 토지소유권   582

결론   591

부록 631
용어설명 656
참고문헌 659
찾아보기 669

서론

일제가 한국에서 시행한 토지조사는 조선을 식민지로 통치하기 위한 기반조성 사업이었으며, 현재 한국 토지제도의 근간을 이루고 있다. 사업내용은 전국의 부동산을 대상으로 소유권, 지형지모, 지가 등 세 부분을 조사 측량하여 토지대장과 지적도, 지형도, 지세명기장 등을 작성한 것이다. 전 세계 대부분의 국가는 근대국가 수립과정에서 자기 영토에 대한 국가관리시스템을 수립하기 위해 근대적 토지조사를 단행한다. 이는 영토는 물론 모든 필지의 경계선을 도면에 표시하여 시민권을 바탕으로 한 소유권의 한계를 정하는 것이다. 제국주의 국가는 본국뿐만 아니라 식민지로 확보한 지역에서도 토지조사를 실시했다. 후자는 일반적으로 식민지 민중의 이해관계에 반하고 제국 자본의 이해와 식민통치의 기반을 구축할 목적 아래 시행하였다.

한국에서는 일반적인 식민지와 달리 대한제국과 일본제국이 시차를 두고 각각 토지조사를 실시했다. 대한제국은 자주적 입장에서 근대국가 수립을 위한 토대 구축 작업의 일환으로 양전(量田)·관계(官契)사업을 추진했다. 일제는 통감부 설치 이후 대한제국의 토지조사를 무시하고 한국을 식민지로 통치하기 위한 토대 구축 작업의 일환으로 토지관습 조사와 토지법 제정, 토지조사를 실시했다. 대한제국과 일본제국은 한국 사회에 대한 인식 수준과 추진 방향, 정치 경제적 이해관계가 달라 토지조사의 방법과 내용에서 상당한 차이를 보였다.

현재 한국의 토지제도는 결과적으로 일제가 세워놓은 제도를 기반으로 움직이고 있지만, 두 사업의 기본속성과 상호관계를 보는 시각은 다양했다.[1] 크게 단절과 계승, 수탈과 발전(근대화)이라는 시각차를 보이는 한

---

1 한말 일제초기 한국의 토지조사에 관한 연구로는 ① 김용섭, 1988, 『한국근대농업사

편, 부분적으로는 견해를 같이하는 부분과 달리하는 부분이 논자마다 서로 교차하기도 한다. 이러한 측면에서 부분별로 더욱 실증적인 검토가 요청되기도 한다. 이 책은 크게 두 부분으로 구성했다. 먼저 대한제국이 근대국가를 수립하기 위해 개혁하는 과정에서 추진한 양전·관계사업의 내용과 추진 방향, 목적 등을 정리하고, 다음으로 일제가 추진한 토지조사사업의 추진 과정과 내용, 소유권 분쟁 등을 정리했다. 이 책의 목적은 두 사업의 차이점과 동질성을 비교 검토하여 한국의 토지제도가 근대적으로 개혁해 가는 과정에서 일제의 토지조사사업이 차지하는 위치와 본질을 추적하는 데 있다. 이와 관련하여 일본, 대만, 중국의 경우도 비교 검토하였다.

19세기 한국 사회는 농민항쟁이 빈발하면서 급기야 농민전쟁으로 비화하는 등 격동의 시기였다. 각계각층에서는 이러한 사회적 갈등을 해결하고 새로운 사회를 전망하기 위해 여러 개혁안을 내놓았다. 그 일환으로 토지개혁을 논하는 가운데, 조선정부는 지조(地租)개정, 토지법 등을 마련하고 양전·관계사업을 추진했다. 토지법에서는 한광지(閑曠地)와 진전(陳

연구』(하)(증보판), 일조각, ② 宮嶋博史, 1991, 『朝鮮土地調査事業史の研究』, 1991, 東京大學 東洋文化研究所, ③ 김홍식 외, 1990, 『대한제국의 토지제도』, 민음사, ④ 한국역사연구회 토지대장반, 1995, 『대한제국의 토지조사사업』, 민음사, ⑤ 김홍식 외, 1997, 『조선토지조사사업의 연구』, 민음사, ⑥ 배영순, 2002, 『한말 일제초기의 토지조사와 지세 개정』, 영남대학교 출판부, ⑦ 조석곤, 2003, 『한국근대 토지제도의 형성』, 해남, ⑧ 한국역사연구회 토지대장연구반, 2011, 『일제의 창원군 토지조사와 장부』, 선인, ⑨ 한국역사연구회 토지대장연구반, 2013, 『일제의 창원군 토지조사사업』, 선인, ⑩ 왕현종, 2017, 『대한제국의 토지조사와 토지법제』, 혜안, ⑪ 이영호, 2018, 『근대전환기 토지정책과 토지조사』, 서울대학교 출판문화원, ⑫ 김건태, 2018, 『대한제국의 양안』, 경인문화사, ⑬ 최원규, 2019, 『한말 일제초기 국유지 조사와 토지조사사업』, 혜안 등이 있다. 그리고 초기 연구로 수탈론으로 주 비판 대상이 되었던 신용하, 1982, 『조선토지조사사업 연구』, 지식산업사가 있다. 신용하는 근래 『일제 조선토지조사사업 수탈성의 진실』(2019, 나남)을 발표한 바 있다.

田) 개간을 촉진하기 위해 개간자에게 소유권을 부여하는 「농무규칙(農務規則)」, 외국인에 대한 토지소유금지법 등이 주목된다. 그리고 전국 단위의 토지조사로 갑오·광무정권의 공토(公土)정책과 광무양전·관계사업을 추진했다. 전자는 갑오정권의 갑오승총(甲午陞摠)과 을미사판(乙未査辦), 광무정권의 광무사검(光武査檢)이 있다.[2] 공토 조사의 핵심은 공토(유토)의 조사 정리, 작인과 도조의 조사, 작인납세제 등이다. 갑오정권은 민전에도 이러한 원칙을 적용하여 토지조사를 계획했던 것으로 판단된다.[3]

광무정권은 황제 주도 아래 근대국가를 지향하며 전반적 개혁에 착수했다.[4] 토지정책은 광무사검과 양전·관계사업으로 실현되었다. 광무사검은 내장원이 주도하여[5] 사토(私土)화된 공토를 다시 공토로 환수하는 등 공토 확장을 목적으로 실시되었다.[6] 광무사검의 시행으로 일부 사토를 공토

---

2 을미사판에 대하여는 배영순, 2002, 『한말 일제초기의 토지조사와 지세 개정』, 영남대학교 출판부, 83~89쪽; 『驛土所關文牒去案』 1, 「농상공부 역토 사판규례」(1895.9.28).

3 갑오개혁에서 개화파의 정치 경제 구상은 김용섭, 1988, 「갑신 갑오개혁기 개화파의 농업론」, 『한국근대 농업사연구(증보판)』(하), 일조각; 왕현종, 2003, 『한국 근대국가의 형성과 갑오개혁』, 역사비평사 등이 참고된다.

4 광무정권의 제도개혁과 여론의 동향은 김용섭, 1988, 『한국근대농업사연구(증보판)』(하), 일조각; 김도형, 1994, 『대한제국기의 정치사상연구』, 지식산업사; 서영희, 2003, 『대한제국 정치사 연구』, 서울대학교출판부; 한국역사연구회 토지대장연구반, 2010, 『대한제국의 토지제도와 근대』, 혜안; 도면회, 2014, 『한국 근대 형사재판제도사』, 푸른역사; 주진오, 1995, 「19세기 후반 개화개혁론의 구조와 전개」, 연세대학교 박사학위논문 등이 참고된다.

5 대한제국의 국유지 문제는 배영순, 2002, 『한말 일제초기의 토지조사와 지세 개정』, 영남대학교 출판부; 박진태, 1995, 「한말 역둔토 조사의 역사적 성격 연구」, 성균관 대학교 박사학위논문; 최원규, 2019, 『한말 일제초기 국유지 조사와 토지조사사업』, 혜안 등이 참고된다.

6 광무사검에서 조사 대상 토지는 사토 이외의 거의 모든 토지이다. 박진태, 1995, 「대한제국 초기의 국유지 조사」, 『대한제국의 토지조사사업』, 민음사, 459~460쪽.

(수조전)로 환수해 공토가 15~16% 정도 증가했다.[7] 갑오승총으로 공토도 사토와 다름없이 작인이 결세(結稅)를 탁지부(度支部)에 납부하게 되었다. 공토의 작인은 결세 이외에 도조(賭租)를 공토주에 납부했다. 납부 방식은 작인과 공토주가 논의하여 결정했으나 작인들의 부담은 공토마다 크게 달랐다. 조사 관계자들은 현실적으로 유·무토를 구분하는 일이 쉽지 않다고 고백했다. 그 해결 방안으로「결호화법세칙(結戶貨法細則)」을 제정하여 유토를 제1종 유토와 제2종 유토(=민유지)라고 구분했지만, 현실과 다른 소유권 개념을 도입하여 혼란만 초래했는지 실제 적용하지는 않았다.[8]

작인납세제를 채택한 갑오승총을 시행하자 작인들의 부담은 다양하게 나타났다. 공토주가 결세를 부담하여 작인의 납부액이 전과 동일한 경우, 공토주와 작인이 서로 합의하여 결세를 분담한 경우, 때로는 작인에게 전부 전가하기도 하였다. 작인들은 '일토양세(一土兩稅)'나 '일토삼세(一土三稅)'라고 주장하며 거납(拒納)하는 등 분쟁을 일으키기도 하였다. 조선정부가 공토에서 작인납세제를 채택한 것은 아문과 궁의 면세특권을 회수하여 국가의 재정수입을 확대하고, 실제 경영자인 작인에게 납세의무를 부여한 조치였다. 당시 작인의 경작권은 토지소유권의 성립 과정과 관련하여 그 강도와 형태가 다양한 모습으로 존재했다. 갑오승총에 따른 작인의 납세부담을 둘러싼 공토주와 작인의 갈등도 다양하게 전개되었다. 갈등 해결은 기본적으로 작인의 경작권을 박탈하는 방식이 아니라 물권적 성격을 인정하는 가운데, 경작권의 강도를 보여주는 수조액의 수준을

---

7   박진태, 1995,「대한제국 초기의 국유지 조사」,『대한제국의 토지조사사업』, 민음사, 501쪽.

8   『결호화법세칙(結戶貨法細則)』, 규장각.

양자가 '합의'하여 정하는 방식이었다.

갑오·광무정권의 공토정책은 공토주에게 공토의 소유권을 인정하여 지권이나 관계를 발급하고, 작인의 경작권에는 유길준의 『지제의(地制議)』에서 보듯, 일본민법상의 물권과 다른 일종의 '관습물권'으로 인정하려 한 것으로 보인다. 당시 공토 내에서 발생한 분쟁의 외형은 공·사토 여부를 둘러싼 분쟁이지만 실질 내용은 대부분 수조(收租)액의 수준을 둘러싼 것이었다. 분쟁해결은 액수를 조정하는 방향에서 이루어졌다.[9]

광무양전·관계사업은 토지에 대한 근대적 국가관리체계를 수립할 목적으로 추진한 조사라는 점에서 기존 양전과 여러 면에서 차이가 있었다. 조사 대상이 기경지(旣耕地)를 넘은 모든 부동산이었다는 점, 시주(時主)뿐만 아니라 시작(時作)도 조사한 점, 결부제(結負制)를 넘어 절대면적제를 도입한 점, 시주에게 관계를 발급한 점 등이다. 이를 둘러싼 연구의 초점은 다음과 같다.

첫째, 광무양전·관계사업이 갖는 역사적 위치이다. 이 사업 이전에 이루어졌던 양전사업과 그 후 일제가 추진한 토지조사사업과의 계승성과 차별성을 검토하는 일이다.

둘째, 시주와 시작의 권리를 어떻게 볼 것인가 하는 문제이다. 대한제국은 시주를 토지소유자로 언급하고 있지만, 여전히 호명(戶名)을 그대로 사용하는 가운데 관계를 발급하고 있다는 점, 그리고 사토가 속공(屬公)의 대상이었다는 점에서 근대의 배타적 소유권과 같은 성격으로 보기는 어렵지 않은지, 시작의 경작권이나 관습물권을 일본민법의 임차권이나 물권으로 구분하고 평가하는 것이 적절한 방법인지 등이다. 국가가 시작을 조사

---

[9] 최원규, 2019, 『한말 일제초기 국유지 조사와 토지조사사업』, 혜안, 51~72쪽

하여 납세의무를 부여한 것은 지주가 강제로 작인에게 납세를 전가한 것과는 차원이 다른 문제로 보인다. 납세는 물권에 대한 의무부여라고 생각된다. 시주와 시작의 권리는 매우 폭넓고 다양하게 존재했다. 일반적으로 근대국가는 자기 형편에 맞게 토지권을 물권과 채권 등 법적 권리로 정리했으나 광무정권은 양자를 구별하는 법적 규정을 만들지 않았다. 시주의 소유권과 작인의 경작권을 관습에 따른 물권적 존재로 조사 등록하여 결세 납부를 책임지도록 한 것으로 보인다.

셋째, 공토의 성격이다. 공토는 사토와 같이 국가에 결세를 차별 없이 부담하는 존재였다. 공토와 사토는 어떠한 의미인지 그리고 공토의 배타적 소유권자가 공토주인지 근대의 국유지처럼 국가가 배타적 소유권자인지, 그리고 결세납부자인 경작자인 시작의 권리를 물권으로 볼 수 있는지 등이 문제이다.

넷째, 양지아문 양전과 지계아문 양전 그리고 관계 발급의 역사적 성격이다. 근대적 토지조사라는 입장과 기존에 실시한 양전 수준과 다를 바 없는 조사라고 보는 입장, 그리고 일제의 토지조사사업으로 순차적으로 이행하는 과도적 단계로 보는 입장 등으로 대별된다. 이는 대한제국의 성격 부여와 관련된 문제이기도 하다. 경자양전과 일제의 토지조사사업과의 상호관련성 분석이 중요할 것이다.

다섯째, 양지아문 양안(量案)과 지계아문 양안에서 적지 않은 필지에서 공토가 사토로, 사토가 공토로 달라지는 사태가 갑오광무기 공토 조사 과정에서 반복되고 있는 점과 관련하여 공토와 사토의 성격, 즉 양자를 판가름하는 기준이 문제로 제기된다.

다음은 일제의 토지조사사업(이하 '사업'이라 약칭함) 분석에 대한 주요 과제이다. 일제는 일본민법을 기준으로 토지소유권은 개인의 일지일주

(一地一主)의 배타적 소유권으로 정리하고 경작권은 임차권, 즉 채권으로 정리했다. 이때 문제가 되는 것은 첫째, 토지소유권과 경작권을 처리하는 과정에서 발생한 분쟁이다. 이 분쟁이 토지장부가 미비하여 행정처리 과정에서 발생한 단순한 문제인지, 지주적 토지소유와 농민적 토지소유(관습물권)가 권리 다툼을 하는 과정에서 발생한 갈등인지 등을 검토할 필요가 있다. 종전 분석은 지주의 소유권을 배타적 소유권으로 보고 작인의 권리를 채권으로 재단하는 경향을 보였다.

둘째, 토지신고서가 더디게 작성된 이유이다. 배타적 소유권이 한국사회에 폭넓게 분명히 형성되어 있었다면 토지신고서 작성이나 그 근거 문서인 결수연명부(結數連名簿) 작성이 그렇게 더디게 진전된 이유는 무엇일까. 국·민유 분쟁이나 민유지 분쟁이 많이 일어난 이유도 이러한 차원에서 검토해야 할 문제이다.

셋째, 지세가 결가(結價)제에서 지가(地價)제로 전환하면서 나타난 성격의 차이, 이때 부과된 지세와 기존의 결세, 일본의 지조와 비교한 부담의 차이, 그리고 조선정부가 부과한 결세의 지역적 차별성과 일제 지세 부과의 통일성(또는 합리성) 등이 주요한 검토 대상으로 거론되었다. 기본적으로는 생산성에 견주어 지가 설정의 타당성과 지세가 적절하게 부과되었는지, 일제가 조선에서 관습 또는 제도적으로 별 문제없이 운용되던 작인납세제를 지주납세제로 전환한 것이 단순한 행정적 편리성 차원의 문제인지, 지배질서의 질적 전환의 문제인지 등이 검토 대상이다.

넷째, 지목(地目) 구성의 변화와 이해관계, 측량의 성격 변화 등이 검토 대상이다. 특히 전근대의 사표(四標) 방식의 측량에서 선(線)으로 경계를 표시하는 근대적 측량 방식으로의 변화가 끼친 사회 경제적 인식의 변화도 주목해야 한다.

다섯째, 국유지의 성립과 성격 변화의 문제 등이다. 공토에서 국유지로의 변화가 단순한 언어적 표현의 변화인지, 실질적 변화인지 등이 검토 대상이다. 국유지와 달리 공토는 시주가 근대처럼 국가가 아니라 궁방이나 역둔토 관아 등으로 양안에 표현되어 있다. 시주는 토지소유자인데, 결세는 작인이 탁지부에 납부하도록 명시했다는 점, 그리고 공토는 국가에서 결세를 징수하였지만, 근대의 국유지는 지세 부과 대상에서 제외했다는 점이 달랐다.

일제는 통감부 설치 이후 두 방향에서 토지정책을 입안하여 시행에 옮겼다. 원칙적으로 한국의 토지관습을 조사하고 이를 바탕으로 토지를 조사하되, 그 전제는 일본민법을 기준으로 식민지의 토지법을 제정하여 토지관리시스템을 마련하는 일이었다. 그러나 이 작업에 많은 시간과 비용, 노력이 요구되자 일제는 자기 지배력과 필요 수준에 따라 단계적으로 추진했다.

첫 단계는 한국을 식민지로 지배한다는 데 목표를 두고, 토지관습을 조사하여 이를 일본민법을 기준으로 해석하고 토지법을 제정하는 일이었다. 이와 동시에 일본인을 비롯한 외국인의 토지소유와 거래를 허용하고, 공토를 비롯한 여러 공유지를 국유지로 확보하는 일을 동시에 추진하여 입법 취지를 분명히 했다. 이때 일제는 토지관습을 조사하여 이러한 작업의 근거를 마련했다.[10] 일제는 대한제국과 달리 소유권 이외의 경작

---

10 일제는 통감부를 설치한 후 한국의 관습을 조사하여 통치에 적절히 활용했다. 관습조사활동의 결과물은 한국학진흥사업단의 지원을 받아 수행한 다음 해제가 참고된다. 일제 조선관습 조사 토대기초연구팀, 2016, 『일제의 조선관습 조사 자료해제 Ⅰ: 부동산법조사회·법전조사국 관련 자료』, 혜안; 2019, 『일제의 조선관습 조사 종합목록』, 혜안; 2019, 『일제의 조선관습 조사 자료해제 Ⅱ: 법전조사국 특별조사서·중추원 관련자료』, 혜안; 2019, 『일제의 조선관습 조사 자료해제 Ⅲ: 조선총독부 중추원 관련 자료』, 혜안.

권을 물권으로 인정하지 않는다는 기본 원칙을 세우고 토지정책을 추진했다. 다음은 은·누결(隱漏結)을 포함한 모든 민유지를 조사해 결수를 확보하여 재정을 확충하고, 지주납세제를 목적으로 소유권을 조사하여 국가관리체계를 수립하는 일이었다.

이 책에서는 이러한 인식을 근거로 다음 사항을 검토하려고 한다. 첫째, 조선의 토지소유권이 이미 배타적 소유권으로 성립되었으며, 이를 조사해 재확인하고 법인(法認)한 것이 일제의 토지조사사업이라는 인식에 대한 재검토이다. 이 같은 이해 방식에는 물론 다소 견해차가 있지만, 현재 일반적으로 받아들이는 견해라고 생각된다. 식민지근대화론도 거의 차이가 없다. 이들은 일제의 토지조사사업은 조선의 소유권 발전 과정에 조응하여 일제가 조선의 토지소유권을 조사해 법인했다고 이해하는 점에서 유사했다. 국유지 창출론과 물권적 경작권의 강제 소멸론을 제외하면, 대부분의 연구가 이와 비슷한 논리구조를 갖고 있다.[11]

이 같은 이해 방식은 배영순이 '사업'은 처분권을 중심으로 소유권을 정리하는 것이었고, 도지권(賭地權) 등의 부대적 권리는 처분권을 가진 자에게 통합시키는 것으로 보고, "소유권 조사에 관한 한 조선 토지조사사업은 차라리 기술적 공정의 의미 이상의 것은 아니었다"라고 평가하면서 비롯된 것으로 보인다. 그는 조선후기 이후 사적 토지소유권이 배타적 소

---

11 신용하, 1982, 『조선토지조사사업 연구』, 지식산업사. 그는 '사업'을 토지소유권 문제와 관련해서 볼 때, 조선왕조 말기에까지 확립되어 있던 토지 사유제도와 토지 사유권을 다른 양식으로 재법인한 것에 불과했으며, 생산물의 수취체계 정비와 함께 생산수단인 토지의 점탈과 조세수탈을 주요 목적으로 삼은 것이었다고 주장했다(105~109쪽). 그리고 토지신고를 하는 과정에서 불법적인 토지소유권 이동이 일어났다는 점, 관습상의 경작권, 도지권 등이 철폐되었다는 점, 광대한 국유지가 창출되었다는 점 등을 지적했다.

유권으로 형성되었다는 그간의 연구 성과를 '사업'에 적극 수용했다. 이럴 경우 일제의 수탈은 식민지라는 구조적 문제에서 기인한 것 아니라 일부 일본인의 강권과 불법적인 약탈의 양적 수준만 문제가 될 것이다. 특히 그는 기왕에 토지신고제 등을 근거로 제기된 '국유지 창출론'도 김해군 토지조사사업 생산 자료를 근거로 부정했다.[12]

식민지근대화론도 근대적 토지소유제의 성립이라는 점에서 배영순과 동일하게 인식하면서 수조권에 기초한 국가의 토지 지배가 이 무렵 해체되고 배타적 소유권이 확립되어 이를 그대로 조사한 것이라고 정리하고 있다.[13] 이들의 기본적 특징은 민족 단위의 경제 범주를 상정하지 않고, 식민지를 넘어서 배타적 토지소유권이 세계자본주의의 보편적 소유권이며, 우리의 소유권도 이렇게 발전해 왔고 일제는 이를 그대로 조사하여 법인한 것에 불과하다고 정리했다. 조선의 소유권 발전을 일본과 서구제국의 소유권 발전과 동일하다는 입장에서 '사업'의 수탈성을 부정하고 있다. 이들은 식민지 지배자의 무력과 강제력을 동원한 신고제의 수탈성과 국유지 창출론, 도지권 등 물권적 경작권의 말살 등을 부정했다. 오히려 일제가 '사업'에서 광무정권이 민유지를 강제로 공토로 창출하고, 통감부가 국유지로 확정한 토지를 다시 조사하여 민유지는 다시 환급했다고 정리했다.

그리고 배타적 소유권의 성립에 따라 지주의 신고는 순조롭게 진행되었으며, '사업'은 이를 그대로 사정(査定)하고 법인했다고 정리했다. 경작권은 임차권으로 정리하고, 일부 물권적 경작권은 지주가 경제적 방법으

---

12 배영순, 2002, 『한말 일제초기의 토지조사와 지세 개정』, 영남대학교 출판부, 313쪽.
13 조석곤, 1997, 「수탈론과 근대화론을 넘어서 식민지시대의 재인식」, 『창작과 비평』 96, 361~363쪽.

로 흡수해 갔다고 했다. 또한 지세제도는 지역적 편차와 불합리한 결부제를 타파하고 지가제를 도입하여 전국을 일원화한 합리적인 조세체계를 실현했으며, 지세액도 낮은 수준에서 결정했다고 했다. 이어서 역둔토도 소작농민에게 불하하여 농민적 토지소유를 실현했다고 정리하기도 했다.

일제의 토지조사가 조선의 토지소유권이 배타적 소유권으로 성립되어 민유지와 국유지를 조사하여 법인한 것이라는 인식은 사업을 주도한 와다 이치로(和田一郎)에서부터 비롯되었다. 뒤에서 설명하겠지만 이는 '사업'의 결과를 역으로 해석한 것에 불과했다. 이후 연구자들이 와다를 국유론자라고 비판했지만, 이제는 그가 사적 토지소유권을 인정하고 '사업'에서 이를 조사하여 배타적 소유권으로 법인했다고 인식하기도 했다.[14] 그리고 경작권의 물권적 성격을 부정하고 있다는 점,[15] 국·민유 분쟁의 원인을 광무사검에서 찾고 있다는 점 등이 와다의 논리와 유사한 점이 없지 않았다. 이 책에서는 지주적 토지소유의 입장에서 추진된 '사업'이라는 점은 일면 동의하면서 다음과 같은 점에 유의하여 두 토지조사를 비교 검토하려고 한다.

---

[14] 박병호, 1974, 『한국법제사고』, 법문사, 232쪽. 법사학자인 박병호도 와다가 근대적 소관념에 사로잡혀 있다고 비판하면서도 과전법 붕괴 후는 대체로 정확하다고 평가하고, "토지소유권은 전면적 지배권성, 절대성, 배타성, 통일성, 탄력성을 가진 영구적 권리였다"고 정리하고 있다. 와다의 견해는 최원규, 2016, 「和田一郎의 조선토지제도론과 국·민유지 구분-『朝鮮土地·地稅制度調査報告書』를 중심으로」, 『중앙사론』 44가 참고된다. 그리고 김용섭, 배영순, 조석곤, 미야지마 히로시(宮嶋博史) 등도 국·민유분쟁의 원인을 광무사검에서 찾고 있다는 점은 동일했다.

[15] 김용섭은 경영형 부농이 일제하에서는 성립할 토대가 사라졌다고 보았고(김용섭, 1969, 「수탈을 위한 측량-토지조사」, 『한국현대사』 4, 신구문화사), 미야지마는 물권적 경작권을 일본과 달리 조선에서는 대가 없이 박탈했다는 점을 지적했다(宮嶋博史, 1991, 앞의 책, 東京大學 東洋文化研究所).

우선 '사업' 이전 조선사회에 존재한 토지소유권과 일제가 법적으로 확정한 배타적 소유권의 상호관계를 검토하는 일이다. 19세기 조선의 토지소유권은 지주적 토지소유가 배타적 소유를 지향함에 따라 경작권을 임차권으로 강화시켜 가는 모습을 보였지만, 농민적 토지소유의 흐름도 이에 못지않게 강하게 존재한 것으로 보였다. 물론 두 권리관계는 시기와 지역에 따라 편차가 대단히 심했다. 이와 관련하여 다음 사항을 검토하려 한다.

첫째, 조선의 법전은 수조권과 소유권, 경작권 등의 권리와 한계를 명확히 규정하지 않았다. 조선의 법체계에서는 개간지에서 '기경자위주(起耕者爲主)'라 정했지만, 일반적으로는 입안권(立案權)과 개간권(開墾權) 두 권리가 중층적으로 성립되어 있었다. 특히 사궁장토·역둔토 등에 존재한 중답주(中畓主)와 도지권 등이 그것이다. 이들은 호남의 만경강, 동진강 유역의 균전 지역을 비롯한 대부분의 지역, 나주 '궁삼면'을 비롯한 영산강 유역 일대, 낙동강, 한강, 재령강, 대동강, 압록강 등 대(大)하천 하류 지역의 개간지에 보편적으로 성립되어 있었다. 특히 재해가 닥치면 지주적 토지소유도 안정성을 유지하기 어려워 지주경영을 포기하는 경우도 적지 않았다. 지주제가 발전하면서도 종가형 지주에서 보듯, 지주의 세력권인 거주지 인근과 달리 원격지에서는 작인의 경영 독립성이 높았으며, 그만큼 경작권의 물권적 성격이 강했다.

소유권과 경작권 등 토지권은 대부분 관습법에 따랐으며, 관습은 지역마다 차이가 있었다. 조선정부는 토지권을 직접 보호 관리하지 않았기 때문에 토지공부(公簿)가 존재하지 않았다. 국가에서는 총액제적 조세체계 아래 향촌공동체가 조세 운영과 토지권을 자립적으로 관리·운영하도록 했다. 전근대의 배타적 소유권은 농업환경이 안정적이고 신분제의 지원을 받을 때만 가능했다. 소유권에 대한 국가의 법적 지원체계가 마련

되지 않은 조선사회에서는 배타적 소유권이 지속적으로 유지되기는 쉽지 않았다.[16]

둘째, 공토는 입안이나 절수(折受)에 근거하여 성립한 공토주의 수조권과 개간과 농업경영을 담당한 작인들의 경작권이 양립하고 있다. 즉 공토에는 공토주의 수조권에 근거한 명목적 소유권과 작인의 실질적 소유권이 양립했으며, 일제는 전자에 배타적 소유권을 부여하여 국유지를 확보했다. 민유지도 지주적 토지소유에 배타적 소유권을 부여했다. 한말 일제시기 토지조사는 공통으로 지주적 토지소유를 배타적 소유권으로 정리하려 했다. 다만 경작권의 경우 대한제국은 관습에 따라 관습물권으로 인정하는 방향이었으며, 일제는 처음부터 일본민법에 근거해 경작권을 임차권으로 해석했다. 물권적 경작권은 일부 인정했지만, 특수한 현상으로 이해하거나 불법적인 것으로 처리했다. 조선후기 농업경영에서 부농 경영의 존립과 지속성은 경작권의 물권성을 인정할 때 가능하다. 배타적 소유권과 임차권을 근거로 지주가 소유와 경영을 장악할 경우, 특히 식민지 지주제에서 부농경영은 존립하기 어려웠다는 점도 유념할 필요가 있다.

셋째, 공토정책에서 추진한 탈경 이작 금지와 '정작인 정도조(定作人定賭租)'라는 조사원칙에 대한 해석도 문제였다. 일반적으로 이를 지주제의 확대나 정비 등 지주제의 입장에서 해석하지만, 작인의 입장에서 적극적으로 해석할 필요가 있다. 갑오·광무정권은 공토 조사에서 유토를 공토로 확정하되, 관습에 따라 작인의 경작권을 물권으로 인정하고 이를 토대로 작인납세제를 확립하려고 했다. 이때 조선정부가 해체 대상으로 삼은

---

[16] 농업경영 문서를 현재까지 간직한 양반지주들은 꾸준히 신분적 지원체계의 특혜를 온전하게 누리다가 일제의 법적 특혜를 다시 누린 특별한 가문이다. 조선 후기 지주들의 일반적 모습으로 보기 어려운 측면이 있다.

중답주권은 관습적으로 성립한 물권적 경작권이 아니라 공토에 기생적으로 성립한 관료적 중답주였다. 그리고 공토 조사에서 조사자의 기준에 따라 공토와 사토가 계속 변동되었다. 이같이 사토가 조사자의 판단에 따라 속공의 대상이 되었다는 점도 당시 소유권의 성격을 이해할 때 고려해야 할 대상이다.

넷째, 토지소유권을 이전할 때 매매문기에 표기된 명의자가 근대의 소유권자처럼 시민권에 기반한 자립성이나 독립성을 갖고 소유권을 주체적으로 행사할 수 있는 존재인지도 검토 대상이다.「양지아문 시행조례」의 "일가이산(一家異産)"이란 표현, 매매문기에 "자손(子孫), 족속(族屬)" 중 잡담(雜談)을 제기하는 자가 있으면 관에 고하여 이것으로 증빙하라는 구절[17], 1906년 기안된「부동산권소관법」[18]과 법률 제6호「토지 건물의 매매 교환 양여 전당에 관한 법률」의 가족이 별도로 소유한 '別有' 부동산은 호주가 서명 날인한 허가장을 소지해야 한다는 규정[19] 등이 주목된다. 그리고 조선총독부가 간행한 관습조사서에서는 "가족은 자기의 특유 재산이라 하더라도 토지·가옥 같은 것은 호주의 허가를 받은 후 처분하는 것을 통례로 한다. 따라서 가족의 재산을 인정하더라도 실제로는 호주의 재산과 거의 구별이 없다"라고 보고하고 있다.[20] '사업' 당시 지주가에서 호주가 집안의 소유지를 모두 조사하여 개별 소유자별로 따로따로 신고하는 모습을 보인 것도 그의 한 예다.

---

17   周藤吉之, 1972,「朝鮮後記の田畓文記に關する硏究」,『淸代 東アジア史 硏究』, 日本學術振興會; 이수건 편, 1982,『경북지방고문서집성』, 영남대학교 출판부 등이 참고된다.
18   김정명 편, 1964,『일한외교자료집성』6(상), 巖南堂書店, 342~345쪽. 부동산권소관법.
19   서울대학교 도서관, 1991,『조칙 법률』, 688~690쪽.
20   조선총독부, 1913,『관습조사보고서』, 292쪽.

조선의 토지 매매방식과 문서는 관계 발급 단계에 이르러 근대적 거래 형태로 전환되는 모습을 보였다. 사람 중심의 매매문기에서 토지 중심의 관계로 문서 양식이 바뀌었다. 1필지 1문서주의의 채택, 방매 이유란의 삭제, 두락제(斗落制)의 도입, 차명(借名)이나 환명(換名), 무명(無名) 거래의 금지, 이의제기란 삭제, 증인란과 중개인란의 삭제, 관리 확인제와 관문서 도입 등 커다란 변화를 보였다. 광무정권은 관에서 소유권 거래 증명서인 관계를 발급하는 제도를 도입했다. 관계는 국가가 필지별로 소유권자를 증명하여 발급한 문서로, 구래의 매매문기와는 다른 '근대적' 토지소유권 증명서의 한 유형이다. 물론 호명을 허용하고 호적명 사용을 강제하지 않은 한계도 존재한다. 따라서 토지의 필지가 민적이나 호적에 등록하여 법인한 명의를 소유자명으로 기록한 토지장부와 이를 근거로 작성한 근대의 소유권 매매계약서는 구별할 필요가 있다.

다섯째, 대한제국이 양전사업에서 가장 시급한 과제로 설정한 것은 일본인의 거대한 규모의 불법적 토지침탈을 막는 일이었다. 대한제국은 외국인의 토지소유금지법을 제정하고, 이를 제도적으로 막기 위해 양전·관계사업을 실시했다.[21] 그러나 일제는 통감부를 설치한 이후 일본인의 토지소유와 거래를 전면적으로 허용하는 법을 제정하고, 식민지 지배체계에 적합하도록 제도 개편작업을 추진했다.

일제는 대만처럼 바로 토지조사에 착수한 것이 아니라 먼저 관습조사

---

21 잠매는 김용섭, 1988, 「고종조 왕실의 균전수도문제」, 「광무연간의 양전지계사업」, 『한국근대농업사연구』(하), 일조각, 443~492쪽; 최원규, 1995, 「1900년대 일본인들의 토지침탈과 침탈기구」, 『부대사학』 19; 최원규, 2021, 『일제시기 한국의 일본인 사회』, 혜안, 181~415쪽이 참고된다.

와 동시에 소유권을 대상으로 한 증명제도를 시행했다.[22] 「토지가옥증명규칙」, 「토지가옥전당집행규칙」, 「토지가옥소유권증명규칙」 등이 그것이다. 증명제도는 기존 토지 거래 방식에 더하여 동리에서 거래 사실을 조사하여 관에서 증명하도록 한 제도이다. 일제는 종래 거래제도가 도매와 투매 등을 야기하여 이를 제거하기 위해 증명제도를 수립했다고 했지만, 거래 당사자들의 거래를 증명한 것에 불과해 여전히 불안했다. 이 같은 문제점을 노출했으면서도 도매와 투매를 근본적으로 해결할 법 제정과 그에 따른 토지조사를 전면적으로 시행하지 않고, 또 다시 증명령을 공포하는 등 증명제도를 거의 10년간 유지하려 한 이유도 검토하려 한다.

여섯째, 토지신고제도의 문제이다. 토지신고제는 99.6%가 신고대로 사정되었으며, '사업'은 기술적 공정 이상은 아니라고 정리하고 수탈성을 부정했지만, 다음과 같은 점을 고려하여 재검토하려 한다. 일제는 조선의 토지장부나 거래제도가 문제점이 많다고 매우 부정적으로 평가하면서도 불완전한 증명제도를 계속 시행하고, 토지조사를 1910년에 계획 시행하여 1918년에야 비로소 완결한 점, 신고제도를 수립했으면서도 지주의 신고가 순조롭게 진행되지 않고 신고기간도 계속 연기한 이유는 무엇일까.

그리고 5, 6년간에 걸쳐 작성한 지주 명부인 결수연명부를 신고서 작성의 근거 서류로 채택한 이유 등을 검토할 필요가 있다. 더구나 지주의 신고로 작성한 결수연명부도 쉽게 완성하지 못한 이유는 무엇일까. 결수연명부는 납세자가 작인이나 지주 혹은 그 대리인이었던 것을 지주납세

---

22 증명제도는 신용하, 1982, 『조선토지조사사업연구』, 지식산업사; 조석곤, 1994, 「토지조사사업과 식민지 지주제」, 『한국사』 13, 한길사; 宮嶋博史, 1991, 앞의 책, 東京大學 東洋文化硏究所; 최원규, 1996, 「대한제국과 일제의 토지권법 제정 과정과 그 지향」, 『동방학지』 94 등이 참고된다.

제로 전환하기 위해 탄생한 지세장부이다. 그런데 결수연명부를 작성할 때 지주가 이를 부담 증가로 인식하고 거부했다는 사료는 찾아볼 수 없었다. 물론 지주의 호응도 일제의 예상처럼 높지 않았다. 이보다는 양안 등 관문서나 매매문기에 호명 등으로 포장된 소유권이나 증층적 소유관계 등을 해체하고 개별적 배타적 소유권을 가진 지주를 확정하여 결수연명부에 소유자로 등록하기가 힘들었던 것으로 보인다.

토지조사를 지휘한 와다는 '사업'이 토지소유제도의 완성이라고 하면서 이전의 조선 토지소유 실태를 다음과 같이 표현했다. 토지소유 사실은 인정하나 조선시대는 공전·사전의 혼돈시대라 사람들이 보유한 토지가 공전인지 사전인지, 점유권인지 소유권인지, 법률적으로 확정된 사실이 아니라고 했다. 이에 토지조사를 할 때 분쟁지가 10만 필 가량이었으나 이뿐만 아니라 "엄격히 말하면 조선의 모든 토지가 거의 그렇다고 할 만하다"라고 토지소유권이 불명확함을 지적했다. 그리고 법원 판결이나 등기 증명 등은 당사자 간의 분쟁에 대한 판결이고, 당사자가 주장한 사실을 등록한 것에 불과하다고 했다. 그런데 "민법에 의하여 인정된 소위 토지소유권이라는 것은 토지조사에 의하여 비로소 일반적, 실재적 제도로 온 세상에 확인"하게 되었다고 '사업'의 의미를 부여했다. 와다는 조선에서 토지소유의 사실은 인정하나 전국의 토지소유권은 '사업'으로 비로소 확정되었다는 것이다.[23]

와다는 '사업'은 조선에서 일본민법에 근거한 토지소유권의 확정 과정이고, 이 과정이 쉽지 않았다고 표현했다. 결수연명부 작성 과정은 개별 필지의 소유권을 가려내어 지주를 납세자로 확정하는 과정이었다. 이 장

---

23 『매일신보』, 1918.11.2.

부 작성 이전에는 소유권을 확정하지 못하여 신고 과정에서 갈등이 적지 않게 발생했다. 결수연명부는 토지신고서 작성, 즉 토지소유권 확정에 결정적 역할을 하였다.

일제가 토지조사와 토지법 제정 과정에서 일관되게 견지한 원칙은 일본인이 조선에서 토지를 매개로 경제활동을 하는데 아무런 장애가 없도록 일본민법의 질서를 조선에 체제화하는 일이었다. 이는 토지에 관습적으로 존재하는 여러 물권 가운데 지주적 권리를 조사하여 배타적 소유권으로 '법인'하는 일이었다. 따라서 '사업'의 핵심은 소유권 사정작업이라 할 수 있다. 이 때문에 '사업' 연구에서는 예외 없이 다음과 같은 문제를 검토했다.

첫째, 경작권 등 다른 물권을 제외하고 소유권만 유일한 조사 대상으로 정하고 조사 사정한 이유는 무엇인가. 한국에서 배타적 소유권이 국·민유지를 포함한 전 토지에 예외 없이 성립했는지, 그렇다면 그것은 언제 성립했는지, 그 성격은 무엇인가. 둘째, 소유권을 확정하는 과정은 순조롭게 진행되었는가. 그렇지 않았다면 일제는 어떠한 법적·행정적 강제력을 동원하여 일을 추진했으며, 이때 발생한 반발은 어떠한 방식으로 해결해 갔는가 등이다. 이러한 문제를 해명하는 일은 '사업'의 성격을 밝히는 일인 동시에, 한국의 토지권 발전 과정을 체계화하는 작업 과정이기도 했다. 이 문제와 관련하여 대체로 조선에서는 소유권이 배타적으로 성립했으며, 일제는 '사업'에서 이를 조사하여 근대법인 일본민법으로 법인하고 관리했다고 이해한다. '수탈론'이든 '식민지근대화론'이든 관점과 내용에서 다소 차이는 있지만, 소유권을 조사하여 추인하는 방식으로 토지조사가 진행되었으며, 토지조사 기간에 제기된 소유권 분쟁도 모두 해결했다고 언급하였다.[24] 일제는 사정한 토지소유권에 '원시취득(原始取得)'이라는 법적 효력을 부여했으며, 현재 한국의 토지소유권은 이를 바탕으로 운용되고 있지만, 이는 식민지적 수탈성과 강압성을 가장 잘 보여주는 '행정처분'의 결과이고 법적 유산이었다.[25]

다른 한편 이들은 당시 조선사회에 소유권 이외에 물권적 성질을 갖는 토지권, 특히 매매·상속·전대 등이 가능한 도지권 등 관습물권이 성립되어 있다는 사실도 인정한다.[26] 다만 한쪽에서는 일제가 이를 부정하고 압살했다고 이해하고, 다른 한쪽에서는 토지조사의 대상이 아니었으며, 그것도 강제로 소멸시킨 것이 아니라 경제 원리에 따라 지주권에 흡수되었다고 정리했다. 이러한 두 견해는 어느 편이든 일정하게 타당성을 인정할 수 있는 부분도 있지만, 모두 역사적 현상의 일면만을 부각시켜 설명하는 인상을 준다. 일제는 처음에는 조선민사령에서 관습법을 인정하고 판례에서 이를 인정하기도 했지만, 일본민법과 충돌하자 결국 부정

---

[24] 토지조사사업을 비롯한 일제시기 연구 시각에 대한 비판과 전망은 조석곤, 1997, 「수탈론과 근대화론을 넘어서」, 『창작과 비평』 96; 정태헌, 1997, 「수탈론의 속류화 속에 사라진 식민지」, 『창작과 비평』 97; 정연태, 1999, 「식민지근대화 논쟁의 비판과 신근대사론의 모색」, 『창작과 비평』 103; 최원규, 2013, 「일제의 창원군 토지조사사업의 연구 성과와 과제」, 『일제의 창원군 토지조사사업』, 선인 13~44쪽이 참고된다.

[25] 원시취득의 법적 의미는 早川保次, 1921, 『朝鮮不動産登記ノ沿革』, 大成印刷出版部, 56~62쪽; 최원규, 2019, 『한말 일제초기 국유지 조사와 토지조사사업』, 혜안; 남기현, 2019, 「일제하 토지소유권의 원시취득 연구」, 성균관대학교 박사학위논문 등이 참고된다.

[26] 도지권은 허종호, 1966, 『이조 봉건말기 소작제의 연구』; 신용하, 1967, 「이조말기의 도지권과 일제하의 영소작의 관계」, 『경제논총』 6-1; 김용섭, 1988, 「한말에 있어서의 중답주와 역둔토지주제」, 『한국근대농업사연구』(하), 일조각; 이영훈, 1993, 「토지조사사업의 수탈성 재검토」, 『역사비평』 22; 최원규, 1997, 「한말 일제초기 일제의 토지권 인식과 그 정리방향」, 『한국근현대의 민족문제와 신국가건설』, 지식산업사; 김건태, 2008, 「농업생산력과 농업경영」, 『새로운한국사 길잡이』(상) 지식산업사 등이 참고된다.

하는 수순을 밟았다.²⁷ 일제는 일본민법의 틀 안에서 조선의 관습을 해석하고 판결하는 모습을 보여주었다.

이 같은 견해차에도 불구하고 대부분 물권적 경작권의 존재를 인정하면서도 특수 부분의 예외적 현상이라고 보았다. 일반적 경작권은 당연히 물권이 아닌 채권적 존재로 간주했다. '사업'은 이러한 원칙 아래 소유권만 조사하여 법인했다는 것이다. 당시 물권적 경작권을 특별소작관례 또는 특종소작으로 분류했다.²⁸ 현재는 이를 사실처럼 당연히 받아들이는 경향이 있다. 그러나 이는 일제가 추진한 관습조사와 '사업'의 결과물을 그대로 인정하고 받아들인 것에 불과하다. 우리 역사 전반을 소급하여 이와 대립 관계에 있던 농민적 토지소유의 실태를 검토하여 역사상의 다양한 모습을 그려낼 필요가 있다고 생각된다.

조선농촌 사회에서 경작권의 유형과 권리의 강도는 지역, 시기, 지주의 경영 방식에 따라 다양한 모습으로 존재했다. 재지 양반 지주지에서는 작인의 경작권이 지주권에 강하게 종속되었지만, 지주의 간섭 없이 운영되던 관습물권도 적지 않았다. 균전이나 '궁삼면' 사례에서 보듯, 이러한 사례는 역둔토·궁방전 등 공토뿐만 아니라 전국 각지 대하천의 하류 지역 개간지 등 사토에도 광범하게 존재했다.²⁹ 갑오·광무정권은 중답주와

---

27 최원규, 1997, 「한말 일제초기 일제의 토지권 인식과 그 정리방향」, 『한국 근현대의 민족문제와 신국가건설』, 지식산업사, 320~334쪽.

28 조선총독부 취조국, 1912, 『小作農民ニ關スル調査』의 제3장에서는 특별 소작관례, 조선총독부, 1932, 『朝鮮ノ小作慣行』에서는 특수소작으로 분류하고 있다.

29 논자들마다 이해 방식에 차이가 있다. 김용섭, 1995, 『조선 후기농업사연구』(Ⅰ)(증보판), 지식산업사; 김용섭, 1990, 『조선 후기농업사연구』(Ⅱ)(증보판), 일조각; 배영순, 2002, 『한말 일제초기의 토지조사와 지세 개정』, 영남대학교 출판부; 이영훈, 1989, 『조선 후기사회경제사』, 한길사; 허종호, 『이조 봉건말기 소작제의 연구』 등이 참고된다.

같은 관습물권을 전제로 토지정책을 폈다. 반면 일제는 관습물권의 존재를 인정했지만, 위와 같은 지역은 조사대상에서 제외하고 극히 한정된 지역과 '특수한' 대상만을 조사했다. 그리고 일본민법의 물권 규정과 일치하지 않은 관습물권은 물권이 아닌 채권으로 해석했다. 전근대 조선사회에서 물권과 채권은 별도로 존재하지 않았다. 대부분 화리(禾利)나 전당(典當)처럼 혼합된 형태로 존재했다. 일제는 이를 채권으로 분류했으며, 계약 문서가 없으면 사법재판에서 인정하지 않았다.

'사업'에 대한 평가는 자료에 대한 실증적 분석도 중요하지만, 일제시기 이전 한국 사회의 토지권 발전을 실증적으로 점검하는 일이 선행되어야 한다. 특히 근대화 개혁을 추진한 갑오·광무정권의 토지정책은 중요하다. 구체적으로 이 시기에 소유권을 포함한 모든 토지권이 어떻게 존재했으며, 각 정권은 이를 어떻게 이해하고 처리하려고 했는가를 해명하는 작업이 필요하다. 이 문제는 우선 공토정책을 통해 그 일단에 접근할 수 있을 것이다. 일제의 국유지정책을 둘러싼 수탈성 논쟁은 '사업' 자체에 대한 이해 방식의 차이도 있지만, 조선사회의 역사상에 대한 견해차에서 연원하기도 한다. 따라서 '사업'을 바로 이해하기 위해서는 이를 파악하는 것이 일차적 과제이다. 그리고 공토정책은 공토에만 한정하여 입안한 것은 아니다. 국가는 유·무토의 구분과 관련하여 민간관행도 염두에 두고 토지정책을 입안하고, 민전에도 적용했다고 봐야 한다고 생각된다. 양자는 별개가 아니라 상호 구조적 연관관계에 있다.[30] 나아가 광무양전·관계사업과 토지조사사업의 분쟁은 정치 주체의 정책 방향과 관련한 질적·

---

30 일반적으로 갑오정권기 혹은 조선후기 이래 배타적 소유권이 형성되어 왔다고 이해하고 있지만, 소유권의 개념, 단계별 차이, 지역성 등을 고려한 검토가 필요해 보인다.

양적 차이에 따라 분쟁의 성격이 다르게 나타났다고 생각된다. 전자는 사토나 공·사토를 막론하고 대부분 수조액을 둘러싼 분쟁이었으며, 후자는 소유권을 둘러싼 분쟁이었다.

둘째, '사업'의 소유권 조사가 현재 소유권을 조사 추인하는 차원에서 진행되었다면, 왜 분쟁과 불복신청이 다른 국가의 토지조사보다 더 많이 발생했으며, 지역에 따라서 '조사'가 분쟁일 정도로 발생했을까. 그리고 민유지 분쟁보다 국·민유지 분쟁이 왜 더 많이 발생했을까. 이것은 국유지가 민유지와는 다른 모습이 존재하거나 국유지를 조사 확정할 때의 강압성에서 기인한 것으로 보인다. 민유지 분쟁은 표면적으로는 국·민유지 분쟁처럼 심하지 않은 것처럼 보이지만, 기본적으로 소유권만 조사하여 배타적 소유권을 부여하는 방식이라 경작권을 비롯한 관습물권은 조사 대상에서 제외되었기 때문이다. 민유지에도 토지를 둘러싸고 다양한 이해관계가 존재하여 분쟁이 적지 않게 발생했다. 지주권과 관습물권이 병존하여 소유권 확정 과정에서 분쟁이 제기되기도 했지만, 사정 이후 자기 권리가 침탈당했다는 것을 비로소 인식하고 불복신청을 제기하기도 했다. 민유지 분쟁에서 주목되는 또 하나는 대규모 분쟁은 일본인과 조선인 사이에 주로 발생했다는 점이다. 그리고 불복신청은 국·민유지 분쟁에 이어 국유지와 일본인 소유지가 대폭 증가하고, 조선인 토지가 그만큼 감소되었다는 점이 주목된다. 특히 조선인과 일본인의 분쟁에서는 조선의 관습과 일본민법 그리고 거래제도와 증명제도가 판결 과정에서 누구에게 유리하게 작용했는지도 검토 대상이다.

셋째, 토지조사사업의 주요 검토사항 중 하나는 지세 문제이다. 지세 문제도 기존에는 수탈성의 측면에서 주로 논의되었지만, 수탈은 거의 없고 전시대보다 낮은 수준이며 쌀값의 폭등으로 조세 부담이 현저히 낮았다는 비판이 제기되었다. 이들은 한 걸음 더 나아가 결가제는 신분적 속성으로 지역 간의 불평등이 심했지만, 수익에 따른 지가제의 도입으로 전국의 지세가 합리적 수준에서 통일적으로 부과되었다고 강조했다. 일제가 지가제도라는 합리적인 근대적 지세제도를 도입했다는 측면만 다각도로 강조하는 모습을 보였다.

이 책에서는 이를 두 측면에서 검토했다. 하나는 지세액의 수준이 이전과 비교하여 부담 정도가 어떤 수준에서 결정되었는지, 또 하나는 일제의 주장처럼 일본과 같은 지가제도로 합리적으로 추진하고, 일본에 비해 지세 부담이 매우 적게 시혜적으로 시행했는지 등의 검토가 필요하다. 구체적으로 수익성과 지가와의 관계, 지세율의 적절성, 결가제에서 지가제로 전환할 때 제기된 지세의 수준 등이 주 검토 대상이다. 그리고 전국을 지가 기준으로 통일해 결정한 것이 '합리성'이란 단어로 정의할 수 있는 성질의 것인지도 검토 대상이다.

마지막으로 조선의 두 토지조사와 동아시아 다른 지역의 토지조사를 비교하여 역사적 성격을 부여하려고 한다. 대상 지역은 제국주의 국가인 일본, 일제의 식민지인 대만, 자주적으로 토지개혁을 추진했지만 반식민지 상태였던 중국 등이다. 주요 초점은 각국이 추진한 배타적 소유권의 형성 과정과 이와 맞물린 경작권의 추이이다. 세 지역 모두 전근대에는 중층적 토지소유가 존재했다는 점에서 공통적이었지만, 근대적인 토지권 개혁 방향에는 차이가 있었다. 이들은 기본적으로는 배타적 소유권을 전제로 개혁을 추진했으면서도 물권적 경작권을 처리하는 방식은 달랐다. 일제는 일본, 대만, 조선에서 공통적으로 배타적 소유권을 법제화하면서 경작권의 물권적 지위를 모두 박탈했지만 박탈의 강도는 국가마다 달랐다.

반면 자주적으로 개혁을 추진해 간 중국은 배타적 토지소유권을 기본 전제로 토지법을 제정하면서도 토지개혁으로 농민적 토지소유를 실현할 때까지 경작권의 물권성은 계속 보장했다. 이러한 차이점에 특히 주목했다. 무엇보다 다른 지역에 비해 조선에서 소유권 분쟁이 매우 많았다는 점도 배타적 소유권의 성립 과정과 관련하여 유의하여 검토했다.

그러나 실증과 해석, 이론 등 여러 방면에서 충분히 검토하지 못해 다른 연구를 오해한 점, 미흡한 점이 적지 않을 것으로 생각된다. 이러한 점은 계속 반성하고 수정해 나가려 한다. 많은 비판적 검토가 있기를 바란다. 마지막으로 많은 분량임에도 불구하고 감수, 교열, 교정, 출판 등에 애써 주신 동북아역사재단과 관계자 여러분께 감사한 마음을 전한다.

제1부
19세기 후반 토지제도 개혁론과 토지조사

제1장
갑오·광무개혁기 토지제도 개혁론과 토지법 제정

1. 갑오개혁기 양전과 토지제도 개혁론

일제는 토지조사사업으로 지주적 토지소유를 토지소유권의 절대성이 관철된 배타적 소유권으로 확정하고, 이를 토대로 식민지 지주제를 수립했다. 해방 후 한국은 신국가 건설 과정에서 귀속농지 불하정책과 농지개혁 등으로 식민지 지주제를 해체하고, 농민적 토지소유를 실현해 갔다. 권리남용금지라는 제한성이 임대차보호법 등에 일부 적용되기도 했지만, 일제가 법제화한 토지소유권의 기본틀은 현재까지 변함없이 유지되고 있다. 여기서 우리가 우선적으로 주목해야 할 점은 갑오·광무정권기에 이루어진 토지정책의 수준과 토지개혁론, 그리고 광무양전·관계사업에 대한 주체적이고도 객관적 이해이다. 일제의 토지조사사업에 대한 평가는 이를 전제로 가능하기 때문이다.

19세기 이래 한국의 토지제도는 급격한 변화상을 보이고 있었다. 하나는 지주적 토지소유와 농민적 토지소유의 대립 갈등이다. 당시 조선사회는 생산력의 증대, 신분제의 해체, 상품화폐 유통경제의 발전 등으로 새로운 재편이 요구되고 있었다. 조선 정부는 삼정 문란에 따른 조세제도 개혁을 실시하였지만, 사회적으로 지주제 개혁도 요구되고 있었다. 양반지주 외에도 서민지주·경영지주 등이 새로 등장했다. 다른 한편 이와 궤는 달리 하지만 부농이 성장했으며, 몰락 농민도 광범위하게 출현했다.

새로 등장한 지주들은 지주가 직접 경영권을 확보하고 수익 증대를 꾀한 반면, 부농들은 양반지주들로부터 경작권을 확보해 수익 증대를 꾀했다. 지주와 부농은 경작권을 둘러싸고 서로 대립 갈등하고 타협 조정하면서 수익을 늘렸다. 새로운 지주층인 서민지주 등은 배타적 소유권을 확보하는 가운데 지주경영을 추진했으며, 부농층은 경작권을 물권처럼 확보해 이를 기반으로 경영 확대를 꾀했다.

18·19세기 지주와 부농의 관계는 단순한 병작(竝作)관계를 벗어나 도지권(賭地權), 중답주(中畓主), 병경(幷耕) 등 다양한 물권적 관계로 변신했다.[1] 도지나 중답주 등은 경작권의 성장을 반영한 것이지만, 이와 반대로 관료가 공토에 강제로 개입하여 중답주로 등장한 경우나 지주가 강요하여 징수한 도지도 존재했다. 물권적 경작권은 대체로 개간 과정에서 지주가 노자(勞資) 동원이 필요할 때 이를 제공한 자에게 대가로 부여한 경우이다. 이외에 토지가 원거리에 위치하여 농업경영이 어려울 경우 또는 조세 부담이나 관혼상제 등 지주가 자금이 필요해 돈을 빌렸을 때도 대가로 물권적 경작권을 제공하기도 했다. 이와 반대로 지주가 생산력이 증대되면서 더 높은 수준의 지대를 안정적으로 확보하기 위해 강제로 요구한 도지제나 원정(元定)은 임차권으로 발현된 한 형태였다. 특히 일제시기 지주경영에서 흔히 발생했다.[2] 도지제는 지주적 입장과 농민적 입장 등 서로 자기의 이해를 반영한 두 경우가 존재했다.

농촌사회의 이 같은 새로운 관계는 개항 이후 더 급격히 전개되었다. 외국과의 통상무역으로 농촌사회는 급속하게 재편성되었고, 신분 계급 간의 대립은 한층 심각하게 전개되었다. 농업 문제를 해결하기 위한 개혁 방안도 종래 개혁론의 전통에 따른 양반지주층의 지주제 유지론과 농민층 입장의 토지개혁론이 그대로 재현되고 있었다. 개항 후에는 농업에서

---

1 朝鮮總督府, 1932, 「參考編 從來ノ朝鮮ノ小作慣行調査資料」, 『朝鮮ノ小作慣行』(下)의 시대별 지역별 조사자료가 참고된다.
2 최원규, 1985, 「한말 일제하의 농업에 관한 연구」, 『한국사 연구』 50·51, 305~306쪽.

의 상품생산 증진, 국부증진을 위한 농업정책이 추진되면서 지주와 농민의 관계는 더욱 악화되었다. 전근대 사회에서 토지소유는 일반적으로 경작지를 대상으로 한 것이며, 진전이 되었을 경우 소유권 행사를 제한받거나 상실하기도 했다. 그러나 무주(無主) 진전이 되어 소유권이 사라지지 않는 한 그 권리는 계속 인정되었다. 이러한 법제가 때로는 진전 개간을 가로막아 토지 생산성 증대에 방해 요인이 되기도 했다.

조선정부는 1883년 이러한 장애요인을 타파하고 농지개간을 목적으로 농과규칙을 제정 공포했다. 이 규칙은 통호(統戶)규칙, 농무(農務)규칙, 잠상(蠶桑)규칙 등 세 부분으로 구성되었으며, 이 중 농무규칙은 토지의 개간, 간척을 촉진하기 위해 마련한 것이다. 개간, 간척이 안 되는 주요한 이유는 황지(荒地)의 주인이나 입안을 받은 사람이 다른 사람이 개간한 후에 기득권을 빌미로 점령하기 때문이며, 이 규칙은 이러한 사태를 막기 위해 마련되었다. 개간지는 3년 후 공세(公稅)를 부과할 것이며, 개간한 땅을 빼앗는 자는 엄형에 처하고 멀리 유배시키라고 했다. 주인이 있는 넓은 토지가 황무지로 방치되어 있으면 주인이 없는 것으로 취급하고, 공사에 소속된 토지 가운데 거칠어져 개간이 안 된 땅은 민에 허락하고, 영읍이나 본 아문(통리기무아문)에서 입지(立旨)를 주도록 했다. 유주(有主)와 무주를 막론하고 개간한 황지는 개간자에게 영읍과 본 아문에서 영원히 침탈하지 않겠다는 문서를 발급하도록 했다.[3]

농무규칙은 조선국가에서 내내 문제가 된 개간자와 입안자, 신구 개간자 사이에 분쟁을 일으킨 '기간자위주(起墾者爲主)'라는 법 조항을 경작 기

---

3 『한성순보』 제7호, 1883.12.29. 농과규칙은 국립중앙도서관에 필사본이 소장되어 있다. 이에 대한 해설은 김영진, 1980.12, 1981. 4, 「농과규칙해설」(1), (2), 『농촌경제』 3-1, 4-1이 있다.

간 내로 제한한다는 것을 명확히 했다. 조선정부가 생산력 증진을 목적으로 현재 개간하여 경작하는 자에게 소유권을 부여했다. 종전과 달리 현재의 경작 여부를 중시한 것이다. 조세 수취체계도 총액제적 납세체계에서 점차 경작 여부를 중시하면서 작인납세제를 채택하는 모습을 보였다.

그러나 농무규칙은 새로운 갈등을 야기했다. 무주지 개간은 왕실(국가)부터 지주 농민 모두에게 허용하고 소유권을 부여하였지만, 유주 진전 개간은 신구 소유자 사이에 갈등을 일으켰기 때문이다. 특히 왕실이 호남지역에서 실시한 균전 개간과 상업자본가인 전성창(全聖暢)이 나주군 '궁삼면(宮三面)'을 개간하면서 일어난 소유권 분쟁이 주목된다.[4] 19세기 후반 호남지방에 불어닥친 연이은 재해로 대규모의 진전이 발생하자 왕실과 상인은 이를 개간하여 소유권을 확보하려고 시도했다. 균전에는 종전법으로는 농민 소유권(또는 경작농민) ⇌ 왕실 중답주의 관계가 형성된 것이지만, 농무규칙으로는 왕실이 진전으로 된 농민의 소유지를 개간을 조건으로 농민으로부터 넘겨받고, 농민에게는 도지권=관습물권이나 중답주권=중층적 소유권을 부여한 것이다. 양자는 이때부터 지대 문제를 둘러싸고 늘 대립과 갈등을 이어왔다. 왕실의 균전 개간은 10여 개 군에서 추진되다 중단되었지만, 이런 개간사업은 지주 자본가에 의해 다른 지역에서도 추진되었을 것으로 판단된다.

나주군 궁삼면 지역은 경저리 전성창이 한발(旱魃)로 이 일대가 진전이 되고 농민이 떠나 버리자 남은 주민에게 밀린 세금을 대납하고 노자를

---

4 균전 지역은 김용섭, 1988, 「고종조 왕실의 균전수도문제」, 『한국근대농업사연구』(하)(증보판), 일조각, 나주 궁삼면 지역은 나주문화원, 2000, 『나주군 궁삼면 토지회수투쟁자료집』과 박이준, 2007, 『한국근현대시기 토지탈환운동연구』, 선인; 최원규, 2019, 『한말 일제초기 국유지 조사와 토지조사사업』, 혜안, 144~173쪽을 참고함.

투입하여 개간한다는 조건으로 떠난 주민들의 땅과 남은 주민의 땅을 매입했다. 전성창은 토지의 소유주가 되고, 남은 주민은 개간 후 도지권 등의 권리를 부여받는 경작자 농민으로 처지가 바뀌었다. 그러나 양자는 개간 후 지대 문제와 조세 대납 문제로 갈등하게 되었다. 주민들이 전성창에게 조세 대납 등 매매조건을 위반했다고 매매를 무효라고 선언하고 분쟁을 시작했다. 그는 갈등을 해결하기 위해 주민들을 위협하는 한편, 궁방에 토지를 투탁하는 방식으로 대응하자 주민들은 소송으로 대항했다. 그는 현실적으로 어려움에 닥친 지주경영을 타개하기 위해 최종적으로 경선궁에 토지를 매각하는 방안을 선택했다. 경선궁은 주민들이 반발하자 농민에게 자금을 지원하는 조건으로 소유권적 권리를 확보하고, 농민은 물권적 경작권을 보장받고 농업경영에 종사하는 방식으로 타협했다.

개간권으로 형성된 관습물권은 18·19세기 전국 각지, 특히 낙동강, 동진강, 만경강, 영산강, 재령강, 대동강, 청천강, 압록강 등의 하천 유역에서 개간과 관련하여 폭넓게 형성되었다. 19세기 후반에는 연이은 가뭄과 홍수로 재해가 반복되면서 호남 지역에서는 대부분의 경작지가 진전되는 사태가 발생해 대규모 개간사업이 추진되었다. 이때 신구 소유주 간에 지대 문제는 물론이고, 소유권을 둘러싼 심각한 갈등이 전개되기도 했다. 개간에는 신간(新墾)과 진전 개간 등 두 형태가 존재하지만, 갈등의 양상은 늘 비슷하게 나타났다.

이러한 모습은 낙동강 일대에서도 볼 수 있었다. 낙동강가에 접한 지역은 범람이 잦아 개간과 진전이 반복되면서, 소유권과 도지권이 혼재해 분쟁이 전개되었다. 이 지역은 개항 이후 일본인이 일부 주민으로부터 소유권을 잠매한 뒤 또 다른 소유자이며 경작자인 주민들과 소송에 휩싸이기도 했다. 큰 재해가 농민경제를 위협하자 농민들은 소유권을 방매하기도 했지만, 경작을 조건으로 전당을 잡히는 경우도 적지 않았다. 그 예로 창원군 창둔에서는 역리들이 전당을 잡고, 소유자들에게 정액지대를 납부하는 조건으로 경작하게 했다. 전당권자가 소유자에게 경작하게 하고 지대를 이자로 납부하도록 한 것이다.[5] 그리고 채권자가 이자를 받지 않는 조건으로 경작권을 행사하는 권매(權賣)나 환퇴(還退)와 같은 경우도 있었다. 이처럼 19세기 농촌사회에는 물권적 경작권이 다양한 형태로 광범하게 존재했다.

전통적인 양반지주가에서도 물권적 경작권의 예를 찾아볼 수 있다. 일반적인 양반지주, 그중에서 종가형 지주의 경우 거주지 부근은 대체로 배타적 소유권적 권리를 행사하며 지주경영을 했지만,[6] 원격지에 존재한 토지, 그중에도 개간지는 작인에게 물권적 권리를 부여하는 조건으로 경작하게 하는 경우도 적지 않았다. 해남 윤씨가의 진도 개간지나 맹골군도, 서해안 간척지 등이 그러한 예다.[7] 이들 지역에서 지주의 지배력은 농민들에게 늘 경작권 도전을 받았다. 심한 경우 소유권을 넘기는 편이 지주경영에 더 유리하게 작용하는 경우도 존재했다.

19세기 말 밖으로부터 근대화의 물결이 거세지면서 갑신정변을 주도한 김옥균(金玉均), 박영효(朴泳孝) 등 개화파 인사들은 지주적 개혁의 일환으로 지조개정을 도모했다. 이들은 실학자의 양전론을 바탕으로 하면

---

5 최원규, 2013, 「창원군 토지소유권 분쟁과 처리」, 『일제의 창원군 토지조사와 장부』, 선인, 265~301쪽.

6 김용섭, 2005, 『조선 후기 농업사연구』 1(증보판), 지식산업사; 김용섭, 1990, 『조선 후기 농업사 연구』 2(증보판), 일조각; 김건태, 2004, 『조선시대 양반가의 농업경영』, 역사비평사; 이세영, 2018, 『조선시대 지주제 연구』, 혜안 등이 있다.

7 최원규, 1985, 「韓末·日帝下의 農業經營에 관한 硏究」, 『한국사연구회』 50·51; 양선아 엮음, 2010, 『조선 후기 간척과 수리』, 민속원 등이 참고된다.

서도 일본의 지조개정을 참조하는 방향에서 전제(田制)개혁을 꾀했다.[8] 공평하게 세를 부과하기 위해서 국가는 먼저 토지와 토지소유자를 정확히 파악해야 했다. 토지는 결부제 대신 경무법(頃畝法)이나 두락제를 동원하여 빠짐없이 생산량을 정확히 파악하도록 했다. 다음은 토지소유자를 정확히 파악하여 국가가 이를 총괄적으로 관리하기 위해 양안과 함께 지권(地券)을 발행하도록 했다. 이처럼 지조 개정은 양전과 지권 발행을 토대로 한 세제개혁을 의미한다.

유길준(兪吉濬)은 지조개정을 위한 새로운 토지 파악 방식을 강구했다.[9] 첫째, 지방제도 개혁을 전제로 토지조사를 계획했다. 전 국토를 방리(方里)로 구획하여 면적 단위로 편성하는 것이었다. 1평방리(平方里)를 1전통(田統)으로 하고, 10통(10방리)을 1면, 10면을 1구, 10구를 1군, 10군을 1진, 4진을 1주로 전국을 편성하고, 통을 단위로 전통도(田統圖)를 작성하여 전 국토를 면적 위주로 빠짐없이 파악하도록 했다. 둘째, 결부제를 폐지하고 경무법을 채택했다. 결부제는 세법으로는 편리하나, 전정(田政)의 파괴는 결부에서 비롯되었다고 보았다. 그리고 측량기사를 양성하여 주·진에는 측량관, 군에는 지통감을 두고, 전국을 측량하여 지적도를 작성하도록 했다. 지방관들은 매년 조사하되, 주에서는 5년, 호부(戶部)에서는 10년마다 지적도를 개정하도록 했다. 조사 대상은 전지(田地), 산림, 공지(空地) 등 모든 토지였다.

토지조사 후에는 국가가 토지소유권의 이동을 파악할 수 있도록 민간

---

3 김옥균은 14개조 정강에서 "革改通國地租之法 杜吏奸 而救民困 兼裕國用事", 「甲申日錄」이라 했으며, 박영효는 "改量地租 而設地券事", 「朴泳孝 上疏」라고 주장했다.

9 유길준 전서 편찬위원회, 1971, 『兪吉濬全書』 4, 地制議, 일조각, 139, 145~148, 152, 197쪽.

의 매매 문권 대신, 관에서 지권을 발행하도록 했다. 지권에는 땅값을 기입하여 이를 기준으로 세를 징수하고, 새로 산 토지와 개간한 토지도 관에서 입지를 발급하여 세를 받도록 했다. 모든 토지에 지권을 발급하고 지부(地簿)에 등기하는 것을 의무로 하고, 이를 하지 않으면 관에서 토지를 몰수하도록 했다. 이 같은 방식으로 구권을 모두 신권으로 바꾸면 지조가 천만 원이 넘는다고 주장하며, 재정수입의 증가를 위해 지권 발행을 강조했다.[10]

다음 〈그림 1-1〉은 유길준이 그린 전지문권 도식으로 호부(戶部)에서 발행한 지권이다.[11] 지권의 좌우와 하단에 군의 기첩(記帖), 주·진의 지권첩을 놓고 반씩 날인하여 기관별로 관리하도록 했다. 입지에는 영매입지(永賣立旨)와 신간입지(新墾立旨)가 있으며, 본 주의 지권첩에 기입하도록 했다. 권매와 전당도 이 같은 절차를 거쳐 위조나 도매의 폐단을 근절시키도록 했다. 유길준은 이러한 방식으로 지권을 관리하면, 문기를 위조하여 토지를 약탈하는 사례를 막을 수 있고, 토지소유권 분쟁과 소송이 줄어들 것이라고 판단했다. 이 문권은 본국인만 사용할 수 있고, 외국인에게는 영매, 권매, 전당은 허용하지 않도록 구성했다. 그의 구상은 대한제국에서 관계로 실현되었다.

유길준은 구 소유권을 그대로 근대의 배타적 소유권으로 법인하고, 지가에 근거한 지세제도를 목표로 지조 개정을 제안했다.[12] 그는 서구의 근대국가를 살피고 돌아와 서구에서 행해지는 인민의 권리를 조선에서도

---

10 『兪吉濬全書』4, 財政改革, 一. 地租, 197쪽. 유길준은 일본의 지조개정을 참고로 재정 확보를 논했다.
11 유길준 전서 편찬위원회, 1971, 앞의 책, 168~172쪽.
12 유길준 전서 편찬위원회, 1971, 위의 책, 171, 173~196쪽.

〈그림 1-1〉 전지 문권 도식

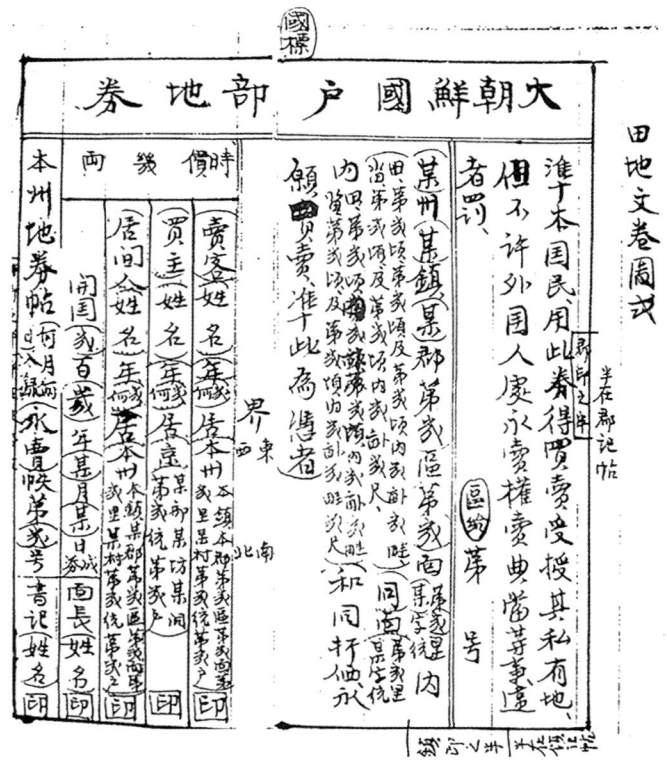

출처: 『兪吉濬全書』 4, 地制議, 168~169쪽.

이뤄지게 하려 했다. 사유재산권, 특히 소유권을 절대적인 것으로 파악하고 국가는 재산권을 보호해야 할 의무가 있다고 했다. 그리고 "재산의 권리는 국가의 법률에 위배하지 아니하면 천자라도 이를 빼앗을 수 없으며 간인의 적이라도 이를 감히 움직일 수 없으며, 그 여탈은 법에 있지 사람에 있지 아니하다. 이는 공권(公權)으로 사물을 보호하고 지키는 대도(大

道)"¹³라 하고, 사유재산은 절대 보호해야 한다고 주장했다.

그러나 유길준의 재산권은 시민권에 기반을 둔 것은 아니었다. 기존 지주의 소유권을 그대로 인정하는 가운데 지주가 토지를 대여하고 지대를 징수하는 것, 그리고 국가가 종전대로 지주경영을 통한 관유지 수입을 확보하여 국가재정에 충당하는 것을 당연하다고 보았다.¹⁴ 유길준은 지주적 입장에서 근대적 경제개혁안을 세웠다. 그렇다고 유길준이 지주제를 무조건 옹호하지는 않았다. 그는 농민전쟁이나 농민항쟁 등을 일으킬 수밖에 없었던 궁핍한 농민경제와 정치적 안정 등을 고려하여 지주제의 틀 내에서 감조론(減租論)을 제안했다. 그의 감조론은 정전제나 균전제와 같은 방식의 토지개혁이 불가능하다고 인정하고, 차경지(借耕地)는 균분 경작하고 지대율은 정액 3/10으로 제한하자는 안이었다.

유길준의 감조론은 지주제 관행을 유지하는 가운데 농민경제를 안정시키는 방안이었다. 경작권도 물권으로 인정하여 매매와 함께 대차(貸借)도 증권을 발행하여 인지를 붙이도록 했다. 이를 이행하지 않을 경우에는 소송을 제기할 수 없도록 했다. 전세는 지가의 1/100 또는 1/10 세를 지주와 작인이 반씩 부담하고 공동으로 책임지는 방안을 제안했다. 소유권과 함께 경작권도 법적으로 물권의 자격을 부여하였다. 소유권의 절대성을 보장하면서도 경작권을 물권으로 인정하여 지대(地代)를 제한하여 농민경제의 안정화를 기도했다. 그의 개혁안은 광무개혁에도 영향을 주었다.¹⁵

---

13 『兪吉濬全書』1, 西遊見聞, 121쪽.
14 『兪吉濬全書』4, 財政改革, 109, 200쪽.
15 『兪吉濬全書』4, 地制議, 178쪽. 財政改革, 198쪽.

2. 광무개혁기 양전과 토지제도 개혁론

갑오개혁 이후에도 활빈당 투쟁과 같은 농민들의 저항은 끊임없이 전개되었다. 갑오·광무정권이 계속 지주적 개혁을 추진한 반작용이었다. 당시 일부 지식인은 농민층과 인식을 같이하면서 지주경제를 개혁하여 농민경제의 안정을 추구하는 방안을 제시했다. 정전론(井田論), 균전론(均田論), 한전론(限田論), 감조론 등이 그것이다.[16] 정전론, 균전론, 한전론은 왕토사상(王土思想)에 근거하여 토지소유권을 재분배하여 균산(均産)을 유도하여 농촌문제를 해결하려는 방안이고, 감조론은 토지소유권은 인정하지만 소유권의 강도를 축소 조정하여 농민경제를 해결하려는 방안이다. 전자는 강도와 방법에서 차이가 있지만, 궁극적으로 지주적 토지소유를 해체하고 농민적 토지소유를 지향하는 개혁론이라는 점에서 현실적 실천에는 어려움이 있었다.[17]

여기서 주목되는 방안이 토지소유는 그대로 두고 소유의 실현물인 지대를 경감하는 감조론이었다. 감조론은 생산물의 배분과정에서 작인들의 몫을 더 많게 하여 농민경제를 안정화시키는 방안이었다. 이렇게 하면 지주는 수익이 감소하여 토지를 투매(投賣)하거나 방매하고, 땅값이 하락하여 결국 농민적 토지소유를 실현할 수 있게 된다는 것이다. 감조론은 사적 소유권의 절대성에 대한 반발로 제기된 것이며, 균산을 지향하는 방향

---

[16] 19세기 토지개혁론은 김용섭, 1988, 「한말 고종조의 토지개혁론」, 『한국근대농업사연구』(하)(증보판), 일조각이 참고된다.

[17] 지주제 개혁은 활빈당의 대한사민 논설에서 사전을 혁파할 것이라는 요구로 이어지고 있다(信夫淳平, 1901, 「十三條目 大韓士民論說」, 『韓半島』, 76~79쪽).

에서 경작권을 규정하려는 의식의 발현이었다. 당시 내외적 위기를 돌파하기 위한 지주와 농민의 타협안이기도 했다.

동학 농민전쟁 당시 폐정개혁안에서 "토지는 평균으로 분작(分作)케 할 사"라는 제안은 토지를 균등하게 나누어 경작하여 농민경제의 안정을 추구하는 방안이었다.[18] 이 경우도 농민적 입장과 지주적 입장에 따라 지대율 등 경작권의 내용을 둘러싸고 견해차가 있었다. 갑오정권은 동학 농민전쟁을 진압하면서 지주적 입장에서 개혁을 시도했으나 아관파천으로 권력을 상실했다. 이를 이어 권력을 잡은 광무정권은 대한제국을 수립하고 근대화 개혁을 시도했다. 광무정권은 외세의 정치 경제적 침탈이 격심해지는 가운데 농민의 저항을 최소화하기 위해 지주적 입장의 감조론을 실천에 옮기려 했다. 광무정권의 양전·관계사업은 이러한 이념이 어느 정도 반영되어 시행된 것이다.

대한제국 시기 양전론은 대부분 절대면적제를 도입하여 토지와 시주(소유자)·시작(경작자)를 조사하여 양안에 등록하고, 시주에게 지계(地契)를 발행하여 국가의 토지권 관리시스템을 확립하려는 방안이었다. 이는 균부균세(均賦均稅)를 전제로 한 조세제도 개혁을 위해서나 토지개혁을 위해서도 반드시 필요한 것이었다. 유진억의 「방전조례(方田條例)」, 김성규의 「양전비고(量田備攷)」, 모씨의 「구정양법사례병열도(丘井量法事例竝列圖)」, 이기의 「전제망언(田制妄言)」 등의 개혁론이 '구본신참(舊本新參)'의 이념 아래 대한제국이 추진했던 양전사업에 일정하게 반영되었다. 특

18　당시 이러한 사정에 대하여는 김용섭, 1988, 「한말 고종조의 토지개혁론」, 『한국근대농업사연구』(下) (증보판) ; 박찬승, 1985, 「동학농민전쟁의 사회경제적 지향」, 『한국민족주의론』 3과 1997, 「1894년 농민전쟁의 주체와 농민군이 지향」, 『1894년 농민전쟁연구』 5; 이영호, 2004, 『동학과 농민전쟁』, 혜안 등이 참고된다.

히 이기의 개혁론이 주목된다.

해학 이기(李沂)는 반계와 다산을 본받은 「전제망언」과 「급무팔제의(急務八制議)」에서 토지제도 개혁론을 제시했다.[19] 그의 양전론은 조선의 전통적 방식이 아니라 근대국가 건설이라는 차원에서 국가경제와 농민경제 안정을 목표로 한 방안이었다. 특히 전제는 국가의 재정적 기반으로 국가의 존폐를 결정하는 일이라고 강조하며, 다음과 같이 개혁방안을 제시했다.

첫째, 지방제도 개혁을 전제로 전제개혁을 논했다. 그는 지방제도가 경계가 분명하지 않고 결호(結戶)도 불균하다고 지적하며, 산천의 편의와 '먼 곳은 옮기고 가까운 것은 취하고 큰 것은 나누고 작은 것은 보충하는 방식(移遠就近 割大補小)'를 원칙으로 개혁할 것을 제안했다. 군은 전결(田結)과 인호(人戶)를 기준으로 하되 1만과 8,000 사이로 하고, 경계 또한 50리를 넘지 말 것, 방면은 인호를 기준으로 1,000에서 800 사이로 하고, 경계 표식은 반드시 법대로 할 것, 동리는 가통(家統)에 준거하되 10가를 1통으로 할 것 등이었다. 그리고 양전은 면 단위에서 시행하도록 했다. 면은 수 개의 구(區)로, 구는 다시 수 개의 역(域)으로 나눈 다음, 결부에 관계없이 1역을 1자(字)로 하고 평명(坪名)을 기록하도록 했다.

둘째, 전안(田案)을 만들 것을 제안했다. 전안은 중국의 어린도(魚鱗圖)와 양안(量案)이라고 했다. 제작 절차는 주 현관이 능화자(能畵者)에게

---

[19] 『海鶴遺書』(全)(국사편찬위원회, 1971, 『한국사료총서』 3). 이기의 토지론은 김용섭, 1988, 『한국근대농업사연구』(下)(증보판), 240~258쪽; 최원규, 1996, 「19세기 양전론의 추이와 성격」, 『중산 정덕기 박사 화갑기념 한국사학논총』, 경인문화사, 609~616쪽 등이 참고된다. 이기는 국가의 정체를 공화입헌제로 하고 急務八制議 - 國制·官制·銓選制·地方制·田制·戶役制·雜稅·學制 등의 개혁론을 제시했다(『海鶴遺書』, 急務八制議).

모든 표식처를 표시하고 전을 도형에 따라 그리되 5결을 단위로 기록하도록 했다. 항목은 소재지, 자호(字號), 두락(배미 포함), 결부, 등급, 전주(田主)와 시작(時作)의 성명 등이었다. 전주나 시작은 바뀌면 다시 쓰도록 했다. 도부(圖簿)는 관과 면에 비치하도록 했다.

셋째, 측량은 결부제와 두락제를 병용할 것을 주장했다. 결부제는 주·현관이 척촌(尺寸) 계산법을 해독하지 못하여 폐해가 생기고, 경무법은 인공 개착 때문에 1, 2년에 달성할 수 없다고 비판하고 대안으로 두락제를 제안했다. 두락제는 결부제가 가진 중간 농간을 피할 수 있고, 향민이 전의 대·소를 논할 때 사용한 농촌 관행으로 착오가 거의 없다고 했다.[20] 그는 반계의 "백무(百畝) = 하종(下種) 40두(斗)"라는 정의와 본인의 실험 결과에 따라 1두락을 600척(尺)으로 하는 면적 단위를 설정했다.[21] 두락제는 지계양안과 관계에 도입되었다.

넷째, 관에서 발급한 토지소유권 증서인 공안(公案)·입안(立案) 등과 같은 지계라는 토지소유권 증명서를 발행하도록 했다. 전주에게 전안에 근거하여 관에서 입안이나 지계를 발급하고, 훔치거나 속이거나 이름을 바꾸거나 숨기는 등의 일이 있을 때는 관에서 몰수하도록 했다. 이는 토지제도 개혁과 밀접하게 관련되어 계획한 것이었다. 토지 매매는 공매(公買)로 제한하고, 민이 토지를 팔 때는 관에서 사서 공전으로 하도록 했다. 외국인의 토지소유는 금지했다.[22]

이기의 토지제도 개혁론은 궁극적으로 토지를 공전으로 만들고 농민

---

20 『海鶴遺書』 2, 53쪽.
21 위의 책, 53쪽.
22 위의 책, 55쪽.

에게 분배하여 경작하게 하는 방안이었다. 이 방안은 이상적인 개혁안이지만 먼 훗날의 일이었다. 이기는 농민전쟁 수습책의 일환으로 당장 실현 가능한 감조론을 제기했다. 그 내용은 지주제를 인정하되 경작권을 물권으로 강화하는 방안이었다. 지대는 1/9로 대폭 내리고, 지세는 지주와 작인이 1/18씩 각각 공동으로 납부하도록 한 것이다.[23]

양무감리로 활약한 김성규(金星圭)도 감조론적 견해를 제시했다.[24] 그는 양전에 경무법과 같은 절대면적제를 제의하고, 전제는 지주제를 유지하는 가운데 그 내용을 조정해 가도록 했다. 그 내용은 소작료를 수확량의 1/4 이내로 항시 일정하게 한 항정(恒定) 소작료제와 소작인을 바꾸지 못하도록 한 상정(常定) 소작인제, 소작지를 고루 분배하자는 균분론이었다. 국가가 사적 소유권을 인정하는 가운데 경작권을 균분하고 물권으로 관리 조정하여 농민경제를 안정화시키는 방안이었다.

감조론은 지주제 유지와 개혁이라는 상반된 입장을 타협 조정하는 현실적 대안론으로 크게 거론되었다. 대한제국도 농민전쟁과 외세침입이라는 내외적 위기 속에서 감조론의 기본틀, 즉 지주적 토지소유를 인정하는 가운데 경작권의 안정화를 지향하는 방향에서 양전·관계사업을 실시했다.

---

23 김용섭, 1992, 『한국근대농업사연구』(하)(증보판), 일조각, 240~258쪽.
24 김성규의 사회 경제론 연구는 김용섭, 1988, 「광무개혁기의 양무감리 김성규의 사회개혁론」, 『한국근대농업사연구』(하) (증보판), 일조각이 참고된다.

제2장
토지조약과 조선정부의 대응

1. 토지조약과 일제의 토지침탈

일제가 식민지 조선의 토지소유권을 최종적으로 일본민법으로 '법인'한 조치는 1910년부터 시작한 토지조사사업이었지만, 출발점은 1876년 2월 2일 체결한 조일수호조규였다.[1] 이 조약에서 토지와 관련된 내용은 부산을 비롯한 3곳에 통상항을 열고 조계를 설치하여 일본인이 거주할 수 있도록 토지와 가옥의 임차권과 거주권을 주되 임대료를 지불하도록 했다. 그리고 조계를 중심으로 사방 10리 이내에서 일본 상민의 상업활동과 통행을 허락한다는 것 등이 주 내용이었다.[2] 이때부터 조선은 외국인, 특히 일본인의 토지소유 문제에 직면하게 되었다.

제국주의 열강은 조계 및 조차 조약을 체결하여 침략의 거점을 확보했다. 일본은 1877년 1월 30일 부산항 조계조약, 1879년 8월 30일 원산진 개항 예약, 1883년 9월 인천항 일본 조계조약 등을 조선과 체결했다.[3] 이때 조계 내의 부동산을 관리·운영하기 위해 지계제도를 도입했다.[4] 지계제도는 조계 내의 토지를 조사하고 구획을 나누어 경매 방식으로 대여한 징표로 지계를 발급하여 관리하는 방식이다.[5] 지계에 기입된 토지는

---

1 거류지 문제는 四方博, 1976, 「朝鮮に於ける近代資本主義の成立過程-その基礎的 考察」, 『朝鮮社會經濟史硏究』上, 國書刊行會; 奧平武彦, 1937, 「朝鮮ノ條約港ト居留地」, 『朝鮮社會法制史硏究』, 京城帝大法學會; 이영호, 2017, 『개항도시 제물포』, 민속원 등이 참고된다.
2 국회도서관 입법조사국, 1964, 『구한말조약휘찬(舊韓末條約彙纂)』(상), 13, 21쪽.
3 국회도서관 입법조사국, 1964, 위의 책(중), 1~13쪽.
4 국회도서관 입법조사국, 1964, 위의 책(하), 299~425쪽.
5 국회도서관 입법조사국, 1964, 위의 책(하), 11, 12, 327쪽.

제3자 대항권이 인정되고, 영원히 빌려준 권리로 이전과 상속이 보장되었다. 차주는 조선정부에 지세를 부담했다. 조계에는 조계공사를 설립하여 조선인 관리가 등기사무 등 행정사무를 수행하도록 했다.

일제는 조계만으로 만족할 수 없었다. 일본자본주의 저임금의 기반이었던 조선의 쌀을 무역만으로 필요 물량을 확보할 수 없었기 때문이다. 이를 해결하려면 토지를 확보하여 직접 농업경영을 해야 한다는 필요성이 대두되었다. 일제는 청일전쟁 이후 직접 농장을 설치하여 농업경영을 실천에 옮기기 시작했다.[6] 첫 번째 작업은 조선의 법망을 뚫고 토지를 확보하는 일이었다. 일제가 조선의 토지를 침탈하는 데 결정적으로 기여한 것은 미국, 영국과 맺은 조약이었다. 1882년 미국과 맺은 조미수호통상조약에서 미국에 부여한 최혜국대우가 문제였다.[7] 이를 계기로 모든 열강에 최혜국대우가 부여되었기 때문이다. 일제가 가장 잘 활용한 조약은 1883년 11월 26일 영국과 맺은 조영수호통상조약이었다. 조선은 이 조약에서 영국인에 제물포·원산·부산·한양·양화진 등의 지정 장소 내에 있는 토지와 가옥을 잠조(暫租) 혹은 영조(永租) 할 수 있도록 했으며, 조계 밖 10리까지 이를 허용했다.[8] 외국인이 이 지역에서는 조선의 전통적 거래 방식으로 토지를 확보할 수 있게 되었다. 일본인은 이를 계기로 이 한계선을 넘어 전국을 대상으로 불법적으로 토지를 확보해 갔다.

---

6   일본인의 한국 이주는 김용섭, 1992, 『한국 근현대 농업사연구』, 일조각; 정연태, 2014, 『식민권력과 한국농업-일제 식민농정의 동역학』, 서울대학교 출판부; 최원규, 2021, 『일제시기 한국의 일본인사회-도시민, 지주 일본인농촌』, 혜안 등이 참고된다.
7   국회도서관 입법조사국, 1964, 『구한말조약휘찬(舊韓末條約彙纂)』(중), 300~301쪽.
8   국회도서관 입법조사국, 1964, 위의 책 (중), 321~236쪽.

두 번째 조치는 일본인의 '자유도한(自由渡韓)'을 실현하는 일이었다.[9] 일본은 당시 이민보호법을 제정하여 해외이민을 제한하고 있었기 때문에 일본인을 대량 이주시키는 데 어려움이 컸다.[10] 일본제국의회는 상민의 '자유도한'과 부동산 점유를 인정하는 「이민보호법 중 개정 법률안」을 통과시켰다.[11] 일본정부는 이를 근거로 이주정책을 강력히 추진했다. 일본 각지에서 지방 자치단체나 지주·자본가 단체가 한국에 조사단을 파견하는 한편, 이민을 독려했다.[12] 지계아문이 관계(官契) 발행을 시급히 추진한 것도 이 무렵이었다.

일제는 러일전쟁을 준비하면서 일본인의 완전한 '자유도한'을 실시했다. 이때 가장 큰 걸림돌은 외국인의 토지소유를 금지한 한국의 국내법과 국제조약이었다. 일제는 모든 방법을 동원하여 이런 법적 제한을 무력화시키는 한편, 일본인이 토지를 빼앗아 점유하여 지주경영을 하도록 식민여론 조성 작업에 나섰다.[13] 또한 한국은 농업기술이 미숙하여 개발에 힘쓰는 만큼 높은 수익을 올릴 수 있고, 땅값이 싸고 금리도 높을 뿐만 아니라 조세와 생활비가 적게 들고 자연환경도 좋다는 내용으로 선전 활동을 강화했다.[14] 일본인 지주와 금융자본이 적극적으로 토지 투기에 나서

---

9 김용섭, 1984, 『한국근대농업사연구』 하, 일조각, 550쪽; 최원규, 2021, 『일제시기 한국의 일본인 사회』, 혜안; 木村健二, 1989, 『在朝日本人の社會史』, 未來社 등에 그 실태가 자세히 소개되어 있다.

10 『황성신문』, 1901.8.24.

11 『大日本帝國議會誌』 5, 1246, 1254~1255, 1259~1260쪽.

12 『황성신문』, 1902.1.13.

13 김용섭, 1992, 「일제의 초기 농업식민책과 지주제」, 『한국근현대농업사연구』, 일조각, 42~47쪽.

14 당시 한국의 지가는 일본의 1/5~1/10 정도라고 보고했다. 加藤末郎, 1904, 『韓國

고, 일본정부가 국책으로 뒷받침해 주었다. 일본정부는 일본 영사관을 통해 대한제국 정부가 외국인의 소유는 허락하지 않으나 사실상의 점유는 이의를 제기하지 않으니 적극적으로 토지 투기에 나서라고 독려했다.[15]

2. 정부의 법적·제도적 대응

전근대 한국의 토지 거래는 사적으로 매매문기를 작성 교환하는 것만으로 절차가 완결되었다. 이는 오랫동안 관습법으로 통용되었다. 그러나 19세기 토지 상품화가 촉진되면서 문기를 위조하여 몰래 파는 사기 현상이 크게 증가했다. 토지분쟁이 속출하는 등 토지 거래제도의 불안성이 고조되기 시작한 것이다. 이 제도를 이용한 일본인의 잠매가 성행하면서 토지제도 기반이 더욱 위태롭게 되자 대한제국 정부는 기존의 틀을 완전히 바꿔 국가가 토지권을 관리한다는 계획을 세워 실천에 옮겼다. 그 내용은 가계제도(家契制度)를 적극 활용하고 외국인 토지소유금지법을 강화하는 한편, 근본적 해결책으로써 양전·관계사업을 추진한 것이다.

가계제도는 1893년 입안제도와 조계에서 실시한 지계제도의 경험을 바탕으로 한성부에서 처음 도입했다.[16] 부동산 거래의 불안성이 한성부

農業論』, 裳華房, 258쪽; 岩永重華, 1904, 『最新韓國實業指針 附渡航案內』, 寶文館, 121쪽; 山本庫太郎, 1904, 『最新朝鮮移住案內』, 道邊爲藏, 80~81쪽.
15 山本庫太郎, 1904, 위의 책, 208~210쪽. 1902년 일본영사관이 원산 거류민에 내린 지령.
16 왕현종, 1998, 「대한제국기 한성부의 토지가옥조사와 외국인 토지침탈 대책」, 『서울학

에서 특히 심각했기 때문이다. 한성부는 개시장(開市場)으로 개방되어 외국인의 거주와 왕래가 빈번했으며, 몰락 농민들이 대거 유입되어 거주지 분쟁이 격발했다. 한성부는 가계를 발급하여 이 문제를 해결하려는 계획을 세웠다. 가계는 가옥을 거래할 때 근거로 삼을 수 있도록 형식을 갖추었다.[17]

한성부에서는 거주지 분쟁이 해결될 전망이 보이지 않자 가계제도를 재정비했다.[18] 그 내용은 전에 매매한 것까지 소급하여 발급할 것, 거래가의 1/100을 한성부에 납부할 것, 구권(舊券)이 없거나 가쾌(家儈)와 보증인의 서명이 없을 경우에는 가계를 발급하지 말 것 등이었다.[19] 1900년에는 가계제도를 개성, 인천, 수원, 평양, 대구, 전주 등으로 확대 시행하면서 양식도 개정했다.[20] 주로 거래의 안정성을 확보하기 위한 조치였다.

그러나 가계제도는 근본적으로 한계가 있었다. 한성부에서 가계제도를 계획할 때 모든 호를 조사하여 가계를 발급하고, 소유권을 이전할 때도 반드시 가계를 근거로 거래하도록 계획했지만,[21] 관청에 가호를 기록한 장부가 없었기 때문에 실제로는 구문기(舊文記)를 유일한 근거로 가계를 발급했다. 소유자명을 잘못 기재하거나 허위로 가계를 발급받아 몰래 팔거나 일본인 전당포에 전당 차용하는 일도 발생했다.[22] 더 큰 문제

연구』 10; 최원규, 2001, 「19세기 후반 지계제도와 가계제도」, 『지역과 역사』 8 참고.
17 한성부에서는 총 4차례에 걸쳐 가계를 발행했다. 처음 발행한 가계양식은 조선총독부 중추원, 1940, 『朝鮮田制考』, 406쪽에 실려 있다.
18 법전조사국, 1908, 『부동산법조사보고요록』, 36~37쪽.
19 법전조사국, 1908, 위의 책, 45쪽.
20 和田一郎, 1920, 『朝鮮地稅土地制度調査報告書』, 朝鮮總督府, 277쪽.
21 『승정원일기』, 고종 12년(上), 465쪽.
22 가계제도는 공시 열람제도가 미비하여 가계를 분실한 자는 무효라는 신문광고를

는 일본인의 전당업이 극성하면서 전당으로 소유권을 잃게 된 가옥이 급증했다는 사실이다.[23] 이와 아울러 외국인이 차지한 가옥에 대한 법적 처리문제가 사회적 이슈로 부각되었다. 각국 외교사절은 한성부 내 거류지와 가옥에 대해 지권과 가계를 발급해 줄 것을 외부(外部)에 강력히 요구했다.[24]

그러나 외국인에게 가계를 발급해 주면 우리의 가옥이 전부 넘어갈 것이라고 우려하는 강력한 반대여론이 등장했다.[25] 외국인들은 가옥을 매수하고 가계 발급을 독촉했지만 한성부는 가계 발급을 주저했다. 영조(永租)의 성격을 가진 가계를 발급해 주는 것은 문제가 있다고 판단했기 때문이었다. 일본인 전당업자들은 전당으로 소유권을 넘겨받아도 공식적으로 인정받지는 못했다. 가계제도는 일본인 전당업자들의 활동을 저지하는 데 어느 정도 기여했다.[26]

대한제국 정부는 외국인의 토지소유를 금지하는 법을 더욱 강화했다. 불법적인 토지 거래가 전국으로 확대되자 수시로 외국인의 잠매를 단속하라는 훈령을 내리는 한편,[27] 외국인의 부동산 소유와 점유를 금하는 법을 명문화했다.[28] 그러나 대한제국 정부는 외국인에게 이를 강제할 만한 공권력을 갖추지 못해 실효성이 문제가 되었다. 결국 자국민에게만 토지

했다(『황성신문』의 광고 참고).
23 『황성신문』, 1901.9.3; 9.24; 1906.6.14. 한성부에서는 외국인이 전집(典執)한 호가 전체 4만여 가옥 중 2/5가 될 정도라고 언급했다.
24 『황성신문』, 1902.1.8.
25 위의 글, 1902.1.8.
26 『황성신문』, 1905.5.19; 1906.9.20; 1908.4.23.
27 『全羅北道法來案』, 건양 원년 7월 14일(국사편찬위원회, 『各司謄錄』 53, 10쪽).
28 내각 기록국, 『法規類編』(아세아문화사 영인본), 212쪽.

를 방매하는 것을 금지하도록 하는 한계를 드러냈다. 게다가 왕실 등 지배층은 농민경제가 피폐되었음에도 불구하고 농민의 토지를 빼앗는 행위를 멈추지 않았다. 농민은 생존권 차원에서 일본인에게 저당은 물론 잠매를 했다. 일본인들은 개항장 부근은 물론 내륙까지 점점 토지침탈을 확대해 갔다.

대한제국 정부는 외국인의 잠매 토지를 무효화하거나 처벌하지 못했다. 농민만 처벌하거나 환퇴를 강요하는 등 일방적으로 책임을 강요했다. 일본인들은 이 틈을 노려 무방비 상태에 놓인 농민들을 위협해 헐값으로 잠매를 자행했다. 대한제국 정부는 사태의 심각성을 인식하고, 외국인의 부동산 소유를 막는 제도 정비 작업에 착수했다. 근본적 해결책은 국가주도의 부동산권 관리체제를 확립하는 일이었지만, 대한제국 정부는 우선 토지법을 제정하여 긴급히 대처했다. 민사적 측면에서 전당포 규칙, 형사적 측면에서 잠매자 처벌법을 마련했다.

전당포 규칙은 1897년 11월 2일 법률 제1호로 공포되었다.[29] 이 규칙은 당시 만연한 전당, 특히 일본인 전당업자로부터 국민들이 재산을 뺏기는 사태를 막기 위해 제정했다. 내용은 다음과 같다. 첫째, 부동산 전당은 관의 허가사항으로 정했다. 토지는 계권주(契券主), 가사(家舍)는 가쾌가 연서하여 관청의 허가를 받은 뒤 전당하도록 했다. 둘째, 한국인 전당포 이외에는 전당할 수 없도록 규제했다. 셋째, 이를 어겼을 때는 계권(契券) 기재금액의 절반을 벌금으로 징수하도록 했다. 넷째, 퇴전(退典) 기한은 품목에 따라 3개월 혹은 5개월로 정했다. 퇴전하지 않았을 경우에는 3일 전에 점포주와 협동 방매하여 원리금을 청산하고, 퇴전기한이 지났을 때

---

29 서울대학교 도서관 편, 1991, 『詔勅 法律』, 728쪽.

는 5일간 문 앞에 게시한 뒤 포주가 알아서 처리하도록 했다.

잠매자는 「의뢰외국치손국체자 처단례 개정건(依賴外國致損國體者 處斷例 改正件)」(1900년 4월 28일 법률 제4호)으로 처벌했다. 제6조에 허가한 곳을 제외하고 전토, 삼림, 천택(川澤)을 가지고 있다가 외국인에게 잠매하거나 외국인에 붙어 차명으로 거짓으로 허가하거나 이를 알고서도 판매한 자는 제2조 명률 도적편 모반조에 의하여 처벌할 것을 명한다고 명시했다.[30] 이 법은 1898년의 「의뢰외국치손국체자 처단례」를 개정한 것이다.[31] 이 법에는 여러 한계가 있었다. 잠매가 발생한 다음 사후 처리법이고, 관계인이 고발하지 않는 한 잠매 사실을 알 수 없다는 점이다. 처벌도 자국민에 국한하고 외국인은 이와 무관했다. 잠매를 막기 위해서는 농민경제의 안정화 대책을 강구하고, 이를 가능하게 한 토지 거래제도를 개혁해야 했다. 이에 따라 국가가 부동산권을 관리하는 부동산 등기제도를 마련하지 않으면 안 된다는 여론이 들끓었다. 대한제국 정부가 1898년 착수한 양전·관계사업은 이를 해결하기 위한 근본적인 대책이었다.

---

30   내각 법제국 관보과, 『관보』 제1562호, 1900.5.1, 8, 430쪽.
31   내각 법제국 관보과, 『관보』 제1114호, 1898. 11. 24. 제1582호, 1900.5.1.

제3장
갑오·광무정권의 공토정책과 납세제

1. 갑오정권의 토지정책과 작인납세의 제도화

　갑오·광무정권기에는 농민항쟁·농민전쟁으로 표출된 문제를 해결하기 위해 다양한 개혁안이 제출되었다. 조세제도 개혁론은 신분제 해체를 전제로 하면서 균부균세(均賦均稅)의 원칙 아래 근대적 조세체계를 수립하는 것이 과제였다. 토지제도는 지주제를 둘러싸고 크게 개혁론과 유지론으로 대립했지만, 타협안으로 감조론이 대두되면서 정책으로 실천되기도 했다. 감조론은 경작권을 물권으로 인정하고 작인납세제나 지주·작인 공동납세제를 내용으로 하는 지주적 입장이었다.[1]

　갑오정권과 광무정권은 이러한 방향에서 농업 문제를 해결하려고 했으며, 이를 국가가 관리하는 공토에 곧바로 우선 적용했다.[2] 갑오정권은 장기적 차원에서 양전과 지권 발급이라는 과제를 수행해야 한다고 전망하면서도 현실적으로 취한 정책은 갑오승총이었다. 갑오승총은 궁방전과 역둔토에 부과한 결세를 종전에는 면세하거나 해당 기관에서 거두었지만, 탁지부에서 징세권을 회수하여 일괄 거두기로 한 공토정책이었다.[3]

---

[1] 갑오·광무정권기 토지개혁론은 김용섭, 1988, 『한국근대농업사연구(증보판)』(하), 일조각; 최원규, 1996, 「19세기 양전론의 추이와 성격」, 『중산 정덕기 박사 화갑기념 한국사학논총』, 경인문화사; 왕현종, 2017, 『대한제국의 토지조사와 토지법제』, 혜안이 참고된다.

[2] 갑오개혁 이후의 국유지정책은 신용하, 1982, 『조선토지조사사업연구』, 지식산업사; 배영순, 2002, 『한말 일제초기의 토지조사와 지세 개정』, 영남대학교 출판부; 김양식, 2000, 『근대권력과 토지』, 해남; 조석곤, 2003, 『한국 근대 토지제도의 형성』, 해남; 최원규, 2019, 『한말일제초기 국유지 조사와 토지조사사업』, 혜안 등이 참고된다.

[3] 배영순, 2002, 『한말 일제초기의 토지조사와 지세 개정』, 영남대학교 출판부; 박진태, 1997, 「갑오개혁기 국유지 조사의 성격」, 『성대사림』 12. 13에 잘 정리되어 있다.

이에 따라 사궁이나 영아문에 준 무토 면세지에 대한 징세권은 탁지부에서 회수하고, 종전에 궁, 역토, 둔토에 대해 면세해 준 결세(유토면세결)는 해체하여 작인이나 마호(馬戶)가 탁지부에 납부하도록 하는 지세 납부 조치가 단행되었다.[4] 이 조치로 모든 토지는 탁지부에 결세를 납부해야 했다. 유토는 이외에 해당 기관에 도전(賭錢)을 납부하도록 했다.[5] 갑오승총으로 탁지부에서는 전국 토지에 대해 결세를 징수하게 되었다. 유토(공토)는 사토와 다를 바 없이 일반 민전처럼 지주경영을 하여 작인이 결세는 탁지부에, 도전은 공토주에 납부하게 되었다. 이제 국가와 토지의 관계는 공·사토 구별 없이 모두 동일한 위치에 놓였다. 공토는 지대만 받고 지세를 납부하지 않는 근대의 국유지와는 달랐다.

그러나 문제는 유토와 무토를 구별하기가 쉽지 않다는 점이다. 그동안 작인은 결세와 도전을 구분하지 않고 해당 기관에 수조액을 총액으로 납부하고, 부담액도 다양했기 때문에 유토·무토=공토·사토를 구분해 내기가 쉽지 않았다. 이 양자를 구분하여 결세와 도전을 거두도록 한 갑오승총의 조치는 새로운 권리분쟁의 시작을 의미했다. 갑오정권은 이를 분별하기 위해 「결호화법세칙」을 마련했지만, 이때 호조에서도 판명하지 못할 정도라고 스스로 언급할 만큼 구별이 쉽지 않았다.[6]

다음에는 법전과 결호화법세칙에서 제시한 유토와 무토의 유형을 비

---

4 "각 궁 소유의 토지에서 곡식을 수확하는 등의 문제는 그전과 같이 각 궁에서 관할하게 하되, 단지 지세는 새 규정대로 내고, 만일 각 역에서 종전에 세를 적게 내거나 각 둔전에서 도조만 내고 지세를 내지 않는 경우가 있으면 다 새 규정대로 작인과 마호가 내게 하는 사안입니다(『고종실록』 32, 고종 31. 8. 26)."

5 임시재산정리국 편, 1908, 「제4류 수입」, 『임시재산정리국 집무제요』, 44쪽.

6 「결호화법세칙」 (규장각).

교해 보자. 양자에서 무토는 공통적으로 결세액으로 미 23두를 납부하도록 했지만, 유토는 견해차를 보였다. 결호화법세칙에서는 배타적 소유권적 관점에서 유토를 제1종 유토와 제2종 유토로 분류했다. 제1종 유토는 병작반수가 적용되는 매득지(買得地), 즉 돈을 주고 산 땅이라고 정리했다. 그런데 결호화법세칙에서는 조(租) 100두와 조 200두를 납부하는 절수사여지(折受賜與地)에 대해서는 언급이 없었다. 법전에서는 무토 이외의 토지를 유토로 분류했지만, 결호화법세칙에서는 유토 가운데 징세권(수조권)을 부여한 수세지를 제2종 유토로 분류했다. 절수사여지는 개간으로 성립된 토지이기 때문에 결호화법세칙의 기준에 따르면 제2종 유토는 민전, 즉 사토로 분류해야 한다.

그러나 절수사여지를 조의 액수에 따라 지대 또는 결세로 구분하여 분류하기는 쉽지 않으며, 구분될 성질도 아닌 것으로 보였다. 투탁지(投託地)나 혼탈입지(混奪入地) 등 명백히 무토인 경우는 면세조치의 철회와 동시에 사토로 처리하면 되지만, 문제는 미 23두의 조를 초과하여 납부하는 토지이다. 이 가운데 유토로 확정한 토지는 탁지부에 결세를 납부해야 하는데, 이때 이를 누가 부담할 것인가 하는 문제가 발생했다. 다음과 같이 경우의 수가 존재했다.

첫째, 기존 수조액 가운데 결세 부분은 탁지부에 납부하는 경우, 둘째 기존 수조액은 이전 그대로 납부하고 별도로 작인에게 결세를 납부하도록 전가하는 경우, 셋째 결세를 공토주와 작인이 합의하여 부담액을 조절하는 경우 등이다. 그런데 두 번째 경우, 자기 토지가 무토, 즉 사토라고 주장하면서 토지를 환급해 주지 않고 오히려 결세를 추가 부담시킨다고 '일토양세'라 주장하는 경우와 이미 유토로서 '결도(結賭, 결세와 도조)'를 납부하고 있는데 다시 결세를 추가로 부담시킨다고 이해하며 '일토삼세'

라고 주장하는 경우가 발생했다. 이들은 이에 저항하여 결도 납부 거부운동을 벌리기도 했다.

이 경우 무토와 유토, 즉 공토와 사토를 구별하는 문제와 양자 사이에 결세 부담을 어떻게 할 것인가 결정해야 하는 두 가지 문제가 있다. 우선 유·무토를 구분할 때 결도의 부담이 달라져 분쟁이 발생할 가능성이 높았다. 특히 매득지가 아닌 절수사여지가 문제였다. 일반적으로 유토는 납세액을 기준으로 조 200두형과 조 100두형으로 구분하고, 전자는 국유지, 후자는 민유지로 분류하기도 한다.[7] 이때 조 100두를 민전의 조(결세)로 간주하고, 조 200두 = 조 100두(결세)+조 100두(도조 지대)로 해석하고, 후자는 수조권자인 공토주, 전자는 납조자인 민을 소유권자로 일반적으로 정리하고 있다.

그런데 문제는 이 같은 수조 관습을 포기하고 배타적 소유권으로 구분하면서 분쟁이 발생하였다. 양자 중에 어느 한편의 권리를 박탈하고 무권리한 존재로 정리할 경우 이들은 당연히 여기에 저항하게 된다. 절수사여지는 다른 유형의 두 권리가 존재하는 중층적 토지소유관계가 형성된 토지인데, 명확한 법적 기준 없이 양자는 자기 기준에 따라 공토 또는 사토로 이해하기 때문에 늘 분쟁을 동반했다. 조 200두형과 조 100두형 가운데 조 100두형이 더 민의 소유의식이 강했지만, 조 200두형도 사토라 주장하는 경우가 적지 않았다. 관과 민은 이같이 권리의식에서 큰 차이를 보였다. 이 점이 후일 일제의 국유지 조사 과정에서 소유권 분쟁으로 비

---

7 절수사여지는 박준성, 1984, 「17, 18세기 궁방전의 확대와 소유형태의 변화」, 『한국사론』 11; 이영훈, 1989, 『조선 후기 사회경제사』, 한길사; 宮嶋博史, 1991, 앞의 책, 東京大學 東洋文化硏究所; 이영호, 2018, 『근대전환기 토지정책과 토지조사』, 서울대학교 출판 문화원 등이 참고된다.

화되기도 했다.[8]

이를 보여주는 전형적인 사례가 '지도군 관내 목장토와 궁방전의 토지분쟁(1908년 4월 22일)'이다. 지도군의 목장토와 궁장토를 경작하던 도민은 "이곳 토지는 민유지를 절수사여한 면부출세지로 조 100두의 결세와 궁도를 납부하던 토지인데, 갑오승총으로 결세를 탁지부에서 거둘 때 결세를 100두 안에서 지불해야 했지만, 각 궁은 자기 몫이 적어진다는 이유를 들며 결세를 더 징수했다"고 주장했다. 도민은 이것이 '일토양세'로 결도를 모두 납부하는 억울한 일이니 궁조는 폐지하고 국세만 징수하라고 청원했다.

반면, 탁지부 장관은 "지도군 목장토와 궁장토 도세는 '일토양세'라고 하나 결세와 도세는 원래 성질이 서로 달라 양세라 칭할 수 없으니, 전년예에 따라 도조와 결세를 속히 납부하도록 하라"고 통지했다.[9] 갑오승총 이후 조 100두형 토지에서 궁과 민이 수조권의 내용을 둘러싸고 계속 갈등했지만, 궁에서는 기존 수조액에 결세까지 더 거두어 갔다. 민은 이전에도 읍과 부에 여러 번 호소했다. 1904년에는 궁감과 봉세관이 도민을 위협하여 소장을 빼앗아 불사르고 납세를 독촉하기도 했다.[10] 이때 대립의 초점은 수조액의 수준이었다. 민은 조(租)가 결세와 도조를 포함한 것으로 보고, 탁지부에서는 조는 도조이고 결세는 별도라는 입장이었다.

---

8   임시재산정리국, 1908, 「제4류 지도군 일토양세의 건」, 『임시재산정리국 집무제요』, 39~50쪽.

9   지도 이외에 암태도(선희궁), 기좌도·안창도(내수사), 비금도(명례궁), 매화도, 송이도, 안마도, 탄도(선희궁)도 궁조와 국세를 모두 인민이 부담한다고 했다.

10   임시재산정리국, 1908, 「제4류 지도군 일토양세의 건」, 『임시재산정리국 집무제요』, 39~50쪽.

1908년 임시제실유급 국유재산조사국에서 역둔토를 조사할 때 분쟁이 다시 본격적으로 제기되었다. 민은 민유지라고 주장하며 궁도(宮賭)를 폐지해 달라고 청원했지만, 탁지부는 국유지라는 입장이었다. 뒤에 서술한 창원군의 창둔도 비슷한 사례였다. 이곳도 갑오승총 이래 사토→공토→사토로 판정이 오갔다가 광무사검 때 다시 공토가 되는 과정을 거쳤다. 토지의 성격은 관과 민이 확연히 다르게 판정했다. 관계 기관들 사이에서도 이해관계에 따라 판정기준을 달리했다. 탁지부에서는 대체로 공수위(公須位) 등 토지의 명목을 기준으로, 농상공부나 군부 등은 결세액의 수준을 기준으로 판별한 것으로 보인다. 탁지부는 결세, 그 이외의 기구에서는 도조 징수기관이라는 점에서 판정을 달리 하였다.[11]

갑오·광무정권은 유·무토를 구분하는 통일적인 기준을 마련하지 않았다. 그러다 보니 기관별로 판정기준이 달라 적지 않은 분쟁이 발생했다. 그러나 갑오·광무정권의 공·사토 구분은 배타적 소유권을 확정하기 위한 것이 아니라 수조액의 수준을 둘러싼 분쟁이었기 때문에 극한 대립에 이르지는 않았다. 대체로 분쟁은 수조액의 수준을 조정하는 선에서 타협이 이루어졌지만, 후일 이 타협이 문제가 되었다. 일제는 민이 도조로 타협한 것을 공토를 인정한 것이라 해석하고, 민의 소유를 인정하지 않았다.

한편 갑오정권은 갑오승총으로 공토를 확정하는 한편, 공토에 대한 지주경영 시스템을 마련하는 일도 착수했다. 1895년 을미사판이 그것이다.[12] 1895년 9월 농상공부령 제8호로 역전(답)을 조사하도록 훈령을

---

11 김양식, 2000, 『근대권력과 토지』, 해남, 50~80쪽.
12 배영순, 2002, 『한말 일제초기 토지조사와 지세 개정에 관한 연구』, 영남대학교 출판부, 67~71쪽.

내리고,[13] 「농상공부 역답 사판규례」를 정했다.[14] 조사 대상 토지는 각 역의 원래 결수(結數)와 탁지부에서 승총한 결수, 이외에 은토(隱土)·진전·환간(還墾)된 것, 공문으로 영매(永買)·권매(權買)·천매(擅買)하거나 천반(川反)과 열등하고 척박한 민전으로 품토(品土)를 속여 모입한 것 등이었다. 역토 경영은 마름이 관리했으나, 작인을 확정하고 교체하는 일은 금지했다. 지대는 정액 도전(賭錢)이었다. 역둔토 지주제는 작인의 경작권을 관습물권으로 인정하고, 정액으로 지대를 납부하도록 한 경영시스템이었다.

조사장부는 군과 역에서 소장한 양안이었으며, 이를 근거로 유토와 무토를 구분하여 결세를 부과하면서 분쟁이 발생했다. 농민들은 역토 가운데 공수위전(公須位田) 등을 사토라고 주장하며 환급을 요구하는 경우가 많았다. 그 증거로 매매문기를 제시하며 자신들이 사서 대대로 경작해 온 사유지이며, 역에는 결세만 납부했다고 주장했다. 관에서는 양안과 매매문기 등을 비교하여 정당하다고 인정되면 환급해 주었지만, 양측의 주장이 다른 경우도 적지 않았다. 특히 절수사여지 같이 수조액이 낮게 설정된 공토에는 중답주가 대거 존재했다.[15] 중답주는 작인이 빌린 땅을 다시 전대하거나, 부농이나 향반토호 등이 돈을 내 개간하여 그 대가로 물권적 권리를 확보한 다음, 작인에게 땅을 빌려주면서 발생했다. 그리고 작인이 항조운동을 일으켜 지대가 대폭 인하할 때도 등장했다. 중답주는 작인의

---

13 대한민국국회도서관, 1970, 『한국근대법령자료집』 1, 585쪽.
14 『驛土所關文牒去案』 9책, 1895.9.28.
15 중답주는 김용섭, 1988, 「한말에 있어서의 중답주와 역둔토지주제」, 『한국근대농업사연구』(하), 일조각; 최원규, 1997, 「한말 일제초기 일제의 토지권 인식과 그 정리방향」, 『한국근현대의 민족문제와 신국가건설』, 지식산업사가 참고된다.

성장과 지주권의 후퇴로 나타난 18~19세기 농촌 관행이었다.[16]

갑오개혁 이후 역둔토에는 이전과 성격이 다른 중답주가 대량 발생했다. 무토와 공유지가 공토로 강제 편입될 때, 또는 역둔토를 매매하거나 임의로 전매할 때 신구 관속들이 중답주로 기생하는 일이 발생하곤 했다. 역둔토에서 관습물권의 권리자(도지권자)가 낮은 수준의 정액도전제를 근거로 타인에게 경작을 맡기면서 중답주로 변신하게 된 것이다.[17] 갑오개혁 이전에는 경제적 요인, 이후에는 정치적 요인으로 발생했으며, 대한제국 시기에도 지속적으로 발생했다.

2. 광무사검과 공토 조사의 성격

광무정권은 황제의 주도로 대한제국이라는 근대적 국가로 전환하기 위해 전면적인 제도개혁에 착수했다. 광무정권은 개혁에 필요한 자금을 조달하기 위해 내장원(內藏院)을 설치하고, 1899년 광무사검을 추진했다.[18] 이는 역토, 둔토, 공유지 등을 조사하여 공토로 확보하고,[19] 일원적으로 관

---

16 김용섭, 1988, 「한말에 있어서의 중답주와 역둔토지주제」, 『한국근대농업사연구』 (하), 일조각, 440쪽.

17 김용섭, 1988, 위의 글, 402~425쪽.

18 광무사검은 김양식, 2000, 『근대권력과 토지』, 해남; 배영순, 2002, 『한말 일제초기의 토지조사와 지세 개정』, 영남대학교 출판부; 박진태, 2000, 「한말 역토조사를 둘러싼 분쟁 사례-경기도 양주군을 중심으로-」, 『사림』 14 등이 참고된다.

19 박진태, 1995, 「대한제국 초기의 국유지 조사」, 『대한제국의 토지조사사업』, 민음사, 459~460쪽.

리하는 중앙 관리체제를 수립하기 위한 작업이었다.

광무사검의 내용은 다음과 같다.[20] 첫째, 도 단위로 사검위원을 파견하여 지방관의 협조 아래 내장원 소속의 토지를 조사했다. 조사는 내장원 소속을 확인하는 동시에, 은결(隱結)과 환간전(還墾田)을 확인하여 수조 실재전으로 파악하는 일이었다. 조사 대상 토지는 각 관청 소속 토지, 궁장토를 비롯한 목장, 역토, 둔토와 종래 납세하기 위해 마련한 각종 전답, 초평(草坪), 시장 등은 물론, 공유(公有)전답, 사계답(私契畓), 개간지 등이다. 유토 명목의 민결 절수지도 조사 대상이었다. 이미 환급했던 역둔토나 사토로 매매되었던 토지 등도 다시 조사하여 환수하는 조치를 취했다.[21] 민전으로 확인된 무토는 환급하기도 했다. 조사 결과 공토가 15~16%가량 증가한 것으로 나타났다.[22]

둘째, 지주경영을 위한 기초조사를 실시했다. 조사 내용은 전답의 두락과 일경(日耕), 결부 등급 그리고 시작을 조사하여 도조를 책정했다. 지대는 정액도전제로 안정적 확보와 보관에 중점을 두었다. 마름에게 작인 교체권은 주지 않았으며, 작인의 교체는 지대 불납의 경우로 제한했다.[23]

셋째, 내장원은 공토를 대상으로 결세와 도조를 책정하고 수조하는 작업에 착수했다. 이때 농민들은 자기 토지가 공토로 편입되면서 '일토양세'로 부담이 증가하자, 정소·거납·폭동 등의 방법으로 사토라고 주장하겨 반환을 요구했다.[24] 내장원은 사토임이 증명되면 환급해 주기도 했지

---

20 『內藏院各牧場驛土各屯土各樣稅額捧稅官章程』(광무 4년 9월).
21 배영순, 2002, 『한말 일제초기의 토지조사와 지세 개정』, 영남대학교 출판부, 103~106쪽.
22 박진태, 1995, 앞의 책, 530쪽.
23 『內藏院各牧場驛土各屯土各樣稅額捧稅官章程』(광무 4년 9월).
24 창원의 창둔민들은 "공토는 양안에 실려 있고 답안이 있는데, 지금 소위 각 청답은 원

만 대체로 불허했다.[25] 도조 거납 등의 분쟁은 절수사여지를 공토로 편입시키면서 빈발했다. 내장원은 "감히 사토라고 하면서 이같이 완강히 거납하니 어찌된 민습(民習)인가. 도지를 연체한 자는 일일이 체포 구속하고, 그동안의 미납분은 각별히 독려하여 납부하게 하라"[26]는 지시를 내렸다. 내장원에서는 환급을 거부하는 이들을 잡아 가두고, 납부를 독촉하는 한편, 수조액 조정을 위한 협상을 개시했다. '일토양세'라고 반발하는 민원에 대하여 대한제국 정부는 결세와 소작료는 다른 것이라고 설득하는 한편, 종전 면세분을 탁지부에 납부하는 것이기 때문에 부담 정도도 문제가 될 일은 아니라고 반론을 제기했다.[27]

한편 지세와 지대=결도를 탁지부와 해당 기관에 분리 납부하면서 이를 감안하여 낮은 수준의 정액지대를 책정하기도 했다. 이것이 중답주의 존속과 발생의 근거가 되었다. 그리고 공토주가 기존대로 수조액을 받고 결세를 자기가 부담하기도 하였다.[28]

광무정권의 공토정책은 기본적으로 작인이 결도를 납부하던 토지를 공토로 정리하는 동시에, 작인납세제를 적용하는 방식으로 추진되었다. 이것은 작인의 경작권을 물권으로 인정하고 경영권을 보장해야 시행이

래 사토이기 때문에 양안에 실린 바가 없고 또 답안에 근거한 것이 없으니 이 어찌 공사의 확증이 아니겠는가"라고 소장을 제출했다. 『慶尙南北道 各郡報告』, 1901.10.2.

25 배영순, 2002, 앞의 책, 106~141쪽.

26 내장원에서는 "이미 공토에 관계되어 도지를 받아왔다. 지금은 변통할 수 없다. 한번 본원에 들어온 토지는 환급해 줄 일이 없으니 번거롭게 하지 말고 물러가라"고 했다. (『慶尙南北道 各郡報告』, 1907. 11.10)

27 임시재산정리국 편, 1908, 「제4 수입」, 『임시재산정리국 집무제요』, 40쪽.

28 김용섭, 1988, 「한말에 있어서의 중답주와 역둔토지주제」, 『한국근대농업사연구』 (하), 일조각, 402~415쪽.

가능한 정책이었다. 광무사검의 공토정책은 국가(황실)의 수입 증대에 목적이 있었지만, 작인의 부담이 더 커지지는 않았다.[29] 토지별로 지대 수입의 등락은 있겠지만, 총수입은 전과 비슷한 정도였다. 광무사검의 기본정책은 수입의 안정성에 둔 것으로 보인다. 당시 실질 지대율은 30% 정도였다고 한다.[30]

일제는 1907년 임시제실유급 국유재산조사국을 설치하여 역둔토를 조사하고, 1908년 국유지로 확정했다. 이어서 1909년 탁지부에서 국유지 실지조사를 시행하면서 질적 전환을 맞이했다. 일제는 공토를 배타적 소유권의 지위를 갖는 국유지로 확정하고 물권적 경작권을 해체했다. 작인은 임차권자로 지위를 확정했다. 지세는 완전 해체하고 지대는 대폭 올리는 방향으로 국가가 직접 지주경영에 착수했다. 이제부터 본격적으로 수조액을 둘러싼 공토분쟁이 소유권을 둘러싼 국·민유분쟁으로 성격이 전환되었다.

대한제국은 공토정책의 이념을 양전·관계사업에 반영했다. 공토와 함께 작인을 조사하여 양안에 등록하여 지세 납부자로 확정했다.[31] 광무정권은 작인납세제를 전 경작지에 도입하는 제도화 작업을 추진했다. 특히 공토에서는 양지아문과 지계아문 모두 작인을 결세 부담과 경영의 주체로 파악하여 양안에 등록했다. 대한제국의 작인납세제는 지주가 작인에 결세를 전가하는 형태가 아니라 경작권의 물권화, 적어도 작인의 탈경

29　박진태, 1995, 앞의 책, 528~531쪽.

30　김양식, 2000, 『근대권력과 토지』, 해남, 78쪽. 봉세관장정에서 도전에서 도지로 전환하여 현물 또는 시가로 납부하도록 했지만, 총수입은 증가하지 않았다.

31　대한제국의 양전·관계사업은 한국역사연구회 토지대장반, 1995, 『대한제국의 토지조사사업』, 민음사를 참고함.

이작 금지와 정액도지제를 전제로 추진되었다.[32]

　갑오·광무정권의 일관된 공토정책은 공토 확대, 경작권의 물권화, 작인납세제, 정액도전제 등이었다. 대한제국이 이를 제도화하기 위해 추진한 양전·관계사업은 러일전쟁과 일제의 강압 때문에 중단되었지만, 그 이념은 1906년 「부동산권소관법」으로 표현되기도 했다. 여기서 임조권(賃租權: 경작권을 포함한 일종의 임차권)에 물권의 자격을 부여하여 등기할 수 있도록 정했다.[33] 그러나 광무정권의 공토정책은 일제의 국유지 정책으로 커다란 변화의 전기를 맞이했다.

32　일제가 지세령에서 영소작권(永小作權)이나 20년 이상의 지상권자를 납세의무자로 정한 것도 (朝鮮総督府,『朝鮮総督府官報』호외, 1914.3.16. 제령 제1호 지세령) 물권에 소득이 있으면 당연히 세금을 부과한다는 원칙론에 따라 정한 것이라 판단된다.

33　최원규, 1996,「대한제국과 일제의 토지권법 제정 과정과 그 지향」,『동방학지』94. 임조권은 강제 등기사항은 아니지만, 등기 대상 물권으로 정했다는 점에 의미가 있다.

제4장
대한제국의 양전·관계사업

1. 양전 원칙과 양안의 특징

대한제국은 1898년 7월 양지아문직원급 처무규정을 공포하고 양지아문을 설립하면서 양전사업을 시작했다. 이 사업은 광무정권이 근대국가로 발돋움하는 데 필요한 국가경제의 기초자료를 확보하기 위해 전 국토를 파악할 필요가 있다는 인식 아래 추진되었다.[1] 양지아문은 1898년 9월 불법적인 토지 거래 문제를 해결하기 위한 방편으로 토지소유자에게 관계를 발급하는 사업을 추가했다.

대한제국의 양전사업은 전국의 부동산을 측량하여 소유권을 국가가 법인하여 국가관리체계를 확보하는 한편, 외국인의 토지소유 금지를 제도적으로 실천하기 위한 것이었다. 조사 대상 지목(地目)은 모든 지목이었다. 경지는 전답(田畓) 두 범주로 구분해 조사했다. 전은 일반적인 전과 함께 영구작물 재배지는 작물의 종류에 따라 죽전(竹田), 노전(蘆田), 저전(楮田), 칠림(漆林) 등으로 지목을 구분했다.[2] 대(垈)는 전에 속하면서 양안의 시주란에 대주(垈主) ○○○이라는 표기와 함께 가사(家舍)의 실태를 기록했다. 초가와 와가로 구분하고 칸수를 적었다. 이외에 물레방앗간(水春), 방축, 제언, 토기점(土器店), 염전, 화전 등도 조사 기록했다. 여기서 주목할 점은 양지아문이 기경지·수조지 파악이 주목적이었던 구래의 양전과 달리 시주·시작 등 토지권 파악을 목표로 시주·시작을 조사하고 개별 필지의 모습과 경계 등을 실제 모양대로 파악하기 위해 근대적 토지측량

---

1 광무 2년 6월 22일, 「土地測量에 關힌 事件」, 『去來存案』 3책.
2 『增補文獻備考』, 中卷, 田賦考.

기술을 도입하려고 시도했다는 점이다.

광무정권은 이를 위해 미국 측량기사 레이먼드 에드워드 레오 크럼(Raymond Edward Leo Krumm)을 고빙(雇聘)하여 수기사(首技師)에 임명하였다. 그는 측량 사무를 비롯하여 견습생 양성, 한성부의 측량 실무 등 근대적 토지측량 방식을 도입하기 위한 여러 시도를 했다.[3]

그러나 서구식 측량제도는 비용 문제, 양전사업의 시급성 등에 따라 반대론에 부딪혀 도입이 중단되었다. 대신 종전 양전 방식을 활용하는 방안이 채택되었다. 사업조직으로 각 도에 양무감리, 군 단위에 양무위원, 실무에 학원을 두는 방식이었다.[4] 측량 원칙은 '구본신참(舊本新參)'이라는 개혁이념대로 국조구전(國朝舊典)에 근거하되 조사 목적을 달성할 수 있도록 측량 방식을 새롭게 조정했다.[5] 자호지번제, 1자 5결 원칙, 결부제, 전품 6등제 등과 함께[6] 어린도책(魚鱗圖冊)이나 구획도를 사용하여 토지를 쉽게 파악하고 누락을 방지하도록 하는 등의 방안이었다. 겉으로는 이전 양전과 차이가 없었지만,[7] 실제 내용에서는 여러모로 차이를 보였다.

첫째, 전품 6등제의 적용 방식에 차이가 있었다. 구 양안에는 상경전(常耕田)은 정전(正田), 경작과 진전이 되풀이되는 속전(續田)으로 구분하

---

3 양지아문직원급 처무규정 제9조 제11, 16, 25조, 내각 법제국 관보과, 『관보』 제996호, 광무 2년 7월 8일. 『황성신문』, 1899.4.1.

4 김용섭, 1988, 『한국근대농업사연구』(하), 일조각, 515~528쪽.

5 「量田事目」, 『增補文獻備考』, 田賦攷2, 지계감리응행사목, 『訓謄』.

6 『增補文獻備考』, 田賦考2, 양전사목.

7 『司法稟報』 乙, 제42책, 광무 8년 6월 15일, 평리원검사 홍종억(洪鍾檍)이 법부대신 이지용(李址鎔)에게 제출한 보고서. 『海鶴遺書』 권2, 急務八制議 田制 제5, 52~53쪽.

여 등록하고 등급을 나눈다고 했다.[8] 또 생산력이 불안정한 상당수의 유·무주 진전이 등록되어 있었다. 그런데 양지아문은 유주전 파악을 원칙으로 삼되, 특히 현재 경작하고 있는 시기전(時起田)을 누락하지 말도록 지시했다.

원결은 물론 새로 기경한 것이나 다시 기경하게 된 것, 화속전(火續田) 등을 빠짐없이 파악하고 작년에 경작했더라도 진천(陳川)으로 된 것은 파악하지 말도록 했다.[9] 양지아문은 현재 경작하고 있는 토지만 파악하도록 했다.[10] 이는 농무규칙과 궤를 같이한다. 시기전 파악 방식은 전품 규정에 반영되었다. 양지아문에는 정전정답뿐만 아니라 세역전(歲易田)도 일역전, 재역전, 삼역전 등 3등으로 구분하여 전품을 부여하도록 원칙을 마련했다. 화속이나 속강(續降)은 전품을 상향 조정하여 6등전으로 양안에 등록한 것으로 보인다.[11] 양지아문의 전품 판정은 진전은 제외하고, 국가재정과 토지권 파악이라는 측면을 고려하여 전반적으로 상향 조정하여 양안에 등록했다. 이는 결국 결부의 증가, 결세의 증징(增徵)으로 나타나 민란을 초래하기도 했다.

---

8 『經國大典』, 2권 호전 양전조, "상경하는 것은 정전(正田)이라 칭하고, 간혹 경작하다가 간혹 진전인 토지는 속전(續田)이라 칭한다(『大典會通』, 조선총독부 중추원, 209쪽)."

9 양지아문 시행조례는 왕현종, 2018, 『대한제국의 토지조사와 토지법제』, 혜안, 396~397쪽에 소개되어 있다.

10 온양군 군내면 양안의 경우 총 154결 중 진결은 1.3결로 전체의 0.8%에 불과했다. 진전은 대부분 유주 진전이고, 무주 진전은 없었다.

11 『鎭川郡詞訟錄』 제8책, 1903.8.초1일(『韓國地方史料叢書』 27책, 441쪽) 속전이나 가경전도 상시 경작하는 경우는 모두 정전의 예에 의하여 등급을 나눈다. 최원규, 1995, 「대한제국기 양전과 관계발급사업」, 『대한제국의 토지조사사업』, 민음사, 218~221쪽.

양지아문의 전품 결정 방식은 곡식의 소출만을 기준으로 한 것이 아니라 토질, 수근(水根), 좌지(坐地) 등 경작 조건과 지가도 고려했다. 토지생산성 이외에 여러 사회경제적 요인들을 반영하여 전품을 결정하도록 했다. 기본적으로는 지심인(指審人)의 평론과 구 양안의 본등(本等)을 참조하도록 하여 급격한 변동보다는 점진적인 변화를 꾀했다.[12] 양지아문의 양전은 1901년 12월 흉년이 들면서 재정적 요인 등을 감안하여 일시 중지되었다.[13]

양전사업이 중단된 시점, 일제는 이민법을 개정하고 일본인들이 대거 한국에 건너가 잠매가 증가하고, 도매(盜賣) 등도 크게 증가했다. 대한제국은 잠매자 처벌법을 마련했지만 역부족이었다. 이를 제도적으로 막기 위해 토지권에 대한 국가관리체제, 특히 시주를 조사하여 관계를 발급하는 일이 시급하게 요청되었다. 부차적으로 양지아문 양전에서 전품을 상향 조정하여 지세 부담이 늘어나 농민들의 반발을 초래했던 점도 고려해야 했다.[14]

대한제국 정부는 1902년 지계아문을 설립하여 이 임무를 맡겼다. 지계아문은 양지아문의 성과와 종전 양전 방식을 수용하는 방향에서 양전 방식을 조정했다. 특히 관계 발급을 전제로 전답은 물론 가사·산림·천택에 관한 양전 원칙을 정했다. 산림·천택은 필요에 따라 양전하고 사표와

---

12 지계감리응행사목 제18조. 양지아문 양안에서 토지측량 부분마다 지심인을 표기한 것도 이러한 이유에서였다고 보인다.
13 『日省錄』, 신축 10월 22일(양12월 2일), 내각 법제국 관보과, 『관보』 제2063호, 광무 5년 12월 6일.
14 이영호, 1990, 「대한제국기의 토지제도와 농민층의 분화양상」, 『한국사연구』 69. 용인 수원에서는 당시 지나치게 시기결(時起結)을 양산하여 주민들의 반발을 야기했다. 지계아문 설립 이후 다른 지역과 달리 다시 측량하는 사태가 벌어졌다.

척수(尺數)를 자세히 할 것을 규정했다.[15] 그리고 양지아문과 달리 구 양안이나 진락성책(陳落成冊) 등 기존 장부를 활용하여 변화된 부분을 조사하는 방식으로 양안을 작성할 것을 지시했다.[16] 종전 양전 방식을 기준으로 하여 관계 발급에 필요한 항목을 추가하는 방식이었다. 〈표 4-1〉에서 기해 양안과 양지아문 양안을 지계아문 양안과 비교하여 각각의 특징을 살펴보기로 하자.

〈표 4-1〉 기해 양안, 양지아문 양안, 지계아문 양안의 형식

구분	기해 양안 (A)	양지아문 양안 (B)	지계아문 양안 (C)
1	지번 양전 방향 전품 등급 전답 도형, 지목	지번 양전 방향 전답 도형 지목 畓座	지번 양전방향 전품등급 전답 도형 지목 畓座
2 3 4	장광척 결부	전답 도형도 장광척 결부 전품등급 양전척 실적	장광척 결부(양전척 실적) 두락(일경)
5 6	사표 동서 　　 남북	사표 전답 도형도의 　　 동서남북에 표기	사표 동서 　　 남북
7	기주, 진주	시주, 시작(결명 협호) 대주, 가주, 초와가, 칸수	시주, 진주, 락주
칸 외	舊字號 新加耕田		

비고: 구분의 숫자는 지계아문 양안의 칸 구분에 의거함.
출처: 〈그림 4-1〉, 〈그림 4-2〉, 〈그림 4-3〉, 〈그림 4-4〉.

첫째, 토지 면적 표기에서 양지아문 양안(B)과 지계아문 양안(C)은 양전 실적척과 열·좌(전답의 배미)를 기재하고 있다는 점에서 기해 양안(A)과 차이를 보이고 있다. 그리고 (C) 양안은 두락·일경 표기란을 두고 있다는 점에서 다른 양안과 달랐으나 절대면적의 표기라는 점에서는 양

15　지계감리응행사목 제31조.
16　지계감리응행사목 각 조항 참조.

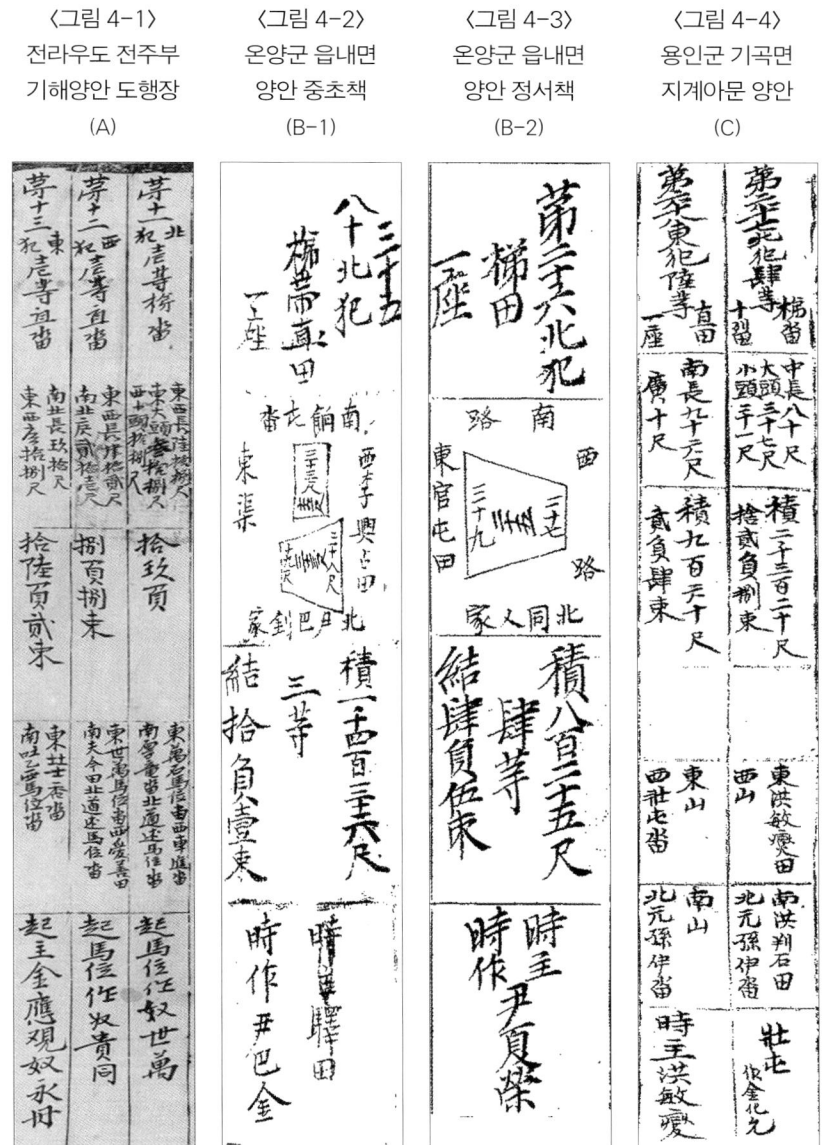

〈그림 4-1〉
전라우도 전주부
기해양안 도행장
(A)

〈그림 4-2〉
온양군 읍내면
양안 중초책
(B-1)

〈그림 4-3〉
온양군 읍내면
양안 정서책
(B-2)

〈그림 4-4〉
용인군 기곡면
지계아문 양안
(C)

출처: 규장각 소장의 해당 양안

제4장 대한제국의 양전·관계사업　89

지아문 양안과 동질적이며, (A) 양안과는 차이를 보였다.[17]

둘째, 전답 도형도를 기입한 점은 (B) 양안만의 특징이다. 이는 필지의 모양을 구체적으로 묘사하여 해당 필지의 소유권을 확인하여 관계 발급하는 데 일정하게 기능하도록 한 조치였다. 반면 (C) 양안은 관계 발급의 시급성 때문에 이를 생략하고 대신 관계 형식에 맞추어 절대면적 단위인 두락제를 도입했다.

셋째, (C) 양안은 지목도 관계에 맞추어 정했다.[18] 가사는 (B) 양안과 달리 양안에서 제외했다.[19] 가사는 별도로 가사안으로 처리했다.

넷째, (C) 양안은 (A) 양안처럼 진전을 표기하고 토지의 성격에 따라 시주, 진주(陳主), 낙주(落主)라고 표기했다. 무주 진전은 (B) 양안과 달리 양안에 표기했지만, 관계 발급 대상은 아니었을 것이다.[20] (C) 양안은 구래의 장부를 활용하는 방식으로 양식을 정한 것으로 보인다.

가사는 가사안(家舍案)이라는 별도 장부를 제조했다. 장부는 면·동리별로 5가작통제에 의한 통호 순으로 공해(公廨)와 민가를 조사 기록했다. 가사안의 내용은 초와(草瓦)·칸수·호주 성명을 조사 기재한 점에서 양지아문과 별 차이가 없었다. 지계아문 양안은 전답만 파악하고 가사는 제

---

17   지계아문 양안(C) 가운데 초기에 작성한 강원도의 간성군과 평해군 양안에는 (A) 양안과 마찬가지로 실적척을 기입한 점에서 다른 (B), (C) 양안과 차이를 보이고 있다.
18   지계감리응행사목 제27조.『增補文獻備考』田賦考 2, 645쪽. 제5조.
19   지계감리응행사목 제26조.
20   지계감리응행사목 제22조. 강원도 간성군 왕곡면 양안의 피자(彼字) 제1은 구진 무주이고, 제 60은 무주 구진으로 표기되었다.

외했다.[21] 가사 관계는 가사안을 작성하여 이를 근거로 발급했다.[22]

경자 양안과 광무양안의 차이는 소유주 기록 방식이었다. 경자 양안은 기주 파악이 비교적 명확했다. 기주 구(舊) ○○, 금(今) ○○으로 기록하고 신분도 기록했으나, 광무양안은 성명만 기록했다. 양자의 차이는 전자는 실명이고, 후자는 호명으로 등록한 필지의 비중이 매우 높았다는 점이다. 양안의 성격을 볼 때 경자 양안은 사람 중심의 장부이고, 광무양안은 토지 중심의 장부라고 할 수 있다. 남은 과제는 토지와 실명을 일치시키는 작업이었다.

2. 전답 도형도와 절대면적제의 도입

1) 전답 도형의 다양화와 전답 도형도의 도입

토지소유권을 보장하기 위한 측량에서 가장 중요한 일은 토지의 실상과 강계를 확정한 지적도를 마련하는 일이었다. 양지아문에서도 토지소유권을 보장하기 위한 목적을 달성하려면 토지의 실상을 양안에서 확인할 수 있는 방안을 강구해야 했다. 종래 양안의 필지 표기는 전답 도형

---

21 강원도 평해군, 경기도 수원·용인 등의 양안에는 가대(家垈) 표시가 없었으며, 『강원도 간성군 양안』에는 왕곡면 信字 "第四十二南犯 五等 垈 直田 一座"라 표기하고, 『경상남도 합천군 양안』, 북면 天字第十一에서는 "垈 時主 河禹秀"라 표기했다.

22 최원규, 1995, 「대한제국기 양전과 관계발급사업」, 『대한제국의 토지조사사업』, 민음사, 234쪽.

과 양전척(量田尺), 사표 등 매우 단순하고 추상적이었다. 양지아문에서는 이전 양안보다 더 구체적이고 다양한 표현 방식을 도입하여 필지를 표기했다. 외형적 형식에서 열좌를 비롯하여 다양한 전답 도형과 전답 도형도를 도입하여 필지를 더 구체적으로 표현한 것이다.

첫째, 전답 도형의 양식을 다양화했다. 양지아문은 전답 도형을 기존 5도형 이외에 다양한 도형 양식을 도입하여 실제 모습에 가깝게 표기한다는 원칙을 마련했다. 경자 양전의 전답 도형은 1444년에 정한 방형(方形)·직형(直形)·제형(梯形)·구고형(句股形)·규형(圭形) 등 5도형(〈그림 4-5〉 전답 도형도의 ① ② ③ ④ ⑤)을 기본으로 하고, "5등 전형 외에 전형을 변별하기 어려운 것이 있더라도 별반 전형을 창출하기 어려움이 있으면 사목에 따라 직전이나 방전을 재단하여 헤아리도록 하라"[23]고 했다. 이같이 극도로 추상화시킨 전답 도형을 사용한 이유는 농업 생산성이 필지의 경계를 선으로 표시할 정도로 발전하지 못했기 때문이지만, 국가가 각 필지의 토지소유권을 관리할 의도로 양안을 작성한 것이 아니라 조세수취를 목적으로 결부제로 토지를 파악했기 때문이다. 결부제는 가변적인 토지 생산성에 따른 수세 단위이기 때문에 전답 도형만으로 토지를 파악해도 별 무리가 없었다. 조선 후기 토지 생산성이 높아지고 토지소유 의식이 강화됨에 따라 절대면적제인 경무법으로 개혁하자는 안이 끊임없이 제론되는 가운데, 전답 도형의 다양화로 이 문제를 대처했다.

양지아문에서는 5도형에 원형, 타원형, 호시(弧矢)형, 삼각형, 미(眉)형(〈그림 4-5〉 ⑥ ⑦과 〈그림 4-6〉 ⑧ ⑨ ⑭)을 추가하여 10도형으로 확대하는 한편, 여기에 맞지 않는 것은 변형으로 처리하도록 했다. 등변 이외에 부

---

23 「田制詳定所遵守條劃」, 『慶尙左道均田使量田私節目』.

등변은 사(四)·오변(五邊), 그 이상에 이르기까지 형태에 따라 기록하도록 했다.24 예를 들면 남형(欖形)⑩, 삼광형(三廣形)⑪, 반환형(半環形)⑫, 우각형(牛角形)⑬, 부등형(不等形) 등과 여러 전답 도형을 결합한 형태로는 양제대직답(兩梯帶直畓) A, 삼직대삼각규전(三直帶三角圭田) B, 양직대제전(兩直臺梯田) C, 사직대규전(四直帶圭田) D를 비롯하여 양제대람감제답(兩梯臺欖減梯畓) E, 제감제전(梯減梯田) F 등과 같은 도형 표기법을 도입했다. 특히 E, F는 필지 가운데 일정 부분이 본 필지에 속하지 않는 다른 필지가

〈그림 4-5〉 전답 도형도의 형태 (1)

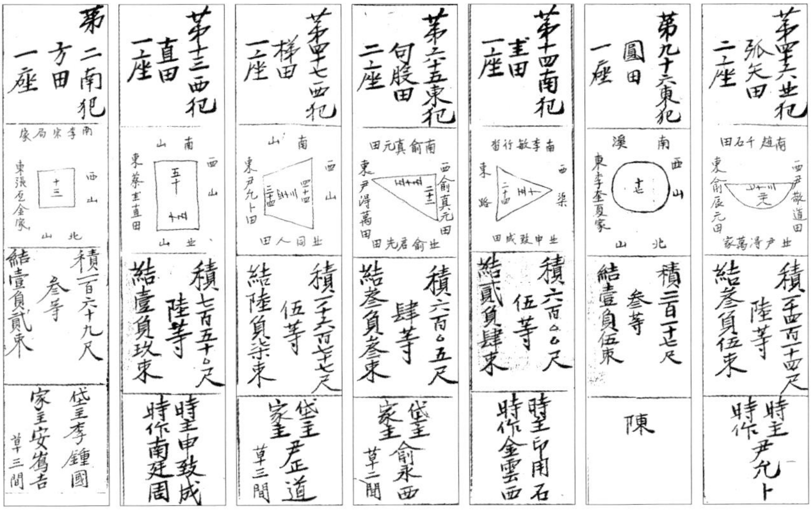

출처: 온양군 각면 정서 양안. 〈그림 4-6〉, 〈그림 4-7〉도 동일함.

---

24 『增補文獻備考』, 田賦考2, 中卷, 645쪽, 지계감리응행사목 제17조에도 이 부분이 그대로 실려 있으나 제전이 누락되어 있다.

〈그림 4-6〉 전답 도형도의 형태(2)

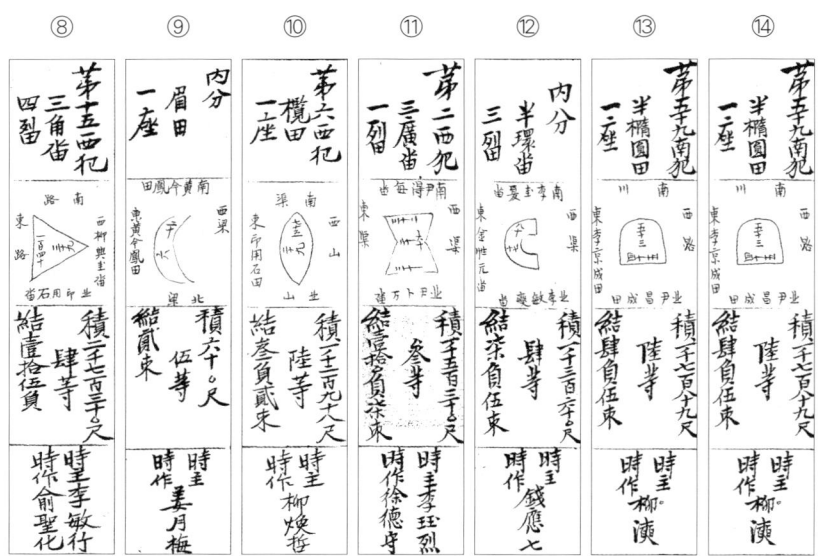

〈그림 4-7〉 전답 도형도의 형태(3)

있는 경우였다. F는 제전 가운데 중간의 또 다른 제전 부분이 이 필지에 속하지 않는다는 의미에서 감(減)제전이라고 표기했다. 양지아문 양안은 매우 다양한 전답 도형을 보여주었다. 양지아문의 전답 도형와 도형도는 서구식 근대적 측량법에 비견될 수 있는 수준은 아니지만, 토지의 형상을 실제 모습에 더 가깝게 파악할 수 있도록 다양한 표기법을 도입했다.

둘째, 전답 도형의 실제 모습을 보여주기 위해 이를 그림으로 묘사한 전답 도형도를 도입했다. 〈그림 4-5〉, 〈그림 4-6〉, 〈그림 4-7〉에서 보듯 양안의 첫 칸에 다양한 형태의 전답 도형을 표기하고, 다음 칸에 이를 자세히 그린 전답 도형도를 도입했다. 전답 도형은 추상적인 짧은 단어라 토지의 실제 위치와 형상을 제대로 표현하기 어려웠다. 이러한 난점을 해결하기 위한 표기법이 전답 도형도였다.

셋째, 전답 도형도의 도입에 따라 사표와 척수 표기법도 달라졌다. 종전에는 필지의 크기를 단순하게 '동서 장○○척, 남북 광○○척'이라고 표기하고, 사표도 사표란에 동서남북에 위치한 지형지물이나 이웃 필지의 기주명을 기록하는 방식이었다. 양지아문 양안에는 전답 도형도의 각 변에 척수와 사표의 지형지물을 기재하여 전답의 형상과 위치 크기를 가늠할 수 있도록 조처했다. 사표의 표기도 시주명과 지목 등을 네 변의 해당 위치에 구체적으로 표기했다.

넷째, 필지의 크기 표시도 전답 도형도의 해당 부분에 기입하였다. 다음 칸에는 앞의 척으로 필지의 양전척 실적을 구하여 등급과 함께 산정한 결부 등 세 부분을 기록했다. 경자 양안보다 진일보한 필지 표기 방식이었다. 경자 양안은 토지 중심적 파악이라기보다 기주가 부담해야 할 토지의 결부에 해당하는 장광척을 구하여 등록한 것으로 보인다. 경자 양안은 먼저 필지의 생산량과 전답 도형을 결정하고, 이에 따른 면적을 구한 다음 결부와 등급을 결정한 것으로 보인다. 양지아문 양안은 결부제적 토지 파악이라는 점에서 경자 양안과 궤를 같이하지만 경자(기해) 양안보다 필지의 형상과 면적(배미, 두락, 사표, 적)을 더 자세히 파악한 결과를 토대로 등급과 결부를 산정했다.

전답 도형도 도입은 양안 역사에서 의미가 매우 크다. 전답은 자연조건을 극복하여 개간한 결과물이기 때문에 전답 필지의 형상은 자연적 토지 형세와 토지개량 기술의 발달이라는 조건에 영향을 받는다. 전근대에는 개간한 경지의 모습이 자연조건에 좌우되어 다양한 모습을 보이고 있지만, 양안에는 이를 5도형으로 단순 유형화하여 표기했다. 그래서 실제 모습과는 거리가 멀었다. 이 경우 영농 구획의 최소 단위인 열·좌로 구획하여 표기하면 필지의 실제 모습에 더 가까울 수 있지만, 양안은 결부 파악이 주목적이기 때문에 실제 모습이 그리 중요한 것은 아니었다.

그러나 소유권 중심으로 필지를 구획하고 파악할 경우 필지의 실제 모습을 파악하는 일은 매우 중요하다. 더구나 필지를 소유자별, 지목별로 구획하기 위해 분·합필할 경우 새로운 필지 표기법을 도입해야 했다. 양지아문의 전답 도형도는 생산 단위인 결부제적 토지 파악 방식에서 소유권 토지 파악의 기본조건인 토지의 형상을 바탕으로 한 절대면적 방식으로 전환되어 가는 모습을 〈그림 4-5〉, 〈그림 4-6〉, 〈그림 4-7〉의 필지 구성에서 잘 볼 수 있다.

양전사업이 조세 징수에만 초점을 두었다면 전답 도형도까지 도입할 필요는 없을 것이다. 균부균세적 전정 문제의 해결은 종전 방식에 준거하여 등급과 결부를 올바로 산정하면 충분히 해결할 수 있기 때문이다. 양지아문의 양전사업은 국가가 종래의 총액제적 수세체제에서 벗어나 개별 필지를 직접 파악하고 관리하기 위해 시도한 사업이기도 했다.

그러나 지계아문 양전은 구 양안 방식으로 후퇴하는 모습을 보였다. 이는 당시 시대적 과제로 제기된 관계 발급의 시급성 때문이었던 것으로 보인다. 전답 도형의 표기 방식도 옛 모습으로 되돌아가는 문제점을 노출했다. 지계아문은 이 점을 보완하기 위한 방법으로 절대면적제를 도입한 것으로 보인다.

2) 절대면적제의 도입

양지아문 양안은 다양한 전답 도형과 전답 도형도를 도입하여 필지의 실제 모습과 크기를 보여주는 주요한 변화를 보였다. 토지의 절대면적과 생산성을 단위로 한 결부제를 기초로 토지의 소유권을 사정하고 관리하기는 어려웠기 때문이다. 토지의 소유권 관리는 소유권과 지형지모, 절대면적을 파악한 장부가 마련되어야만 가능했다.

양안은 추상적 형태의 전답 도형의 장광척으로 면적을 산출한 다음 토지 등급을 정하여 결부를 산정했다. 이때 결세부담자가 반발할 경우는 다시 결부를 결정한 다음 장광척을 조절하기도 했다. 절대면적 파악은 부차적이었다. 반면 양지아문 양안은 전답 도형도의 각 변에 척수를 기입하고 전체 실적을 산출 기입했다. 즉 종전의 장광척은 단순 도형의 추상적 상징물인 데 비하여, 양지아문은 실제 모습에 가깝게 그린 도형도의 각 변에 척(尺)을 기록하고 적(積)을 산정했다. 그리고 등급을 결정하고 이에 따라 결부를 산정했다.[25] 결부는 실측한 면적과 산정된 등급에 따라 변동

---

25 『增補文獻備考』, 田夫考2, 中卷, 645쪽.

되었다. 조세 문제가 발생하면 등급을 조정하여 결부를 변동시켰다.[26] 결부는 양전척 실적을 기준으로 등급 결정에 따라 산정했다. 양지아문 양안의 필지 면적은 종전보다 더 실제 모양에 가깝게 필지 모양을 그린 다음 면적을 산정하는 방식이었다.

양지아문의 필지 표기는 결부제에서 면적 단위제로 전환해 가는 과도기적 모습이었다. 아직 결부나 사표 표기 방식이 절대면적제로의 근본적 전환을 꾀하지는 못했다. 그러나 양안의 형식이 사람에서 토지 중심적 파악으로 변모해 가는 모습을 보였다. 이는 결세도 총액제인 지세체계에서 개별 필지별 직접 관리체제로 넘어가는 기초 작업이기도 했다.

그리고 양지아문은 파종 단위인 두락제 도입을 지시하는 한편, 영농 단위인 배미를 양안에 기록하고 있다는 점에서 전과 달랐다.[27] 면적 단위의 도량형제와 토지의 형상 파악에서 구 양안과는 다른 차별성을 보여주었다. 반면 지계아문은 관계 발급을 최우선 과제로 설정하고 조사 시간을 고려하여 다음과 같이 필요 항목만 조사하는 방식을 택했다.

지계아문 양안은 양지아문이 시도한 토지의 실상 파악은 포기하고 종래 양안 수준으로 후퇴했다.[28] 전답 도형은 직형이 95% 이상이었으며, 크기도 장광척만 표기했다. 두 양안은 자호지번을 부여하는 방식도 차이를 보였다. 양지아문 양안은 토지 모양을 중시하여 이에 따라 토지를 여러

---

26 용인군의 경우 양지아문양전의 결과 등급, 즉 결부가 과도하게 산출되어 이에 면민들이 항거하는 등 문제가 발생되자 지계아문에서 다시 양전한 결과 결부에서 30% 정도 감축되었다. 최원규, 1995, 「대한제국기 양전과 관계발급사업」, 『대한제국의 토지조사사업』, 민음사, 245쪽.

27 「양지아문 시행조례」

28 지계감리응행사목, 제17조. 전답 도형 조사규정은 양지아문의 양전사목과 차이가 없었다.

모습으로 나눠 표기했다.[29] 그리고 본 필지와 시주가 달라 분할한 필지는 본 필지의 지번을 유지하면서 그다음에 '내분(內分)제○'이라 별도로 표기하고, 본 필지와 다른 칸에 전답 도형도를 별도로 그려 넣었다.

반면 지계아문 양안은 전답 도형의 기초 단위인 필지의 경계를 토지의 자연 형태를 고려하면서도 가능한 소유자 중심으로 구획하여 지번을 부여하는 방식이었다. 자호지번은 연속하여 일련번호를 부여했다. 전답 도형을 단순화할수록 자호지번을 세분화하여 별도의 필지로 처리하는 편이 토지 실상과 면적에서 오차가 적을 것이다. 그러나 지계아문은 소유자 중심으로 다시 구획하는 모습을 보였다.[30] 그리고 양지아문에서는 대지를 정식 지목으로 채용했지만, 지계아문에서는 채용하지 않았다. 양지아문 양안에서는 하나의 필지에 가대(家垈)가 붙어 있을 경우 시주(소유주)의 동일여부에 관계없이 분필했다. 지계아문 양안에서는 대지와 부속 전의 소유주가 같을 경우에는 원칙적으로 합필했다. 필지는 대지의 소유자를 중심으로 파악하고, 가주는 가사안에 기록했다. 지계아문 양안은 양안 작성의 신속성과 조세 부과의 편의성을 일차적으로 고려한 소유자 중심의 조사였다.

지계아문의 전답 도형은 직형 일변도로 처리하는 등 후퇴하는 모습을 보였다. 토지소유권 관리에 문제가 될 수 있었다. 지계아문은 절대면적제를 도입하여 이 문제를 보완하려고 했다. 첫째, 열(옆)·좌(座)를 양안에 단

---

29 『鎭川郡事訟錄』 제8책, 1903년 8월 초1일 앞의 책, 441쪽; 최원규, 1995, 「대한제국기 양전과 관계발급사업」, 『대한제국의 토지조사사업』, 민음사, 259쪽.

30 용인군 기곡면의 경우 지계아문 양안에서 합필로 양지아문 양안보다 필지가 감소한 지역과(최원규, 1995, 「대한제국기 양전과 관계발급사업」, 『대한제국의 토지조사사업』, 민음사, 261쪽) 무주 진전, 누락 필지의 등록, 분할 등으로 증가한 지역 등 다양한 모습을 보였다(최원규, 2019, 『한말 일제초기 국유지 조사와 토지조사사업』, 혜안, 70~71쪽).

일항목으로 등록하여 이를 보완하려고 했다. 열·좌는 양지아문 양안에도 표기했지만, 지계아문 양안에는 관계 양식에 맞추어 열·좌를 기록하는 칸을 별도로 설정했다. 둘째, 파종 단위인 두락을 절대면적 단위제로 채택하여 별도 칸을 만들어 기록했다. 실적 수 표기가 결부제를 위한 것이 아니라 두락이라는 절대면적 단위를 산정하기 위해 사용되었다. 지계아문 양안의 지형지모 표기 방식은 구 양안과 다를 바 없었지만, 양전척 실적 수와 두락, 일경, 배미 등을 도입하여 면적 산정 방식에서 발전된 모습을 보였다.

양전척 실적은 국가의 토지측량 단위이지 농촌 관행은 아니었다. 관계는 매매문기를 겸했기 때문에 농민들에게 익숙한 절대면적 단위를 도입할 필요가 있었다. 지계아문에서는 두락과 일경을 절대면적 단위로 공식적으로 채택했다. 1두락의 면적은 지방마다 달라 대체로 100~300평 정도였다. 삼남 지방에서는 전답 모두 두락 단위를 사용했으나, 북쪽 지방에서는 답은 두락, 전은 일경을 사용했다.[31] 지계아문에서는 답은 두락, 전은 일경을 면적 단위로 정했다. 답은 500척(약 151평)을 1두락, 전은 125척(약 38평)을 1각경으로 정했다.[32] 1일경은 하루 노동시간으로 4시경(8시

---

[31] 일본농상무성, 1906, 『한국농산조사보고』(경기 충청 강원편), 294~298쪽. "면적 측량은 두락으로 하는데, 답에서는 1두의 벼, 전에서는 1두의 대두를 파종하는 면적을 말한다. 전에서는 일경 단위를 쓴다. 경우(耕牛) 1마리와 농부 1인이 하루에 갈 수 있는 면적을 의미한다."

[32] 광무정권은 1904년의 도량형법에서 토지 측량에 척을 기본 측량 단위로 하고 미터법을 환산 적용했다. 이에 따라 0.00003미터=0.0033척이었다(『舊韓國官報』, 부록, 1904.3.29, 법률 제1호 도량형법). 일제는 1909년 이를 개정하여 정단평을 토지 측량 단위로 채택했다.

간)에 해당한다.[33] 일경은 노동시간을 기준으로 산정한 면적 단위였다. 지계아문 양안의 두락 일경은 농촌 관행과 다른 절대면적 단위제였다.

지계아문 양안은 필지마다 두락 일경을 표시했으며, 관계와 상관관계를 갖도록 양식을 일치시켰다. 그러나 지계아문 양안에는 모든 필지를 대상으로 양전척 실적을 두락·일경으로 환산하여 기입하지는 않았다. 양안마다 차이가 있었다. 대체로 무주 진전은 제외하고 유주지만 표시했다.[34] 무주지는 관계를 발급받을 대상자가 없어 제외한 것으로 보였다.

결부제는 절대면적 단위제의 도입에 따라 지세 부과에만 적용한 것으로 보인다. 광무양안의 결부 환산 방식은 실적과 전품에 따라 산출한 결과치라는 점에서 종전과 다를 바 없으나 내용에서는 차이가 있었다. 기본적으로는 개별 토지를 면적 단위에 기초하여 파악함으로써 국가가 개별 토지를 직접 장악할 수 있도록 조처했다. 결부제도 1905년 법률 제1호 도량형법에서는 면적단위제로 성격이 완전히 변했다. 여기서는 결(結)·부(負)·속(束)·파(把)·합(合)·작(勺)을 지적 단위로 정하고, 파를 기준으로 면적 단위를 표기했다. 5주척(周尺) 평방을 1파라 하고, 결은 1만 파, 부는 100파, 속은 10파, 합은 파의 1/10, 작은 파의 1/100로 정했다.[35]

---

33 1석락=10두락=100승락이고, 1일경=32각경, 1각=15분, 1시경= 8각경=2시간이다.
34 무주 진전을 포함한 모든 필지에 두락·일경을 표시한 경우는 강원도 간성군 양안에서, 기경전에만 두락·일경을 표시한 경우는 강원도 평해군 양안에서 볼 수 있다. 낙주나 진주의 필지에는 일경을 표기하지 않았다. 관둔이나 철도 범입지도 기재하지 않았다.
35 내각 법제국 관보과, 『관보』, 부록, 1905.3.29.

3. 시주·시작의 조사

토지소유권자 파악은 토지조사의 근간을 이루는 작업이다. 조선정부는 양전을 할 때마다 주(主, 토지소유자)를 정확히 파악할 것을 양전사목에 규정했다.[36] 경자 양안에서는 토지소유자를 토지의 경작 여부에 따라 기주(起主) 또는 진주(陳主)라고 기입했다. 이들은 양전할 때의 소유주인 금주(今主)였지만, 때로는 이전 양전할 때의 소유주인 구주(舊主)를 기록하기도 했다. 유주전은 기주 ○○○으로, 무주전은 무주(無主)라 기록했다. 기주의 직역(職役)도 기재하여 신분관계를 확인할 수 있도록 했다.[37] 그리고 문기 없이 자기 소유라고 거짓으로 이름을 올리거나 타인 소유를 자기 명의로 몰래 등록했을 때는 처벌하도록 했다.[38]

양안은 양전 당시의 소유권자(전주 또는 기주, 시주)를 국가가 공인한 장부였다. 분쟁이 발생했을 때 소유권자를 판정하는 주요 근거 자료로 삼기도 했다.[39] 그러나 양안이 기주의 소유권을 절대적으로 보장하는 장부는 아니었다. 기주는 국가가 법적으로 확정한 소유자가 아니라 양전 당시 조사하여 파악한 소유자(기주)를 등록한 것에 불과했다. 분쟁 토지는 우

---

[36] 『經國大典』, 戶典 田宅條;『續大典』, 戶典 量田;『受敎輯要』(조선총독부 중추 원본);『新補受敎輯錄』, 戶典 量田, 303쪽;『純祖實錄』, 순조 20년 3월 계미, 量田事目 48책, 160~161쪽.「純祖實錄」, 순조 20년 3월 계미, 양전사목, 48책, 160~161쪽.

[37] 宮嶋博史, 1991, 앞의 책, 東京大學 東洋文化研究所, 60~161쪽.

[38] 『續大典』, 戶典 量田, 104쪽.『新報受敎輯錄』(조선총독부중추원본, 304쪽), 106~107쪽.

[39] 김용섭, 1970,「양안의 연구」,『조선 후기농업사연구』1, 일조각 ; 박병호, 1972,「소유권의 관념성과 현실성」,『전통적 법체계와 법의식』, 법문사.

선 현재 차지하고 있는 자를 등록한 다음, 다시 조사하여 본래 주인이 있으면 양명(量名)에 구애받지 말고 즉시 찾아주도록 했다.[40] 양명은 판결에 따라 뒤바뀔 수 있었다. 양안보다 더 오래된 법적 근거를 입증할 수 있는 구 양안이나 권리의 계승을 입증하는 문서를 증거로 제시할 때는 양안에 기록한 기주보다 우선하여 인정했다.

조선정부는 기주를 직접 관리할 목적으로 양안을 작성한 것이 아니었기 때문에 양명을 호적상의 이름으로 등록하도록 강제하지 않았다. 광무정권은 이와 달리 국가가 소유권을 관리할 목적으로 다음과 같은 방식으로 양전을 실시했다. 양무위원이 측량할 때 필지마다 시주의 성명을 기재한 나무목찰을 세우고, 토지소유자를 비롯하여 면장, 이장이나 지심인 등이 입회하도록 했다. 그리고 호명을 시주(時主)로 등록하는 것을 당연시했다.[41] 양안의 기·진주명은 소유자의 노명(奴名)이나 호명인 경우가 대부분이었다. 이러한 호칭은 사회적으로 인정되어 권리행사에 지장을 초래하지는 않았다.

광무양전·관계사업은 시주에게 관계를 발급할 목적으로 시행되었기 때문에 구 양안보다 실제 소유자 파악이 더 진전되었으리라 판단되지만, 시주명을 호적상의 이름으로 등록하도록 강제하지 않았다. 「양지아문 시행조례」에서 전답주 성명은 자주 변하고 한 집에도 재산이 다른 경우가 있으니 민의 편의에 따르도록 지침을 내리고 있었다.[42] 토지 파악이 주이

40　한국역사연구회 중세2분과 법전연구반, 2000, 『新報受教輯錄』, 청년사, 106쪽.

41　吳炳日, 「양전조례」, 『田案式(中樞院)』, 1899.3.10. 『司法稟報』乙, 제42책, 光武8년 6월 15일, "邑有魚鱗成冊 洞有地審民人 而頭民洞長之所告 作人及畓主 各爲懸錄 以其邑洞之不審 反爲歸咎於他人 豈不糊糢".

42　「양지아문 시행조례」

고 시주 파악은 부차적이었다. 배타적 소유권자를 파악하기 위한 토지조사라고 보기 어려웠다. 이는 토지의 소유주가 개인이라기보다 '가(家)', 즉 호(戶)의 소유라는 의식의 표현으로 보인다. 광무양안은 소유 형태가 호에서 개별 소유로 이행하는 과도적 단계로 보였다. 시주 명에서 개인 실명과 호명을 모두 허용하는 모습을 보였다. 그리고 양지아문 양안의 시주 기록 특징 중의 또 하나는 자연인과 단체명을 구별하고 있다는 점이다. 단체명은 근대의 법인에 해당하는데, 소유주명 앞에 시주라는 표기 없이 '○○宮 답', '○○驛 답', '○○寺 답', '○氏 位畓' 등으로 표기하고 있다.[43] 시주 ○○○라는 표기 방식은 양안에는 자연인에 한정했지만, 관계를 발급할 때는 자연인과 단체 모두 시주라고 표기했다.

광무양안의 시주 기록방식은 토지조사사업과 달리 1필지당 1명만 기록하도록 하였다. 양안에는 외형상 필지당 1명의 소유권자(시주)만 인정하고 기록하였다고 보이지만, 실 내용은 이와 달랐다. 첫째, 시주명은 호적에 기록된 명이 아니라 소유자가 자유롭게 표기한 실명이 아닌 호명이었다. 둘째, 호명(戶名)의 호(戶)는 개인이 아니라 가(家)를 의미하며, 그 안에 1명 또는 그 이상의 소유자를 내포할 수 있다는 의미를 갖는 대표 명칭이었다. 이 점이 토지조사부의 소유주와 다른 점이다. 호명은 가부장인 호주가 대표자이다. 호명으로 표기된 토지에는 호주가 단독으로 소유한 토지는 물론, 처, 아들, 형제, 손자 등이 권리를 가진 토지도 존재한다. 여기에는 개인적으로 매득 개간하여 취득한 토지는 물론, 처변 재산이나 가족이 상속·양여 받은 토지도 존재한다. 호명은 '일가이산(一家異産)'을 의미한다. 가(家) 내부의 소유권이 가족 구성원별로 구별되어도 경제권이 같

---

[43] 양안의 시주는 자연인을 대상으로 대한제국이 인정한 토지소유자를 이르는 표현이다.

은 '가(家)'에 속할 경우 호주가 관리 처분권을 행사하는 일이 일반적이었던 것으로 보인다. 그리고 한 집안(家)의 호명은 하나 또는 그 이상일 수도 있다. 호명은 같거나 다르거나 관계없이 그 집안에서 정한 대외적 명칭으로 '가(家)'를 의미하며, 호명으로 표기된 토지는 '가산(家産)'이라는 의미를 갖는다. 양지아문 시행조례를 보면 그 의미가 더 분명해진다.

> 전답 시주는 아침 저녁으로 변하며, 한집[一家]에 다른 재산[異産]이니
> 전답주 성명이 다르더라도 따지지 말고, 민의 편의에 따르도록 할 것[44]

이라고 하며, 민이 원하는 대로 시주명을 기록하도록 하였다. 대체로 호명이었다. 따라서 양안의 시주명인 호명으로는 토지를 소유한 집안(家)을 특정할 수 있지만, 집안 내 누구의 소유인지는 외부에서는 알기 어려웠다. 외부에서 볼 때 가(家)의 재산권은 호주가 대표하는 것으로 간주했으며, 광무양안의 시주명을 호명으로 기록한 것도 이의 반영이었다고 생각된다. 양안상의 명칭이 설사 실명이라도 그 실상은 호명과 다르지 않다. 이 점은 매매문기에서도 마찬가지였다. 방매자나 매득자의 명은 대부분 호명이다. 매득자의 경우 때로는 성명을 기록하지 않는 경우도 많았다. 조선이나 대한제국은 소유주 개인을 파악하는 데는 관심이 별로 없었다. 광무양안 단계에서 체제화된 호명은 결수연명부 작성 단계부터 해체과정이 들어간 것으로 보인다.

양지아문 양안의 또 하나 중요한 특징은 구 양안과 달리 시주와 함께

---

44 『時事叢報』 52호, 1899.5.11; 53호 1899.5.13, 「양지아문 시행조례」, "田畓時主가 朝暮變遷ㅎ며 一家異産ㅎ니 田畓主姓名 相左는 勿爲究詰ㅎ야 民等의 便宜를 從케홀 事".

시작(時作, 경작자)을 파악했다는 점이다. 양전 과정에서 시작과 함께 전세 부담자인 결호(結戶) 결명(結名)을 동시에 파악한 온양군의 중초 양안을 분석한 결과, 납세자의 90% 정도가 시주명과 일치하고 10%가 시작이나 제3자 명의였다.[45] 정서 양안에는 결호 결명은 삭제하고, 시주와 시작만 기록했다. 광무정권이 시주, 시작과 동시에 결명을 파악한 이유는 종래 분리되었던 수세장부와 양안을 일치시켜 조세납부자도 국가에서 장악해 관리할 의도였다. 시주와 시작이 공동으로 전세를 책임지고 납부하도록 하고, 국가가 직접 이들을 관리하려는 의도였다. 그리고 토지소유관계에서 벗어난 결명이나 마름 등을 국가의 수세체계에서 배제시키려는 조치이기도 하다. 토지권과 지세 부담자를 국가의 장부체계 안에 포섭할 의도로 시주와 함께 시작을 등록한 것이다.

　양지아문은 갑오승총과 광무사검에서 취한 작인납세제의 연장선에서 시주와 함께 시작을 조사하여 양안에 등록했다. 토지소유자인 시주와 경작자인 시작을 동시에 파악하여 공동으로 지세를 책임지도록 했다. 시주와 시작에게 지세 납부의 책임을 부여한 것은 시주의 소유권처럼 시작의 경작권에도 물권적 권리를 인정한다는 표현이다. 이는 갑오정권이 법제화한 외국인의 점유금지를 제도적으로 실천한 방안이기도 했다.[46] 당시 일제는 점유권을 토지침탈을 위한 좋은 방안으로 추천하고 실행하기도 했다.[47]

　광무양안에서 시작 파악 방식은 시주와는 달랐다. 시작은 대부분 1명

---

[45] 최원규, 1995, 「대한제국기 양전과 관계발급사업」, 『대한제국의 토지조사사업』, 민음사, 209쪽.

[46] 내각기록국, 『法規類編』, 건양 원년, "국내 토지 산림 광산은 본국에 입적한 인민이 아니면 점유와 매매를 허락하지 말라."

[47] 吉倉凡農, 1904, 『企業案內 實利之朝鮮』, 文星堂書店, 79~84쪽.

이지만 2명 이상인 경우도 적지 않았다. 필지의 구획도 양지아문 양안을 볼 때 여러 구획을 하나의 필지로 파악하고 있다. 시주는 개인이 아닌 家 단위로 소유지를 하나의 호명으로 묶어 표기했지만, 작인은 이와 달리 경작에 참여한 시작을 일일이 기록하였다. 국가가 납세담당자를 시주의 호명으로 파악해도 문제는 없겠지만, 호명일 경우 구체적으로 누구인지 파악하는 과정이 필요할 것이다. 서원의 입장에서는 언제라도 파악이 가능한 시작을 조세납세자로 정해야 조세수납에 무리가 없었을 것으로 판단된다. 광무양안에서 시주와 함께 시작을 파악한 것은 조세부담자를 파악하기 위한 것이다. 이때 시작은 지세의 전가(轉嫁) 대상이 아니라 지속적으로 지세를 납부할 의무를 가진 존재여야 했다. 그러기 위해서는 시작의 경작권을 물권으로 인정하는 동시에 감조론적 조치가 뒤따라야 했다. 이 문제는 후일 부동산권 소관법에서 논의되었다.

그러나 지계아문은 사토에서 시작은 제외하고 시주만 조사했다. 지계아문 양안은 관계 발급을 위해 작성한 양안이었다는 점이 분명하다.[48] 반면 각 공토는 사토의 예에 따라 등급을 정하여 결세를 부담하도록 하고 작인을 양안에 기록했다. 갑오승총의 예에 따라 결세납세자인 작인을 기록한 것이지만, 공토주를 비롯한 단체명에는 시주라는 명칭을 사용하지 않았다.[49] 지계아문 양안에서 시주라는 용어는 사토에만 한정하여 사용했

---

48 시주란의 기록 내용은 양안마다 차이가 있었다. 첫째, 공·사토를 막론하고 모든 전답에 시주를 기록한 경우이다. 대표적인 예가 강원도 간성군과 평해군 양안이었다. 둘째, 자연인에만 시주를 기록하고, 단체명은 시주라는 표기 없이 단체명과 시작을 기록한 경우이다(『경기도 여주군 양안』).

49 간성군 양안과 평해군 양안을 볼 때, 지계아문 설립 초기에는 지주납세제를 강력하게 추진한 것으로 보인다. 그 뒤 공토의 성격과 현실적 납세 문제를 고려하여 이후 양전에서는 실질 납세자인 작인을 병기한 것으로 파악된다.

지만, 경작 상태에 따라 시주라는 용어를 사용하지 않았다. 시주의 본래 의미는 현재 경작하고 있는 소유자이다. 종전에는 진(陳)·기(起)에 따라 진주·기주라 불렀지만, 광무양전에서는 지금이라는 시점을 중시했다. 시주와 같이 사용된 진주와 낙주는 현재 경작하고 있지 않은 진전과 재해를 당한 토지의 주인이라는 표현이다.

시주는 관계 발급 규정에는 토지소유자라고 정의하고 있지만, 양지아문 양안 단계에는 현재 경작하고 있는 자연인의 토지만을 대상으로 시주라는 용어를 표기했다. 토지소유자의 명칭을 기주에서 시주로 변경하면서 용어를 제한적으로 사용했다. 각종 단체는 시주라는 용어를 사용하지 않고 '명례궁답'처럼 단체나 기관명만 기록했다. 지계아문 단계에서 시주는 양지아문 양안처럼 현재 경작하고 있는 자연인의 토지에만 사용했다. 각종 단체와 경작하지 않는 토지는 아직 관계 발급 대상으로 확정하지 않아 시주 용어를 표기하지 않고 단체명과 함께 지세 납부와 관련하여 작인을 표기한 것으로 보인다.

지계아문은 관계 발급을 목적으로 양안을 작성하고 발급 대상자인 시주를 조사하고, 시작은 표기하지 않았다. 작인은 일단 관습대로 처리하고, 후일 별도의 법에서 처리하기로 방침을 정한 것으로 보인다.[50] 물론 지계아문은 시주 이외에 진주 무주도 파악했다.[51] 지계아문 양안이 관계 발급을 전제로 양안을 작성하면서도 진기의 구별에 역점을 둔 것은 지세 부과 문제와 동시에 소유주 파악과 관련된 것으로 보인다.

---

50 당시 정세는 농민의 여론을 무시할 수 없었다. 광무정권은 농민을 배제한 채 정국을 돌파하려고 하지 않았다. 이러한 점은 1906년 토지임차권 문제 이후 부동산권소관법에서 임조권을 등기사항으로 정하려고 시도한 데서도 알 수 있다.

51 유주 진전의 경우 관계 발급 여부를 아직 확인하지는 못했다.

다음은 양지아문과 지계아문의 토지 파악 방식의 차이를 용인군 기곡면의 양안을 대상으로 검토해 보자.[52] 양지아문 양안에는 기경전만 표기되고 진전은 거의 보이지 않았다. 반면 지계아문 양안에는 각 자호마다 예외 없이 진전이 파악되었다. 양지아문 양안에서 지계아문 양안의 진전 표기를 살펴보면, 유주 진전은 양지아문 양안에서 기경전으로 파악되던 토지였으며, 무주 진전은 새로 파악된 토지였다. 양지아문에서 토지 등급을 상향 평가하여 결세가 크게 증가하여 민란이 일어나자, 지계아문에서는 전품을 하향 조정하여 양안을 작성했다. 총 결수는 거의 22%, 진결(陳結)을 제외하면 26% 정도나 감축되었다. 양전척 실적은 절대면적이기 때문에 두 양안은 차이가 없어야 했지만, 대부분의 필지는 재조정 과정을 거쳤으며, 이에 따라 마을별 총 실적도 차이가 났다. 지계아문 양안에서는 총 실적이 16% 정도 감소되었으며, 진전을 제외하면 23%가량 감소되었다.[53]

무주 진전은 새로 파악된 필지도 있지만 두 양전사업이 전품 판정의 기준이 달라 진기나 유주, 무주 등의 표기 방식과 내용을 다르게 정한 것으로 보인다. 양지아문에서는 세역전까지 파악한 점에서 볼 때 대부분의 토지를 시기결(時起結)로 파악하고, 지계아문에서는 종전처럼 정전정답을 기준으로 진기 여부를 결정했다고 생각된다. 특히 지계아문에서는 전품을 판정할 때 농민에게 지나치게 징수하여 원망을 사는 일이 없도록 하라고 지시했으며, 지계아문 양안에서 그 모습을 확인할 수 있었다.

양지아문에서는 속전(續田)을 상향 조정하여 진전이 거의 보이지 않

---

52 용인군은 수원군과 더불어 양지아문의 양전에 대하여 지역민이 민란이나 상소로 문제를 제기하자 지계아문에서 다시 양전하여 양안을 작성한 지역이었다.
53 최원규, 1995, 「대한제국기 양전과 관계발급사업」, 『대한제국의 토지조사사업』, 민음사, 245~546쪽.

앉다. 지계아문에서는 양지아문 양안에서 6등전으로 분류했던 속전을 그 본질에 따라 유주 진전으로 파악했으나 이 과정에서 무주 진전으로 전환되기도 한 것으로 보인다.[54] 진전에서 유주와 무주는 전품과 밀접한 관련을 갖는 것으로 판단된다. 무주 진전은 지세 문제로 소유권을 포기한 경우와 은·누결 등 두 경우를 상정할 수 있다. 무주 진전은 관계 발급 대상이 아니었다.

대한제국은 한광지도 개간규정을 마련하여 계권을 발급하기도 했다.[55] 무주 진전은 소유권을 무조건적으로 포기한 것이 아니라 잠정적 포기이며, 국가의 지세 부과 조치에 대해 농민이 취한 일종의 대응 방식이기도 했다. 그러나 지계아문 단계에는 관계를 발급받지 않은 토지는 소유권을 박탈당할 우려가 있기 때문에 양안에 무주 진전이라고 등록한 경우도 관계를 발급받을 때는 시주 자격을 회복하여 발급받기도 했을 것이다.

지계아문에서는 사토와 함께 공토도 조사 확인했다. 각 능원·묘·궁·교(향교)·역·둔·원·숙·사찰의 토지는 물론, 공토 중에서 사토화한 것도 조사하여 공토로 할 것을 지시했다.[56] 양안 단계에서 단체 소유지는 시주라고 표기하지 않았으나 관계를 발급받을 때는 시주의 자격을 부여하여

---

54 광무양안 등은 양전은 토지의 경작 여부가 소유권 판정의 주요한 기준의 하나였다는 점에서 근대적 소유와 차별성을 갖는다. 진전을 무주로 파악하거나 개간자에게 소유권을 주는 모습, 호명을 시주명으로 하거나 공·사토의 시주 전환사태 등에서 보듯 근대의 배타적 소유와는 차이를 보였다.
55 수륜원장정 제8조 관유나 민유에 무관한 한광지를 본원에서 출자 개간하는 경우에는 이 토지를 본원에 속하게 하고 인민이 출자 개간하는 경우에는 이 토지를 10분의 3은 본원에 속하고 10분의 7을 계권을 발급하여 자본주에게 줄 것(내각 법제국 관보과, 『관보』 제2637호, 광무 8년 11월 26일, 수륜원장정).
56 지계감리응행사목, 제11, 24조

관계를 발급했다.

한편, 양지아문과 지계아문의 양안에서는 필지별로 시주·시작명의 변화가 다양했다. 첫째, 사토의 경우 양지아문 양안의 시주는 지계아문과 대부분 동일했지만, 다른 사람으로 바뀐 필지도 상당수 있었다. 둘째, 사토가 공토로 변하면서 시주가 작인으로 파악된 경우와 다른 인물이 작인으로 파악된 경우 등 두 경우가 있었다. 셋째, 공토를 그대로 유지하면서 작인만 바뀐 경우, 넷째, 공토가 새로 파악된 경우, 다섯째, 공토가 사토로 된 경우 등 다양했다. 지계아문과 양지아문 양안을 비교할 때 시주가 서로 다른 필지가 매우 많았다.[57]

광무양안의 시주는 토지소유권의 수준을 한마디로 정리하기 어려울 정도로 다양한 모습을 보여주었다. 당시 토지권에는 소유권과 경작권을 포함한 관습물권이 다양하게 존재했으며, 이들을 정리하여 일지일주(一地一主)의 배타적 토지소유권으로 확정하는 일은 쉽지 않았을 것이다. 관계 발급은 이들 중의 하나를 선택하여 배타적 소유권으로 확정하는 과정이었지만, 호명(戶名)을 그대로 사용한 것으로 보아 관습물권을 배제하는 가운데 시주를 일지일주의 배타적 소유권으로 확정하려 한 것으로 보이지 않는다. 관계는 호명체제, '일가이산(一家異産)'체제를 해체하려 한 것은 아니었다. 호주의 관리처분권은 그대로 유지되었다. 다음 과제는 호주의 관리처분권을 제도 속에 편입시키는 일이었다.

---

57 최원규, 2019, 『한말 일제초기 국유지 조사와 토지조사사업』, 혜안, 68~69쪽.

제5장
관계 발급과 관계의 성격

1. 관계 발급규정과 내용

광무정권은 1901년 지계 발급을 국가정책으로 채택하고[1] 시행기관으로 지계아문을 설립했다.[2] 시행령으로는 「지계아문직원급 처무규정」을 공포했다. 지계아문은 한성부와 13도 각 부군의 전토계권(田土契券)을 정리 실시하는 사무, 즉 전토를 답사하여 양안을 만들고 이에 기초하여 신계(新契)를 교체해 주고 구계(舊契)를 묶어두는 등 지계 발급 업무를 담당하도록 했다.[3] 그해 11월 11일 개정령이 공포되었다.

개정 부분은 다음과 같다. 첫째, 관계 발급 대상을 경작지에서 산림, 천택, 가사까지 확대했다.[4] 부동산 거래의 폐단이 전 부동산에 퍼지고, 일본인들이 토지뿐만 아니라 산림, 가사까지 침탈을 확대해 갔기 때문이다.[5] 둘째, 대한제국 인민 외에는 부동산 소유주가 될 수 없으며 관계를 발급받을 수 없다고 못박았다.[6] 한성부와 각 개항장은 발급 대상지에서 제외하고, 이곳 이외의 내륙에서 외국인의 소유와 전질(典質)을 금지했다.[7] 셋째, 양안이 실지조사 장부라는 점을 분명히 했다. 그리고 전답매토증권과

---

[1] 『增補文獻備考』, 田賦考2. "양지아문을 혁파하고 지계를 꺼내어 전토 시주에 반급하되 먼저 몇 군에서 시행하라."
[2] 이용익은 지계아문 총재서리로 양지아문 부총재를 겸했다(『日省錄』, 광무 5년 11월 25일).
[3] 지계아문직원급처무규정 제1조. 제8조.
[4] 지계아문직원급처무규정 제1조와 지계아문직원급처무규정(개정령) 제1조.
[5] 吉昌凡農, 1904, 『企業案內 實利之朝鮮』, 文星堂書店·新橋堂書店, 85~86, 106~108쪽.
[6] 지계아문직원급처무규정(개정령), 제10조.(부록 참조).
[7] 전답산림천택가사관계세칙, 제2조.

매매문기가 양립할 때 제기되는 혼란에 대한 해결책으로 새로 관계 양식을 마련했다. 넷째, 시주는 의무적으로 관계를 발급받도록 정했으며, 구권과 교환하도록 했다.[8]

지계아문에서는 각 도 관찰사를 지계감독으로 임명하고,[9] 각 도에 지계감리를 파견하여 지계사무를 주관하도록 했다.[10] 양전사업을 재개하면서 양지아문과 업무가 중복되자 1902년 3월 17일 두 기관을 통합하여 지계아문으로 하고 양전사업과 관계 발급을 일원화했다.[11]

관계 발급은 1902년 3월 11일 강원도 관동에서부터 시작되었다.[12] 발급 대상은 전답, 산림, 천택, 가사 등 모든 부동산이었다.[13] 대상자는 외국인을 제외한 대한제국 인민은 물론, 능원·묘·궁·교(향교)·역·둔·원·숙·사찰 등을 공·사토의 토지소유자로 정했다. 공토주도 시주로 정한 것이다.[14] 발급사무는 지계감독의 지휘 아래 도 단위로 시행되었다. 지계아문은 관보나 언론매체를 통하여 토지소유자들이 정해진 기간에 해당 군에 구계를 지참하고 방문해 관계를 발급받도록 광고했다.[15]

관계는 해당 지방에서 전답, 산림, 천택, 가사를 모두 조사 측량하여 결부와 사표, 칸수와 척량(尺量)이 적확한가를 조사하고, 시주와 구권이

---

8   지계아문직원급처무규정 제8조. 제18조.
9   지계감리응행사목 제4조. 제6조.
10   지계아문직원급처무규정 제12조와 이 改定令 제6조.
11   내각 법제국 관보과, 『관보』 제2157호, 1902.3.26.
12   내각 법제국 관보과, 『관보』 제2147호, 1902.3.14.
13   전답산림천택가사관계세칙, 제1조.
14   지계감리응행사목, 제11조.
15   내각 법제국 관보과, 『관보』 제2288호, 1902.8.26.

증거가 없는 경우는 군의 공적(公蹟)을 반드시 확인한 다음 발급하도록 했다.[16] 양안의 시주가 발급 대상이지만, 전답매매문권, 즉 구권을 증빙자료로 제출하여 소유주 여부를 다시 확인한 다음 발급했다. 구권은 시주를 소유자로 확정하는 중요 근거 문서였다.[17] 그러나 구권도 소유권 문서로 확정하기에는 적지 않은 문제를 안고 있었다.

첫째, 구권이 없는 토지가 적지 않았다는 점이다. 개간자가 변동되지 않았거나 분실, 화재, 수재 등으로 매매문기가 소실된 경우도 적지 않았다. 둘째, 구권이 사문서라는 점과 관련하여 위조문기가 출현하여 소유권 주장자가 한 사람 이상일 경우, 도지권이나 중답주권 등의 관습물권(경작권)이 전답주의 권리보다 강할 경우 등은 관계를 발급받을 시주를 확정하는 절차나 심의기관이 필요했다. 셋째, 시주와 구권이 증거가 없는 경우는 이를 소유한 자가 군청에서 공적을 얻은 후에 발급하도록 했다.[18] 지계아문은 소유자 확인 작업을 거쳐 시주가 확정되면 구권을 회수하고 관계를 발급했다.[19] 이는 기존의 사적 소유권을 반납하고 국가가 이를 다시 조사하여 사정하고 관리하는 소유권의 국가관리체제를 수립하는 과정이었다.[20]

대한제국 정부는 관계가 법적 공신력을 갖추도록 다음의 절차를 밟았다. 첫째, 관계를 발급할 때 환명(換名)이나 차명은 사용을 금지했다.[21]

---

16 지계감리응행사목 제8조.
17 박병호, 2012,『한국법제사』, 민속원, 294~296쪽.
18 지계감리응행사목 제8조.
19 지계감리응행사목과 전답산림천택 가사관계 세칙의 제 규정.
20 지계아문직원급 처무규정(개정령) 제13조, 지계감리응행사목 제8조, 전답산림천택가사관계세칙 제1조.
21 지계감리응행사목 제9조. 전답산림천택가사관계세칙 제4조.

대한제국은 근대적 성격을 지향한 호적제도를 시행하면서 양안과 관계에 호적명을 사용하도록 강제하지 않는 한계를 보였지만, 환명과 차명 사용 금지 지시를 위배하면 본인은 처벌하고 토지는 속공하도록 했다.[22] 둘째, 전답 소유주는 관계를 반드시 발급받을 것이며, 관계를 발급받지 않았다가 발각되면 해당 부동산은 속공한다는 규정을 두었다. 지계아문은 관계를 발급받지 않은 토지를 모두 속공 대상이라고 선언했다.[23] 셋째, 공토 등 각종 단체도 관계 발급 대상으로 정하고, 시주 자격을 부여했다. 공토도 사토와 같이 시주 자격을 부여하고 지세를 납부하도록 했다.[24]

대한제국은 시주에게 관계를 발급하는 사정 조치를 취했다. 이같이 사정된 소유권은 일제가 '사업'에서 사정한 소유권과는 차이가 있었다. 이들은 모두 구래의 소유권을 조사하여 법인한 점은 동일하지만, 일제는 소유권에 '원시취득(原始取得)'의 자격을 부여했다는 점에서 대한제국과 차이를 보였다.[25] '원시취득'은 사정(査定) 이전 소유와는 단절된, 처음 취득한 소유권이라는 자격을 소유자에게 법적으로 부여한다는 의미이다.

대한제국은 구래의 소유권과 단절하고 새로 소유권을 창출한 것이 아니라 구래의 소유권자를 국가가 토지소유자인 시주로 추인했다. 관계로 확정된 소유권은 '사업'에서 사정으로 확정된 소유권과 달리 소송으로 소유권이 바뀔 수 있었다. 시주에게는 배타적 소유권을 부여했지만, 도지권 등 구래의 관습물권도 그대로 인정했다. 그리고 대한제국이 부여한 소유

---

22 지계감리응행사목 제9조와 전답산림천택가사관계세칙 제4조.
23 전답산림천택가사관계세칙 제3조, 지계감리응행사목 제8조. 처음 규정에서는 4/10로 정했으나 관계에서는 더욱 강화하여 속공 조치를 취했다.
24 지계감리응행사목 제24조.
25 早川保次, 1921, 『朝鮮不動産登記ノ沿革』, 大成印刷出版部, 56~62쪽.

권은 국가가 소유권을 속공 대상으로 취급하고 있다는 점에서 근대의 배타적 소유권과는 구별된다. 대한제국의 소유권은 법적인 측면에서 속공이라는 국가의 강제력을 벗어난 존재는 아니었다.

대한제국은 전국의 토지를 대상으로 관계를 발급하도록 한 것은 개별 필지의 소유권에 대한 국가적 관리체제 수립을 의미한 것이다. 그리고 이를 근거로 시주와 시작이 지세를 직접 책임지고 납부하도록 한 근대적 지세제도 수립을 전망할 수 있었다. 특히 관계에 지가를 기록한 것은 관계 발급 비용을 징수하여 국가재정을 확보하는 동시에 이를 바탕으로 근대적 지세제도 수립의 근거를 마련하려는 조치였다. 대한제국 정부는 국가적 토지 관리체제를 수립하면서 법률·제도적 미비점은 추후 해결과제로 남겼다.

2. 관계 양식과 발급 과정

대한제국 정부는 관계 발급을 통해 소유권자를 확정하고 소유권을 지속적으로 관리해 갈 방안을 강구했다. 관계는 매매문기와 달리 관이 거래 당사자뿐만 아니라 제3자 대항권도 보장해 주도록 작성되었다. 지계아문은 처음에는 토지소유권을 증명하는 대한전토지계와 토지 매매를 보증하는 대한전토 매매증권이라는 두 양식을 마련했지만,[26] 1901년 11월 지계아문직원급 처무규정을 개정하면서 이를 하나로 통합한 대한제국 전답(가사)관계를 새로 제정했다. 그 이유는 전자의 지계에 외국인의 토지소유

---

26 지계아문직원급처무규정, 제13조 제21조 제22조.

〈그림 5-1〉 대한제국 전답 관계(앞면)　　〈그림 5-2〉 대한제국 전답 관계(뒷면)

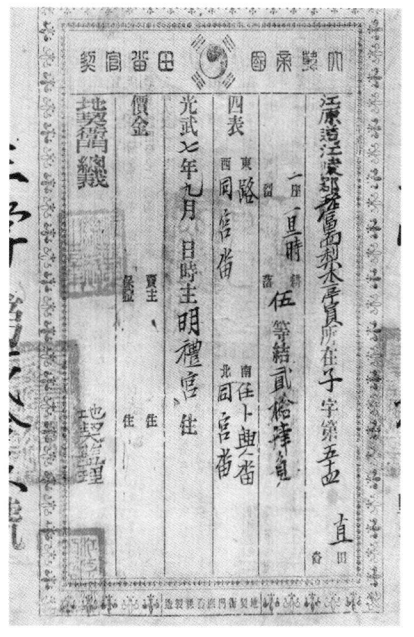 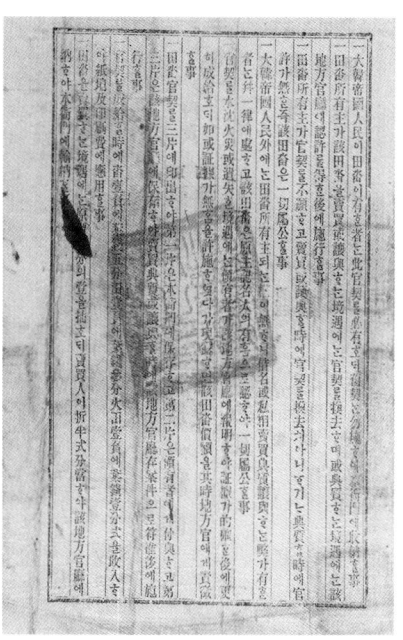

출처: 『대한제국 전답 관계』, 국립중앙도서관.

금지를 명시하지 않은 점 외에 토지소유권 관리에 문제점이 드러났기 때문이다.[27]

대한제국 정부는 대한제국 전답(가사) 관계를 만들고, 관계 발급 대상을 전체 부동산으로 확대하고, 명칭도 지계에서 관계로 바꾸었다. 관이 토지소유권을 증명한 증서라는 의미였다. 전답 관계에 기록할 내용은 〈그림 5-1〉, 〈그림 5-2〉에서 보듯, 지계아문 양안의 항목과 일치하도록 정했다.

27　지계아문직원급처무규정 제21조에 전매 시 구증권은 지방관이 격쇄하도록 했다.

제5장　관계 발급과 관계의 성격　119

다음은 관계를 매매명문과 비교하여 차이점을 검토하여 그 의미를 살펴보기로 하자.[28] 매매명문은 일반적으로 매득일·매득자명·방매 이유·자호지번·두락(일경)·결부·매매가격·이의제기 시 조치사항·소유자명(방매인)·보증인 등을 기록했다. 관계는 매매명문의 내용을 포괄하면서도 관문서라는 점을 감안하여 여러 곳에서 차이를 보였다.

첫째, 관계에서는 근대의 거래문서처럼 토지 내용 이외에 사적인 방매 이유나 이의제기 시 조치사항 등은 생략했다. 둘째, 매매명문은 매득인의 호명을 기록하거나 기록하지 않는 경우도 있었다. 종래에는 문서의 소지 여부로 토지소유를 확인했기 때문에 매득자명을 기입하지 않아도 문제 삼지 않았다. 반면 관계는 공문서로 시주 등 관련자의 성명, 주소를 모두 기록하도록 했다. 셋째 매매문기의 두락은 농촌 관행의 두락이고, 관계의 두락은 절대면적 단위의 두락이다. 넷째, 매매명문에는 자호지번·전답 도형·사표 등을 생략하기도 했지만, 관계는 모두 기록하도록 양식을 정했다.

관계는 양안에 근거하여 발급하면서 매매명문과 대조 검증한 다음 발급했다. 매매문기는 구 양안에 등록된 내용이고, 광무양안은 새 양전의 결과물이기 때문에 대조할 필요가 있었다. 양안과 다를 경우 다시 검증한 다음 발급하도록 했다.[29]

관계는 한 장의 종이 위에 동일 양식을 3부 작성하여 지계아문, 지방관청, 토지소유자가 각기 나누어 갖도록 했다. 관계가 토지대장과 부동산

---

28 매매문기는 시기에 따라 양식상의 변화를 보였다. 여기서는 이수건 편, 1983, 『慶尙道古文書集成』에서 19세기 전답매매명문을 선정하여 예시했다.

29 지계감리응행사목, 제8조.

등기부의 역할을 할 수 있도록 3분할 형식을 채택했다. 그리고 매매문기와 관계는 필지를 기록하는 방식이 달랐다. 관계는 관 증명 장부로서 기능할 수 있도록 필지마다 한 장씩 발급했다. 토지 중심의 관 문기였다. 반면 매매명문은 소유자 중심의 문기로 한 장에 여러 필지를 한꺼번에 기록했다. 관계는 누구에게나 공개되어 토지소유자를 확인할 수 있었지만, 매매문기는 거래 당사자만 거래내용을 알 수 있고, 제3자는 확인할 수 없었다. 문서의 활용도가 서로 달랐다.

관계는 필지별로 발급한 다음, 소유권 이전 상황이 발생했을 때 구관계를 회수하고 필지당 하나의 관계만 발급했다.[30] 관계는 면별로 양안의 자호지번순으로 편철하여 토지대장이나 등기부의 역할을 할 수 있도록 했다. 매매나 전당 시 관계철에서 해당 토지의 관계를 찾아 제출된 관계와 대조하여 진위 여부를 확인한 다음 새로 관계를 발급할 수 있었다. 차명이나 사적인 매매는 처벌하고 당해 부동산은 속공하도록 했다.

관계 발급은 국가재정 확보에도 중요했다. 발급 비용은 양측이 부동산 원가의 1/100을 지방관청에 납부하고 지계아문에서 수납하도록 했다. 필수 비용과 종이·인쇄비 등은 별도로 부과했다.[31]

광무 양전·관계사업은 국가가 왕토사상에 기반한 속공 조치라는 틀 내에서 시주를 토지소유권자로 법인하고 관리하는 부동산권 관리체제 수립을 목표로 했다. 이와 아울러 시주와 시작이 지세를 공동으로 책임지고 납부하는 직납제로의 개편도 의도했다. 관계를 발급받은 소유권은 지주적 토지소유를 배타적 소유권으로 추인한 법적 조치였다. 그리고 시작의

---

30 전답산림천택가사관계세칙, 제2조.
31 전답산림천택가사관계세칙, 제7조, 제8조.

법적 지위는 시주와 마찬가지로 명확하게 언급하지는 않았지만, 지세 납부의 의무를 부여하는 동시에 물권적 존재로 인정하는 방향에서 양전사업을 추진했다. 그러나 시주명에서 환명과 차명을 허용하지 않았지만 호명을 허용했다는 점에서 한계를 보였다. 호(家)의 소유라는 의식에서 벗어나지 못하여 관계가 개별 배타적 소유를 확실히 정한 증명서는 아니었다. 그러나 시주는 관계를 발급받아야 국가에서 소유를 인정한다는 원칙을 정했다. 관계의 강제발급제도는 외국인의 잠매를 막을 수 있는 방안이기도 했다.

관계와 명문의 차이를 보면, 관계는 국가가 소유자임을 증명한 문서이고 명문은 국가와 관계없이 사인 간의 거래문서이다. 이 거래를 보증하는 것은 관이 아니라 당사자와 집필자, 증인 등 개인이었다. 때로는 아무런 증인 없이 당사자 간의 거래로 종결되는 경우도 적지 않았다. 거래 당사자의 명칭이 호명인 점은 관계와 명문이 같았다. 양자의 차이점을 보면, 관계는 거래 당사자의 주소를 명기하여 소유주를 분명히 하고 있다는 점, 그리고 관계는 본인, 지계아문, 군수 등 3벌의 증명서를 발급하여 각각 보관 관리하였다. 소유권에 대한 국가 관리체제가 가능했다.

대한제국 정부는 양전·관계사업을 전국적으로 추진하고 시주와 시작의 지위 등 토지법을 제정해야 했지만, 일제의 강압적 조치로 더 이상 진척시키지 못하고 미완성인 채 중단했다. 일제는 식민지 지배를 목적으로 방향 전환을 시도했다.

제2부
일제의 식민지적 토지입법과 국유지 조사

제1장
일제의 토지침탈과 농장건설

1. 토지침탈 방법과 성격

일본은 '대제국'을 건설하기 위한 일환으로 한국의 식민지화를 목표로 국가적 지원을 통해 토지침탈 작업에 나섰다. 일제는 조약이나 인허가를 통한 지원과 군사력을 배경으로 한 무력 지원체계를 갖추고 토지침탈을 강력히 추진해 갔다. 일본인 지주 자본가들은 한국의 거래제도에 편승하여 잠매, 전당 등을 적극 활용하여 토지를 차지했다. 관습적 거래제도는 국가의 개입 없이 개인 간에 이루어지고 제3자 대항권을 보장해 주는 장치가 마련되지 않았다. 이 제도는 국가의 소유권 보장 장치가 결여된 불안정한 제도였지만, 일본인이 국가의 법망을 피해 토지를 확보하기에는 더 유리했다. 더구나 매매문기는 매득한 자의 이름을 기입하지 않거나 한국인 명의를 빌려 작성해도 소유권 행사에 별문제가 없었다.[1]

일본인 지주 자본가는 도매·투매 등을 막기 위해 거간(居間) 등을 통해 토지를 수소문하고 현장 조사를 거친 다음, 촌의 유력자를 보증인으로 세워 계약하는 방식으로 거래했다.[2] 일본인은 도매나 중복매매 등으로 피해를 입을 경우 사적 무장력(武裝力)을 동원하여 토지를 무단 점령하거나 문기를 탈취하여 강제로 차지하기도 했다.[3] 한국흥업은 여기에 더하여 일본 정규군을 활용하기도 했다.[4] 투자 대상은 소유권이었지만, 일본인들은

---

1 최원규, 1995, 「1900년대 일본인들의 토지침탈과 침탈기구」, 『부대사학』 19, 537~545쪽.
2 일본인들의 각종 한국안내서와 일본농상무성 편, 1906, 『한국토지농산조사보고서(각도편)』에 대표적인 사례가 소개되어 있다.
3 藤井寬太郎, 1911, 『朝鮮土地談』.
4 大橋淸三郎 편, 1915, 『朝鮮産業指針』, 開發社, 285~286쪽.

경작권을 영구 매수하는 방식이나 전당 등을 활용하여 토지를 확보했다.

일본인 투자자들은 상전(上田)은 물론 대하천 유역의 하전(下田)에도 주목했다. 그리고 영농, 신변안전, 상품화의 편리성 등을 고려하여 물산 집산지나 경부철로 연변 지역에 집중 투자했다. 소농층을 비롯한 모든 계층의 토지는 물론 목장토(牧場土), 사원전, 서원전, 시장 등도 대상을 가리지 않고 투기 대상으로 삼았다.[5] 투기 목적의 자본가들은 불법적 토지 투자에 불안해하면서도 잠매에 유리한 구 거래제도가 한동안 유지되기를 바랐다. 일제는 러일전쟁 무렵부터 대한제국이 추진하던 양전사업과 토지법 제정 작업을 저지하면서 토지 투기에 더 적극적으로 나섰다. 일본인들은 '만한경영론(滿韓經營論)'에 편승하여 가까운 장래에 잠매 토지가 공인받을 것이라는 확신과 일본정부의 지원 아래 경쟁적으로 땅 투기에 나섰다.[6]

전당도 토지 확보에 좋은 수단이었다. 대한제국은 전당포 규칙을 발포하여 외국인의 전당을 금지했지만, 처벌 대상은 한국인에 한정했다. 정부는 전당이 소유권 박탈로 귀결된다는 점을 인식하고 전당과 점유를 금지했지만, 소유권만큼 규제하지는 않았다. 일본인들은 각계각층, 특히 소·빈농층을 대상으로 공공연하게 전당을 활용하도록 부추겼다. 이들은 곤궁한 농민의 경제사정을 이용하여 토지침탈을 목적으로 전당계약을 맺고 토지를 빼앗아갔다.[7]

---

5   최원규, 1995, 앞의 책, 542쪽.

6   일본인의 이주는 정연태, 2014, 『식민권력과 한국농업-일제 식민농정의 동역학』, 서울대학교 출판부; 최원규, 2021, 『일제시기 한국의 일본인 사회- 도시민 지주 일본인 농촌』, 혜안 등이 참고된다.

7   吉倉凡農, 1904, 『實利之朝鮮』, 文星堂書店; 新橋堂書店에는 일본인들의 도한 안내서에는 토지침탈방안을 다양하게 예시하며 권장하고 있다.

일본인들이 활용한 전당 방식은 다음과 같다. 첫째, 계약기한이 경과되는 즉시 소유권을 차지할 수 있는 유질계약(流質契約)이나 토지매도증 첨부를 조건으로 전당계약을 맺었다. 둘째, 계약할 때 계약서에 빌린 돈보다 과도한 금액을 기입하여 갚을 수 없도록 했다. 셋째, 토지의 사용권이나 수익권을 저당 잡는 질권을 설정했는데, 토지사용권을 영원히 혹은 50~100년 이상 차지한다는 영구 사용 수익권을 조건으로 했다. 전당은 소유권 매득과 동일한 효과를 볼 수 있고 주 단속대상도 아니었기 때문에 일본 고리대자본이 즐겨 이용했다.[8] 농민들은 옛 전당 방식대로 계약했지만, 일본인들은 일방적인 유질계약 등의 방식으로 청산절차 없이 토지를 빼앗았다. 농민은 반발하고 저항했지만, 대한제국은 무기력했고 경제력과 무력을 동원한 이들의 강압적 수단에 눌려 토지를 되찾을 수 없었다. 오이케 츄스케(大池忠助), 하자마 후사타로(迫間房太郎) 등이 전당으로 대토지를 확보하여 농장경영을 한 대표적 상인 고리대적 지주이다.[9]

일본인 자본가는 관청으로부터 인허가를 받아 사업을 벌여 엄청난 토지를 확보하기도 했다. 대한제국은 철도와 도로 부설, 광산개발 등 각종 사업을 추진했으며, 일본정부나 기업들이 대거 참여했다.[10] 대한제국 정부는 이들의 정치적·경제적 공세에 밀려 사업을 주도적으로 추진하지 못하고 각종 인허가권을 이들에게 내주었다.[11] 국가 인허가 사업은 사업 주

---

8   吉倉凡農, 1904, 『實利之朝鮮』, 文星堂書店, 85~99쪽; 島根縣, 1906, 『韓國實業調査復命書』 第3部, 246~257쪽.
9   최원규, 2021, 『일제시기 한국의 일본인 사회』, 혜안, 306~317쪽.
10 이윤상, 1996, 「제국주의 경제침탈」, 『한국역사입문』 3, 풀빛, 104~119쪽.
11 한일 합작사업은 경남 지역에 집중적으로 시도되었다(吉倉凡農, 1904, 『實利之朝鮮』, 85~99쪽).

체가 일본이라도 분쟁 해결은 대한제국 정부가 담당하도록 했다. 일본인들은 사업을 무리하게 추진하다 말썽이 나면 공공사업이라는 명분을 내세워 대한제국 정부에 분쟁 해결을 강요하였다. 최소한의 투자로 최대의 이익을 확보하는 방향에서 사업을 추진했다.

일본인 자본가는 필요 이상의 토지를 사업 계획에 포함시켜 강제수용하는 방식으로 주변 토지도 차지했다. 일단 수용이 결정되면 대한제국 정부의 수용 사례를 적용하여 소유자의 거부권은 허용하지 않았다. 보상가도 시가에 크게 미치지 못했다. 군사기지는 일시 사용이라는 명목 아래 한 푼도 지급하지 않고 강제 점유했으며, 사용 목적이 종결되면 반환한다는 당초 약속과는 달리 무력을 동원하여 헐값으로 사들여 일본인들에게 분배하기도 했다. 토지수용은 토지소유자에게는 원망과 두려움의 대상이었다. 일제는 한국인들의 줄기찬 저항을 합법적으로 해결하기 위해 토지수용에 관한 법률을 제정해야 한다는 견해를 일찍이 표명했으며, 강점하자마자 1911년 「토지수용령」을 제정·공포했다.[12]

일본인 지주 자본가가 토지를 매득할 때 부딪힌 과제는 소유권 분쟁이나 이중 전당 등이었다. 이 문제는 한국인 사이의 분쟁으로 그치는 것이 아니라 한국인과 일본인, 일본인 상호간의 분쟁으로 비화되기도 했다. 일제는 외국인 토지소유의 합법화를 쟁취하고 등기제도를 도입해야 이 문제가 해결될 것이라고 인식하면서도 현 상황에서는 구제도를 유지하는 편이 토지침탈에 더 유리하다고 판단하고, 그 틀 내에서 피해를 최소화할 수 있는 방법을 강구했다. 목포흥농협회, 군산농사조합 등은 이러한 목적을 내걸고 일본정부의 지도로 탄생한 지주 자본가 단체였다. 조합에서는

---

12   김정명, 1964, 『일본외교사료집성』 6(중), 巖南堂書店, 763쪽.

투자 지역을 조합원별로 구역을 할당하고, 잠매나 저당으로 확보한 토지를 등록하도록 했다. 일본인들 사이의 분쟁을 막기 위해 등록제도를 시행한 것이다.[13] 일제는 1906년 토지가옥증명규칙을 공포한 이후에도 조합을 계속 존속시켰다가 강점 후 등기제도를 도입하면서 해산했다. 일제의 토지조사사업은 일본인이 불법 또는 폭력적으로 확보한 토지를 그들의 법으로 합법화시키려는 것도 주요한 목적 중의 하나였다.

2. 한국흥업의 토지침탈과 농민의 토지환수운동

한국흥업은 제일은행의 최고 실력자인 시부사와 에이치(澁澤榮一)의 주도로 한국에서 지주경영을 할 목적으로 설립되었다.[14] 1927년까지 전국적으로 1만여 정보를 확보한 일본인 최대의 지주였다.[15] 한국흥업은 1904년 황주 지방의 토지를 집중적으로 확보할 목적 아래 토지 매수에 착수한 지 7개월 만에 3,000 정보의 토지를 확보했다. 한국흥업의 토지 확보 방식은 일본인 투자자의 모델로 줄곧 소개되었다.[16]

---

13   최원규, 1995, 앞의 책, 549~552쪽.
14   조선흥업의 전 과정은 조선흥업주식회사, 1929, 『조선흥업주식회사 25년지』; 조선흥업주식회사, 1936, 『조선흥업주식회사 30주년기념지』에 정리되어 있다.
15   한국흥업은 하지연, 2010, 『일제하 식민지 지주제 연구 : 일본인 회사지주 조선흥업주식회사 사례를 중심으로』, 혜안; 최원규, 2021, 『일제시기 한국의 일본인 사회』, 혜안, 317~330쪽이 참고된다.
16   吉倉凡農, 1904, 『實利之朝鮮』, 文星堂書店 新橋堂書店; 島根縣, 1906, 『韓國實業調査復命書』, 島根縣 第3部, 244~250쪽.

한국흥업은 일본 최대의 자본가 그룹답게 대한제국의 공권력을 공개적으로 무시하고, 일본 주둔군의 군사력을 배경으로 지방관과 방수(房首)와 두민(頭民) 등을 강제로 동원하여 토지 매수작업을 벌였다. 팔지 않을 경우에는 농사를 방해하거나 폭력을 행사하는 등의 방식으로 강제로 헐값에 방매하도록 유도했다.[17] 한국의 관습적 토지 거래는 국가의 간섭 없이 거간 등의 소개로 거래자 쌍방이 계약하고 거래하는 것으로 종결되었다. 정부의 공인 등 보호장치가 결여되어 소유권 보호에 위험성이 많았다.

한국흥업은 이러한 위험성을 탈피하기 위하여 집단 거래방식을 택했다. 당사자끼리의 개별 거래가 아니라 면이나 리 전체를 구입 대상으로 선정하고 매입작업에 착수했다. 먼저 방수와 두민을 소집하여 관문서 등을 수집하여 토지 실체를 파악한 다음, 마을마다 지주총대를 두고 주민을 총동원하여 토지 거래를 강요하는 방식이다. 거래문서 작성이나 토지 대금 지불 등을 지주총대가 중간에서 대행하고 문제가 발생하면 동민(洞民) 전체가 연대책임을 지도록 문서화했다. 중개인(지주총대)과 보증인이 연서하고 이장이나 두민·방장들이 인증한 계약서에 각종 관문서를 첨부하도록 했다.

계약 문서는 한국법과 일본민법에 동시에 대응할 수 있도록 3종류를 작성했는데, 토지방매증, 토지저당차용증서, 저당토지차입증서 등이다.[18] 저당토지차입증서의 내용은 50년간 경작의 전권을 양도받는 형식이고, 원금의 1할 5분을 이식으로 매년 복리로 계산하여 원리금을 회사에 돌려주는 방식이다. 경작권은 특별한 사고가 없는 한 땅주인에게 주었다. 여기

---

17 최원규, 2021, 앞의 책, 319~322쪽.
18 島根縣, 1906, 『韓國實業調査復命書』, 240~250쪽.

서 50년은 일본민법에 정해진 영소작권의 최고 상한 규정이며, 이를 계약서에 그대로 적용한 것이다. 이는 외국인의 소유권 금지라는 법적 제한을 돌파하기 위해 마련한 편법적 조치였다. 이와 동시에 이중으로 매매문기도 작성했다.

한국흥업은 경작권에 물권적 성격을 부여하는 조건으로 토지를 헐값에 확보했다. 한국흥업은 이중 문서로 토지를 확보한 다음에는 기존 지주와 소작인을 경작자로 그대로 채용하고, 지대도 1/3로 하는 등 한국의 관습물권의 예에 따라 계약을 체결했다. 그러나 계약 후에는 소작권을 물권으로 인정하지 않는 일본민법에 따라 경영했다. 황해도 황주는 재령강 일대의 궁방전처럼, 민전의 지대는 중답주나 도지권자가 궁방에 지불하는 수준이고, 경작권에는 관습적으로 물권이 인정되던 곳이었다.

또 하나는 토지 구입 가격에 비례하여 소작료를 결정하는 방식을 택했다. 토지 매매 가격을 낮추면 그만큼 소작료를 적게 책정하는 방식으로 계약을 체결한 것이다. 양측이 합의에 의한 계약관계처럼 보이지만 계약 이후 온갖 수단을 동원하여 지대를 강화했다. 결국 계약은 속임수에 불과했다. 한국흥업은 주민을 회유하고 강박하면서 한국의 관습적 거래 방식에 근거하여 토지를 차지하고 지주경영에 착수했다. 이들은 이듬해 곧바로 탈경 이작을 빌미로 관습물권적 계약을 파기하고 절반 지대나 지주적 정도제로 지대를 강징했다. 주민이 거세게 반발했다.

황주는 재령강 유역으로 다양한 토지권이 존재했다. 배타적 소유권이 확립된 토지, 관습물권인 중답주나 도지권 등이 존재한 토지 그리고 동민이 공동 개간한 공유지 등이 적지 않게 존재했다. 한국흥업이나 동척, 국유지 등은 일관되게 소유권 이외의 물권을 인정하지 않고, 소유권 절대성의 원칙 아래 지주경영을 시도하고, 탈경 이작을 빌미로 지대계약을 파기했다. 일본인 농업자본가들은 러일전쟁 직전부터 한국의 식민지화를 확신하고 지주별로 거점을 설정한 다음, 그곳을 중심으로 토지를 집중 매입하여 농장을 건설하는 방식을 택했다. 러일전쟁 직후에는 공포 분위기를 조성하여 강압적으로 토지를 차지했다. '몽매한 농민(기자들의 표현)'들은 후일 정부의 보호를 받지 못하고 선조 대대로 내려오던 옥토를 헐값에 팔 수밖에 없었다고 고백했다.[19]

한국흥업은 계약의 부대조건이었던 농사 개량은 뒤로 미루고 강압과 폭력을 동원하여 소작료를 올리는 데 주력했다. 절반징수제나 그에 준하는 정도로 소작료를 강제로 징수하고, 불응할 경우에는 욕설은 물론 구타나 손을 결박하여 툇보에 매달아 놓거나 가두는 등 사적 체벌을 가했다. 대한제국은 무기력하여 이에 대응하지 못했고, 주민은 불법과 폭력을 견디지 못해 싼값에 토지를 넘기고 소작인으로 전락하여 지대 압박을 강요당했다.

조선흥업은 당시의 일을 『조선흥업25년지』에 사실 그대로 기술하지 않고 유리한 것만 선택하여 기술하고 선전도구로 활용했다. 소작인과 공존공영할 목적으로 소작인의 안정적 생활을 위해 소작권을 보호하고, 그 일환으로 전속 소작인제도, 영속 소작인제도를 도입하는 등 농장의 소작인 대우도 좋았다. 주민들이 회사에 감동하여 자기 토지를 농장에 팔고 영구히 회사의 소작인이 되는 것을 선망했다는 식으로 표현하였다.[20]

한국흥업은 기존 소작인이나 지주를 경작자로 그대로 채용했지만, 회사와 농민은 토지 매매 후 곧 분쟁에 휘말렸다. 회사가 계약과 달리 소작

---

19 『동아일보』, 1928.3.28
20 조선흥업주식회사, 1929, 『조선흥업25년지』, 20~21쪽.

료를 강제로 올려 징수했기 때문이다. 이를 거부하면 소작권을 이동하겠다고 강압하고, 실천에 옮기기도 했다. 한국흥업과 주민은 법 관념이 완전히 달랐다. 주민들은 관습적으로 중답주권이나 도지권을 물권으로 인정하듯 경작권을 물권으로 인식하고 거래했다면, 한국흥업은 소작권을 물권으로 인정하지 않는 일본민법에 따라 계약한 것이다. 일제는 '사업'을 추진하면서 조선흥업의 50년 경작권은 소유권으로, 주민의 소유권에 기반한 경작권은 임차권으로 법적 지위를 확정했다. 주민의 물권적 경작권은 매매와 동시에 거의 인정받지 못했으며, 동민의 불응사태에 대비하여 소작권 이동을 빌미로 경작권 매매증서를 반환받아 증거인멸을 기도했다. 1920년대에는 문권이 거의 남아있지 않았다. 반면 한국흥업은 '사업'에서 매매문기를 근거로 신고하여 소유권을 법인받았다.

    1928년 동민들은 조선흥업이 토지를 반환할 기미를 보이지 않자 토지환수운동을 전개했다. 황주농장의 지배인인 아이자와 죠산(相澤長三)은 이 일은 "일한합병 이전에 남의 나라 땅을 영구적으로 살 수 없어 기한을 정한 것이고, 지금은 일본의 일부인 이상 그 일을 끄집어내도 쓸데없는 일이다"라고 했다. 그러나 한국흥업이 토지를 매득할 당시 지주였던 이재중은 당시 황주 신간회 지회장을 맡고 증거물과 증인을 모으는 등 토지환수작업을 추진했다.[21] 그는 조선흥업과 교섭하는 한편, 법률 수속을 하는 동시에 전국에 여론을 불러일으킬 계획이라고 했다. 증거는 문서증거 외에 회사가 토지를 매수할 당시 조양사(朝陽社) 주필로 여론을 일으킨 심의승(沈宜昇), 조양사 특파원이었던 강원도지사 유성준, 토지를 주관하여 매

---

21 朝陽社, 2019, 『朝陽報』, 보고사; 『중외일보』, 1928.3.25. 증거문서는 황주읍 1통, 청수면 2, 3통 정도라고 했다.

수한 창설 당시 주임 후지야마(藤山) 등을 증인으로 거론하며 운동을 전개했다.[22] 1928년 6월에는 야마나시 한조(山梨半造) 총독이 서북 지방을 순회할 때 경작권 매득사건에 대한 진정서를 제출했다. 그러나 사태를 되돌리지는 못했다.[23] 일제는 '사업'에서 행정처분으로 소유권을 확정하여 '원시취득'의 권리를 법적으로 보장했다. 일제의 입장에서 이를 번복하는 일은 식민지를 포기하지 않는 한 불가능한 일이었다.

3. 일본인 지주제의 형성

일본인 지주는 부산을 개항할 무렵부터 한국에 들어오기 시작했다. 오이케 츄스케(大池忠助)는 개항 무렵 무역상으로 부산에 자리 잡으면서 각지에 토지를 구입하기 시작했다. 후쿠다 소베(福田增兵衛), 하자마 후사타로(迫間房太郎) 등이 그 뒤를 이었다. 이들이 한국에 집중적으로 토지를 구입하기 시작한 것은 청일전쟁 이후였다. 특히 하자마는 마산이 개항되면서 러시아의 진출을 막으려는 일제의 의도에 부응하여 이곳에도 많은 토지를 구입하여 대지주로서의 위치를 확고히 하면서 러시아의 공세도 차단했다. 이들은 이미 지주로서의 위치를 확고히 했다.[24]

일본인은 개항과 더불어 토지 확보에 나섰으며, 이민법을 개정하고 러

---

22 『동아일보』, 1928.3.28.
23 『중외일보』, 1928.6.19.
24 淺田喬二, 1967, 『日本帝國主義と舊植民地地主制』, 御茶の水書房, 67~71쪽; 최원규, 2021, 『일제시기 한국의 일본인 사회』, 혜안, 244~345쪽.

일전쟁을 준비하면서 본격화했다. 대지주들은 경남 지역에 가장 먼저 들어왔다. 그 후 영호남 지역에 집중적으로 침투해 들어갔다. 러일전쟁이 일어나고 경부철도가 개설되면서 일본인의 토지 투자는 경기도, 충청도, 황해도 등 서울 인근을 비롯한 전국으로 확대되었다. 1908년 설립된 동양척식주식회사가 대한제국 정부로부터 대규모의 토지를 출자 받고 대규모 매득지를 확보하면서 일본인의 활동무대가 전국에 안정적으로 자리를 잡은 것으로 보인다. 일본인의 토지 투자를 연도별 추이로 보면 1909년 현재 30정보 이상의 일본인 대지주는 135명이었다. 이들이 지주로서 출발하기 시작한 시점을 보면 1903년 13명, 러일전쟁 시기에 해당하는 1904년이 27명 그리고 1905년이 25명이었다. 가장 집중된 해는 통감부가 설치되면서 통치의 기틀을 마련한 1906년으로 34명이었다. 그 이후 대지주의 숫자는 감소하는 모습을 보였다.

〈표 1-1〉 30정보 이상 일본인 지주수와 창업년도

구분	1903	1904	1905	1906	1907	1908	1909	계
30~50정보	1	4	3	2	3	7		20
51~100	3	6	7	4	7	3		30
101~200	2	5	5	12	6		1	31
201~300	3	5	2	2				12
301~500	2	2	5	10	2			21
501~1,000	1	3	1	3	3	1		12
1,001~2,000		1	1	1	2			5
2,001~5,000	1		1					2
5,001 정보 이상		1				1		2
계	13	27	25	34	23	12	1	135

출처: 淺田喬二, 1967, 『日本帝國主義と舊植民地地主制』, 御茶の水書房, 68쪽.

1,000정보 이상의 거대 지주는 물론, 100정보 이상의 지주들도 1906년 이전에 대부분 창업했다. 일제의 도한정책과 러일전쟁의 승리, 통감부 설치로 인한 정치적 안정화가 이들의 한국 진출을 유도한 것으로 보인다. 대한제국이 외국인의 토지소유 금지를 법으로 내건 시기에 불법적으로 토지를 확보한 것이다.

　지역별로 보면, 호남 지역은 전북 일대에 왕실이 개간사업을 하면서 주민과의 갈등이 격화되자 일제는 이를 기회로 광범위하게 침투했다. 1904년 10개 읍을 조사한 결과, 민전이 5,676.5두락, 균전이 9,816.9두락으로 합계 15,493.4두락이었다. 일본인 52명이 매득하고, 한국인 1,193명이 방매했다.[25] 미야자키 게이타로(宮崎佳太郎), 오쿠라 기하치로(大倉喜八郎) 등을 비롯한 일본인 대지주들이 잠매의 주인공이었다. 경남 지역 중 대표적인 지역은 부산을 중심으로 한 낙동강 하류 일대였다. 1904년 절영도의 30%가량, 부산의 중심인 사중면의 40%를 일본인이 차지했다. 1909년 사중면은 60% 이상을 일본인이 점유했다. 이러한 막대한 투기로 땅값도 빠르게 오르는 경향을 보였다.[26] 일본인의 주요 침투 지역은 10배 이상의 상승을 보였다. 일본인은 최소비용으로 최대면적의 토지를 확보하기 위해 잠매는 물론 유질계약 등을 활용하여 〈표 1-1〉처럼 매우 빨리 한국에서 지주로 자리를 잡았다. 일본인 지주는 한국의 식민지 지배체제의 중심기구가 되면서 농촌 장악의 핵심고리로 등장했다.

25　김용섭, 1988, 『한국근대농업사연구』(하), 일조각, 481~483쪽.
26　최원규, 2021, 『일제시기 한국의 일본인 사회』, 혜안, 248~282쪽.

〈표 1-2〉 일본인 농사 경영표(1913.12) (단위: 정보)

구분	경영자 수	답				전				합	
		일본인	%	전체면적	%	일본인	%	전체면적	%	면적	%
경기	743	7,551	8	147,160.7	14	5,313	8	128,049.8	7	16,983	9
충북	98	773	1	51,840.2	5	627	1	43,402.9	2	1,871	1
충남	615	5,502	6	125,140.6	11	2,767	4	51,288.6	3	11,153	6
전북	1,210	25,711	28	121,924.1	11	5,761	9	37,495.6	2	35,944	19
전남	769	17,912	19	136,980.5	13	11,244	18	104,680.1	6	36,129	19
경북	748	6,643	7	118,215.3	11	3,688	6	94,818.1	5	12,091	6
경남	1,654	10,232	11	112,201.5	10	7,314	12	64,550.8	3	240,560	12
황해	166	13,454	15	85,688.7	8	12,990	20	266,142.9	14	31,338	16
평남	58	2,507	3	47,712.7	4	2,513	4	254,036.8	14	9,175	5
평북	34	736	1	51,660.2	5	492	1	287,687.6	15	1,302	1
강원	98	327	0	49,970.2	5	9,361	15	160,403.1	9	9,702	5
함남	36	985	1	34,250.6	3	1,314	2	214,427.7	11	2,477	1
함북	44	0.4	0	6,575.5	1	145	0	162,854	9	525	0
1913	6,273	92,333	100	1,089,321	8	63,530	100	1,869,838	3%	192,752	100
1911	2,254	42,585	46			26,727	42			86,952	45
1912	4,938	68,376	74			39,605	62			130,800	68

비고: 토지를 소유하지 않은 자는 제외함. 1913년 12월 말일 현재 일본인은 8,013호 36,885명이다.
합계는 전답 이외에 산림, 원야, 기타를 포함한 것임.
출처: 朝鮮總督府, 『朝鮮總督府官報』 제717호, 1914. 12. 22; 제908호 1915.8.12.

<표 1-3> 일본인의 도별 소유면적(1911.1) (단위: 결)

전국 도별	인원	논	밭	택지	기타	합계	합%	논%	밭%
경기	588	567	245.481	7.851	27.227	847.334	3	3	3
충북	280	184	87.954	4.319	2.549	278.477	1	1	1
충남	1,044	1,774	380.963	49.185	14.963	2,218.882	8	9	5
경북	880	411	327.588	24.06	0.754	763.479	3	2	4
경남	2,413	1,645	1,541.475	139.409	68.788	3,394.396	12	8	20
전남	1,016	4,875	1,756.134	39.305	1.695	6,672.586	24	25	22
전북	664	9,548	1,080.585	56.156	20.164	10,704.93	39	49	14
황해	164	318	2,018.694	3.802	13.811	2,354.318	9	2	26
강원	65	4	65.569	1.433	-	71.47			1
평남	143	26	168.492	1.889	4.117	200.872	1		2
평북	61	5	7.926	1.527	-	14.138			
함남	185	6	105.757	2.148	6.977	121.345			1
함북	122	-	30.051	10.388	-	40.439			
전국	7,625	19,363	7,816.669	341.482	161.045	27,682.66	100	100	100
외국인	346	105	134.146	71.855	0.826	311.44	1		

출처: 조선총독부, 1912, 『조선총독부 통계연보』, 3쪽

　〈표 1-3〉에서 1910년에 전체의 2.7% 수준이고 그중 75%가량이 호남과 경남 황해도에 집중되었다. 그 후에는 더욱 폭발적으로 증가하는 모습을 보였다. 지역적으로는 전북, 전남, 경남, 황해 순이었다. 황해도는 밭의 비중이 압도적이었으며, 전남이 다음 순이었다. 한국흥업이 대규모로 투자한 결과였다. 〈표 1-2〉에서 일본인의 토지소유는 1913년을 100으로 했을 때 1911, 1912년은 42~46으로 두 배 이상 증가했다. 해마다 답은 50%, 전은 30% 정도의 비율을 유지하면서 토지를 계속 확대해 갔다.

1913년 12월 현재 일본인의 소유면적은 지목별 비중을 보면 답은 전체 면적의 8%, 전은 3%를 차지했다.

도별 비중을 보면, 답의 면적은 경기가 가장 많고, 전남, 충남, 전북, 경남의 순이었다. 일본인이 소유한 답의 비중은 경기와 충남은 적은 편이고, 호남과 황해도에 집중되었다. 전은 전체적으로 북쪽 지역에 집중되었으며, 일본인은 황해, 전남, 강원의 순으로 매득했다. 전체적으로 볼 때 호남이 압도적이었다. 전북은 일본인 전체 답의 28%를 차지했으며 전북 전체의 19%를 일본인이 차지했다. 전남 역시 답은 전체의 19%를 차지했다. 황해도는 일본인 전체 답 가운데 15%를, 전은 20%를 차지했다. 황해도 전체의 16%를 일본인이 차지한 것이다.

일본인의 투자는 답 중심이며 주로 호남과 황해, 경남에, 전은 황해, 전남, 강원에 집중했다. 특히 답은 호남이 20% 내외를 1914년 이전에 확보했으며, 전은 호남과 경남이 10%를 약간 상회하는 정도였다. 1910년대 초반 1~2년 사이에 소유면적이 배가 넘을 정도로 토지투자가 이루어졌다. '사업'을 전후한 시기에 토지 투기열이 가장 높았으며, 땅값도 대폭 올랐다는 점이 주목된다. 한국 역사상 토지 투기가 가장 활발했던 시기로 보인다. 투기는 대지주 중심으로 이루어졌으며, 50결 이상은 일본인이 압도적 비중을 점하였다.

일제의 식민지 지주제는 '사업'을 전후한 시기에 양적 측면에서 기본 틀이 확립되었으며, '사업'은 이를 제도적으로 정착시키는 촉매제 역할을 했다. 지조개정 이전에 침투한 지주가 거의 없었던 대만과 다른 점이다.

제2장
대한제국의 토지법 제정 작업과 지향

1. 대한제국과 통감부의 토지법 논의

일제는 1905년 12월 통감부를 설치하고 한국을 영구히 일본 영토화한다는 계획 아래 강점 지배체제를 구축하는 작업에 착수했다. 작업은 한국의 토지제도를 통치에 불편함이 없도록 일본의 제도와 동일하게 재편하는 방식으로 추진했다. 그 내용은 일본, 대만, 오키나와처럼 토지조사를 실시하여 지조의 기초를 확정하고 부동산에 관한 권리 소재를 명확히 한 토지대장을 만들고, 이를 기반으로 등기제도를 시행하는 것이었다.[1]

일제는 대한제국이 추진했던 양전·관계사업의 방향이 일제의 지배체제, 일본민법에 적합하지 않다고 판단하고 이를 부정하고 지배 목적에 맞는 방식을 강구하여 시행하기로 계획했다. 그런데 대한제국이 여전히 존재할 뿐만 아니라 반일운동도 격렬하게 전개되어 대만에서처럼 지배권을 확보할 수 없었다. 이러한 현실을 감안하여 일제는 단계적으로 침탈 수준을 높이는 방식으로 토지정책을 추진할 것을 계획했다.

통감 이토 히로부미(伊藤博文)는 대한제국 정부와 '한국 시정 개선에 관한 협의회'(이하 협의회라 약칭함)[2]를 개최하여 이 문제를 처리해 갔다. 1906년 4월 19일 제5회 협의회에서 토지제도 개편 문제가 처음 거론되었다. 이토는 탁지부 대신이 토지제도를 정리하고 토지소유자에게 지권을 교부하여 세입 증가를 꾀하자는 제안을 하자 자신의 기본 원칙을 제시

---

1 한국부동산법조사회, 1907, 『土地及建物ノ賣買贈與交換及典當ノ證明ニ關スル規則ト指令等要錄』, 103~104쪽.
2 김정명, 1964, 『일한외교자료집성』 6의 (상), (중), (하)에 협의회의 진행상황이 실려 있다.

했다.[3] 국가에 대한 소유자들의 의무를 명확히 한 뒤 지권을 교부하고 등기소를 설치하여 소유권의 이동을 등록하게 하는 소유권 처리 방식과 내외국인의 소유권을 차별 없이 인정해야 한다는 두 가지였다.

이토는 메이지 헌법의 소유권 이념, 즉 소유권은 국가가 위로부터 부여한 것이라는 이념체계를 대한제국에 확장 이식시키는 정책을 추진했다. 한일 양측은 도매, 투매 등을 유발한 관행적 토지 거래질서를 국가 주도의 근대적 관리체계로 개혁하자는 데는 동의했다. 그러나 한국 측은 일본 측과 달리 외국인의 토지소유를 불허하는 입장을 고수했다. 양자는 계속 부딪혔다.

제6회 협의회(1906년 6월 25일)에서는 토지소유자의 재산권을 견고히 해 줄 법률을 제정하기로 하고, 도쿄제국대학 법과교수 우메 겐지로(梅謙次郞)를 초빙하기로 결정했다.[4] 제8회 협의회(7월 12일)에서는 의정부에 부동산법조사회를 설치하여 관습조사와 토지법을 제정하기로 하고, 우메를 회장으로 임명하기로 했다. 그러나 작업의 순서와 내용에서 양측은 견해를 달리했다.

이토는 먼저 법률을 새로 제정하여 소유권자를 확정한 다음 이를 토대로 토지를 측량하자는 선 법률제정 후 토지조사 방안을 제시했다.[5] 반면 한국 측은 기존 제도와 법률을 바탕으로 토지조사를 한 다음 이를 토

---

3 김정명, 1964, 앞의 책(상), 217쪽.
4 우메 겐지로에 대하여는 김정명, 1964, 위의 책(상), 220쪽, 256~257쪽; 東川德治, 1917, 『博士 梅謙次郞』, 法政大學; 水本浩, 유해웅 옮김, 1980, 『토지문제와 소유권』(개정판), 汎論社; 이영미·김혜정 옮김, 2011, 『한국의 사법제도와 우메 겐지로』, 일조각 등이 참고된다.
5 김정명, 1964, 위의 책(상), 259쪽.

대로 법률을 제정하자는 것이었다. 양자는 한국의 관습법 적용 문제와 외국인 토지소유의 허용 여부를 둘러싸고 이해관계를 달리하였다. 이토는 측량은 많은 시간과 거액의 경비가 요구되니 먼저 지권을 발급하여 소유권을 확정하고, 실측은 매매와 양여(讓與) 등을 할 때마다 정밀하게 하여 보완하자는 방안이었다.[6] 측량보다 소유권 확정이 급선무이며, 내외인의 차별을 철폐해야 한다는 것이었다. 이토는 관습조사를 바탕으로 법률을 제정하는 것이 아니라 우선 필요한 토지 거래법부터 제정한 다음 관습조사에 따라 민법을 마련하자고 주장했다.

이토는 제9회 협의회(7월23일)에서 자신의 입장을 더 분명히 제시했다. 외국인의 토지소유와 한국인이 토지를 담보로 일본인으로부터 돈을 빌리는 현실을 인정할 것, 한국인이 지권을 위조하여 일본인에게 전당 또는 매매하여 소유자가 모르는 사이에 다른 사람이 차지하는 폐단을 막는 법안을 마련할 것 등이었다.[7] 이는 일본인의 토지소유를 인정하고 거래를 활성화시키는 방안이었다.

대한제국 정부는 부동산법조사회의 관습조사에 기초하여 법률을 만들자고 제안했지만,[8] 이토는 거부했다. 항구적인 법률을 제조하기 위해서는 면밀한 조사 작업이 필요하고, 실무 담당자가 될 군수들의 수준도 낮아 시행하기 어렵다는 견해를 보였다. 이토는 처음에는 구관습에 따라 일본인들의 토지 거래를 합법화하여 일본인들의 물적 토대를 마련하기 위한 간단한 임시법을 마련하고, 다음 단계로 이를 토대로 토지를 항구적으

---

6 김정명, 1964, 『일한외교자료집성』 6(상), 巖南堂書店, 259~260쪽.
7 김정명, 1964, 위의 책(상), 298~299쪽; 통감부, 1908, 『한국시정연보』, 99~100쪽.
8 김정명, 1964, 위의 책, 299쪽.

로 관리할 수 있는 법을 마련하고자 했다.

이토가 제시한 방안은 입지(立旨)제도를 활용하는 것이었다. 종래의 거래관습에 따라 거래를 하되 각 촌의 향장(鄕長)에게 진위를 확인하게 하고 군수가 증명하여 위조를 막자는 방안이었다. 동시에 일본인의 토지소유를 막기 위해 촌락에서 합심하여 향촌 내 또는 친족에게 매수시키는 등 배일적 폐해에 빠지지 않도록 하라는 경고도 했다.[9] 통감부는 이 법을 일본인에게도 적용하여 폐해를 예방하게 하는 방안도 강구했다. 양측이 의견을 달리하는 가운데, 각자 자기 입장을 반영한 토지법 제정 작업에 착수했다.

2. 대한제국의 부동산권소관법 제정 시도와 좌절

대한제국은 두 계통으로 토지법을 제정할 계획을 세웠다. 하나는 당면한 토지 거래 문제를 해결하기 위한 잠정적 성격의 토지 거래법 제정이며, 또 하나는 관습을 조사하여 이를 토대로 영구적 성격의 민법전을 제정하는 작업이었다. 이토가 강력하게 자기 입장을 표명했음에도 불구하고, 대한제국 정부는 자기 이해에 기초하여 재산권 관계법을 제정할 계획을 세웠다. 이들은 일제 지배력의 한계와 여론을 고려하여 자기 주도로 일을 추진할 수 있다고 판단했다.

---

9 최원규, 1994, 「한말 일제초기 토지조사와 토지법연구」, 연세대학교사학과 박사학위 논문, 148~150쪽.

대한자강회는 1906년 5월 19일 통상회를 열고 토지 거래 관행을 개선하기 위한 안건을 토론에 부쳐「부동산매매시 증명서 발급건」을 정부에 건의하기로 결정하고,[10] 5월 25일 건의서를 참정대신에게 전달했다.[11] 대한자강회는 부동산 거래에서 위조문권으로 잠매나 도매의 폐해가 성행한다는 점, 이 문제는 주로 부자, 형제, 친척 사이에 일어나 덕의가 손상된다는 점, 국가 산업발달에 저해된다는 점 등을 지적했다. 이러한 폐해는 계권법(契券法)이 확정되지 않고 관을 거치지 않은 거래관행에서 연유한 것이라고 정리하고 개혁안을 제시했다. 개혁안은 동장, 면장의 인증과 지방관이 조사한 후 증명하는 증명제도를 빨리 시행하고, 거래는 대한국 신민만으로 한정해야 한다는 것이다.[12]

대한제국 정부는 민산계권(民産契券)을 확정하기 전에 관이 증명하기는 어려운 일이고, 사기, 위조 등 범죄는 형법대전에 정한 대로 시행하면 된다는 법부의 견해 등을 고려하여 아직 방침을 확정하지는 않았다고 답변했다. 반면 대한자강회는 민산계권을 확정하기 전에 증명서로 폐해를 막아야 한다고 했다. 형법대전의 「전택 모인(冒認)과 계권 위조의 률」은 사후 처벌법이니 증명제도를 도입하여 범죄가 발생하기 전에 막아야 한다고 주장했다.[13] 대한자강회 안은 증명제도라는 면에서 이토의 주장과 다를 바 없었지만, 외국인 토지소유 문제에서는 입장을 달리했다.

장지연(張志淵)은 토지권을 자강주의의 기본 토대로 보고 그 회복을 급무로 제기했다. 그는 일본인이 한국의 전토산업과 토지권을 장악할 수

---

10 『대한자강회월보』(상)1, 1906, 43~44쪽.
11 위의 책(상)1, 1906, 58~59쪽.
12 위의 책(상)1, 1906, 43~44쪽, 57쪽.
13 위의 책(상)2, 1906, 129~131쪽;『황성신문』, 1906.6.23.

있었던 것은 계권을 주고받는 거래 방식 때문이라고 보았다. 전통적 거래 방식은 사적인 거래 방식이기 때문에 부형(父兄), 인척들의 전토문권(田土文券)을 속여 일본인에게 전매할 수 있었으며, 국가가 통제하기도 쉽지 않았다고 했다. 더욱이 일본인에게 사기를 당해도 잠매를 금지한 법령 때문에 처벌이 두려워 고발할 수도 없는 실정이라고 지적하며 두 가지 해결방안을 제시했다. 하나는 전국에 지계제도를 실시하고 토지법을 제정하는 일이고, 다른 하나는 증명제도를 도입하는 일이었다.[14] 대부분은 우선 증명제도를 실시하여 급한 불을 끄고, 토지소유권을 사정하여 관계를 발급하여 국가가 관리하여 문제를 해결하자는 의견이었다. 여기서 외국인은 제외하자고 했다.

대한제국 정부는 각종 여론을 고려하여 토지제도, 법률제도, 조세제도의 제정 작업에 들어갔다. 1906년 7월 13일 토지소관법 기초위원회를 설치하고 작업에 착수했다.[15] 8월 15일에는 「부동산권소관법」을 마련하여 제10회 협의회에 제출했다. 법안의 내용은 다음과 같다.

첫째, 지권제도와 등기제도를 동시에 도입하는 방안이었다. 이는 지권에 부동산권의 변동사유를 명기하여 이장이나 면장(통수)의 인증과 군수의 인허를 받아 발급하고, 등기부에 기입하여 열람할 수 있도록 하는 부동산등기제도였다.[16] 이는 광무 양전·관계사업을 다시 시행하거나 새로 토지조사를 실시해야 시행이 가능한 방안이었다.

둘째, 가속(家屬)이 별도로 소유한 부동산은 호주의 허가 없이는 토지

---

14   앞의 책(상)3, 1906, 169~171쪽.
15   『황성신문』, 1906.7.16. 제도위원회, 1906.7.17. 토지조사회.
16   부동산권소관법, 제5, 6, 7조.

를 매도할 수 없다는 제한 규정을 두었다.[17] 소유권 분쟁이 주로 가족이나 친족이 매매문기를 몰래 훔쳐 파는 데서 발생하고, 이에 따라 혈연질서가 파괴되고 토지 매매가 급속히 진전되어 농민들이 토지에서 배제되는 현실을 우려하여 채용한다고 했다. 외국인이 부추겨 이같은 일이 발생한다는 점도 지적했다.[18]

셋째, 임조권(賃租權)을 등기사항으로 규정했다. 가옥의 임대권과 경작권을 임조권이라는 명칭으로 정해 물권으로 인정한 조치였다. 이것은 지주적 토지소유에 대항하던 농민의 입장을 반영한 조치였다.[19] 일본의 구민법처럼 광무양전·관계사업이나 광무사검에서 시도한 경작권의 물권화를 법제화하려는 방안이었다.[20] 지주의 자의적인 탈경 이작이나 소작료 인상 등을 막을 수 있도록 경작권(=용익권)을 등기하여 지주권을 일정하게 제약하는 입법이었다. 이 경우 부농의 존립이나 성장 가능성을 예상해 볼 수 있다.[21] 이 법은 대한제국의 양전·관계사업의 이념과 일본인의 지주적 토지침탈을 제약하는 의지의 반영이라고 할 수 있다.

넷째, 위반자는 태형과 징역형 등 형법과 손해배상제도 등 민법을 동시에 적용한 강력한 처벌규정을 두었다. 이 법도 외국인 토지소유를 불허

---

17   부동산권소관법, 제9조.
18   김정명, 1964, 앞의 책(상), 巖南堂書店, 299쪽. 탁지부 대신은 대가의 자제가 지권, 가권을 허위의 수단으로 매매하면 대가의 주인이 무상으로 토지를 되찾을 수 있었으며, 사기사건이 발생하지 않았는데, 지금은 외국인이라 관례를 답습할 수가 없어 법률로 금지하도록 했다고 했다.
19   정연태, 2014, 『식민권력과 한국농업-일제 식민농정의 동역학』, 서울대학교 출판문화원, 74~75쪽에서 이와 다른 견해를 보였다.
20   水本浩, 유해웅 옮김, 1980, 『토지문제와 소유권』(개정판), 汎論社
21   경영지주는 김용섭, 1990, 「조선 후기 양반층의 농업생산」, 『조선 후기 농업사연구』 2(증보판)이, 참조.

하는 방향에서 제정하려고 의도했다.[22]

이토가 외국인의 토지소유를 허용한 증명제도 실시를 목표로 했다면, 대한제국 정부는 외국인의 토지소유를 금지하고 등기제도를 채택했다. 이토는 소유권만 증명 대상으로 삼았지만, 대한제국 정부는 소유권과 함께 임조권도 등기 대상으로 삼았다. 이토는 이 법이 임조권의 등기화로 일본민법과 다를 뿐만 아니라, 일본인의 토지소유와 거래를 배제하여 절대 허용할 수 없었다. 그는 토지소유권 문제를 다루는 법률은 우메의 관습조사 작업이 끝난 뒤 논의 결정하기로 하고, 지금은 토지 거래에서 사기를 방지하기 위한 법만 다루되 외국인의 토지 거래와 소유는 허용할 것 등을 지시했다.[23]

우메도 이토의 의견에 동의하면서 제10회 협의회에 「토지 건물의 매매 교환 양여 전당에 관한 법률」 안을 제출하고 대한제국 정부와 협의. 이를 수정하여 법률 제6호로 수정 공포했다. 그 내용은 다음과 같다. 첫째, 가족 구성원이 재산권을 행사할 때 호주의 승인을 받도록 한 부동산권 소관법의 규정을 유지했다. 토지대장이 없는 당시 여건에서 관습을 실제도로 도입했다. 이는 도매 등을 막는 최상의 조치였다. 둘째, 토지소유의 근거인 계권을 바탕으로 소유권을 매매, 양여하고, 토지의 거래 내용을 등기부에 기록해 열람의 자유와 제3자 대항권을 도입했다.[24] 셋째, 등기는 토지와 가옥의 매매, 교환, 양여, 전당 등으로 정하고, 다만 임조를 등기할 때는 그 사유를 기록하도록 했다. 넷째, 피해자의 경제적 손실을 최소화하기

---

22 부동산권소관법, 부칙 제23조.

23 김정명, 1964, 앞의 책, 326~327쪽.

24 조상원 편, 1985, 『도해 법률용어사전』, 현암사, 151쪽.

위해서 형법 위주의 처벌규정은 악의적인 경우에만 실시하고, 민법상의 손해배상규정을 도입했다. 사적 소유자의 권리를 보호하는 방향에서 법률을 제정했다.[25]

법률 제6호에서도 이토의 제안은 거의 받아들이지 않았다. 대한제국 정부는 임조 등기는 우메의 제안대로 별도의 법으로 만들기로 하고 유보했다. 우메는 임조는 소작계약도 포함하니 소작계약에 관한 등기는 앞으로 만들 부동산에 관한 법률에서 다루는 것이 좋겠다는 의견을 제시했다. 한국 측은 임조는 토지만이 아니라 가옥의 임차도 의미하고, 또 차지 규정은 이제까지 종종 발생하던 폐해를 막기 위하여 설치한 것이라고 주장했지만, 결국 한정적 내용으로 양보했다.

당시 용익 경작권의 관행은 가옥의 경우 대지권보다 가옥권, 나아가 세입자의 권리를 우선했다. 그러나 이 시기를 전후하여 토지법이 소유권 위주로 제정되면서 용익물권(用益物權)과 같은 경작권은 임대차 관계로 전환되기 시작했다.[26]

10월 16일 공포한 법률 제6호 「토지 건물의 매매 교환 양여 전당에 관한 법률」은 '신구참작(新舊參酌)'의 원칙 아래[27] 부동산권소관법과 우메의 안을 조정하는 수준에서 마련한 것이었다. 이 법안은 소유권 문서인 계권과 등기제도를 도입한 법률안이었다. 등기제도는 토지를 조사하고 소유권을 사정한 토지대장이 준비되어야 했지만, 토지조사에 대한 언급은 없었다. 이 법안의 가장 큰 특징은 외국인의 토지소유 불허를 유지하

---

25 대한민국 국회도서관, 1971, 『한말 근대 법령 자료집 V』, 246~248쪽.
26 김정명 편, 1964, 앞의 책, 328~329쪽; 『황성신문』, 1909.9.8.
27 『황성신문』, 1906.10.6.

고, 가속의 부동산 처분 시 호주 허가 규정은 그대로 유지했다는 점에서 임조권은 제외했지만, 부동산권 소관법의 기본 이념을 반영한 법률이라고 할 수 있을 것이다. 법률 제6호는 이같이 일제의 이해에 반한 내용 때문인지 시행세칙도 마련되지 못한 채 사문화되고, 토지가옥증명규칙으로 대체되었다.

제3장
일제의 토지관습 조사와 해석

1. 부동산법조사회의 토지관습 조사와 인식

1) 소유권 조사와 인식

이토는 조선통치를 위한 법률을 마련하기 위해 민사관습(民事慣習) 조사에 착수했다. 1906년 7월 대한제국 정부와 협의하여 의정부에 부동산법조사회를 설치했다. 도쿄제국대학 법과대학 교수 우메를 회장, 나카야마 세이타로(中山成太郎), 야마구치 게이이치(山口慶一), 가와사키 만조(川崎萬藏), 히라키 간타로(平木勘太郎) 등을 촉탁으로 임명했다.[1] 조사위원으로 내부 법부 탁지부의 고위 관리를 선발했다.[2] 조사자들은 관찰부를 순회하며 부동산에 관한 연혁과 관습을 조사했다.

대한제국 정부는 각 도에 훈령을 내려 나이 든 선비 중에서 연혁 관습에 밝은 사람을 선발하여 조사에 참여하도록 하고, 조사원들에게 편의를 제공하도록 했다.[3] 조사항목은 소유권을 비롯한 각종 토지권의 지방별 관습이었다.[4] 이는 한국 지배를 위한 토지법을 제정하는 데 필요한 기초자료였다. 일본에서는 조선의 통치방법을 둘러싸고 일본민법 적용론과 조선민법 제정론이 대립하고 있었지만,[5] 부동산법조사회와 이를 계승한 법

---

1 外事局, 1906, 『不動産法調査會案』(규장각 도서).
2 김정명, 1964, 앞의 책(상), 257~258쪽.
3 『황성신문』, 1906.7.26.
4 부동산법조사회, 1906, 『韓國不動産ニ關スル調査記錄』, 1~3쪽.
5 윤대성, 1991, 「일제의 한국관습 조사사업과 민사관습법」, 『창원대학교 논문집』 13-1, 67쪽.

전조사국은 후자의 입장에서 조사활동을 벌였다. 그러나 토지제도만큼은 국적 차별이나 일본의 제도와 차이가 없도록 해야 한다는 원칙을 세우고 관습을 조사하고 조정해 갔다.[6]

부동산법조사회는 한국지배를 위한 자료를 확보하기 위한 정치적 입장에서 관습조사를 하는 것이기 때문에 그들의 인식 태도가 조사 방향에 크게 영향을 미쳤다.[7] 이들의 한국 토지제도에 대한 인식은 다음과 같다. 첫째, 한국인은 권리 관념이 유치하고 법제가 불분명하여 덕의(德義)적 관계로 처리했다. 그리고 권리는 있으나 보호 장치가 없다. 둘째, 관의 방침은 절대적으로 관철되었으며, 민은 불복신청을 할 수 없었다. 이리하여 관리의 전단과 부패가 극심했다. 셋째, 민들 사이에는 사리에 따른 정당한 이익 범위는 있지만, 불안정한 상태라고 인식했다. 이러한 인식 태도는 짧은 조사기간, 제한된 지역, 일부 특정 계층만을 대상으로 조사했다는 한계에서 연유했다고 판단되지만, 그 이전에 한국을 식민지로 지배할 목적 아래 '근세 문명국가'인 일본법제를 기준으로 관습을 해석했기 때문이었다.[8]

조사 대상자는 관찰사·군수·부윤·군주사·면장·서기 혹은 이사관·세무주사·은행 임원 등 한국인 관리나 일본인 관리, 은행 관계자들이었다. 농민은 조사 대상이 아니었다. 관과 지주의 의견을 수렴하여 소유권 중심

---

6   梅謙次郎, 1909.10, 「韓國の法律制度に就て」(下), 『東京經濟雜誌』 1514, 10쪽; 김정명, 1964, 앞의 책, 326~327쪽.

7   일본인들의 조선 토지소유론 연구로는 이영호, 1987, 「조선시기 토지소유관계 연구현황」, 『한국중세사회 해체기의 제문제』(하), 근대사연구회, 한울; 宮嶋博史, 1984, 「朝鮮史研究と所有論」, 『人文學報』 167; 宮嶋博史, 1991, 앞의 책, 東京大學 東洋文化研究所 등이 있다.

8   부동산법조사회, 1906, 『韓國不動産ニ關スル調査記錄』, 1쪽.

으로 조사 작업을 추진했다.[9] 이들은 한국의 권리 관념이 유치하고 보호 장치가 결여된 불안정한 시스템이라고 인식하면서도, 소유권이 가장 우월하고 완전하게 토지를 지배하는 권리라고 정리했다. 재산권이 인류의 생명 재산을 지지하는 기초이며 국가의 안녕질서를 유지하는 유일한 원동력으로, 재산권의 안전은 소유권의 보장에 있으며, 소유권 이외의 권리는 소유권에 따라 발생, 변경, 소멸하는 존재라고 인식하며 한국의 소유권을 정의했다.

한국에서는 민에게 소유권을 부여하고 보호하는 관념보다 국고 수입을 증가시킬 목적으로 법을 제정했으며, 소유권 보호제도는 미발달했다고 언급했다. 여기서 부호 권세가의 탐욕과 횡포, 축재(蓄財)관념의 결핍, 생산력 감퇴, 유리민(流離民)의 증가, 식산(殖産) 사업의 유치성이 나타났다고 했다. 한국경제의 낙후성을 재산권 보호장치의 결여와 정치적 요인에서 찾았고, 한국 경제발전의 토대는 소유권을 보호하는 것이라고 분석했다.[10]

나카야마는 권리 관념을 명확히 하기 위해서는 법규와 관례를 분명히 해야 하고, 그 연혁을 연구하는 것이 순서라고 하며, 『한국에서 토지에 관한 권리일반(韓國ニ於ケル土地ニ關スル權利一般)』을 저술했다. 그는 토지제도의 발전을 4단계로 구분했다. 제1기는 자유재화 단계로 국유도 사유도 아닌 단계, 제2기는 경제적 재화이나 영토 주권의 관념과 토지 지배 사권(私權)의 관념이 명확히 구별되지 않고 혼동된 단계, 제3기는 토지 국유

---

9 부동산법조사회의 조사항목은 토지권의 지방별 관습이었으며, 소유권 조사가 주목적이었다. 조선총독부 중추원, 1938, 『조선구관제도조사사업개요』, 4~13쪽.

10 中山成太郞, 1907, 『韓國ニ於ケル土地ニ關スル權利一般』, 부동산법조사회 편; 平木勘太郞, 1907, 『韓國土地所有權ノ沿革オ論ス』, 부동산법조사회 편.

로 분배 사용이 허용되었으나 토지 사유 사상이 미발달되고 금압된 단계, 제4기는 사유 관념이 발달한 단계로 개인이 독립하여 토지 사유를 인식하기에 이른 단계로 구분했다.[11] 이 같은 발전단계는 '근세 문명국'의 공통된 것이라고 정리하고, 한국의 발전단계를 이와 비교하여 설명했다.

기자 정전(箕子 井田) 단계를 토지 국유의 단계로 공통적으로 이해했지만, 가장 큰 차이는 조선왕조의 단계 설정에 있었다. 나카야마와 같이 민의 소유권을 인정하는 견해와 법제의 연혁상 애매한 지위에 있어 논단할 수 없다는 히라키 견해로 대별되었다.[12] 히라키는 인민이 관습적으로 점유한 상태에서 사용·수익·처분하는 법률적 행위를 했지만, 토지소유권이라 단정하기에는 의문이 있다고 했다.[13] 그 이유는 다음과 같다.

첫째, 인민의 토지소유권에 관한 법규가 없다는 점을 지적했다. 소유권으로서의 사법상의 권리는 법률규정에 따라 발생하며 그 존재를 인정할 수 있다는 성문법을 기준으로 그 유무를 판단해야 하며, 인민은 토지 소유권이 아니라 점유권만 갖고 있을 뿐이라고 했다. 국가는 언제라도 점유를 해방할 수 있지만, 존재할 필요성 때문에 하지 않을 뿐이라고 했다.

둘째, 근대적 조세체계에서는 지주납세제 원칙을 적용하여 납세 사실을 소유권의 증거로 들기도 하지만, 한국은 조세 부담 여부가 소유권의 유무를 증명해 주는 것은 아니라고 했다. 한국의 징세 표준은 정전구일제(井田九一制)에서 연유한 토지 수확을 표준으로 하고 지가(地價)로 하지 않았다. 이것은 일본의 봉건시대 무사가 영민(領民)으로부터 징수하는 일종

---

11 中山成太郎, 1907, 앞의 책, 21~27쪽.
12 平木勘太郎, 1907, 앞의 책, 59~66쪽.
13 平木勘太郎, 1907, 『韓國不動産ニ關スル慣例 第二綴』, 27~32쪽.

의 소작료와 유사하며, 토지는 국유라 언급했다.

셋째, 관청에 비치한 양안을 토지대장으로 간주하고 소유권을 인민에 공인(公認)한 유일한 근거로 삼았지만, 양안은 소유권을 공인할 목적으로 제조한 것이 아니고, 조세를 징수할 필요성 때문에 제조한 장부라고 했다. 양안에는 작성 당시의 조세 부담자만 표시하고 그 후 개정하지 않아 토지점유자와 관계가 없다고 양안의 성격을 논했다.

그러나 국유론적 접근방식은 사적 소유권이 발달한 한국의 현실을 반영하는 것이 아니었을 뿐만 아니라 일제의 입장에서도 유리하지만은 않았다. 일제는 민의 소유권을 인정하여 토지침탈을 자유롭게 하는 방향에서 이 문제에 접근했다. 한국인 조사위원들도 소유권을 인정하는 의견을 제출했다. 소유권은 민에 있고, 사용·수익·처분권도 민에 있다고 인식하고 있었다. 관은 소유권을 증명해 주는 역할만을 담당했으며, 관의 양안도 소유권을 증명해 주는 증거라고 언급했다.[14]

일본인 조사자들은 민의 소유권은 기자 정전에서 맹아를 보이고 있으며, 양안 작성으로 민유가 분명해졌으며,[15] 조세를 납부한 사실로 보아 토지소유권이 민에 있는 것이 분명하다고 했다.[16] 그러면서도 그 소유권에는 많은 한계가 있다는 점도 지적했다. 인민의 사유를 인정하면서 발달되지 않은 단계로 이해하였다. 토지소유에 대한 표시의 곤란성, 면적의 불분명성 등으로 권리자가 점유함으로써 증명되고 혼란이 방지되는 수준이라 했다. 소유권을 분명히 하려면 지적법이나 등기제도가 확립되어야 한다

---

14 中山成太郎, 1907, 앞의 책, 21~33쪽.
15 平木勘太郎, 1907, 『韓國土地所有權ノ沿革才論ス』, 15~18쪽.
16 법전조사국, 1908, 『부동산법조사보고요록』, 2쪽.

고 지적했다.[17]

그리고 이들은 이론적 측면에서 소유권의 총괄적 지배권을 인정한 통일주의, 즉 로마법 체계를 '근대법적 관념'이라 정의하고, 그중에서도 지주의 자유로운 토지개발을 유도하고 장려할 목적으로 지주적 입장에서 정리한 일본법 체계에 비추어 한국법제를 설명했다.[18] 한국에서도 소유권은 문명국가와 마찬가지로 총괄적 지배권을 획득해 왔다는 전제 아래 인민의 토지소유권 한계를 정리했다.

첫째, 소유권의 취득과 상실이다. 취득은 원시적 취득과 승계적 취득으로 나누고, 원시적 취득은 기경(起耕)을 대상으로 설명하고 있다.[19] 그 대상에는 무주지와 진전이 있다. 무주지 개간은 관청의 입지를 구하면 관에서 조사하여 소유권을 인정해 주는 절차를 거쳤다. 진전은 일정 기간 동안 땅 주인이 돌보지 않을 때 소유권을 취득할 수 있지만, 기존 소유권자가 나타나면 돌려주는 것이 원칙이라 했다. 상실은 소유주가 소유권을 스스로 포기하여 발생한 무주지의 경우였다. 포기는 조세 부담이 과중하여 이를 부담할 수 없는 경우에 발생한다고 했다.[20] 조세 부담은 소유권을 증명하는 장치이면서 상실하는 원인이라고 했다. 권리자를 확정하는 가장 분명한 표준은 납세의 계속성과 현재의 경작 여부라고 정리했다.[21]

둘째, 국가가 소유권 행사를 제한하는 경우였다.[22] 특히 공법상의 제한

17　中山成太郎, 1907, 앞의 책, 3쪽.
18　中山成太郎, 1907, 위의 책, 16~8쪽; 平木勘太郎, 1907, 앞의 책, 59~66쪽.
19　中山成太郎, 1907, 위의 책 46~47쪽. 기경, 시효, 첨부 등을 예로 들고 있다.
20　부동산법조사회, 1906, 『韓國不動産ニ關スル調査記錄』, 48쪽.
21　부동산법조사회, 1906, 위의 책, 12쪽.
22　中山成太郎, 1907, 위의 책, 33~45쪽.

은 국가가 소유권 행사를 공익이라는 명분 아래 제한하기 위해 설치한 것이다. 이는 근세 문명국처럼 한국도 공통적으로 인정된다고 하면서 그 내용을 설명했다.[23] 일반적으로 공익은 법령과 관습에 따라 정하는데, 한국에서는 법규가 갖추어져 있지 않고, 인민은 국권의 행위에 대항권이 없으며, 국가는 필요한 경우 언제라도 제한을 가할 수 있다고 했다.[24] 국가의 토지징수권은 절대적이며, 토지수용은 무상도 있었지만 보상가를 지급하는 것이 원칙이었다고 했다.[25] 일반적으로 시가보다 저렴했으며, 촌장이나 거간의 의견에 따라 지방관이 결정했다고 했다. 피수용자에게는 수용 때문에 사용할 수 없게 된 부분에 대한 피해보상 청구권을, 수용이 해제되었을 때는 선매권을 주었다고 했다.[26]

셋째, 소유권은 민유, 국유, 제실유(帝室有)로 구분했다.[27] 공유지는 관행적으로 촌이 마련한 산과 전답이라고 보고하면서[28] 국유지로 인식하는 경향을 보였다. 와다도 이 같은 인식 아래 '사업'을 추진했다.[29] 일본인 조사자들은 국유지의 범위를 확대 해석하는 경향을 보였다. 한국 지배의 기반 구축에 필요한 토지를 확보하기 위해 토지수용권을 강조했다. 그리고 토지소유자들이 토지수용에 쉽게 응하지 않자 일제는 수용령 제정을 현

---

23 中山成太郎, 1907, 앞의 책, 35~37쪽.
24 中山成太郎, 1907, 위의 책, 37쪽.
25 부동산법조사회, 1908, 『韓國不動産ニ關スル調査記錄』, 각 지역 보고; 법전조사국, 『부동산법조사보고요록』, 6~7쪽.
26 부동산법조사회, 1906, 『韓國不動産ニ關スル調査記錄』; 平木勘太郎, 1907, 『韓國土地所有權ノ沿革才論ス』, 49~54쪽.
27 平木勘太郎, 1907, 위의 책, 112~118쪽.
28 부동산법조사회, 1906, 위의 책, 78쪽.
29 和田一郎, 1920, 『朝鮮土地地稅制度調査報告書』, 571~640쪽.

안으로 제기하고 1911년에 공포했다.[30] 식민지 지배체제 구축에 가장 적합한 방식은 민의 토지소유권을 인정하는 동시에 국가권력이 소유권을 회수하고 제약할 수 있는 방식으로 법질서를 구축하는 일이었다.[31]

2) 용익권 조사 내용과 해석

일본인 조사자들은 토지를 총괄적으로 지배하는 소유권의 틀 내에서 이를 사용 수익하는 권리가 용익권이며, 이는 소유권과 대항적 관계를 갖는 권리라고 규정하고, 조사에 착수했다. 이들은 토지 용익권을 물권과 채권으로 구분하고, 물권은 용익물권과 담보물권으로 분류했다. 용익물권은 타인이 소유한 토지를 대상으로 사용가치를 목적으로 하는 지역권·지상권·영소작권·입회권 등이고, 담보물권은 교환가치를 목적으로 하는 권리로 전당권, 즉 질권과 저당권 등이라고 정리했다.[32]

일본인 조사자들은 토지 용익권은 인정했지만, 일본과 구미 문명국에 비하여 종류와 범위가 대단히 적다고 정리했다. 용익권은 대부분 채권적 차지권으로 규정했다. 용익물권은 지역권·지상권만 인정했다. 지역권은 급수와 인용수, 운반과 통행, 삼림 원야의 입회권 등에서 약간 볼 수 있지만, 덕의적으로 널리 쓰이는 관습으로 형체는 불충분하다고 했다.[33] 타

---

30 김정명, 1964, 앞의 책(상), 巖南堂書店, 763쪽.
31 일본민법 제235조 제237조를 예로 들었다(부동산법조사회, 1906, 『韓國不動産ニ關スル調査記錄』, 73쪽).
32 中山成太郎, 1907, 앞의 책, 19~21쪽.
33 中山成太郎, 1907, 위의 책, 52~53쪽.

인의 소유권 위에 설정한 지상권으로 가옥을 예로 들었다.[34] 이들은 토지와 건물의 권리관계를, 건물을 토지의 일부로 간주하는 유럽과 양자를 독립된 것으로 보는 일본의 두 유형으로 정리했다. 한국은 유럽과 동일한 관념을 갖고 있으면서도 건물에 중점을 두는 경향이 있다고 했다. 토지에 비해 가옥이 적고, 도시로의 이주를 장려하는 정책 등에 필요하여 조세를 면제해 주거나 타인의 토지라도 빈터일 때는 자유롭게 사용하도록 허용하면서 형성되었다고 했다.[35] 토지소유주가 거부하면 형률로 다스렸으며, 오래 사용하면 소유주가 되기도 했다고 했다.[36]

사용자는 소작료에 준하는 사용료를 지불해야 하며, 권리는 가옥이 있는 한, 그리고 재건축을 하는 한 계속 보장되었다고 했다. 가옥을 매매할 때 대지와 가옥의 소유권자가 같을 경우는 대지도 같이 이전되었다. 소유자가 다를 경우에는 소유권은 각각 별도였지만, 토지의 차지권은 가옥과 같이 이전된다고 했다.[37] 건물이 주(主), 토지가 종(從)인 관계로 파악했다.[38]

그러나 땅값이 크게 뛰면서 토지 위주로 권리의식이 변했다. 사유지에 승낙을 얻어 집을 지었을 경우도 나가라고 할 정도로 사정이 바뀌고 있었다.[39] 땅값의 폭등은 곡식 가격이 상승한 결과이지만, 곡식 가격의 폭등

---

34 中山成太郞, 1907, 앞의 책, 6~9쪽, 50~52쪽.
35 中山成太郞, 1907, 위의 책, 6~9쪽.
36 부동산법조사회, 1906, 『韓國不動産ニ關スル調査記錄』, 각 지역 조사에서 조사항목 제1항 세목 7.
37 平木勘太郞, 1907, 『韓國土地所有權ノ沿革才論ス』, 35~36쪽.
38 부동산법조사회, 1906, 위의 책, 8쪽.
39 中山成太郞, 1907, 위의 책, 9쪽.

이 땅값 상승으로 귀결된 것은 지주권이 강화되면서 이용권이 약화되는 현상을 반영한 것이었다. 토지가옥증명규칙에서 토지와 가옥을 별도 재산으로 구분하면서 이러한 현상은 더욱 강화되었다.

용익권 중에서 가장 중요한 것은 농민의 경작권이었다. 조사자들은 임차권의 강도를 제3자 대항권, 임차기간, 임차권의 양도와 전대여부 등을 기준으로 삼고, 지주제에서 시행한 도지와 병작의 성격을 판가름했다. 병작은 수확을 평등하게 나누는 일종의 공용 경작이고, 도지는 정액소작료로 경작권을 계약기간 동안 도지권자가 행사하는 임차관계라고 정리하고, 이들을 채권적 차지권이라고 규정했다.[40]

한국의 소작권은 극히 박약하여 지주가 마음대로 옮길 수 있다고 했으며, 소작권의 내용을 다음과 같이 정리했다.[41] 도지에서 차지권자가 제3자와 병작 계약을 할 경우 지주의 승낙을 얻어야 하며, 그렇지 않으면 지주는 차지계약을 해제하거나 차지권자에게 손해배상을 청구할 수 있다. 차지 기간은 3년 내지 5년 기간으로 계약하는 경우도 있지만, 보통 매년 갱신한다고 했다.[42] 일정한 금액을 제공하고 10년 기한의 소작권을 확보한 퇴도지 매매도 이러한 유형으로 분류했다.[43]

일제는 조사가 제대로 되지 않았다고 인정하면서도 경작권의 물권적 성격은 인정하지 않았다. 일본민법의 영소작권 같은 물권은 존재하지 않

---

40 中山成太郎, 1907, 앞의 책, 53~58쪽.
41 법전조사국, 1908, 『부동산법조사보고요록』, 12~14쪽.
42 平木勘太郎, 1907, 앞의 책, 73~85쪽.
43 中山成太郎, 1907, 위의 책, 54쪽.

앉으며,⁴⁴ 발달 정도가 유치한 수준이라고 했다.⁴⁵ 이 같은 인식은 척박한 조사 자료를 토대로 농민적 입장이 아니라 지주적 입장에서, 그것도 일본민법의 기준에 따라 조사하고 해석한 것이라고 볼 수 있다.

일본인 조사자들은 전당권도 동일한 인식을 갖고 설명했다. 전당은 채권의 담보로 채무자 또는 제3자가 제공한 부동산을 채권자에게 일정한 기간 내 혹은 조건부로 처분권을 맡긴 것이라고 했다. 따라서 다른 채권자에 우선하여 자기 채권을 변제받을 수 있고, 담보권은 토지의 교환가격을 이용하여 채권의 변제를 담보하는 것이라고 했다. 전당 대상물도 소유권에 한하고 경작권은 전당이나 전대할 수 있는 권리가 아니라고 정리했다.⁴⁶ 전당은 질권적 성격을 갖는다. 따라서 소유자가 전당을 잡힌 대가로 이자 대신 정액지대를 매년 납부하거나 전당권자가 소유자를 경작자로 삼고 정액지대를 납부하게 하는 등의 경우도 흔히 존재했다.

2. 탁지부의 토지관습 조사와 해석

일제는 1907년 이래 일본민법의 배타적 소유권의 입장에서 국유지를 확보하는 한편, 토지관습도 조사했다. 일본민법을 기준으로 전반적인 관습조사를 하는 한편, 탁지부의 임시재산정리국과 사세국(司稅局) 등에

44　平木勘太郎, 1907, 『韓國土地所有權ノ沿革ヲ論ス』, 86~92쪽.
45　中山成太郎, 1907, 앞의 책, 58쪽.
46　中山成太郎, 1907, 위의 책, 60쪽.

서는 토지관습을 별도로 조사했다.[47] 이 조사는 지주제를 근간으로 식민지 지배체제를 구축한다는 기본 방향을 정하고 토지조사를 위한 기초 작업이었다. 일제는 이에 앞서 증명제도를 시행하고, 관습조사에서는 소유권의 증명방법과 소유권자의 실체에 관심을 집중했다.[48] 소유권자는 크게 국유과 사인, 구체적으로 국, 공공단체, 제실(帝室), 개인, 조합과 계, 공익법인, 회사 등으로 분류했다. 이 분류에서 주 관심은 관습적 소유 주체 중에서 사인이 아닌 존재(단체 또는 공동체)를 어떻게 규정할 것인가 하는 문제였다. 이들은 일본민법적 관점에서 문제를 제기했다.

첫째, 도·부·군·면·동 등의 이해와 해석이다. 도·부·군은 행정관청으로 분류하고, 면·동은 지방 자치단체의 성격을 갖지만 완전한 인격을 갖는 공공단체로 간주해야 할지는 연구가 필요하다고 했다.[49] 이 문제는 식민지 지배질서 구축과 관련된 것이지만, 동민(洞民)이 조성한 재산은 국유 아닌 동유(洞有)로 보아야 하지 않을까라는 견해를 내는 정도였다.[50] 대체로 공동 구입의 경우는 생산물의 사용 용도에 따라 소유 주체를 결정한 것으로 보였다. 조세 부담을 위해 마을에서 마련한 군역전 등은 국유로 간주했다.[51]

---

47 탁지부 임시재산정리국은 토지 관계 구관을 조사하기 위하여 1909년 5월에서 8월에 걸쳐 촉탁 오이시 고우키(尾石剛毅)를 공주, 한성, 평양, 시오다 요스케(鹽田與助)를 전주, 대구, 원산 등 각 재무감독국에 보내 조사한 뒤, 1909년 10월 전자는 『토지조사참고서』 2, 후자는 『토지조사참고서』 3으로 각각 보고하고 있다. 탁지부 사세국에서는 1909년 『소작관례조사』를 발행했다.

48 탁지부 임시재산정리국, 『토지조사참고서』 3, 17~21쪽.

49 탁지부 임시재산정리국, 『토지조사참고서』 2, 48쪽; 『토지조사참고서』 3, 48쪽.

50 탁지부 임시재산정리국, 『토지조사참고서』 3, 53쪽.

51 최원규, 2021, 『한말 일제초기 국유지 조사와 토지조사사업』, 혜안, 477쪽.

둘째, 자연인과 함께 사권(私權)의 주체인 법인의 내용과 성격도 정리했다. 종래 법인으로 인정했는지부터 의문을 제기했다. 우선 사익 법인은 존재하지 않는다고 정리하고, 사원과 학교 등은 공익적 재단법인으로 인정해야 할 것이라는 의견을 내놓았다. 회사는 법률로 정한 경우 이외에는 인정하지 않았다. 척식회사, 한국은행, 농공은행, 공동창고회사, 은행 등은 법률에 따라 법인이라 간주할 수 있지만, 한국에서 대부분 회사는 한국인의 관념에 의한 것이라고 했다. 이는 일본민법의 조합에 해당하며 조합원의 공유로 분류해야 한다고 정리했다. 계(契)도 이 해석에 따랐다. 계가 소유한 토지의 특징은 영속적인 공유가 아니라 분할되어 개인 소유로 돌아가는 것이 일반적 관례라고 하고, 종중 소유도 공유로 보았다.[52]

국유지 개념을 도입하여 소유권을 증명하기 어려운 토지는 원칙적으로 국유라 간주했다. 국유지는 국가가 스스로 사용 수익하는 것과 사인에게 빌려주고 일정한 수익을 얻는 것이 있다고 정리했다. 무주지는 토지의 취득방법 가운데 선점취득(先占取得)에 관련된 토지라고 정리했다.[53] 한광지와 무주지는 개간하여 소유권을 선점취득할 수 있는데, 한국에서는 국토주권의 법이 명확하지 않고, 무주지를 국고에 귀속하는 제도가 아직 행해지지 않았기 때문이라고 했다. 제도를 정비하여 토지의 귀속을 분명히 해야 하는데, 기존 무주지는 모두 국유로 간주해야 한다고 했다. 일제는 '기경자위주(起耕者爲主)'의 법을 제거하고 「국유미간지이용법」을 제정하여 무주지를 국유지로 확정하고 국유지를 개간할 경우 국가의 허가제도

---

52   탁지부 임시재산정리국, 『토지조사참고서』 3, 52~55, 69~72쪽.
53   탁지부 임시재산정리국, 『토지조사참고서』 2, 57~59쪽; 『토지조사참고서』 3, 66~69쪽.

를 도입했다.[54]

집과 대지의 관계도 검토했다. 종래 대지는 집의 부속물이고 집을 짓는 동시에 소유권을 획득한다는 통상 인식을 재검토한다는 입장에서 조사에 착수했다. 그 결과 종래의 관습은 발견할 수 없으며, 국유·민유·공유 모두 마찬가지였다고 했다. 다만 임대료를 지불하는 조건으로 한 차지는 거부할 수 없다고 했다.[55] 이것은 인구가 희박하고 토지가 여유 있을 때 시행한 국유지 급여 장려책이 잘못 전달된 것이라는 견해를 보였다. 즉 "하늘 아래 왕의 토지가 아닌 곳이 없다(普天之下 莫非王土)"라는 관념과 달리 국유지를 무주지로 간주하고 마음대로 집을 짓고 빼앗는 방식으로 소유권을 확보하는 관례가 형성되었다는 것이다.[56] 시가지(市街地)의 관유지가 대표적인 경우이고, 보통 개인 소유지에서도 허락하는 것이 관례였다는 것이다. 일단 집을 지으면 집이 존재하는 기간은 물론 소실되거나 파괴되어도 다시 지을 의사를 표시하면 토지소유자가 반환을 청구할 수 없었다고 했다. 차지인은 차지료를 지불해야 했지만, 결국 집의 소유자가 차지했다고 보고했다.[57]

그러나 땅값이 폭등하면서 이러한 관습이 없어지기 시작하여 지금은 존재하지 않는다고 했다. 자기 소유가 아닌 땅에 집을 지을 때는 관허나 협의 양도 또는 차지 절차를 거쳐야 했다. 소유권을 우선적으로 인정하더라도 이용하지 않는 토지를 타인이 이용하는 경우를 상당히 자유롭게 생

---

54 탁지부 임시재산정리국, 『토지조사참고서』 2, 57쪽; 『토지조사참고서』 3, 67쪽.
55 탁지부 임시재산정리국, 『토지조사참고서』 2, 53쪽.
56 탁지부 임시재산정리국, 『토지조사참고서』 2, 54쪽.
57 탁지부 임시재산정리국, 『토지조사참고서』 2, 55쪽; 『토지조사참고서』 3, 62쪽.

각했으며, 가옥만이 아니라 전답도 마찬가지라고 했다.[58] 일본인 조사자들은 영구히 땅을 빌리는 성격을 갖는 대지에 대한 권리가 일본민법의 영소작권(永小作權)적 성격을 갖지만, 경작 차지가 아니라 거주가 목적이라는 점에서 지상권으로 분류했다.[59] 문제는 일본민법상 지상권은 영구가 아니라는 점이다. 이들은 대지를 이용권이 아니라 소유권의 입장에서 처리했다.

일본인 조사자들은 경작권 문제에서 전보다 더 심화된 인식을 보여주었다. 이들은 소작제를 타작법(打作法), 도조법, 검견법(檢見法) 등으로 분류했다. 이 가운데 소작료가 상대적으로 저렴한 도지법의 비중이 상당했으며, 영대 경작권을 전대하거나 매매하는 관습도 보고했다. 물권적 권리가 주어진 대구의 영도법(永賭法), 평북 선천의 예도지(豫賭地), 의주의 사도지(私賭地), 전주의 화리 등을 조사 보고했다.[60] 그러나 전반적인 농촌 사정이 근래 크게 달라지고 있다고 했다. 지주와 농민이 친밀하지 않고 도지법이 감소되고 소작료가 증가할 뿐만 아니라 대지주의 겸병, 자작자의 몰락, 소작인의 급증 등이 두드러지게 증가하고 있다고 보고했다. 러일전쟁 이후 이주자가 증가하면서 더욱 급속히 진척되고 있다는 것이다.[61]

일제는 이 점을 중시하여 한국의 소작에는 일본에서 민법을 제정하기 이전의 오랜 관례 같은 영대소작과 유기소작(有期小作)이 없다고 했다.[62]

---

58 탁지부 임시재산정리국, 『토지조사참고서』 3, 63~64쪽. 일본인들이 한국인들의 기습(氣習)을 말한 것 가운데 소유와 경영에 대한 한국인들의 자세를 엿볼 수 있다.

59 탁지부 사세국, 1909, 『소작관례조사』, 56쪽

60 탁지부 사세국, 1909, 위의 책, 5쪽; 탁지부 임시재산정리국, 『토지조사참고서』 2, 74~77쪽; 『토지조사참고서』 3, 82~88쪽.

61 탁지부 사세국, 1909, 위의 책, 참조.

62 탁지부 임시재산정리국, 『토지조사참고서』 2, 73쪽.

통상 소작 기간을 정하지 않았는데, 이는 물권적 권리를 인정해서가 아니라 관례상 언제라도 해제할 수 있다는 의미라고 해석했다. 일본민법의 임대차에 상당하고, 영소작은 전혀 존재하지 않는다고 해석했다. 지주권이 강하고 소작인에게는 물권적 권리가 없다고 했다.[63]

한편 물권적 권리를 갖는 소작관계는 특별한 예이고, 소작인의 전횡이 심하다고 했다. 소작료 납부를 게을리하여 소작료가 감소할 뿐만 아니라 지주가 관리하지 못하여 토지가 척박해졌으며, 지주가 권리 회수를 희망해도 응하지 않는 것이 현실이라고 했다.[64] 일제는 부농 경영을 매우 부정적으로 바라보았다. 한국에서는 자작농이 소유권 취득에 중점을 두지 않고 소작권 매수에 열중하여 부유한 소작농이 되었다고 했다.[65] 부농들은 경작 한도를 넘게 소작권을 매수하여 관리를 잘못하여 경지를 황폐시켰으며, 지주와 소작인이 서로 불이익을 보았다고 했다.[66]

일본인 조사자들은 지주가 주도하는 농업경영을 이상적 형태로 보았다. 반면 한국농민은 토지소유권 관념이 희박하다고 인식하고, 한국농촌사회를 부정적으로 바라보았다.[67] 이러한 현실은 압제 정치에서 기인했으며, 부는 재앙의 근간이라고 인식하며, 한국농민은 기업가의 토지 매수에 쉽게 응하고 생활양식도 낭비적이라고 했다. 공주, 한성, 평양을 조사한 임시재산정리국 촉탁 오이시 고우키(尾石剛毅)는 지주 측의 입장에서 소작인 전횡을 제기했다.

---

63 탁지부 임시재산정리국, 『토지조사참고서』 3, 81~82쪽.
64 탁지부 임시재산정리국, 『토지조사참고서』 2, 77쪽.
65 탁지부 사세국, 1909, 앞의 책, 48쪽.
66 탁지부 사세국, 1909, 위의 책, 56~57쪽.
67 탁지부 사세국, 1909, 위의 책, 48쪽.

소작료는 매년 감소하여 지주 수입이 수확물의 절반에서 지금은 1/3~1/4 정도였다. 많은 지주들이 권리를 회수하려는 희망이 높아도 어쩔 수 없는 상태라고 했다. 소작기간은 수년, 수십 년, 수 세대에 걸쳐 관계가 지속되는 것이 적지 않았다. 지주가 소작인을 바꾸려고 해도 소작인이 따르지 않고, 지주가 강행하려고 할 때는 소작인이 단결하여 지주의 토지를 경작하지 않도록 약속한다는 것이다. 지주가 자기 토지를 마음대로 할 수 없었다. 일본민법에서 영소작의 연한을 50년으로 한정한 이유도 이 때문이라고 했다. 한국 국가 경제상 개혁이 필요하다고 주장했다.[68]

반면 전주, 대구, 원산 3지역을 조사한 시오다 요스케(鹽田與助)는 한국에서의 소작계약은 모두 보통소작, 즉 일본의 임대차에 상당하고 소위 영소작은 존재하지 않는다고 했다. 한국에서는 지주와 소작인 사이에 사회상, 경제상 지위가 대단히 서로 달라 지주는 항상 횡포 압제를 다하여 소작인은 오직 지주의 명에 따랐으며, 따라서 아무런 권리가 없는 것이 일반이라고 했다. 그리고 그는 전주 지방의 화리의 경우 매매하는 성질로 보아 일본민법의 소위 영소작권과 유사하지만, 지주권의 강도와 소작기간과 관련하여 영소작권으로 인정하지 않는 방향으로 결론을 유도하고 있다.[69]

일본인 조사자들은 한국의 지주·소작 관계를 부정적으로 보고 개선 방향을 제시했다.[70] 결세의 의무자를 지주로 할 것, 도지법을 채택할 것, 소작기간을 정할 것, 지주와 소작인과의 관계를 친밀히 할 것, 소작권 매

---

58   탁지부 임시재산정리국, 『토지조사참고서』 2, 73~80쪽.
59   탁지부 임시재산정리국, 『토지조사참고서』 3, 79~88쪽.
70   탁지부 사세국, 1909, 『소작관례조사』, 53~61쪽.

매관습을 인정하지 말 것 등이다.[71] 이것은 부농 경영을 없애고, 소유권을 강화하여 지주제를 농촌사회의 기본골격으로 삼되, 지주·소작 관계는 대립이 발생하지 않도록 해야 한다고 했다.

일제는 경작권을 일본민법에 따라 물권적 성격을 철저히 부정해 임차권으로 정리하는 한편, 그들 스스로 불안정하고 법의 보호도 받지 못했다고 인식하던 소유권에 배타적이고 절대적인 지위를 부여하는 작업에 착수했다. 이와 동시에 경작권은 임차권으로 규정하고, 특수한 존재로 조사했던 화리 같은 관습물권도 지주와 작인의 사적 영역, 채권관계로 처리했다.

---

71 탁지부 사세국, 1909, 『소작관례조사』, 56~57쪽

제4장
증명제도 도입과 시행

1. 토지가옥증명규칙 제정 과정과 내용

통감 이토가 대한제국에 대만처럼 토지조사를 시행하지 않고 증명제도를 도입한 이유는 다음과 같다. 첫째, 대한제국의 양전·관계사업과 부동산권소관법이 외국인의 소유를 불허하고 경작권을 물권으로 인정한다는 점에서 일제의 토지 확보와 식민지 지배에 적합하지 않을 뿐만 아니라 일본민법과도 다르다. 둘째, 토지조사 후 소유권을 확정한 다음 이를 토대로 거래를 하는 일은 앞의 사항을 전제로 하는 일이기 때문에 잠매에서 활용했던 구 거래제도가 토지침탈에 더 유리한 방식이라고 인식하고, 이를 토대로 만든 증명제도를 도입하기로 결정했다. 셋째, 거래할 토지권의 내용도 식민지 지주제를 목표로 한 만큼 일본민법처럼 소유권만을 대상으로 한정할 필요가 있었다.

이토가 증명제도를 도입할 때 가장 초점을 둔 문제는 대한제국이 일본처럼 외국인의 토지소유를 금지한 조치를 해제하는 일이었다. 그리고 해제사유로는 한일 양국이 사정이 다르다는 점을 특히 강조했다. 일본은 대한제국과 달리 외국인의 치외법권을 승인하던 때에도 외국인에게 토지소유권을 주지 않았으며, 외국인이 일본인의 이름으로 소유했다 하더라도 법정에서 이를 인정하지 않았다는 것이다. 반면 대한제국 정부는 잠매를 법으로 금지했지만 외국인의 소유를 묵인했기 때문에 이를 금지하려면 배상비용이 엄청나 현실적으로 불가능하다고 했다. 이토는 차라리 치외법권을 철회하고 외국인의 토지소유를 허락해 조세를 부담시켜 차별 없이 지배하는 것이 대한제국의 최선책이라는 견해를 제시했다.[1]

---

1 김정명, 1964, 『일한외교자료집성』 6(상), 巖南堂書店, 326~327쪽.

대한제국 정부는 이토와 토지법을 논의하는 중에도 외국인의 잠매나 황무지 개간허가권의 양여, 전매는 물론 공동사업도 금지하는 조치를 계속 취했다.[2] 외국인을 끌어들여 어음·수표·가계·전권(田券) 등을 위조하는 일이 자주 발생하자 내부에서는 관찰부에 훈령을 내려 내국인은 처벌하고 외국인은 신원을 조사해 보고하도록 했다.[3] 대한제국 정부는 외국인 문제에 대하여 통감부나 이사관에 협조를 구하는 일 이외에 별 방법은 없었지만,[4] 외국인의 토지소유를 불허하는 입장을 계속 견지했다.

이토는 우메에게 대체 입법을 시급히 마련하도록 명했다.[5] 이토와 우메의 기본적 입장은 조선은 일본과 달리 독자적인 민법을 제정해야 하지만, 토지제도만큼은 국적에 차별이 없도록 해야 한다고 주장했다.[6] 일제는 이러한 입장에서 두 법안을 준비하고 있었다.[7] 하나는 부동산법조사회의 관습조사활동과 더불어 이토의 지시에 따른 민법 제정 작업이고,[8] 또 하나는 법률 제6호를 대체하기 위해 10월 26일 공포한 「토지가옥증명규칙」이다.[9] 통감부도 11월 16일 같은 내용의 「토지건물증명규칙」을[10] 공포

---

2   『황성신문』, 1906.10.2; 『대한자강회월보』(상) 3, 225~226쪽. 개간 규칙.

3   『황성신문』, 1906.10.13.

4   『황성신문』, 1906.10.18.

5   김정명, 1964, 앞의 책, 巖南堂書店, 218~231쪽.

6   김정명, 1964, 위의 책, 326~327쪽.

7   『황성신문』, 1906.9.25; 9.28; 9.29; 내각 법제국 관보과, 『관보』 제3608호, 1906.11.12.

8   김정명, 1964, 위의 책, 299쪽. 관습 조사는 부동산법조사회 법전조사국, 조선총독부 취조국, 참사관실, 중추원이 담당했다(조선총독부 중추원, 1938, 『조선구관제도조사사업개요』 참조).

9   토지가옥증명규칙은 12월 1일부터 시행되었다. 내각 법제국 관보과, 『관보』 제3604호, 1906.11.7.

10 내각 법제국 관보과, 『관보』 제3598호, 1906. 10. 31.

하여 한국 거주 외국인, 특히 일본인에게 이를 따르도록 했다.[11] 이 규칙은 외국인의 토지 거래를 허용하고, 거래 관행에 더하여 관청이 거래 사실을 조사하여 증명해 주는 관 공증제도이다. 일본인들이 잠매할 때 받은 한국인들의 위조문기 세례를 저지하고[12] 일본인들의 토지소유를 확대하려는 데 주 목적이 있었다.[13] 이 법은 한국의 모든 토지에 배타적 소유권이 성립되어 있다는 것을 전제로 한 거래제도이고, 외국인의 거래행위에 합법성을 부여한 조치였다.

일제의 최종 목표는 토지조사를 통한 일본민법 체계의 완전한 이식이었지만, 여건의 미성숙을 이유로 증명규칙을 제정했다. 규칙을 제정한 표면적 목적은 민법이 미비하여 부동산 계권에 관 증명제도가 없어서 발생하는 부정수단을 방지하고 부동산에 관한 정당한 권리를 보호하는 데 있다고 했다.[14] 그러나 근본 목적은 일본인의 토지 거래를 합법화하고, 불안정한 소유권 거래에서 증거력을 확보하고 한국인의 토지 거래를 개인별로 자유롭게 하여 일본인의 토지 투기를 활성화하는 데 있었다.

앞의 법률과 다른 점은 우메가 개인의 재산권을 보호해야 한다는 주장을 받아들여, 가속의 소유재산을 매매할 때 호주의 허가를 받도록 한 규정을 삭제했다. 매매 투매의 주원인이었던 가족 간의 분쟁을 더욱 심화

11　한국부동산법조사회, 1907, 『土地建物ノ賣買贈與及交換及典當ノ證明ニ關スル規則及指令等要錄』, 1~2쪽; 통감부지방부, 1909, 『土地證明ニ關スル諸法令及實例要錄』, 62쪽.

12　이토도 문기 위조는 일본인 책임도 있다고 했다. 김정명, 1964, 앞의 책, 298쪽.

13　우메는 이 규칙은 한국인은 해당 없고 일본인과 외국인에게 효과를 보았다고 했다. 梅謙次郎, 1909.10, 「韓國の 法律制度に就シテ(上)」, 『東京經濟雜誌』 1512, 8~9쪽.

14　내각 법제국 관보과, 『관보』 제3608호, 1906. 11.12; 『황성신문』, 1906. 11. 10; 한국부동산법조사회, 1907, 『土地及建物ノ賣買贈與及交換及典當ノ證明ニ關スル規則及指令 等要錄』, 37~38쪽.

시킬 우려가 있었지만 이를 계기로 토지 매매는 더욱 활성화되었다. 또 하나는 임조를 완전히 제외했다는 점이다. 증명규칙의 공포에 힘입어 일본인의 토지 투기는 점차 증대해 갔다.[15]

증명규칙의 내용은 다음과 같다. 첫째, 증명 대상을 소유권과 전당권의 매매, 증여, 교환에 한정하고 소유권 보존증명은 제외했다. 일제는 반일여론을 감안하여 잠매토지의 합법화는 일단 보류했다.[16] 둘째, 증명의 효력은 계약자 쌍방에만 미치고 제3자 대항권은 부여하지 않았다.[17] 증명제도는 토지조사를 하지 않은 가운데 시행하는 것이기 때문에 관리가 책임지고 조사하는 사실조사주의를 택했다. 먼저 통수나 동장이 계약사항과 사실이 부합하는지를 조사하여 인증한 다음, 군수나 부윤이 계약내용을 조사하여 증명해 주는 방식이다.[18] 이는 향촌 사정에 익숙하지 않은 일본인들을 배려한 조치였다.[19] 증명관리에게는 실지조사를 할 수 있도록 사법권을 부여하고, 증명관리가 과실로 제3자에게 손해를 끼칠 때는 배상하도록 했다.[20] 그리고 권리 증빙서류의 관청 보존, 토지가옥 증명대장 비치와 일반 공시제도, 이의신청 조사제도 등을 두어 사실조사를 뒷받침했다.[21] 증명규칙은 관습에 준거했으나 사실조사와 근대법의 강제성을 동

---

15 한국부동산법조사회, 1907, 앞의 책, 105쪽.
16 통감부 지방부 편, 1909, 『土地證明ニ關スル諸法令及實例要錄』, 37쪽.
17 통감부 지방부 편, 1909, 위의 책, 36쪽.
18 내각 법제국 관보과, 『관보』제3604호, 1906. 11. 7, 토지가옥증명규칙시행세칙.
19 早川保次, 1921, 『朝鮮不動産登記ノ沿革』, 大成印刷出版部, 17쪽.
20 일제는 관리들의 증명 거절사태를 가장 우려했다. 김정명, 1964, 『일한외교자료집성』 6(상), 巖南堂書店, 299, 300, 389, 447쪽.
21 神尾太治平, 1912, 『朝鮮不動産證明令義解』, 4쪽.

원하여 여기에 익숙하지 않은 한국인이 피해를 보기 쉬웠다.[22]

증명규칙이 일본인들을 위한 것이라는 점은 입법 취지와 통감부의 통첩에 잘 드러나 있다.[23] 첫째, 일제의 궁극적인 목표가 등기제도를 법제화하는 데 두면서도 한국이 추진했던 등기제도는 시행하지 않고 오히려 역행하여 관행과 행정체계에 의거한 증명제도를 시행했다. 규칙 시행에 따라 기존 지계와 가계에 관한 규칙도 폐지했다.[24]

둘째, 증명 절차에 각종 특례를 두어 일본인이 잠매한 토지를 합법화시킬 수 있는 조치를 강구했다.[25]

셋째, 미간지의 조사 확인, 국유지를 민유지로 혼동하는 등의 문제를 막기 위해 통감부는 법전조사국의 조사에 근거하여 처리방침을 시달하는 한편, 해당 관청의 적극적 협조 아래 처리하도록 했다.[26] 그러나 이는 민의 의견은 반영하지 않고 관(官), 특히 일제의 일방적 판단에 의거한 조치로 또 다른 분쟁의 출발점이었다.

증명규칙은 거래관습보다 거래의 안정성을 강화하려고 시도한 것이지만, 일제가 대한제국이 목표한 근대적 토지관리제도를 저지하고, 일본인의 토지 확보 목적을 달성하기 위해 임시로 마련한 토지 거래법에 불과

---

22 한국부동산법조사회, 『土地及建物ノ賣買贈與及交換及典當ノ證明ニ關スル規則及指令 等要錄』, 110쪽; 통감부 지방부 편, 1909, 『土地證明ニ關スル諸法令及實例要錄』, 45쪽.
23 한국부동산법조사회, 위의 책, 59~60쪽 ; 통감부 지방부 편, 1909, 위의 책, 35~36쪽.
24 통감부 지방부 편, 1909, 앞의 책, 36쪽, 42~43쪽; 내각 법제국 관보과, 『관보』 제3608호, 1906.11.12, 訓令.16책, 1008쪽.
25 한국부동산법조사회, 위의 책, 67, 102~103쪽; 증명의 처리순서는 내각 법제국 관보과, 『관보』 제3709호, 1907.3.9.
26 통감부 지방부 편, 1909, 위의 책, 53, 61~62쪽.

했다.²⁷ 일제는 대한제국의 소유권 보호조치가 미비한 토지에 대하여 사실조사를 근거로 증명을 제공하여 일본인을 비롯한 증명 청원자에게 소유권을 확보할 수 있도록 했다. 일제는 부동산권소관법과 달리 관습물권을 증명대상에서 제외했다.

2. 증명규칙의 보완 입법과 성격

1) 토지가옥전당집행규칙의 제정과 내용

증명규칙은 임시로 마련한 법이기 때문에 수정 보완할 때 두 가지 문제가 제기되었다. 하나는 규칙의 미비점을 보완하는 일이고, 다른 하나는 여기서 제외된 토지소유권 증명규정을 보완하는 일이었다. 증명규칙에서 전당은 증명을 받아도 채무자가 기한 내에 채무이행을 하지 않을 때 이를 강제할 수 있는 규정이 없어, 전당권자가 담보물을 실질적으로 확보할 수 없었다.²⁸ 이러한 미비점을 해결하기 위한 법안이 1906년 12월 28일 공포한 「토지가옥전당집행규칙」(이하 전당집행규칙)이었다.²⁹ 이 규칙은 전당을 일본민법의 저당권과 질권으로 구별하는 등 일본인의 이해를 반영했다.³⁰ 대한제국 정부가 1898년 11월 5일 공포한 전당포 규칙과 달리 전

---

27 내각 법제국 관보과, 『관보』 제4460호, 1909.8.21.
28 통감부 지방부 편, 1909, 앞의 책, 55쪽.
29 내각 법제국 관보과, 『관보』 제3648호, 1906.12.28; 제3676호, 1907.1.30.
30 통감부 지방부 편, 1909, 위의 책, 68쪽.

당집행규칙은 외국인에게 허용됐다. 특히 일본인 고리대자본이 담보물권을 자유롭게 확보할 수 있도록 채권자 위주로 제정하고, 집행방식은 일본의 구관(舊慣)에 근거했다.

첫째, 유질(流質)제도를 도입하여 채무자가 계약을 이행하지 않을 경우 채권자가 강제 집행할 수 있도록 했다. 유질계약은 경매 절차 없이 계약 불이행과 동시에 담보 물권을 곧바로 차지할 수 있도록 한 제도이다. 일본민법에서는 채무자의 권리를 크게 제약하는 악법이라고 인정하지 않았지만, 일본인들은 잠매 시절부터 즐겨 사용하고 제도로 합법화시켰다. 농민들은 대부분 생계비 마련을 위해 돈을 빌렸던 만큼 유질계약을 체결할 경우 기한 내 상환하기 어려운 경우가 많았다. 한국에서는 전통적으로 연기가 가능했지만, 전당집행규칙에서는 미상환 시 즉시 토지를 차지하는 방식을 택하여 대부분 토지 상실로 이어졌다.[31] 전당은 토지를 한곳에 집중시키는 데는 문제가 있었지만, 헐값으로 토지를 집적할 수 있는 유리한 방안이었다. 이를 이용하여 대지주로 발돋움하는 일본인도 상당했다.

둘째, 경매제도를 도입하여 채권 확보를 가능하게 했다.[32] 채무자가 경매 당시 입회하지 않았을 때는 이의를 제기하지 못하게 했다.[33]

셋째, 전당 증명 후 담보물의 가격이 하락했을 경우 증담보(增擔保)를 설정할 수 있도록 했다.[34] 그리고 전당 토지라도 채무자가 소유권을 매매 등으로 이전할 수 있도록 채무자의 처분권을 강화하는 조치를 취했지만,

---

31 和田一郎, 1920, 『朝鮮土地稅制度調査報告書』, 228~232쪽; 조선총독부 중추원, 1940, 『朝鮮田制考』, 409~441쪽.
32 내각 법제국 관보과, 『관보』 제3676호, 1907.1.30, 시행 세칙.
33 경매 과정에서 일본인들이 심한 농단을 불러일으켰다. 『황성신문』, 1908.7.17.
34 통감부 지방부 편, 1909, 앞의 책, 63쪽.

일본인은 이를 금지하는 조항을 계약서에 삽입하는 방식으로 이를 저지해 갔다.[35]

넷째, 전당 규칙은 일본인 고리대자본과 금융자본의 이해를 반영한 법이었다. 이와 동시에 농공은행조례를 제정하는 한편,[36] 탁지부에서는 재무관과 농공은행 지배인을 중앙에 소집하여 이 규칙의 시행상황을 점검하고,[37] 부동산 담보대부의 주의점을 하달했다.[38]

그러나 전당 규칙은 토지대장 없는 증명제도라는 한계 때문에 위조문권을 근절시킬 수는 없었다.[39] 금융기관은 이러한 불안성을 해소하기 위해 담보문권의 사실조사, 전당 서류의 은행 보관 등 보완책을 강구했다.[40] 전당집행규칙은 금융자본 고리대자본의 이해 기반 위에 제정된 것이었다. 특히 일본에서 폐지한 악법을 합법화시킨 규칙으로 농민 몰락을 한층 가속화시켰다.

2) 토지가옥소유권증명규칙의 제정과 내용

증명규칙은 거래계약을 증명하는 법이기 때문에 규칙 제정 이전에 획득한 소유권은 증명할 수 없었다. 이 문제를 해결하기 위해 일제는 1908년

---

35 통감부 지방부 편, 1909, 앞의 책, 62~63쪽.
36 내각 법제국 관보과, 『관보』 제3409호, 1906.3.24, 칙령 제12호 농공은행조례.
37 탁지부, 『한국재정정리보고』 제5회, 1907 하반기 (아세아문화사 영인본), 315쪽.
38 『재무주보』 2, 1907.4.22, 31쪽; 『재무주보』 22, 1907.9, 179~189쪽.
39 『황성신문』, 1907.2.8; 1907.3.29; 1910.3.22.
40 『재무주보』 10, 1907, 113, 114~115쪽. 탁지부, 『한국재무경과보고』 제1회, 1908, 상반기, 159쪽.

7월 16일 칙령 제47호 「토지가옥소유권증명규칙」(이하 소유권증명규칙)을 공포했다.[41] 이 규칙의 적용 대상 토지는 증명규칙 시행 이전에 매매·증여·교환·유산상속·재산분배·가옥신축·재판 등의 절차를 밟아 소유권을 취득한 경우,[42] 그 이외에 적법하게 소유권을 취득한 경우, 관유지 불하나 국유미간지이용법으로 불하를 받은 경우 등이다.[43]

소유권증명규칙은 소유권의 존재 사실을 증명해 주는 절차이기 때문에 신청절차도 증명규칙과 차이가 있었다. 인증절차 없이 신청서와 증빙서류를 부윤이나 군수에게 직접 제출하여 증명을 받았다. 이들은 증명신청을 받으면, 2개월 이상 게시하여 이의신청을 하도록 고지했다.[44] 열람기간 내에 이의신청이 없을 경우 소유권이 확실하다고 인정하고 증명부에 등록하여 증거력을 부여했다. 잠매 토지도 증명이 허용되었다.[45] 일제가 소유권증명규칙으로 이러한 조치를 취할 수 있었던 것은 한일협약의 체결, 고종의 퇴위, 의병전쟁의 진압 등으로 초기의 정치적 한계를 벗어날 수 있을 정도로 지배권이 강화되었기 때문이었다.[46]

부동산의 소유권과 전당권에 관한 증명제도는 이 법으로 일단 제도적으로 완성되었다. 증명제도는 일제가 대한제국이 추진했던 토지조사와 토지법을 저지하며 추진한 작업이며, 동시에 '사업'의 최종 작업이었던

---

41 내각 법제국 관보과, 『관보』 제4138호, 1908.7.29, 806~809쪽.
42 「토지가옥소유권증명규칙」 시행 세칙 제1조.
43 국유미간지이용법은 1907년 7월 6일 법률 제4호로 제정 공포되었다. 내용은 내각 법제국 관보과, 『관보』 제3811호, 1907.7.6; 제3814호, 1907.7.10 참조.
44 신청절차는 「토지가옥소유권증명규칙」 시행 세칙 제4조.
45 통감부 지방부 편, 1909, 앞의 책, 63쪽; 早川保次, 1921, 『朝鮮不動産登記ノ沿革』, 大成印刷出版部, 21쪽.
46 내각 법제국 관보과, 『관보』, 호외, 1907.7.25.

소유권 사정에 대비한 것이었다. 일본인은 소유 토지에 대한 불법성을 제거하고 법적 정당성을 확보하기 위해 증명제도를 적극 활용했다. 증명제도의 또 하나의 특징은 외국인에게도 허용하여 일제의 조선지배가 열강의 이해에 반하지 않는다는 점을 인식시킨 작업이기도 했다.

3. 한국인의 대응과 이용실태

증명규칙이 공포되자, 외국인에게 토지소유를 허가하는 조항을 폐지해야 한다는 사회여론이 거세게 일어났다. 대한자강회는 조목조목 비판을 가하면서 정부에 질문서를 제출했다.[47] 특히 전국 부동산을 외국인에 완전 개방하고, 조세 부담도 내외국인이 동일하게 한다는 훈령까지 내린 진의를 밝힐 것을 요구했다.[48] 일선 군수들도 증명규칙을 비판하는 자가 적지 않았다.[49] 중추원에서도 통상 조계 밖에서 외국인에게 인증해 주는 일은 폐지할 것을 건의했다.[50]

이토가 외국인에게 토지소유를 허가하는 대신 국내법을 적용하여 세금을 부과해야 한다고 표방했지만, 이행되지 않았다. 특히 지방세 부과 문제가 난관에 봉착했다.[51] 이 같은 법적인 문제 외에 준비과정도 철저하지

---

47 『대한자강회월보』(하) 8, 1907, 56쪽.
48 위의 책, 1907, 76쪽.
49 김정명, 1964, 앞의 책, 447쪽.
50 『황성신문』, 1908.1.31.
51 김정명, 1964, 앞의 책, 444~446쪽.

못했다. 양식과 훈령이 12월 7일에야 해당 관청에 보내진 상황이었다.[52] 행정조직과 규칙에서 정한 관리조직 사이에 혼선이 생겨 담당자도 분명하지 않았다. 지방마다 사정이 달랐음에도 불구하고 일률적으로 동장이나 통수라고 입안하여 이들이 없는 지역에서는 실제 담당자가 불분명했다. 담당자들의 반발과 자질도 문제가 되었다. 일본인들은 이들이 '무필무능(無筆無能)'하여 인증할 수 없는 경우도 많다고 하면서 대책을 촉구했다.[53]

증명은 동리에서 소유권의 사실 여부를 조사하는 인증 과정에서 가부가 사실상 결정되었다. 당시 크게 문제가 된 도매(盜賣)는 대체로 이 과정에서 비롯되었다. 경남 김해군에서는 도매하고 달아난 면장·이장이 40여 명에 달했다.[54] 괴산군에서도 면장이 토지문권을 위조하여 지방은행에 전당잡히고 도망간 사건이 발생했다.[55] 이러한 문제는 일제가 최하 향촌 단위까지 장악하지 못했음에도 불구하고, 향촌 조직과 관행적 거래질서에 기반하여 증명규칙을 시행한 데서 연유한 것이었다.

지방관들의 이해부족이나 반발도 있었다. 지방관이 증명규칙 발효 이후에도 외국인과의 토지 거래를 단속하거나[56] 증명을 늦추거나 해 주지 않는 경우가 발생했다.[57] 때로는 일본인에게 부동산을 방매한 농민을 늑

---

52 『황성신문』, 1906.12.7; 1906.12.27.
53 통감부 지방부 편, 1909, 『土地證明ニ關スル諸法令及實例要錄』, 46~47책; 한국부동산법조사회, 『土地及建物ノ賣買贈與交換及典當ノ證明ニ關スル規則及指令 等要錄』, 102쪽.
54 『황성신문』, 1908.2.7.
55 『황성신문』, 1907.2.8; 1909.1.16, 9.16, 10.5.
56 『황성신문』, 1906.11.10; 1907.1.10.
57 내각 법제국 관보과, 『관보』 제4460호, 1909.8.21.

탈(勒奪)하기도 하였다.[58] 반일 분위기가 증명규칙 시행을 어렵게 했다. 법령 간의 모순도 시행을 어렵게 했다.[59] 외국인에 토지 거래를 허용한 증명규칙과 「형법대전」 제9조의 외국인에게 토지를 잠매한 자를 처벌하는 규정은 서로 모순되었다. 함경북도에서는 관찰사 이하 각 군수가 형법을 폐지하기 전에는 증명규칙에 따를 수 없다고 했다. 통감부는 대한제국 정부에 즉시 실시할 것을 강요했다.[60]

증명규칙은 1907년 전반까지 시행이 지지부진했다. 이런 사태는 금융계까지 영향을 미쳤다. 가권이나 지권으로 전당할 수 없었기 때문에 부동산 금융에 많은 지장을 초래하여 금융공황 사태에 직면했다. 경성상업회의소는 당분간 종전 방법대로 실행하거나[61] 더 편리한 방법을 강구해 줄 것을 건의했다.[62] 대한제국 정부와 통감부는 계속 훈령을 내려 실천 의지를 보이고, 실행 방안도 강구했다.[63] 부동산법조사회는 직원을 파견하여 실태를 점검했다. 경기, 삼남, 황해도가 주 대상이었다.[64]

그러나 증명제도가 토지조사를 근거로 실시한 것이 아니고, 근거 자료 부족이나 착오 등으로 소송이 제기되기도 했다. 조사 소홀을 이유로 증명 관리를 기소하거나 증명을 거절하는 일도 흔히 발생했다. 실제 소유자이면서도 증거서류가 없거나 불분명할 경우 증명을 받은 제3자에게 소유권

---

58 『황성신문』, 1909.5.29.
59 『各司謄錄 (全羅道補遺編1)』, 53책, 1991, 83쪽.
60 『황성신문』, 1907.3.11.
61 『황성신문』, 1907.2.21.
62 『황성신문』, 1907.2.27.
63 한국부동산법조사회, 「토지가옥증명규칙요지」, 『土地及建物ノ賣買贈與交換及典當ノ證明ニ關スル規則及指令 等要錄』, 111~112쪽.
64 외사국, 「부동산법조사회안」.

을 박탈당하는 부작용도 발생했다.[65] 증명규칙은 사실조사주의에 근거했지만, 증명관계자를 포섭하여 빼앗기도 했다.[66]

증명제도는 일본인이 주로 이용했다. 토지소유권 증빙자료가 불충분하여 이를 입증하기 어렵다고 판단되거나 강권적인 방식을 동원하더라도 토지를 확보할 필요가 있을 경우에 주로 이용했다. 이용도가 증가하면 그만큼 일본인들의 토지집적과 농민들의 토지상실이 진척되어 갔다.[67]

이러한 사태에 위기감을 느낀 농민들은 증명부를 멸실시키거나 소실시키는 방식으로 저항하기도 했다.[68] 일제는 1907년 12월 27일 토지가옥증명규칙을 개정하여[69] 증명부가 멸실되었을 경우 법부대신이 기한을 정해 증명을 다시 받도록 관보에 재증명 공고를 하기도 했다.[70] 이러한 노력에도 불구하고 증명부의 기재 오류나 위조문기는 여전히 발생했다.[71]

증명규칙의 이용도는 1907년 하반기부터 급증하여 1910년경에는 초기의 2, 3배 수준에 달했다.[72] 1907년 하루 100여 건 미만이던 이용 건수가 1910년에는 200건 정도로 증가했다. 항목별로는 매매가 70%, 전당이 20% 정도였다. 소유권 보존도 1910년 크게 증가하여 3만 건이나 되었다. 1911년에는 총 12만 건으로 놀라울 정도로 급증했다. 토지 거래액도 1907년 하반기 500만 원 정도였는데, 1911년 3,600만 원을 넘을

---

65 『황성신문』, 1907.7.12, 8.10, 12.11, 12.10.
66 『황성신문』, 1908.4.23, 24; 1908.5.28; 1909.9.18.
67 『황성신문』, 1906.12.31.
68 『황성신문』, 1910.3.20, 5.4.
69 내각 법제국 관보과, 『관보』 제3758호, 1907.12.27, 칙령 제77호.
70 내각 법제국 관보과, 『관보』 제4141호, 1908.7.5, 법부고시 제6호.
71 『황성신문』, 1910.1.29; 1910.3.22.
72 통감부, 『통감부통계연보』, (각 년판).

정도로 비약적으로 증가했다. 당시 토지 평균가로 거래면적을 계산하면 18만 정보에 달하는 광대한 면적이었다. 수수료는 1907년 하반기 1만 3,000원에서 1911년도에는 11만 원으로 10배 정도 급증했다.

〈표 4-1〉 일본인의 증명실태(토지가옥증명규칙; 단위 평)

도별	답	%	전	합	도별 %	소유자	평균면적 (정보)
경기	2,327,940	70	987,789	3,315,729	9	127	9
충남	2,021,120	64	1,147,348	3,168,468	9	59	18
충북	64,140	30	149,900	214,140	1	18	4
전남	2,950,000	86	500,000	3,450,000	10	85	14
전북	3,364,785	83	704,445	4,069,230	11	95	14
경남	2,221,480	12	15,664,020	1,7885,500	50	532	11
경북	1,142,600	48	1,216,048	2,358,648	7	130	6
강원	1,200	12	9,160	10,360	0	2	2
황해	58,200	8	645,480	703,680	2	9	26
함남	10,000	54	8,500	18,500	0	20	0.3
함북	8,500	61	5,400	13,900	0	5	1
평남	15,200	8	185,000	200,200	1	32	2
평북	10,331	8	123,413	133,744	0	22	2
계	14,195,596	40	21346503	35,542,099	100	1136	10

비고 1. 각 군수 증명보고한 것 (1907년 분).
　　2. 실재 일본인의 매수지에 비하여 월등히 적다.
출처: 度支部司稅局, 1908, 「韓國ノ土地ニ關スル調査」, 9~11쪽.

증명은 건수가 증가하면서 건당 거래액과 건당 면적이 갈수록 더 증가했다.[73] 특히 한성부와 영호남 일대에 집중적으로 분포했다. 이 지역은

73　朝鮮総督府, 1911, 『朝鮮総督府施政年報』, 52쪽.

땅값이 급등하고, 농민들의 토지 방매도 심각하게 전개되었다.[74] 증명의 이용실태는 일본인의 토지소유면적과 큰 차이가 있었다. 1907년 전남의 일본인 소유지는 대략 2,900만 평(9,656정보)이고, 전북은 3,900만 평(1만 3,000정보)에 달했다. 전체의 약 10% 정도만 규칙을 이용하고 있다. 전국의 매득지는 5만 정보에 증명지는 1만 1,847정보로 24%의 증명률을 보였다.[75] 이용률이 낮은 편이었다. 소유권이 분명한 토지는 수수료를 부담하면서까지 규칙을 이용할 필요가 없었기 때문이다. 증명은 증거력을 확보할 필요가 있는 경우에 주로 발급받았다. 당시 사유지는 구권으로 거래하는 것이 상례였고, 구권이 없는 개간지 등은 문서로 소유자임을 증명한다는 것이 쉽지 않았다. 일본인 대지주들은 이 점에 착안하여 관 증명을 받아 문기가 없는 관습적 소유권을 차지하는 일을 종종 벌이기도 했다.[76]

다음은 전북 옥구군 서수면 토지등기부의 사례를 통해 민족별 증명 이용 실태를 살펴보자.[77] 〈표 4-2〉는 일본인과 한국인의 연도별 증명 이용실태이다. 1914년 이전에는 주로 일본인이 이용하였고, 한국인은 1913년 이후부터 이용이 급증하였다. 면 전체 토지 중 증명토지는 극히 적었지만, 그중에서도 일본인이 증명률이 높았던 것은 이런 이유 때문이었으리라 판단된다.

---

74 『황성신문』, 1907.12.28; 1908.1.19.
75 탁지부 사세국, 1908, 『韓國ノ土地ニ關スル調査』, 8~11쪽.
76 『황성신문』, 1910.2.26.
77 최원규, 1996, 「대한제국과 일제의 토지권법 제정 과정과 그 지향」, 『동방학지』 94, 152~157쪽.

<표 4-2> 전북 옥구군 서수면의 민족별 증명 이용실태

연도	일본인				한국인				합		
	필지	두락	평	%	필지	두락	평	%	필지	두락	평
1908	211	925	111,972	99	1	6	715	1	212	931	112,687
1909	82	738	154,904	100					82	738	154,904
1910	51	180	36,480	85	3	28	6,462	15	54	208	42,942
1911	112	791	120,096	100					112	791	120,096
1912	45	326	69,308	100					45	326	69,308
1913	4	23	3,860	27	8	45	10,399	73	12	70	14,259
1914	95	369	76,388	58	62	281	55,594	42	157	650	131,982
1915	157	569	106,021	81	24	95	24,982	19	181	663	131,003
1916	22	135	22,800	29	47	271	54,950	71	69	406	77,750

출처: 『전라북도 옥구군 서수면 토지등기부』

<표 4-3> 전북 옥구군 서수면의 원인별 증명실태

연도	보존			매매			합	
	두락	평	%	두락	평	%	두락	평
1908	29.5	715	1	901	111,972	99	930.5	112,687
1909	292.6	58,036	37	445.6	96,868	63	738.2	154,904
1910	74.1	13,933	32	134	29,009	68	208.1	42,942
1911	734.9	107,459	89	56.5	12,637	11	791.4	120,096
1912	314.2	67,667	98	12	1,641	2	326.2	69,308
1913	46.8	9,754	69	23	4,445	31	69.8	14,199
1914	476.8	95,916	73	170.2	36,066	27	647	131,982
1915	258.2	55,211	43	396.2	73,765	57	654.4	128,976
1916	282.6	54,010	69	120.5	23,740	31	403.1	7,7750
1917	8	2,109	100	0	0	0	8	2,109

출처: <표4-2>와 같음.

〈표 4-2〉에서 증명부의 등록 실태를 보면, 1908년도와 1909년도에 최대 수치를 보이고 있다. 1912년 조선부동산증명령 발효 이후에는 전보다 건수가 많은 것은 아니지만 두락 수는 계속 증가하고 있었다. 이를 〈표 4-3〉과 같이 매매와 보존으로 나누어 살펴보면, 매매는 1910년대 이전 높았던 데 비해, 소유권보존은 증명령 발효 직전부터 급증하는 양상을 보여준다.

증명령의 증명이 제3자 대항권을 인정받아 권리를 보호받을 수 있었기 때문이었다고 생각된다. 증명이 급증하자 부·군청에서는 이를 처리하지 못하고 매매에 장애를 가져와 상업회의소와 도장관 총독부가 처리대책을 강구할 정도였다.[78]

증명규칙은 불안정한 토지소유권을 안정화시키는 데 많이 이용되었다. 증명령 제정 후에는 토지 거래에서 증명을 당연한 과정으로 인식하며 전국적으로 확산되어 갔다.[79]

일본인들은 토지소유를 확대하여 침략기반을 조성하는 데 초점이 모아지면서 토지조사는 다음으로 미루었다. 소유 토지의 안정화와 안정적 토지투자는 부차적인 문제였다. 일본인은 소유권 확보가 불안하여 소유근거를 마련할 필요가 있을 때 증명제도를 주로 이용했다. 당시 토지 매개는 향촌 단위의 인적 네트워크를 전제로 이루어졌다. 사실조사를 근거로 한 증명제도도 이를 벗어나지 못하여 일본인들은 초기 투자활동에는 지역적 제한성을 보였다.

일본인 지주들은 먼저 지역별로 근거지를 확보한 다음, 이를 중심으

---

[78] 『매일신보』, 1911.11.18; 1911.11.21.
[79] 『매일신보』, 1911.9.10; 9.14; 10.31; 12.8.

로 토지 투기에 나섰다.[80] 자기 세력범위를 확보한 뒤에 무차별적으로 토지를 확보하는 만큼, 반드시 증명을 거칠 필요는 없었다. 증거력을 확보할 수 있는 경우는 증명을 받지 않았다. 일제는 한국 토지제도의 불안정성을 강조하면서도 자기의 이해에 반한 양전·관계사업은 중도 폐기하고 제도 정비 수준을 증명제도로 후퇴시켰다. 일제는 '사업'으로 등기제도를 시행할 때까지 구제도를 활용하여 토지를 확보했다. 일제는 식민지 지주제의 기틀이 완료될 정도로 토지를 확보한 다음, 일본민법에 근거하여 소유권을 법인하고 관리할 수 있도록 제도화하기 위한 '사업'에 착수했다. 일제의 토지 매매 열기는 '사업' 이전에 크게 치솟았다. 증명의 이용도도 결수연명부를 근거로 한 증명령을 실시하면서 매우 증가했다.

---

80 탁지부 사세국, 1908, 『韓國ノ土地ニ關スル調査』; 1909년, 『小作慣例調査』, 14~16쪽.

제5장
일제의 국유지 확보 작업과 국유지 실지조사

1. 국유지 확보를 위한 입법 작업

일제는 통감부를 설치한 후 갑오·광무정권과는 다른 방향에서 토지정책을 추진했다. 일제는 대한제국이 시행하던 양전·관계사업과 토지법 제정을 중단시키고, 사유지를 대상으로 증명제도를 실시하는 한편, 사유지 이외의 모든 토지를 국유지로 확보하는 작업을 추진했다.

국유지 확보 작업은 두 단계로 실시했다. 첫 단계는 사유 아닌 미간지 삼림 등을 국유로 선언하고 독점적 이용권을 확보하는 법령을 공포했다. 전근대에는 왕토라는 관념 아래 개간과 경작을 전제로 무주지의 사적 소유로의 전환이 제한 없이 허용되었다. 이때 '기경자위주'라는 법제 아래 개간권자(입안권자)와 실제 개간자(경작권자)가 서로 계약관계로 공존했다. 개간정책은 통감부를 설치한 때부터 크게 변동했다. 개간은 반드시 허가를 받도록 했다. 첫 조치는 1906년 7월 27일에 내린 「토지 개간에 관한 건」이었다.[1] 궁내부 소속의 황무지에 대한 개간권을 인민에게 인허하는 것을 금지한 조치였다. 통감부가 황실의 개간 허가권을 금지한 것이다.

다음은 「국유미간지이용법」(1907년)과 「삼림법」(1908년)을 공포했다. 국유미간지이용법은 양안 외 미간지를 완전히 장악하기 위한 법제였다. 국유미간지는 "민유가 아닌 원야, 황무지, 초생지, 소택지, 간석지" 등으로 범위를 정하고, 국가를 소유권자로 선언했다. 민들은 국가로부터 개간 허가를 받아 개간한 후 불하받을 수 있었다. 국가의 허가권을 근간으로 한 법제였다. 3정보 이내의 국유미간지에서는 관습대로 개간권을 인정했지

---

1   임시재산정리국 편, 1908, 「제2류 토지」, 『임시재산정리국 집무제요』, 19~20쪽.

만, 1911년에 폐지했다.[2] 이 법은 전국의 무주지를 국유로 선언하고 허가제를 도입하여 민들의 자유로운 개간을 제한하고, 일본인 자본가 지주를 비롯한 조선인 지주들을 식민지 지배의 근간으로 삼으려 한 조치였다.[3]

1908년 1월 21일에는 삼림법을 공포하여 삼림·산야를 국유·민유로 구분하는 조치를 취했다.[4] 삼림·산야를 제실림(帝室林), 국유림, 공유림, 사유림 등으로 분류하고, 민유(사유)라고 주장하는 사람은 3년 이내에 농상공부 대신에게 신고하도록 하고, 기간 내에 신고하지 않으면 국유로 간주한다고 했다.[5] 신고주의의 폭력성이 가장 강력하게 적용된 경우였다.[6] 양안 등 국가의 증빙자료가 있는 기경지와 달리, 삼림과 산야는 장부가 존재하지 않아 사유를 증명하기 쉽지 않았다. 신고제는 무신고 산림과 산야를 국가의 소유로 정리하고, 농상공부 대신에게 국유 산림에 대환 이용 허가권과 불하권을 부여했다.

이들 법은 왕토(王土) 관념 아래 존재하던 무주지를 배타적 소유권을 가진 국유지로 법률적 지위를 부여한 조치이지만, 동시에 '기경자위주' 원칙으로 실시한 민의 개간권과 산림 이용권을 박탈한 조치이기도 했다. 신고제는 신고자가 증거를 갖추어 신고하면 이를 심사하여 소유권 인정 여부

---

2   국유미간지이용법은 김재훈, 1983, 「한말 일제의 토지 점탈에 관한 연구-국유미간지이용법을 중심으로」, 한국정신문화연구원 석사학위논문; 송규진, 1991, 「구한말 일제 초(1904~1918) 일제의 미간지정책 연구」, 『사총』 39; 이영호, 2000, 「일제의 식민지 토지정책과 미간지문제」, 『역사와 현실』 37 등이 참고된다.

3   「국유미간지이용법 개정 요지」, 『매일신보』, 1911.7.2.

4   대한민국국회도서관, 1972, 「삼림법」, 『한말 근대법령 자료집』 6, 231~234쪽. 삼림법은 1908년 2월 21일 공포되었다. 이에 관한 연구로는 강정원, 2014, 「일제의 산림법과 임야조사연구-경남지역 사례」, 부산대학교 박사학위 논문이 참고된다.

5   대한민국국회도서관, 1972, 「삼림법 제19조」, 『한말 근대법령 자료집』 6, 231~234쪽.

6   권영욱, 1965, 「朝鮮にける日本帝國主義の植民的山林政策」, 『歷史學研究』 2.

를 결정하는 제도였다. 사유 아닌 토지를 국유로 확정하여 국가가 행정처분으로 배타적 소유권과 원시취득의 자격을 부여한다는 것이 전제된 것이었다.

개간 허가제는 대부 허가를 받은 자가 직접 개간하여 성공하면 불하받는 것을 조건으로 한 제도이다. 반면, 기존 입안권은 절수와 더불어 실질적 개간권과 분리된 채 각기 별도로 권리를 행사했다는 점에서 허가제와 차이가 있었다. 이때 개간지에는 하나의 토지에 두 권리, 즉 중층적 권리가 성립되어 분쟁이 발생하는 경우가 적지 않았다. 일제는 이 같은 관습법을 폐기하고 일본민법을 적용하여 개간지에 배타적 소유권을 부여하기 위해 허가제를 도입했다. 이것은 입안이나 절수라는 법적 조치로 성립한 명목적 소유권과 실질적 개간으로 성립한 물권적 권리(중답주권 등)가 서로 소유권을 둘러싸고 분쟁을 일으키는 사태를 차단하고, 일제가 지주자본가를 토대로 식민지 지배체제를 확립할 의도로 제정한 법이다.

〈표 5-1〉 국유지 정리기관의 변동 추이

```
제실재정회의(1905.12)  ←  궁내부
        ↓
제실제도국(1906.2)
        ↓
    각궁사무정리소
  (1906.12.28 - 1907.11.27)        내각
        ↓                           ↓
제실재산정리국      탁지부    임시제실유급 국유재산조사국
(1907.12-1908.8)                  (1907.7-1908.6)
                ↓
        토지조사위원회(1908.2)
        임시재산정리국(1908.7)
```

다음 단계는 종래 각 기관이 독립적으로 관리하던 공토를 국유지로 확정하고 정리하는 일이었다.[7] 이 작업은 3단계로 추진되었다. 첫째, 역둔토대장 정리작업, 둘째, 제실유와 국유 재산을 구분 정리하는 작업, 셋째, 공토의 국유화 선언과 국유지 실지조사 등이다. 먼저 역둔토대장 정리 작업으로 '일사칠궁(一司七宮)'의 황실 재산과 역둔토 등을 정리하고,[8] 이를 관리할 각궁사무정리소를 설치했다. 이어서 「궁장감관규칙」(1907.8.5)을 공포하여 궁장감관제도를 마련하고 지주경영에 착수했다. 감관에게는 작인 출척권(黜陟權), 소작료의 징수·보관·처분권을 주었다. 이는 궁내부에서 지주경영을 위해 마련한 조치였다.[9]

다음은 임시제실유급 국유재산조사국을 설치하여 국유와 제실유를 구분 조사하는 한편, 그중 민유지에 대해서는 청원을 받아 투탁지와 혼탈입지로 판명된 민유지는 돌려주었다. 제실유와 국유재산 등을 조사하는 일은 두 토지의 구분이 불명확하다는 이유로 모든 공토를 국유지로 확정하고 이의신청을 받는 조치를 취했다.[10] 1908년 6월 25일 「궁내부 소관과 경선궁 소속 재산의 이속과 제실채무의 정리에 관한 건」을 공포하여 이들 토지를 국유로 편입시켰다. 이때 국유지로 확정한 토지는 광무사

---

7 공토는 배영순, 2002, 『한말 일제초기의 토지조사와 지세 개정』, 영남대학교 출판부; 宮嶋博史, 1991, 앞의 책, 東京大學 東洋文化硏究所; 조석곤, 1997, 「토지조사사업에서의 분쟁지 처리」, 『조선토지조사사업의 연구』, 민음사; 이영호, 2010, 「한말 일제 초 근대적 토지소유권의 확정과 국유 민유 분기-경기도 안산 석장둔의 사례」, 『역사와 현실』 77 등이 참고된다.

8 김양식, 2000, 『근대권력과 토지』, 해남; 박진태, 2002, 「통감부시기 황실재산의 국유화와 역둔토 정리」, 『사림』 18.

9 임시재산정리국, 1908, 「제1류 관규」, 『임시재산정리국 집무제요』, 8~15쪽.

10 국유지의 성립과정은 최원규, 2019, 『한말 일제초기 국유지 조사와 토지조사사업』, 혜안, 45~114쪽.

검에서 파악된 역둔토와 1908년 편입된 제실유(궁장토: 일사칠궁, 경선궁, 영친왕궁) 능원, 묘위전, 기타 국유 부동산[목위전, 죽전, 봉산, 제언답, 폐사전답, 저전(楮田), 칠전(漆田), 과목전, 공해 기지전, 봉대(烽臺), 상전(桑田) 무주한광처(無主閑曠處), 무주공산(無主公山)] 등이었다.[11] 기존 공토는 물론이고 왕실 소유지와 공유지까지 국유지의 범위를 확대하여 설정하였다.

1908년 7월 23일에는 임시재산정리국을 설치하여 국유지 정리작업에 착수했다. 투탁지와 혼탈입지는 환급하고, 궁방전 관리인의 도장권(導掌權)을 해체하는 작업을 단행했다. 도장권은 매매, 양도, 상속되는 일종의 물권이었다. 일제는 도장권의 성격과 종류를 조사하여 투탁도장(投托導掌)은 환퇴하고, 일반도장, 역가(役價)도장, 작(作)도장, 납가(納價)도장은 유상 몰수하고, 정당성이 없다고 판단한 도장권은 무상몰수했다.[12] 도장권의 판정기준은 중간의 변동과정이 아니라 발생 당시의 원인이었다. 문서로 증거가 명확한 것을 대상으로 실지조사를 실시하여 인정여부를 결정했다.[13] 중간에 돈을 주고 산 토지라고 하더라도 성립 당시의 근거가 명확하지 않으면 인정하지 않았다. 대한제국 정부가 인정했던 토지도 재조사하여 다시 판단했다.

1909년 일제는 「탁지부 소관 국유지 실지조사」, 즉 국유지를 조사 측량하여 장부화하는 작업을 실시했다. 이때 만든 장부가 국유지대장과 국유지도(國有地圖)였다. 일제는 이를 근거로 국유지통지서를 작성했다.[14]

---

11 임시재산정리국, 1908, 「제2류 토지」, 『임시재산정리국 집무제요』, 81쪽.
12 임시재산정리국, 1911, 『임시재산정리국 사무요강』, 71~75쪽.
13 임시재산정리국, 1911, 위의 책, 73~74쪽.
14 조석곤, 1997, 「토지조사사업에서의 분쟁지 처리」, 『조선토지조사사업의 연구』, 민음사, 324쪽.

2. 제실유·국유의 구분과 국유지의 범위

일제는 토지조사사업을 위한 사전 작업으로 토지관습 조사를 실시했다. 이때 일제가 구분한 토지의 유형은 한국정부의 분류 방식과 달랐다.[15] 대한제국은 토지를 공토와 사토로 분류하고, 공토를 조사하는 광무사검을 시행하고 공토성책(公土成冊)을 작성한 바 있다. 공토성책에는 역토, 둔토, 제언답, 원토, 각청·각고전답, 군전답, 죽전, 노전, 초평, 속전, 염전, 궁토, 군토, 고마둔토 등을 조사해 등록했다.[16] 공토는 토지 유형에 따라 탁지부, 내장원, 궁방 등에서 관리했다. 반면 부동산법조사회는 토지관습을 조사할 때 일본의 예를 적용하여 토지 유형을 구분했다.[17] 당시 『조사사항설명서』에 적시한 관·민유 구분의 증거항목에서

> "토지에는 관유지, 민유지의 구별이 있다. 관유지는 국가 또는 제실의 소유에 속하는 토지를 말하고, 민유지는 사인 또는 지방단체의 소유에 속하는 토지를 말한다. 양자의 구분은 왕왕 명확하지 않다. 한국에서도 진실로 인민의 토지소유권을 인정하는 이상은 토지의 관유와 민유를 구별해야 하는데, 그 관유와 민유가 되는 증거는 무엇이 있는가."[18]

---

15 이영호, 2018, 『근대전환기 토지정책과 토지조사』, 서울대학교 출판문화원, 22~25쪽.
16 『內藏院各牧場驛土各屯土各樣稅額捧稅官章程』; 『경상남도 창원군 공토성책』(상)(하); 『경상남도 동래군 공토책』.
17 김재호, 1992, 「보호국기(1904~1910)의 황실재정정리」, 『경제사학』 16, 32쪽.
18 부동산법조사회, 1906, 『조사사항설명서』, 12쪽.

라고 설명하며, 토지를 공·사토 대신 관유지와 민유지로 구분했다. 그리고 공법 관념에 따라 국가경제와 제실경제를 구분하듯 관유지를 다시 국유와 제실유로 구분해 관습조사를 실시했다.[19] 일제는 공·사토 대신 관유와 민유로, 다시 관유를 제실유와 국유지라 분류하였다. 대한제국에서는 공식적으로 사용한 바 없는 용어와 분류방식을 도입하여 관습조사를 실시했다.[20] 일본민법의 배타적 소유권 개념과 일본의 관습조사 방식에 준거하여 조사를 시도한 것이다. 법전조사국의 『부동산법조사보고요록』도 이 기준에 따라 다음과 같이 정리했다. 제2항 관·민유 구분의 증거 항목에서,

"관유지와 민유지의 구별은 보통 문기의 존부 또는 납세의 유무에 의거하여 이를 정할 수 있다. 즉 관유지에는 문기가 존재하지 않고 또 납세가 없는 것을 통례로 한다. 민유지에는 대저 문기가 있고 또 납세하는 것을 상례로 한다. …(그런데)… 관유지에도 문기가 있는 경우 납세를 하는 토지가 있고, 민유지도 개간지처럼 문기가 없는 경우, 은결처럼 납세하지 않는 토지가 적지 않다."

라고 하듯, 양자를 뚜렷하게 구별할 수 있는 기준을 제시하지 못하고 실지조사로 판별하는 수밖에 없다고 했다.[21] 이들은 국유지는 탁지부에서,

---

19   부동산법조사회, 1906, 『조사사항설명서』, 13쪽.
20   부동산법조사회에서는 각지를 조사한 다음, 『부동산법에 관한 조사』(1906)와 『한국부동산에 관한 조사기록』(1907) 그리고 『한국부동산에 관한 관례』 제1철과 제2철(1907) 등을 출간했다.
21   법전조사국, 『부동산법조사보고요록』, 21~22쪽.

제실유는 궁내부에서 관리하는 토지라고 정리했다. 제실유는 궁전, 역전, 둔토 등이고, 규장각·기로소에 속하는 토지, 관의 부지, 교전, 기타 국유의 임야 등을 국유지라고 설명했다. 그러나 양자를 구별하는 확실한 표준은 없다고 하면서 특히 제실유에 주목했다.[22]

제실유는 궁내부에서 관리하던 토지로 역둔토와 각 궁에서 직접 관리하는 궁전으로 국유와 사유가 혼재된 토지로 보았다. 대한제국은 궁중과 부중(府中)을 뒤섞어 황실재정에 국가재정이 혼합되는 폐해를 낳았다고도 했다.[23] 여기서 제기된 문제는 이들을 구분할 명확한 기준이 없다는 점이다. 그리고 일제와 대한제국 황실은 제실유를 국유와 사유로 구분하면서 서로 대응 자세가 달랐다. 일제는 황실 토지를 최소화하려고 했지만, 황실은 현 상태대로 스스로 관리할 수 있게 해 주기를 원했다. 1905년 11월 17일 을사늑약을 체결하자마자 이토에게 이를 담은 한국황제 희망 취의서를 보냈다.[24]

그러나 일제는 대한제국 황실을 국정에서 제외하는 방향에서 법을 제정하기로 원칙을 정했다. 이때 제정한 대표적인 법령이 「광산법」(1906년 3월 21일), 「토지 개간에 관한 건」(7월 27일), 「국유미간지이용법」(1907년 7월), 「삼림법」(1908년) 등이다. 그 내용은 다음과 같다. 첫째, 황실이 갖고 있던 개간허가권을 비롯한 입안권을 완전히 박탈했다. 둘째, 재산권에서 제실유는 인정했지만, 민유가 아닌 것은 모두 국유에 포함시킨다고 명문화하여 황실을 배제했다. 셋째, 국유재산에 대한 민의 이용허가권을 정부

---

22 법전조사국, 앞의 책, 22~23쪽.
23 탁지부, 『임시재산정리국사무요강』, 1911.2, 1쪽.
24 김정명, 1964, 앞의 책, 84~85쪽.

만 갖도록 법제화했다.

국유재산관리규정도 일단 국유와 제실유로 구분했지만, 국유는 정부의 소유로 하면서 국유 영역을 점차 제실유까지 확대해 가는 방식을 택했다.[25] 궁내부 내에 각궁사무정리소(1906.12.28~1907.11.27)를 설치하고, 1907년 2월 24일「궁내부 소관 각 궁 사무관리에 관한 건」을 공포하여 1사 7궁에 관한 궁장 처리와 궁곡 상납 사무를 담당하도록 했다.[26] 이어서 황실 사장(私莊)도 폐지하고, 궁내부에서 관리하도록 했다.

1907년 6월 헤이그 사건이 발생하면서 일제는 대한제국 황실을 더 강하게 압박했다. 이토는 순종에게 양위하도록 하고 제3차 한일협약을 강요하여 대한제국 황실의 영향력을 크게 약화시켰다. 7월에는 임시제실유급 국유재산조사국을 설치하여 막대한 제실재산과 국유지를 조사 정리하여 국유화시키기 위한 기초 작업을 실시했다. 1907년 11월 5일에는 역둔토와 궁장토의 수조를 탁지부로 옮기고, 황실의 수세권을 전면 폐지했다. 11월 27일에는 경리원, 제도국, 각궁사무정리소, 공진소 등을 폐지하고, 제실재산정리국(1907.11.27~1908.8.28)을 설치했다.[27] 주요 임무는 제실 소유 재산의 정리·유지와 경영에 관한 일체 사무를 관장하는 것이었다.[28] 조사국은 두 과제에 직면했다. 하나는 재산원부가 부실하다는 점이다. 이를 해결하기 위해 인민의 신청을 받아 국유지를 확보하는 방안을 채택

---

25 김재호, 1992, 「보호국기(1904~1910)의 황실재정정리」, 『경제사학』 16, 27쪽.
26 和田一郎, 1920, 『朝鮮ノ土地制度及地稅制度調査報告書』, 朝鮮總督府, 576~577쪽; 宮嶋博史, 1991, 앞의 책, 東京大學 東洋文化研究所, 333쪽; 김양식, 2000, 『근대권력과 토지』, 297쪽.
27 임시재산정리국, 1909, 『임시재산정리국 집무제요』 제1류 관규, 17~19쪽.
23 국회도서관, 1972, 『한말근대법령자료집』 6, 86~87쪽. 제실재산정리국 관제(1907.11.27).

했다. 일반 인민에게 국유재산의 이용을 허용하는 것을 조건으로 출원하도록 하고, 이를 조사하여 국유지의 소재를 파악하는 방안이었다.[29] 또 하나는 제실유와 황실·황족의 개인재산을 구분하는 기준을 어떻게 설정할 것인가의 문제였다. 황실을 무력화시키려고 계획한 일제는 모두 국유로 몰수하는 방향으로 논의를 전개했다.

1908년 6월 9일 제41회 한국시정 개선에 관한 협의회에서,[30] 통감 이토는 제실유와 국유의 구별이 분명하지 않기 때문에 충분히 정리할 수 없으니 궁내부 재산을 모두 국유로 옮겨 조사 정리하고 황실에 필요한 비용은 정부에서 지출하라고 지시했다.[31] 일제는 제실유를 국유로 이속하고 문제가 제기되면 그때 해결하기로 하고 칙령 제39호(1908년 6월 25일)를 공포했다. 궁내부 소관과 경선궁 소속의 부동산은 국유로 이속하고, 다만 궁전, 태묘의 기지와 본조의 능, 원, 묘의 경계(해자: 垓字) 내는 황실 사유재산으로 인정하기로 했다.[32]

그러나 당시 탁지부 사세국 내에 1908년 2월 27일 설치한 토지조사위원회의 위원을 지낸 유흥세(柳興世)는 제실유 가운데, 구 각사 등 소속 토지를 내수사와 각 궁토[내수사, 수진궁, 명례궁, 어의궁, 용동궁, 육상궁, 선희궁, 경우궁, 경선궁(英親王宮土附) 등 9곳], 각 전, 묘, 능, 원, 묘위토 등 88곳으로 분류하고, 이들 토지를 사유로 취급하였다.[33] 이들의 설정 방법을 ① 각 궁에

---

29 탁지부, 1911, 『임시재산정리국사무요강』, 34~35쪽.
30 김정명, 1964, 앞의 책, 887~888쪽.
31 김정명, 1964, 위의 책, 907~908쪽.
32 국회도서관, 1972, 『한말근대법령자료집』 6, 492쪽.
33 "전 경리원 소관 東西籍田, 輜重馬隊 加立馬隊 東西驛田畓, 同院 種牧課 소관 各菜田, 箭串坪 牧場田, 拜峯鎭田畓, 宗正司 소관 宗親屯은 모두 제실유에 속했으나 이미 각

서 매수, ② 황후 본궁으로 속부(屬付), ③ 국유지 이속, ④ 한광지 절수, ⑤ 국사범자로부터 몰입(沒入)과 기타 자원부(自願付), ⑥ 각 궁방의 폐지를 이속한 것, ⑦ 민유지 투탁 등으로 분류하였다.³⁴ 여기서 ③과 ⑤는 국유, ⑦은 민유, 그 이외의 토지는 황실 소속으로 처리할 수 있을 것이다. 그러나 일제는 제실유의 대부분을 국유로 처리했다.³⁵ 이어서 임시제실유급 국유재산조사국을 폐지하고, 이를 정리하고 관리할 임시재산정리국을 설립했다.

3. 임시제실유급 국유재산조사국 관제와 국유지 조사

일제의 국유지 조사는 1907년 7월 4일 칙령 제44호로 「임시제실유급 국유재산조사국 관제」가 공포되면서 본격화되었다.³⁶ 이 기구는 제실유와 국유재산을 구분 조사하는 것이었지만, 제실유를 국유로 할 목적이 내재되어 있었다. 주요사항은 위원회를 설치하여 결정했다. 조사 방식은 처음에는 관원의 출석과 자문, 서류 검열 등이었다. 그러나 조사를 진행하면서 실지조사의 필요성을 느끼면서 조사관을 지방에 파견하는 방안

역둔 목토부에 편입하여 여기에 다시 게시하지 아니함"이라고 했다. 탁지부, 1908, 「제6류 잡부」, 『임시재산정리국 집무제요』, 30~34쪽.
34 탁지부, 1908, 「제6류 잡부」, 위의 책, 34~35쪽.
35 황실사유지는 후일 경선궁의 일부 토지와 창덕궁과 덕수궁 명의의 토지였다. 조석곤, 1997, 「토지조사사업에 있어서 분쟁지 처리」, 『조선토지조사사업의 연구』, 민음사, 323~324쪽.
36 국회도서관, 1972, 『한말근대법령자료집』 5, 576~577쪽, 칙령 제44호, 1907.7.4.

이 마련되었다. 위원회는 1907년 10월 9일 경리원 소관 역둔토와 각 궁전토의 조사와 수조에 관한 건을 결의하며 조사위원을 파견하기로 결정했다.[37] 11월 30일에는 지방조사위원에 관한 내규를 정하고, 실지조사를 병행하기로 결정했다.[38] 지방조사위원은 각 도에 2명(총 26명)씩 파견하고, 그중 1명은 재무관으로 촉탁하고, 6개월 내에 완료하도록 했다.[39]

조사 과정에서 제기된 문제는 제실유와 국유지를 구분하기 위하여 민유지의 혼탈입, 투탁토지, 은토 등 인민의 이해와 상충되어 발생하는 분쟁을 해결하는 일이었다. 이를 위해 1908년 1월 18일 칙령 제2호로 「임시제실유급 국유재산조사국 관제」를 개정했다.[40] 개정령은 전문 16개조로 구성되었다. 조사국의 임무는 종전에는 제실유와 국유재산을 조사 정리한다고 했지만, 여기에 소속을 판정하고 조사국의 조사가 인민의 이해와 충돌할 때 이를 조사 처분을 할 수 있다는 조항을 추가했다. 조사국이 제실유나 국유라고 처리했을 때, 인민에게 이의를 제기할 수 있는 청원권을 주었으며, 위원회에는 심사결정권(행정처분권)을 부여했다(제11조). 청원권에는 민유를 국유나 제실유로 처리했더라도 인민이 청원하지 않으면 조사국에서 결정한 대로 처리된다는 법적 의미를 담고 있었다. 위원회는 최고기구로 실지조사권을 갖고 지방조사위원과 파원을 보내 조사하도록 했다(제8조).

---

37 국회도서관, 1972, 『한말근대법령자료집』 6, 68쪽.
38 『調査局去來案』 제11회 결의안(1907.11.29).
39 국회도서관, 1972, 위의 책, 175쪽: 『調査局去來案』(奎17827). 위원회 보고 제2호 제9호 제17호 등에서 투탁(投托) 전답의 환급, 균전세(均田稅)의 폐지, 도장(導掌)의 폐지와 투탁도장 토지의 환급 등을 결의하고 실천했다.
40 국회도서관, 1972, 위의 책 6, 229~231쪽. 칙령 제2호.

첫째, 조사국의 행정처분은 제실유와 국유를 확정하는 일이며, 인민이 여기에 이의가 있을 때 청원권을 부여했으며, 청원이 없으면 그대로 확정되었다. 둘째, 조사국이 한 행정처분의 효력은 제실유와 국유에 관한 한 토지조사령 제15조와 같은 절대성을 가진다는 것이다. 셋째, 청원에 대한 조사국의 권한은 민유 여부만 결정하는 데 그쳤다. 민유지의 소유권자를 최종 결정하는 일은 사법심판이었다. 행정처분으로 결정된 소유권에는 일본민법의 배타적 소유권을 부여하고, 경작권은 소작권, 임차권이라고 역둔토관리규정에 정했다. 조사국에서는 입안권(절수사여지)과 경작권 가운데 입안권(수조권)에 의거하여 성립된 권리를 소유권으로 간주했다. 환급대상은 투탁지나 혼탈입지로 한정했다.

조사국에서는 1월 22일 「제실유급 국유재산을 조사하여 공·사유를 구별하는 일」을, 2월 18일 「각 궁 경리원 소관 토지문부 중에 혼탈입된 사토를 조사하여 하급하는 건」을 발표했다.[41] 심사결과 39명에게 환급조치를 취했다.[42] 국유재산과 제실유를 구분 정리하는 작업은 민유로 환급하는 일과 황실 개인재산을 사유로 분리하는 일, 제실유를 국유로 이속하는 일로 위원회에서 결정했다.[43] 1908년 6월 20일에는 「임시제실유급 국유재산조사국 관제 폐지의 건」을[44] 공포하고, 1908년 7월 23일 「임시재산정리국 관제」를 제정하여 조사국의 임무를 계승했다.

임시재산정리국은 6월 25일 칙령 제39호 「궁내부 소관급 경선궁 소

---

41 국회도서관, 1972, 앞의 책, 266~272쪽. 2월 12일 총리는 혼탈입된 토지를 조사하여 하급하라는 황제의 재가를 받았다(내각법제국 관보과, 『관보』 제4012호, 1908.3.3).

42 『調査局去來案』(奎17827), 위원회 보고 제2호.

43 임시재산정리국, 1908, 「제2류 토지」, 『임시재산정리국 집무제요』, 86~88쪽.

44 국회도서관, 1972, 위의 책 6, 492쪽. 칙령 제38호.

속의 부동산을 국유에 이속의 건」에서 결정된 국유재산을 관리하기 위해 설립되었다.[45] 그 내용은 제1조 궁내부 소관급 경선궁 소속의 부동산은 이를 국유로 이속함. 단 궁전 태묘의 기지 및 본조의 능·원·묘의 경계 안쪽은 황실 사유재산으로 인정했다. 제2 어기(漁磯) 보세(洑稅) 기타 궁내부에서 종래 징수하던 세는 국유로 이속하고, 제3 제실채무의 정리에 관한 사무는 탁지부 대신이 맡아 처리하되, 장관은 탁지부 차관 아라이 겐타로(荒井健太郎)가 겸직했다.

임시재산정리국에서는 국유지 정리와 관련하여 도장을 정리하고, 투탁, 혼탈입지는 양안 혹은 문기 등을 조사하여 권리가 분명한 것은 환부하도록 했다. 그런데 "사토의 환부, 기타 개개의 토지에 취하여 판정 또는 처분을 하려면 충분히 정밀 조사하고, 또 실지조사를 필요로 할 경우가 많아 당사자의 청원을 기다려 조사하는 방침이 채택"되었다.[46] 그런데 청원제는 민의 청원에 따라 환급 여부를 결정하는 일이라 이 방법으로 은토를 모두 찾아내는 데는 한계가 있었다. 일제는 이를 해결하기 위해 신고제를 도입했다. 신고제는 삼림법에서 처음 도입했지만,[47] 국유지에서는 역둔토대장을 제조할 때 소작인 신고제를 도입하여 은토를 색출했다.

탁지부는 관제의 공포와 동시에 국유지 관리권을 확보하고, 같은 날 역둔토관리에 관한 건을 공포하여 궁내부에서 담당하던 역둔토 관리권을 완전히 장악하고 수입을 국고로 옮기도록 했다.[48] 7월 29일에는 칙령

---

45 국회도서관, 1972, 앞의 책 6, 492쪽. 칙령 제39호.
46 탁지부, 1911, 『임시재산정리국 사무요강』, 16쪽.
47 국회도서관, 1972, 위의 책 6, 삼림법 1908년 1월21일 제19조.
48 국회도서관, 1972, 위의 책 6, 492쪽. 칙령 제40호(1908.6.25)

제39호로 국유로 이속된 장토(庄土)를,⁴⁹ 10월 23일에는 「역둔토 이외의 국유 전답의 관리에 관한 규정」을⁵⁰ 공포하여 「역둔토관리규정」을 준용하도록 했다. 일제는 제실유와 국유지를 역둔토로 일원화시켜 탁지부에서 관리하도록 했다. 이에 따라 모든 토지가 사유지와 국유지로 구분되었다.

4. 임시제실유급 국유재산조사국의 분쟁 사례

1) 전북의 균전(均田) 사례

농업의 기초는 개간이고, 개간이 소유의 출발이다. 19세기 후반 개간과 관련한 소유권법에는 두 종류가 있다. 하나는 '기경자위주'라는 법이다. 경자 양안에도 개간된 땅의 주인을 기주(起主), 진전은 진주(陳主), 무주지는 무주라 불렀다. 신전은 개간자가 소유주가 되고, 진전은 자유롭게 개간할 수 있지만, 원주인이 나타나면 돌려주도록 했다. 그러나 진전은 양안 외 가경전이나 무주 진전, 5년 제한법, 3년 면세 등 소유주로 인정하는 법이 매우 다양하여 혼란과 분쟁이 늘 제기되었다.

개간지는 개간할 때 권리관계가 보통 중층적으로 형성되었다. 정부로부터 개간을 허가받은 입안권자와 실제 노자(勞資)를 투자하여 개간한 개

---

49 국회도서관, 1972, 『한말근대법령자료집』 7, 탁지부령 제28호(1908.7.29)
50 국회도서관, 1972, 위의 책 7, 465~466쪽. 탁지부령 제43호(1908.10.23)

간권자는 계약에 따라 토지권을 나누었다. 대체로 입안권자가 1/4~1/3, 개간자는 3/4~2/3의 비율로 생산액을 분배하였다. 이들 권리는 매매, 상속, 양여를 인정하는 물권적 존재였다. 개간자는 중답주 또는 도지권자이며 그들 권리는 관습물권이었다. 이러한 예는 궁장전이나 역둔토 등 공토의 성립 과정에서 흔히 볼 수 있었고 민유 개간지에서도 일반적 관례로 성립되어 있었다. 19세기에도 자연 재해가 닥칠 경우 이를 극복할 만한 농법을 확보하지 못하여 기간전이 진전화 될 가능성이 상존했다. 진전 개간지에서는 권리분쟁이 벌어지곤 했다.

조선정부는 진전이 되면 국가의 재정 문제와 직결되기 때문에 진전 개간을 장려했지만, 일정기간이 지난 후에 돌려주는 관습이 개간의 걸림돌로 작용했다. 정부는 19세기 후반 호남 지역에 불어닥친 재해로 진전이 광범위하게 발생하자 개간을 장려하기 위해 이를 막는 법적 제한을 완전히 제거하기 위한 법으로 농무규칙(1883년)을 공포했다. "주인이 있더라도 폐기에 이른 것은 무주와 같다. 공·사토를 막론하고 진황으로 경작하지 않는 것은 민에게 개간을 허락하여 영구히 지주로 하고 원주(原主)는 다시 묻지 않는다"는 내용이다. 농무규칙은 진전의 개간자에게 소유권을 준다는 내용으로 개간을 적극 장려하기 위한 법령이었다. 개간을 목적으로 주식회사가 설립되기도 했다.[51]

개간 문제가 본격적으로 대두된 곳은 19세기 후반 호남 지역이었다. 당시 호남 지역에는 계속된 흉년으로 전답이 황폐한 곳이 적지 않았다. 이에 진전 개간으로 권리 다툼이 크게 일어났다. 〈표 5-2〉에서 보듯, 호남 지역은 연속된 흉년으로 재해가 발생하면서 인구와 토지가 계속 감소

---

51 『한성순보』제7호, 1883.12.29.

했다. 결세는 군현 단위의 결총제의 관행 아래 면세조치를 취하기도 했지만, 많은 진전이 면세 받지 못하고 세금이 부과되었다. 해당 군에서는 국가에 감세를 요청하는 일이 자주 벌어졌다. 민을 모집하여 진전 개간에 힘썼지만 잉진전(仍陳田)이 허다하여 진전에도 차별 없이 세를 부과하는 일이 현실에서 벌어지고 있었다. 1887년은 호남 지역의 거의 절반이 재결(災結)일 정도였다.

〈표 5-2〉 호남 지역 흉년 사례

연도	큰 피해 읍	피해 읍 수	초실읍 수	부족재	출세 결수
1876	옥구 등 32개 읍	18	6	87,212결	재결 40%
1877	나주 등 14개 읍	24	18	41,656결	재결 20%
1887	부안 등 35개 읍	20	4	113,989결 구재와 정세조 제외	
1890	김제 등 14개 읍	18		29,749결	
1901	흉재 균전 7군의 재결 1034결 86부 9속				

비고: 1886년도 재해년이었다.
　　　사목재 2,500결, 호남 지역 출세 시 결수 21만 4,000결
출처: 김용섭, 1992, 『한국근대농업사연구』(하)(증보판), 일조각, 444~454쪽

왕실과 재력가들은 이곳의 진전 개간에 나서며 토지 확보를 시도했다. 대표적인 예가 왕실의 균전(均田) 개간사업과 나주 궁삼면에서 경저리 전성창의 개간 사례이다.[52] 왕실은 1890년 18만 량을 투자하여 김제 등 11개 읍에서 진전 개간사업에 착수했다. 왕실은 개간된 전토를 균전으로

52　균전 지역은 김용섭, 1992, 「고종조 왕실의 균전수도문제」, 『한국근대농업사연구』(하)(증보판), 일조각; 나주 궁삼면은 박이준, 2007, 『한국근현대시기 토지탈환운동연구』, 선인 등을 주로 참고하였다.

명명하여 균전양안(均田量案)에 수록했다. 균전 개간사업에는 구진전, 잉진전이나 기경전 등이 포함되거나 결세 견감(蠲減)을 선전하여 농민이 자진하여 바치기도 했다. 1894년 동학농민전쟁 때까지 개간사업이 계속되었다.

동학농민전쟁이 발발한 원인 가운데 하나로 균전사업의 폐단이 지목되면서 사업은 전주, 김제, 금구, 태인, 임피, 부안, 옥구 등 7개 읍으로 종료했다. 균전의 총면적은 3,000석락(石落)이고, 세는 1만 석이었다. 왕실과 농민의 지위는 법 적용에 따라 달랐다. 『속대전』에 따라 해석하면 농민이 소유주이고 왕실이 중답주가 될 것이고, 농무규칙에 따르면 왕실(국가)이 소유자이고 농민이 중답주가 될 것이다. 균전 개간은 지역 전체를 대상으로 하였기 때문에 농민 가운데는 지주도 상당수 포함되었을 것으로 판단된다.

균전의 도지는 매 두락 2두에서 7, 8두에 달했다. 균전의 조직은 내장원의 관할 아래 지방에는 균전감리(군수)→균전위원→균전사음→농민으로 조직되었다. 개간 토지는 균전양안에 등록되어 왕실은 소유권자로 농민에 도지를 부과했으며, 균전 농민들은 균도(均賭)를 둘러싸고 1894년, 1899년, 1902년 계속 항쟁을 일으켰다. 도조를 과하게 징수하는 일과 없는 땅에도 징수하는 일을 규탄하였으며, 1902년에는 균전을 혁파하라고 주장하기도 했다. 이 와중에 왕실에서는 궁내부 소관의 각 목장, 각 둔토 사검위원을 파견하여 균전 조사작업이 착수했다. 균전 농민들은 균전 혁파를 주장하며 사검사업을 방해하는 한편, 일본인에게 균전을 매각하기도 했다. 균전 농민은 두락당 균도 2두 9승, 총액 7,000석으로 징수액을 정액으로 타협하면서도 균전 혁파운동을 1907년까지 지속했다.

1899년 군산항 개항과 더불어 이곳에 들어온 일본인들은 1901년 말경부터 잠매를 시작했으며, 1903년 균전을 대상으로 집중 투자했다. 1904년 대한제국 정부는 급기야 균전장정(均田章程)을 만들고 매각된 균전을 회수할 것을 주장하는 환퇴령을 내렸다. 이해 조사된 잠매 규모는 1만 5,493두락 (균전 9,817두락+사답 5,676두락)이고, 매매 농민이 1,192명, 일본인 52명(양인 1명, 전당주 일본인 1명 포함)이었다. 3,000정보가 넘는 규모이고, 그중 균전이 63%를 차지했다(〈표 5-3〉). 한국인 잠매자는 10정보 이상 잠매자가 10명에 달했다. 5정보 이상은 거의 20여 명에 달한 것으로 추론된다(〈표 5-4〉). 재해를 당한 상당수 지주들이 균전사업의 대상이 되고 잠매에 참여하기도 하였다.

　일본인은 소규모로 잠매하기도 했지만 대체로 대규모였다(〈표 5-4〉). 미야자키 게이타로(宮崎佳太郞) 100석락, 나카니시 조이치[中西讓一, 오쿠라 기하치로(大倉喜八郞)의 대리인] 300석락 이상이었다. 전라북도 북단 11개 군을 조사한 결과였다. 정부는 1907년에도 잠매 토지 환퇴령을 발령했다. 그러나 러일전쟁 이후 대한제국은 사실상 이를 시행할 만한 능력을 상실했으며, 정부 일각에서는 균전을 혁파하고 민답으로 하자는 의견을 제시하기도 했다.

　균전 경영은 현실적으로 왕실이 소유권을 확보한 가운데, 농민은 소유권을 상실하고 도지권을 갖는 물권적 경작권자가 되어 권리를 행사하는 관계였다. 양자는 도지액의 수준을 둘러싸고 대립했다. 농민들에게는 도지권을 매매 상속할 수 있는 물권이 부여되었으며, 일본인들은 이를 잠매하여 중답주적 권리를 확보했다. 균전 농민의 균전 혁파 운동은 일본인의 잠매 토지소유권확보운동과 일정한 연계 아래 진행되었을 것으로 판단된다.

〈표 5-3〉 전라북도 군별 잠매 실태 (단위: 두락)

군	민전	균전	합계	일본인	조선인
고부	326		326	2	4
김제	68	1,098	1,166	2	37
만경	530		530	1	53
부안	186		186	1	22
옥구	2,598	1,328.9	3,926.9	28	414
용안	144		144	1	2
익산	267		367	2	40
전주	1,407.5	3,703	5,110.5	3	277
함열	50		50	1	3
임피		3,687	3,687	11	340
합계	5,676.5	9,816.9	15,493.4	52	1,192

출처: 『전라북도 11군 公私里 산록 외인 잠매성책』, 1904. 〈표 5-4〉도 동일.

〈표 5-4〉 일본인 한국인 잠매 실태 (단위: 두락)

일본인			조선인		
규모	면적	인원	규모	면적	인원
0~45	154.2	12	0~5	654.5	211
45~75	310	6	5~15	6,072.5	744
75~150	772.8	7	15~45	3,627.5	175
150~450	2,364.5	9	45~90	972.5	16
750~1,500	3,279	5	90~150	592.5	5
1,500	8,612.9	2	150~450	1,513.9	5
합계	15,493.4	41	합계	15,493.4	1,157

결국 1907년 9월 17일 임시제실유급 국유재산조사국(위원장 송병준)은 균전을 포함한 궁내부 소관 토지 40여 건을 환급하도록 결정했다. 전

라북도 9군 균전사(均田使)는 혁파하고, 감리도 폐지했다. 조사국은 진황(陳荒)으로 균전을 빙자하여 민유 전답을 억지로 빼앗고, 도세를 거두어 민원이 비등하여 이를 폐지한다고 했다.[53] 일제가 공토를 국유지로 결정할 때 균전 지역은 다른 지역과 다른 특이한 결정을 했다. 민전을 빼앗은 것이라는 이유로 균전을 민의 소유로 결정한 것은 궁삼면의 경우와 다른 이례적인 결정이었다. 민을 위한 결정이라고는 했지만, 균전을 국유로 결정할 경우 일본인이 잠매한 모든 토지가 소유권을 박탈당할 우려가 있었기 때문에 민유로 결정한 것으로 보인다. 조사국에서는 왕실을 중답주로 해석하고 민유로 환급하는 결정을 했다. 그 결과 균전 대부분이 일본인의 소유로 확정된 것으로 판단된다.

2) 나주군 궁삼면 분쟁 사례

나주군 궁삼면 분쟁은 19세기 후반에서 20세기 전반에 걸쳐 지죽면, 욱곡면, 상곡면 등 3면(이하 궁삼면이라 칭함)에서 발생한 토지분쟁이다.[54] 궁삼면은 영산강에 접한 지역으로 농사에 최적지일 때도 있지만, 홍수와 한해 등 자연재해에 늘 노출되어 재난에 시달리는 지역이다. 호남 일대의 균전 문제를 야기한 재해가 이 지역도 예외가 아니었다. 1876년과 1877년에 한해와 홍수가 연달아 닥치고, 1888~1889년에

---

53 『조사국거래안』보고 제9호, 「임시제실유급 국유재산조사국 결의안」(제4회 결의안. 1907.9.17).

54 궁삼면 사건은 함한희, 2000, 「해방이후 농지개혁과 궁삼면 농민의 사회경제적 지위와 그 변화」, 『궁삼면 토지회수 투쟁자료집』, 60~80쪽과 박이준, 2007, 『한국근현대시기 토지탈환운동연구』, 선인, 55~78쪽 참고함.

는 한해로 수확이 전혀 없어 이재민이 전 군을 휩쓸었다. 궁삼면이 재해를 당하자 조선정부는 1884년 진결 560결에 대해 3년간 세금을 감면하고, 1886~1887년 가뭄에는 나주 등 10개 읍에 3년간 감세하도록 조치했다. 1888~1889년에 또다시 대규모 가뭄이 연달아 닥치면서 수확이 전혀 없었으며 이곳을 떠나는 자가 속출했다. 이들이 버리고 떠난 전답이 1,400여 두락이나 되었다. 이번에는 정부가 감면 대신 세금징수를 명하여 나주 군수는 1890년 남아 있던 농민들에게 결세, 호세 등 각종 세금의 대납을 독촉했다.

경저리 전성창은 세금을 징수하기 위하여 나주에 왔다가 궁삼면 농민들에게 세금을 대납해 주고, 소나 양곡 등 개간 비용을 제공해 준다는 조건으로 이재민의 토지 1,400여 두락과 일부 면민의 소유지를 넘길 것을 제안했다. 1891년 궁삼면 면민들은 이에 호응하여 전성창에게 매매문기 280장을 넘겨 주었다. 그러나 그 후 면민들은 전성창이 매매조건을 이행하지 않는다고 매매 무효를 주장하며 반발했다. 이에 전성창은 이곳 토지를 경우궁에 투탁하고 주민들로부터 미납액을 징수하는 한편, 결당 조 8석의 지대를 강제로 거두어 갔다. 전성창과 주민의 관계는 균전처럼 소유주와 중답주 또는 역의 관계였다.

1894년 면민들은 나주 군수 민종렬에게 탄원서를 제출하고 내부와 법부에 호소하는 한편, 고등법원에 소송을 제기했다. 나주 군수는 전답을 면민에게 반환하고 경작하도록 조처하기도 했다. 잔류 농민의 토지 1만 3,000여 두락은 돌려주고 주인 없는 토지 1,400여 두락은 면민들이 매수하게 해 그 돈으로 미납세금을 납부하도록 조치했다.[55]

---

55   『동아일보』, 1925.7.10.

그러나 동학농민전쟁 후 1895년 전라관찰사 채규상과 함께 전성창이 주사로 부임하면서 상황은 다시 변했다. 전성창이 지주경영을 하며 대납한 비용을 거두어 가는 등 계속 횡포를 일삼자 주민들은 법부에 다시 소송을 제기했다. 1897년 고등재판소에서는 전성창은 징계하고 답전은 주민에게 인도하여 경작하도록 판결했다. 그러나 전성창은 이에 응하지 않고 궁내부와 관찰부의 지원을 받아 주민 대표들을 잡아 가두고 소작료를 징수했다. 1898년 전성창은 마침내 이곳을 경선궁에 방매하고 손을 뗐다. 이후 분쟁은 경선궁과 면민 간에 지속되었다. 1899년 면민들은 경성재판소에 소송 차 상경했다가 궁내부에 체포되어 경선궁의 소유라는 문서에 날인했다. 경선궁은 면민들의 저항을 강압적으로 저지하는 한편, 1900년 2,000원의 자금을 지급하고 지주경영을 하기로 합의했다. 경선궁은 주민들의 경작권을 인정하고 도지를 받기로 타협한 이후, 1907년까지 별 탈 없이 지주경영을 한 것으로 보인다.

분쟁은 1907년 임시제실유급 국유재산조사국에서 제실유와 국유지 조사 작업에 착수하면서 다시 제기되었다. 임시조사국장 유성준(兪星濬)은 면민의 청원을 받아들여 면민 소유로 결정했으나 경선궁에서 다시 이의를 제기하자 새로 조사국장이 된 송병준이 경선궁의 소유, 즉 제실유로 판정했다. 그러다 1908년 제실유를 국유화하는 조치로 임시재산정리국이 관리하기로 결정되자 경선궁에서는 엄비 개인의 사유라는 이유로 돌려줄 것을 청원했다. 임시재산정리국에서 이를 받아들여 경선궁에 돌려주자 면민은 경선궁 땅이 본래 자기 소유라고 주장하며 돌려줄 것을 청원했다. 이에 경선궁에서는 3년 동안 매년 1,000석을 상납하는 조건을 내걸었다. 면민이 이를 거절하자 경선궁은 동척에 방매했다. 면민은 이후 동척을 대상으로 소송을 제기하여 '사업'에서 분쟁지가 되었다. 고등법원에서는 조사국에서 제실유라고 판정한 것을 근거로 최종적으로 동척 소유로 판결했다.

궁삼면 사건에서 다음의 점들이 주목된다. 첫째, 이재민이 이산한 후 면민들은 자신들에게 조세 부담이 전가되었다는 이유로 전성창에게 이산한 주민의 땅을 팔았다는 점이다. 전성창이 소유주가 되고 전성창의 지원 아래 면민들은 진전을 개간하여 그 대가로 경작권을 확보했다. 이 경우 「농무규칙」에 따르면, 면민은 물권적 경작권자(도지권자)가 된다. 반면 대전의 예에 따르면 면민이 소유자이고, 전성창이 중답주적 존재가 된다.

둘째, 전성창이 소유권을 행사하는 과정에서 세금 대납 등 방매 조건을 이행하지 않았다는 이유를 들며, 면민들은 매매 취소를 주장하는 등 계속 저항했음에도 불구하고, 전성창은 강제력을 행사하며 면민들의 경작권을 박탈하는 대신 지대를 강제로 징수했다는 점이다.

셋째, 경선궁은 전성창으로부터 토지를 사들인 이후 면민과 합의해 농민의 경작권을 도지권 수준으로 인정하고 물의 없이 계속 지주경영을 했다는 점이다.

넷째, 조사국은 경선궁의 토지를 제실유로 인정하고 배타적 소유권의 국유지로 결정했다. 경선궁은 사유라는 이유를 들어 다시 환급받아 동척에 매매했다. 이때 면민이 원래 자기 소유라고 주장하며 동척을 대상으로 소송을 제기했다. 그러나 고등법원에서는 이 토지가 경선궁의 사유가 아니라 제실유이며, 동척은 제실유를 사들인 것이라고 해석하고 동척 소유로 판결했다.

다섯째, 주민들은 동척의 소유로 결정된 이후에는 동척과 소작 조건을 둘러싼 투쟁에 들어갔다. 양자의 갈등은 일제하 식민지기 내내 계속되었다.

궁삼면 분쟁은 균전 분쟁과 유사한 유형이다. 영산강 유역에서 토지도 자연조건과 관련하여 진전화되자 기존 소유권은 상실되었다. 왕실과 자본가가 개간 비용을 제공하고 소유권을 확보하면서 주민과 지대를 둘러싼 분쟁이 본격화되었다. 이러한 개간의 경우 대부분 실 개간자에게 물권 수준의 경작권을 인정해 주는 방식이었다. 궁삼면에서는 거의 1만 5,000석가량이 이같이 경영되었다. 이때 기존 소유자도 매매했지만, 이산한 농민의 토지도 주인의 의사에 관계없이 면민이 전성창에 팔았으며, 이산한 농민이 돌아와 개간에 참여할 경우는 물권적 경작권을 인정한 것으로 보인다.

임시제실유급 국유재산조사국은 이곳 토지를 면민이 아니라 경선궁의 소유로 결정했다. 균전 지역에서는 농민의 소유로 인정한 것과 차이가 나는 결정이었다. 균전 지역은 이미 일본인의 소유로 돌아간 것이 영향을 미친 것으로 보인다.

경남 창원의 창둔의 경우 국유지 조사 당시는 공토로 취급했지만, 사토라고 주장하는 자가 세 부류 존재했다. 공토에서 사토로 환급받은 자와 환급 토지를 사들인 자로 구분되며, 후자는 다시 주민과 일본인 오이케 츄스케가 있다. 조사국에서는 창둔을 민유로 인정하지 않고 국유로 처리하여 동척에 출자하려고 했지만, 주민의 반대로 무산되었다. 국유지 실지조사에서 탁지부는 주민의 토지를 사토로 인정하지 않았다. 반면 오이케가 잠매한 토지는 사토로 인정하고 돌려주었다. 균전과 창둔을 민전으로 인정한 기관은 서로 달랐지만, 이같이 국가기관이 민유로 인정한 것은 매우 드문 경우였다. 문제는 일본인이 잠매한 토지는 민유로 인정하고 조선인의 토지는 인정하지 않았다는 점이다. 물론 '사업' 단계에는 사정 또는 판결로 모두 민유로 인정하였지만, 창둔은 주민의 소유로 인정한 것이 아니라 일본인 오이케의 소유로 결정했다.

개간지의 권리관계는 입안권과 개간권으로 구분되고 실제 개간한 자에게는 중답주적 권리가 부여되었다. 그런데 일제는 중답주 같은 물권적 경작권은 문기로 작성된 경우 이외에는 소송에서 인정하지 않은 것으로 보인다. 지주의 허락을 받지 않은 불법적인 사적 관행이라고 해석했다.[56] 앞의 사례는 입안권과 개간권 사이의 권리분쟁인데, 일반적으로 국유로 인정한 사례와 달리 사유로 인정한 사례였다. 균전에서는 농무규칙을 인정하지 않고 균전을 민의 투탁지 또는 민=소유권자이고, 왕실=중답주로 판정한 것으로 보인다.

궁삼면의 토지는 전성창이 주민으로부터 매득 개간한 토지를 경선궁에 판 것으로 인정하고, 경선궁의 소유로 판정한 다음 국유지로 편입했다가 경선궁에 다시 환급했다. 경선궁은 면민이 환급을 요구하자 민에 대가를 요구하고 민이 이를 거부하자 동척에 팔았다. 주민들은 경선궁의 토지를 자기들 사유지라 주장하며 동척을 상대로 소송을 전개했다. 그러나 법원에서는 경선궁의 토지를 사유 아닌 제실유로 해석하고 동척의 소유로 확정했다.

균전과 궁삼면의 토지는 사건 내용에서는 차이가 있었지만, 모두 일본인의 소유로 확정 판정했다는 공통점이 있다. 창원군의 창둔도 일본인 오이케의 소유로 판결했다. 법원의 판결로 일본인들은 자기 소유라는 합법성을 확보했다. 여기서 주목할 점은 자연재해를 당해 진전이 되었을 경우

---

56 전당 방식도 토지소유권 확보의 좋은 것이었다. 저당권은 빌린 돈을 상환하는 것으로 모든 것이 종결되지만 전당은 이자를 지대로 납부하는 경우도 적지 않았다. 이때 일본 민법을 적용하여 매매로 간주하는 경우가 적지 않았다. 한국의 경우 환퇴나 권매, 화리와 같은 경우 중층적 권리가 존재하나 이 경우도 지대 수납자를 지주로 인정할 수 있었다.

기존 토지소유권은 설사 지주라도 국가의 법적 보호를 받는 데는 한계를 보였다는 점이다. 광무사검은 물론 '사업' 이전 단계는 공토와 사토가 국가의 기준에 따라 변동되었다는 점에서 당시 소유권을 개인에게 부여된 근대적 배타적 소유권이라고 규정하기에는 한계가 있었다.

5. 역둔토 조사와 역둔토대장 조제작업

역둔토대장 작성 작업은 1908년 4월 1일 「역둔토대장 조제규정」을 제정하면서 본격화되었다. 이 작업은 관찰사·도마름(都舍音)·동마름(洞舍音)이 제출한 장부에 기초하여 조사 정리하는 방식이었다.[57] 조사 기간은 1908년 5월 말까지이고, 보고는 7월 15일까지로 정했다. 1908년 6월 25일에는 「궁내부 소관과 경선궁 소속의 부동산을 국유로 이속하는 건」을 공포하면서 관리체제를 마름체제에서 재무서-면장체제로 변경했다. 같은 날 사유지를 대상으로 「지세에 관한 건」을 공포하여 지주납세제와 결가제를 택하였다.[58] 이때 국유지는 「역둔토 관리에 관한 건」[59]에서 재무감독국에서 역둔토를 관리하고 지세는 면제한다고 확정했다. 작인납세제에서 지주납세제로 전환하는 데 따른 조치로, 지주인 국가가 스스로 지세를 부담하는 모순을 제거하였다. 이때 결정한 국유지의 도조는 기존 결세

57　임시재산정리국, 1908, 「제2류 역둔토대장 조제규정, 토지」, 『임시재산정리국 집무제요』, 31쪽; 「제4류 역둔토 등 징세내규의 건」, 『임시재산정리국 집무제요』, 8쪽.

58　국회도서관, 1972, 앞의 책 6, 489~490쪽. 법률 제10호(1908.6.25)

59　국회도서관, 1972, 위의 책, 492쪽. 칙령 제40호(1908.6.25)

와 도를 합친 것으로 소작인이 부담한 액은 같았다. 국유지 이외의 토지의 소작인과 균형을 맞춘다는 명분 아래 취한 조치였다.[60]

역둔토대장을 확인하고 대조하는 작업은 「역둔토관리규정」(1908.7.29)과 「역둔토 관리규정에 관한 건」에 따라 실시했다.[61] 이때 조사는 임시제실유급 국유재산조사국에서 하도록 했지만, 조사의 편리성과 장래 실제 사무취급 등을 고려하여 대장은 징수기관에서 작성하도록 했다.[62] 역둔토대장은 탁지부에서 역둔토를 직접 관리하도록 군 단위 재무서에서 작성했다.[63] 소작료는 중답주로 불리던 원소작인이 소작인으로부터 징수하던 액수로 정했다.[64] 소작인은 1908년 8월까지 재무감독국장에 신고하도록 하고,[65] 신고자를 우선적으로 소작인으로 배정하도록 했다. 소작인 신고제는 중간 소작(중답주 등)을 강제로 해체시키는 작업이었다. 이들은 물권적 권리를 가진 존재였지만, 불법적 존재로 간주하고 무상 몰수했다.

「역둔토관리규정」(1908.7.29)은 지주경영을 목적으로 작성했다. 소작계약 기간은 5년으로 정하고, 소작권은 타인에게 양도, 매매, 전당, 전대하는 행위를 금지했다. 소작료 체납, 토지 형질 변경과 황폐화, 규정위반, 부정행위 등의 경우에는 소작권을 박탈하도록 했다. 소작료 수준은 부근

---

60 임시재산정리국, 1908, 위의 책, 81~83쪽.
61 임시재산정리국, 1908, 위의 책, 115~118쪽.
62 임시재산정리국, 1908, 「제4류 수입 역둔토 등 징세방 내방의 건 제25조」, 『임시재산정리국 집무제요』, 25쪽.
63 임시재산정리국, 1908, 「제2류 토지 제7조 제1호양식」, 『임시재산정리국 집무제요』, 32쪽.
64 임시재산정리국, 1908, 「제4류 수입 역둔토 등 징세방 내훈의 건(1907.11.26)」, 『임시재산정리국 집무제요』, 18쪽. 여기서는 수조를 조세가 아니라 소작료라 정리했다.
65 임시재산정리국, 1908, 앞의 책, 118쪽.

유사 전답 수준으로 정하고, 지세징수 절차에 준하여 징수하도록 했다.[66] 그 절차는 「역둔토소작료 징수규정」(1908.8.6)에 정했다. 소작료 징수는 궁장감관 체제를 폐지하고 탁지부-재무감독국-재무서-면장(세무원)의 관료기구로 대체했다.[67]

역둔토 조사에서 확정한 내용은 역둔토=국유지, 작인=소작인, 수조=소작료, 원소작인(중답주: 필자) 제거, 결세 폐지와 소작료 인상, 사매지(私賣地)의 회수, 소작권=임차권 등이었다. 기본적으로 작인이 행사하던 관습물권을 부정하고, 국가가 배타적 소유권을 행사하는 것이었다. 일제는 강권으로 물권적 경작권을 무상 소멸시키고,[68] 작인납세제를 지주납세제로 방향 전환하는 기틀을 마련했다. 기본적으로 일제는 일본의 기생지주제의 소작경영 내용을 조선의 국유지 지주제에 적용하기 위한 표준안으로 작성하여 문서계약을 체결하도록 도입했다. 1908년의 역둔토조사는 구 장부와 소작인의 신고를 토대로 역둔토를 조사하고 이를 국유지로 선언한 것이었다. 다음 과제는 근대적 방식으로 역둔토를 측량하고 장부화하는 일이었다. 1909년 탁지부 소관 국유지 실지조사가 그것이다.

---

65 임시재산정리국, 1908, 위의 책, 84~85쪽.
67 조선총독부, 1911, 「역둔토소작료징수규정(1908.8.6)」, 『역둔토실지조사개요』.
63 宮嶋博史, 1991, 앞의 책, 東京大學 東洋文化硏究所, 345쪽.

제6장
국유지 실지조사와 국유지 통지

1. 국유지 실지조사와 도부(圖簿) 작성

일제의 다음 작업은 역둔토대장을 실지조사 하여 국유지로 최종 확인하고 관리하기 위해 장부를 마련하는 일이었다. 1909년 5월 28일 탁지부는 「탁지부 소관 국유지 실지조사 절차」를 마련하고 실천에 옮겼다. 조사대상은 역둔토, 각 궁장토, 능원묘 부속 토지와 기타의 국유지 등으로 '역둔토'라고 불리는 토지였다.[1] 조사사항은 토지의 조사와 경계의 사정, 소작료 표준지의 선정과 측량, 등급과 소작료의 확정, 은토 조사, 소작인의 당부, 토지 이외의 권리[보세(洑稅) 등] 조사, 기타 등이다(제17조).[2] 조사방법은 조사원이 도착할 때, 소작인이 소작지에 소작인의 주소와 성명 등을 기재한 표목을 세우고 입회하도록 했다. 마름, 면장, 동리장도 입회하도록 했다.[3] 신고와 입회는 소유권 분쟁을 차단하기 위한 것이었다. 소작인이 신고하고 입회하여 결정한 사항은 소작인이 동의한 것으로 간주했다.[4] 소작인은 중간소작을 배제하고 현재 경작자를 신고 대상자로 정하고 소작권을 부여했다.[5]

신고의 목적은 해당 소작인의 권리 보전과 분쟁 해결, 소작료의 공평

---

1 탁지부 소관 국유지 실지조사절차 제1조.
2 『탁지부공보』 제65호, 1909.5.28(아세아문화사 편, 『탁지부공보』 2책, 232~252쪽). 조사절차는 계속 보완 개정했다.
3 조선총독부, 1911, 『역둔토실지조사개요』, 부록 23쪽. 탁지부 소관 국유지 실지조사 절차 제28, 29조.
4 최원규, 2019, 『한말 일제초기 국유지 조사와 토지조사사업』, 혜안, 86~91쪽.
5 국회도서관, 1972, 『한말근대법령자료집』 8, 361~365쪽. 탁지부령 제20호(1909.7.15)

징수, 은토(隱土) 발견 등이었다. 소작인 신고제는 신고 토지를 국유로 인정한다는 의미이며, 이를 조건으로 신고자에게 소작권을 부여했다. 소작료 미납자는 납부한 후에 신고하도록 했다.[6] 확정된 소작인은 역둔토관리 규정에 따라 소작계약을 체결하도록 했다. 소작료를 정하는 작업은 민간 표준지의 소작료를 비준하여 상당하다고 인정되는 액에서 1/10을 공제하는 방식으로 정했다. 여기에 지세를 가산하여 정액으로 했다.

측량은 축척 1/1200의 도해법에 의하여 시행하고, 지도에는 토지의 소재, 지번, 지목, 등급, 소작인의 주소 성명, 면적, 사표, 나침 방향, 조사연월일, 측량원의 관직과 성명을 기록했다. 필지의 경계는 지목(地目)과 소작인을 기준으로 정했다.[7] 지압(地押)조사는 조사원이 측량 지도를 휴대하고 실지에서 지목의 적부, 토지 등급, 소작인, 소작료 전정, 은토 등을 조사하는 일이었다. 조사 내용은 국유지대장에 등록하고, 소작인에게 「국유지 소작인허증」을 발급하도록 했다.[8] 소유권에 이의를 제기하는 자가 있으면, 조사원이 이의신청 사유, 증빙, 의견 등을 기록하여 재무감독 국장에 보고하도록 했다.[9]

국유지 실지조사는 미조사지와 분쟁지가 적지 않았음에도 불구하고 1910년 9월 종료 선언을 했다. '사업'에 따른 중복 조사를 피하기 위한 것으로 보인다. 조사 필수는 63만 4,271필지이고, 미조사 필수는 16만

---

6 임시재산정리국, 1908, 「제2류 토지」, 『임시재산정리국 집무제요』, 115~119쪽.
7 국유지도는 이영학, 2011, 「1910년대 경상남도 김해군 국유지실측도와 과세지견취도의 비교」, 『한국학연구』 24와 최원규, 2011, 「일제초기 창원군 과세지견취도의 내용과 성격」, 『한국민족문화』 40 등이 참고된다.
8 『국보』 7호, 132~133쪽. 임시토지조사국, 『국보』 1, 470~471쪽.
9 탁지부 소관 국유지 실지조사절차 제57, 58조.

7,798필지였다.[10] 평안남도와 전라남도의 목장토와 각 궁토 등에서 소유권 분쟁으로 조사가 거부되거나 의병활동 등으로 조사가 중지되었기 때문이다. 조사결과 국유지가 크게 확대되었다.[11]

국유지 실지조사의 결과 국유지 추산 총면적이 10만 379정보인데, 대략 22%인 2만 3,253정보가 증가하여 조사 면적은 총 12만 6,432정보였다. 이중 동척 출자지와 임대지 그리고 분쟁지 등 실사하지 못한 토지를 제외하면 11만 8,947정보였다.[12] 은토 발견의 성과가 컸다. 1906~1911년 사이 지대 수입은 4배 증가했다.[13] 이러한 성과는 밀고제적 성격을 가진 신고주의에 힘입은 바가 컸다.[14]

국유지 실지조사는 은토의 발견, 소작 품등과 함께 소작인 조사에 역점을 두었다.[15] 소작인 조사는 배타적 소유권이 관철되는 국유지 확보 작업과 표리관계에 있었기 때문이다. 중간 소작인인 원소작인은 제거대상으로 정했다. 원래 중간소작은 중답주, 간답주(間畓主), 사답주(私畓主), 실답주(實畓主), 민답주(民畓主), 중도지답주(中賭支畓主), 답주(畓主) 등이라고 부르는 말의 뜻처럼, 물권적 권리를 가진 존재였다.[16] 그러나 일제는 이들을 지방의 권세자나 향리들로 중간에서 소작권을 사적으로 매매하며

10　조선총독부, 1911, 『역둔토실지조사개요』, 17~18쪽.
11　조선총독부, 1911, 위의 책, 10쪽; 임시 재산정리국, 1911, 『임시 재산정리국 집무제요』, 13쪽.
12　조선총독부, 1911, 위의 책, 6쪽.
13　조선총독부, 1911, 위의 책, 32쪽.
14　『탁지부 공보』 3책, 554쪽.
15　조선총독부, 1911, 위의 책, 8쪽.
16　조선총독부, 1932, 『朝鮮ノ小作慣行』(상), 707, 794쪽; 1932, 『朝鮮ノ小作慣行』(하) 참고편, 381~382쪽.

불법적으로 이득을 차지하는 자로 보았다. 이들은 경작에 힘쓰지 않고 차액의 이득을 취하며 소작인을 마음대로 변경하는 등 각종 폐해를 끼치는 존재라고 인식했다.[17] 원소작인 가운데는 이같이 '기생적' 존재로 무임승차한 경우도 있지만, 노동과 자본 투자의 대가로 확보한 권리에 근거하여 성립된 존재가 주류였다. 일제는 이들을 구별하지 않고 모두 제거할 방침을 세웠다. 중답주의 몫을 재정수입으로 확보할 목적이었다.

조선총독부는 소작인이 "중간 소작 기타의 구폐를 배제하고 소작권을 확인하여 영구히 소작권을 부여받은 것에 기뻐한다"고 평가했지만, 이는 선전에 불과했다.[18] 소작인은 국유지소작인허증을 발급받고 자기의 법적 지위가 단순 임차권자라는 지위를 확인한 것이다. 소작권은 5년간 보장한다고 했지만, 사정이 있으면 소유권을 변경할 수 있도록 했다. 소작료도 대폭 증가했다. 도지권자와 중답주들이 분쟁을 적극 제기했다.[19] 공토 시절 수조액을 둘러싼 분쟁이 이제 소유권 분쟁으로 바뀐 것이다.

한편 일제는 국유지 실지조사 작업을 하던 1910년 8월, 민유지 조사를 위한「토지조사법」을 발표했다. 이 법이 민유지 실지조사를 전제로 공포한 것이기 때문인지 국유지 조사에 대한 언급은 없었다. 그러나 일제는 국유지 실지조사가 의병전쟁과 소유권 분쟁 등이 빈발하면서 쉽게 완결되기 어렵다고 판단하였다. 그해 9월 토지조사사업에서 이 일을 마무리하기로 결정하고 종결을 선언했다.[20] 일제는 미진한 조사는 탁지부에서

---

17 조선총독부, 1911, 앞의 책, 8쪽.
18 조선총독부, 1911, 위의 책, 16쪽.
19 和田一郎, 1920,『朝鮮ノ土地制度及地稅制度調査報告書』, 朝鮮總督府, 590~591, 615~616쪽.
20 국유지 실지조사는 이때 종결되었지만, 이후에도 탁지부 차원에서 미실시 지역에 대

계속 실시하여 작성한 역둔토대장과 국유지 조사 때 작성한 국유지대장과 국유지도 등을 국유지통지서의 기본대장으로 삼았다.

2. 국유지 도부(圖簿)의 작성 원칙과 기록 방식

국유지도의 작성 원칙과 기록 내용은 다음과 같다. 국유지도는 필지마다 측판(測板) 측량하여 축척 1/1200의 도해법에 의거 작성했다. 각 필지의 내용을 기록하고, 국유지에 접속한 민유지는 눈에 보이는 대로 지도에 표기하는 방식이었다. 국유지도는 동리 또는 지번 순으로 편철했다.[21] 필지에는 지번과 등급을 새로 부여하고 소작인을 기록했으며, 면적은 평으로 계산했다.

국유지대장은 소재, 지번, 지목, 면적, 사표, 구 명칭, 등급, 전정 소작료, 소작인의 주소와 성명 등으로 구성되었다. 구성 방식은 양안과 달리 면을 단위로 하되, 동리별로 지번 순으로 한 장씩 작성하여 편철하는 방식이었다. 필지는 지목 또는 소작인이 다를 때마다 별도로 필지를 구획하고, 지번은 동리 단위로 부여했다. 소유자 중심으로 필지를 구획한 '사업'과는 차이가 있었다. 국유지의 연원을 알 수 있도록 '○○둔'과 같이 구 명칭을 기록하고, 소작인의 주소, 성명, 소작료, 소작기간 등을 기록하는 난

해 계속 조사한 것으로 보인다. 이영훈, 1997, 「토지조사사업의 수탈성 재검토」, 『조선토지조사사업의 연구』, 518쪽의 주) 26 참조.
21　조선총독부, 1911, 『역둔토실지조사 개요보고』, 부록 19~27쪽.

을 두었다. 소작료는 표준지의 소작인이 납부한 지세상당액을 소작료에 가산하는 방식으로 새로 정했다.[22] 지도에는 상·중·하·등외 등의 토지 등급을 기록하고, 국유지대장에는 이를 소작료로 환산하여 기록했다. 소작료는 실소작인이 원소작인 또는 사식자(私食者)에게 납부한 실소작료를 조사하여 등급을 정하고 민간 관행의 소작료와 비교하여 정했다.[23] 국유지 실지조사에서 확정한 소유권은 '사업'의 사정과 다를 바 없는 지위를 부여했다.

조선총독부는 국유지 실지조사를 종료했지만, 분쟁지나 위험지대 등 미조사지 등은 국유지통지서 작성에 앞서 다시 조사하여 역둔토대장을 작성한 것으로 보인다.[24] 일제의 국유지 조사 과정은 광무사검의 공토를 국유지로 확보해 가는 과정이었다. 일제가 1908년 임시제실유급 국유재산조사국과 임시재산조사국에서 행정처분으로 결정한 국유지와 제실유지에 대한 법적 효력은 1915년 고등법원의 판결로 재확인되었다. 행정기관이 법규에 근거하여 한 행정처분은 그 처분이 무효로 돌아가거나 취소되지 않는 한 그 효력이 상실되지 않으며, 설령 그 처분으로 개인의 권리가 침해받는 일이 있어도 그대로 효력을 갖는다는 것이다.[25]

광무사검의 공토는 관이 스스로 소유를 포기하지 않는 한 국유지로 확정되었다. 여기서 민의 대응도 주목이 된다. 공토 조사는 수조권자와 경작자 사이에 수조액을 둘러싼 분쟁인 경우가 대부분이었다. 당시 경작권은 수조권자의 허락 없이 자기 권리를 매매 상속하는 것이 관습적으로 허

---

22 조선총독부, 1911, 앞의 책, 부록 24쪽. 탁지부 소관 국유지 실지조사절차 제36조.
23 조선총독부, 1911, 위의 책, 부록 24쪽.
24 조선총독부, 1911, 『역둔토실지조사개요』, 17쪽.
25 고등법원 서기과편, 1916, 『조선고등법원민사형사판결록』 3, 53쪽.

용되었다. 관습법에 익숙한 농민이 조사국의 관제에 따른 국유지 조사, 즉 배타적 소유권과 '원시취득'의 법적 효력을 부여하여 다시는 소송을 제기할 수 없다는 일제가 만든 법안의 속성을 숙지하는 가운데 국유지 조사에 임했을 것으로 판단할 수는 없다. 일제는 이를 민에게 알린 흔적도 없었다. 농민은 관습법적 인식 아래 국유지 조사에 임했을 것이다. 민과 일제의 법의식의 차이가 분쟁을 양산했다. 와다 이치로가 제시한 분쟁 사례에서 보듯, 국유지 실지조사 당시에 발생하지 않은 분쟁이 국유지소작인 인허증을 받고 비로소 제기한 경우가 대부분이었다.[26] 국·민유 분쟁에서 행정관청이 혼탈입지나 투탁지 이외에 스스로 민유로 환급한 기록은 찾기 어려웠다. 다만 민이 민유라고 환급을 청원했음에도 불구하고 행정기관이 일방적으로 이를 부정하고 취한 행정처분이나[27] 탁지부에서 기준을 잘못 적용하여 국유지로 설정한 경우는 돌려주기도 했다.[28]

---

[26] 최원규, 2016, 「和田一郎의 조선토지제도론과 국·민유지 구분」, 『중앙사론』 44, 36~37쪽.

[27] 최원규, 2017, 「일제초기 고등토지조사위원회의 재결통계와 사례분석」, 『한국민족문화』 65, 248쪽.

[28] 최원규, 2019, 앞의 책, 혜안, 410쪽.

3. 국유지 실지조사와 국·민유 분쟁

1) 국유지 실지조사와 국유지 통지

토지조사법에서 국유지는 관련 규정이 없었다. 조사 대상이 아니었던 것으로 보인다. 외업(外業) 사무 처리규정에 소관청의 통지를 받아 처리하도록 지시한 정도였다. 그러나 국유지 실지조사를 중단하면서 민유지와 함께 국유지를 동시에 조사하기로 결정했다. 1912년 국유지에 대한 통지 제도를 정식으로 도입한 토지조사령을 공포하였다. "국유지는 보관 관청에서 임시토지조사국장에 통지해야 한다(제4조)"고 규정했다. 이에 따라 임시토지조사국은 국유지 실지조사의 성과를 반영한 방식으로 국유지통지서를 작성했다(〈그림 6-1〉).

국유지통지서 작성은 세 경우로 구분되었다.[29] 첫째, 국유지 실지조사의 결과물인 국유지대장이나 국유지도가 있는 경우는 이를 근거로 작성했다. 국유지통지서의 내용은 국유지대장을 그대로 옮긴 것이었다.[30] 둘째, 국유지 실지조사를 하지 않은 지역에서는 역둔토대장 등 다른 근거서류를 바탕으로 국유지통지서를 작성하도록 했다. 국유 경작지는 소작인별로 필지를 구획하여 등록했다가 조사 과정에서 다시 소유주와 지목을

---

29 국유지 통지절차는 이영호, 2007, 「창원군 토지조사사업에서 국유지 조사와 활용」, 『역사와 현실』 65이 참고된다.

30 朝鮮総督府, 『朝鮮総督府官報』 제157호, 1913.2.10. 역둔토 통지에 관한 건. '사업' 초기에는 국유지도를 등사하여 통지에 대체했다가 1913년부터는 토지대장과의 연락 관계를 고려하여 국유지대장을 사용하도록 했다.

〈그림 6-1〉 국유지통지서

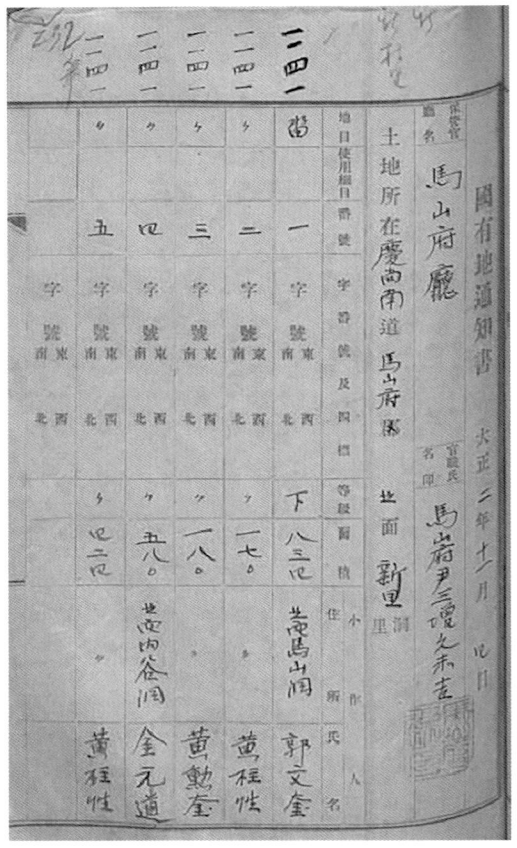

출처: 『창원군 북면 신촌리 토지신고서』

기준으로 나누었다. 이에 따라 국유지대장의 번호는 폐기하고, 민유지와 함께 관리할 수 있도록 통일적으로 가지번과 지번을 새로 부여했다. 셋째, 근거 자료가 없는 국유미간지와 은토, 임야 등은 조사원이 조사원칙에 따라 통지 절차를 밟았다. 국유미간지를 대부받아 개간 중인 토지는 농상공부 명의로 국유통지서를 작성했다. 소작인 칸에는 대부허가를 받은 자를 표기했다. 조사 대상 임야나 국유미간지 그리고 은토는 조사국원이 조사하면서 국유지통지서를 '편의작성'했다. 1911년을 기점으로 국유미간지 이용법에 따라 허가 없는 개간지는 몰래 개간한 토지로 파악하여 국유로 편입시켰다.[31] 이 결과 적지 않은 토지가 국유로 조사되었다.

국유지 실지조사에서 국유로 확정된 토지는 대부분 국유로 추인했다. 국·민유 분쟁지는 국유지 실지조사에서 분쟁이 제기되어 조사를 하지 못한 토지와 새로 분쟁이 제기된 토지가 있었다.[32] 국·민유 분쟁지는 토지 신고서와 국유지통지서의 해당 필지 상단에 분쟁내용을 간략하게 기록했다.[33] 국유지 실지조사에서 국유로 결정된 토지에서 다시 분쟁이 제기되었을 경우 법적으로 당시 '행정처분'으로 민이 입회한 가운데 국유로 확정된 것이라고 정리했다. 주무 관청이 포기하지 않는 한 번복은 불가능했다. 국유지 실지조사는 국가를 배타적 소유권자, 농민을 무권리의 임차권자로 확정하는 근본적 변화를 초래하는 작업이기 때문에 소유권 분쟁이 발생할 수밖에 없었다. '사업'에서 다시 이의제기를 허용했지만, 실지조사에서 국유로 확정된 국유지를 민유로 환급할 수 있는 주체는 임시토지조사국이 아니라 해당 관청이었다.

---

[31] 『부내면 봉암리 토지신고서』. 개간지는 국유지로 간주할 경우 국유지통지서에 조사원이 '편의작성'하거나, '통지 없는 국유지 조사통지서'라는 이름으로 통지하는 경우가 있다.

[32] 최원규, 2013, 「창원군 토지조사사업에서 소유권 분쟁의 유형과 성격」, 『일제의 창원군 토지조사사업』, 선인, 390~413쪽.

[33] 창원군 각 면리의 토지신고서철.

2) 국·민유 분쟁 사례

일제의 국유지 실지조사는 관습법 체제에서 물권적 경작권자를 제거하고 공토주 대신 국가를 배타적 소유권자로 확정하는 작업이었기 때문에 국·민유 소유권 분쟁을 양산했다. 다음은 와다가 저술한 『조선토지지세제도 조사보고서』(1920)에 예시한 국유지 실지조사와 관련한 분쟁 사례이다. 분쟁 원인을 살펴보자.

사례 ① 용동궁 장토
김해군에서 민유를 주장하는 자는 인민이 스스로 개간하고 고래 전전 매매하고 보통 민유지와 다를 바 없음에도 불구하고 1911년 국유지 조사 이후 소작료를 강징하여 어쩔 수 없이 금일에 이르렀다고 했다. 국유론을 주장하는 자는 원래 용동궁 소속의 둔토로 … 궁감을 파견하여 둔세를 징수하여 왔으며, … 갑오 이전은 1결에 대하여 도전으로 금 1전 2분 5리를 납부하고 갑오년 이래 1결에 대하여 엽전 80량 외 벼 100두의 도전을 증징했다고 했다.[34]

사례 ② 수진궁장토
구례군 … 민유를 주장하는 자는 … 원래 민유지로 옛부터 왕실에서 결세를 수진궁에 준 둔결로 매번 환급 청원하여 왔는데 아직 해결되지 않았다고 했다. 국유를 주장하는 자는 수진궁 장토인 것은 구 양안에 기재되어 있고 계속 소작료를 징수하여 왔으며, … 1911년 이래 국유지

---

34 和田一郞, 1920, 앞의 책, 589~590쪽.

소작계약을 하고, 현재까지 계속 소작료를 징수하여 왔다고 했다.[35]

사례 ③ 총리영둔

장연군 소재 민유를 주장하는 자는 … 궁둔 궁토로 칭하나 … 본지는 민유로 … 200여 년 전 인민 스스로 이를 개간하여 금일 경지를 이루었는데, 광무 5년 종래의 민결 이외에 30원을 더 징수했다. 그 부담을 견딜 수 없어 당시 내장원에 가결(加結)을 면제해 줄 것을 청원했는데, 1910년 국유지 조사의 다음해부터 돌연 향탄둔(香炭屯)이라는 명칭 아래 국유지로서 소작인허증을 교부했다. 그러나 본지는 실지의 상황에 비추어 화전의 성질로 고래 결부를 설치하지 않고 화전이라 기재했다. … 한광지를 개간한 화전은 기간자를 지주로 정하는 조선 고래의 관습으로 민유지인 것이 분명하다.[36]

사례 ④ 양향둔

민유론자는 고래 전전매매하던 민전으로 … 선조대왕의 시대에 … 훈련도감을 설치하고 … 징세권을 동청에 부여한 것에 지나지 않는다. … 광무4년 내장원이 불법으로 훈둔이라는 이유로 결부에 소액의 도조를 부가 징수했다. 1909년 국유지 조사를 할 때 개성부 재무서는 토지의 조사 측량은 행정상 보통의 사례로서 결코 본지를 국유에 편입할 의도가 아니라고 간유했음에도 불구하고, 1911년 이를 국유로 하여 지주나 소작인임을 묻지 않고 각 경작자에 돌연 국유지

---

35 和田一郎, 1920, 앞의 책, 590~591쪽.
36 和田一郎, 1920, 위의 책, 615~616쪽.

소작인허증을 교부하여 극력 항의했다. 국유론자는 다음과 같이 주장했다. 지금부터 322년 전 훈련도감을 설치하고 … 한광지를 절수하여 이를 훈둔이라 했다. 강희 원년 작성한 양안에는 훈둔이다. 또 옛날 도전 부과율은 불명이어도 광무5년 이래 1결당 지세 8원 도전 15원을 부과해도 이의가 없었다. 고래 매매 전전한 것은 사실이나 이는 소작권 매매에 불과한 것이라고 주장했다.[37]

위의 사례를 정리하면 다음과 같다. 첫째의 용동궁 궁둔은 절수개간지인데, 민유론자와 국유론자들이 처음부터 자기 소유였다고 주장한 사례이다. 갑오 이후 결세와 벼 100두의 도조, 일토양세를 부담했는데, 국유지 실지조사 이후 소작료를 강제로 징수하자 분쟁을 제기한 경우이다. 둘째는 수진궁 장토에서 국유지 소작계약을 체결하고 소작료 납부를 강요받으면서 일어난 분쟁 사례이다. 민유론자는 둔결을 결세, 국유론자는 소작료라 주장했다. 셋째는 총리영둔에서 광무사검 이후 민이 일토양세를 납부한 것을 이유로 국유지 실지조사에서 국유지로 편입하고, 소작인허증을 교부하자 발생한 분쟁이다. 넷째는 양향둔의 경우이다. 국유론자는 한광지를 절수 개간한 훈둔으로 민이 소작권을 매매한 것이라고 주장하고, 민유론자는 징세권을 부여한 민전이라고 주장했다. 내장원 시절 도조를 더 징수하여 일토양세를 납부했으며, 재무서의 꼬임에 넘어가 국유지로 편입되었다고 주장했다.[38]

이들 분쟁 사례의 특징은 다음과 같다. 첫째, 국유지 실지조사를 거쳐

---

37 和田一郎, 1920, 앞의 책, 610~611쪽.
38 和田一郎, 1920, 위의 책, 610~611쪽.

국유지로 등록되어 국유지소작인허증을 교부받자 분쟁을 제기하여 분쟁지 심사대상이 된 경우였다. 둘째는 절수로 성립한 유토이면서 일토양세를 납부하여 국유로 편입된 토지라고 판단된다. 셋째, 이 분쟁은 절수자인 사궁의 수조권과 개간자인 민의 소유권이 충돌한 경우이다.[39]

국·민유 분쟁에서 일토양세를 납부하던 토지의 비중이 대단히 높았다. 이러한 토지는 수조액의 비중으로 보면 대부분 민유로 정리하는 편이 합리적이라고 생각되지만, 국과 민이 서로 팽팽하게 대립하여 분쟁한 경우였다. 1909년 1월 25일 사세국장이 전주재무감독 국장 앞으로 보낸 국·민유 토지에 관한 건의 공문에 나타난 이와 같은 경우를 검토해 보기로 하자.[40]

> 일토양세라 칭하는 역둔토의 처분 방법에 관한 답변을 구하는 취지를 접했는데, 본부(탁지부)에서는 인민의 소유지라는 확실한 증거가 있는 것을 힘으로 국유로 이속하는 것과 같은 가혹한 조치는 하지 않을 방침이다. … 그런데 종래 역둔토로 도세와 결세를 납부하던 것인데, 정무를 혁신하는 틈을 타 혹 사유라 칭하거나 일토양세라 칭하여 함부로 분쟁을 일으켜 연혁상 국유의 성질이 될 만한 토지를 사유지라 칭하고 부당한 사리를 탐하고자 하는 자는 엄중한 방침으로 이에 임할 것이다.

국·민유 분쟁에서 일토양세를 수취한 역둔토를 어떻게 처리할 것인

---

39 분쟁지 심사 결과는 알 수 없지만 일토양세를 근거로 국유로 판정되었을 것으로 생각된다. 내장원시절 더 거두어 납부한 것이 강압에 의한 불법이라고 인정할 것인지의 여부가 관건이다.
40 『탁지부공보』 2책, 52~54쪽.

가가 문제였다. 탁지부에서는 이 토지는 도세와 결세를 납부하던 토지인데, 일토양세라는 이유로 분쟁을 일으켰다는 것이다. 연혁상 국유의 성질인 토지를 사유지라 칭한다는 것이다. 탁지부에서는 조사 확인하여 보고한 다음 본부의 지휘를 받도록 했다. 1909년 7월 28일 한성재무감독국은 처리 방침을 결정하고 탁지부에 보고했다. 민은 광무사검 당시 이용익이 궁내부의 세입증가를 위해 억지로 토지를 빼앗아 갔기 때문에 이러한 사태가 발생했으니 환원시켜 달라고 주장한다는 것이다. 그러나 이에 대한 당국자들의 견해는 다음과 같다.

> 일단 공력(公力)으로서 관유로 편입한 10여 년 내에 하등 거리낌없이 수조하던 것인데, 지금 그 기원과 연혁을 살펴서 환부를 결정하는 일은 처리상 곤란하다. 만약 이와 같이 하면 10중 7, 8은 다 환급하지 않을 수 없게 될 것이다. 그리고 국고 수입에도 영향을 미쳐 실질상 적당하다고 인정하기 어렵다. 이들은 사정 연혁의 여하를 불문하고 일절 환급하지 않기로 처리할 작정이다.

그러나 이처럼 환급할 경우 국고수입에 영향이 미친다는 이유로 일체 환급하지 않겠다고 보고했다. 이에 대해 1909년 8월 7일 탁지부 차관은 한성재무감독 국장에게 확실한 증빙서류를 첨부한 민유 청원은 조사하여 결정하도록 지시했다.[41] 이때 해결하지 못한 분쟁은 추후 과제로 남겼다.

일제는 국유지대장에 등록된 토지는 국유지로 소유권을 법인한 토지였지만, '사업'에서 분쟁지 심사나 불복신청의 대상으로 허용했다. 그러나

---

41 『탁지부공보』 87호, 4쪽.

국유지대장을 근거로 국유지통지서를 제출한 경우 민이 분쟁에서 승리한 경우는 보이지 않았다. 역둔토 조사 당시의 판정기준을 토지조사에서 다시 변경하지 않은 것으로 보인다. 일제의 고등법원은 임시제실유급 국유재산조사국이 행정처분으로 확정한 국유지의 소유권에 토지조사령의 사정과 재결의 법 정신을 그대로 적용하는 법 해석을 보였다.

광무사검과 국유지 실지조사는 조사기준에 차이가 있었다. 광무사검은 광무정권이 기존의 관행인 토지에 존재하는 중층적 권리를 인정한 위에 기존의 모든 유토를 공토라는 이름으로 조사 등록한 것이다. 대한제국의 양전·관계사업은 관습물권을 인정하고서 소유권을 조사한 것이다. 이리하여 갑오승총 당시 민유로 환급되었다가 다시 공토로 편입된 예에서 보는 것처럼, 광무양전사업에서 결부를 높게 책정하여 민이 항의하자 두 번 양전한 수원과 용인의 양안을 검토하면, 공토가 사토로, 사토가 공토로 전환되면서 작인이 시주가 되거나 시주가 작인이 되는 경우가 존재했다. 또 사토의 경우 시주가 바뀐 토지가 상당수 있었다. 대부분의 시주는 변동되지 않았지만, 시주와 시작은 양전 관리의 조사기준에 따라 변동할 가능성이 존재한다는 의미이다.

갑오·광무정권이 실시한 공토 조사에서도 결세가 추가로 부과되면서 일토양세나 일토삼세 등으로 부담이 증가하자 민인이 분쟁을 일으키기도 했지만, 이때 분쟁은 탁지부의 결세 부담을 둘러싼 수조액의 수준이 문제였다. 공토 내의 권리관계에서 전과 다른 새로운 변화는 일어나지 않은 것으로 보인다. 반면 국유지 실지조사는 광무사검의 공토 강화책의 성과를 추인하는 방식으로 추진된 것이지만, 소유권 이외의 모든 물권을 제거하고 수조권자인 공토주를 배타적 소유권자로 확정하기 위해 실시한 작업이었다.

일제의 '사업'은 국유지 실지조사를 계승하여 소유권만 조사 대상으로 삼았다. 일제는 국유지 실지조사 이후 분쟁지를 심사하여 민유로 환급하기도 했다.[42] 조 100두=결세로 보아 민전으로 환급한 경우도 있지만, 반대로 조 100두에 미치지 못하더라도 그것이 일토양세이고 결세 이상의 수조액이라 판단된 토지는 국유로 처리하기도 한 것으로 보인다. 이때 유토에 존재한 소유권 이외의 물권은 제거 대상이었다. 이렇게 하여 국가(지주)-소작인이라는 식민지 지주제가 성립되었지만, 종전과의 근본적 차이점은 경작권을 임차권=소작권으로 규정했다는 점이다.

42　宮嶋博史, 1991, 앞의 책, 東京大學 東洋文化硏究所, 486쪽. 역둔토의 면적이 통계상으로 감소한 것은 그 반영이라고 할 수 있지만, 순수 국유지를 민유지로 환원시킨 것이 아니라 분쟁지를 민유지화한 조치였다고 보인다.

제3부
토지조사사업 추진 과정과 소유권 조사

제1장
토지조사사업 계획과
지방행정구역 개편

1. 토지조사사업 계획과 수정

일제는 1910년 3월 14일 칙령 제23호 「토지조사국 관제」를, 8월 23일 토지조사법을 공포하면서 '사업'을 시행했다. 제1차 계획의 규모는 〈표 1-1〉과 같다. 구체적인 내용은 토지조사법 부분에서 서술했다.

〈표 1-1〉 동아시아 각국의 토지조사 사업 내역 (단위: 정보, 엔)

구분	일본 본토	오키나와	대만	한국 계획
조사 면적(정보)	4,848,568	212,297	777,849	2,755,000
총 필수	85,440,016	1,013,278	1,647,374	13,775,000
총 경비	37,108,014	881,844	4,981,833	14,129,707
1필 면적	0.056	0.21	0.472	0.2
1필 경비	0.434	0.87	3024	1.025
1정보 경비	7,653	4154	6,405	5,128
조사원 1인 1일 공정 필수		불명	11	20
측량원 1인 1일 공정 필수		외업 11.4 내업 7.6	9	12
동 정보 수		외업 2.4 내업 1.6	4.2	2.4
사업기간	1872~1880 9개년	1898.7~ 1903.10 5년 4개월	1898.9~ 1905.3 6년 7개월	1910.8~ 1918.2 7년 8개월

비고: 일본 본토는 산림, 원야를 제한 것이고, 오키나와는 산림, 원야를 포함한다. 대만은 산림, 원야를 조사하지 않았다.
출처: 탁지부, 1910, 『한국토지조사계획서』, 25, 26쪽.

동아시아 각국의 토지조사사업 경비를 비교하면, 한국은 일본 본토에 비해 경비는 2.6배, 조사 면적은 1.7배, 총 필수는 6.2배 많았으나, 1정보당 비용은 일본 본토가 1.5배, 대만은 1.24배로 한국보다 더 많이 책정했다. 조사 면적에 비해 일본 본토의 비용이 더 많이 들었지만, 필지당 비용은 한국이 더 많이 산정했다. 물론 두 지역을 사업내용과 사업방식 등을 감안하면 일률적으로 비교하기는 어렵다. 대만과 한국을 비교하면 한국의 사업내용이 대만보다 많았음에도 불구하고 전체 정보당 비용은 한국을 더 적게 잡았다. 〈표 1-1〉에서 보듯 일제는 한국의 면적, 필지 등에 대한 조사비용을 너무 적게 잡아 후에 사업계획을 여러 차례 수정했다. 면적은 1.77배, 필수는 1.4배, 경비는 1.4배 소요되었다. 단 1정보당 비용은 5.128엔에서 4.188엔 정도로 감소했다.[1]

일제가 조선의 측량 내용이나 장부체계 등이 더 엄밀하고 풍부하게 추진됐다고 자랑한 점을 감안하면 최소비용으로 최대의 효과를 낸 것으로 보인다. 그리고 지세는 토지조사 후 결수가 33.2%의 증가를 예상하여 지세도 33.2% 증가할 것으로 예상했다.[2] 지세령과 지가제 도입으로 지세는 후술하는 바와 같이 그 이상 증가했다.

토지조사는 1912년 8월 13일 「토지조사령」이 공포되면서 일대 전환을 이루었다. 제2차 계획이 이때 수립되었다. 첫째, 고등토지조사위원회의 권한과 재판의 수속을 규정하고, 둘째, 토지사정에 관한 불복신청 기간을 90일 이내에서 30일 공시한 후 60일 이내로 구분했다. 셋째, 3년 내 재

---

1 조선총독부, 1918, 『조선토지조사사업보고서』, 281~283쪽.
2 탁지부에서는 토지조사계획서에 지세를 다음과 같이 산출했다.

구별	현재	조사완료 후	증가	증가율
결수	1,015,557	1,352,700	337,143	33.2
지세	6,635,167	8,837,189	220,2022	33.2

출처: 탁지부, 1910, 『한국토지조사계획서』, 25~26쪽.

심신청의 제도화, 넷째, 한 지목으로 정한 전답을 전과 답으로 분리 개정하고, 다섯째, 지권 발행의 정지(10월 28일)와 조선부동산등기령의 시행, 여섯째, 국유지 통지제도 도입을 규정했다.[3] 이와 동시에 결수연명부와 과세지견취도의 작성, 행정구역의 정리, 조사 측량 방침의 수정 등을 실시했다. 토지조사는 경성, 인천 등 29개 시가지부터 작업에 착수했다.[4]

제3차 계획은 1913년 4월에 마련되었다. 이때 신고서와 결수연명부의 대조사무, 토지대장과 결수연명부 연락, 지세명기장 조제, 이동지 외업반의 편성, 지형도 작성 등을 추가했다. 그리고 임시토지조사국 조직을 전면 개편했다. 분과 규정을 개정하여 3과를 6과로 나누고, 총무과에 계쟁지계(係爭地係)를 설치하는 등 분쟁지 심사기구를 개편했다. 가장 중요한 변화는 결수연명부를 토지신고서의 기초 장부로 확정하고, 소유권 분쟁의 심사절차를 사정, 재결, 재심 등 3심제도로 정한 것, 지권제도의 정지와 부동산등기제도의 시행, 토지대장의 조기 이관과 지세명기장의 제조, 시가지 조사의 선행적 실시 등이다. 일제는 이러한 변화를 고려하여 이때부터 '신체제'라 명명하기도 하였다.[5]

토지조사령이 공포되면서 신체제 수립을 위한 제도 정비가 본격적으로 추진되었다. 고등토지조사위원회와 지방토지조사위원회 관제가 1912년 8월에 발표되었다. 토지의 소유자와 경계는 지방토지조사위원회의 자문을 거쳐 토지조사국에서 사정하는 것으로 정했다. 사정 작업은 1913년 2월 12일 충북 청주시 청주면에 처음 실시하였다. 조사 방식도

---

3   朝鮮総督府, 1913, 『朝鮮総督府施政年報』(1911, 1912년도), 27~28쪽.
4   朝鮮総督府, 1913, 위의 책, 28~29쪽.
5   조선총독부 임시토지조사국, 1918, 『조선토지조사사업보고서』, 33쪽.

크게 변화하였다. 제2차 계획까지는 일필지(一筆地) 조사와 일필지측량을 별개로 시행했으나 제3차 계획 이후에는 동시에 시행했다. 조사 대상 면적이 크게 증가함에 따른 조치였다. 처음에는 275만 5,000정보라 추정했으나 최종 면적은 446만 7,000정보로 1.6배나 증가했다.(〈표 1-2〉)[6]

〈표 1-2〉 과세지 면적의 신구 비교표 (단위: 정보)

도명	구분	전	답	대	기타	계
경기도	구면적	76,390	127,284	8,639	993	213,306
	신면적	178,852	189,935	12,781	4,395	385,963
	증감면적	102,462	62,651	4,142	3,402	172,657
	증감비율	134%	49	48	343	81
충청북도	구면적	57,348	68,841	7,313	23	133,525
	신면적	88,559	68,502	5,756	59	162,876
	증감면적	31,211	△339	△1,557	36	29,351
	증감비율	5.4		△2.1	15.7	2.2
충청남도	구면적	46,335	138,627	9,563	340	194,865
	신면적	81,894	157,430	9,933	3,344	252,601
	증감면적	35,559	18,803	370	3,004	57,736
	증감비율	7.7	1.4	0.4	88.4	3.0
전라북도	구면적	42,017	159,127	8,759	518	210,421
	신면적	67,539	163,144	8,871	4,664	244,218
	증감면적	25,522	4,017	112	4,146	33,797
	증감비율	6.1	0.3	0.1	80.0	1.6

---

6 조선총독부 임시토지조사국, 1918, 앞의 책, 672쪽. 여기서는 4,871,071정보로 계산했다.

전라남도	구면적	68,481	183,478	12,458	853	265,270
	신면적	190,997	198,467	15,217	5,049	409,730
	증감면적	122,516	14,989	2,759	4,196	144,460
	증감비율	17.9	0.8	2.2	49.2	5.4
경상북도	구면적	118,247	186,257	14,226	256	318,986
	신면적	201,153	185,460	13,391	1,255	401,259
	증감면적	82,906	△797	△835	999	82,273
	증감비율	7.0		△0.6	39.0	2.6
경상남도	구면적	69,205	154,538	10,518	5,367	239,628
	신면적	115,205	156,902	10,468	10,193	292,768
	증감면적	46,000	2,364	△50	4,826	53,140
	증감비율	6.6	0.2		9.0	2.2
황해도	구면적	199,956	81,462	10,726	2,366	294,510
	신면적	396,195	125,635	11,191	7,963	540,984
	증감면적	196,239	44,173	465	5,597	246,474
	증감비율	9.8	5.4	0.4	23.7	8.4
평안남도	구면적	205,585	41,089	9,152	5,020	260,846
	신면적	325,313	59,227	7,684	4,477	396,881
	증감면적	119,728	18,138	△1,288	△543	136,035
	증감비율	5.8	4.4	△1.4	△1.1	5.2
평안북도	구면적	135,557	34,946	5,731	1,546	177,780
	신면적	314,127	69,254	7,478	2,799	393,658
	증감면적	178,570	34,308	1,747	1,253	215,878
	증감비율	13.2	9.8	3.0	8.1	12.1
강원도	구면적	47,942	35,541	3,639	237	87,359
	신면적	245,505	75,498	7,876	414	329,293
	증감면적	197,563	39,957	4,237	177	241,934
	증감비율	41.2	11.2	11.6	7.5	27.7

함경남도	구면적	230,467	40,513	10,748	5,940	287,668
	신면적	310,399	39,583	6,719	2,758	359,459
	증감면적	79,932	930	429	3,182	71,791
	증감비율	3.5	0.2	3.7	5.4	2.5
함경북도	구면적	171,553	7,191	2,934	1,676	183,354
	신면적	196,788	6,989	2,799	96	206,672
	증감면적	25,235	△202	△135	△1,580	23,318
	증감비율	1.5	△0.3	△0.5	△9.4	1.3
총계	구면적	1,469,083	1,258,894	114,406	25,135	2,867,518
	신면적	2,712,526	1,496,026	120,344	47,466	4,376,362
	증감면적	1,243,443	237,132	5,938	22,331	1,508,844
	증감비율	8.4	1.8	0.5	8.9	5.2

비고: △는 감을 표시한다. 원표의 오류는 정정했다.
출처: 조선총독부, 1918, 『조선토지조사사업보고서』, 679~682쪽.

　일제는 각 도의 1결당 추정 면적을 양안에 근거하여 전품 분포를 조사하여 〈표 1-3〉과 같이 산출했다. 결당 면적은 지역마다 편차가 컸다. 1909년 말 약 99만 5천 결이었던 과세지 결수는 일필지조사가 끝난 1917년 말에는 약 107만 2,000결로 증가했다.[7] 새로 파악된 결수가 7만 7천 결로 7% 정도 증가했다. 반면 면적은 285만 5천 정보에서 437만 6천 정보로 대폭 증가했다. 결수에 비해 측량면적이 크게 증가한 이유는 처음 각 도의 1결당 평균 면적(정보)를 산출할 때 실면적보다 적게 산출했기 때문이다.[8]

7　朝鮮総督府, 1917, 『朝鮮総督府施政年報』, 25쪽.
8　宮嶋博史, 1991, 앞의 책, 503~506쪽.

〈표 1-3〉 도별 1결당 정보

도	정보	도	정보	도	정보	도	정보
경기도	2.83	전라남도	1.91	황해도	3.46	강원도	3.3
충청북도	2.47	경상북도	2.33	평안남도	3.88	함경남도	4.03
충청남도	1.99	경상남도	2.11	평안북도	3.54	함경북도	4.02
전라북도	1.92						

출처: 조선총독부, 1918, 『조선토지조사사업보고서』, 682쪽.

〈표 1-2〉는 도별 조사 예상 경지면적과 실제 조사한 경지면적을 비교한 것이다. 강원도를 비롯하여 평북, 황해, 경기에서는 예상 면적을 훨씬 상회했다. 면적에 비해 결부를 매우 낮게 설정했기 때문이다. 경북, 전북, 충북 등은 상대적으로 높게 결당 면적을 설정하여 예상 면적과 실제 면적의 차이가 그다지 크지 않았다. 조선정부는 양전할 때 중앙정부와 지방의 정치 경제적 관계 그리고 지방의 자급자족적 경제체제를 전제로 결부를 산정했다. 그러나 일제는 이와 달리 지방을 일원적으로 지배 관리하기 위해 지역적 차별을 제거하고, 지방행정기구의 자치질서를 붕괴시켜 중앙집권적 식민지 지배체제를 구축할 목표로 전국에 동일한 원칙을 적용한 토지조사를 실시했다. 일제는 일본의 정·단·평(町·段·坪)제를 단위로 한 절대면적과 지가를 기준으로 전국을 일원적으로 파악하려고 시도했다. 지방행정 단위는 통치단위에 불과했다.

2. 지방행정구역 개편

일제는 통감부를 설치한 이후 종래의 지방제도와 행정구역 개편을 시도했다. 기본적으로는 면의 하위 행정구획인 동리의 모습은 매우 다양하고 경계가 불명확했다. 군과 면의 면적이 매우 다양했으며, 군의 영역 내에 다른 군의 비지(飛地)도 존재했다. 지방행정의 기초 단위인 군과 면을 완전히 장악하고 경비를 절약하기 위해 지방행정 체제에 대한 전면적 개편을 시도했다. 이와 동시에 치외법권 지역인 거류지가 존재하는 이중 행정체제를 해소하기 위해 이를 철폐하고 부(府)제도를 만들었다.

지방행정 단위는 1913년 12월 29일 조선총독부령 111호 「도의 위치 관할구역 및 부·군의 명칭 위치 관할구역」[9]에 따라 전면적으로 개편했다. 개편은 다음과 같은 원칙으로 시행했다.[10] 첫째, 부·군·면의 종래 행정구역은 구역, 호구(戶口), 자력(自力) 등이 심하게 차이가 났다. 일제는 그중 면이 가장 심했으며, 면민 사이의 부담이 균형을 잃을 정도로 심하게 차이가 나 행정사무 집행에 지장이 적지 않았다고 했다. 일제는 일찍이 면을 폐합 정리할 필요가 있다고 인식했지만, 인심에 크게 영향을 주는 조치라 시운이 익숙해지기를 기다려 지방제도의 정리통일과 함께 시행했다는 것이다.

둘째, 행정단위의 폐합 표준은 다음과 같이 정했다. 부는 가능한 한 구역을 제한 축소하고, 종래의 거류지를 포용해 시가지세령 시행지역과 일

---

9 朝鮮総督府, 『朝鮮総督府官報』 호외, 1913.12.29.
10 朝鮮総督府, 1913, 『朝鮮総督府施政年報』, 18~19쪽.

치시켰다. 군은 면적 약 40방리(方里), 인구 약 1만 명 정도를 규모로 하고, 그 이하는 인접 군에 병합했다. 면은 호수 800호 면적 약 4방리를 표준으로 하고, 이를 초과하는 것은 그대로 존속시키고, 표준에 달하지 않는 곳은 다른 곳에 병합하는 것으로 정했다.

셋째, 부·군의 폐합은 1914년 3월 1일부터 실시하고, 면의 폐합은 4월 1일부터 도장관이 시행하기로 했다. 부·군·면의 정리방침은 "시정상의 편의와 경비절약, 인민의 부담의 균형"을 기한다는 전망 아래 단행한 것이라고 언급하였다. 군·면을 폐합한 결과, 〈표 1-4〉에서 군은 317개 군에서 218개 군으로 31% 감소하고 면은 4,351개 면에서 2,512개 면으로 42%로 대폭 감소했다. 면은 도별로 보면, 〈표1-5〉에서 충남이 55%로 가장 많이 감소하고 경기와 전북이 50%감소하였다. 강원도는 23%로 가장 적게 감소했다. 남쪽이 북쪽에 비해 상대적으로 더 많이 감소했다.

〈표 1-4〉 연도별 군·면·정동리 수와 감소율

연도	군	면	정동리	감소율		
				군	면	정동리
1911	317	4,351	62,532	100%	100%	100%
1912	317	4,336	61,473	100%	100%	2%
1913	220	2,522	58,467	31%	42%	7%
1914	218	2,521	48,543	31%	42%	22%
1915	218	2,519	44,648	31%	42%	29%
1917	218	2,512	28,238	31%	42%	55%
1918	218	2,509	28,277	31%	42%	55%

출처: 조선총독부, 『조선총독부통계연보』(각 년판)

조선은 양전(量田)이나 지조 수취에서 군과 면을 하나의 구획된 단위로 설정했다. 한 번 양전하여 군·면마다 출세, 결수를 정하면, 다음 양전할 때까지 원칙적으로 고정한 총액제였다. 결부(結負)의 기준은 도는 물론이고 군과 면마다 다르게 설정되었다. 군이나 면은 모두 조선국가의 행정구역이지만 국가와의 정치적 관계에 따라 경제적 부담을 달리했다.[11] 일제는 군·면을 통폐합 정리하면서 지세 부담의 불공평을 해소하기 위해 결부제(결가제)를 해체하고 지가제를 도입했다. 한편 이는 지방의 자치적 정치 경제체제를 중앙에 완전히 종속시켜 식민지 지배를 강화시키는 것을 의미했다.

넷째, '사업'에서 가장 긴급하게 처리해야 할 과제는 군·면·동리 통폐합 작업과 함께 경계를 확정하는 일이었다. 특히 신고 단위인 동리의 경계를 확정하는 일이 중요했다. 1912년 1월 개최된 각 도 내무부장 회의에서 총독의 지시에 따라 면동리 폐치(廢置) 분합, 명칭과 경계의 변경은 특별히 긴급한 사정이 있는 것 외에 모두 토지조사의 진행과 맞물려 시행하도록 하였다. 구체적인 통폐합의 원칙은 다음과 같다.[12]

① 비지(飛地) 또는 심한 두입지(斗入地), ② 경계 불명확하고 뒤섞인 것, ③ 하천 유역 변경으로 비지상태가 된 것, ④ 면적이 협소한 것, 호구가 얼마 안 되는 곳, ⑤ 도로 구거(溝渠) 또는 철도 선로를 사이에 접속한 마을로 구관(舊慣) 민정을 같이하고 또 사교상 한 집단을 형성

---

11 김소라, 「양안의 재해석을 통해 본 조선후기 전세 정책의 특징」, 서울대학교 박사학위논문, 104~182쪽.
12 조선총독부 임시토지조사국, 1916, 『토지조사예규』 3, 283~284쪽,

한 곳, ⑥ 도로 또는 구거의 양측에 마을을 창설하는 추세를 갖고 장래 제5호와 동일한 상태라 견적한 것, ⑦ 하천 등에 의하여 경계가 판연한 곳이라도 지세상 이를 현재대로 방치하는 것보다 구역을 변경하여 시정에 편의하다고 인정되는 곳으로 그 상태가 제5호와 동일한 것, ⑧ 정리를 요하는 동리는 부윤 군수가 미리 방침을 세워 가능한 정리안을 작성하여 토지조사국 출장원과 협의할 것.

〈표 1-5〉 1911년과 1917년 도별 면·동의 수 변화

도	1911		1917		감소비중	
	면	정동리	면	정동리	면	정동리
전국	4,351	62,532	2,512	28,238	42%	55%
경기도	495	5,081	249	2,725	50%	46%
충청북도	199	3,728	110	1,509	45%	60%
충청남도	393	7,525	175	2,250	55%	70%
전라북도	378	7,166	188	1,778	50%	75%
전라남도	448	10,184	269	3,087	40%	70%
경상북도	524	7,220	272	3,228	48%	55%
경상남도	458	4,515	260	2,612	43%	42%
황해도	348	3,884	226	2,058	35%	47%
평안남도	304	2,349	167	1,931	45%	18%
평안북도	260	3,038	194	1,442	25%	53%
강원도	233	3,087	179	1,972	23%	36%
함경남도	189	3,279	142	2,937	25%	10%
함경북도	122	1,476	81	709	34%	52%

출처: 조선총독부, 『조선총독부통계연보』(각 년판)

그리고 동리의 명칭은 동리를 통폐합하는 동시에 동 또는 리로 통일하기로 방침을 정했다.[13] 동리 이외의 명칭은 역사적으로 지역별로 다양했지만, 이때 모두 소멸시켰다. 지방행정 구획의 개편 목적은 행정편의주의, 즉 통치에 편리하도록 군과 면을 대폭 감소 조정하여 경비 절약을 꾀하고, 지방 세력을 전면 재편하기 위한 것이었다. 군·면 개편과 동시에 군수와 면장에 일제의 식민통치에 순응하는 친일적 인사를 임명하여 지방을 장악하려는 필요성에서 제기된 것이기도 하다.

동리도 단순한 면의 하부 행정구획 단위로 〈표 1-5〉와 같이 재편했다. 동리는 1911년 이래 계속 감소하여 1911년 6만 2,532개에서 1914년에 4만 9,543개로 22% 감소했다. 동리는 그 후 1917년 면제가 확립될 때 다시 33%로 대폭 감소하여 2만 8,238개가 되었다. 전체적으로 55% 감소했다. 도별로 보면 〈표 1-5〉에서 전북이 75%, 충남과 전남이 70%, 경북이 55% 감소하였다. 정(町)동(洞)리(里)는 1917년 면제가 수립될 때 그 수가 확정되었다. 그 후 변화는 미미했다. 동리는 토지조사사업을 수행하면서 구획이 확정된 것으로 보인다.[14] 지방행정구획, 특히 면·동리 재편 작업은 과세지견취도를 작성하면서 동리와 필지 등의 경계가 확정되고, 이를 토대로 토지조사사업을 수행하면서 통폐합 작업도 동시에 이루어졌다.[15]

---

13 조선총독부 임시토지조사국, 1916, 『토지조사예규』 3집, 293쪽.
14 부 군 정(町)동(洞)리(里)의 신·구 명칭과 구획 변동은 越智唯七, 1917, 『新舊對照 朝鮮全道府郡面里洞名稱一覽』, 중앙시장이 참고된다.
15 최원규, 2011, 「일제초기 창원군 과세지견취도의 내용과 성격」, 『한국민족문화』 40, 343쪽.

제2장
토지조사 관계법과
토지소유권의 성격

1. 토지조사 관계법의 내용과 분석

1) 토지조사의 목적과 토지조사법

일제는 일본의 지조 개정을 필두로 오키나와, 대만 등 식민지를 확보할 때마다 토지조사를 실시했다.[1] 조선도 대만의 경험을 살려 토지조사를 추진하기로 했다.[2] 일제는 통감부 시절부터 토지관습 조사, 토지법 제정, 국유지 조사, 결수신고서 등 지세장부 작성, 부평군 대상의 시험적 토지조사 등 토지조사사업을 준비해 갔다.[3]

일제는 1910년 토지조사국 관제와 토지조사법 등 여러 관계법을 공포하고, 토지소유권 조사, 지형지모 조사, 지세제도 확립 등을 내용으로 하는 토지조사를 계획했다. 내용은 각 필지의 소유권자와 지세 부과의 기초가 되는 지가를 조사 기록한 토지대장, 각 필지의 형상과 위치를 그린 지적도를 작성하고, 소유권자를 사정하여 지권을 발급해 주는 일이었다.[4]

토지조사의 핵심작업은 소유자를 확정하는 일이었다. 일제는 토지관습 조사 시절부터 일본인의 경제활동에 지장이 없도록 일본민법을 기준

---

1   일본의 토지조사는 지주가 필지를 측량하여 지도와 장부를 만들어 정부에 제출하고, 정부에서 이를 토대로 실지를 검열하여 가부를 판정했다. 총소요 경비는 3,700만 원이고, 이 중 2,900만 원은 지주가 부담했다 (『매일신보』, 1910.12.23).

2   총독 데라우치 마사타케(寺內正毅)와 토지조사국 부총재 다와라 마고이치(俵孫一)는 조선도 대만처럼 기존 소유권을 조사해야 한다고 했다(『매일신보』, 1910.12.9; 12.11).

3   부평군 토지조사는 임시재산정리국, 『토지참고서』 4, 1910 ; 이영호, 2008, 「일제의 조선식민지 토지조사의 기원, 부평군 토지시험조사」, 『한국학연구』 18이 참고된다.

4   『매일신보』, 1910.12.11.

으로 토지에 존재한 여러 권리를 정리해 갔다. 토지소유권만 조사 대상으로 삼고, 경작권은 임차권으로 정리해 조사 대상에서 제외했다. 도지권 등 관습물권은 판례로 잠시 인정하는 모습을 보였지만 등기제도로 이를 전면 부정하는 조치를 취했다.[5] 일제는 토지소유권에 일지일주(一地一主)의 배타적 권리라는 절대성을 부여했다. 한국의 토지제도를 일본과 동일하게 하여 일본인과 조선인 지주 자본가를 통치 기반으로 삼는 한편, 국책사업을 용이하게 추진할 수 있도록 전국 토지를 대상으로 한 수용령을 제정했다.

임시토지조사국에서 배포한 사업설명서에는 '사업'이 가져올 이익을 국가 지방공공단체 및 지주·기업가 등으로 나누어 설명하고 있다. 첫째, 지주는 지권을 발급받아 토지소유권을 보호받을 수 있을 뿐만 아니라 토지의 경계와 면적을 산정하고 도면을 제작하여 소유권 분쟁을 해결하고 막을 수 있다. 토지 이용을 촉진시켜 땅값이 오르게 하고, 측량비가 들지 않는 이익이 있다. 둘째, 토목, 광산, 운수에 종사하는 기업가는 지도를 보고 하천이나 도로 등 공사를 할 수 있으며, 지주(地主)를 쉽게 파악하여 사업을 원활하게 수행할 수 있다. 셋째, 국가는 도·부·군·면·동리의 경계를 확실히 구획하여 행정이 편리해지는 이익이 있다. 형상, 면적, 지목의 통일, 각종 시설자료, 풍속, 습관, 도량형 등을 파악하여 통치자료로 제공하는 한편, 각지의 민과 접촉하여 의사소통을 원활히 할 수 있다.[6] 넷째, 일반 경제적 측면에서 토지소유권 증명을 확실히 하고 금리를 낮추어 부동산 금융을 원활하게 한다. 그리고 인부들에게 임금을 지급하여 각지에

---

5   정종휴, 1989, 『韓國民法典の比較法的研究』, 創文社, 126~131쪽.
6   『매일신보』, 1910.12.28; 朝鮮総督府, 『朝鮮総督府官報』 제62호, 1910.11.11.

자금을 풀어 지방경제를 윤택하게 하는 이익이 있다는 것이다.[7]

그러나 이러한 선전 공세에도 불구하고 반대의견도 적지 않았다. 많은 경비를 들여 토지소유권을 조사할 필요가 있는가, 결세를 증가시킬 목적이 아닌가, 사유지를 관유지로 만들려는 것은 아닌가, 토지를 약탈하려는 것은 아닌가 등 여러 의문이 제기되었다. 토지조사국 부총재 다와라 마고이치(俵孫一)는 이를 해명하며 토지조사의 당위성을 역설했다.[8] 첫째, 토지조사는 각자 자기 소유지를 관청의 장부에 등록하여 정당한 지주로 인증받아 안전하게 이용 수익할 수 있도록 하기 위한 것이다. 토지의 권리 확보는 토지를 이용 개발하려는 국가 경제적 측면에서도 크게 필요한 일이다. 둘째, 조세 증징에 대한 답변에서는 조세는 국가가 국민의 부담력을 고려하여 결정할 것이고, 토지조사는 공평하게 과세하기 위한 것이다. 셋째, 사유지를 관유지로 하는 데 목적이 있는 것이 아니다. 국유지는 국유지 조사반을 설치하여 조사를 종료했으며, 토지조사는 개인의 토지소유권을 확인하여 지력을 배양하고 국부를 증진하는 데 있다고 하였다.

조선총독 데라우치 마사타케(寺內正毅)가 "토지제도는 실로 통치의 기본이요, 정치를 하는 근간이다"라고 언급한 것처럼[9] 토지조사는 식민통치의 기반을 조성하는 데 있었다. 그리고 "지주의 보호와 국민경제의 진창을 위한 시급한 일이니, 이해관계자는 의무를 다하라"라고 하듯이, 조선의 경제와 지주, 자본가, 금융자본의 투자기반을 조성하는 데 있었다.

일제는 1910년 8월 강점 직전 토지조사국을 설립하고, 총재관방, 조

---

7 『매일신보』, 1910.12.24.

8 『매일신보』, 1911.1.1.

9 『매일신보』, 1911.11.2.

사부, 측량부를 두고 지방에는 토지조사 지국과 출장소를 두었다.[10] 또한 사정 자문기관으로 지방토지조사위원회를,[11] 재결기구로 고등토지조사위원회를 설치했다.[12] 대만에서는 지방토지조사위원회에 사정권을 주었으나 조선에서는 자문기관으로 하고 국장이 사정하기로 방침을 정했다.[13]

그리고 토지조사법과 토지조사법 시행세칙을 공포하여 토지조사의 기본틀을 마련했다.[14] 토지조사법은 정·평 등 일본 도량형제의 도입,[15] 신고서 제출과 표항(標杭) 설치, 지주총대, 사정일, 소유자 이동 신고, 고등토지조사위원회 설치와 재결 규정, 벌칙 규정 등 기본 원칙을 담고 있었다. 토지조사법에는 국유지 조사에 관한 항목이 없다는 점이 특징이다. 1910년 4월 28일에 시행한 부평군의 시범조사에서도 "국유지에 관해서는 따로 신고책임자가 없으니 출장원이 일정한 신고서식에 준하여 이를 '편의작성'하라"고 주문했다.[16] 토지조사국 부총재도 국유지 조사는 이미 끝났고, 이번 조사는 민유지를 조사하여 토지소유권을 부여하는 것이라며 다음과 같이 언급했다.

> "토지조사의 목적은 사유지를 관유지로 함에 있다는 근거 없는 말을 함부로 퍼뜨리는 자가 있다. 그 거짓이 매우 심하다고 말할 수 있을 것

---

10   내각 법제국, 관보과, 『관보』 제4627호, 1910.3.15, 토지조사국관제.
11   내각 법제국, 관보과, 『관보』 제4765호, 1910.8.24, 지방토지조사위원회규칙.
12   내각 법제국, 관보과, 『관보』 제4765호, 1910.8.24, 고등토지조사위원회규칙.
13   『매일신보』, 1912.4.14.
14   내각 법제국, 관보과, 『관보』 제4765호, 1910.8.24.
15   내각 법제국, 관보과, 『관보』 제4485호, 1909.9.21, 도량형법.
16   임시재산정리국, 1910, 『토지조사참고서』 제4호, 토지조사시행보고, 10쪽.

이다. 구 한국정부가 전에 궁내부 소유의 토지를 국유에 이속한 결과 각 도에 산재한 역둔토와 기타의 국유지를 조사하여 관·민유지의 구분을 명확히 하기 위하여 작년 이래로 각 재무감독국에 국유지 조사반을 설치하고 답사에 착수하여 이미 대략 조사를 종료했다. 여기에 다소 인민의 오해가 있다. 민유지를 국유지로 양입한 것 같은 생각을 가진 자가 있다.…그러나 토지조사국의 조사는 국유지의 조사와는 완전히 그 목적을 달리하는 것이다. 전에 이미 누차 서술한 것과 같이 각 개인의 토지소유권을 확인하여 토지의 개량 이용을 완전 원만하게 하는데 있다."[17]

그러나 초기에는 토지조사가 제대로 진척되지 못했다. 조사의 원칙과 방법, 주변 여건과 통치조건 등이 아직 마련되지 못했기 때문이었다.[18] 의병전쟁의 여진, 조선인의 반발 등 정세도 상당히 불안정했다. 조선인은 토지조사를 환영하지 않고 비협조적이었다. 조사원에게 숙소도 대여해 주지 않는 경우도 적지 않았다.[19] 조선인과 일본인이 토지조사를 대하는 태도는 확연히 달랐다.[20] 토지조사가 토지소유권을 보장해 주고 안정적인 토지투자를 보장해 주는 일이라는 점에서 같을 수 있지만, 현실적으로 일본인은 토지겸병자이고 한국인은 겸병대상자라는 점에서 완전히 차이를 보였다. 한국인은 일본인들이 불법적 또는 강제 계약으로 빼앗아 간 토지를 회복할 수 있는 기회를 완전히 잃어버리게 되는 일이었다. 반면 일본인들

---

17 『매일신보』, 1911.1.1.
18 조선총독부 임시토지조사국, 『국보』 18, 1911.9.26.
19 조선총독부 임시토지조사국, 『국보』 9, 1911.6.25.
20 조선총독부 임시토지조사국, 『국보』 8, 1911.3.29.

은 투기로 확보한 불안정한 토지소유권을 법적으로 보장받는 일이었다.[21]

임시토지조사국에서는 이 점을 고려하여 일본인 집중거주 지역, 교통이 편리하고 거주의 안정성이 높은 지역부터 착수하기로 원칙을 세웠다.[22] 일제는 한국인들의 반발을 선무공작과 무력으로 억누르며 토지조사를 강행했으나 진척은 더뎠다.[23] 그리고 소작인이나 형제, 관리인 등이 본인 명의의 신고서 제출로 인한 분쟁 속출, 표목 설치 방해와 훼손, 국유지와 민유지의 혼돈, 미조사지의 속출 등 문제가 계속 발생했다.[24] 특히 토지신고가 지체되어 신고기간이 연장되는 일이 속출했다.[25]

2) 토지조사령의 내용과 의미

조선총독부는 토지조사의 진척도와 토지조사법의 문제점 등을 고려하여[26] 1912년 8월 13일 토지조사령을 공포했다.[27] 〈표 2-1〉은 두 법령을 대조하여 그 차이점을 표시한 것이고, 그 내용은 다음과 같다.

첫째, 국유 미조사지와 국·민유 분쟁지를 해결하는 한편, 국·민유지를 함께 통일적으로 조사하기 위해 국유지의 통지와 표항 설치를 의무사항으로 정했다. 그리고 사정일은 민유지는 신고일, 국유지는 통지일로 정

---

21 조선총독부 임시토지조사국, 『국보』 8, 1911.9.28.
22 조선총독부 임시토지조사국, 『국보』 9, 1911.6.25.
23 조선총독부 임시토지조사국, 『국보』 15, 1911.10.5; 『국보』 53, 1914.11.5.
24 『매일신보』, 1911.5.21; 1911.6.12.
25 조선총독부 임시토지조사국, 『국보』 9, 1911.6.25.
26 내각 법제국, 관보과, 『관보』, 제4765호, 1910.8.24.
27 朝鮮総督府, 『朝鮮総督府官報』 제13호, 1912.8.13.

했다. 둘째, 지방민의 민원 대상이었던 측량 부분을 보강했다.[28] 측량표 설치, 측량장애물 제거권, 점유자에게 보상금 지급과 불복신청권을 부여했다.[29] 셋째, 소유권 판정 절차와 기구를 강화했다. 토지조사법에서 공시기간과 재결신청기간을 구분하지 않고 90일로 정한 것을 30일과 60일로 각각 분리하는 등 사정 공시 방법을 구체화하고, 재심 기능도 추가했다.[30] 넷째, 미신고 사태를 감안하여 신고규정을 강화했다. 토지소유자의 신고 의무 불이행에 대한 처벌을 강화하고, 신고내용이 바뀔 때 이동 신고 절차를 시행세칙에 명기했다.[31]

〈표 2-1〉 토지조사법과 토지조사령의 비교

구분	항목	토지조사법	토지조사령
법령	지목	17(전답 단일 지목)	18(전답 분리)
	도량형	도량형법	평과 보
	신고인	지주	지주
	통지인	무	관청
	입회인	지주 또는 대리인	지주와 대리인
	사정항목	지주와 경계	지주와 경계
	사정기관	토지조사국 총재	임시토지조사국장
	사정자문기관	지방토지조사위원회	지방토지조사위원회
	재결기관	고등토지조사위원회	고등토지조사위원회

---

28 『매일신보』, 1912.8.13; 1912.8.15.
29 토지조사령, 제8조. 토지조사령시행세칙, 제2조.
30 1914년에 재심 절차를 다시 정했다(朝鮮総督府, 『朝鮮総督府官報』 제679호, 1914.11.6).
31 토지조사령시행세칙, 제5조.

	사정 공시기간	무	30일
	재결신고기간	공시일 후 90일	공시일 후 60일 이내
	사정 재결 소송	불가	불가
	제조서류의 종류	토지대장 지도 지권	토지대장 지도(지권 삭제)
	입회하지 않은 자	사정 불복 불가	사정 불복 불가
	신고와 입회하지 않은 자	20원 이하 벌금	30원 벌금
	허위 신고 처벌	100원 이하 벌금	100원 벌금
시행세칙	표항 설치	시행세칙	조사령
	지주총대	시행세칙	조사령
	이해관계인 신고	시행세칙	시행세칙
	이동 신고기간	시행세칙	시행세칙
	재결서류	시행세칙	시행세칙
	이동 신고방법	시행세칙	시행세칙
	사정 공시 방법		공시(도보, 관보)

신설항목 • 재심 조항.
　　　　 * 측량표와 장해물 제거규정과 보상, 측량시간(시행세칙)

　가장 중요한 변화는 등기제도 시행을 목표로 지권제도를 삭제한 것이다.[32] 지권제도는 매매문기의 교환을 통해 소유권을 이전하는 전통적 거래 방식을 유지하면서 도매, 투매 등을 해결하는 한편,[33] 지권을 담보로 투자활동을 할 수 있도록 마련한 방안이었다. 그리고 지권제도는 발행수입을 토지조사 비용에 충당을 목표로 도입한 것이기도 했다.[34] 그러나 지권제도는 명의이전 절차를 지체하면 토지대장과 실소유자가 다르게 되는

32　최원규, 2018. 12, 「한말 일제초기 관계와 지권의 성격검토」, 『역사와 세계』 54, 404쪽.
33　『매일신보』, 1912. 8. 25.
34　川上常郎, 1909, 『土地調査綱要』, 33~37쪽.

문제가 있다는 점, 일본과 대만에서 등기제도를 시행하고 있다는 점 등을 고려하여 그해 10월 폐기했다. 그리고 토지조사령과 동시에 조선부동산증명령(이하 증명령으로 약칭함)과 조선부동산등기령(이하 등기령으로 약칭함)을 공포하고, 토지대장을 작성하기 전에는 증명제도, 그 후에는 등기제도를 시행하기로 결정했다.

토지신고에서 사정 공시까지는 2~3년이라는 짧지 않은 시간이 걸렸다. 다음은 이 기간에 벌어진 소유권의 이동사항을 정리하여 토지대장이나 등기부를 작성할 때 차질이 없도록 해야 했다.[35] 조선총독부는 이를 위해 1915년 토지조사령 시행세칙을 개정했다. 소유권을 이동할 때 결수연명부 부본이나 증명제증을 제출하여 이전 사실과 차이가 없음을 확인한 뒤 면장이 인증하고 전소유자가 연서한 다음 토지대장에 기록하도록 했다. 등기부는 토지대장을 근거로 작성하도록 했다.[36] 토지조사령에서 큰 틀은 마련했지만, 이것으로 조사절차가 완비된 것은 아니었다. 미진한 부분은 시행세칙이나 통첩 등을 통해 수정 보완했다. 일제는 1915년 비로소 사무절차를 완비하고 토지조사를 신속하게 추진했다.

---

[35] 최원규, 2009, 「일제초기 창원군 토지조사 과정과 토지신고서 분석」, 『지역과 역사』 24, 305~306쪽

[36] 朝鮮総督府, 『朝鮮総督府官報』 제779호, 1915.3.11. 조선총독부 제11호 토지조사령시행규칙 개정.

2. 일본민법과 조선민사령의 소유권

일제는 일본민법의 소유권 개념을 도입하고, 토지소유권을 조사하여 식민통치에 적당하도록 여기에 배타적 권리를 부여했다. 일본제국의 소유권은 대일본제국헌법(1899)과 일본민법에 표현되어 있었다. 헌법 전문에서 천황은 "신민의 권리와 재산의 안전을 귀중히 하고 이를 보호하고 헌법과 법률의 범위 내에서 완전히 향유할 것을 선언한다"하고, 제27조에 "일본 신민은 소유권을 침해받지 않고 공익을 위해 필요한 처분은 법률이 정하는 바에 의한다"고 했다.[37]

여기에는 소유권을 불가침의 대상으로 정하고, 그 제한은 필요불가결한 때만 최소한도로 제한해야 한다는 사상이 전제되고 있었다. 즉 공권력에 의한 소유권 징수(수용)는 가능한 한 제한하도록 법률로 정하는 바에 따른다고 규정했다. 그러나 소유권은 기본적으로 국가로부터 주어진 것이며, 국가의 공권력 아래 존립하는 것이기 때문에 국권에 복종하고 법률의 제한을 받지 않으면 안 된다는 의미도 동시에 내포하고 있다고 했다.[38]

그런데 일본의 구민법의 재산권 제30조에 "소유권이란 자유롭게 물건을 사용·수익·처분하는 권리를 말한다. 이 권리는 법률이나 합의 또는 유언에 의하지 아니하고는 제한할 수 없다. 그리고 동시에 타인의 토지사용권, 다시 말해서 용익권, 특히 소작권의 일반적 형태인 임차권을 물권으로 규정하고, 그 자유 양도성을 인정했다." 이는 농민적 토지소유를 지향

---

37 조선총독부, 1940, 『조선법령집람』 상1(제1집), 1쪽
38 伊藤博文, 1889, 『憲法義解』, 49~51쪽.

하는 법안으로 지권적 지주적 소유권의 절대화 방침과 대립하는 것이다.

　지주적 입장의 논자들은 구민법을 저지하고 메이지 민법을 통과시켰다. 메이지 민법 제206조에 "소유자는 법령의 제한 내에서 자유로 그 소유물을 사용·수익·처분할 권리를 갖는다"라고 정의한 소유권의 명제는 구민법과 같았지만 임차권의 법적 내용은 완전히 달리 규정했다. 메이지 민법에서는 임차권을 물권이 아닌 채권으로 규정하였다. 임차권자는 임차권을 자유로 양도할 수 없으며(민법 제612조), 기간을 정하지 않은 임대차는 언제든지 해지할 수 있다(민법 제617조)고 정리하였다. 그리고 효력을 확보하려면 해당 내용을 등기하지 않으면 안 되었다. 그러나 등기는 지주의 동의를 받지 않으면 가능하지 않았으며, 등기를 하지 않으면 새로운 지주(임대권 양수인)에 임차권을 대항할 수 없다(민법 제605조)고 정하였다. 메이지 민법의 소유권 사상은 독일 민법전을 이어받았다. 소유권은 절대적인 존재이고, 임차권은 완전히 종속된 것으로 처리했다. 임차권은 제3자 대항권이 인정되지 않았으며, 존속기간도 짧고 양도·전대도 할 수 없었다. 지극히 효력이 약한 이용권이었다.[39]

　일제는 일본민법 안에 한국의 관습법을 꿰어 맞추는 방식으로 토지법 운용의 틀을 마련했다. 첫째, 호명을 해체하고, 개별 소유자의 실명을 조사하여 법인하고 일지일주(一地一主)의 배타적 소유권을 부여하는 한편, 지세 납세자로 확정한다는 방침 아래 조사에 착수했다.

　둘째, '사업'에 앞서 소유의 증거가 불충분한 토지와 무주지의 귀속을 확정했다. 왕토사상 아래 존재한 관습법적 무주지에 영토주권 개념을 적용하여 국유로 결정하는 국유미간지이용법과 삼림법을 공포했다. 이리하

39　水本浩, 유해웅 옮김, 1980, 『토지문제와 소유권』(개정판), 汎論社, 38~39쪽.

여 무주지 개간자를 선점 취득한 소유주로 인정하는 법은 소멸되었다.

셋째, 일본민법에서 사권(私權)의 주체인 자연인과 법인 가운데 법인의 자격을 정하는 문제였다. 조선총독부는 기본적으로 일본민법에 따르되 순조롭게 토지조사를 시행하기 위하여 조선의 사정을 고려한 예외조항을 두었다.[40] 단체는 조선민사령 기타의 법령으로 법인의 자격을 구비했는지를 조사하여 법인 자격이 있는 단체, 공공단체, 특별단체 등을 분류한 뒤 그 성격에 따라 개인 또는 공유 명의로 처리하도록 했다. 1913년 임시토지조사국 조사규정에서 이를 구체화했다.[41]

단체 명의는 법인에 한하여 인정했다. 종교단체 같이 법인으로 인정하지 않지만, 자기 명의로 토지를 소유하는 관행이 있는 경우는 법인에 준하여 처리하도록 했다. 그러나 종중·계·사립학교·서원 등의 토지는 법인 소유로 인정하지 않았다. 동리 소유는 면이 관리하도록 하되 조선총독부의 지침에 따라 운용하도록 했다. 동리나 계, 종중 등 관습적 공동체는 법인으로 인정하지 않았으며, 이들 단체의 소유는 구성원의 공유로 처리하도록 하였다.

넷째, 조선부동산등기령에서는 조선의 관습은 제외하고, 일본민법에 정한 자연인이나 법인만을 토지소유의 주체로 확정했다. 법인 가운데 특별법에 의한 법인, 즉 회사, 학교, 수리조합, 수산조합, 신사 등은 소유 주체로 인정했지만, 미인가 학교나 교회는 인정하지 않았다. 법인이 아니라도 부·군 임시은사금이나 지방비같이 특별한 경우는 인정했다.[42]

---

40 조선총독부 임시토지조사국, 『국보』 19, 1911.11.25.
41 朝鮮総督府, 『朝鮮総督府官報』 제255호, 1913.6.7.
42 최원규, 2015, 「일제초기 조선 부동산등기제도의 시행과 성격」, 『한국민족문화』 56. 138~149쪽.

다섯째, 조선총독부가 필요에 따라 토지소유권을 제한하여 강제로 수용할 수 있도록 1911년 4월 17일 「토지수용령」을 공포했다.[43] 일제는 소유권 중심으로 조선의 토지법제를 재편하면서도 일제의 목적에 따라 토지를 수용하여 이용할 수 있도록 하였다. 수용령은 제1조에 공공의 이익이 될 사업을 위하여 필요한 토지를 수용 또는 사용할 수 있다고 정하고, 제2조에 토지를 수용 또는 사용할 수 있는 사업을 정했다. 토지수용은 국방·관청·일반 공용을 목적으로 하는 사업에 적용되었다. 공공사업의 경우 실제 사업을 보면, 일본인 기업가나 시가지 시설 개선을 위해 주로 이용되었지만, 개정은 주로 국방관계 사업 때문이었다. 제철 부분이 갈수록 확대되었으며, 전시체제에 들어가면서는 석유, 항공기, 경금속 분야로 확대되었다.[44] 일본 제국주의의 본질, 즉 민족적·계급적 이해관계가 그대로 적용되었다. 토지수용은 소유권만을 대상으로 하고 경작권 등 용익권은 고려대상이 아니었다. 토지수용령 대상 지구는 1910년대에 이미 전국을 해당 지역으로 고시했다.[45]

43　朝鮮総督府,『朝鮮総督府官報』제186호, 1911.4.17.

44　최원규, 2019,『한말 일제초기 국유지 조사와 토지조사사업』, 혜안, 100~101쪽.

45　朝鮮總督府, 1942,『朝鮮法令輯覽』上2, 朝鮮行政學會, 2쪽.

제3장
과세지 조사와 토지신고 작업
-호명의 실명화

1. 결수연명부 작성과 토지신고서

1) 결수연명부 작성 과정과 지주 조사

(1) 결수연명부 작성 과정

일제는 통감부를 설치하고 지세징수체계를 식민지통치체제 속에 부합하도록 하는 수취구조 변경사업을 추진했다. 1906년 10월 「관세관 관제」와 「조세징수규정」을 시행하여 징세사무를 군수와 이서(吏胥)층에서 세무서의 세무관으로 이행했다. 1907년에는 작부(作伕)체계 개편을 시도했다. 그 내용은 서원 작부체계와 지역 사정에 따른 총액제적 납부체제를 폐지하고, 지주의 개인별 납세제와 전국의 일원적 지세제도를 도입하는 것이었다. 그것은 속인주의적 지세체계를 해체하고 속지주의로 개편하여 전국의 지세를 중앙정부가 직접 관장하는 중앙집권적 식민지 지배체제 수립을 목표로 했다.

일제의 첫 과제는 대한제국의 결수체제를 계승하는 가운데 은결의 색출과 진결의 승총, 미신고 토지의 속공화 작업으로 과세지를 확대하는 일이었다. 이 일은 광무양안과 구 양안에 기록된 결총(結總) 회복을 목표로 정하고, 감소는 절대 허용하지 않는 것이었다. 둘째 과제는 깃기를 근거로 한 작부체제와 작인납세제를 해체하고, 지세징수대장과 결수신고서를 작성하여 지주납세제를 실현하는 작업이다. 두 작업은 상호 연관성 아래 추진되었다.

결수신고서 작업은 1908년부터 각 재무감독국별로 시행되었다.[1] 이와 함께 1908년 6월 25일 법률 제10호 「지세에 관한 건」이 공포되었다. 이 법은 지세는 결가에 따라 토지소유자로부터 징수하는 지주납세제를 실현하기 위한 것이지만,[2] 지주 장부를 마련하지 못한 현실적 조건 때문에 단서를 달았다. 단서의 내용은 지방의 관습 또는 계약에 의하여 소작인, 기타 토지사용자가 납세할 경우는 우선 사용자에게 징수하고 사용자가 체납할 경우에는 토지소유자로부터 징수한다는 것이었다.

지주납세제를 실천하기 위해서는 지세 수취 방식을 총액제라는 속인주의 방식에서 벗어나 토지 중심의 속지주의 방식으로 전환해야 했다. 구체적으로 국가가 토지소유자를 조사 확정한 토지대장을 마련하고, 이를 근거로 지주로부터 지세를 징수하는 방식이다. 일제는 서원(書員)을 매개로 한 총액제적 지세제도와 작부 방식을 폐기하고, 일본을 모델로 한 지주제를 기반으로 한국을 지배하기 위한 기초 작업으로 지주납세제를 채택했다.

지주납세제는 지주 장부를 마련하는 동시에, 지주에게 배타적 소유권을 부여하는 것을 기본 전제로 한다. 일제는 실행에 앞서 『대전회통(大典會通)』의 전부(佃夫)나 소작인 납세 관행을 지주적 입장에서 해석했다. 작인은 임차인으로 지주의 대납인이라 해석하고, 납세의무자를 지주라고

---

[1] 결수연명부는 宮嶋博史, 1991, 앞의 책; 이영호, 2001, 『한국근대 지세제도와 농민운동』, 서울대학교 출판부; 조석곤, 2003, 『한국근대 토지제도의 형성』, 해남; 최원규, 2000, 「일제초기 조선 부동산증명령의 시행과 역사성」, 『韓國史의 構造와 展開』, 혜안 등이 참고된다. 특히 결수연명부와 지세 문제는 이영호의 책에서 힘입은 바 크다.

[2] 내각법제국 관보과, 『관보』 제4112호, 1908.6.29.

주장하며 본격적으로 지주 장부를 작성하는 작업에 착수했다.³

일제가 첫 번째로 착수한 작업은 지주 장부가 없고 깃기만 존재하는 현실적 조건을 고려하여 결민(結民)의 신고를 바탕으로 결수신고서를 작성하는 작업이었다. 이 일은 1907년 경남 일부 지역에 처음 도입되었고, 1908년 무신(戊申)작부사업으로 재무감독국별로 시행되었다.⁴ 대구재무감독국에서는 결민에게 결수신고서를 작성하게 하여 동리장과 면장을 거쳐 재무서에 제출하도록 했다. 이때 신고주의를 채택한 것은 서원 등을 배제하여 은결, 진결 등을 색출하고 승총하여 감액된 지세를 보충하고 확충하는 데 목적이 있었다.⁵ 김해재무서에서는 이를 위해 필지마다 표목을 세워 실지를 조사할 때 편리하도록 했다.⁶ 결수 조사원칙은 신 양안과 작부성책(作伕成冊)을 대조하여 국고 수입이 감소되지 않도록 하는 것이었다. 결수 조사는 민의 사토만 조사하는 것이 아니라 임시제실유급 국유재산조사국에서 시행한 공토 조사와도 밀접한 관련 아래 추진되었을 것으로 판단된다. 조사 과정에서 지주가 결수나 두락 또는 토지 등을 속이거나 누락할 경우 속공하도록 조처하고, 필요할 때는 실지조사도 하도록 했다.⁷

결수신고서는 결민신고를 채택했다. 대구재무감독국에서는 경작인 또는 소유자,⁸ 공주재무감독국에서는 지주, 소작인, 대리인 등 납세자 단

---

3   『재무주보』 66, 1908.7.9. 지세납세의무자에 관한 건 1,187~1,189쪽; 이영호, 2001, 『한국 근대 지세제도와 농민운동』, 서울대학교 출판부, 283쪽.

4   1908년 대구, 공주, 전주 등지의 결수신고는 이영호, 2001, 위의 책, 286~318쪽에서 자세히 다루고 있다.

5   『재무휘보』 1, 1908, 21~24쪽.

6   『재무휘보』 11, 1910, 11~12쪽.

7   『재무주보』 69, 1908.8.10, 1,212~1,214쪽.

8   대구재무감독국, 1909, 『융희2년 재무일반』, 78~79쪽.

위로 별지에 작성하도록 했다. 납세자와 함께 지주의 주소와 성명도 조사해 기록하도록 했다. 지주납세제를 실현하기 위한 준비작업의 일환으로 보인다. 일제는 지주납세제를 채택했으면서도 종전 관행대로 납세자에게 신고하도록 했다. 조사 방식은 종전 속인주의적 작부제를 탈피하고 동리나 면 단위의 속지주의를 도입했다는 점이 전과 달랐다.

일제는 결수신고 작업에 이어, 1909년 7월에는 전국 단위로 결수연명부 작성 작업에 착수했다. 결수연명부는 결수신고서를 동리별로 편철한 장부로 기존 과세장부인 깃기를 대체하기 위해 납세를 담당할 토지소유자와 토지를 조사해 기록한 것이다. 결수연명부 작성 작업은 두 단계로 진행되었다. 1909~1910년 단계에는 탁지부가 각 재무감독국에 통보하여 재무감독국 별로 실시하도록 했다. 1911~1913년 단계에는 결수연명부 규칙을 공포하여 총독부의 관리 아래 지주납세제를 확정하고, 전국의 지주와 그가 소유한 필지에 대해 통일적으로 조사하여 완결하도록 했다.

첫 단계 작업은 탁지부 사세국에서 「결수연명부를 조제하는 건에 관한 통첩」을 각 재무감독국에 하달하고 실천방안에 대한 회답을 받았다. 원산재무감독의 방안이 대표적이다. 리·동장이 각 사람마다 결수를 신고받아 명기장을 조제하여 은결 발견의 자료로 삼는 방식으로 추진하기로 결정했다. 또한 1909년 7월 21일에는 「결수연명부 조제의 건」에서 다음과 같은 실천방안을 확정했다.

첫째, 결수연명부는 결수신고를 받아 면 단위로 편철하고 리·동계, 면계를 부친다. 둘째, 결수연명부는 토지를 기준으로 소재한 리·동마다 별도로 작성한다. 셋째, 신고는 리·동장이 리·동의 토지를 조사 신고한다. 넷째, 결수신고는 전년의 부과 결수에 비하여 감소하지 않도록 하고, 이은(吏隱), 관은(官隱), 민은(民隱) 등을 조사하고 찾아내 증가를 기도한다. 다셋째, 신고의 적부(適否)는 구 양안 기타 참고서류에 비추어 보거나 실지 조사나 지사자에게 묻는 방식으로 조사하고, 부당하다고 인정되는 경우에는 재조사를 명했다. 경우에 따라서는 리·동 전부를 조사하도록 했다.

공주재무감독국은 이러한 원칙에 따라 다음과 같이 결수신고서 양식을 작성했다. 양식의 맨 앞에는 결수신고서의 작성자인 동리장의 성명과 도장을 찍도록 했다. 조사항목에는 토지의 소재, 자호, 번호, 지목, 두락 수, 결수, 납세의무자의 주소와 성명, 지주의 주소와 성명 등을 기록하되, 납세의무자에 관계된 것은 이어서 쓰고 끝에는 결수의 합계를 쓰도록 했다. 지목은 전, 답, 화전, 속전, 노전, 초평, 잡결의 7종으로 나누어 기록하여 지세징수대장과 연락하도록 했다.[9]

원산재무감독국이 작성한 결수연명부의 특징은 종전에 작성한 결수신고서와 같이 납세의무자 중심의 파악이고, 지주가 납세의무자일 경우에는 지주란은 기록하지 않았다. 적요란에는 세율을 기재하도록 했다. 신고자는 리·동장이고, 토지 중심의 장부였다.

작성의 주목적은 은결의 승총과 지주 확인이었다. 환명(換名), 별명(別名), 노복(奴僕) 등 타인의 명의는 사용을 불허했다. 신 양안에 이어 구 양안도 참고자료로 동원했다. 납세자를 전에는 결민이라 표현했지만, 이때는 납세의무자라고 표기하였다. 작인의 토지에 대한 물권적 권리를 인정하는 표현으로 보인다. 권리와 의무는 동반자적 관계이기 때문이다.

일제는 결수신고서 작업에서 3가지 효과를 거두었다고 자평했다. 첫째, 신고인이 토지소유권을 보존하는 방법이라 믿고 토지를 은폐하거나

---

9 『탁지부공보』 84, 1909.7.21; 조선총독부, 1910, 『한국재무경과보고』 제4회, 63~64쪽에도 실려 있다. 탁지부의 양식으로 채택되어 전국에 실시한 것으로 보인다.

신고를 두려워하지 않도록 편의를 제공했다. 둘째, 토지의 소재가 명확해져 토지 매수자가 사기나 거짓 행위 등의 손해를 입지 않도록 하여 토지 권리의 이전과 창설에 적지 않은 편의를 주었다. 셋째, 과세 물건의 소재와 납세인별 소유 토지의 가격 등을 분명히 하여 조세 징수에 많은 편리를 주었다. 기존에는 결수신고서를 납세의무자 본위로 작성한 결과 소작인의 이동이 많아 거의 과반을 다시 바꿔야 하는 상황이라고 문제점을 지적했다. 지주 본위로 작성하여 기초를 확립하고, 토지소유권을 확인하여 지주를 납세의무자로 변경할 필요가 있다고 언급했다. 사실상 결수신고서는 기존 작부장(作伕帳)을 베낀 것에 불과하기 때문에, 지주 본위로 전면적으로 개편할 필요가 있다고 했다.[10] 특히 작인을 납세의무자로 표현한 것과 달리 소작인의 이동성을 강조하며 납세의무자에서 소작인을 제외해야 한다는 주장을 편 것이 주목된다. 광무양전 당시의 양지아문 시행조례에서 토지소유자의 이동성을 강조한 것과는 기조를 달리하며, 작인을 배제하려는 의도를 보였다.

　1910년 6월 18일 탁지부에서는 다시 각 재무감독국에 통첩해 다음 사항에 의거하여 결수연명부를 완성할 것을 지시했다.[11] 첫째, 신고는 면내의 토지를 대상으로 할 것, 둘째, 신고 주체를 지주로 하고 지주가 신고할 때 주소, 성명을 명확히 기록하고, 납세의무자가 아닌 지주가 면내에 소유한 토지를 연속하여 기록한 다음, 끝에 합계를 기록하도록 할 것, 셋째, 지목은 답, 전, 화전, 초생지, 택지, 잡지 등으로 하고, 세율과 세액도 기록할 것, 넷째, 구 양안과 기타 장부를 수집하여 현재 상황과 대조하는 동

10　탁지부, 『한국재무경과보고』 5회, 41쪽.
11　탁지부, 위의 책, 41~43쪽.

시에, 연명부와 실지가 서로 부합하는지 적당한 지역을 선정하여 지압조사를 하도록 할 것 등이다.

결수연명부 양식은 전과 달리 지주납세제의 원칙을 적용했다. 지주신고주의의 원칙을 채택하고 맨 앞에 지주의 주소와 성명을 기록하도록 했다. 소작인이 납세할 경우는 소작인 칸에 소작인의 주소, 성명을 기록하도록 했다. 작인납세제 관행을 수용할 수밖에 없었던 한계를 보였다. 각 필지의 토지소유자를 조사 확인하도록 했지만, 지주 장부로서 아직 불완전한 면이 적지 않았던 것으로 보인다. 일제는 기본적으로 결수연명부를 완성하여 지주납세제를 실현하는 데 일차적 목적이 있었지만, 이와 더불어 결수연명부에 토지소유권을 공고히 하기 위한 공부의 자격을 부여하기 위해 이를 완성하자는 의도를 표명했다.

전주재무서는 소유권 확인을 빌미로 지주의 협조를 적극적으로 끌어내기 위한 방안으로 지주협의회를 개최했다.

> 각자 소유 토지의 소재, 두락 수, 결수 등을 신고하여 미리 공부에 등재하여 그 보증을 얻지 않으면 그 공고함을 기하기 어려운 것은 소유권 확인에 관한 소송이 빈발함에 비추어도 분명하다.…종래 재무서의 설비 장부는 불완전함으로 그 소유자를 알 도리가 없는 것이 적지 않다. 이에 더하여 신기간(新起墾) 은결 등 탈루한 토지가 적지 않은 것은 제군이 아는 바이다.…재무서는 토지조사 상 제군의 원조를 얻어야 종래 문란한 토지의 소재, 두락 수 및 지주, 성명 등을 분명하게 하고 아울러 탈루지를 없게 하는데 이르게 함으로써 공부의 완성을 고하고, 지주 제군은 본부(결수연명부)의 완성에 의하여 권리의 공고함을 기하는 것을 희망하는 것에 다름 아니다.

전주재무서는 조선의 현실은 소유권 확인 소송이 빈발하는 한편, 소유자를 알 수 없는 것과 은·누결이 적지 않다고 하며, 지주에게 결수연명부 작성에 협조하여 공부를 완성하여 토지소유권을 공고히 할 것을 제안했다. 지주들도 이에 발맞추어 지주회의 결의사항을 제출했다. 결의 내용은 지주는 필지마다 소재, 두락 수, 결수 등을 기재하여 재무서에 신고할 것, 표목은 필지마다 빠짐없이 세우도록 소작인에게 주의하도록 할 것, 소유자의 성명은 민적부(民籍簿)에 기재한 것에 따를 것, 세금은 소작미와 동시에 징수할 것 등이었다. 지주가 적극 신고에 참여하여 소유권을 확실히 하고 지세 부담은 작인에게 전가하도록 하는 것이 주 내용이었다.[12]

그러나 지주가 바라는 대로 실현될지는 여전히 의문이었다. 지주는 소작에 관한 일체 사항을 마름에 일임하고 소작료만 수령하는 자에 불과할 뿐아니라 자기 소유지라는 증거가 부족하여 신고대로 소유지를 확보하기에는 어려움이 있을 것이라고 예상했다. 현실적으로 지주는 소유를 증명할 근거가 부족했을 뿐만 아니라 생산노동에 종사하지 않고 마름에 의존하여 소작료만 취득하는 존재인 만큼 소유권이 매우 불안하다고 고백했다. 반면 작인은 권리를 마름에 일정 정도 제한당하는 측면도 있지만, 경작의 전권을 행사하는 존재였다. 이리하여 지주는 결수연명부가 소유권 보증에 편익을 제공할 것이라 기대하며 위의 사항을 결의한 것이다.

광주재무감독국에서도 결수연명부는 토지소유권의 사권(私權)을 확실히 하고 결수의 허실을 명백히 하여 징세의 기초를 공고하게 하는 장부라 정의하고, 이번에는 반드시 실명으로 신고하여 장래에 후회가 없도록

---

12 『재무휘보』44, 보고, 20~23쪽.

할 것을 다음과 같이 당부했다.[13]

> 만약 이번에도 전과 같이 지주된 자가 자기의 성명을 기입하지 않고 소작인 혹은 타인 명을 기재하면 그 후 자기 토지라고 칭할 수 없다. 그것을 매각 또는 양여하려 할 때는 소관 군아에 증명을 청구하더라도 관은 결코 이와 같은 자에게 증명을 부여하지 않는다. 또한 그 토지가 공용지로 범입되는 경우에도 무엇으로서 자기의 소유권을 주장하여 상당한 가격을 청구할 것인가? 또는 지세에 관한 법률 제15호 제4조에 의하여 민은(民隱)토지를 발견한 때는 그 토지를 관아에서 몰수한다.… 이번 연명부 개정에서는 지주는 반드시 자기의 진정한 실명으로 신고하여 장래 후회하는 한이 없도록 해야 할 것이다.
>
> 융희 4년 7월 15일 광주 재무감독 국장 호리간(堀諫)

일제는 소극적으로 지주를 조사하던 종전 방식에서 탈피하여 이번에는 토지소유권과 관련하여 지주에게 적극 신고에 동참할 것을 강하게 압박했다. 재무감독 국장은 지주들이 자기 성명 대신 소작인이나 타인 성명을 기재하여 결수연명부가 불완전하게 작성되었다고 지주들을 질책했다. 그리고 소유권 수호와 관련하여 실명을 기재하도록 지주들을 설득하는 훈령을 발했다. 일제는 배타적 소유권과 지주납세제가 성립된 일본의 관점에서 작인납세제라는 조선의 현실을 부정하고, 지주의 배타적 소유권을 확정하고 지주납세제를 수립하기 위해 실명 신고의 유리성을 강조하여 신고를 독려했다. 작인납세제를 해체하고 지주납세제를 수립하기 위

---

13 『재무휘보』 45, 보고, 1910.8.8, 23~26쪽.

한 결수연명부 작성 작업은 쉽지 않았다.

일제는 이처럼 계속 지주실명제를 독려하고, 은결과 진결 등을 찾아내는 노력으로 결수연명부는 점차 토지소유자를 확인할 수 있는 가장 유효한 장부로 모습을 갖추어갔다. 일제는 국유지 실지조사와 동일하게 작인이 행사하던 지세납세자의 자격과 함께 모든 관습물권을 박탈하고 지주의 토지소유권을 배타적 소유권으로 확정하는 방향에서 작업을 추진했다.

1910년 무렵까지 늘 지주를 조사하여 결수연명부에 등록하면서도 지주납세제를 실현하기가 쉽지 않았다. 결민 신고제에서 지주를 조사하고, 이번에는 지주 신고제로 전환하면서도 여전히 소작인 납세 관습을 허용하는 한계를 보였다. 일제는 광무양안을 결총의 확대를 위한 장부로 활용하는 한편, 결수연명부 작성 작업에서, 광무양전사업에서 시주·시작을 조사한 것처럼 결민으로 지주와 소작인을 조사하면서도 지주납세제를 곧바로 시행하지 않았다. 배타적 소유권이 전면적으로 이미 확립되었다면 결민 신고제가 아니라 지주 신고제를 도입하여 곧바로 지주납세제를 시행해도 차질이 없었을 것이다. 그러나 당시의 조건에서 작인을 배제하고 지주를 배타적 소유권자로 확정하기는 쉽지 않았던 것으로 판단된다.

한편, 일제는 1910년 토지조사사업을 시행하면서 토지신고심득에서 지주에게 토지신고서를 작성해 제출하도록 정했지만, 신고서 작성이 순조롭게 진행되지 않았다. 초기에는 결수연명부가 토지신고서 작성의 근거 장부로 활용할 수 있을 만큼 지주 장부로서의 완성도가 높지 않아 토지신고서의 근거장부로 활용할 생각은 없었던 것으로 보인다. 일제는 토지신고서 작성작업과 관계없이 결수연명부가 소유자 장부라는 이점을 활용하기 위해 1910년 11월 소유권을 증명할 때 결수연명부와 대조하도록 방침을 세웠다. 결수연명부에 단순한 지세 부과 장부라는 임무만을 맡기

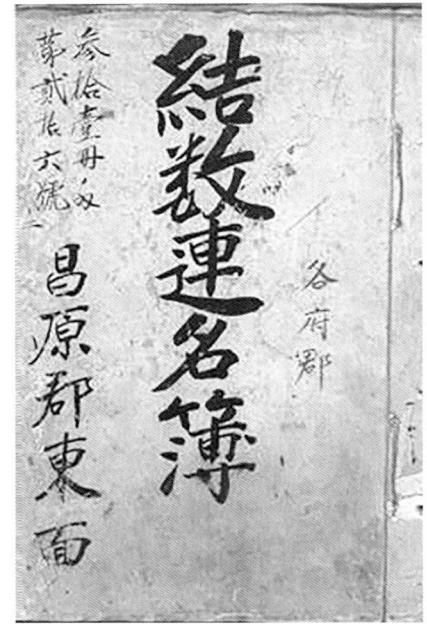
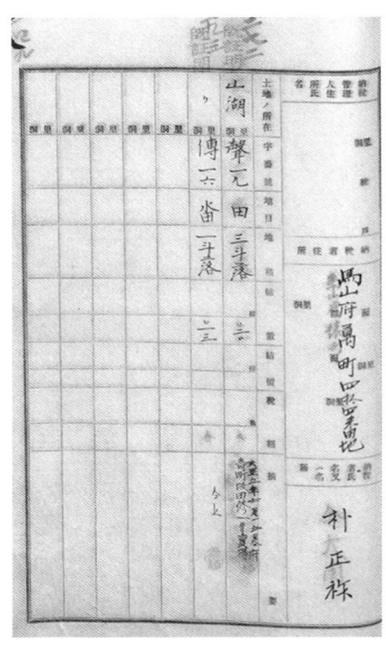

〈그림 3-1〉 결수연명부 표지   〈그림 3-2〉 결수연명부

출처: 창원군 동면 결수연명부(좌) / 마산부 창정 결수연명부(우)

는 차원을 넘어 소유권을 증명하기 위한 토지 공부의 임무도 부여하기 위한 조치였다.[14] 이를 위해서는 증명한 소유권과 결수연명부의 토지소유자가 서로 일치되어야 했다. 조선총독부는 각군에서 증명사무를 처리할 때 결수연명부와 대조 수정하도록 통첩을 내렸다.[15]

그러나 결수연명부는 자(字)번호와 결수는 물론 소작인이나 친족 등

---

14 조선총독부, 1911, 『내무부장 회동 자문사항 답신서(평안남도 편)』, 18쪽.
15 「결수연명부 가제정정의 건」, 『朝鮮総督府官報』 제169호, 1911.3.27, 719쪽.

282   제3부   토지조사사업 추진 과정과 소유권 조사

타인 명의로 기재한 경우 등 문제가 적지 않았다.[16] 매매계약서와 결수연명부를 대조하여 일치하지 않을 때는 사실을 확인한 뒤 이를 수정하도록 했다.[17] 증명신청 건수가 증가하면서 결수연명부의 정확도도 높아졌다.[18] 조선총독부는 결수연명부의 활용도가 높아지자 작성 방침을 수정 보완하여 1911년 11월 10일 「결수연명부 규칙」을 공포하고 1912년 1월 1일부터 시행하도록 했다.[19] 여기서 결수연명부는 부윤과 군수의 주관 아래 면 단위로 작성하고 면장을 실무책임자로 정했다. 모든 행정체계가 동리 중심에서 면 중심체제로 이행되었다. 결수연명부는 면내 토지 가운데 과세지를 대상으로 지주에게 소유 토지의 연명부를 신고하도록 하고 이를 편철한 것이다.

결수연명부의 작성 원칙은 다음과 같다. 첫째 지주납세제의 원칙 아래 지주가 신고하되 납세관리인이 있을 경우에는 이들도 기재하도록 했다. 둘째, 비과세지는 제외하고, 과세지의 소재, 자번호, 지목, 면적, 결수, 결가, 지세액, 소유자의 주소, 성명 또는 명칭 등을 등록하도록 했다. 셋째, 지세는 결가제를 유지했다.[20] 결수연명부 규칙이 정한 결수연명부의 핵심은 과세지를 조사하고 지주를 소유권자로 확정하고 조사한 지주 장부라는 점이다. 작인납세제의 담당자였던 작인을 전면 배제했고, 도지권자들

---

16 불일치는 평남 진남포에서는 10에 6, 7이고, 영유군은 비교적 정확하고, 함남은 100에 2, 3 정도였다. 경남은 대부분 일치했다(조선총독부, 1911, 『내무부장 회동 자문사항 답신서(각 도편)』, 19쪽).
17 조선총독부, 1911, 『내무부장 회동 자문사항 답신서(경상북도)』, 11쪽.
18 조선총독부, 1911, 『내무부장 회동 자문사항 답신서(전라북도)』, 214쪽.
19 朝鮮總督府, 『朝鮮總督府官報』 제362호, 1911.11.10, 671쪽. 조선총독부령 제143호
20 결수연명부취급수속, 제12조.

도 과세대상에서 제외했다. 지주가 납세의무자이고 그 외의 자는 지주를 대리한 납세관리인의 자격으로 등록되었다. 과세지 = 지주소유지 = 지주 납세제의 확립을 선언한 것이며, 향후 작업은 장부와 실제 소유자를 조사 확인하여 일치시키는 작업이었다.

결수연명부 규칙은 전보다 지주와 토지에 대한 실지조사를 강화하여 각 필지의 소유자명을 민적부에 근거하여 작성하도록 하였다. 이는 결수연명부를 지주별 과세지 장부이면서 다른 한편 토지소유권을 증명해 주는 장부로 활용하기 위한 조치였다. 결수연명부의 소유자명은 규칙 이전에는 환명, 별명, 노복 등 타인명의 사용을 불허했다(원산재무감독). 전주재무서에서는 소유자의 성명은 민적부에 기재한 것을 사용하도록 처음 지시하였다. 광주재무서에서는 자기 성명을 기입하지 않고 소작인 혹은 타인명을 기재하면 후일 자기 토지라 주장할 수 없으니 실명으로 기입하여 후회가 없도록 하라고 지시하기도 했다.

일제는 실명으로 신고할 것을 누차 강조하고 있으나 이는 쉽지 않았다. 1인 1성명을 법인화한 작업이 추진되지 않았기 때문이다. 토지의 기본장부인 양안과 토지대장의 토지소유자명은 여러 점에서 차이가 있었다. 먼저 양안 등의 소유자명은 필지당 한 사람만 시주로 기록되고, 공유는 존재하지 않았다. 공유지도 대표자 1인만 기록하였다. 그리고 양명은 호적처럼 법으로 등록된 이름이 아니라 소유자의 자유의사에 맡겼으며, 이렇게 기록된 호명(戶名)은 개인이 아니라 집안(家)을 대표하는 명칭이라고 판단된다.[21] 즉 각 필지의 소유권은 호명의 소유라고 할 수 있을 것이다. 각 필

---

21 호명은 이영훈, 1988, 『조선후기 사회경제사』, 한길사, 456쪽; 한국역사연구회 토지대장연구반, 1905, 『대한제국의 토지조사사업』, 민음사, 327~382쪽; 김건태, 2018, 『대한제국의 양전』, 경인문화사 등이 참고된다.

지의 소유자는 양안에 1인(호명)으로 표현되지만, 호명 안에는 실소유자가 1인 또는 그 이상 여러 명이었을 것으로 판단된다. 그리고 호명은 1가 1호명이 아니라 필요에 따라 창설하여 한집에 여러 호명을 사용하기도 하였다. 그리고 재산의 관리 처분권은 호주가 주도한 것으로 보인다. 양명은 호적 등에 등록된 명을 사용하기도 했겠지만, 대체로 호적과 무관하였다.

양안에는 근대의 법인에 해당하는 단체가 대체로 호명으로 등록되어 있었다. 종중의 경우 ○○종중으로 추상적으로 간략하게 표기했으나 실제 소유자는 파별로 달랐다. 외부인은 호명만으로는 실제 누구의 소유인지 알기 어렵다. 때로는 종중이란 명칭없이 대표자의 호명으로 표기하기도 했다. 계의 경우도 마찬가지이다. 호명은 전근대 인적 네트워크의 산물이고 여기서 벗어난 외부인은 호 내부의 소유권자를 알기 어렵다. 매매할 경우 호주 등 관계자의 동의를 받아야 하고 그렇지 않으면 분쟁이 발생할 여지가 있다. 호(戶=家)의 소유라는 의미가 강하다. 반면 근대 토지대장에 표기된 소유자는 자연인과 법인으로 구분되며, 그 명칭은 자연인은 1인 1성명을 민적부 또는 호적부에, 법인은 법인명을 등기부에 등록하도록 법으로 정했다. 여기에 등록된 명칭만 토지장부의 소유자로 등록하여 권리와 의무를 행사할 수 있었다.

결수연명부에 표기할 지주는 호명으로 표기된 지주가 아니라 법인화된 1인 1성명의 실명을 조사 등록해야 했다. 결수연명부에 등록할 인명은 1909년 4월 1일 민적법이 공포되면서 민적부에 등록된 지주의 인명이었다.[22] 결수연명부에 등록할 자격을 가진 자는 민적부에 가족관계와 성명이 등록된 자였다. 그리고 결수연명부에 호명 아닌 실명을 등록하려면

22　내각 법제국 관보과, 『관보』, 제4318호, 1909.3.6.

호명으로 포장된 가(家)의 토지를 실권리자별로 분리하여 민적부의 명으로 등록해야 했다. 결수연명부의 실명화 작업은 지주와 작인을 구별하는 일과 호명으로 표기된 토지를 실소유자별로 나누고 등록하는 작업이 전제되어야 했다. 1910년 '사업'을 앞두고 지주가에서는 자기 집안의 재산을 파악하여 구성원별로 재산을 나누는 분재작업을 실시했다. 그리고 구성원별로 소유권 보존증명을 신청하고 결수연명부에 등록한 다음 이에 따라 토지신고서를 작성하였다.[23] 결수연명부에는 일본법인이 아닌 단체명은 존재하지 않았다. 양안의 종중이나 계, 동리 등은 단체명으로 등록하지 않고 대표자의 실명으로 등록한 것으로 보인다.

일제는 1910년 토지신고서의 소유자명을 민적에 의거하여 신고하도록 하고, 결수연명부도 규칙 제정과 함께 소유자명을 민적명으로 기록하도록 했다. 1912년 일제는「부동산증명령」을 공포하고 시행할 무렵 결수연명부를 토지공부로 사용하도록 결정했다. 그리고 1913년에는 토지신고서를 결수연명부에 근거하여 작성하도록 토지신고심득을 개정했다. 이때 지주들은 '사업'이 목표한 각 개인별 소유체계에 호응하여 호의 소유지를 구성원의 개별 소유로 분산하여 결수연명부에 등록하는 작업을 실시하고, 이를 근거로 토지신고서를 작성했다. 민적에 근거한 토지신고서 작성은 이같이 쉽지 않은 작업이었다. 일제는 토지관계자가 장부의 정오를 확인할 수 있도록 장부에 대한 열람 자유의 원칙을 적용했다.

---

23 경기도 안산군 북방면 속달리의 동래 정씨가의 경우 이때 호명을 제거하고 구성원별로 분재작업을 실시하였다. 위토를 포함한 집안 소유토지의 양안을 작성하고 호주와 형제, 그리고 자식들별로 토지소유권 보존신청을 하고 이에 따라 리별로 결수연명부와 토지신고서를 작성하고 있다. (장서각 수집 고문서)『토지신고서 각처 전답안 기초』에는 3대에걸친 7명이 분재하여 신고서를 작성하고 있었다. 특히 경기도의 지주들은 토지소유권 보존증명으로 자기 소유권을 분명히 하려 했던 것으로 보인다.

결수연명부를 작성하는 방법인 결수연명부취급수속은 그해 12월 29일 공포했다.[24] 조선총독부는 1912년 3월 제3자 대항권을 인정한 증명령을 공포하면서[25] 결수연명부 완성 작업에 박차를 가했다. 증명의 증거 서면으로 활용할 토지대장을 대용할 장부가 필요했으며, 이를 결수연명부로 대신하게 했다. 그리고 조선총독부는 결수연명부를 토지 공부로 활용하기 위해 증명령 제15조를 마련했다. 미증명 토지에 대하여 소유권 보존증명을 할 때, 판결 기타 관청 또는 공서(公署)의 서면에 의거하여 자기 소유권을 증명하는 자가 아니면 신청할 수 없다고 정하였다. 관공서의 증거 서면이 결수연명부였다.

조선총독부는 증명령 발포와 동시에 결수연명부 규칙을 개정하여 결수연명부를 증명령의 증거서면으로 활용할 수 있도록 조처했다.[26] 결수연명부에 등록된 토지를 기(既)증명토지와 미(未)증명토지로 나누고, 소유권자 이동에 대한 등록 방식을 달리 정했다. 전자는 증명관리의 통지에 따르고, 후자는 증빙서류를 첨부하여 부윤 군수에게 신고하고 소유권자의 이동을 연명부에 등록하도록 했다. 결수연명부가 과세지 대장이면서 소유권자 대장으로 자리 잡도록 조치했다. 이와 동시에 결수연명부 취급수속도 개정하여 수속 절차를 마무리 지었다.[27] 두 규정은 증명령의 개시 시점인 1912년 4월 1일부터 발효되었다.

결수연명부가 소유권자를 조사 기록한 장부이지만, 소유권 보존증명 신청의 근거 서면으로는 한계가 있었다. 조선총독부에서 결수연명부에

---

24 朝鮮総督府,『朝鮮総督府官報』제403호, 1911.12.29, 1,103~1,106쪽.
25 朝鮮総督府,『朝鮮総督府官報』제495호, 1912.4.24, 789쪽.
26 朝鮮総督府,『朝鮮総督府官報』제475호, 호외, 1912.3.30, 1,045쪽.
27 朝鮮総督府,『朝鮮総督府官報』제475호, 호외, 1912.3.30, 1,045, 1,048쪽.

등록된 자를 반드시 소유권자라고 인정할 수 없다고 했다. 삼림, 산야와 미간지 같은 미과세지는 연명부에 등록하지 않았다. 지적(地籍)이 불명확하고 과세대상이 아니었다. 따라서 미증명 토지에 대한 증명신청이 있을 때, 신청자가 소유권자인지 아닌지를 신중히 조사하여 발급해 주도록 하라는 통첩을 내렸다.[28] 증명령은 등기주의를 원칙으로 택했지만, 실제로는 사실조사주의를 바탕으로 한 제도였다. 조선총독부는 결수연명부가 증명제도의 토지 공부로서 역할을 할 수 있도록 보완하는 한편, 필지의 실상과 토지소유자를 파악하기 위하여 과세지견취도(課稅地見取圖) 작성 작업을 추진했다.

결수연명부 작성 과정은 납세자를 결민에서 지주로 확정해 가는 매우 어려운 과정의 연속이었다. 이 작업은 납세를 담당하던 작인을 납세 부담에서 해방시켜 준 조치가 아니라 납세 부담과 결부된 물권적 성격을 지닌 경작권을 무력화시켜 임차권으로 전환해 가는 과정이었다. 결수연명부에 납세의무자와 함께 지주를 동시에 조사 기록하면서도 지주납세제로 전환하지 못한 것은 지주의 실명화 작업에 동반하여 지주가 배타적 권리를 확보할 만큼 지주로서의 지위를 확보하지 못했기 때문이라고 판단된다. 이 점은 과세지견취도와 토지신고서 작성 과정에서 점차 해결해 간 것으로 보인다.

2) 결수연명부의 완결과 토지 공부

결수연명부가 증명부의 토지 공부로 기능하기 위해서는 두 장부가 서로 일치해야 했다. 이들을 대조하고 실지를 조사하여 일치시키기 위한 작

---

[28] 朝鮮総督府, 『朝鮮総督府官報』 제546호, 1912.6.22, 855쪽.

업은 증명규칙 때부터 단계적으로 추진되었다. 이를 위한 최초의 지시가 1911년 3월에 내려졌다.[29] 1912년 결수연명부 규칙에서는 소유권 보존이나 이전 증명을 할 경우 증명관리가 부윤 군수에 통지하여 결수연명부에 증명사항을 기록하도록 했다.[30] 두 장부가 일치되기 위해서는 증명령 이전 증명규칙에 의거한 기(旣)증명지가 문제였다. 조선총독부에서는 1912년 7월 종전 증명을 그대로 인정하되 결수연명부와 일치할 때만 처리하도록 했다.[31]

그러나 증명규칙에 의해 증명을 받은 토지 중에서도 1911년 3월 이전 증명한 토지는 결수연명부와 대조하는 것이 불가능했다. 두 장부는 서로 일치되고 신뢰성이 높아져 갔지만, 부합하지 않은 경우도 적지 않았다. 일제는 이러한 한계에도 불구하고 결수연명부에 토지공부의 자격을 부여하고 증명령을 시행했다.[32]

일제가 토지조사사업으로 토지대장을 만들고 등기제도를 시행하기로 결정했음에도 불구하고, 무리하게 증명령을 시행한 것은 토지소유권의 안정화, 배타적 소유권화 작업이 그만큼 시급한 과제였기 때문이다. 일제는 러일전쟁 무렵부터 한국의 토지를 불법 혹은 합법을 가리지 않고 대거 침탈해 갔으며, 토지조사 와중에도 투기 붐은 멈출 줄 몰랐다.[33] 토지투

29　朝鮮総督府, 『朝鮮総督府官報』 제169호, 1911.3.27. 관통첩 제51.

30　朝鮮総督府, 『朝鮮総督府官報』 제475호, 호외, 1912.3.30. 조선총독부령 제72호.

31　朝鮮総督府, 『朝鮮総督府官報』 제560호, 1912.7.9. 관통첩 제252호.

32　과세지견취도와 연명부 작성 완료에 따라 증명부와 대조한즉 부합하지 않은 점이 매우 많다고 했다. 토지소유자는 연명부를 열람하여 증명과 부합하지 않을 경우 변경 또는 경정 신청을 하라고 전남 장관이 유고를 내렸다(『매일신보』, 1912.9.20).

33　『매일신보』에는 당시 토지투자열이 매우 높았다는 기사를 계속 싣고 있었다.

자열에 비례하여 토지소유권의 불안성을 해소하고 안정화시킬 필요가 더 커졌다. 증명은 결수연명부와 함께 토지소유권의 증거력을 확보하는 한편, 경작권의 무력화를 동시에 추진하는 일이었다.

〈표 3-1〉 1911년 도 지주와 소작인의 납세 비율

구분	지주 수	1911년 납세자		
		소작인	지주	소작인 비중
경기	241,578	70,519	171,059	29.2%
충북	137,092	62,618	74,474	45.7%
충남	220,120	22,441	197,679	10.2%
전북	262,395	73,663	188,732	28.1%
전남	382,164	209,044	173,120	54.7%
경북	431,419	125,047	306,372	29.0%
경남	376,599	122,414	254,185	32.5%
황해	258,943	31,741	227,202	12.3%
평남	235,163	41,895	193,268	17.8%
평북	177,759	24,003	153,756	13.5%
강원	187,895	23,345	164,550	12.4%
함남	208,125	13,921	194,204	6.7%
함북	-	-	-	-

비고: 1912년은 10월 말 현재 전부 지주납세인데, 경기의 양평, 남양, 마전 등 3군은 11월에 지주납세제로 전환할 예정이라 함.
출처: 朝鮮總督府, 『朝鮮總督府官報』 제118호, 1912.12.22.

일제는 1912년 11월 27일 기증명토지 중 결수연명부와 일치하지 않는 토지를 서로 일치시키는 작업을 실시했다. 소재 면에 조회하여 결수연명부가 오류일 때는 결수연명부를, 증명부가 오류일 때는 증명을 정정하

도록 했다.³⁴ 1911년에는 〈표 3-1〉에서 보는 바와 같이 전남 54.7%, 충북 45.7%, 경남 32.5%, 전북 28.1%가 지세를 소작인이 납부했다. 전체의 26.3%를 소작인이 납부했는데, 1912년에는 이러한 작업의 성과로 일제는 지주의 진위 여부에 관계없이 전체 지주가 지주납세제를 시행한 것으로 통계 처리했다.

그리고 1912년 하반기부터 1913년 상반기에 걸친 대조작업 결과, 어느 정도 실명화를 이루었다고 판단하고 결수연명부를 소유권 보존증명을 위한 근거 장부로 채택한 것으로 보인다. 실무책임자도 면장으로 일원화했다.³⁵ 사실조사주의를 완전히 불식할 수는 없었지만, 결수연명부를 근거로 한 증명과정이 점차 체계화되어가는 모습을 보였다. 드디어 1913년 1월에는 「토지신고심득(土地申告心得)」을 개정하여 결수연명부를 토지신고서 작성의 근거 자료로 활용하여 난항에 빠진 토지신고서 작성 문제의 해결을 시도했다.

조선총독부는 결수연명부를 증명부의 토지 공부로 채택하여 증명제도가 등기제도로 기능할 수 있도록 1913년 8월 15일 결수연명부 규칙을 개정했다. 개정의 요점은 다음과 같다.³⁶ 결수연명부는 미증명토지를 수용할 경우 이외에는 증명관리의 통지에 의해서만 등록하도록 했다. 그리고 부령으로 지세는 결수연명부에 소유자로 등록한 자에게 징수하라고 정했다. 결수연명부의 명의인을 소유자로 인정하는 동시에, 지세 부담의 의무를 부여했다. 결수연명부가 토지 공부이자 지세대장으로서의 역할을

---

34 朝鮮総督府, 『朝鮮総督府官報』 제98호, 1912.11.27.
35 朝鮮総督府, 『朝鮮総督府官報』 제560호, 1912.7.9.
36 朝鮮総督府, 『朝鮮総督府官報』 제313호, 1913.8.15.

할 수 있도록 법제화한 것이다.

　조선총독부는 결수연명부 완성 작업을 고려하여 한 달 남짓 준비과정을 거친 10월 1일부터 결수연명부를 토지 공부로 결정하고, 후속조처를 취했다. 정무총감은 「증명령 제15조에 의하여 면장이 준 인증에 관한 건」[37]이라는 통첩을 내렸다. 결수연명부의 소유권 이동은 증명을 거치지 않으면 안 된다는 것, 관공서의 인증권이 면장으로 일원화되어 면장 이외에는 인증을 할 수 없으며, 면장은 결수연명부에 근거하여 인증할 것 등의 원칙을 정했다.[38] 이같이 증명이 제도적 장치를 완비해 가면서도 여전히 결수연명부에는 기명자가 실 소유자로 정리되지 않은 점 등 해결과제가 남아 있었다. 조선총독부는 이를 위해 1913년 8월 15일부터 시행일인 10월 1일까지 결수연명부를 정비하는 작업에 착수해 각 도에 고유(告諭)로 방침을 하달했다.

　경상북도 도장관 이진호(李軫鎬)가 9월 8일 내린 고유는 다음과 같다. 첫째, 부군과 면에 비치한 결수연명부는 토지에 관한 유일한 공부이다. 둘째, 미증명토지의 소유자는 연명부로 입증할 수밖에 없다. 셋째, 소유자 이동은 증명관리의 통지에 의해서만 등록한다. 넷째, 미증명토지의 소유자는 면장의 인증을 받아 소유권 보존신청을 하고, 1913년 10월 1일 이전에 미증명토지의 소유권을 취득한 자는 속히 결수연명부에 이동 신고를 하고, 소유권 보존증명을 받도록 했다. 다섯째, 증명을 받는 것은 민사령과 증명령에 정한 제3자 대항권을 부여하는 조치로 예측하지 못한 손해를 방지하

37　朝鮮総督府, 『朝鮮総督府官報』 제313호, 1913.8.15.
38　朝鮮総督府, 『朝鮮総督府官報』 제313호, 1913.8.15. 관통첩 제260호.

는 수단이니 증명을 신청하여 손해를 입지 않도록 주의할 것 등이다.[39]

1913년 10월 1일부터 결수연명부는 소유권을 증거하는 가장 중요한 공부임을 법으로 인정하고, 토지대장의 임무를 수행하도록 했다. 소유권 보존증명은 여기에 등재되었을 때에 한하여 받을 수 있었다.[40] 결수연명부와 증명부의 역할은 토지대장과 등기부와 거의 동일했다.[41] 이어 토지소유자나 위임장을 소지한 자에게 결수연명부 열람권을 부여했다.[42] 결수연명부규칙 개정을 보완하는 마지막 후속조치는 미증명지의 소유자 이동은 10월 1일 이후에는 수리하지 않는다는 원칙을 세운 것이다.[43] 미증명지는 국가에서 수용하는 경우를 제외하고는 증명관리의 통지가 아니면 연명부에 등록할 수 없다고 했다. 결수연명부의 소유자 이동은 증명에 의해서만 할 수 있도록 했다.

구체적인 수속절차는 각 도별로 정했다. 경상북도에서는 증명령 제15조에 의한 소유권 보존의 증명을 요하는 관공서의 서면에 관하여 부동산소유자가 소유권 인증을 신청한 경우 취급수속에 관한 절차를 정했다.[44] 여기서 소유권 인증자를 면장으로 일원화했으며, 인증절차는 연명부에 등록된 경우와 등록되지 않은 경우를 각각 달리 정했다. 전자는 결수연명부와 대조하여 부합하거나 부합하게 한 뒤 인증하도록 했다. 후

---

39 朝鮮総督府, 『朝鮮総督府官報』 제333호 1913.9.8. 경상북도 고유 제2호; 제329호, 1913.9.3. 조선총독부 평안남도 고유 제3호.
40 『매일신보』, 1913.10.4.
41 朝鮮総督府, 『朝鮮総督府官報』 제45호, 1912.9.24.
42 『매일신보』 1913.10.12.
43 朝鮮総督府, 『朝鮮総督府官報』 제350호, 1913.9.29.
44 朝鮮総督府, 『朝鮮総督府官報』 제333호, 1913.9.8.

자는 「삼림·산야와 미간지 국유·사유 구분 표준」에 의거 사유라 인정할 수 있는 경우에 한하여 소유자 여부를 확인한 뒤 인증하도록 정했다. 인증절차는 개정령 발효일인 1913년 10월 1일에 맞추어 시행하도록 했다.[45] 증명령의 모든 권리를 연명부에 표시하도록 하여 토지대장의 기능을 완전히 부여했다.[46]

조선총독부는 결수연명부를 완성해 가면서 많은 과세지를 확보했다. 〈표 3-2〉에서 보듯, 과세지가 5%가량 증가되었다.[47] 1913년 이후에는 107만 결 수준에서 거의 변함이 없었다.[48]

〈표 3-2〉 결수 누년 비교표

구분	경기	충북	충남	전북	전남	경북	경남	황해	평북	기타	합
1905	68,413	44,190	88,971	102,269	146,202	122,414	96,677	87,130	42,890	188,176	987,332
1907	68,148	46,621	91,053	102,770	147,252	123,162	96,805	88,145	42,182	193,224	999,362
1911	73,567	52,196	95,351	112,012	133,561	136,226	110,176	82,377	42,214	200,205	1,037,885
1912	73,880	52,196	95,312	112,061	134,406	136,135	110,060	85,400	42,220	200,193	1,041,863
증가	5,467	8,006	341	69,792	-1,179	13,721	13,383	-730	-670	12,017	120,148
1915	75,305	54,156	97,683	110,139	137,645	137,067	113,808	85,129	67,706	192,582	1,071,220

비고: 1913년은 1,073,202결이고 1914년은 1,075,329결로 거의 변함이 없었다.
출처: 朝鮮総督府, 『朝鮮総督府官報』 제499호, 1912.4.24, 289쪽; 제519호, 1912.5.22, 565쪽.

---

45 朝鮮総督府, 『朝鮮総督府官報』 제352호, 1913.10.1.
46 朝鮮総督府, 『朝鮮総督府官報』 제507호, 1914.4.11.
47 朝鮮総督府, 『朝鮮総督府官報』 제495호, 1912.4.24,
48 이영호, 2001, 앞의 책, 266쪽 〈표 4-2〉의 은결 승총 상황은 1910년까지 총 7만 5,000여 결이었지만 과세 결수는 위의 〈표 3-2〉의 결수였다. 당시 일제의 결수 파악 목표는 갑술양전의 150만 결이었지만, 당시 결수와의 차이는 등급 판정과 관련된 것으로 보인다. 실제 과세대상 토지가 파악되지 않고 누락된 것은 아니었을 것으로 판단된다. 〈표 3-2〉의 5만 4,000여 결이 은결 파악과 진결 승총의 최대치로 보인다.

일제는 1914년 「지세령」을 제정 공포하면서 이같이 과세지를 파악한 결수연명부를 지세징수의 기본대장으로 삼았다. 이때 전국의 과세지는 거의 파악된 것으로 보인다. 〈표 3-2〉에서 보듯, '사업'이 완결 때까지 결수는 거의 변동이 없었다. 결수연명부는 지역별로 토지조사가 완료되어 토지대장이 작성되면서는 지세명기장에 그 역할을 넘겼지만, 결가제는 '사업'이 완결되어 전국의 토지대장이 작성되고, 1918년 개정 지세령이 제정 공포될 때까지 그대로 유지되었다.

일제는 토지신고서 작성의 근거 장부이고, 지세징수 장부이며 증명부의 소유권을 증거해 주는 장부로 결수연명부를 매우 중요하게 취급했다. 결수연명부는 토지대장과 지세명기장의 계승관계에 있기 때문에 최종 내용은 동일했다. 따라서 토지신고 이후 소유권자가 이동되었을 때는 결수연명부를 근거로 임시토지조사국에 이동 신고를 했다. 그리고 결수연명부의 결가는 토지대장의 필지에 맞추어 조정한 다음 지세명기장에 그대로 옮겨 기록했다. 지가로의 전환은 개정 지세령을 공포하고 전국의 '사업'이 모두 종결된 뒤 한꺼번에 실시했다. 일제가 등기제도 시행 전에 결수연명부와 증명부에 토지대장과 등기제도의 기능을 부여했던 것은 안정적인 토지소유권의 확보와 관리, 지주납세제와 지세수입의 증가 등 지주적 식민지 통치체제의 수립이 급했기 때문이다.

결수연명부는 토지대장이 작성되고 지세명기장이 작성되면서 점차 폐지되었다. 이때 지세명기장은 결가제를 그대로 유지했지만, 개정 지세령에 따라 토지대장에 근거하여 결가제를 지가제로 전면 전환하였다. 결수연명부는 지주납세제 수립을 위해 작성한 지주의 소유지 장부였으며, 지주를 배타적 소유권자로 확립하기 위한 토지신고서 작성의 근거 자료였다. 이는 동시에 모든 경작자 농민을 법적으로 납세의무로부터 완전히 배제시키는 작업이며, 물권적 권리를 가진 경작권=관습물권조차 인정하지 않겠다는 의사 표현이었다. 경작자 농민을 토지에 대한 권리와 의무에서 배제하는 조치였다. 지주를 결수연명부의 토지소유자로 기록한 것은 일제가 지주를 배타적 소유권자로 확정한다는 의미였다. 이에 따라 일제는 결수연명부를 토대로 토지신고서를 작성하고 '사업'을 추진해 갔다.

2. 과세지견취도의 작성과 성과

1) 과세지견취도의 작성 과정과 내용

양안이나 매매문기 등의 구문기는 물론 증명제도 등의 장부체계로는 전체 토지의 실상은 물론 개별 필지의 객관적 위치를 파악하기가 어려웠다. 결수연명부도 초기에는 탁상 위의 작업에 불과하여 실지에 나가 조사하면 실상을 정확히 알기 어려웠다고 일본인 관리들이 평가하는 상황이었다. 근대국가가 토지소유권을 직접 관리하기 위해서는 토지의 위치와 모습을 정확히 파악할 수 있는 장부가 필요했다. 일제가 강점하면서 내건 첫 과제는 과세지를 누락 없이 파악하고 지주납세제를 시행하는 일이었다. 그리고 제3자 대항권이 보장되는 증명령를 시행하기 위해서는 객관성이 있고 공신력 있는 도부(圖簿)가 필요했다. 이러한 목적을 달성하기 위해 과세지견취도 제조 작업이 결수연명부와 짝을 이루어 추진되었다.[49]

---

49 조선총독부, 1911, 『과세지견취도조제경과보고』, 1쪽.

결수연명부는 토지 소재와 면적, 결가 등은 기록했지만, 토지의 실상을 보여주지는 못했다. 과세지견취도는 결수연명부에 등록된 필지를 도면에 표기하여 그 소재와 모양을 파악하여 과세와 소유권을 확실히 할 목적으로 작성되었다. 결수연명부와 과세지견취도는 토지신고와 증명령에서 대단히 중요한 역할을 담당하도록 작성되었다.[50] 토지대장과 지적도는 이들을 토대로 이루어낸 결과물이었다.[51]

과세지견취도는 1909년 결수연명부가 작성되는 시점부터 고복채(考卜債)의 방법으로 면·동장에게 만들게 하려는 시도가 있었다. 이때는 정부의 장려사항에 불과했으며, 별 성과를 내지 못했다.[52] 조선총독부는 1911년 7월 충북과 충남에서 시범적으로 시행한 성과를 인정하고, 그 경험을 전국에 확대하기로 결정했다. 과세지견취도를 처음 작성한 목적은 토지소유자와 경작자의 신고로 작성한 결수연명부가 실제와는 대조된 적이 없는 데서 오는 오류 등을 보완하기 위해서였다.

1911년 충북에서 작업을 완료하고, 충남의 일부 지역에서 작업을 종료할 시점에 조선총독부 시찰관은 다음과 같이 견취도 작업 원칙을 정했다. 준비작업은 면장이 주도하고, 리·동장, 지주, 지주총대, 지사자가 참여하도록 했다. 도면에는 리·동과 필지의 경계 표시, 각 필지의 내역,

---

50 『매일신보』, 1912.7.17.

51 과세지견취도에 대한 연구는 宮嶋博史, 1991, 앞의 책, 東京大學 東洋文化硏究所; 최원규, 2000, 「일제초기 조선부동산증명령의 시행과 역사성」, 『하현강 교수 정년 기념 논총 한국사의 구조와 전개』, 혜안; 최원규, 2011, 「일제초기 창원군 과세지견취도의 내용과 성격」, 『한국민족문화』 40; 이영학, 2011, 「1910년대 경상남도 김해군 국유지 실측도와 과세지견취도 비교」, 『한국학연구』 24; 이영학, 2013, 「1910년대 과세지견취도의 작성과 그 성격」, 『한국학연구』 29 등이 있다.

52 『매일신보』, 1911.9.23; 9.24.

국·민유 구분 등을 표기하도록 했다. 그리고 견취도와 결수연명부를 대조하고 토지증명 여부 등에 유의하도록 했다. 경비는 당사자 부담 원칙으로 했다.[53] 토지소유자는 지번, 지목, 야미수, 면적, 결부수, 소유자 성명을 기재한 표목을 세우도록 하고, 주민들에게 신기(新起), 환기(還起), 기타 은토 등은 신고하지 않으면 '관몰처분'한다는 뜻을 주지시키고, 면·리·동 등의 경계를 명확히 할 것 등을 지시했다.

일제는 견취도 작성으로 지세수입이 늘어나고 다음과 같은 효과를 거두었다고 자평했다.

① 토지소유권을 확립하고 견고한 효과를 거두어 도매를 막고, 토지분쟁이 감소한 것, ② 지주가 확실하여 지주납세제를 촉구하고, ③ 종래 결민이 가장 고통스러워한 무토(無土), 성천(成川), 광진지(廣陳地)에 대한 감면 등의 조사가 용이하였다. ④ 고복(考卜), 작부(作伕)를 폐지하여 고복 수수료를 징수하지 않게 되었다. ⑤ 탈락지, 은토의 승총은 물론 유조지(有租地) 면적을 확실히 하고, ⑥ 국·민유의 구분을 분명히 하여 민의 원성을 끊게 했다. ⑦ 면·동리의 경계를 확인하여 토지조사를 편리하게 하고, ⑧ 토지의 소재를 명확히 하여 증명에 편의를 주어 매매 전당이 확실하여 지가가 오를 것[54]

과세지견취도는 토지소유권 확립에 크게 효과를 보인 동시에, 면·동리의 경계인 행정구획을 확정하는 기초 조사이며, 토지 본위의 결수연명

---

53 조선총독부, 1911, 『과세지견취도조제경과보고』, 35~37쪽.
54 조선총독부, 1911, 위의 책, 6쪽.

부를 완성할 수 있도록 하는 의미도 있다고 했다.[55] 조선총독부는 이러한 성과를 중시하여 1912년 3월 「과세지견취도 작성에 관한 건」과 「과세지견취도 작성 수속」을 발표하고, 전국적으로 제조 작업에 착수했다.[56] 시행일은 증명부의 지적도로서 역할을 할 수 있도록 증명령과 같이 1912년 4월 1일부터 실시하기로 정했다.[57] 처음 계획은 1912년 9월 말까지 과세지견취도 작성과 결수연명부와의 대조작업을 완료할 예정이었다.[58] 작업은 처음부터 '사업'과 연관관계 아래 추진되었다.[59]

과세지견취도는 과세지의 개형(槪形)을 그려 지적을 분명히 하는 것을 목적으로 했다. 가능한 실지 형상과 면적에 가깝게 하고, 토지의 위치와 사표는 실지와 차이가 없도록 했다.[60] 작성 방법은 신속성을 요구하여 간승(間繩) 또는 보수(步數)로 측량했다. 부군에서는 실지와 차이가 날 때는 다시 작성하도록 명령권을 행사했다.[61] 군 감독자에는 증명사무를 고려하여 서무계를 담당자에 포함시켰다. 경비는 고복채를 인상하거나 결수할(結數割)이나 동·리의 저축, 호수할(戶數割) 등으로 토지소유자가 부담하는 것을 원칙으로 했다. 조선총독부에서는 감독비, 고원임금, 용지대 등을

---

55 조선총독부, 앞의 책, 15~16쪽.
56 朝鮮総督府, 『朝鮮総督府官報』 제453호, 1912.3.4, 부령 제20호 과세지견취도 작성의 건; 제466호, 1912.3.19, 관통첩 제74호 과세지견취도취급수속.
57 朝鮮総督府, 1912, 『朝鮮総督府施政年報』, 120쪽; 「과세지견취도 배부 방법의 건」, 『朝鮮総督府官報』 제455호, 1912. 3.6, 관통첩 제67호.
58 견취도 작업 일정은 『朝鮮総督府官報』 제466호, 1912.3.19, 관통첩 제74호; 제165호, 1913.2.20, 관통첩 제43호 참조.
59 『매일신보』, 1912.4.24.
60 「과세지견취도 작성 수속의 건 제1조」, 『朝鮮総督府官報』 제466호, 1912.3.19. .
61 과세지견취도 작성 수속 제3장 부군의 감독 제36조.

보조하는 수준이었다.[62]

작업은 10일 전에 면내에 공시하고, 부군에서는 대지주 또는 일본인 지주들을 모아놓고 사업 취지를 설명했다. 일본인 지주들에게는 일일이 통지하여 모두 입회를 권했다.[63] 소유권에 불안을 느끼던 일본인들은 환영했지만 대다수 조선인 토지소유자들의 반응은 그렇지 않았다. 일제는 이들의 비협조에 대비하여 민결(民結)·은결이 발견되면 1895년 9월 법률 제15호 제4조에 의하여 기지는 관아에서 몰수하겠다는 경고문을 공시했다.[64] 토지소유자는 지목, 자번호, 면적, 야미수, 결수와 토지소유자의 주소, 성명을 기재한 표항을 설치하도록 했다.

작도 작업은 먼저 동리 전체의 개황도를 그리고 경계를 확정한 다음, 개별 필지에 대한 조사 작업에 착수했다. 경계는 면은 관계 면장과 리·동장이, 리는 면장의 지휘로 관계 동리장 고로(古老) 또는 지사인(知事人)이 모여 정했다. 과세지견취도를 작성할 때는 지세 부과 서류, 특히 1911년의 고복책(考卜冊)을 주로 이용했다. 이는 새로 개간한 토지와 은결 등을 색출하기 위한 것이었다.[65] 원도(原圖)는 유지들의 내부 검열을 거쳐 오류가 없음을 확인한 뒤 올바로 베꼈다. 실지와 대조하여 오류와 탈루가 많으면 다시 제조하도록 했다.[66] 과세지견취도는 비교적 정확하게 작성되어

---

62 조선총독부, 1911, 「과세지견취도 작성 수속 제5장 경비」, 『과세지견취도조제경과보고』, 16~17쪽.
63 조선총독부, 1911, 위의 책, 39쪽.
64 조선총독부, 1911, 위의 책, 42~43쪽.
65 조선총독부, 1911, 앞의 책, 10쪽.
66 「과세지견취도 작성 실적. 과세지견취도 작성 수속 제3장」, 『朝鮮総督府官報』 제261호, 1913.6.14.

<그림 3-3> 창원군 동면 신방리 과세지견취도

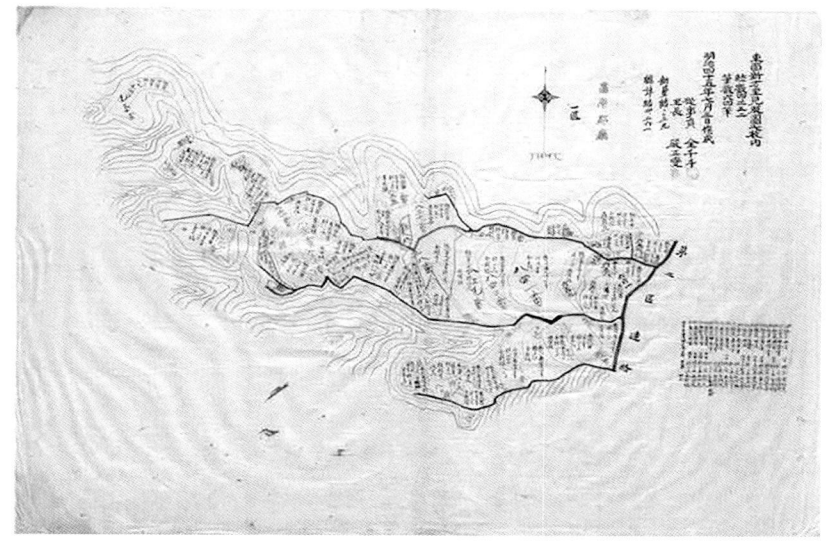

출처:「창원군 동면 과세지 견취도」

결수연명부의 한계를 보완하여 결수연명부와 함께 토지 공부 역할을 수행했다.

    과세지견취도는 리 단위로 작성하고, 맨 앞장에 리 전체를 그린 연락도(連絡圖)를 붙이고 면 단위로 편철했다. 각 리의 견취도는 구획을 나누어 1/1,200로 그렸다. 과세지견취도는 부군에서 검토한 다음, 면에서 공시하여 토지소유자에게 열람하도록 했다. 이의신청제도를 두고, 이의신청이 없으면 그대로 확정했다.[67] 열람률은 17%로 대단히 낮았으며, 영남과 호남의 비중이 높았다. 이의 건수는 경남과 전남이 다른 지역에 비

---

67 「과세지견취도 작성 수속, 제6조 제14조」,『매일신보』, 1912.11.16; 11.21

하여 압도적이고 경북과 황해가 다음이었다. 이의 종류에는 면적이 가장 많고, 다음이 결수와 소유자였다. 1912년 대부분 지역에서 작업을 완료하고, 평북, 강원, 함남북의 46군 484면 5,181동리는 1913년에 완성되었다.[68]

〈표 3-3〉 과세지견취도 도별 열람 실태 (단위: 만 필당)

구분	경기	충남	전북	전남	경북	경남	황해	강원	평남	평북	함남	계
열람률	9	6	16	44	45	15	9	9	3	25	10	17
이의 건수	18	5	6	77	32	95	25	5	15	16	23	23
이의	지형	경계	토지 탈락		지목	자번호	야미수	면적	결수	소유자		기타
	1	1	1		2	5	1	9	7	7		1

비고: 지주 수는 2,666,860명, 필지 수 14,045,080필이다.
출처: 朝鮮総督府, 『朝鮮総督府官報』 제261호, 1913.6.14.

과세지견취도와 결수연명부의 대조 작업은 과세지견취도 작성 수속에 대조사무 규정을 설치하고,[69] 1912년 4월 11일 대조방법에 관한 통첩을 내렸다.[70] 대조 결과 결수연명부는 수정해야 할 사항이 적지 않았다.[71] 면적과 결부가 일치하지 않는 경우가 많았다. 기간지(起墾地), 환기지(還起地)의 증결, 허결(虛結) 혹은 진황지 등 세금부과가 불가능한 감결(減結)도 적지 않았다. 종합한 결과 1만 1,033결이 증가했다. 조선총독부 당국자는

---

68 朝鮮総督府, 『朝鮮総督府施政年報』, 1912, 1913년, 81쪽; 『매일신보』, 1912.10.3; 1912.10.27; 1912.12.25; 1913.1.18; 1913.2.13; 1913.3.1; 1913.6.27; 1913.7.15.
69 과세지견취도 작성 수속 제4장 견취도와 결수연명부와 대조사무.
70 「관통첩 제117호」, 『朝鮮総督府官報』 제484호, 1912.4.11.
71 朝鮮総督府, 『朝鮮総督府官報』 제261호, 1913.6.14.

토지소유권의 안정화, 지세징수상의 효과 등을 거두었다고 평가했다.[72]

견취도 작업을 식민지체제의 재편작업과 관련하여 의미를 평가하면, 첫째, 토지소유권과 국·민유지를 명확히 했다. 토지분쟁 사건을 막고 증명에 대한 신뢰도를 높여 토지 투자와 부동산 금융의 활성화를 기대했다.[73] 일본인을 비롯한 조선인 지주들의 토지소유권을 확립하여 지배체제의 근간으로 삼으려는 시도의 일환이었다.[74] 둘째, 지주납세제와 지세의 중앙 집중화를 목표로 했다. 미과세지를 찾아내 출세결(出稅結)이 증가하여 과세의 공평을 기했다.[75] 지세 납부과정에서 이익을 보던 기득권층의 이익을 중앙에 집중시켜 재정을 확충하려는 시도였다. 셋째, 면·동리의 경계를 확정하고, 행정구역을 개편하는 작업을 병행했다. 이 일은 식민지 지배체제와 토지조사의 사업단위를 확정하는 작업이었다.[76] 지방행정의 새 담당자인 면장과 일본인 지주들이 열성적으로 참여했다.[77]

결수연명부는 과세지견취도와 대조작업을 하면서 완성도가 더 높아졌다. 그리고 과세지견취도를 활용하여 지방행정 구역을 개편하고 확정할 수 있었다. 이는 동시에 면장 중심의 행정체제 구축작업의 일환이기도 했다. 그 결과 총독부→도장관→부윤 군수→면장에 이르는 중앙집권적이며, 상하 종속적인 식민통치체제가 면모를 갖추게 되었다.

---

72 朝鮮総督府, 『朝鮮総督府官報』 제262호, 1913.6.16.

73 朝鮮総督府, 『朝鮮総督府官報』 제262호, 1913.6.16; 조선총독부, 1911, 『과세지견취도제경과보고』, 64쪽.

74 조선총독부, 1911, 『과세지견취도조제경과보고』, 41~42쪽.

75 조선총독부, 1911, 위의 책, 9~10쪽.

76 조선총독부, 1911, 위의 책, 29쪽.

77 조선총독부, 1911, 위의 책, 5~6, 17~18, 25~26, 41~42, 54, 63~64쪽.

2) 과세지견취도와 소유권 분쟁

과세지견취도는 결수연명부와 함께 과세지 조사장부로 만들어지고 토지신고서 작성의 근거 장부로 활용되었다. 두 장부는 다 소유권 사정장부는 아니었기 때문에 증거력에는 한계력을 가졌다. 다음 토지조사 과정에서 분쟁이 발생했을 경우 견취도의 역할을 창원군 토지신고서에 예시된 다양한 사례에서 살펴보기로 하자.[78]

첫째, 실지조사에서 견취도의 내용을 오류라고 인정하고 신고를 포기한 경우이다.[79] 진일출은 1913년 10월 24일 토지신고서를 제출했다가 사유서를 첨부하고 신고를 취소했다.[80] 사유서에는 진일출이 이 토지를 10여 년간 대가 없이 경작했으며, 과세지견취도와 토지신고서를 제출할 때 자기 소유로 신고했다는 내용이 담겨 있다. 그는 지대 없이 소유권적 권리를 행사하며 이 토지를 경작했기 때문에 자기 땅으로 신고한 것으로 보인다. 그런데 실지조사에서 전성업이 이의를 제기하고 자기 명의로 다시 신고하였다. 자세한 사정은 알 수 없지만, 명목상의 소유권과 사실상의 소유권(경작권)이 충돌한 경우로 보인다. 이때 후자가 과세지견취도 등을 근거로 신고서를 제출했으나 증거력을 발휘하지 못하고 신고를 취소하고, 전자가 다시 신고서를 제출하였다.[81]

---

[78] 최원규, 2009, 「일제초기 창원군 토지조사 과정과 토지신고서 분석」, 『지역과 역사』 24, 343~347쪽.

[79] 『토지신고서 창원군 웅동면 청안리』, 181쪽.

[80] 『토지신고서 창원군 웅동면 청안리』, 27쪽.

[81] 최원규, 2011 「일제초기 창원군 과세지견취도의 내용과 성격」, 『한국민족문화』 40, 337~338쪽.

둘째, 해군성의 소유지를 개인이 자기 소유로 견취도에 등록하여 분쟁이 발생한 경우이다. 우금조는 해군성에 토지를 매도했음에도 불구하고, 과세지견취도에 자기 소유로 등록하고 납세도 자기 이름으로 한 경우이다. 해군성이 실지조사 과정에서 이의를 제기하고 우금조는 토지신고를 취소했다. 이 일은 해군성이 토지만 매득하고 가옥은 우금조의 소유로 남아 있었기 때문에 발생한 것이다. 이와 반대로 해군성이 매입할 때 대지는 제외했는데, 견취도를 작성하면서 대지를 국유지로 알고 제외한 경우도 있다. 대지의 소유자가 토지신고서를 제출했다.[82]

셋째, 과세지견취도에 등록되어 토지신고서를 제출했지만, 실지조사 과정에서 소유권이 의심이 된다는 이유로 이를 부정한 경우이다. 조사원들이 도로 범입지, 국유지 부속지, 시장터 등이라 판단하고 국유라고 의심하고 신고를 취소하게 한 경우이다. 신고인들이 오랫동안 이곳을 점유 이용해 오면서 자기 소유지로 인식하고 과세지견취도에도 등록하고 토지신고서를 제출한 경우이다. 이장(里長)들도 견취도가 현실을 그대로 반영한 것이라 주장했지만, 임시토지조사국에서는 이를 부정하고 국유로 결정했다. 과세지견취도 작성 이전 본래 국유지였는데, 민이 이를 침해한 토지라고 판단하고 국유로 확정했다.[83] 과세지견취도의 증거력은 작성 시점으로 제한되었다.

넷째, 과세지견취도를 작성할 당시는 행정구역의 경계가 확정되지 않아 이웃한 두 행정기관이 동일 지역을 서로 자기 구역에 편입시켜 서로

---

82 『토지신고서 창원군 웅동면 남양리』 2(우금조의 신고서).
83 최원규, 2011, 「창원군 토지조사사업에서 소유권분쟁의 유형과 성격」, 『한국학연구』 24, 106~118쪽.

다른 사람을 소유자로 등록한 경우이다. 창원군 대산면 북부리와 밀양군 하남면 수산리 사이에 존재한 사주(沙洲)를 둘러싸고 동척과 이존수 사이에 발생한 분쟁이다. 두 지역의 견취도에 각각 소유자로 등록되면서 분쟁이 발생했다. 법원과 임시토지조사국에서 동척 소유로 판결했다.[84] 동척의 소유권과 이존수의 개간권 사이의 갈등으로 보인다.

다섯째, 과세지견취도에는 원칙적으로 분쟁당사자를 기록하도록 했다. 그런데 창원군 동면에는 오이케 츄스케(大池忠助)와 국(國), 주민이 10여 년간 분쟁하던 토지가 대규모로 존재했지만, 창원군 과세지견취도에는 분쟁지 표시 없이 사실상의 소유자인 주민들 대신 지세를 부담하던 오이케의 명의로 기록되었다.[85] 이들 토지는 재판에서 오이케의 소유로 확정되었다.[86] 재판 과정에서 과세지견취도에 오이케가 소유자로 등록된 것이 유리하게 작용한 것으로 보인다.

여섯째, 과세지견취도와 원도에서 소유주가 바뀐 경우가 많았다. 특히 과세지견취도에 조선인으로 표기된 토지가 실지조사를 거친 후 원도에는 일본인으로 표기된 경우가 적지 않았다. 토지 방매의 경우도 있지만, 주민이 개간권자(경작권자)이고 일본인들이 소유권자였지만, 일본인들이 작성 과정에 참여하지 않아 주민의 소유로 등록된 것으로 보인다. 조선총독부에서는 일본인들의 참여를 독려하고 환영하는 자가 많았다고 평가했지

---

34 최원규, 2011, 앞의 책, 136~139쪽.

35 동면 용잠리에서 오이케가 관련된 분쟁지는 40필지 1만 6,568평이었다. 이 가운데 11필지는 주민 명의로, 29필지는 오이케 명의로 견취도에 표기되었다(『창원군 동면 용잠리 과게지견취도』).

36 최원규, 2011, 「창원군의 토지소유권 분쟁과 처리」, 『일제의 창원군 토지조사와 장부』, 251~303쪽.

만, 일본인들은 과세지견취도의 법률적 한계를 인식하고 소극적 태도를 견지한 경우도 적지 않았던 것으로 보인다. 이시쿠레 노리미쓰(石樽乘光)가 대표적인 예였다. 그는 실지조사 과정에서 이의를 제기한 끝에 소유권을 쟁취했다. 잠매 토지는 현실적으로 점유자인 조선인이 경작하고 납세하는 경우가 대부분이었을 것으로 생각된다.[87]

과세지견취도는 지세납세자가 지주라고 신고한 경우 또 다른 신고자가 없을 경우 이들을 소유자로 등록한 것으로 보인다. 과세지견취도는 토지신고서의 기초자료로 활용되었지만, 소유권 판정의 결정적 증거자료로 채택되지는 않았다. 과세지견취도 작성 당시 개간을 이유로 소유권자로 등록한 경우 소유권의 주요한 근거로 작용하기도 했다. 개간지의 경우 견취도에 등록된 경우는 민유, 등록되지 않은 경우는 국유라는 증거라고 주장하기도 했다. 과세지견취도는 지세 부담자 중심으로 소유자를 등록한 것이지만, 토지를 점유해 경작하며 지세를 납부하던 물권적 경작권자, 관습물권자들의 명의로 등록된 경우도 적지 않았을 것으로 보인다. 이들은 결수연명부 작성부터 신고서 작성이나 실지조사에 이르는 과정에서 조선인·일본인 지주 혹은 국유지로 수정되었다. 두 도부(圖簿)는 지주 중심으로 과세지를 파악하고 경작권은 배제했다. 토지신고서를 정리하여 실지조사부를 작성하는 과정은 분쟁으로 가려내지 못한 지주를 심사 정리하고, 측량하여 원도(原圖)를 완성했다.

과세지견취도는 '사업'에서 작성한 원도의 전사였다. 견취도는 결수연명부, 원도는 토지조사부와 짝을 이루며 작성되어 내용도 거의 동일했다. 전자는 진·국유지 등의 비과세지는 파악 대상이 아니었으나, 원도에서는

---

87 조선총독부 임시토지조사국, 1916, 『창원군 분쟁지심사서류(취하) 2-2』 제7호.

모두 일괄 파악했다는 점에서 차이를 보였다. 견취도의 진전이 원도에서는 유주지(有主地), 즉 지주의 토지로 파악된 것으로 보였다. 지주제를 강화하는 방향에서 도면을 작성한 것으로 판단된다. 과세지견취도와 원도 등 두 도면은 양안에서 사표를 선(線)으로 표시하여 토지소유권의 경계를 분명히 했다는 점에서는 동일했지만, 원도는 모든 필지를 근대적 측량술로 절대면적을 표시하고 토지소유권을 분명히 했다. 원도는 지적도의 원본으로 사정 작업의 토대였다.[88]

---

38 최원규, 2011,「일제초기 창원군 과세지견취도의 내용과 성격」,『한국민족문화』40, 341~343쪽.

제4장
토지신고서 작성과 토지신고자

1. 토지신고서의 작성 원칙과 조사절차

조선총독부는 토지조사법에서 토지조사의 기본틀을 정하고, 기초 서류인 토지신고서 작성을 위해 「토지신고심득」을 제정했다.[1] 임시토지조사국에서는 이를 토대로 토지조사 과정 전반에 대한 기본방침과 방법을 마련했다.[2] 토지조사의 첫걸음은 토지신고서를 제조하는 일이었다. 토지조사법 제5조에 지주는 정부가 정하는 기간 내에 토지를 신고하고, 제6조에 지주와 대리인이 실지에 입회할 것을 정했다. 제12조에는 처벌조항으로 정당한 사유 없이 신고 또는 입회를 하지 않은 자는 20환 이하의 벌금에 처하고, 허위신고는 200환 이하의 벌금에 처하도록 했다.[3]

다음은 토지신고심득에 정한 토지신고서 작성법을 보자.[4] 첫째 사단(社團), 재단(財團)과 공공단체, 또는 묘(廟), 사(祠), 단(壇), 전(殿), 사(寺), 원(院) 등의 토지는 관리인이 신고할 것, 둘째 소유권 분쟁 토지와 소송 중인 토지는 진술서와 증빙서를 첨부할 것, 셋째 신고서는 동리를 단위로 1통을 작성하고, 연속 토지는 1구역으로 하고, 지목은 지방에서 통용하는 것으로 할 것, 넷째, 성명은 민적(民籍)과 표항은 신고서와 일치하도록 할 것, 다섯째, 관리인 또는 이해관계인이 신고할 때는 지주와 신고자의 주소를 기입할 것 등이었다. 토지신고서에는 다음과 같은 주의사항을 인쇄했다.

---

1 내각 법제국 관보과, 『관보』, 제4768호, 1910.8.29.
2 조선총독부 임시토지조사국, 『국보』 1, 11쪽. 조사사항 1910.11.17.
3 내각 법제국 관보과, 『관보』, 제4765호, 1910.8.24.
4 내각 법제국 관보과, 『관보』, 제4768호, 1910.8.29.

① 토지가 연속한 자는 여러 자호(字號)에 걸쳤더라도 한 구역으로 기재할 것.
② 토지 소재는 종래의 명의 또는 토지조사를 할 때 변경된 명칭을 기재하되 변경된 것은 괄호 안에 종래의 면명(面名)을 기재할 것, 단 동명(洞名)만 변경되었을 때는 동명의 기재를 생략할 것.
③ 주소는 종래의 명칭으로 기재할 것.
④ 성명은 민적(民籍)에 등록된 자와 동일의 문자와 자획을 사용하여 명료하게 기재할 것. 일단 기재한 문자는 없애지 말 것.[5]

여기서 중요사항은 소유자 중심의 필지 구획과 성명 기록법이다. 성명은 호명 등을 사용한 양안과 달리 민적에 등록한 성명을 표기하도록 했다. 민적에 등록된 자를 소유권자로 확정하기 위한 조치였다. 토지의 주소는 새로 변경된 면명을 기록하도록 했다.

그러나 토지신고는 진척 속도가 지지부진했으며, 무신고지도 상당했다.[6] 토지소유자들의 비협조와 토지조사원칙이 현실과 차이가 있었기 때문이다. 일제는 지주와 과세지 파악을 목적으로 1911년 결수연명부 규칙을 공포하고 결수연명부가 완결될 무렵 그 성과를 인정하고 토지신고서 작성에 활용하기로 결정했다. 결수연명부는 일제가 작인납세제를 해체하고 지주납세제를 시행하기 위해 각 필지의 위치와 결수, 지주를 오류

---

5 김해군 토지신고서, 『朝鮮総督府官報』 제137호, 1913.1.17. 토지신고서 기재 사례.
6 신고는 평안도와 함경도의 일부 지역을 제외하고 1915년 대부분 종결되었다. 1913년 전반 구체제기 신고자는 19% 정도였다. 초기에는 신고기간을 연기한 지역도 상당했다. 최원규, 2019, 『한말 일제초기 국유지 조사와 토지조사사업』, 혜안, 326~327, 521~533쪽.

나 누락 없이 파악해야 했다. 일제는 거의 5년이란 긴 세월에 걸쳐 지주와 결수를 조사한 결수연명부를 작성하고, 과세지견취도와 대조하는 작업을 거쳐 결수연명부를 완결했다. 일제는 결수연명부가 지주와 토지를 조사한 지세부과 장부였지만, 소유권 보존증명을 위한 증거서면을 작성하는 원부라는 토지공부의 자격도 부여했다. 결수연명부가 아직 미진하지만, 조사 과정에서 수정하기로 하였다.

임시토지조사국은 결수연명부가 완결되자 토지신고서 작성에 이를 활용하기로 결정하고, 1913년 1월 「토지신고심득」을 개정했다.[7] 구심득과 개정심득의 내용을 비교하면 다음과 같다. 첫째, 개정심득에서는 동일 소유자의 연속된 구역이라 하더라도 구심득과 달리 결수연명부에 한 필로 등록된 것은 한 필로 기재하도록 했다. 이 필지는 실지조사에서 다시 소유자와 지목을 고려하여 재조정했다.[8] 일제는 측량의 편리성을 고려하여 대면적주의를 채택했다. 이는 필지 주변의 경계 토지가 개인 소유지로 표기되는 지주 위주의 측량 방식이었다.[9]

둘째, 동리명, 자호지번, 결수 등 토지 내용은 결수연명부에 근거하여 기록하도록 했다. 결수연명부에 기재되지 않은 토지는 사고란에 개간 시일 등 그 사유를, 대지는 가옥 번호 등을 기록하도록 했다.

셋째, 개정심득은 토지조사의 결과물인 토지대장과 결수연명부와의 관계를 고려하여 여기에 기초하여 토지신고서를 작성하도록 원칙을 정

---

[7] 朝鮮総督府, 『朝鮮総督府官報』 제137호, 1913.1.17. 조선총독부 고시 제5호 토지신고심득.
[8] 조선총독부 임시토지조사국, 1918, 『조선토지조사사업보고서』, 93~95쪽.
[9] 창원군의 경우 결수연명부와 토지조사부를 대조 작성한 토지조사부 등본을 검토하면 분필과 합필이 적지 않았지만, 합필이 더 많아 필지 수가 감소되었다.

〈그림 4-1〉 토지신고서(김해군 진영리)

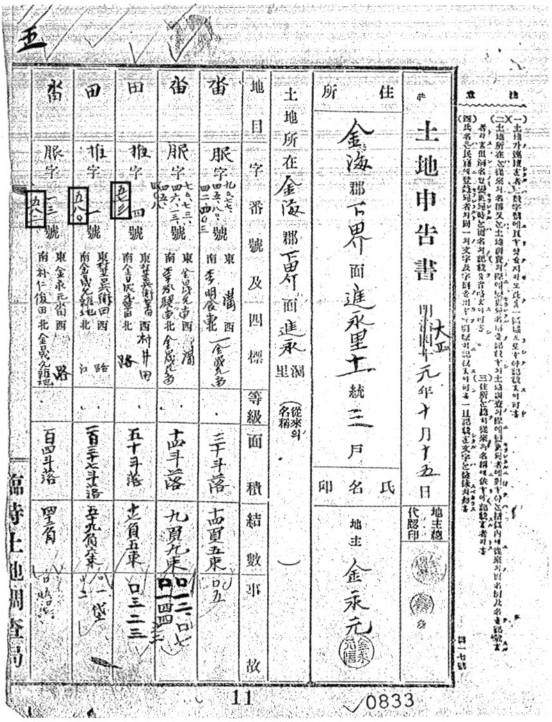

土地申告書

明治四十五年 大正元年 十月十五日

住所 金海郡下界面進永里 統 戸

氏名 印 地主 金永元

土地所在 金海郡下界面進永里

地目 / 字番號 / 及四標 / 等級 / 面積 / 結數 / 事故

출처: 『김해군 하계면 진영리 토지신고서』.

했다.[10] 이미 제출된 토지신고서에는 〈그림 4-1〉처럼 견취도 번호를 자번호 옆에 부기하도록 했다. 양자를 대조한 표시이다.[11]

임시토지조사국은 토지신고심득을 개정하는 동시에 토지신고서와 결수연명부가 일치하도록 대조하라고 1913년 3월 3일 통첩을 내렸다.[12] 임

10 『매일신보』, 1913.1.19; 1.22.

11 朝鮮総督府, 『朝鮮総督府官報』 제137호, 1913.1.17.

12 朝鮮総督府, 『朝鮮総督府官報』 제174호, 1913.3.3, 관통첩 제54호.

시토지조사국에서 조제할 토지대장과 결수연명부와의 연락관계를 확보하기 위하여, 준비조사를 할 때 양자를 대조하여 처리하도록 하였다.

임시토지조사국에서는 토지신고서를 작성할 때, 결수연명부에 등록된 토지와 미등록 토지를 구분하여 작성했다. 전자는 결수연명부를 근거로, 후자는 별도의 증거서류를 첨부하여 토지신고서를 작성하도록 했다. 그리고 결수연명부의 필지는 증명을 받은 토지와 받지 않은 토지로 구별했다. 이를 토지신고서에 그대로 반영하여 권리행사에 지장이 없도록 했다. 결수연명부에 미등록된 토지도 토지신고서에 포함시켜 실지조사를 거친 뒤 결수연명부를 정정하여 양자가 일치하도록 했다.[13]

1913년 10월 1일 결수연명부를 증명부의 토지대장으로 기능하도록 하면서 처리 방식도 개정되었다.[14] 증명부의 소유권에 관한 사항은 증명 관리가 부군에 통지하여 결수연명부를 수정하여 양자가 항상 일치하도록 했다. 따라서 토지신고서를 결수연명부와 비교하면, 증명부와의 일치 여부도 확인할 수 있었다.[15] 전당권도 채권 확보가 가능하도록 전당권자가 소유자 대신 분할 신고를 할 수 있도록 했다.[16]

1915년에는 토지신고서에 증명을 표기할 수 있도록 토지신고서 양식도 변경했다. 증명부의 증명이 기록된 결수연명부의 기록을 토지신고서에 이기하여 토지조사부와 일치하도록 했다. 최종적으로 작성한 토지신

---

13 조선총독부 임시토지조사국, 『국보』 28, 1913.9.15, 토총 제1538호.
14 朝鮮総督府, 『朝鮮総督府官報』 제313호, 조선총독부령 제83호, 관통첩 제260호.
15 결수연명부와 토지신고서의 대조작업은 1915년 1월 18일에 폐지했다. 『朝鮮総督府官報』 제734호, 1915.2.2.
15 朝鮮総督府, 『朝鮮総督府官報』 제638호, 1914.9.16; 제734호, 1915.1.16.

고서에는 다음과 같이 주의사항을 인쇄했다.[17]

① 토지신고서는 한 동리마다 조제할 것.
② 결수연명부에 한 필로 등록된 것은 한 필로 기재할 것.
③ 성명은 민적에 등록된 자와 동일한 문자와 자획을 명료히 기재할 것.
④ 전당권 또는 소유권의 증명을 받은 토지는 증명번호의 좌측에 '전당권' 또는 '소유권'이라 방기할 것.

토지신고서에 증명번호란을 두어 증명을 받은 토지는 증명번호를 기입하여 권리관계의 연속성을 보장했다. 그리고 결수연명부·토지신고서·실지조사부·토지조사부를 비롯하여 증명부·토지등기부 등 모든 장부에 가지번을 기록하여 서로 법적 연속성을 갖도록 장부체계를 정비했다.

임시토지조사국에서는 1913년 6월 7일에는 토지조사의 순서와 방법을 체계화한 임시토지조사국 조사규정을 공포하여 토지조사의 전 과정을 체계화했다.[18] 제1장은 면·동의 명칭, 경계조사와 토지신고서의 취합에 관한 규정이다. 면·동의 명칭과 경계조사는 면장·동장과 지주총대의 입회 아래 구관(舊慣), 민정, 지세 등을 짐작하여 지방청과 협의한 뒤 확정하도록 했다. 조사 방식은 경계의 확정과 표항 설치, 부·군·면·동의 약도, 면·동 명칭 조사표 등을 작성하여 지방청에 통지하는 것으로 완료했다.

---

17 조선총독부 임시토지조사국, 『국보』 83, 1915.10.8, 토조 제1274호. 주의사항의 ⑤ ⑥ ⑦ ⑧의 항목은 화전과 휴한지에 대한 것인데, 여기서는 생략한다.

18 朝鮮總督府, 『朝鮮總督府官報』 제255호, 1913.6.7, 임시토지조사국조사규정; 조선총독부 임시토지조사국, 1918, 「제7장 장부조제」, 『조선토지조사사업보고서』 참조.

그리고 동리별로 일정기간을 정하여 토지신고서를 지주총대가 수합하는 과정과 기재 방식을 구체적으로 예시하였다.

제2장은 지주, 지목, 경계, 조사에 관한 규정이다. 내용은 입회인의 자격, 신고서의 정당성 조사, 지주 사망 시의 처리방법, 소유권 조사 제외지, 지목의 명칭, 일필지 규정, 도로 등 특종 토지의 조사방법, 지번 부여 방식 등이었다.

제3장은 분쟁지, 소유권에 의문이 있는 토지 그리고 무신고지의 재조사에 관한 규정이었다. 이 경우 증빙서류를 갖추고 실지를 재조사하여 심사서를 작성하도록 했다.

제4장은 지위등급조사였다.

제5장에서는 토지조사 이후의 사무처리 순서를 정했다. 사무처리 순서는 토지조사부와 지적도를 작성하고, 도 지방토지조사위원회의 자문을 거쳐 사정하도록 했다. 다음은 토지대장을 작성하고 이를 근거로 토지대장집계부와 지세명기장을 조제하도록 했다. 그 이후 사정 연월일과 도·부·군·명을 보고 예(例)에 따라 조선총독에 보고하고, 토지대장과 지적도는 이동사항을 정리한 다음 부·군청에 인계하고 '사업'을 종료했다.

임시토지조사국 조사규정은 토지조사를 하면서 나타난 문제점을 수정 보완한 것이다. 각 필지의 경계와 주소, 지주를 조사하여 소유권자로 확정하는 토지조사규정이다. 그리고 지주를 확정할 수 없는 경우에 대한 처리 방법도 마련했다. 토지신고서는 실지조사가 완결되면 이를 검사하고 편철했다. 토지신고서는 리별로 편철했으며, 표지, 색인, 토지신고서와 증거서류, 국유지통지서, 참고서류 등으로 구성되었다. 표지에는 토지신고서라는 제목 옆에 해당 리를 표기하고, 책의 내용, 조사원, 조사일정 등을 기록했다. 표지 뒷면에는 토지신고서를 결수연명부, 과세지견취도와 대조하고, 실지조사부와 조합하는 작업일과 회수를 기록했다. 토지신고서 작업은 검사원의 검사와 함께 종료되고, 이와 함께 실지조사부와 원도가 완성되었다.[19]

2. 신고서 내용과 작성 과정

1) 신고서 작성과 문제점

토지조사는 지방경제와 관습조사, 지방행정구역 개편, 지도의 완성 등 통치자료를 조사하는 작업과 동시에 추진되었다.[20] 토지조사는 준비조사→ 실지조사→일필지측량→사정의 순서로 진행되었다. 준비조사 단계에서 대부분 확정되었으며, 이후에는 이를 토대로 측량작업, 장부조제, 분쟁지 심사 등을 실시했다.[21]

토지조사의 지역별 우선순위는 통치 문제를 고려하여 정했다. 처음에는 중부에서 남부·북부, 그중에서도 철도 연변부터 시작하기로 정했다.[22] 1912년 토지신고부터 벽에 부딪히자 일제는 통치의 핵심 지역을 시가지

19　최원규, 2009, 「일제초기 창원군 토지조사 과정과 토지신고서 분석」, 『지역과 역사』 24, 309~316쪽.
20　조선총독부 임시토지조사국, 『국보』 2, 1910.12.15. 훈령 제6호 지방경제와 관습조사규정, 1910.11.5. 토지조사사업의 결과는 조선총독부 임시토지조사국, 1918, 『조선토지조사사업보고서』와 『매일신보』, 1918.11.2. 토지조사 종료호에 정리되어 있다.
21　조선총독부 임시토지조사국, 1918, 『조선토지조사사업보고서』, 57~59쪽.
22　『매일신보』, 1910.3.21; 1912.5.18; 1912.9.27.

로 설정한 다음 시가지부터 조사를 완료할 계획을 세웠다. 시가지는 일본인들의 주 주거지이며 통치의 핵심 지역으로 일제는 전체 역량을 집중 투자하여 1913년에 조사를 마쳤다. 다음 지역별 조사는 통치의 거점 지역인 경기도와 경상도부터 시작하여 전국으로 확산시키는 방식이었다. 경기·경상·충청·전라·북부 지역 순으로 진행되었다.

조사 대상 지목은 경제적 가치와 행정의 편부(便否)에 따라 다음과 같이 분류하고 조사했다.[23] 첫째, 수익이 있는 토지로 과세 중이거나 장차 과세할 토지[전, 답, 대, 지소(池沼), 임야, 잡종지], 둘째, 수익이 없는 공공용지로 지세를 면제한 토지[사사지(社寺地), 분묘지, 공원지, 철도용지, 수도용지], 셋째, 사유지로 인정할 성질이 아니고, 또 과세의 목적도 갖지 않은 토지[도로, 하천, 구거(溝渠), 제방·성첩(城堞), 철도선로, 수도선로] 등 3종류 18종의 지목이었다.

임야는 제외했다. 다만 작업의 편의를 고려하여 조사지 안에 있는 임야만 조사 대상에 포함했다. 다음 지목은 측량은 하고 소유권은 조사하지 않았다. 사유지라도 실제 이익이 없는 도로·하천·구거·제방 등은 민유지로 조사하지 않는다고 정했다.[24] 공공적 성질을 갖는 지목은 사유라도 이를 인정하지 않고 국유지처럼 처리했다. 그리고 지목은 신고대로 확정하지 않고, 실지조사 때 현상에 따라 적합한 것을 선택하도록 했다.

토지신고서는 군→면→지주총대(동리)를 거쳐 개별 지주에게 배포하면, 지주는 토지신고심득과 준비조사 규정에 따라 작성하여 지주총대

---

23 조선총독부 임시토지조사국, 1918, 『조선토지조사사업보고서』, 83쪽.
24 조선총독부 임시토지조사국, 1910.12.15, 『국보』 2, 토조발 제33호 1910.8.26. 토지조사에 관한 통지의 건.

가 작성내용을 확인한 다음 면에 제출했다. 면에 보관된 신고서는 출장원에게 인계하여 실지조사의 근거로 삼았다.[25] 지주총대는 지주와 직접 대면하여 실무를 담당한 자로 면장이 임명하고, 군에서 적합 여부를 조사했다.[26] 지주총대는 빈부를 가리지 않고 주로 고노(高老) 혹은 지사인 등 그 지방의 토지 사정에 익숙한 자 중에서 선발했다.[27] 이들의 경제적 편차는 컸다. 이들 중에는 부농도 있지만, 하루라도 가업을 게을리하면 가정경제에 심한 타격을 받는 자도 적지 않았다.[28] 이들은 초기에는 몰래 보수를 요구하기도 하고, 출장원의 명령을 준수하지 않거나 직무수행에 적극적이지 않았다.[29] 조선총독부에서는 「지주총대 보수금 지급 규정」을 만들어 지주에게 부담시켰다.[30] 시가지 등 일본인 집단 거주지에서는 일본인을 지주총대로 선발했다.[31]

지주총대의 임무는 「지주총대심득」에 정했다. ① 동리의 경계와 실지조사의 인도, ② 신고서의 수집 정리, ③ 경계표의 건설과 보존, ④ 지주,

---

25 조선총독부 임시토지조사국, 1915.7.25, 『국보』 74; 朝鮮総督府, 『朝鮮総督府官報』 제885호, 1915.7.15.

26 조선총독부 임시토지조사국, 1914.8.5, 『국보』 52.

27 지주총대는 신용하, 1982, 『조선토지조사사업연구』, 지식산업사; 배영순, 1987, 「조선토지조사사업에 있어서 김해군의 토지신고와 소유권사정에 대한 실증적 검토」, 『인문연구』 8-2; 조석곤, 1988, 「조선토지조사사업에 있어서 소유권 조사 과정에 관한 연구」, 『한국근대농촌사회와 농민운동』 등이 참고된다.

28 배영순, 2002, 『한말 일제초기의 토지조사와 지세 개정』, 영남대학교 출판부; 최원규, 2009, 「일제초기 창원군 토지조사 과정과 토지신고서 분석」, 『지역과 역사』 24, 303쪽.

29 조선총독부 임시토지조사국, 『국보』 9, 1911.6.25.

30 조선총독부 임시토지조사국, 『국보』 5, 1911.2.25.

31 『매일신보』, 1912.3.24.

기타 관계자의 실지 입회와 소환, ⑤ 토지의 이동, ⑥ 조사관리의 지시, ⑦ 신고서의 확인 날인 등이었다.[32]

지주는 토지신고서 제출, 표항(標杭) 설치, 입회 의무가 있었다. 표항에는 토지소재, 자호지번, 지목 수, 두락 수, 결수, 소유자, 관리자, 소작인 등의 주소, 성명을 기록하여 토지신고서와 대조할 수 있도록 했다. 초기에는 토지조사에 대한 반감으로 표항을 훼손하는 일이 비일비재하여 처벌규정을 마련하기도 했다.[33] 지주 입회규정은 소유지의 경계를 확인하여 타인 명의로 조사되는 것을 방지하기 위해 마련되었다. 담당 관리는 필요하다고 인정할 경우 지주에게 입회를 요구할 수 있었으며, 정당한 사유 없이 입회하지 않으면 벌금을 물리고 사정에 대한 불복신청도 할 수 없도록 정했다.[34] 무신고지는 국유지화할 방침이라고 선전하기도 했다.

일제가 소유권 조사에 심혈을 기울이는 것은 일본민법 관점에서 볼 때 조선의 토지소유권이 다음과 같이 대단히 혼란했다고 보았기 때문이다. 이를 막지 않으면 '사업'이 허사로 돌아갈 우려가 있었다. 첫째, 조선정부의 양전은 사표와 결부제로 토지를 파악하여 근대의 측량처럼 구역과 면적을 실상대로 구체적으로 정확히 파악하지 않아 각 필지의 면적과 경계를 확인하기가 쉽지 않았다. 둘째, 문기가 없는 토지가 적지 않았을 뿐만 아니라 문기의 내용도 확실하지 않고, 증명도 잘못된 것이 적지 않았다고 했다. 그리고 위조문권으로 도매(盜賣) 등이 비일비재하게 발생했다. 하루에 열리는 10건의 소송 가운데 7, 8건이 토지소송인데, 흑백

---

32 내각 법제국 관보과, 『관보』 제4768호, 1910.8.24.
33 조선총독부 임시토지조사국, 『국보』 9, 1911.6.25.
34 토지조사령 제18조 제19조.

을 가리기가 쉽지 않아 사법상 다대한 장애를 준다고 했다. 셋째, 문서가 법적으로 확고하지 못해 어리석은 자를 속이고, 강한 자가 약한 자를 억눌러 오늘은 내 소유였던 것이 내일은 뺏기는 폐해가 발생했다는 것 등이다.[35] 『매일신보』는 사설에서 토지조사를 실시하여 이러한 문제를 해결하여 토지소유자와 구매자에게 '대복음(大福音)'을 주자고 토지조사의 당위성을 설파했다.

일제는 토지소유권을 확실히 보여주는 관문서나 사문서 등이 매우 부실하다고 판단하고, 지주가 자기 토지를 신고하는 토지조사 방식을 채택했다. 신고주의는 지주가 자기 토지를 신고하면 임시토지조사국에서 이를 심사하여 소유권을 확인해 주는 방식이었다. 소유권의 입증 책임은 신고자가 지도록 했다. 토지조사는 지주가 작성해 제출한 토지신고서를 실지조사를 통해 확인하고, 분쟁지 심사를 거쳐 토지소유자를 확정하는 것으로 종결되었다. 조사 과정에서 생산한 모든 장부는 토지신고서와 일치하도록 작성했다.

임시토지조사국이 사업을 수행할 때 가장 중요한 작업은 조사 지역 내의 모든 토지에 대한 토지신고서를 빠짐없이 수합하는 일이었다. 조사국에서는 제출기한을 어길 때는 벌금을 부과하고 신고서를 제출하지 않거나 표항 세우지 않아 누구의 소유인지 알 수 없을 때는 소유권을 잃을 우려가 있다는 점을 늘 강조했다. 조사가 끝나면 비록 자기가 현재 거주하거나 경작하는 경우라도 자기 소유로 하기 어려우니 토지 잃고 원망하지 말라는 경고를 누차 내리고 있었다.[36] 특히 옛날과 달리 이제 삼림법처

---

35 『매일신보』, 1912.3.21.
36 『매일신보』, 1912.4.23.

럼 법을 엄격하게 시행할 것이니 법령을 준수하여 소유권을 확고히 할 것을 강조했다.

> "전시대에는 금일에 일령(一令)이 출하얏다가 명일에 폐하고 금년에 일령이 출하였다가 명년에 폐하며 또 혹시 불폐한 것이 있어도 완전히 실행하지 않아 소위 조령(朝令)은 3일에 불과하다는 말이 있다. 비록 여하한 조령이 있더라도 어찌 믿고 따르겠는가…금번 토지조사는 기한을 넘기면 반드시 산림 규칙과 동일하게 시행할 것이니…자기가 지키던 광활한 저택과 비옥한 전토가 알지 못하는 사이에 공유(共有)로 돌아가 조금의 권리도 없으니 후해를 어찌 하지 않겠는가. 자기의 소유권을 확고하시오."[37]

조선인은 초기에는 토지조사에 대한 불신감이 대단히 높았다. 토지조사가 부세를 증가하게 한다거나 수수료를 받을 필요에서, 또는 인민의 가옥과 토지를 무단히 마음대로 차지하기 위한 것이라고 인식하고 신고에 적극적이지 않았다.[38] 경성의 부자들은 자기 재산을 남이 알까 의심하여 남의 명의로 하거나 각종 세금을 물지 않기 위하여 토지나 가옥의 소유권을 은익하거나 타인 명의로 하는 습관이 있다는 것이다. 일제는 앞으로 이러한 일이 있을 때는 국유로 편입할 것이라고 압박하는 한편,[39] 토지조사는 소유권을 확고하게 하는 일이라고 누차 강조했다.

---

37 『매일신보』, 1912.6.27.
38 『매일신보』, 1912.7.10.
39 『매일신보』, 1912.6.27.

그러나 토지시장은 이러한 우려에도 불구하고 오히려 반대 경향을 보였다. 그리고 토지 거래의 안정성이 확보되지 않아 토지조사를 한다고 강조했음에도 불구하고 전국적으로 투기적 토지 매매가 곳곳에서 일어나 토지 가격이 폭등하고 있었다.[40] 일본인들은 토지소유권 보호장치가 명확하게 확립되지 않은 이때를 토지 확보의 마지막 절호의 순간으로 보고 토지 투기에 열을 올리고 있었다.

임시토지조사국에서는 조그만 땅이라도 소유한 자는 신고서 제출에 주의할 것을 촉구하는 동시에 주의사항도 하달했다. 소유주가 게을러 차지인이나 소작인이 자기 이름으로 신고하여 분쟁을 일으켜 권리확정을 지연시키는 경우가 적지 않다는 것이다. 원격지에 토지를 소유한 지주나 관리인이 토지조사의 개시를 알지 못하고 타인이 신고하여 분쟁이 일어나는 경우, 심의하는 동안 자기 토지를 마음대로 하지 못하는 등 뜻하지 않은 재앙을 입으니 신고서를 반드시 제출하도록 했다.[41]

특히 일본이나 경성에 거주하며 군·부에 토지를 소유한 부재지주에게 주의하라고 강조했다. 토지조사를 할 때 선량한 소작인이나 관리인이 지주에게 통지하여 신고서를 제출하도록 하게 하나 그중에는 악의로 자기 명의로 신고하는 불만을 품은 무리가 있다. 또한 선의로 원격에 있는 지주를 번거롭게 하지 않으려고 신고하는 일도 있지만, 이는 조사국을 번거롭게 할 뿐 아니라 지주의 불이익을 초래하니 신고를 게을리하지 않도록 주의할 것을 요망했다. 그리고 지주는 신고뿐만 아니라 가급적 입회하여 경계를 설명하여 분쟁 발생으로 인한 뜻밖의 손실도 피하도록 주의시켰다.[42]

---

40 『매일신보』, 1912.6.1; 1912.9.18; 1912.9.21; 1912.10.8.
41 『매일신보』, 1912.3.24.
42 『매일신보』, 1912.3.27.

부재지주의 토지에서 작인들이 신고하는 일이 없도록 누차 강조했다.

그러나 각 필지의 개인별 소유자를 확정하는 호명(戶名)의 실명화 작업이 쉽지 않았다. 그리고 무권리한 작인의 신고행위도 있겠지만, 개간지처럼 명목상의 소유권과 실질적 소유권(관습물권)이 양립한 곳에서 후자인 개간권자가 자기 권리를 소유권적 권리로 인식하고 신고한 경우도 적지 않을 것으로 판단된다. 토지신고서 작성이 매우 더뎠다.

일제는 토지신고서를 제출한 자를 지주로 정하고, 경작자는 신고대상에서 제외했다. 지주는 일본의 지조 개정에서 규정한 것처럼 생산노동에 종사하지 않는 자였다. 국유지 조사에서는 수조권자(명목상의 소유자)인 각 기관을 소유자로 간주하였다. 공토를 국유지로 결정했던 방식 그대로였다. 다만 민유지에서는 지주만 조사하고 그이외의 소작인이나 관리인 등은 신고서의 지주 자격에서 제외했다. 경작권은 조사 대상에서 제외하고, 관습물권과 같은 경작권은 지주와의 사적 채권관계로 처리하도록 했다. 이 때문에 분쟁이 국유지처럼 제기되지는 않았다.[43]

2) 토지신고서와 국유지통지서의 등록대상 토지

다음은 토지신고서와 국유지통지서에 등록할 토지의 대상을 정하는 일이었다. 임시토지조사국에서는 토지신고서에 이의가 없을 경우 그대로 토지소유권을 확정했지만, 다음의 경우는 일정한 절차를 밟아 이를 심사한 뒤 인정 여부를 결정했다. 결수연명부와 역둔토대장에 기재되지 않았

---

[43] 조선민사령이나 재판에서 관습물권을 제한적이나마 인정하는 모습을 보인 것도 영향을 준 것으로 보인다.

으면서도 토지조사 대상이 된 임야나 미간지 등의 토지, 무(無)신고지, 통지(通知) 없는 국유지, 이해관계인이 신고(申告)한 경우나 소유권이 의심될 경우, 분쟁지 등이다.

먼저 토지조사 대상이 된 임야와 미간지이다. 이들은 「세부측도실시규정」 제15조에 따라 사실을 조사한 다음 민유 여부를 결정했다. 우선 조사 대상은 민유라고 신고한 토지였다. 삼림령에 의거한 삼림과 산야는 삼림법 제19조에 의하여 지적계를 제출하고, 다음 ①~⑨에 해당하는 것과 특별처분에 의하여 소유권을 인정한 것에 한하여 민유라고 인정했다.[44] 그리고 삼림령에 의하지 않은 미간지는 다음 각 호에 해당하는 것에 한하여 민유로 인정한다고 정하였다.

① 결수연명부에 등록한 토지와 이에 등록하지 않았어도 현재 지세를 납부하고 또는 일찍이 지세를 부과한 토지, 단 화전과 지세를 부과했어도 이를 면한 후 약 10년 이상 이용을 폐한 것은 제외한다.
② 토지가옥소유권증명규칙 시행 이전 관청에서 사유를 인정한 토지
③ 토지가옥증명규칙 또는 토지가옥소유권증명규칙의 증명에 의하여 사유를 인정한 토지
④ 확정판결에 의하여 사유인 것을 인정한 토지
⑤ 확증 있는 사패지
⑥ 관청의 환부 부여 또는 양도한 확증이 있는 토지
⑦ 융희 2년(1908) 칙령 제39호 시행 이전 궁내부에서 사인(私人)에

---

44 ①~⑨는 조선총독부가 1912년에 발표한, 『朝鮮森林山野所有權ニ關スル指針』, 6~18쪽에 실린 지침이다.

환부 부여 또는 양도한 확증 있는 토지

⑧ 영년수목(永年樹木)을 금양(禁養)한 토지

⑨ 전 각 호 외 조선총독이 특히 사유라 인정한 토지

⑩ 매매, 양여, 기타 사유를 인정할 정당한 문기 있는 토지

⑪ 타인의 채초(採草), 채토(採土), 채석(採石), 벌목(伐木), 기간(起墾) 또는 사용을 금하고, 국유미간지이용법 (1907) 시행 이전부터 상당한 양호(養護)를 하고 사유의 사실 명확한 토지.

⑫ 종래 개간(鍬入)을 하지 않았어도 자기의 경지(耕地) 또는 대에 접속하여 소유권에 의심 없는 토지와 소유자로부터 매매 증여 등에 의하여 계승한 사실이 분명한 토지

①~⑨항은 1912년 2월 3일 조선총독부가 훈령 제4호로 발표한 「삼림·산야와 미간지 국·사유 구분 표준」이었다. 그 내용은 삼림법 제19조의 규정에 따라 지적계(地籍屆)를 낸 것 가운데 다음 각 호에 정한 삼림·산야와 미간지를 사유로 하고, 기타는 국유로 한다는 것이다. 이 조항의 기준은 관이나 조선총독이 법이나 특별히 인정한 것, 1908년 이전 관에서 사유를 인정한 것, 지세납부, 영년금양(永年禁養) 등이었다. 영년금양 이외에는 국가기관에서 사유로 인정한 증거가 있는 경우에 한하여 민유라 했다.

그리고 ⑩ 내지 ⑫의 경우는 면장, 동장 지주총대와 인접 지주가 국유가 아니라고 인정한 경우에 한하는 것으로 하고, 다음 각 호의 1에 해당하는 것에 대하여는 특히 부군청의 의견을 들어 국유라고 할지의 여부를 확정한다고 하였다.[45]

---

45 조선총독부 임시토지조사국. 앞의 책 3집. 1915, 336쪽. 세부측도규정 제15조의 제

① 국유 또는 사유 구분이 판명되지 않은 주된 임야에 접근하고 지세상 소유관계 동일함을 인정하는 상태에 있을 때
② 삼림령에 의하여 산야로서 취급해야 하는 것이 아닌지 의문이 있는 것
③ 하천 또는 호해(湖海)에 접근하여 국유·사유의 구분을 단순한 문기 또는 점유의 사실만으로 판정하는 것이 용이하지 않은 상태에 있을 때
④ 하천 또는 호해의 구역 내라고 인정할 수 있는 상태에 있는 것
⑤ 소유자가 1인인지 수명인지를 묻지 않고 일단(一團)의 토지로서 보이는 면적 약 2만 평을 초과할 때
⑥ 전 각 호 외 의견을 들을 필요 또는 온당하다고 인정할 때

    삼림·산야 미간지는 민유의 증거가 명백해야 인정했지만, ①~④ 조항에 해당하는 것은 다시 부군청의 의견을 듣고 인정여부를 판정하도록 했다. 대체로 명백한 민유가 아닌 것은 무주, 즉 국유라는 관점에서 판단했으며, 판정도 부군청에서 주관했다.
    다음은 삼림·산야로서 다음 각 호의 전부에 해당하는 것은 삼림법에 의한 지적계를 제출하지 않은 토지라도 민유로 조사할 삼림과 산야를 다음과 같이 정했다. 단 관계 관청에서 국유라 주장하지 않은 토지라는 전제조건을 달았다.[46]

    한 규정을 두었다. 다음 각 호의 1에 해당할 경우에는 府郡廳의 의견을 듣고 국유로서 주장할지 여부를 확정한다.
46 조선총독부 임시토지조사국, 1916, 『토지조사예규』 3집, 335~337쪽 제15조 제2항.

① 일단의 면적 3,000평 이내로 민유지에 포위된 것.
② 삼림에서는 전조 제1항 제8호에 해당하고 또 현재 금양의 사실이 있는 것. 만약 수목을 벌채한 경우에는 그곳에 이미 갱신을 하고 또는 벌채 후 3년 이내에 갱신한 견적이 확실한 것. 산야에서는 전 제1호 내지 제7호와 제9호의 1에 해당하고 또 현재 점유한 것.
③ 삼림법 시행 이전에 민유가 확실한 것.
④ 민유로서 신고서를 제출한 것
⑤ 면장, 동장, 지주총대와 인접 지주가 앞의 ②의 사실에 대하여 이의가 없는 것

 본지 부속의 애안(崖岸)이라 보이는 토지에 대하여는 현황이 삼림·산야인 것, 또 이를 본지에 병합할 경우와 별필로 조사할 경우를 묻지 않고 지적계를 요하지 않는 것이라 간주한다.

 이 조항의 특징은 관계 관청에서 국유라고 주장하지 않는 토지의 경우, 지적계를 제출하지 않았어도 민유라고 주장하는 토지는 소유권을 심사 결정하도록 했다. 일종의 구제조치로 보이지만, 관청의 주장이 우선권을 갖는다는 측면에서 상당히 제한적인 조치였다.

 다음은 삼림, 임야, 미간지 등과 달리 특수한 지목이 아니라 소유권이 불확실하여 토지신고서만으로 소유자를 확정하지 못한 경우이다. ① 무신고지, ② 통지 없는 국유지, ③ 이해관계인이 신고한 경우, ④ 소유권에 의심이 날 때 등이다. ① ② ③의 경우는 면장, 동장, 기타 참고인과 관계 관서(官署) 등이 그 권원(權原)을 조사하고 조서를 작성했다.[47] 이리하여

---

47 조선총독부 임시토지조사국, 1916, 앞의 책 3집, 343쪽 세부측도 실시규정 제46조.

토지신고서와 무신고지취조서, 통지 없는 국유지조서의 상부란 외에 "조서작성(調書作成)"이라 주서하여 신고서류에 첨부하도록 했다. 이들 가운데 가장 빈도가 높은 것은 공부에 등록된 근거가 없어 국유지통지서를 제출하지 못한 경우였다. 이 토지는 실지조사 과정에서 조사원이 국유지통지서를 '편의작성'하여 해당 관청에 통보하는 방식을 취했다.

처리방식은 '통지 없는 국유지조서'를 작성하여 이를 근거로 국유지통지서를 작성하고 통지서 상부란 외에 "편의작성(便宜作成)"이라 주서하는 방식과, 국유지통지서에 조서 없이 조사 내용을 기록하고, 상부란 외에 "편의작성"이라고 표기하는 두 방식이 있었다. 통지 없는 국유지조서는 국유지 조사통지서, 국유지 조사 누지(漏地) 발견보고서, 통지 없는 국유지 조사 통지서 등 제목이 다양했다. 조사내용은 누락된 국유지의 소유자와 점유 원인 등이었다. 임시토지조사국에서는 실지조사 과정에서 조사대상인지의 여부, 행정구역 등과 대조하여 한꺼번에 작성한 통지서를 소재지에 맞게 재작성하여 소속 리에 배포했다.[48]

일제는 기본적으로 법이나 관계 기관이 사인(私人)에게 준 토지는 사유로 인정했다. 반대로 법이나 관이 국유로 인정한 토지 또는 앞의 각 항에 해당되지 않은 토지는 국유라고 정리했다. 남은 과제는 이와 관련하여 분쟁 중인 토지를 국유와 사유로 구분하는 일과 사유로 인정할 경우 누구의 소유로 인정할 것인지 등이었다.

신고 대상자인 지주의 사적 소유권이 명확히 성립되어 있는 토지는 신고에 별 어려움이 없었지만, 법적으로 명확히 규정하지 않은 가운데 근

---

48 조선총독부 임시토지조사국, 1916, 위의 책 3집, 335~337쪽, 제46조; 최원규, 2009, 「일제초기 창원군 토지조사 과정과 토지신고서 분석」, 『지역과 역사』 24, 350~357쪽.

대법의 폭력성에 대하여 미숙한 경우, 중층적 권리관계 등과 같이 지주가 분명하지 않은 경우도 상당했다. 그리고 마름에 '의존적'인 부재지주는 지주가 토지의 소재를 정확히 알지 못하여 마름이나 경작인이 자기 토지로 신고하는 경우가 적지 않았다. 개간지에서도 사실상 소유권적 권리를 행사하던 경작권자가 신고한 경우가 적지 않았다. 그리고 공토처럼 사실상 지주경영에 어려움을 겪던 사패지에서는 토지신고자를 확정하는 일이 쉽지 않았다. 계, 종중, 동리 등 공동체적 토지에서도 신고자를 확정하는 문제가 빈발했다.

신고 문제는 오랜 시간을 투여하여 조사 작성한 결수연명부가 완성되면서 해결의 단서를 마련했다. 작성 기준은 일본민법이었다. 토지신고서는 동리를 한 구획으로 정했다. 토지 소재지와 소유자의 주소는 지방 행정구역 개편에서 정한 경계와 명칭에 따라 기록하도록 했다. 신고할 때 동리명이 확정되지 않아 구 명칭으로 기록했을 때는 감사원이 신 동리명을 기입했다.[49] 지목, 면적 등 지적에 대한 사항은 개정 토지신고심득 제정 이후에는 결수연명부에 근거하여 작성하도록 했다.

3) 신고기간과 신고서 정리

신고기간은 군·면 단위로 관보에 고시했으며, 측량의 구획 단위인 동리의 신고기간은 경계를 조사한 뒤 별도로 정했다. 기간 내에 신고하지 않으면 벌금을 물리고, 불복신청을 못하도록 정했지만, 실제는 느슨했던 것으로 보인다. 임시토지조사국 조사규정 제11조에 기간 내 신고하지 않

---

[49] 조선총독부 임시토지조사국, 『국보』 86, 1915.11.25.

은 자가 늦게 신고하더라도 합당한 이유가 인정되면 토지신고서에 준하여 처리하도록 규정했다.[50] 사정하기 전까지 신고서 제출이 가능했다고 판단된다.

신고기간은 변경하지 않는 것이 원칙이었으나, 초기에는 신고서 제출 지연사례가 대단히 많았다. 신고기간 연장을 건의하는 일이 적지 않았다.[51] 신고기간을 계속 연장할 정도로 신고가 제대로 진척되지 않은 지역도 있었다. 토지신고서를 제출하지 않으면 불이익을 받을 것이라는 경고도 계속했지만 그대로 시행하기에는 사정이 여의치 않았다. 규정대로 처벌할 경우 부재지주와 일본인들의 피해가 가장 크기 때문이다. 경성부 시가지 조사 때 신고기간을 다시 조정한 가장 큰 이유는 일본인 지주들의 신고가 부진했기 때문이었다.[52] 이러한 점을 고려하여 부재지주는 대리인 위임계를 제출하도록 했다.

1914년 이후 벌금 강화, 신고규정의 합리화, 결수연명부가 완성되면서 특정한 사정이 없는 한 신고기간의 연기는 금지하도록 했다. 신고기간 종료 후에 신고서를 제출하는 자는 별도로 처리했다.[53] 그러나 신고서의 미제출이나 입회 부실 등의 문제는 계속 발생했다.[54] 1915년에도 주의사항을 강력히 시달할 정도였다. 이것이 사정 불복사태를 증가시켜 고등토지조사위원회의 업무가 가중되는 결과를 초래했다.[55] 이 점을 고려하여

---

50 임시토지조사국 조사규정 제29조.
51 조선총독부 임시토지조사국, 『국보』 28, 1913.10.5.
52 『매일신보』, 1913.2.16; 1913.3.27.
53 『국보』 50, 1914.9.20.
54 『국보』 54, 1914.11.20; 『朝鮮総督府官報』 제681호, 1914.11.
55 『朝鮮総督府官報』에 공시한 재결서를 보면, 많은 경우가 신고와 입회를 하지 않은 토지였다.

신고는 현장 조사주의를 병행하여 처리해 갔다.

　무신고나 무통지의 경우는 신고 양식에 조서를 작성하도록 했고,[56] 후일 소유주가 판명되었을 때는 즉시 신고서를 제출하도록 했다. 무신고지 중에 장래 과세 문제를 염려하여 소유권을 포기할 의사를 가진 경우에는 의사를 명시한 서면을 제출하여 증빙자료로 삼도록 했다.[57] 역둔토대장에 등록되지 않은 국유지는 국유지통지서를 '편의작성'하여 보관책임이 있는 관청에 통지했다. 국유지를 민유라 주장하는 자가 있을 때는 분쟁 또는 소유권에 의심 있는 것으로 취급했다. 토지신고서와 국유지통지서가 중복되고 국유지대장에 기재된 경우는 분쟁지로 처리했다.[58]

　토지신고서는 조사원이 조선인, 일본인, 회사, 학교, 교회·동·면·부·군·도 등으로 분류 정리했다. 무신고지와 통지 없는 국유지, 이해관계인 신고지, 소유권에 의심 가는 토지 등은 조사원이 외업사무처리규정에 따라 조서를 작성했다. 무신고지 또는 무주지는 실지조사에서 조서를 작성하고 사정할 때 국유로 처리했다.[59] 신고는 지주의 의무사항이고, 소유권을 인정받기 위한 필수조건이었다. 그러나 신고서를 제출하지 않았다는 이유로 곧바로 국유지에 편입하지는 않았다. 재조사 과정을 거쳐 소유권이 확실하지 않은 경우에만 국유로 처리했다. 과세대상 토지의 소유자는 결수연명부 작성 과정에서 대부분 분류하여 파악한 것으로 보인다.[60]

56　임시토지조사국조사규정 제28조. 조선총독부 임시토지조사국, 1918, 『조선토지조사사업보고서』, 92~93쪽.
57　토지조사외업사무처리규정 제14조.
58　조선총독부 임시토지조사국, 『국보』 43, 1914.6.5.
59　조선총독부 임시토지조사국, 『국보』 20, 1913.6.5.
60　『매일신보』, 1913.6.12. 토지소유자의 주의.

그러나 경작자는 물론이고 관습물권자는 결수연명부의 등록대상에서 제외했으며, 신고대상에서도 제외했다. 국유지 조사에서는 이들을 소유자에서 제외하면서 국·민유 분쟁이 심각하게 제기되었다. 민간 개간지에서도 중층적 권리관계로 토지신고자를 확정하는 일이 쉽지 않아 분쟁이 일어나고 신고기간이 길어졌다는 점 등을 유념할 필요가 있다. 민유지에서도 중층적 소유관계나 관습물권 등이 적지 않게 존재했으나 일제는 이를 채권으로 처리하고 조사대상에서 제외했다.

3. 토지신고자의 자격과 의미

토지신고서에 기재한 지주명이 사정을 거쳐 소유권자가 된다는 점에서 토지신고서의 지주 기재 원칙은 일제의 토지소유권 운영원리를 보여준다고 할 수 있다. 일제는 원칙적으로 일본민법에 따라 자연인과 법인을 신고대상자로 삼고 토지소유자로 했다. 여기에 토지조사의 편의나 한국의 사정 등을 고려하여 특수한 예를 첨가했다.[61] 다음과 같은 경우는 처리방법을 별도로 정했다. 지주가 신고할 수 없어 관리인에 위임한 경우, 지주가 사망하여 상속인이 정해지지 않은 경우,[62] 여자[63] 등이다. 토지조사의 신속성·편리성을 고려한 조치였다.

---

61 조선총독부 임시토지조사국, 1918, 『조선토지조사사업보고서』 86, 90쪽.
62 조선총독부 임시토지조사국, 1910.12.28, 「사무처리방법」, 『국보』 3.
63 조선총독부 임시토지조사국, 1910.11.25, 「토지신고심득 제11조」, 『국보』 1.

법인을 비롯한 단체는 토지신고인의 명칭이 문제였다. 토지신고심득에서 토지신고자의 자격을 관리인으로 한정했기 때문에 법인이 아니거나 무능력자는 법적 책임소재가 분명하지 않았다. 1911년 11월 토지조사국에서 일본민법을 준용하여 〈표 4-1〉과 같이 신고 자격을 명확히 했다.

　1913년 개정 토지신고심득에서는 단체의 성격을 가진 소유자는 조선민사령, 기타 법령으로 법인 자격을 구비했는지를 조사하여, 법인 자격이 있는 단체, 공공단체, 특별단체 등으로 분류한 뒤 그 성격에 따라 개인 또는 공유로 기록하도록 했다.[64] 이어서 임시토지조사국 조사규정에서 단체 명의에 대한 기재 방식을 구체적으로 정했다.

〈표 4-1〉 토지신고서의 토지소유자 기입법

구분	토지소유자	신고서 지주 기입명
①	주식회사	취체역(총재 두취 사장)
	합자회사	합명, 주식, 합자회사 사원
	공익법인	이사
②	도, 부, 군, 면, 동, 민단	장관, 부윤, 군수, 면장, 동장, 민단장, 도, 부, 군, 면, 동, 민단
③	사원	신도총대
	종중	대표자, 위임관리인, 사무관리인
	무능력자	친권자 혹은 후견인 보좌인
④	부인	면내 동일한 성의 부인이 없을 때는 '망하모처(亡何某妻)'를 쓰지 말 것.

출처: 조선총독부 임시토지조사국, 『국보』 19, 1911.12.5.

---

[64] 개정 토지신고심득은 공유단체를 공공단체로 변경하여 범위를 축소시켰다.

첫째, 단체명의는 법인에 한하여 인정하고, 그 이외에는 공유로 하도록 했다. 단체원이 상당한 명의인을 내세웠을 때를 제외하고는 법인이 아닌 단체명의는 금지했다.[65] 둘째, 신사, 사원, 사우, 불당, 외국 교회 등 종교단체는 법인으로 인정하지 않는 경우라도 자기 명의로 토지를 소유하는 관행이 있는 경우는 법인에 준하여 처리하도록 했다.[66] 그러나 전통적으로 소유 주체였던 종중, 계, 사립학교, 서원 등은 제외했다. 조선의 자치조직을 해체시켜 식민지 통치체제에 흡수하기 위한 조치였다.

일제는 일본민법 체계를 기반으로 토지조사의 원칙을 정하고 관습적 공동체를 인정하지 않을 경우 내부 마찰이 생기고, 때로는 토지조사를 반대하는 여론으로 비화될 수도 있었다. 일제는 마찰을 최소화하기 위해 조사기간 내에는 조선의 관습을 허용하는 방안을 마련하였다. 법인이 아닌 경우 일본민법에 따라 공유로 신고해야 했으나 상당한 명의인을 대표로 하고 단체명을 부기하는 방안을 채택했다. 그러나 등기부에는 개인이나 공동명의로 등록하도록 하여 공동체적 의미는 완전히 퇴색되었다.

기존 소유자 가운데 가장 큰 변화를 보인 것은 면·동리였다. 일제는 1913년 12월 29일 부군·면·동리의 행정구역을 통폐합했다. 개편 원칙은 면적·호수·자력·교통·민정 등을 감안한 행정편의주의 아래 최하 세포단위인 자연마을을 제외한 부군·면·동리 등 행정구역을 전면 재조정한 것이다. 행정단위의 크기는 전보다 큰 구획으로 하고, 구획은 종래 '속인주의'를 벗어나 경계를 확정하여 '속지주의'로 개편했다. 최하의 행정단위를 면 중심 체제로 전면 재편하고 동리도 인위적으로 통폐합했다.[67]

---

65 임시토지조사국조사규정 제8조.
66 임시토지조사국조사규정 제9조.
67 조선총독부, 1911, 『내무부장회동 자문사항답신서』.

행정구역 개편은 조선사회를 식민통치에 적합하도록 중앙집권체제로 재편하되 면을 최하 행정단위로 편성하는 데 목적이 있었다.[68] 이 작업은 통치조직을 확정하는 동시에 토지조사의 사업 단위를 확정하는 일이었다. 토지신고서는 새 면·동리를 단위로 정리했으며, 행정구역이 변경된 경우는 토지신고서를 고치도록 했다.[69] 이때 재산권 관할 문제가 제기되었다.[70] 조선총독부는 1912년 「면·동리유(面洞里有) 재산관리에 관한 건」을 공포하여 원칙을 정했다.[71] 원칙적으로 종전 면·동리에서 소유한 토지는 신 면·동리로 이속하기로 결정했다.[72] 조선총독부는 면을 재산관리의 주체로 정하고 부윤 군수의 인가를 받아 처리하도록 했다. 공동묘지 설치처럼 면 행정상 필요한 경우를 제외하고는 면·동리의 민이 공동재산을 형성하는 일을 금지했다. 동리의 하부 단위인 마을 재산도 면·동리에 편입시켰으며, 부득이한 경우는 마을 소유가 아니라 공동 소유로 등록하도록 했다.[73]

면이 토지와 지세 관리의 주도적 기능을 수행하고, 동리는 여기에 종속시켰다. 면은 국유재산의 관리자인 동시에, 지세 수납을 담당한 최하단

---

68 『매일신보』, 1913.12.29; 1914.1.3.
69 조선총독부 임시토지조사국, 『국보』 69, 1915.6.5.
70 조선 후기 동리는 독자적으로 토지를 갖는 소유의 주체로 전·답·대·산야·제언 등 적지 않은 재산을 소유했다. 재산 관리는 동리장이 담당하고 처분은 동리민의 협의를 거쳐 처리했다. 조선총독부 임시토지조사국, 1918, 『조선토지조사사업보고서』, 170~173쪽.
71 『朝鮮總督府官報』 제71호, 1912.10.25; 吉村傳, 1916, 『面行政指針』, 223, 237쪽.
72 조선총독부 임시토지조사국, 『국보』 7, 1911.4.25; 『국보』 43, 1913.6.5.
73 『朝鮮總督府官報』 제235호, 1913.5.15; 『朝鮮總督府官報』 제235호, 1913.5.15.

위의 행정기구였다.[74] 반면 관습적 공동체인 계와 종중의 소유는 공유로 처리하고 점차 해체시키려 했다. 그러나 각 종중들은 공유로 처리하면서도 내부적으로 종중규약을 제정하여 여기에 대처하며 끈질긴 생명력을 이어 갔다.[75] 임시토지조사국은 이러한 원칙 아래 지주명을 정하고 소유권자로 사정했다. 관습물권은 조사 대상에서 제외했다.

'사업'에서 사정한 토지소유자의 특징은 양안 단계와 질적으로 달랐다. 양안의 시주명은 호명을 허용했다는 점이다. 조선에서 재산은 개인소유이면서도 가(家)의 재산이라는 의미가 강하였다. 가족 구성원은 자기 재산이라도 호주의 허락을 받는 것이 관습이었다. 부동산권 소관법에서도 이 점을 중시하여 가족의 별유 부동산은 호주의 허가를 받도록 규정했다. 그러나 일제는 이를 허용하지 않고, 일본민법에 따라 모든 관습적 공동체적 소유형태를 전면 해체하고 개인의 배타적 소유권으로 정리했다. 따라서 소유권은 자연인과 법인에 한정하여 부여하였으며, 이들의 자유로운 토지 거래를 조건 없이 허용하였다.

---

[74] 『朝鮮總督府官報』 제45호, 1912.9.24, 강원도령 제4호; 1917.10.12. 경상북도령 제8호; 동 제84호, 1912.11.9. 총독부령 제14호.

[75] 조선총독부 임시토지조사국, 1918, 『조선토지조사사업보고서』, 171~173쪽; 최원규, 1985, 「한말·일제하의 농업경영에 관한 연구」, 『한구사 연구』 50·51, 303, 318쪽

제5장
지위등급조사와 지가제 도입

1. 지위등급조사

일제의 토지조사사업에서 지가에 근거한 근대적 지세제도를 수립하는 일은 식민지 재정의 근간을 이루는 매우 중요한 일이었다. 일제의 지세 관련 지목은 세 부분으로 구성되었다. 전에 없이 새로운 행정구역으로 편성한 시가지, 그리고 결세를 담당하던 전답과 대지였다. 전답은 수확고, 대지는 임대가격 또는 판매가격에 기초하여 지위등급을 조사하여 결정하기로 방침을 결정했다.[1]

'사업' 초기에는 각 필지의 수확고 조사와 동위(洞位), 면위(面位), 군위(郡位) 등을 조사하여 지위등급을 설정하도록 방침을 정했다. 1913년 10월 10일에는 「전답 지위등급조사규정」[2]과 「대 지위등급조사규정」[3]을 제정하여 이 방침을 전면 개선했다. 대는 임대가격 또는 판매가격에 기초하여 지위등급을 결정했다. 그리고 전답은 지난 5개년 간의 평균 100평당 수확고에 대하여 지세, 지질, 수리작업의 난이, 교통의 편부, 수요의 관계, 이용의 정도, 수확물의 품위, 이(異)지목 또는 불모지 양입(量入)의 유무, 밭둑 또는 벼랑·언덕의 다과 등을 비교 감안하고 적당히 짐작을 더한 수확물을 기초로, 동위 면위 또는 군위 등을 설치하는 것이 아니라 직접

---

1 지가 산정의 수탈성에 대하여는 林炳潤, 1971, 『植民地における商業的農業の展開』, 東京大學出版會가 있다. 그 비판으로는 조석곤, 1997, 여름, 「수탈론과 근대화론을 넘어서-식민지시대의 재인식」, 『창작과 비평』 96, 366~367쪽이 있다.
2 조선총독부 임시토지조사국, 1916, 『토지조사예규』 제3집, 709~716쪽.
3 조선총독부 임시토지조사국, 1916, 위의 책, 699~708쪽.

지위등급을 조사하기로 방침을 정했다.[4]

초기에는 일필지조사와 함께 지위등급조사를 했지만, 1913년 일필지조사와 일필지측량을 동시에 하도록 방침을 변경하고, 이에 따라 지위등급조사는 이와 별도로 독립된 작업으로 시행하도록 했다.

일제는 토지소유자들이 토지조사가 증세를 위한 것이라는 의심을 품지 않도록 매우 주의했다. 지위등급조사는 지세 부과의 기초가 되는 일이었기 때문에 더욱 신경을 썼다. 토지조사국에서는 지위등급조사를 할 때 도청이나 군청에 경지의 분포 상황이나 수리관개 상황에 관한 자료 제출을 요구하는 동시에, 지방금융조합이나 헌병대, 경찰서에도 협력을 구하고, 면·동리 관계자들을 비롯한 이해관계자들을 소집하여 취지를 알리도록 했다.[5]

전답의 지위등급조사는 면의 표준지 선정과 수확고 조사, 군의 표준지 선정과 수확고 조사를 한 뒤에 각 필지의 등급을 설정하는 방법을 택했다. 전은 답보다 토지의 이용 방식이 복잡하고 재배작물의 종류도 많았기 때문에 표준지의 선정과 등급의 설정에 어려운 점이 많았다. 예를 들면, 다모작이나 간작(間作: 사이갈이)을 넓게 했을 경우, 무엇을 주 작물로 할 것인가, 또 부작물의 수확고를 어느 정도 평가하는 것인가 등이 문제였다. 이를 위해 다음과 같은 조사 방법을 택했다.

① 군을 단위로 주 작물을 정할 경우, 환언하면 전의 지위등급 구분에서 인정된 보리, 콩, 조 또는 귀리 중에서 어느 작물을 주 작물로 조

4　조선총독부 임시토지조사국, 1918, 『조선토지조사사업보고서』, 299쪽.
5　조선총독부 임시토지조사국, 1918, 위의 책, 304쪽.

사할 것인가를 결정할 경우에는 각 작물의 경작 상태를 조사하여 경작 면적이 가장 많고, 가장 보편적으로 경작하는 작물을 주 작물로 채택한다.

② 봄가을 두 차례 경작하는 토지의 경우, 기후 관계로 남쪽 지방에서는 대체로 봄갈이를 주 작물로 하고, 기타 지방에서는 가을갈이를 주 작물로 한다.

③ 한 필지 가운데 콩, 팥, 수수, 조 등을 혼작(混作)하는 경우, 수확 시기는 각각 다르지만 모두 가을 작물이기 때문에 2모작이라 인정하지 않고, 이들 모두가 표준작물이 되는 주 작물 또는 부 작물의 일종으로 환산하여 등급을 붙인다.

④ 봄가을 두 차례 경작하는 토지에서 부 작물을 전부 주 작물로 환산해야 하는지 또는 얼마의 비율을 주 작물로 환산할지는 다음과 같이 결정했다. 원래 이모작지는 일모작지에 비하여 지력을 유지하기 위하여 비교적 많은 비료와 경작비가 필요하고, 그 비율만큼 수확을 얻을 수 없는 불이익이 있다는 점 그리고 부 작물의 전부를 주 작물로 환산하는 것은 실제 지력에 적응하지 못하는 수확고를 보인다는 점 등을 고려하여 각 지방의 실황에 따라 5할을 초과하지 않을 정도로 주 작물로 환산하는 것으로 한다.[6]

특수한 상품작물을 재배하던 밭은 다음과 같은 조사방법을 취했다.

1. 수확물의 생산비가 밭의 보통 생산비를 초과하는 것, 예를 들면 과

---

5 조선총독부 임시토지조사국, 1918, 앞의 책, 310쪽.

전, 채전, 염전과 같은 것 또는 특수작물인 담배, 목화, 마 등을 재배하는 밭은 보통작물에 비해 많은 수익을 얻을 수 있다. 이에 따라 많은 생산비가 필요하다. 단지 비교적 많은 수확고만을 택하여 지위등급조사의 기초로 하면 실제의 지력에 적응하지 않는 높은 지위등급을 부여하게 된다. 이리하여 보리, 콩, 귀리 등을 재배하는 보통 밭의 지위등급과 권형(權衡)을 잃게 되는 경우가 있다.

진실로 수확물의 생산비가 밭의 보통 생산비를 초과할 경우 그 수확고 중에서 밭의 보통 생산비를 초과하는 금액을 공제하여 수확물의 가격으로 간주했다. 이에 따라 보리, 콩, 조 또는 귀리의 석수를 산정하는 것으로 했다.[7]

이런 방식으로 수확물을 평가하면서, 전은 14급(100평당 수확고가 대맥은 0.015석 미만, 대두는 0.009석 미만, 벼는 0.010석 미만, 조는 0.010석 미만, 귀리는 0.022석 미만의 토지)부터 특 4급(대맥은 2.9석 이상, 대두는 1.77석 이상, 벼는 2.07석 이상, 조는 1.914석 이상, 귀리는 4.21석 이상의 토지)까지 18급으로 등급을 정하고, 이것에 기초하여 각 필지의 등급을 결정했다.[8]

답은 전보다는 이용 상황이 단순했지만, 개량농법이나 개량품종을 사용한 토지의 수확고 판정이나 수리조합 지역의 경지정리나 농사개량 등이 문제가 되었다. 그러나 원칙적으로는 재래농법으로 수확고를 산정하여 표준으로 삼았다.

대지는 이용 상태에 비추어 주로 상공업에 이용되거나 장래 이용할

---

7   조선총독부 임시토지조사국, 1918, 앞의 책, 313쪽.
8   조선총독부 임시토지조사국, 1918, 위의 책, 300~301쪽.

수 있는 것과 농업지, 어업지 등을 구분했다. 상공업지는 교통과 상업의 관계 등 경제상의 가치를 본위로 임대가격을 조사했다. 임대가격을 조사할 때, 투기 기타 특수한 사정에 기초하여 지위 품격 이외의 현저히 고저가 있는 것 또는 대나무 기타 정착물의 관계로 임대가격의 적실(適實)을 결여했다고 인정되는 것은 실상에 비추어 상당한 짐작을 하여 결정하고, 농업지 또는 어업지는 부근 전의 결정 수확고의 2분의 1을 금액으로 환산한 것을 임대가격으로 했다.[9]

2. 종자개량, 즉 우량종을 선택하고 충분히 정선한 종자를 재배하는 데는 그 생산비가 재래농법에 비하여 차이가 날 정도로 초과하지 않고, 그 수확고는 현저히 증진한다. 그리고 아직 종자를 개량하지 않은 토지라도 대부분은 가까운 장래에 종자의 개량을 도모하면 현재 종자개량을 한 토지와 같이 수확고를 현저히 증진할 수 있다는 것은 금일 추측하는 데 어려움이 없다. 현재 종자개량을 한 토지의 증가된 수확고를 바로 채택하여 지위등급조사의 기초로 사용하면 아직 종자개량을 하지 않는 토지와의 사이에 지위등급의 균형을 잃게 된다. 이런 의미에서 현재 종자개량을 한 토지는 그 수확고에 다소 짐작하여 조사하기로 했다.

3. 벼는 무망(無芒), 중망(中芒), 유망(有芒)의 종별이 있다. 조 역시 정조(正租), 중조(中租), 모조(毛租)의 구별이 있다.…그런데 답의 지위등급 구분에서 인정한 벼의 100평당 수확고는 정조, 중조, 모조 중 어느 것을 표준으로 해야 좋은가. 원래 망(芒)이 있는 것은 중망 또

---

[9] 『매일신보』, 1918.6.20.

는 유망으로 부르지만, 종류에 따라 망의 길이가 일정하지 않다. 벼 조제의 정밀한 것과 거친 것의 관계에 따라 망의 정도를 지칭하지만, 중조라 칭하고 모조라고 불러도 이에 대한 일정한 표준을 정하기 어렵다. 그런데 정조, 즉 무망인 것을 표준으로 하면 대체로 이를 통일할 수 있으므로 정조를 표준으로 수확고를 조사하는 것으로 했다. 그러므로 중조와 모조의 상태에 있는 벼는 이를 정조로 조제할 경우에 감소 비율을 조사하고 이에 따라 정조의 석수(石數)로 환산하는 것으로 했다.

4. 개량농법과 재래농법과의 관계는…재래농법에 따라 경작한 것을 표준으로 조사한다는 방침을 채택했다. 농법의 개량을 기도하기 위하여 많은 생산비가 소요되는 것과 미나리, 연근 등과 같은 특수작물을 경작하기 위하여 많은 생산비가 소요된 것은… 생산비를 조사하여 재래농법으로 경작한 답의 보통 생산비 초과액을 수확고 가운데서 공제한 것을 수확물의 가격이라 간주하고, 이에 따라 벼의 석수를 산정하는 것으로 했다.

다음 수리조합의 설립, 경작지 정리의 시행, 유지(溜地)와 보(洑)의 신설과 개축 등 농사개량에서 현저히 거액의 경비를 필요로 한 시설을 한 것에 대하여도 동일한 관념에 기초하여 다음과 같은 방법에 따라 수확고와 보통생산비 초과액을 공제하는 것으로 했다.

갑. 수리조합은 급수 개시 후 5개년 이상의 성적을 보아, 각 년의 수확고 가운데서 당해 년분의 각 필지에 대한 조합비 부담액의 7할을 공제하고, 급수 개시 후 5년이 되지 않은 것은…각 년의 수확고 중에서 당해 년분의 각 필지에 대한 조합비 부담액의 7할을 공제하여 조사하고, 급수 개시 이전에 속하는 것은 당해 년분의 수확고를 조사하여 개시 이후의 양자를 합산한 다음, 5년간의 총 수확고를 평균하여 그 토지의 수확고로 했다. 그리고 설립한 지 얼마 되지 않아 사업의 효과가 명확하지 않은 것은 급수 개시 전 5년의 수확고를 조사했다.

을. 경지 정리, 유지(溜池) 보(洑)의 신설 개축 등의 농사개량 시설을 한 것은 개량에 필요한 비용을 토지개량비로 한다. 이의 연부(年賦) 상환기한을 15개년으로 간주하고, 토지개량비에 이자로서 10할을 가산한 것을 15등분하여 토지의 부담액을 정했다. 또 여러 필의 토지를 일단으로 하여 토지개량비를 부담한 것은 별도로 계약이 정해진 것은 계약에 따라 배분하고, 계약이 정해지지 않은 것은 평수와 지력에 따라 각 필의 부담액을 정한 다음 부담 금액의 7할을 각 필의 수확고에서 공제했다.

위 수리조합비 분담액의 7할을 보통 생산비의 초과액으로 인정한 것은 본래 수리조합 시설이 없을 때도 다소의 관리비와 수리비를 요하는 것이 보통이므로 이들 비용은 다른 일반 수확고 조사에서도 삭제되지 않은 부분이다. 바꿔 말하면 이것을 보통 생산비라고 본 것에 해당하는 것으로 한다.[10]

---

[10] 조선총독부 임시토지조사국, 1918, 앞의 책, 320~322쪽. 수리조합구역 내의 수확고 산정 방식에 대하여는 「수리조합 몽리구역 내의 수확고 산정과 수리비 공제방에 관한 건」으로 수차례 통첩이 나왔다. 『국보』 85호, 1915.11.15, 24~30쪽.

답의 지위 등급 구분은 22급(100평당 벼 수확고 0.05석 미만)에서 특 4급(2.8석 이상)까지 26급을 설정하고, 특 5급 이상은 벼 2두가 증가할 때마다 1급을 올린다는 규정에 따라 지위등급을 결정했다.[11] 여기서 주목할 점은 전에서의 상품작물 재배지, 답에서의 개량농법 지역이나 수리조합 지역을 우대하고 있다는 점이다. 이는 생산성 증대에 정책적 배려인 동시에 이를 주도하는 일본인 지주에 대한 특혜적 조치였다.

다음은 이같이 결정한 각 필의 수확고를 기초로 지세 부과가 기준이 되는 지가를 결정했다. 지가는 1914년 12월 18일에 통지된 「지가산출규정」[12]과 1915년 1월 14일의 훈령 「지가산출에 관한 건」[13]에 기초하여 결정했다. 지가산출규정의 주요한 내용은 다음과 같다.

> 제1조 임시토지조사국 조사규정 제30조 제2항에 의하여 시가지(市街地)에 있지 않은 전, 답, 대, 지소, 잡종지에 대한 지가산출은 본 규정에 의한다.
> 제2조 전, 답, 지소와 잡종지의 지가를 산출하려면 그 등급에 응하여 100평당 수확고에 곡물의 평균가액을 곱한 것을 토지의 총수확 금액으로 하고, 그 금액 중에서 경작지의 수선비와 유지비, 공과(公課), 기타 토지의 부담금액을 공제하는 것을 환원율에 의하여 환원한 것을 그 토지의 100평당 지가로 한다.
> 제4조 제2조에 규정한 곡물의 평균 가액은 1911년, 1912년, 1913년,

---

11 조선총독부 임시토지조사국, 1918, 앞의 책, 301~302쪽.
12 조선총독부 임시토지조사국, 1916, 『토지조사예규』 제3집, 718~719쪽.
13 조선총독부 임시토지조사국, 1916, 위의 책 제3집, 719~720쪽.

1914년의 3년간 도(稻), 대두 또는 속(粟) 1석의 평균가액에 의하여 도마다 이를 결정한다. 단 교통이 불편하여 곡물이 현저히 저렴한 지방에서는 그 평균가액에 2할 이내에서 감액할 수 있다.

제5조 토지의 총수확 금고에서 공제한 경작비는 금액의 100분의 50, 토지의 수선비와 유지비는 100분의 5, 공과, 기타 토지의 부담 금액은 지가의 3/100으로 한다.

제6조 제2조의 환원율은 평안남도, 평안북도, 함경남도, 함경북도와 강원도에서는 1할, 기타 도에서는 9분으로 한다. 단, 교통이 불편한 토지에서는 그 정도에 따라 2분 이내의 증가를 할 수 있다.

지가산출규정에 따르면 각 필지의 지가 x는 다음의 식으로 구해진다.

$$x = \frac{(수확고 \times 곡식가격) \times (1 - \frac{50}{100} - \frac{5}{100}) - \frac{3x}{100}}{환원율}$$

이 식에서 문제가 되는 것은 제5조에 규정된 수확 금액에서의 공제율인데, 공제율은 다음과 같이 정했다.

① 경작비는 일본 지조 개정의 지가산출의 예에 의하면, 총수확고에서 종자 비료대로서 100분의 15를 공제했지만, 노임은 공제하지 않았다. 그런데 경작비는 이를 수확고에서 적당히 공제하는 것을 인정하고, 소작관습에 의한 타조(打租)의 예에 준하여 총수확 금액에서 100분의 50을 공제하는 것으로 한다.

② 토지의 수선비와 유지비는 일본의 지조 개정의 지가산출에 의하

면, 이를 공제하지 않았는데, 시가지 역내 토지의 지가조사를 할 때 임대가격으로 지가를 산출할 경우에는 토지의 수선비와 유지비로 100분의 5를 공제하기로 했을 뿐만 아니라 이를 공제하면 지가산출 상 적당하다고 인정하여 총수확 금고의 내에서 100분의 5를 공제하는 것으로 했다.

③ 공과, 기타 토지의 부담 금액에 대하여 각 필지마다 그 납액을 일일 조사하고, 이 계산을 하면 도리어 균형이 맞지 않을 뿐 아니라 근래 장래에서의 공과, 기타의 부담은 본 조사에 의한 지가를 표준으로 하여 시행하는 것보다 오히려 장래 부담할 금액을 예상하고 이를 공제하는 것이 온당하다는 것을 인정하고, 일반으로 지가의 100분의 3을 공제하는 것으로 한다.[14]

① 항목과 같이 조선에서는 일본의 지조 개정보다도 높은 공제율이 적용되었다.[15] 특히 소작의 경우, 타조의 예를 들어, 수확 금고의 2분의 1이 경작비, 즉 소작인의 노임으로 공제되었다. 반면 일본의 경우는

14　朝鮮総督府, 1918, 『朝鮮土地調査 殊ニ地價設定ニ關スル說明書』, 92쪽.
15　일본의 경우 다음의 두 방식으로 지가를 산정했다.
　　제1칙 자작지
$$x = P(수확미 \times 쌀값) - 0.15P(종자비료대) - [\frac{\frac{3x}{100}(지조) \times \frac{x}{100}(촌락소요경비)}{0.06(이자율)}]$$

　　제2칙 소작지
$$x(지가) = 0.68P(소작료) - [\frac{\frac{3}{100}(지조) + \frac{x}{100}(촌락소요경비)}{0.04(이자율)}]$$

두 가지 중 제1칙을 적용했다고 했다. 여기서 문제점은 공제할 필요경비에서 임금과 농구를 포함하지 않은 점과 환원율을 0.6%로 하여 현실과 현격한 차이가 있다고 했다. 石井寬治, 이병천·김윤자 옮김, 1984, 『日本經濟史』, 동녘, 54~55쪽.

소작료율이 68/100이었다. 환원율이 조선은 0.09~0.1인데 비해, 일본은 이자율로 0.04~0.06을 설정했다. 그리고 기타 경비로 일본은 지가의 1/100(촌락 소요 경비)이고, 조선은 지가의 5/100였다. 따라서 전반적으로 일본의 지가산출방식에 비해 조선이 지가를 매우 낮게 산정했다는 견해가 있다.[16]

일제가 이같이 지가를 낮게 설정한 것은 초기에 식민지 지주제를 체제적으로 정착시키기 위해 일본보다 지주에게 유리한 방식을 채택한 것으로 보이지만, 일본과 조선의 지가 수준은 설정 시기가 달라 직접 비교할 대상은 아니다. '사업' 당시 조선의 지가를 산정할 때 곡가(穀價)가 최고로 높고, 수익도 높아 지가는 당연히 높게 사정되었을 것으로 판단된다. 설정 시기가 다른 양국의 지가를 단순 비교하는 것은 별 의미가 없다. 후술하는 바와 같이 일제는 조선의 지가를 산정할 당시 조선의 평균지가를 일본과 같은 수준으로 결정하였다.

2. 지세령과 지가제 도입의 수탈성

1) 결수와 지세액의 변동 추이

일제는 강점 초기 대한제국의 지세제도를 그대로 이어받아 지세수취를 하면서 다음과 같은 내용으로 개편을 시도했다. 첫째, 서원제도를 철

15　宮嶋博史, 1991, 앞의 책, 東京大學 東洋文化硏究所, 522쪽.

폐하고, 재무감독국과 재무서 그리고 면장과 공전영수원(公錢領收員)으로 이어지는 조세수취제도를 설치하여 조세수취권을 직접 장악 개편했다. 둘째, 결가제를 계승하고 은결 확보와 재결의 승총을 통하여 결수를 확보하는 방식으로 지세수입 증대를 꾀했다. 궁극적인 목표는 지가제 도입이었다. 셋째, 총액제적 지세제도의 틀 안에서 시행하던 지주·작인의 공동 납세제를 폐지하고, 지주 개별 납세제를 시도했다. 이를 실시하기 위해 지주와 과세지를 조사하여 결수연명부에 등록하고 지세수취와 소유권 장부로 공인하여 토지신고서 작성의 근거 장부로 활용했다. 그리고 작인은 토지에 무권리한 임차권자로 확정했다.[17]

결수연명부는 기본적으로 지주별로 과세지를 등록한 장부이며, 결세는 과세지의 결수에 등급별로 결가를 곱하여 산출하였다. 결세는 지주가 납부하도록 했다.

〈표 5-1〉 1결당 결가 변동 내역(단위: 엔)

1894년	1900년	1902	1908년	1914년
30량=6	10	12 8	8	11
5	8.334	10 8.167 6.667	6.6	9
4.4	7.334	5.867 7.999	5.3	8

---

17   일제하 지세제도 연구로는 宮嶋博史, 1991, 앞의 책; 김홍식 외, 1997, 『조선토지조사사업의 연구』, 민음사에 실린 이영훈, 「토지조사사업의 수탈성 재검토」와 조석곤, 「토지조사사업과 근대적 지세제도의 확립」; 이영호, 2001, 『한국 근대 지세제도와 농민운동』, 서울대학교출판문화원; 배영순, 2002, 『한말 일제초기의 토지조사와 지세 개정』, 영남대학교 출판부 등의 연구가 참고된다.

1894년	1900년	1902	1908년	1914년
4	6.666	5.333		
3.4	5.666	4.533	4.2	6
3.3	5.554	6.667		
3.2	5.334	6.400	4	
3	5	4.267	3.7	
2.8	4.666	6.000		
2.666	4.444	4.000	3.2	5
2.4	4	3.733		
2	3.334	5.322	2.6	4
1.6	2.666	4.800	2.1	
		3.200		
		4.000		
		2.667		
		3.199		
		2.133		
1.474	2.458	1.966	1.3	2
1.400	2.334	2.8	1.3	
1.2	2	1.867	1.3	
		2.400		
1	1.666	1.6	1.3	
0.78	1.300	1.999	1	
	1.334	1.333		
		1.040		
0.8	1.166	1.600	1	
0.7	0.834	0.933	0.5	
0.5	0.666	1.000	0.5	
0.4		0.799	0.5	
0.2	0.334	0.400	0.2	

출처: 朝鮮總督府, 1918, 『地價課稅ニ關スル統計』, 51~52쪽.
朝鮮總督府, 1918, 『朝鮮土地調査 殊ニ地價設定ニ關スル說明書』, 8~14쪽.

결가제는 갑오개혁 당시 지세금납화를 위해 채택한 제도였다. 대한제국은 〈표 5-1〉과 같이 1900년에는 2/3, 1902년에는 3/5으로 지세를 증액했다. 1905년 일제는 이 제도를 이어받아 지세를 수취하면서 1908년에는 화폐 정리에 따라 결가를 개정했다. 내용은 원(元)과 양(兩) 두 종류의 화폐를 원(圓)으로 환산하되 세금액은 낮추는 방향이었다.[18] 구화를 신화의 절반으로 평가하고 결가는 13등급으로 하향 조정했다. 그 결과 〈표 5-2〉에서 보듯이 지세액이 20%가량 감소했다.

이때 일제가 택한 지세 수납의 제일 원칙은 재정 감소를 막는 것이었다. 은결의 확보과 재결(災結)의 승총으로 과세지를 확대하여 지세를 증징하는 방안을 채택했다. 그러나 〈표 5-3〉에서 보듯, 1914년 지세령을 제정 공포할 때까지 결수 확보에 따른 지세 증징은 1~3% 정도에 불과했다. 결가를 유지하는 한 지세수입은 제한될 수밖에 없지만, 결수연명부를 작성하여 지주납세제로 이행하는 작업과 결수를 확보하는 작업은 지속적으로 추진했다. 1913년 결수연명부를 완성한 이후에는 이에 근거하여 지세를 수납하고, 이에 근거하여 토지신고서를 작성하도록 했다.

〈표 5-2〉 결수와 세액(1905~1910년) (단위: 엔)

연도	1905.1.1.	1906.1.1	1907.1.1.	1908.1.1	1909.7.1.	1910.7.1.
결수	961,494	996,357	999,331	1,017,861	989,564	1,016,307
세액	6,495,689	8,380,156	8,402,055	6,647,431	6,434,483	6,615,253
증가액		1,884,467	21,899	-1,754,624	-212,948	180,770
증가율		29.00%	0.30%	-20.90%	-3.20%	2.80%

출처: 大蔵省 編, 1937~1940, 『明治大正 財政史』(1905~1908)와 조선총독부, 『조선총독부 시정 연보』 당해 연도.

---

18 구 결가를 2개 또는 13개를 기입한 것은 엽전 통용지방과 백동화 통용지방의 적용 결가를 구분한 것이다. 엽전 1원은 본위화 1원 50전, 백동화 1원은 본위화 50전으로 환산함.

일제가 지세 증가를 단번에 꾀한 조치는 1914년 「지세령」이었다. 지세령은 결가제는 그대로 유지했지만, 총액제 지세체계를 완전히 벗어나 새로 작성한 결수연명부를 근거로 지주가 자기 소유토지의 지세를 개별적으로 직접 납부하도록 하는 변화를 꾀했다. 지세령에서 지세 부담자는 물권을 갖고 수익을 얻는 토지소유자, 질권 또는 질의 성질이 있는 전당권자, 20년 이상의 존속기간이 있는 지상권자로 정했다. 지세 대상 토지는 전, 답, 대, 지소, 잡종지 등 5종과 사사지로서 유료차지인 경우 등이었다. 지세는 결가를 대폭 올려 징수했다. 이때 정한 결가는 1918년 지세령을 개정할 때까지 그대로 유지하고, 지세는 지주 납세로 명확히 정했다.[19] 국유지는 지세를 부과하지 않는 것으로 재확인했다.

지세령으로 지주의 지세 부담은 큰 폭으로 늘어났지만, 결가제를 그대로 유지한 과도적 지세체계였다. 일제는 "일반 경제의 발달에 따라 토지소유자의 이익이 현저히 증가하였는데, 세율이 지나치게 낮아 지세령을 제정하는 동시에 토지의 수익을 기준으로 세율을 개정하여 지세를 증징했다"고 했다.[20] 결세는 종전보다 40% 이상 증가되었다. 조선총독부는 재정독립계획 그리고 경제의 발달, 경미한 지세 부담, 곡가의 등귀, 지세 부담의 불공평성 등을 제정 이유로 들었다. 당시 조선에서 지세는 재정의 절반 정도를 차지할 정도로 중요했기 때문에 일제는 식민지배 체제 구축을 위해 폭력적인 증세를 강행했다. 일제는 이를 무마하기 위해 지세령에서 황지와 개간지에 대한 면세 연한을 정하여 토지의 이용을 촉진하고, 재해

---

19 『매일신보』, 1914.7.16.
20 朝鮮総督府, 1922, 『朝鮮総督府施政年報』(1918·1919), 75쪽.

지에 면세 특전을 부여하는 조항을 설치했다는 점을 특히 선전했다.[21]

지세령에서 지주가 지세를 납부하도록 정했지만, 지주 부담이 증대된 것은 아니었다. 지주는 지세만큼 현물 소작료를 올려 받아 오히려 쌀값 상승의 이익을 거둘 수 있었다.[22] 일제는 결수연명부에 등록된 지주의 소유권에 배타적 권리를 부여하고 소작인을 임차권자로 확정하여 지주를 식민통치의 지배세력으로 확정했다. 지주는 식민지 재정을 위해 지세 납부의 의무를 수행하는 근간이었다.

〈표 5-3〉 연도별 결수와 세액 (단위: 엔)

연도	1910.12.	1911	1912	1913	1914	1916	1917
결수	1,027,736	1,038,974	1,049,663	1,073,202	1,075,329	1,072,376	1,072,645
세액	6,668,135	6,752,313	6,802,891	6,971,171	9,778,324	9,770,479	9,784,776
증감액	126,383	84,178	5,0578	168,280	2,807,153	1,296	14,297
증감률	1.1%	1.3%	0.7%	2.5%	40.3%	0.0%	0.1%

비고: 1915년은 1916년과 거의 같아 생략함. 1916년의 증감액은 1915년과 비교한 것이다.
출처: 朝鮮総督府, 『朝鮮総督府施政年報』(각 년판).

21　『매일신보』, 1914.3.18.
22　다음의 기사는 지주직납제로 지대의 증가가 작인에게 전가되고 있다는 것을 잘 보여주고 있다. 田中卯三, 1913, 『小作制度調査(경상남북도, 전라남도)』, 중추원 조사자료, 조선총독부, 1913(국사편찬위원회 한국사데이터베이스) "전라남도에서는 종래 원칙적으로 소작료는 수확고의 3분의 1로 하며 조세는 소작인이 부담했지만, 지주납세제로 된 이래 납세 의무의 관념이 엷어져 소작인은 늘 체납하여 지주에게 누를 끼치므로, 조세는 지주의 부담으로 하고 소작료를 2분의 1로 인상시키는 경향이 생겨난다." 이어서 『동아일보』, 1923.11.13에서는 "조선종래의 관례를 보면 토지는 3분 경작이라 하였다. 지주는 1분을 취득하고 소작인은 2분을 취득함으로 답1두락에 대하여 5, 60전의 세금을 부담하여 왔다. 실로 소작이 지출하는 것은 3할6, 7분에 불과하였든 것은 사실이다"라고 종래의 지대가 1/3에 불과했다는 것으로 보여주고 있다.

결수는 〈표 5-2〉, 〈표 5-3〉에서 보듯, 1906~1917년까지 대략 5~7만 결 정도 더 확보했다. 결수연명부를 근거로 토지신고서를 작성하기 시작한 1913년 과세 결수를 대부분 파악한 것으로 확인된다. 지세령도 이를 반영하여 제정된 것으로 보인다. 이때부터 1918년 6월 18일 지세령을 개정할 때까지 결수와 세액은 변동이 거의 없었다.[23] 1918년 지세액은 개정 지세령에 따라 지가제를 실시하면서 지세율을 지가의 13/1,000으로 정하여 지세액이 17%가량 증가했다. 일제는 1922년에는 지세율을 17/1,000로 올려 지세액이 약 32% 정도 증가했다. 그 이후 변동은 〈표 5-4〉와 같다. 1929년에는 농업공황에도 불구하고 지가를 올려 지세는 5.5% 정도 증가했다. 1935년에는 지세율을 15/1,000로 내려 지세액이 10%가량 감소했지만, 1942년 전시체제기를 맞이하여 다시 17/1,000로 올려 14.8%로 증가하여 최고도에 달했다. 1943년에는 지가는 대폭 낮추었으나 지세율을 5/100로 대폭 올려 지세액이 68.5%로 크게 증가했다.

〈표 5-4〉 토지조사사업 이후 지가 지세 변동(단위: 정보, 엔)

연도	1918	1919	1922	1929	1935	1942
면적	4,421,425	4,397,161	4,372,354	4,462,253	4,551,631	4,563,054
지가	880,657,604	862,557,867	872,521,864	921,474,954	939,392,810	951,238,928
세액	11,448,547	11,213,251	14,832,871	15,665,074	14,090,892	16,171,060
지세율	0.013	0.013	0.017	0.017	0.015	0.017
증감액	1,663,771	-235,296	3,619,620	832,203	-1,574,182	2,080,168
증감률	17.0%	-2.1%	32.3%	5.6%	-10.0%	14.8%

비고: 1943년은 1942년에 비해 면적은 4,000정보가량 증가하고, 지가는 544,848,578엔으로 57% 감소. 지세액은 27,242,429엔으로 69%가량 증가했다. 지세율이 5/100로 대폭 증가한 때문이다.
출처: 조선총독부, 『조선총독부통계연보』(각 년판)

---

23 朝鮮総督府, 『朝鮮総督府官報』 제1759호, 1918.6.18.

〈표 5-5〉 조선인과 일본인의 결수 등급별 인원수 (1914년 12월 말)

결수	일본인		조선인 수	외국인 수	합계	
	수	%			수	%
100결 이상	84	0.3%	17		101	0.0%
50	170	0.7%	91		261	0.0%
30	199	0.8%	261		460	0.0%
20	238	0.9%	743	1	982	0.0%
10	563	2.2%	3,058	8	3,629	0.1%
7	369	1.4%	3,858	4	4,231	0.1%
5	499	2.0%	6,242	10	6,751	0.2%
3	924	3.6%	16,889	16	17,829	0.5%
2	966	3.8%	27,658	20	28,644	0.9%
1결 이상	2,185	8.5%	118,482	32	120,699	3.6%
50부 이상	3,005	11.8%	308,476	36	311,517	9.5%
30	2,501	9.8%	368,183	27	370,711	11.3%
20	2,175	8.5%	360,555	32	362,762	11.1%
10	3,527	13.8%	602,379	46	605,952	18.6%
5부 이상	2,779	10.9%	531,329	73	534,181	16.4%
5부 이하	5,381	21.0%	898,935	149	904,465	27.7%
합	25,565	100.0%	3,247,156	454	3,273,175	100.0%

비고: 30부 이상 일본인 수 2,051명을 2,501로, 8%를 9.8%로 바로잡음.
출처: 朝鮮總督府, 『朝鮮總督府官報』 제881호, 1915.7.10.

    지세 증가에 따른 주요한 변화는 지주가 식민지 조선의 중추적 역할을 담당했다는 점이다. 이와 아울러 일본인의 토지소유는 계속 증가했으며, 이들의 지세부담액도 갈수록 증가했다. 1914년 말 토지소유자는 일본인 2만 5,565명, 조선인 324만 7,165명이다. 내부 구성은 〈표 5-5〉와 같다. 50결 이상 납세자가 일본인이 254명인데 비해, 조선인은 108명에 불과했다. 30결 이상은 조선인이 62명 정도 많다. 30결 미만의 중소 지주는 조선인이 압도적이지만 인구수에 비하면 일본인의 비중이 높은 편이다. 일본인 대지주를 핵심으로 한 식민지 지주제가 1910년대 중반 토지조사사업 시기에 이미 확립되었으며, 그 비중은 계속 확대되어갔다.

일제는 토지대장 작성 이전에는 결수연명부를 근거로 지세를 징수하고, 토지조사가 완결된 지역은 토지대장을 근거로 지세명기장을 만들어 지세를 부과했다. 토지대장의 필지는 토지조사에 따라 결수연명부의 필지를 분·합필하여 새로 구획한 필지가 상당했다. 결가는 새 구획에 따라 조정했을 뿐, 전체 필지의 결가는 동일했다. 두 장부의 공통적 성격은 개별 토지소유자에게 배타적 소유권을 부여하고, 경작권은 임차권으로 정리하여 토지에 대한 권리와 의무에서 완전히 배제시켰다는 점이다.

일제의 조세제도 개혁의 결정판은 1918년 '사업'을 완결하면서 제정 공포한 개정 지세령이었다. 일제는 결가에 기초한 지세부과체제를 전면 해체하였다. 토지조사를 하면서 토지의 수익 기타의 사항을 심사하고 지방의 상황에 따라 정한 지가를 토지대장에 기록하고 이에 근거하여 지세명기장을 작성하여 지세를 부과했다. 지세명기장은 지세 부담자인 지주별로 면내 소유지를 정리하여 필지별로 지가와 지세를 등록하여 지주에게 이를 부과했다. 지세는 지가의 13/1,000으로 정했다.

일제는 1914년 지세령에서 지가제를 도입해 지세의 불공평성 문제, 지세 부담의 지역적 필지별 불공평성 문제를 제거했다고 그 의의를 선전했다. 〈표 5-6〉은 지세령 개정 전해인 1917년 각 도의 총지가액에 대한 지세액의 비율을 표시한 것이다. 각 도마다 새로 산정한 지가를 기준으로 1917년 지세액을 산출한 지세율을 계산하면 도별로 현저한 차이를 보였다.

〈표 5-6〉 1917년 대비 지세액 변동(단위: 엔)

구분	갑술양전 결수①	1917년 지세액②	②/④ 지세율	④지가	개정지세액 ④*13/1,000	도별 지세액 비중		지세 증가율
						1917	1918	
전국	1,537,494	9,770,479	0.011	876,113,255	11,389,466	100	100	16.6
경기	108,069	747,075	0.008	90,187,859	1,172,442	7.6	10.3	56.9
충북	77,508	546,902	0.011	46,105,500	599,371	5.6	5.3	9.6
충남	140,400	1,070,399	0.011	97,276,056	1,264,588	11	11	18
전북	157,133	1,188,122	0.013	87,767,824	1,140,981	12.2	10	-4
전남	199,129	1,526,380	0.013	112,039,086	1,456,508	15.6	12.8	-4.6
경북	196,288	1,254,816	0.008	131,349,679	1,707,545	12.8	15	36
경남	162,831	1,180,864	0.009	119,472,957	1,553,148	12.1	13.6	31.5
황해	122,039	893,844	0.012	73,207,801	951,701	9.1	8.4	6.5
평남	96,391	399,457	0.011	33,952,023	441,376	4.1	3.9	10.5
평북	72,006	264,607	0.010	25,639,280	333,310	2.7	2.9	26
강원	37,958	238,275	0.007	30,697,466	399,067	2.4	3.5	67.5
함남	102,346	333,123	0.017	19,471,041	253,123	3.4	2.2	-24
함북	65,396	126,615	0.014	8,946,683	116,306	1.3	1.0	-8.1

비고: 실측단별에 대한 지세액은 지가×16/1,000이고 토지대장 지가×11/1000=1917년 지세액이다. 실면적의 증가는 5~7만 결 정도이다.
출처: 朝鮮總督府, 1918, 『朝鮮土地調査事業報告書』, 685~686쪽; 朝鮮總督府, 1918, 『朝鮮土地調査 殊ニ地價設定ニ關スル說明書』, 18쪽; 朝鮮總督府, 1918, 『地價課稅ニ關スル統計』, 9쪽.

〈표 5-6〉에서 지세율은 강원도가 7/1,000로 가장 낮고, 전·남북은 13/1,000으로 중간 정도이고, 함남은 17/1,000로 가장 높았다. 1917년도의 도별 지세액은 전남 15.6%, 경북 12.8%, 전북 12.2%, 경남 12.1%, 충남 11%로 삼남 지방이 높은 비중을 차지하고, 다음이 황해 9.1%, 경기 7.5%이고, 북쪽 지방은 5% 미만으로 비중이 매우 낮았다. 도별 담세율은 1914년 지세령 당시 약간 조정을 거치기는 했으나 거의 변동이 없었다.

1918년 새로 산정한 지가에 지세율 13/1,000을 적용하여 산출한 지세액은 결가제 시기와 크게 달랐다. 전체 지세액은 16.6%가량 증액되고, 도별 지세액은 도마다 다르게 조정되었다. 경북과 경남이 15%와 13.6%로 가장 많이 부담했으며, 전남이 12.8%였다. 충남이 11%를 차지하여 4위의 비중을 차지했다. 다음이 황해, 경기, 전북이 10%대로 비슷한 수준이었다. 북쪽 지방은 황해도가 10.5% 로 가장 많았으나 다른 지방은 4% 이하로 남쪽 지방보다 비중이 매우 낮았다. 지가제를 전후한 두 시기의 도별 비중을 비교하면 강원이 67.5%, 경기가 56.9%로 크게 증가했다. 지세액은 경북이 45만 엔으로 가장 많이 증가했으며, 다음이 경기(42.5만 엔), 경남(37만 엔) 순이었다. 특이한 점은 전남 4.6%(6.9만 엔)와 전북 4%(4.7만 엔)가 감소했다는 점이다. 도별 지세 비중은 지가제로 변했음에도 불구하고 여전히 영·호남의 비중이 가장 높았다. 다만 전에는 호남이 영남보다 높았지만, 이번에는 영남의 비중이 더 높았다. 경기의 비중은 여전히 하위이긴 하지만 대폭 증가했다는 점이 특징적이다.

실측 면적은 황해도가 가장 넓고, 다음이 경북과 전남이고, 평·남북과 경기가 뒤를 이었다. 영·호남과 충남이 면적에 비해 지가가 높은 편이었다. 북쪽 지방은 면적은 넓었지만 지가는 낮은 편이었다.[24] 과세지 면적을 보면, 실측 면적은 전남, 경북, 경기, 경남, 충남, 전북의 순이고, 구 면적은 경북, 전남, 경남, 경기, 전북, 충남의 순이다. 영·호남이 역전되고 경기가 더 넓게 파악되었다. 이는 실면적의 변동이 아니라 도별 결당 면적의 차이였다. 전남은 결당 면적에서는 적었지만 실측 면적은 넓게 파악되

---

24 도별 지세액은 시정연보와 조선총독부 통계가 다소 차이를 보였으나 전반적인 추세는 같았다.

었다. 경기도 마찬가지이다.[25]

　도별 정보당 평균지가는 〈표 5-7〉에서 보듯, 경남이 제일 높고, 다음은 충남, 전북, 경북, 충북, 경기의 순이다. 황해도는 평균 이하의 지가 수준이었다. 북쪽 지방은 남쪽에 비해 대단히 지가가 낮았다. 정보당 개정 지세액은 지가 수준과 거의 비슷했다. 결당 지세액은 전남이 최고 수준이지만 황해 이남 지역은 별 차이가 없었다. 결수에 따라 지세가 부과되었기 때문이다. 반면 실측 면적 대비 지세액은 전북이 최고이고, 다음이 충남, 경남, 전남, 충북의 순이었다. 경기와 황해는 평균 수준에 못 미쳤다. 개정 지세액은 17%정도 올랐지만 도별로 등락이 있었다. 영남과 경기가 대폭 증가했으며, 충남도 크게 증가했다. 반면 전남·북은 하향 조정되었다. 북쪽 지역은 함남을 제외하고 소폭 증가했다. 지가는 경남이 최고 수준이었으며, 전남은 큰 폭으로 낮게 산정된 점이 특징적이다. 경기는 대폭 증가했으나 여전히 최하 수준이었다.

　정보당 지가 수준, 즉 생산성은 경남이 제일 높고, 충남, 전북, 경북의 순이었다. 전남은 생산성이 경기보다는 높지만 충북보다 낮은 최하 수준이었다는 점이 결가제와 달랐다. 전남은 결가제에서는 결당 지세액이 높고 면적도 넓어 지세 부담이 가장 많았다. 반면 경북과 경기는 적게 부과된 대표적인 지역이었다. 전남은 실측 면적이 넓어 지가제에서도 경북 다음으로 지세가 많이 부과되었다.

25　북쪽 지방은 함남, 함북을 제외하고 대부분 결당 면적이 큰 폭으로 변했지만, 과세지 면적이 적고 생산성이 낮아 분석 대상에서는 제외했다.

〈표 5-7〉 실측 면적 대비 도별 지가 지세 결당 면적 비교

구분	지가/실측 면적		개정 지세액/실측 면적		1917년 세액/실측 면적		지세액/결수		결당 면적	
	정보당 지가	전국 대비 지수	정보당 지세	지수	정보당 지세	지수	결당 지세	지수	실측 면적/결수 ①	구 양안 산정 ②
전국	200.2	1.00	2.6	1.00	2.2	1.0	9.1	1.0	4.08	
경기	233.7	1.17	3.0	1.17	1.9	0.9	9.9	1.1	5.12	2.83
충북	283.1	1.41	3.7	1.42	3.4	1.5	10.1	1.1	3.01	2.47
충남	385.1	1.92	5.0	1.93	4.2	1.9	10.9	1.2	2.58	1.99
전북	359.4	1.80	4.7	1.80	4.9	2.2	10.8	1.2	2.23	1.92
전남	273.4	1.37	3.6	1.37	3.7	1.7	11.0	1.2	2.95	1.91
경북	327.3	1.64	4.3	1.64	3.1	1.4	9.2	1.0	2.93	2.33
경남	408.1	2.04	5.3	2.04	4.0	1.8	10.4	1.1	2.58	2.11
황해	135.3	0.68	1.8	0.68	1.7	0.8	10.5	1.2	6.36	3.46
평남	85.5	0.43	1.1	0.43	1.0	0.5	5.9	0.7	5.90	3.88
평북	65.1	0.33	0.8	0.33	0.7	0.3	5.3	0.6	7.84	3.54
강원	93.2	0.47	1.2	0.47	0.7	0.3	9.0	1.0	12.44	3.3
함남	54.2	0.27	0.7	0.27	0.9	0.4	4.7	0.5	5.04	4.03
함북	43.3	0.22	0.6	0.22	0.6	0.3	2.8	0.3	4.53	4.02

출처: 조선총독부 임시토지조사국, 1918, 『조선토지조사사업보고서』, 679-682쪽; 朝鮮總督府, 1918, 『朝鮮土地調査 殊ニ地價設定ニ關スル說明書』, 18쪽; 朝鮮總督府, 1918, 『地價課稅ニ關スル統計』, 5, 9, 11쪽.

　　지세는 갑오개혁에서 결가제로 변경한 이후 〈표 5-1〉처럼 개정할 때마다 결가가 상승되어 지세 부담이 증가했다. 일제는 통감부 설치 이후 대한제국의 결가제를 계승하면서도 이전보다 결세 부담을 크게 증가시켰다. 도별 지세 부담 정도는 결가제에서 지가제로 바뀌면서 적지 않은 변화를 보였다. 결가제는 현물에서 화폐로 지세가 바뀌었지만, 재정 구조, 교통의 편부, 중앙정부와의 정치 경제적 관계 등에 따라 지세 부담은 도

마다 다양하게 설정되었다. 호남에 집중 부과되고, 경기와 경북이 적게 부과되었다. 북쪽 지방은 비중이 대단히 낮았다.

　1918년 전국을 동일 기준으로 수익에 따른 지가를 설정하고, 같은 지세율로 과세하면서 영·호남이 뒤바뀌고 경기가 대폭 증세되는 등의 변동이 수반되었다(〈표 5-7〉). 경북은 지세를 가장 많이 내는 도가 되었으나 경기는 생산성이 최하위권이고 지세액도 하위권을 유지했다. 그리고 지세 이외에 면비와 지방비도 동일한 세율로 부과했다.[26] 지세제도의 문제점은 필수경비 이외에 지세 등 거의 모든 세입을 중앙에서 일률적으로 거두어가고 필요에 따라 지방에 분배하는 방식이었다. 지방 재정이 철저히 중앙에 예속되도록 편성하였다. 지방자치의 자립성을 고려하지 않은 중앙 독점적 재정체계였다.

　단보(段步)당 지가는 호남 지역의 일본인 대지주들의 토지가 높은 편이고, 경기 지역의 조선인 지주들의 토지가 낮은 편이었다. 생산성과 수익성에서 호남 지역이 경기 지역보다 높다는 반증이다. 개인 지주의 경우도 경기도의 조선인 지주는 지가는 낮은 편이었다. 충남 논산과 전북 익산의 일본인 지주의 토지는 지가가 높았다. 지세는 거의 모든 지주가 결가제보다 더 부담했지만, 구마모토 리헤이(熊本利平)의 경우는 오히려 감소했다. 호남 지역은 종전보다 지세를 낮게 산정하고, 경기 지역은 매우 높게 산정했으나 두 지역을 비교하면 호남 지역이 여전히 높았다. 호남 지역의 수익성이 경기보다 높은 결과였다. 경기 지역 조선인은 재래농법으로 경영한 반면, 호남의 일본인 지주는 개량농법을 도입하여 수익성이 높았을 것이다.

26　朝鮮総督府, 1918, 『地價課稅ニ關スル統計』, 63쪽.

지가 산정의 원칙이 재래 농법을 기준으로 산정한 것과 관련하여 판단하면, 호남과 경기는 생산력의 격차가 지가제에서도 그대로 반영된 것으로 보인다. 경기 지역의 지주들이 수익 대비 지세 부담이 호남보다 높았을 것으로 판단된다. 지주경영 측면에서 볼 때, 경기 지역의 조선인 지주보다 호남의 일본인 지주들의 지세 부담이 많았지만 생산성을 감안하면 오히려 유리한 대접을 받은 것으로 보인다. 특히 호남 지역의 일본인 지주인 오하시 요이치(大橋與市), 구마모토 리헤이, 호소카와 모리타쓰(細川護立) 등이 대표적이다.[27]

2) 지가제 도입과 수탈성 검토

다음 검토사항은 지세율, 지가 산정 방식, 조선과 일본의 지세 수준 비교 등이다. 1918년 개정 지세령에서 일제는 시가지를 제외한 조선 토지를 대상으로 지가의 1,000분의 13으로 지세율을 정했다. 일제는 토지조사 당시 필지의 수익과 실제 지가 또는 임대가격에 따라 지위와 등급을 결정하고, 지가를 산정했다. 필지의 절대면적을 측량하고, 산정한 지가에 지세율을 곱하여 지세를 정하는 방식이었다. 일제는 지세율 13/1,000은 지세령 개정 직전에 결정했다고 하고, 이때 결정한 지세 수준을 다음과 같이 설명하고 있다.

> 현행 지세(1917년 1월 1일)는 각 토지에 설정한 결수를 과세표준으로 하고, 이에 결가를 곱하여 징수하였다. 각 토지는 지위의 고하로 인하

---

27 朝鮮總督府, 1918, 『地價課稅ニ關スル統計 (추록)』, 22쪽.

여 본디 같지 않다 하더라도 1단보당 평균 전 14전, 답 36전, 대 28전, 각 토지를 통하여 22전에 지나지 않았다. 이를 내지의 현행 1단보당 평균 지조 전 41전, 답 1원 57전, 택지 4원 18전에 비교하면, 겨우 6분 내지 3할에 불과하다. 조선의 지세는 극히 경미하여 답은 그 소산인 고(藁: 짚)로 지세 납부자금에 충용할 수 있는 경우 또한 적지 않다.[28]

조선의 지세는 짚으로 충당할 수 있을 정도의 낮은 수준이었다고 지세 담당자들은 평가했다. 일제는 1918년 6월 전도에 토지대장을 시행하면서 종래 결(結)을 폐지하고 토지대장에 등록한 지가를 과세표준으로 지세를 부과할 예정이라고 하면서 지가제도 도입의 정당성을 다음과 같이 설명했다.

첫째, 결은 단지 불완전한 수확을 표시하는 데 지나지 않아 지세의 과세표준으로 적당하지 않을 뿐만 아니라 설정한 시기도 오래되고, 또 마음대로 결수를 가감한 지방이 있기 때문에 과세의 적실을 기하기 어렵다고 했다. 이리하여 일정한 방침 아래 토지의 수익을 기초로 극히 정밀한 조사를 한 뒤 지가를 결정했다는 것이다. 둘째, '사업'은 토지의 강계와 권원을 조사하는 동시에, 토지의 수익을 조사하고 과세의 기초를 명확히 하는 것이 주요 목적이다. 조선에서도 조직적이고 통일적인 방법으로 여러 해에 걸쳐 대단히 정확한 조사를 수행하여 지가를 과세표준으로 지세를 부과하기에 이르렀다. 따라서 지세 부과의 평형을 기할 수 있을 뿐만 아니라 쌓인 폐단도 일소할 수 있게 되었다[29]고 했다.

---

28   朝鮮総督府, 1918, 『朝鮮土地調査 殊ニ地價設定ニ關スル說明書』, 14~15쪽.
29   朝鮮総督府, 1918, 앞의 책, 23~24쪽.

일제의 당면과제는 지가에 따른 지세율을 정하는 일이었다. 1917년 지세액은 〈표 5-6〉에서 보듯, 지가의 11/1,000이다. 1917년의 도별 지세를 토지대장의 지가로 대비하여 지세를 산출하면 낮은 도는 7/1,000이고 그 이외의 도는 13/1,000, 17/1,000 등 일정하지 않다고 추산했다. 이는 과세의 기초가 현저히 문란한 데서 기인했다고 정리했다.

현행 지세 총액은 앞과 같이 977만 여 원이라도, 이는 반드시 과세할 수 있는 지세의 총액이 아니다. 양전이 중단되고 작부(作伕)의 폐단으로 인하여 부과의 근거가 명확하지 않기 때문에 자연 과세를 면한 토지가 적지 않다는 것을 잊어서는 안 된다. 지금 조사에서 1917년 1월 현재 과세지 총 면적 286만 7,000여 정보를 토지조사의 결과에 의한 과세지 총면적 425만 9,000여 정보와 대비하면 139만 2,000여 정보, 즉 48%가량 증가되었다. 이 때문에 적어도 증가 지적의 결수에 상당하는 지세액을 당연히 과세할 수 있을 뿐만 아니라 이에 의하여 비로소 조세 부과가 공정하고 마땅할 것이다. 따라서 조선의 지세가 가볍다는 것 또한 우연이 아니라고 말할 수 있다.[30]

일제는 종래의 지세 부담 결수를 정보로 환산한 면적과 토지조사로 파악한 면적을 비교한 결과 1.5배 정도 증가했으니, 지세액도 1.5배 정도 증액하는 것이 당연하다고 했다. 〈표 5-6〉에서 보는 바와 같이, 1914년의 지세 총액은 약 977만 원이고, 이것을 면적 증가에 따라 부과하면 1.48배인 1,446만 원(977만 원×1.48)이 되기 때문에 지세율은 전국 총지

---

30) 朝鮮総督府, 1918, 위의 책, 24쪽.

가액 8억 7,611만 3,255엔의 1,000분의 16.5 정도가 합리적이라고 했다. 증세는 당연한 일이며, 어느 정도 수준으로 할 것인가를 결정하는 일이 남은 과제라고 했다.

일제의 세정 담당자는 결가제를 적용한 현재 지세액과 재정 문제, 지주의 부담 문제 등을 고려하여 토지조사의 실측 면적과 지가를 대상으로 가장 합리적인 지세율을 정하는 일에 직면했다고 했다. 현재 지세액에 맞추어 지세율을 정하면 되었지만, 조선재정독립계획, 식민정책의 강화와 관련하여 지세를 높게 징수해야 했다. 그러나 지세 부담의 증가에 따른 조선인의 불만도 감안하여 결정하지 않으면 안 되었다. 더구나 지세령 당시 4할 이상 증세한 바 있었기 때문에 또다시 대폭 증세하는 일은 쉽지 않았다. 불만을 최소화하는 수준에서 지세율을 마련해야 했다. 이때 일제는 면적이 증가한 만큼 증세하는 것은 당연하다는 입장에서 지세율 책정 작업에 착수했다.

먼저 구 양안의 결가와 이를 기준으로 산정한 결당 면적비를, 토지조사에서 실측한 면적에 적용하여 산출한 결가를 비교했다. 이때 산출한 실측 면적의 결가가 갑술양전 당시의 결수 수준이라는 점을 들어 산정 결수가 타당하다고 강조했다. 이렇게 새로 산정한 결수를 구결가로 부과한 1917년의 지세액을 대비하여 결세를 산정하면 1,446만 원이고, 이를 '사업'에서 산정한 지가로 지세율을 추산하면 16.5/1,000이 되었다. 〈표 5-6〉의 함남 지세율 17/1,000에 근접한 수준이었다. 이렇게 산정한 지세액은 종전 지세액에서 48% 정도 증세한 액수이고, 이 정도의 증세는 면적의 증가에 따른 당연한 액수라고 주장했다.

그러나 토지조사 결과 토지 면적이 대폭 증가했다는 것은 처음부터 증세의 합리성과 시혜성을 강조하기 위해 사용한 '오류 통계'에 불과했다. 그럼에도 불구하고 일제 관리는 이를 선전도구로 적극 활용했다. 〈표 5-3〉에서 보듯, 일제는 1910년 '사업' 초기의 결수는 102만여 결이고, 1917년에는 107만 결을 파악하여 지세를 부과했다. 107만 결은 1913년에 파악하여 결수연명부에 등록한 결수이고, 1914년 지세령 당시에도 이 결수를 대상으로 결가를 높게 설정하여 지세를 대폭 증징했다. 임시토지조사국은 결수연명부의 성과를 인정하여 1913년 결수연명부에 근거하여 지세를 징수하고 토지신고서를 작성했다. 1917년의 107만 결은 결수연명부에 등록되어 지세를 납부하던 과세지였으며, 이를 측량하여 토지대장에 등록한 면적이 425만 9천 정보였다.

〈표 5-8〉에서 구 양안으로 환산한 도별 결당 정보를 적용하여 산출한 면적이 구면적 ⓐ이고, 1917년의 결가를 앞의 도별 결당 정보를 적용하여 산출한 면적이 ⓗ이다. 양자는 거의 동일하여 면적 증가라고 보기 어렵다. 일제는 지나치게 면적을 적게 산출한 결당 면적으로 구면적 ⓐ를 산정하고, 이를 토지조사에서 실측한 면적 ⓑ와 비교하여 면적이 크게 확대되었다고 주장했다. 반대로 실측 면적으로 1917년의 결수로 결당 면적을 산출한 것이 〈표 5-7〉의 ①이고, 〈표 5-7〉의 ②는 〈표 5-8〉의 ⓕ이다. ①과 ⓕ=②는 상당한 차이를 보였다. ①이 압도적으로 결당 면적이 넓었다. 〈표 5-7〉의 ②의 결당 면적으로 적용하여 산출한 것이 구면적 ⓐ이고, ①을 적용하여 산출한 면적이 실측 면적 ⓑ이다.

결수는 동일하지만 두 면적은 크게 차이가 났다. 동일한 필지를 실측할 경우 결수가 동일하면 면적도 동일해야 한다. 그러나 전자는 결당 면적을 지나치게 적게 산출하여 구면적을 너무 좁게 산출했다. 1917년의 결수와 실측한 면적은 구면적과 거의 동일한 필지였다. 두 시기 면적은 거의 변동이 없었다. 토지조사로 새로 파악한 결수의 증가분은 5~7만 결이고, 이를 결당 정보 ⓕ로 환산하면 10~30만 정보 정도였다. ⓐ와 ⓗ에서 산출한 286만여 정보는 결당 면적을 너무 적게 산출한 ⓕ를 적용하여 산출한 결과에 불과했다.

일제는 실측 면적 〈표 5-8〉의 ⓑ를 결당 정보 ⓕ를 거꾸로 적용하여 〈표 5-8〉의 ⓓ 155만 결을 산출했다. 이 결수는 갑술양전의 153만 결에 근접했다. 그런데 155만 결은 잃어버린 결을 되찾은 것이 아니라 실측 면적을 결당 면적보다 적게 산출한 ⓕ를 거꾸로 적용한 계산의 오류에 불과했다. 실측 면적은 1917년에 결세를 부과한 과세지를 토지조사에서 실측한 실제 면적이고, 155만 결은 실측 면적을 결당 정보 ⓕ를 역산한 결과물이다.

결과적으로 동일한 토지를 대상으로 구면적은 결수를 너무 좁게 산출한 결당 정보로 환산한 결과이고, 가정 결수는 실측 면적을 이 결당 정보로 역산한 것에 불과하다. 두 시기의 실질 결수 차이는 5~7만 결이다. 〈표 5-6〉에서 1917년 지세액은 지세령에서 높혀 징수한 지세액보다 1% 남짓 증가했다. 이것은 5~7만 결의 증가를 반영한 지세액이다.

김해군과 창원군의 토지조사 연구에서도 결수연명부와 토지신고서는 필지와 결수가 거의 일치했다. 새로 파악된 토지 가운데 과세지는 극히 일부이고, 대부분은 비과세였다.[31] 결수연명부와 토지신고서, 그리고 토지조사부의 필지는 거의 동일했다. 1918년 일제가 토지조사를 종결하면서 지세 수준을 결정할 때 조선총독부가 작성한 『조선토지조사 특히 지가설정에 관한 설명서』, 『지가과세에 관한 통계』의 결수와 면적 산정은 정치적으로 '계산된' 오류에 불과했다.

---

31 조석곤, 2003, 『한국 근대 토지제도의 형성』, 해남과 최원규, 2009, 「일제초기 창원군 토지조사 과정과 토지신고서 분석」, 『지역과 역사』 24에서 결수연명부와 토지신고서의 필지가 거의 동일하다는 점을 논증한 바 있다.

⟨표 5-8⟩ 실측 면적과 결당 면적으로 추산한 지수별 면적(단위: 정보)

도명	구면적 ⓐ	실측 면적 ⓑ	1917년 결수 ⓒ	실측 면적		결당 정보 ⓕ	실측 면적 결수 ⓖ=ⓑ/ⓕ	결수로 산정한 면적 ⓗ=ⓒ×ⓕ
				가정 결수 ⓓ	가정 지세액 ⓔ			
경기	213,306	385,963	75,376	134,988	1,337,264	2.83	136,382	213,314
충북	133,525	162,876	54,060	65,942	661,751	2.47	65,941	133,528
충남	194,865	252,601	97,926	126,705	1,380,814	1.99	126,935	194,873
전북	210,421	244,218	109,597	127,090	1,366,340	1.92	127,196	210,426
전남	265,270	409,730	138,888	205,392	2,243,778	1.91	214,518	265,276
경북	318,986	401,259	136,907	172,215	1,568,520	2.33	172,214	318,993
경남	239,628	292,768	113,571	138,622	1,440,654	2.11	138,752	239,635
황해	294,510	540,984	85,120	156,252	1,635,734	3.46	156,353	294,515
평남	260,846	396,881	67,231	101,434	599,185	3.88	102,288	260,856
평북	177,780	393,658	50,223	103,790	545,090	3.54	111,202	177,789
강원	87,359	329,293	26,475	98,953	888,765	3.3	99,785	87,368
함남	287,668	359,459	71,384	79,336	369,766	4.03	89,195	287,678
함북	183,354	206,672	45,612	45,952	127,501	4.02	51,410	183,360
총계	2,867,518	4,376,362	1,072,370	1,556,671	14,165,162		1,592,171	2,867,612

비고: 구면적=1917년 결수×결당 정보
　　　실측 면적 결수=실측 면적/결당 정보, 실측 면적 가정 지세액=가정 결수/
　　　1917년 결수×1917년 지세액
　　　1909년 결수 995,000, 추정 면적=2.88193
출처: 조선총독부 임시토지조사국, 1918, 『조선토지조사사업보고서』, 679~682쪽; 朝鮮総督府, 1918, 『朝鮮土地調査 殊ニ地價設定ニ關スル說明書』, 18쪽; 朝鮮総督府, 1918, 『地價課稅ニ關スル統計』, 5, 9, 11쪽.

⟨표 5-6⟩, ⟨표 5-8⟩에서 보듯, 1917년의 결수는 107만 2,370결=ⓒ, 지세액은 977만 479원=ⓔ이고, 추정면적은 286만 7,612정보=ⓗ였다. 그런데 토지조사를 종결한 후 실측 면적은 437만 6,362정보=ⓑ이고, 일제 당국자가 구 양안에 근거하여 환산한 결당 정보를 실측 면적에 적용하여 가정 결수 155만 6,671결=ⓓ를 추산하고, 여기에 1917년의 결가를

적용하여 산출한 지세가 가정 지세액 1,416만 5,162엔=ⓒ이다. 이때 갑술양전의 153만 7,494결을 동원하여 추정 결수가 조선 본래의 결수였다고 합리성을 부여하였다. 1917년의 결수의 차는 문란의 산물이고, 본래 거두어야 할 지세액은 1917년에 거둔 지세액〈표 5-6〉의 ②인 977만 479엔이 아니라 가정 지세액 ⓒ라고 주장하였다.

토지조사에서 산정한 총지가 〈표 5-6〉의 ④=8억 7,611만 3,255원을 기준으로 결가에 따른 지세액 977만 479원=②를 맞추려면 지세율이 11/1,000=③이 되고, 실측 면적으로 환산한 결수에 따른 지세 1,416만 5,162원=ⓒ로 맞추려면 지세율이 16.5/1,000가 되어야 한다. 따라서 실측 면적에 따라 산정한 결수로 세액을 결정하면, 대략 439만 원이 증가한다. 이는 전보다 48% 정도 증가한 액수이다.

일제 당국은 "민도와 재정 상황을 감안하여 지세의 급격한 증가를 피하고", 재정형편을 고려하여 160만 원(⑤-②=1,618,987원) 정도 증세하기로 결정한다고 했다.[32] 이것이 지가 ④×13/1,000(지세율)=⑤11,389,466원이다. 13/1,000은 1917년도 지세액으로 산정한 전남북의 지세율에 해당한다(〈표 5-6〉 참고). 일제의 지세 담당자는 여러 실정을 감안하여 13/1,000으로 낮게 결정했으며, 이를 일본과 비교하면 1~3할 정도에 불과하다고 했다.

개정 지세령에 따른 지세액 산정에서 가장 중요한 것은 지세의 원천인 지가 산정에 있다. 일제는 조선의 전답 지가를 일본과 비교하여 조선의 지세가 매우 낮은 수준이라는 것을 『지가과세에 관한 통계』에서 논증하여 표로 제시했다. 그 진실성을 검토하기 위해 작성한 것이 〈표 5-9〉,〈표

---

[32] 최원규, 2009, 앞의 책; 조석곤, 2003, 앞의 책 등이 참고된다.

5-10〉, 〈표 5-11〉이다. 일제는 먼저 양국의 총지가를 총면적으로 나누어 평균 지가를 산출했다.

〈표 5-9〉 단보 당 수익에 따라 일본의 지가를 기준으로 산정한 조선의 지가와 지세 (단위: 엔)

구분	수익 ⓐ			평균 지가 ⓑ			양국의 수익 대비로 환산한 조선의 지가와 지세 ⓒ		본래 지가로 산정한 지세	
	일본 ①	조선 ②	①/② =⑤	일본 ⑥	조선 ⑦	⑦/⑥	지가 ⓒ ⑦/⑤	지세 ⓓ 44/1000	17/1000	13/1000
전	5.12	1.87	2.7	9.26	9.7	1.05	3.4	0.15	0.17	0.12
답	14.6	5.83	2.5	35.06	38	1.08	14	0.6	0.64	0.49
대	18.4	3.54	5.2	167.3	30.2	0.18	32.2	1.42		

출처: 朝鮮總督府, 1918, 『地價課稅ニ關スル統計』, 63, 65쪽.

〈표 5-9〉에서 양국 전답의 평균 지가를 보면, 일본은 9.26엔과 35.06엔이고, 조선은 9.7엔과 38엔으로 조선이 오히려 약간 높은 편이다. 물론 대는 시가나 임대가격을 기준으로 산정하여, 일본이 167.3엔이고 조선이 30.2엔으로 일본이 압도적으로 높았지만, 농가의 직접적 수익 대상이 아니라는 점에서 검토 대상에서는 제외했다. 실제 지가가 일본이 조선보다 훨씬 높았다는 점은 상식에 속하지만, 이를 논외로 하더라도 양국의 지가산출 방식에는 근본적인 문제가 있었다.

〈표 5-9〉의 단보당 수익을 보면, 일본이 조선보다 월등히 높았다. 단보당 수익ⓐ가 일본이 조선보다 전은 2.7배, 답은 2.5배, 대는 5.2배 많았음에도 불구하고, 평균 지가는 조선이 오히려 약간 높았다. 전답의 지가는 수익을 기준으로 산정하는 것을 원칙으로 했다는 점을 고려하여 일본과 조선의 수익의 비례를 적용하여 일본의 지가에 견주어 조선의 지가를 다

시 산출해 보면 〈표 5-9〉의 ⓒ와 같다. 조선의 재산정 지가는 전은 3.4엔, 답은 14엔이다. 이를 일본의 지조율 44/1,000로 적용하여 산정한 조선의 전답 지가는 0.15, 0.6인 ⓓ와 같다. 이는 1918년의 지세율 13/1,000으로 산정한 조선의 지세보다는 많지만 1922년의 17/1,000로 산정한 지세와는 거의 비슷했다(〈표 5-11〉의 ③의 수치는 0.16, 0.65). 사실상 일제는 일본의 지조에 필적할 수준으로 조선의 지세를 산출하기 위하여 양국의 평균지가에서 보듯 조선의 지가를 일본의 지가와 비슷하게 산정하였다.

다음에서 조선의 지가와 지세를 양국의 수익비율에 따라 다시 산정하여 조일 양국의 지세 부담정도를 살펴보자. 〈표 5-9〉에서 수익 ⓐ를 고려하여 양국의 수익비를 산출한 것이 ⑤이다. 조선의 평균 지가 ⑦을 수익비 ⑤로 나누면 수익비로 환산한 조선의 지가 ⓒ가 산출된다. 전답 3.4엔과 14엔이다. 여기에 일본의 지세율 44/100를 곱해 산출한 조선의 전답 지세액 ⓓ가 0.15엔과 0.6엔이고, 본래 지세율 13/1,000을 곱하여 산출한 전답 지세액은 0.12엔과 0.49엔이다. 1922년의 지세율 17/1,000로 산출한 전답 지세액은 0.17엔과 0.64엔이다. 세 경우를 비교해 보면, 수익을 감안하여 일본의 지세율로 산정한 지세는 본래 지세율 13/1,000으로 산정한 지세액보다 약간 높지만 1922년의 지세율로 산정한 지세액은 조선이 더 높다. 일제는 1918년에는 수익 대비 조선의 지세율을 일본보다 낮게 설정했지만, 1922년 지세율이 증가하면서 조선의 지세액이 수익 대비로 볼 때 지세 부담이 더 높았다. 결론적으로 수익에 따라 지가를 산정하면, 조선의 지세 부담이 일본보다 더 높았다고 할 수 있다.

〈표 5-10〉 조선과 일본의 단보당 지가세액 및 1인당 단별 지가 세액표

지목		총면적 (정보)	총지가	총지조(세)	1단보당		1인당		
					지가 ④	지조(세)	단별	지가	지조(세)
일본	전	2,355,883	218,219,335	9,819,870	9.26	0.41	0.408	3.96	0.17
	답	2,874,938	1,008,161,836	45,367,288	35.06	1.57	0.506	18.30	0.82
	대	383,263	641,283,566	16,032,089	167.32	4.18	0.020	11.64	0.29
조선	전	2,551,046	256,937,395	3,797,541	9.68	0.14	1.520	15.80	0.23
				3,340,719	10.1	0.12			0.20
	답	1,507,208	571,266,815	5,502,462	37.95	0.36	0.907	35.13	0.33
				7,426,461	37.9	0.49			0.45
	대	150,971	45,398,805	423,937	30.18	0.28	0.017	2.79	0.02
				590,177	30.1	0.39			0.03

비고: 조선에서 총지조의 위 칸은 구지세, 아래 칸은 개정 지세이다.
　　　지가 ④의 하단은 총지가를 총면적으로 나누어 산출한 것. 본래 표에 기록된 상단과 차이가 있다.
　　　조선의 지세액은 『조선토지조사사업보고서』의 695~696쪽과 일치한다. 다만 전이 0.13이다.
출처: 朝鮮總督府, 1918, 『地價課稅ニ關スル統計』, 63, 65쪽.

다음 〈표 5-11〉에서 양국 단보당 순수익과 1인당 수익을 살펴보자. 조선의 단보당 수익①을 살펴보면, 전의 경우 일본은 5.12엔, 조선은 1.87엔이다. 답의 경우 일본은 14.6엔, 조선은 5.83엔이다. 조선의 전은 일본의 37%, 답은 일본의 40%에 불과했음을 알 수 있다. 1단보당 지세와 부가세를 제외한 순수입을 보면, 전은 일본이 4.41엔, 조선이 1.7엔, 답은 일본이 11.9엔, 조선이 5.2엔이다(〈표 5-11〉의 ⑥). 일본의 1단보 정도의 수익을 얻으려면, 조선에서는 전은 2.6단보(4.41/1.7), 답은 2.3(11.9/5.2) 단보를 경영해야 했다. 일본인 경영자의 수입이 단보당 2배 이상으로 산출되었기 때문이다. 그런데 일제는 1인당 수익을 산출할 때 단보당 순수

입 ⓖ에 양국의 1인당 면적 ⓔ을 곱했다. 그 결과 전답을 합한 조선과 일본의 1인당 수익은 ⓕ에서 7엔과 7.8엔으로 산출되었다. 조선인과 일본인은 수익에서 차이가 그리 크게 나지 않았다. 현실과 다른 결과를 보여준 계산 방식이다.

〈표 5-11〉 단보당 수익 지가 지조 지조율(단위 : 엔)

구분	지목	수익 ①	평균 지가 ②	지조(세)액 ③		지조(세)율 ④		①/③=⑤ 수익비		순수입 ⑥	1인당 면적 ⓔ	1인당 수익 ⓕ
일본	전	5.12	9.26	0.41		44/1,000		0.08		4.41	0.41	1.8
	답	14.6	35.06	1.57		44/1,000		0.108		11.9	0.51	6
	대	18.35	167.32	4.18		25/1,000		0.228		13	0.02	0.26
조선	전	1.87	9.68	0.12	0.16	13/1000	17/1000	0.064	0.085	1.7	1.52	2.6
	답	5.83	37.95	0.49	0.65			0.084	0.111	5.2	0.91	4.4
	대	3.54	30.18	0.39	0.51			0.11	0.144	3.1	0.02	0.05

비고: 부가세액의 경우 조선은 지방비와 면비로 구성되어 있다. ②는 〈표 5-10〉의 지가이다.
순수입은 수익-(지세+부가세) 이다.
출처: 朝鮮總督府, 1918, 『地價課稅ニ關スル統計』, 63, 65쪽; 조선총독부, 1918, 『조선토지조사사업보고서』, 695~696쪽.

문제는 1인당 면적을 전체 면적(〈표 5-10〉)에서 농업 인구로 나눈 것이 아니라 전체 인구로 나누었다는 점이다. 당시 농업 인구는 일본은 전체의 약 50% 정도이고, 조선은 85% 정도로 산출된다.[33] 이를 적용하여 1인당

---

33 이 통계의 문제점은 인구비의 산정 방식이다. 일본의 인구는 1915년 1월 1일 인구 5,194만 3,700명으로 산출하고, 조선은 1916년 1월 1일 인구 1,626만 1,289명으로 수익을 산출했다. 그런데 1인당 면적은 총인구가 아니라 농업 인구로 산출해야 수익을 정당하게 평가할 수 있을 것이다. 당시 일본인 농업 인구는 1915년 3,008만 명 (58%)이고, (橋本健二, 2018, 「戰後 日本의 農民層分解와 農業構造의 轉換」, www.yahoo.co.jp), 조선인 농업인구는 전체의 85%가량으로 추정된다(金哲, 1965, 『韓國의 人口와 經

면적을 다시 산출하여 계산한 일본인의 1인당 수입은 전답 합하여 14.7엔 정도이고, 조선은 8.8엔으로 일본이 1.67배 정도 수익이 많게 나온다.

조선인은 토지조사 초기부터 증세를 우려하여 반대하는 여론이 적지 않았다. 일제는 이러한 우려를 불식시키기 위해 처음부터 토지조사가 증세를 위한 것이 아니라고 선전활동을 강화했다. 일제가 이같이 일본보다 지세율을 매우 낮아 보이게 책정한 이유는 증세에 따른 사회불안을 염려했기 때문이었다고 판단된다.[34] 지세는 이미 지세령에서 대한제국 시절보다 지세 수준을 15% 이상 대폭 올려 징수했기 때문에 더 이상의 증세는 반발을 불러올 우려가 있었다. 그럼에도 불구하고 일제는 지세율을 13/1,000으로 정하여 17% 정도의 증가를 꾀했다. 일제는 이같이 지세액을 올리면서 지가 산정 방식이 수익에 따라 조직적이고 통일적 방법으로 이루어진 정확한 결과라는 견해를 내세우며 개정 지세령을 다음과 같이 평가했다.

"일본의 지조액과 비교해 보면 1~3할에 지나지 않아 토지소유자는 하등 부담에 고통이 없다. 본부(조선총독부)는 인민의 부담의 완화를 강구하고, 납세방법을 간편하게 하는 데 힘쓰고…수백 년 이래의 관례를 타파하고 지세제도의 대정리를 행하여 인민의 원성을 들은 적이 없다. 특히 전년 이래 곡식 가격이 현저히 올라 이 정도 부담의 증가도 오히려 당연하게 양해하여…원만히 실시를 볼 수 있었다."[35]

濟』, 岩波書店, 164쪽).
34 朝鮮総督府, 1918~1920, 『朝鮮総督府施政年報』, 75~76쪽.
35 朝鮮総督府, 1918~1920, 앞의 책, 76쪽.

조선의 지세가 일본에 비해 매우 저렴할 뿐 아니라 곡식 가격이 크게 올라 원만히 실시할 수 있었다고 평가했다. 그러나 조선의 지세 부담이 일본에 비해 매우 저렴했다는 평가는 전술한 바와 같이 양국의 수익성과 지가 산정 방식을 비교해 보면 사실과 달랐다. 사실 1919년 3·1운동의 원인을 진단한 일본신문에서 "현하 조세는 합병 이전보다 약 4배이다. 따라서 근년과 같이 쌀값이 폭등한 때도 농민의 곤란은 날로 심하여 집안 물건을 전당 잡혀 겨우 조세를 납입했다"라고 지적하고 있다.[36] 수익에 따라 지가를 다시 산출하면, 1918년은 일본보다 적은 수준이었지만 1922년에는 30% 이상 증가하여 일본의 지세 수준을 능가했다. 결국 일본과 조선의 전답 수익성을 고려하여 판단하면, 일제는 일본에 비해 조선의 지가를 매우 높게 산정하고 반대로 지세율은 매우 낮게 책정하였다고 할 수 있다. 그럼에도 불구하고 일제는 조선의 지세가 일본에 비해 매우 낮은 수준이라고 국가적 차원에서 선전활동에 나섰던 것이다.

다음은 조선의 지가와 시가 수준을 검토해 보자. 일제는 조선의 경우 평균적으로 계산하여 시가와 지가가 거의 동일한 수준이었다는 통계를 제시하고 있다.[37] 탁지부의 출장원 조사에 의하면, 지역별로 다소 차이는 있었다. 전의 경우 상위군은 전북과 경북, 중위군은 충남·호남·경북, 하위군은 전북·경북·충남이 시가보다 지가가 높았다. 답의 경우 상위군은 충남·영남·호남, 중위군은 호남·경북·황해, 하위군은 충남·전북 등이

---

36 이영호, 2001, 『한국 근대 지세제도와 농민운동』, 서울대학교출판문화원, 429쪽.
37 조선의 지가에 대한 견해는 시가에 비해 높게 산정했다는 견해와 반대로 보는 견해 등 양론이 있다. 朝鮮総督府, 1918, 『地價課稅ニ關スル統計(추록)』, 29~31쪽. 제4표 토지 매매표에서 조선의 전답은 상·중·하 모두지가와 시가가 거의 비슷했다. 대지는 상·중·하 모두 지가가 배 정도 높았다.

시가보다 지가가 높았다.[38] 도별로 차이는 있지만 시가에 비해 지가가 높은 편이었다.

토지조사에서 사정된 지가는 개별 필지는 물론이고, 도별로도 적지 않은 편차를 보였다. 경기·영남 지역은 부담이 크게 늘고, 호남 지역은 감소했다. 일제는 지가 산정에서 개량 농법 이전 단계의 생산력을 적용했다. 일제는 농사 개량을 실시하여 농비나 수리조합 등의 비용을 지출한 지역과 비농사 개량 지역의 농비 지출을 감안하여 동일한 수준으로 지가를 산정하기 위한 조치라고 언급했다.

경기·영남 지역과 같이 종래 상대적으로 결가를 낮게 평가한 지역은 지가를 높게 산정했다. 호남은 결가는 높았지만, 지가는 상대적으로 낮게 평가했다. 낙동강이나 만경강, 동진강, 재령강 등 생산성이 불안했던 지역 가운데 일본인이 토지 개량, 농사 개량 등으로 수확이 증대된 지역은 낮게 평가했을 것으로 추론된다. 물론 일본인 농장 지역인 전북과 경남은 다른 지역에 비해 상대적으로 지가가 높게 산정되었지만, 수익성을 대비하면 다른 지역보다 낮게 산정되었을 것으로 판단된다.

일제는 1918년 지가제도를 도입한 4년 뒤 1922년 지세율을 17/1,000로 대폭 인상하여 세액이 1,483만 2,871원으로 전보다 32.3%가량 증가했다. 본래 목표한 대로 155만 결 수준 〈표 5-8〉의 ⓒ로 증징하여 실질적으로는 일본보다 지세가 높게 부과되었다.[39] 지세 납세의무자인 지주가 수익을 확대할 수 있는 길은 생산성을 확대하고, 소작료를 올리는 것에

---

38 朝鮮総督府, 1918, 『地價課稅ニ關スル統計(추록)』, 1~18쪽.
39 朝鮮総督府, 『朝鮮総督府官報』 호외, 1922.3.31.

기대할 수밖에 없었다.⁴⁰ 지주납세제에서 지세 부담은 지주의 손익과 직결된다. 일제는 1910년대 계속 지세를 올리는 정책을 실시했음에도 불구하고 쌀값이 계속 상승한 덕분에 지주층의 큰 반발 없이 이를 마무리하고 1922년에는 17/1,000까지 올려 징수했다고 한다.

문제는 쌀값이 크게 하락한 1920년대 후반이었다. 소작농민은 소작료를 대체로 현물로 부담하여 쌀값 변동과 크게 관계는 없어야 했지만, 지주는 쌀값이 하락할 때는 소작료를 올려 징수하는 방식으로 지세 부담을 소작농민에게 전가하는 일이 비일비재했다. 이것이 당시 소작농민이 소작쟁의를 빈번하게 일으키는 주요인이었다. 1929년을 전후한 시기 농업 공황으로 곡식 가격은 폭락했지만 일제는 지가 수준을 올려 지세를 더 거두었다. 1933년까지 이 수준을 유지했다. 공황과 만주사변에 대비한 재정적 요구 때문이라고 생각된다. 이에 지주경영이 크게 악화되어 농업 경영에서 손을 떼는 지주도 적지 않게 발생했다.

1934년에는 지세율을 15/1,000 수준으로 낮추어 지세액은 1922년보다 약간 낮은 수준을 유지했다. 토지 면적은 1918년 442만 1,425정보이고, 전시체제 아래 1942년에는 면적이 14만 정보 증가하고⁴¹ 지세율을 다시 17/1,000로 올려 9억 5,123만 8,928원으로 가장 많이 거두었다. 1943년에는 전시를 반영하여 지세율을 대폭 올려 지세가 크게 증가했다.

개정 지세령을 평가하면, 첫째, 지가제의 지세 수준을 고려하면 조선

---

40 일제와 일부 연구자는 쌀값이 대폭 올라 지세 부담이 적어졌다고 보는 견해도 있지만, 그 경우는 1910년대 후반이고, 1920년대 후반은 쌀값이 폭락하여 부담은 더 커졌다. 쌀값으로 비교하는 것은 별 의미가 없다. 높은 쌀값은 일본이 지세를 올려 징수하는 데 기여했을 뿐이다.

41 조선총독부, 『조선총독부통계연보』(각 년판). 1918년 면적은 442만 정보이고, 1942년은 456만 정보로 증가했다.

시대의 지세 수준보다 농민 부담이 더 증가했다. 일제는 지세액도 더 올렸지만, 쌀값의 폭등으로 지주의 반발은 크지 않았다. 현물로 지대를 받는 지주에게 오히려 유리하게 작용했다. 반면 농업공황 등 쌀값 폭락기에는 지세 부담이 크게 증가하여 지주경영이 어려워졌다. 지주는 이 위기를 소작료를 증가시켜 돌파하려고 했지만, 농민의 반발은 더욱 거세져 농민 운동이 폭발적으로 일어났다.

둘째, 조선농민의 지세 부담은 일제가 선전하듯 일본보다 낮은 편은 아니었다. 수익을 고려하면 조선의 지세는 일본과 비슷한 수준이었다. 농민의 생활수준을 고려하면 수입이 적은 조선농민이 더 크게 지세 압박을 받을 것이다. 일제의 지세 징수 강도는 농업 생산성의 상승이라는 측면을 논외로 하면 종전보다 훨씬 높았다.

셋째, 일제는 결부에 기초한 지세 부과체제는 지역별로 신분제적 요소가 작동하여 불균등이 심한 반면, 지가제는 전국의 지세를 수익에 따라 일률적으로 균일하게 부과하여 불균등이 해소되었다고 의미를 부여하겠다. 그리고 이를 '합리적' 지세 부과 방식이라고 평가했다. 그러나 이는 조선의 자립적 지방 재정체계를 해체하고, 전국의 지세를 획일적으로 더 같이 부과하여 지방경제를 식민지 지배체제에 종속적으로 편입시키는 데 크게 기여했다.

넷째, 종래 낮은 결부의 토지를 집중적으로 소유하던 지주층에게 지가제는 불리하게 작용한 측면도 있지만, 일제의 지가 산정은 재래농법을 기준으로 하여 일제의 농정에 적극적인 동태적 지주, 특히 일본인 지주에게 유리하였다.

다섯째, 지주납세제로 전환하면서 지세 부담이나 쌀값 변동 등 외부 환경 변화는 현물 지대를 납부하던 농민에게 무관한 듯 보이지만, 현실적으로는 농민 부담으로 직결되었다. 지주는 지주납세제의 실시와 함께 작인이 부담하던 지세를 지대로 회수하여 이에 대처했다. 쌀값 등귀에 따른 수익 증대 효과도 거둘 수 있었다. 지주는 쌀값 하락과 폭락에서 기인한 지세 부담의 증가는 고율지대를 강요하여 해결했다.[42] 농민들은 지세 등 각종 부담이 늘어나자 3·1운동에 이어 농민운동을 일으켜 지주와 일제에 저항했다. 저항의 궁극적 목적은 식민지 지주제의 해체와 농민적 토지소유의 실현이었다.[43]

42　지가제에서 쌀값과 관련하여 지세 부담을 평가하는 것은 큰 의미가 없다. 1910년대는 쌀값의 폭등, 1920년대 후반은 쌀값 폭락의 시대였다. 지주의 이해관계는 두 시기 엄청난 차이를 보였다. 지주는 쌀값이 폭락할 때 지대 인상으로 이를 해결하려는 경향을 보였다.

43　이영호, 2001, 앞의 책; 나주문화원, 2000, 『나주군 궁삼면 토지회수투쟁자료집』 참조.

제6장
토지조사사업의 작업 과정과 양적 성과

1. 토지조사사업의 작업 과정

1) 토지소유권 조사

(1) 준비조사

준비조사는 ① 면·동리의 명칭과 강계조사, ② 토지신고서의 수집과 정리, ③ 지방경제와 관습조사, ④ 도서의 검사와 처리 순으로 진행되었다. 그리고 조사는 일반조사와 특별조사로 구분했다. 특별조사는 시가지, 도서부, 서북 각 도의 일부 산간 지역의 조사였다.

(2) 일필지조사

조사국에서는 소유권과 지목의 유형에 따라 필지를 구획했으며, 실지조사에서 필지마다 다음 사항을 조사했다. 지주, 강계와 지역, 지목, 지번, 증명과 등기한 필지, 도부의 조제와 정리, 도부의 검사와 처리 등이다.

(3) 분쟁지조사

분쟁지는 외업반 조사, 내업반 조사, 분쟁지 심사위원의 심사순으로 진행하고, 사법부의 소송관계지 처리를 통지받아 소유권을 사정했다.

(4) 사정

사정은 소유권과 경계를 확정하는 작업이다. 토지조사국은 토지조사부와 지적도를 작성한 다음 지방토지조사위원회의 자문의 거쳐 소유권을 확정하고 공시 절차에 들어갔다.

2) 지반 측량

일제의 토지조사사업에서 가장 중요한 변화는 근대적 측량 방식을 도입하여 한국의 전 국토와 각 필지를 절대면적 단위(정평제)로 측량했다는 점이다. 측량은 삼각측량, 도근측량, 일필지측량, 면적 계산의 순으로 진행되었다. 삼각측량은 토지조사를 계획할 당시 실시 여부를 둘러싸고 의견대립이 있었다. 대만처럼 단순히 매필지의 형상과 접속관계를 측량하는 일에 그칠 것인가, 아니면 더 나아가 동리, 면, 부, 도와 같은 대구역에 걸친 토지의 접속관계를 포함한 조선 전체를 측량할 것인가 등이었다.

일제는 처음부터 대만과 달리 조선을 일본의 연장선에서 토지조사를 추진했다. 먼저 일본과 삼각측량으로 연락관계를 갖도록 대마도의 1등 삼각 본점에서 절영도와 거제도의 경위도, 절영도와 거제도의 거리를 정하고, 이를 기점으로 순차적으로 대삼각측량을 시행했다. 완성된 구역에는 소삼각측량을 시행하여 대삼각점(400개), 대삼각보점(1,401개), 소삼각점(3만 1,546개)을 설정했다. 삼각측량은 1910년 6월 대망(大網)의 위치 선정 작업을 착수하면서 작업을 시행하여, 1915년 11월 함경북도 장진 부근의 수준 측량으로 외업을 종료하고, 1916년 11월 내·외업을 마쳤다.

도근측량은 삼각점 간을 연락하는 다각형의 도선을 만들고 도선 간을 연락하여 하나의 원도에 6개 이상의 점을 배치하여 일필지측량의 기준점을 설정하는 작업이었다.

일필지측량은 개황도와 실지에 의하여 일필지의 형상을 측량하여 원도를 작성하는 작업이다. 원도는 지적도 조제의 기본틀이었다. 내업에서는 원도를 근거로 일필지의 면적을 산정하여 토지대장 조제의 자료로 제공했다.[1] 측량의 마지막 작업은 지적도, 지적약도, 역둔토도 등을 조제하는 작업이었다. 지적도는 일필지측량의 결과물인 원도에 근거하여 작성한 도면이다. 필요할 때 측량 당시의 필지의 원형을 현지에서 회복할 수 있도록 작성했다.

근대적 측량은 필지의 절대면적과 모양을 현장에서 그대로 재현하는 것을 목표한다. 반면 양전사업은 각 필지를 자호지번순으로 측량하되 측량의 목표는 필지의 생산량을 토대로 결부를 산출하는데 두었다. 필지의 크기는 해당 필지의 결부이고, 양안에 표기된 양전척 실적은 결부에 기반하여 작성한 척수이다. 필지의 모양은 5도형, 대부분 직전으로 표기하고 필지의 경계는 사표로 표기하는 방식이다. 사표는 필지 사방의 지형지물로 필지의 경계를 표시하는 방식이다. 수재 등 자연환경에 따른 경계 변화를 수용하는 가변성을 전제로 한 측량 방식이다. 양전척 실적은 결부와 등급, 도형에 따른 결과물이다.

근대에는 필지의 본래 모습과 면적이 측량 대상이었다면, 전근대에는 결부로 표기된 생산량과 이를 생산하기 위해 필요한 영농 면적만 표기하는 것이 주목적이다. 필지 표기 방식이 생산량에서 절대면적으로 전환된 것이다.

---

1 『매일신보』, 1918.11.2.

3) 토지 가격 조사

(1) 지위등급조사

① 표준지의 선정과 지위등급조사, ② 각 필지의 부급(附級), ③ 시가지 지가 등급조사, ④ 도서 지위등급 특별조사, ⑤ 도서의 검사와 처리

(2) 지위등급의 결정

(3) 지가(地價)의 산정

4) 도부(圖簿) 조제[2]

토지조사의 결과물인 도부는 실지조사의 결과물로 실지조사부와 원도를 작성하고, 이를 토대로 사정장부인 토지조사부와 지적도를 제조한다. 사정과 재결을 거친 최종 결과물로 토지대장을 작성하고 이를 근거로 토지대장집계부와 지세명기장 등을 만든다. 그리고 토지등기부는 신청인(토지소유자)이 토지대장을 근거로 소유권 보존등기를 신청하면 이를 심사하여 등록하는 방식으로 작성되었다. 이때 증명받은 토지는 증명부의 내용도 함께 등기부에 기록하여 법률적 연속성을 유지했다. 증명부와 토지대장이 다를 경우는 토지대장을 우선했다.

---

[2] 최원규, 2011, 「창원군 토지조사사업 관계장부의 종류과 성격」, 『일제의 창원군 토지조사와 장부』, 선인, 21~180쪽.

5) 이동지 정리

이동지 정리는 토지신고에서 사정 공시까지의 토지와 토지소유권 이동사항을 조사 정리하는 일이다. 작업은 ① 외업 정리, ② 내업 정리, ③ 도서의 검사와 처리순으로 진행되었다. 그 결과는 토지대장과 지적도에 등록되었다.

6) 지형측량

① 지형측량, ② 지형도 조제

7) 부대사업

부대사업은 '사업'이 종결된 이후 추가로 실시된 사업이다. ① 역둔토 분필(分筆)조사(1917년 6월 이후), ② 지적조사(1919년 5월 이후), ③ 지형측량, ④ 지지자료조사(1918년 5월 이후) 등이다.

8) 고등토지조사위원회[3]

고등토지조사위원회는 사정 공시에 대한 불복신청이 있을 경우 이를 심사하여 재결 또는 재심을 거쳐 소유권과 경계를 최종 확정하는 기관이다. 사법부의 소송이 있을 경우에는 이를 확인 존중하여 재결했다.

---

3 고등토지조사위원회, 1920, 『고등토지조사위원회 사무보고서』 참고.

2. 특별조사와 부대사업

1) 특별조사

특별조사는 시가지, 도서, 서북 각 도의 일부 산간 지역을 대상으로 일반 지역과 다른 방법으로 실시한 조사이다. 첫째, 시가지 조사는 경성, 수원, 인천, 대구, 부산, 개성, 청주, 공주, 대전, 강경, 전주, 군산, 광주, 나주, 목포, 김천, 마산, 진주, 해주, 평양, 진남포, 의주, 신의주, 원산, 함흥, 청진, 경성, 회령, 나남 등 29개소에서 시행되었다.[4] 이 중에서 앞의 5개 지역은 초기에 조사가 완료되었으며, 남은 24개 시가지는 제일 먼저 조사를 완료한다는 정책 아래 1912년 5월 특별조사반을 편성하여 선행적으로 조사를 실시했다.[5]

시가지 중에서 경성은 특이했다. 경성, 즉 한성의 성내는 조선국가의 소유지로 양전은 한 번도 하지 않았으며, 지세도 부과되지 않았다. 주민은 관에 신청하여 빈 땅은 어디라도 집을 지을 수 있었다. 그러므로 한성 성내는 이때 처음으로 토지조사가 실시되고 점유의 상태에 기초하여 사적 토지소유권이 인정되고 지세도 부담하게 되었다.[6] 시가지는 일반 지역과 비교하여 측량상 행정구획의 경계가 불명확하고, 일필지마다 표항 건설이 곤란한 경우가 많아 측량작업이 쉽지 않았다.

---

[4] 조선총독부 임시토지조사국, 1918, 『조선토지조사사업보고서』, 70쪽.
[5] 조선총독부 임시토지조사국, 1918, 위의 책, 70쪽; 『매일신보』, 1912.5.20, 1912.5.21.
[6] 경성의 토지조사는 강병식, 1994, 『일제시대 서울의 토지연구』, 민족문화사가 참고된다.

일제는 지세령과 함께 새로 시가지세령을 제정 공포하여 종래 지세 부과를 면제한 중요 시가지에 대하여 시가지세를 부과했다. 조선총독부는 전국 29개 지역을 시가지로 정하고 토지조사를 우선적으로 실시했다. 1912년에 착수하여 1913년에 완료했다. 이때 산정한 지가를 토지대장에 등록하고 지가의 7/1,000을 1년 세액으로 정했다.[7]

일반 지역에서 지세의 산정기준이 되는 지가는 토지의 수익에 기초하여 결정되었지만, 시가지에서는 토지의 시가에 기초하고, 시가가 판명되지 않을 때는 임대가격을 근거로 지가를 결정했다. 지세는「시가지세령(1914.3.16)」을 적용했다.[8] 시가지세는 시가를 표준으로 하고 지가의 7/1,000로 결정했다. 1922년 지가의 9.5/1,000로 증세했다.[9] 시가지세의 연도별 상황은 〈표 6-1〉과 같다.

〈표 6-1〉 시가지의 면적·지가·세액(단위: 원)

시가지세	세액	지가	집터가	면적(정)
1914	373,435	53,347,952	48,138,215	6,669
1915	358,673	51,238,759	46,250,877	6,832
1916	353,632	50,518,777	45,586,515	6,764
1917	352,005	50,286,389	45,407,694	6,718
1918	352,352	50,336,799	45,407,718	6,804
1919	360,020	51,431,437	46,052,864	7,541

---

7 『매일신보』, 1914.3.19.

8 朝鮮総督府,『朝鮮総督府官報』호외, 1914.3.10.

9 朝鮮総督府,『朝鮮総督府官報』호외, 1922.3.31. 1910년대는 36만 원 정도이고, 1922년에는 증세로 50만 원 초반 수준을 상회했다. 면적은 1914년 6,832정보, 1918년 7,541정보, 1922년 8,062정보로 점차 증가했다(『조선총독부 통계연보』, 각 년판).

1920	358,173	51,167,615	45,862,410	7,521
1921	360,798	51,543,445	46,277,558	7,713
1922	363,061	51,865,882	46,559,988	7,782
1923	505,102	53,168,654	48,143,784	8,062
1923	515,056	54,216,481	49,115,207	8,298
1924	522,026	54,950,135	50,147,645	8,292
1925	521,483	54,892,964	50,394,580	8,192
1926	531,316	55,928,011	51,348,685	8,555
1927	530,866	55,880,705	51,413,167	8,591
1928	532,602	56,063,431	51,679,621	8,510

출처: 조선총독부, 『조선총독부통계연보』(각 년판).

둘째, 도서는 3,000개라 부를 정도로 많았으며, 조사는 육지와 비교해 시간과 경비 면에서 큰 차이가 없는 섬은 육지와 동시에 실시하고, 그 이외에는 조사 대상지와 조사하지 않을 곳으로 나누었다. 조사 대상지는 도서에 관한 특별조사반이 담당했다. 양자를 나누는 기준은 한 섬의 대 및 경지의 총면적이 10정보 또는 2결 이상인지 아닌지, 매월 3회 이상의 선편 또는 수시로 용선(傭船)의 편이 있는지, 한 번 항해에 이틀을 넘는지 그렇지 않은지의 두 가지이다.[10] 전체 2,930개의 섬 중, 537개 섬을 조사했는데, 그 중 244개의 섬은 특별조사반에서 했다.[11]

셋째, 서북 지방에서는 준비조사와 일필지조사의 두 작업 단계에서 각각 대상 지역을 달리하는 특별조사가 행해졌다. 특별조사는 황해도 3군, 평남 5군, 평북 2군, 강원도 5군, 함남 5군, 함북 7군을 대상으로 실시되

---

10 조선총독부 임시토지조사국, 『국보』 70, 1915.6.15, 7~8쪽, 도서조사표준.
11 조선총독부 임시토지조사국, 1918, 『조선토지조사사업보고서』, 107쪽.

었다. 이들 지역은 동리의 면적은 광대했지만 경지는 적었다. 또 동리계는 분수령(分水嶺)에 따라 정한 곳이 많았기 때문에, 다른 지역보다 간략한 방법으로 준비조사가 가능했다.[12]

일필지조사에서 문제가 되었던 것은 화전(火田)의 처리였다.『조선토지조사사업보고서(1918)』에는 다음과 같이 서술하고 있다.

> 화전은 결수연명부에 등재되어 있더라도 개인소유로 인정하지 않았다. 또 매년 연속하여 경작하지 않았기 때문에 종래에는 이를 전으로 인정하지 않았으나 서북선 지방에서는 화전만을 경작하여 생활하는 자가 많았다. 화전 가운데는 경작 구역이 일정하여 계속 경작하는 것이 예상되고, 또 경작 년수가 휴경 년수보다 많은 곳도 적지 않았다. 이들은 상당한 수확이 있고, 보통 전에 비해 손색이 없었을 뿐만 아니라 곡식 가격의 폭등과 교통기관의 발달에 따라 점차 숙전화하는 경향이 있기 때문에 이런 종류의 토지는 전으로 조사하고 사유도 인정했다. 더욱이 이들의 개선을 촉진하는 것은 산업 장려에 필요한 것일 뿐만 아니라 재정 부담을 공평히 한다는 점에서도 간과해서는 안 된다는 것을 인정하고, 1915년 8월 평안북도, 함경남도, 함경북도, 강원도의 전부와 평안남도, 황해도의 일부에 특별조사를 시행하기로 결정했다. 1916년 10월부터 실시했다. 지금부터 보통의 조사와 다른 점만을 서술하기로 한다.
> ① 경작 구역이 일정하고 계속 경작한 사실이 있으나, 지력 양성을 위하여 일시 휴경하고 있는 화전은 이를 윤경지(輪耕地)라고 명명하

---

12 조선총독부 임시토지조사국,『국보』72호, 별책, 특별준비조사외업처무규정.

고, 격년으로 경작하는 것과 경작 년수가 휴경 년수보다 많으며 휴경 년수가 3년 이하인 것에 한하여 전으로 조사했다. 그 소유권은 국유라는 통지가 있는 것 외에 신고서를 제출한 것으로 점유 사실이 확실한 것은 민유라고 인정했다.

② 경작 구역이 일정하지 않고, 몇 년간 경작하여 지력 소모에 따라 종국에 방기한 것은 방경지(放耕地)라고 부르고 전으로 간주하지 않았다. 이와 같이 방경지 또는 윤경지라도 전으로 조사하지 않은 화전은 이를 임야로 간주하고 소유권 조사는 보통의 방법에 따르도록 했다.[13]

임시토지조사국은 이 같은 방침 아래 서북 지방의 화전을 조사했다. 경사 30도 이상의 화전이나 조사지로부터 500간 이상 떨어져 있고, 면적이 만 평 이하인 화전 등은 등기제도의 실시나 지적도를 완비할 가치가 없는 토지로 간주하고 조사 대상에서 제외했다.[14] 양전사업에서는 화전은 속전으로 특수하게 취급하고, 결부수도 매우 낮게 설정했지만, 토지조사에서는 화전이라는 지목을 인정하지 않고, 경제적 가치에 따라 전, 임야, 부조사지 등 3종류로 구분했다.

2) 부대사업

부대사업은 1917~1918년에 행해진 역둔토분필조사, 지적조사, 지형

---

13 조선총독부 임시토지조사국, 1918, 『조선토지조사사업보고서』, 109~110쪽.
14 조선총독부 임시토지조사국, 1918, 위의 책, 84쪽.

측량, 지지자료 조사 등을 말한다. 이들은 본래의 계획에는 없었다. '사업'을 하면서 필요성이 인식되어 토지조사국에서 수행한 것이다. 이 중 특히 중요한 것은 역둔토분필조사와 지적조사이다.

일제는 역둔토분필조사를 하지 않으면 안 되었던 이유를 다음과 같이 설명하고 있다. 역둔토는 1909년부터 국유지 실지조사에서 작성된 실측도와 역둔토대장에 의해 관리되었으나, 이들은 '사업' 실시 이전에 작성된 것이었기 때문에 지번이나 지적, 경계 등이 토지대장이나 지적도와 일치하지 않아 역둔토 관리에 불편이 매우 컸다. 일제는 이를 해소하기 위하여 토지대장과 지적도에 등록된 경계, 지적에 기초하여 새로 역둔토 관리도부를 작성할 목적 아래 역둔토분필조사를 실시했다.

역둔토분필조사는 1917년 6월 2일 총독부 훈령 「역둔토의 분필조사」[15]를 발령하면서 시작되었다. 토지대장과 지적도에 근거하여 역둔토 전부를 대상으로 소작인과 지목별로 필지를 구획하여 지도와 대장을 작성하는 것을 목표로 했다. 역둔토의 분필작업을 부대사업으로 시행하게 된 것은 '사업'으로 확정된 국유지의 지주경영에 필요한 조사를 해야 했기 때문이다. 분필조사는 역둔토 지주경영을 위한 장부를 작성하기 위한 작업이지만, 결과적으로는 역둔토 불하를 대비한 조사의 성격도 있다.

지적조사는 토지조사가 완료된 부·군·도에 토지대장과 지적도가 이관된 후, 지적의 이동이 있을 때마다 변동실태를 정리한 것이다. 이 업무는 본래는 부·군·도에서 해야 할 업무였으나 이를 담당할 직원이 부족했기 때문에 토지조사국에서 대신하였다. 이 작업은 1917년 5월 29일 총독

---

15   朝鮮総督府, 『朝鮮総督府官報』 제463호, 1917.6.20.

부훈령 「지적사무조사에 관한 건」[16]에 의해 개시되어 136곳의 부·군·도와 시가지에서 실시되었다. 토지조사국이 지적조사를 대행한 것은 일제가 많은 비용과 노력을 투입하여 달성한 토지조사의 성과를 유지해 갈 수 있을 만큼 지방행정기구가 정비되지는 않았기 때문이다.

지형측량은 '사업'에서 작성한 지적도를 기반으로 거기에 일반의 지형과 행정구획을 기입해 넣어 지형원도를 작성하는 작업이다. 이 작업은 제3차 계획 이후 토지조사와 함께 실시되었으며, 임시토지조사국이 폐국된 이후에도 계속 작업이 진행되었다. 지형측량 작업은 일본의 육지측량부원을 토지조사국에 겸하거나 촉탁으로 근무하도록 하여 실시했다. 지형도는 전국적으로 축척 5만분의 1로 하고, 주요한 시가는 2만 5,000분의 1, 경제상 특히 중요한 시가지 45개소는 1만분의 1로 작성했다. 명승과 구적이 풍부한 개성, 부여, 경주는 2만 5,000분의 1 지형도를 작성했다.[17]

지형도의 작성은 경제정책뿐만 아니라, 군사적으로도 중요한 의미를 갖는 것이었다. 『조선토지조사사업보고서』에는 "지형도는 군용으로서 충분한 가치를 갖는 것으로 만선 국경 방면과 목포, 옹진 방면은 비밀 취급구역으로 하고, 영흥만과 진해만 같은 요새지대는 원래 측량을 엄금하는 구역이기 때문에 측도 실시 중에는 특히 주의" 하도록 했다. 누설을 방지하고 또 방어 영조물은 측도하지 않는 것으로 했다.

측도 완성 후 원도는 참보 본부에 보관하고 비밀 취급 구역의 원도도 같은 취급을 했다. 그런데 이들 구역 내의 시가지 같이 경제상 중요한 토

---

16 朝鮮總督府, 『朝鮮總督府官報』 제1444호, 1917.5.29.
17 조선총독부 임시토지조사국, 1918, 앞의 책, 453~454쪽.

지에 지도가 없으면 제반 시설 경영에 불편이 적지 않다고 인정하고, 1만 분의 1 지도를 인가하고, 집단부 이외는 지형을 일절 정밀하게 그리지 않도록 했다. 고지는 훈선법(暈渲法)에 따라 그리고 기타는 관계 위치를 식별할 수 있을 정도로 작성했다.[18]

지지(地誌)자료 조사는 토지조사의 성과 중 적당한 것을 골라 조사 정리한 것이다. 모든 제반 시설 경영에 도움이 되도록 한다는 취지에서 조사했다. 1918년 5월 지지자료 조사위원회를 설치하고, 대세, 행정구역, 하천, 호지, 산안, 해안선, 도서, 경제 등 8항목을 조사하고 그 개요를 『조선지지자료(朝鮮地誌資料)』(1919)로 출간했다.[19]

3. 토지조사사업의 양적 성과와 영향

임시토지조사국은 1918년 2월 4일 폐국되었지만, 업무는 이때 전부 종료되지 않았다. 부대사업은 1919년에 종결하고, 고등토지조사위원회의 심의는 1920년대에도 계속되었다. 사업내용은 다음과 같다. 토지조사 대상지의 총규모는 1,910만 7,520필, 487만 1,071정보이다. 지목별 구성은 전이 279만 1,510정보(57.3%), 답이 154만 5,594정보(31.7%), 대가 12만 9,664정보(2.7%), 기타 40만 4,293정보(8.3%)였다. 이 중 국유지는

---

18 조선총독부 임시토지조사국, 1918, 앞의 책, 454쪽.
19 朝鮮総督府, 1919, 『조선토지조사사업보고서 추록』, 131~154쪽

28만 4,730정보였다. 토지소유자는 349만 9,555명이었다.[20] 전체 사정 필수 가운데 지주의 신고가 그대로 인정된 필수는 1,900만 9,054필로 전체 필수의 99.5%를 차지했다.[21]

〈표 6-2〉 연도별 측량한 국·민유지 면적(단위: 정보)

민유지	1913		1916		1917	
	필수	면적	필수	면적	필수	면적
합계	108,979	7,264.46	12,585,758	2,559,264.91	18,700,610	4,587,337
밭	16,135	2,773.53	5,876,865	1,174,158.09	9,608,683	2,716,288
논	5,137	1,030.50	4,724,671	1,136,101.98	6,065,394	1,497,221
대지	85,270	2,757.82	1,470,450	81,553.37	2,304,329	123,215
지소	71	17.46	7,814	3,332.48	12,179	4,664
임야	899	372.96	221,491	113,780.99	343,540	173,658
잡종지	711	187.37	52,020	30,326.26	74,928	45,462
기타	756	124.82	212,447	20,011.74	271,557	26,828
국유지	3,743	2,636	260,076	156,204	323,039	284,730
밭	677	256	90,500	40,285	99,427	76,080
논	223	77	66,786	34,393	54,313	48,532
대지	2,069	1,179	28,248	4,521	27,526	6,536
지소	16	9	3,023	5,099	5,786	6,001
임야	176	178	58,582	57,661	119,596	127,444
잡종지	189	230	3,401	11,464	12,859	15,701
기타	393	706	9,536	2,781	3,532	4,436

출처: 조선총독부, 『조선총독부통계연보』(각 년판).

---

20 조선총독부 임시토지조사국, 1918, 앞의 책, 672쪽.
21 조선총독부 임시토지조사국, 1918, 위의 책, 414쪽.

1917년 측량한 국유지 면적은 대략 28만 정보가량 되었다. 이 가운데 역둔토는 11만 7,339정보로 국유지의 40%가량이었다. 1911년 14만 5,959정보에서 1912년에 15만 2,297정보로 소폭 증가했다가 1913년도에는 12만 4,121정보로 크게 감소했다(〈표 6-3〉). 감소의 주요인은 "다년 국·민유의 구별이 명확하지 않아 계쟁지(係爭地) 중 민유로 환부한 것은 전남, 황해, 경기 등에서 약 2만 2,000정보이다"라고 하듯, 전남과 경기도는 다른 지역과 달리 국유지 실지조사를 미실시한 상태로, 사토(私土)나 분쟁지 등이 역둔토 면적에 포함되어 있었다. 토지조사 과정에서 일부 토지가 민유로 결정되면서 국유지가 대폭 감소한 것으로 보인다.[22] 황해도도 이같이 감소한 토지가 적지 않았다. 역둔토는 조선총독부의 재정적 필요에 따라 처분하는 등 축소되어갔다.

〈표 6-3〉 각 도별 역둔토의 면적 변동 추이(단위: 정보)

구분	역둔토	1911	1912	1913	1914	1915	1916	1917
전국	합계	145,959	152,297	124,121	123,642	122,277	120,622	117,339
	논	53,359	51,593	42,254	41,216	46,615	46,364	46,977
	밭	62,996	76,192	48,298	46,946	41,044	40,034	40,012
경기도	합계	20,013	20,675	16,394	16,415	15,916	14,985	14,819
	논	8,519	8,097	6,525	6,397	6,087	5,572	5,650
	밭	8,971	9,392	6,152	6,489	6,388	6,083	6,046
충청북도	합계	3,034	3,033	3,042	3,063	3,066	3,060	3,057
	논	1,687	1,691	1,680	1,666	1,657	1,644	1,636
	밭	1,072	1,093	1,084	1,098	1,104	1,090	1,083

22　朝鮮總督府, 1913, 『朝鮮總督府施政年報』, 85쪽.

충청남도	합계	6,730	5,997	5,452	5,418	4,776	4,677	4,660
	논	4,628	4,147	3,771	3,744	3,584	3,503	3,478
	밭	941	809	708	706	704	698	706
전라북도	합계	5,315	4,910	4,467	4,481	4,479	4,182	4,270
	논	3,705	3,345	3,360	3,338	3,383	3,164	3,209
	밭	609	547	527	530	534	522	562
전라남도	합계	24,066	27,379	7,528	5,753	5,755	5,620	5,553
	논	10,542	10,412	4,233	3,539	1,701	1,604	1,635
	밭	12,405	15,976	2,731	1,684	3,515	3,363	3,371
경상북도	합계	5,893	5,543	5,475	5,581	5,546	5,372	5,375
	논	3,249	3,046	3,017	3,018	3,015	2,847	2,850
	밭	1,950	1,837	1,819	1,867	1,852	1,801	1,804
경상남도	합계	6,757	9,753	9,589	9,531	9,397	9,384	9,194
	논	3,889	4,552	4,492	4,511	4,528	4,466	4,481
	밭	2,294	2,632	2,618	2,477	2,521	2,530	2,561
황해도	합계	30,575	31,589	28,385	30,037	29,605	29,524	26,330
	논	7,950	7,131	5,993	5,738	5,747	5,748	5,721
	밭	9,777	17,757	8,971	8,115	8,116	8,408	8,482
평안남도	합계	13,226	13,023	13,084	13,265	12,958	12,938	12,918
	논	3,083	3,070	3,224	3,282	3,279	3,270	3,266
	밭	4,473	4,641	4,197	4,486	4,470	4,491	4,509
평안북도	합계	13,300	14,332	14,141	13,815	13,907	14,019	13,981
	논	2,613	2,655	2,480	2,470	2,398	2,435	2,434
	밭	8,789	10,333	8,776	9,160	9,200	9,289	9,313
강원도	합계	7,141	6,896	6,909	7,047	7,669	7,655	7,971
	논	2,247	2,209	2,225	2,250	2,296	2,296	2,310
	밭	4,008	4,296	3,348	3,455	3,573	3,580	3,835

함경남도	합계	6,479	5,501	5,617	5,536	5,510	5,512	5,499
	논	955	944	961	967	962	946	943
	밭	4,849	4,032	4,153	3,979	3,900	3,940	3,945
함경북도	합계	3,429	3,665	4,037	3,700	3,693	3,694	3,712
	논	293	293	294	295	291	269	269
	밭	2,859	2,846	3,214	2,901	2,853	2,840	2,893

출처: 조선총독부, 『조선총독부통계연보』(각 년판)

분쟁지는 3만 3,937건, 9만 9,445필로 전체 필수의 약 0.5%에 달했다.[23] 불복신청은 2만 148건, 소송은 6,976건이다. 생산한 도부는 지적도 81만 2,093매, 토지조사부 2만 8,357책, 분쟁지심사서 1,385책, 토지대장 10만 9,998책, 지세명기장 2만 1,050책, 지형도 915매였다.[24] 최종 경비는 2,040만여 엔이었다.[25]

종사직원은 고등관 93명, 판임관 이하 7,020명이고, 이 중 조선인은 고등관 3명, 판임관 이하 5,666명이었다.[26] 조선인은 대부분 하급 직원이었다. 일본인 직원은 일본의 지조 개정, 대만의 지조 개정, 오키나와의 토지정리 등에 종사했던 경험자들을 간부직원이나 특수외업에 종사할 직원으로 우선 채용했다. 분야별로 보면, 삼각측량에는 육지측량의 경험이 있는 자, 세부측량에는 오키나와 또는 대만 등에서 토지측량의 경험이 있

---

23 조선총독부 임시토지조사국, 1918, 『조선토지조사사업보고서』, 123~124쪽. 내역은 분쟁지(7만 866필, 0.4%), 이해관계인(3,766필, 0.02%), 상속미정 필수(1만 4,479필 0.08%), 통지 없는 국유지(8,944필, 0.05%), 무신고지의 민유지(411필)이다.
24 조선총독부 임시토지조사국, 1918, 『조선토지조사사업보고서』, 서문 4쪽.
25 조선총독부 임시토지조사국, 1918, 위의 책, 565쪽.
26 조선총독부 임시토지조사국, 1918, 위의 책, 서문 5쪽.

는 자, 준비조사, 일필지조사 또는 지위등급조사에는 오키나와 또는 대만의 토지조사 또는 일본에서 세무의 경험이 있는 자, 제도에는 육지측량부 기타에서 제도에 경험이 있는 자, 면적계산 부서 조제 또는 지가산출에는 일본에서 세무 사무에 경험이 있는 자 등이다.[27]

조선인 직원은 대부분 실지 작업에 종사하였다. 일본인 관료는 조선인 채용의 이점을 다음과 같이 회고했다. 첫째, 직접적으로는 많은 경비를 절약하는 이익이 있었다. 둘째, 조선인은 기후 풍토에 단련되고 인정 습관에 익숙하여 실지에서 조사할 때 위생상의 장애가 없을 뿐만 아니라 물자의 결핍에 인내하고, 지방 인민을 접촉할 때도 소통할 수 있다는 점에서 대단히 유리했다. 셋째, 간접적으로는 지방민에게 토지조사의 취지와 효과를 주지시키는 데 편하고, 토지제도의 발달 완비에 도움을 주는 등 이익이 헤아릴 수 없었다.[28]

조선인 직원은 조사원의 자격을 갖춘 사무원과 측량원의 자격을 갖춘 기술원, 제도수와 적산수, 지형도 축도 작업원, 장부 조제작업원과 지가산출작업원 등 네 부분에서 양성했다. 특히 사무원과 기술원은 임시재산정리국의 계획에 따라 관립한성고등학교, 관립한성외국어학교, 대구와 평양의 농업학교 등에서 양성하여 700명가량 채용했다. 1911년 5월에는 임시토지조사국에 양성소를 설치했다. 사무원 양성과와 기술원 양성과를 두고 2,488명을 양성했다.[29] 제도수와 적산수는 내업에 종사하는 자로 1910년 2월 제도과 견습생을 처음 모집했다. 이후 11회에 걸쳐 제도수

---

27 조선총독부 임시토지조사국, 1918, 앞의 책, 489~490쪽.
28 조선총독부 임시토지조사국, 1918, 위의 책, 490~491쪽.
29 조선총독부 임시토지조사국, 1918, 위의 책, 492~493쪽.

(製圖手) 562명, 적산수(積算手) 635명, 합계 1,197명을 양성했다.[30]

일제는 사업이 종료된 후 이들을 지방 행정기관이나 수리조합 등의 말단 기술직 직원으로 채용하여 식민통치를 효율적으로 수행해 갈 수 있었다. '사업'에서처럼 통치 작업에서도 조선인을 낮은 임금으로 채용하여 적은 비용으로 최대의 효과를 거두었다.

---

30 조선총독부 임시토지조사국, 1918, 앞의 책, 493~495쪽.

제4부
토지소유권 사정과 분쟁지 처리

제1장
토지소유권 사정과 장부

1. 소유권 사정과 공시

사정은 임시 토지조사국에서 토지소유자와 강계를 확정하는 '행정처분'이다. 조사국은 분쟁지 심사가 끝나면 토지조사부와 지적도를 작성하여 지방토지조사위원회의 자문을 거쳐 사정 작업을 완료했다. 자문은 1913년 평북 신의주와 의주 시가지를 시작으로, 1917년 11월 함북 명천군이 마지막이었다. 총 107회가 개최되었다. 자문은 사정의 요건이지 구속력을 갖는 것은 아니었다. 사정에 반대하는 답신은 2,209건 중 12건이고, 재조사 결과 10건은 원안대로 확정했다.[1] 조선의 자문은 대만과 달리 의례적인 절차에 불과했다. 사정 결정권자는 토지조사국장이었다.

〈표 1-1〉 강계 신고서 사정의 연도별 조사 상황

구분	강계조사 동리 수	신고서 통 수	신고서 필수	사정 필수	사정 %	사정 면적	사정 횟수
1909			3,429				
1910	608	41,555	148,748				
1911	2,422	318,104	752,161				
1912	5,323	865,067	2,225,487				
1913	4,595	925,929	2,788,200	112,720	1	29,767,355	9
1914	5,504	1,156,328	4,112,994	1,132,955	6	675,991,022	10
1915	9,480	1,612,569	6,030,343	5,977,095	31	3,892,327,751	19
1916	181	262,100	3,040,627	6,369,403	33	4,044,161,106	6
1917				5,515,347	29	5,970,966,794	6
합	28,113	5,181,652	19,101,989	19,107,520	100	14,613,214,028	50

출처: 조선총독부 임시토지조사국, 1918, 『조선토지조사사업보고서』, 414~415, 661, 665~666쪽.

---

1   조선총독부 임시토지조사국, 1918, 『조선토지조사사업보고서』, 409쪽.

다음 절차는 토지조사부와 지적도를 공시하는 일이었다. 사정에 불복하는 자는 공시기간(30일) 만료 후, 60일 이내에 고등토지조사위원회에 불복신청을 하여 재결을 구하도록 했다. 토지소유권은 사정 또는 고등토지조사위원회의 재결에 의하여 확정했다. 그리고 사정(査定) 또는 재결(裁決)을 거친 사항이 벌을 줄 행위에 근거하여 사정 또는 재결을 했을 때, 사정 또는 재결의 증빙으로 된 문서가 위조 또는 변조되어 처벌할 행위에 취한 판결이 확정된 때에 한하여 사정 또는 재결한 날로부터 3년 이내에 조사위원회에 재심을 신청할 수 있게 했다.

토지조사국과 고등토지조사위원회에서 결정한 분쟁 사건은 재차 이를 재판소로 향하여 제소하지 못하도록 조사법에 명기하였다. 토지조사국은 재판소와 독립하여 토지조사에서 발생한 분쟁에 대하여 최종 결정을 한다. 그러나 주의할 것은 본국이 토지조사를 개시하기 전에 이미 재판소에 계쟁 중인 사건이다. 이는 조사국에서 결정하지 않고 재판소의 판결 확정을 기다려 소유주를 정하는 것으로 했다.[2]

사정은 신고 또는 통지를 한 토지는 당일, 신고나 통지를 하지 않은 토지는 조사 당일 현재의 토지소유자와 경계를 근거로 했다. 사정은 1913년 11월 12일 충청북도 청주 시가지를 시작으로, 1917년 12월 28일 평안북도 자성군 외 2도 10군의 사정을 끝으로 전부 완료했다. 연도별 사정 성과는 〈표 1-2〉와 같다.

---

2 『매일신보』, 1912.3.28.

〈표 1-2〉 토지조사사업 사정작업의 성과

연도	횟수	도 수		부·군·도 수	면수		동리 수		필수	면적(평)	%
1913	9	*12		12	*17	14	*3	705	*-	112,720	29,767,355	0.2
1914	10	*9		12	*9	139	*0	1,737	*19	1,132,955	675,991,022	4.6
1915	19	*7		56	*2	696	*3	8,139	*6	5,977,095	3,892,327,751	26.7
1916	6	*10	6	65	*7	822	*15	8,165	*7	6,369,403	4,044,161,106	27.7
1917	6	*9	7	87	*6	844	*19	9,465	*21	5,515,347	5,970,966,794	40.9
계	50	*47	13	232	*41	2,515	*40	28,209	*53	19,107,520	14,613,214,028	100

비고: * 는 일부만 사정한 곳
출처: 조선총독부 임시토지조사국, 1918, 『조선토지조사사업보고서』, 414~415쪽.

　1914년까지의 사정 성과는 전체 면적의 약 5%에 불과했다. 주로 시가지와 경기도 등지에서 시행된 것이었다. 이 같은 성과는 신고율이 저조한 것과 표리관계에 있었다. 사정은 1915년도부터 본격적으로 시행되었다. 〈표 1-3〉에서 사정 원인을 보면, 지주가 신고한 대로 사정된 경우가 전체 토지의 99.5%를 차지했다. 여기에 이해관계인 신고, 상속 미정 필수까지 더하면 신고에 따른 사정률은 더 올라간다. '신고에 따른 사정'이란 원칙 아래 임시토지조사국이 신고서나 통지서를 제출하지 않은 토지에 대해 실지조사나 측량 과정에서 이를 독려하여 신고율과 사정률은 더 높아졌다.³

3　조선총독부 임시토지조사국, 『측지과 업무전말서』, 107쪽. "지방토지조사위원회 자문 전에 신고서를 제출한 자가 있을 때는 … 이를 심사하여 신고가 이유 있다고 인정한 것은 그를 지주로 인정한다"고 했다.

〈표 1-3〉 사정 원인별 필수

순번	사정 원인	필수	%
①	지주신고	19,009,054	99.5
②	기타 계쟁지	70,866	0.4
③	이해관계인 신고	3,766	0.02
④	상속 미정 필수	14,479	0.08
⑤	무통지를 국유로 인정한 것	8,944	0.05
⑥	무신고지를 민유로 인정한 것	411	0.004
	합계	19,107,520	100

출처: 조선총독부 임시토지조사국, 1918, 『조선토지조사사업보고서』, 414쪽.

여기서 무신고와 무통지에 대한 측지과 통계와 이것을 민유지와 국유지로 그대로 인정한 통계가 서로 부합하지 않았다. 무신고지는 8,000필지 정도였으나 민유로 사정된 것은 411필지에 불과했다. 무통지 국유지는 1,600필지 정도였으나 국유로 사정된 것은 8,944필지나 되었다. 저간의 사정은 알 수 없으나 무신고지가 국유지로 판정되어 국유지가 증가한 것으로 보인다. 무신고지는 신고자가 없거나 소유권을 포기한 경우로 별다른 사정이 없는 한 대체로 국유로 사정되었다.[4]

〈표 1-3〉에서 신고자의 99.5% 이상이 소유자로 사정되었다는 점이 주목된다. 신고자가 거의 그대로 소유자로 확정되었다는 해석이 가능하다. 통계상으로 신고주의가 긍정적으로 작동한 결과로 보인다. 그러나

---

4 朝鮮総督府, 『朝鮮総督府官報』 제1088호 1916.3.23, 고위 제484호, "실지조사를 할 때 불복신청인이 토지신고, 기타 하등의 신고 없어 지주총대 등이 입회한 뒤 소작인 안석윤(安石允)의 토지신고서에 기초하여 이를 무주의 토지라 인정하고 국유라 조사 사정했다"는 바와 같이 재결서의 대부분이 소유주가 신고하지 않은 경우였다. 소작인의 신고를 인정하지 않고 국유로 사정했다.

앞에서 서술한 바와 같이 토지신고서와 국유지통지서는 국유지 조사와 결수연명부 작성 과정에서 지주를 확정하여 조사 정리한 결과일 뿐이다.

첫째, 국유지 실지조사에서 사실상의 소유자였던 중답주 등의 권리를 인정하지 않고 국유지로 확정한 것이다. 국유지통지서는 이러한 원칙이 반영된 국유지대장이 통지서 작성의 근거 서류였다.

둘째, 신고서는 결수연명부 작성 과정에서 경작인은 조사 대상에서 배제하고, 지주를 토지소유자로 확정 정리한 반영물이었다. 일제는 지주납세제를 확정하면서 경작자 또는 납세 책임자를 소유자에서 배제했다. 지주경영지에서 토지소유자는 생산자가 아니라 노동을 하지 않고 결세(지세)를 납부하고 지대를 받는 자였다. 생산자는 생산물의 분배율이나 관습물권 등 권리에 관계없이 임대차로 간주하고 지대수납자를 배타적 소유권자로 조사한 것이다. 특히 개간지에서 주로 분쟁이 발생했지만, 신고서 작성이나 소송이 제기되었을 경우 타협 없이 지주의 손을 들어주었다.

셋째, 신고율과 사정률이 높다 하더라도 실소유자 또는 사실상의 소유자를 사정에 제대로 반영했다고 단정할 수는 없다. 사정 공시에 대한 열람과 후속 조치에 문제가 있었다. 사정 공시제도는 사정 사항을 소유자가 최종적으로 열람 확인하여 이의가 있으면 불복신청을 하여 소유권을 다시 회복할 수 있도록 한 장치였다. 따라서 사정에서 잘못 처리된 것을 확인하는 열람 과정은 대단히 중요한 일이었다. 조선총독부에서도 토지소유권이 잘못 사정되어 사회문제로 비화될 것을 우려하여 열람을 독려하는 등 특별지시를 내리기도 했다.[5]

---

[5] 『국보』 107, 1916.7.5, 도장관 회동에 제하여 본국 업무에 관한 지시사항.

그러나 열람률은 그다지 높지 않았다. 도별 열람실태를 보면,[6] 초기부터 토지조사를 실시한 경기·경남은 20% 수준, 경북은 50% 미만을 기록하고 중기에 해당하는 충남·북이 40%이고, 전남은 19.6%로 최저치를 보였다. 후반부에 조사한 황해·평남은 50%, 전북은 80%, 함남·북, 평북은 100% 이상을 보였다. 전체로는 50% 정도였다. 경기·전남·경남 등은 분쟁률은 높았지만, 열람률은 낮았다. 대체로 분쟁률이 낮은 지역이 열람률은 높았다. 열람률이 낮은 것은 조선인의 낮은 참여율 때문이었다고 판단된다. 일본인은 일본의 근대법 질서에 익숙한 반면, 조선인은 관행적 권리의식과 거래 방식에 익숙하여 초기에는 토지조사에 적극 대응하지 않았지만, 시간이 지날수록 적극적이 되면서 열람률이 높아졌다. 평북이나 함북은 열람자가 지주 수의 100% 이상이 되기도 했다. 결과적으로 미열람은 불복신청 기회의 상실로 이어진 것이다.

공시기간 만료 후 확정된 토지소유권은 사법재판소의 판결과는 계통을 달리하는 독립된 국가기관의 행정처분이었으며, 여기에 사법재판소의 판결로도 부정할 수 없는 법적 자격을 부여했다.[7] 그리고 소유권을 부여받은 사정일은 토지조사령에서 정한 신고일 또는 통지일이었다. 신고나 통지를 하지 않아 재조사한 토지는 조사일, 법원의 판결확정에 따른 토지는 소송 제기일을 사정일로 했다.[8] 이날부터 토지대장의 토지소유자는 지적도에 구획된 경계 내의 토지에 대해 절대성을 갖는 배타적 소유권을 행사할 수 있었다.

---

[6] 사정에 관한 도부 공시순서는 조선총독부 임시토지조사국, 1918, 『조선토지조사사업보고서』, 438~440쪽.

[7] 조선총독부 임시토지조사국, 1918, 위의 책, 412쪽.

[8] 조선총독부 임시토지조사국, 1914.10.5, 『국보』 51.

2. 소유권 정리와 장부조제

1) 증명 토지와 소송 토지의 정리

소유권을 사정할 때 문제가 된 토지는 이미 증명으로 소유권을 정한 토지와 재판에서 소유권을 다툼 중인 토지였다. 특히 결수연명부에 근거하지 않고 토지조사 이전에 받은 증명과 거류지에서 시행한 등기가 문제였다. 임시토지조사국에서는 1915년 소유권과 전당권의 증명을 받은 토지는 증명번호를 토지신고서에 기입하여 미증명 토지와 구별하도록 했다.[9] 이는 증명의 효력을 계속 보장해 주려는 조치였다. 일제는 사정 이전의 증명이나 등기를 소유권 사정의 주요한 근거로 삼았으나 절대적인 기준으로 채택하지는 않았다.

"증명 또는 사증의 수속은 가령 그 형식에는 결함이 없다고 하더라도 그 실체는 이에 따르지 않아 아무런 효과가 없었던 것이 적지 않았다. 이리하여 매매 후 정당한 소유권자가 나오면 매매는 당연히 무효로 돌아갔다. 증명과 사증도 하등의 효과를 발휘할 수 없게 되는 예가 적지 않았다."[10]

이처럼 일제는 증명제도는 형식적 제도와 달리 권리를 보장받을 수

---

[9] 조선총독부 임시토지조사국, 1918, 『조선토지조사사업보고서』, 64쪽.
[10] 조선총독부 임시토지조사국, 1918, 위의 책, 128쪽.

없는 시기상조의 것이며, 일본인이 증명을 받고도 대항하지 못하고 피해를 받은 일이 발생했다고 그 한계를 지적했다. 이는 증명과 사증이 사정과 다른 경우가 발생했기 때문이다. 일제는 이 문제를 해결하기 위하여 1914년 5월 1일 제령 16호「토지조사령에 의하여 사정 또는 재결을 거친 토지의 등기 또는 증명에 관한 건」을 공포했다. 그 내용은 다음과 같다.

> 제1조 토지의 소유권이 토지조사령에 의한 사정 또는 재결을 거쳐 확정될 경우 이와 저촉된 등기 또는 증명이 있을 때는 토지소유자는 그 등기 또는 증명의 말소를 신청할 수 있다.
> 제2조 기등기 또는 기증명의 토지의 일부에 관하여 토지조사령에 의한 사정 또는 재결을 거쳐 확정된 소유권이 등기 또는 증명과 저촉될 때는 토지소유자는 등기 또는 증명의 명의인에 대하여 토지분할의 등기 또는 증명을 신청할 수 있다.[11]

1914년 제령 제16호는 사정이나 재결로 확정된 소유권자는 여기에 저촉된 증명이나 등기의 소유권을 말소 신청하거나 분할 등기를 신청할 수 있도록 했다.[12] 일제는 사정(또는 재결)한 소유권에 '원시취득'의 자격을 부여하여 사정하기 전의 권리관계와 완전히 단절시켰다.[13] 일제는 토지조사로 모든 분쟁을 종결하고 확정한 토지에 배타적 소유권을 부여하고 관

11　朝鮮総督府,『朝鮮総督府官報』제524호, 1914.5.1.
12　「제령16호 토지조사령에 의하여 사정 또는 재결을 거친 토지의 등기 또는 증명에 관한 건」, 朝鮮総督府,『朝鮮総督府官報』제524호, 1914.5.1.
13　早川保次, 1921,『朝鮮不動産登記ノ沿革』, 大成印刷出版部, 412쪽.

리하는 국가적 시스템을 확립하려고 시도했다. 사정을 확정한 원인이 허위 신고나 통지의 착오 또는 잘못된 것에 기초했더라도 변경할 수 없도록 했다. 다만 사정에 대하여 이의를 제기한 것은 재결이나 재심을 통해 적절성 여부를 다시 심사하여 결정하도록 했다. '사업'에서 '행정처분'으로 확정한 소유권은 과거의 모든 권리관계를 청산하고 새로 부여받아 '원시취득'한 일지일주의 배타적 권리, 절대성을 갖는 권리였다.

또 하나의 문제는 소유권 증명 때문에 분쟁이 일어난 경우, 종전에는 법원의 판결로 결정되었으나, '사업'에서는 사법재판과 사정에서 확정된 소유권이 중복될 우려가 있었다. 사정은 임시토지조사국이 행정처분으로 소유권을 확정한 것으로 이는 사법권의 판결 대상이 아니었다. 사업 이전부터 재판에 계쟁 중이었던 토지는 판결에 따른 소유권의 판정과 사정이 다른 경우가 생길 가능성이 존재했다. 이런 일이 생기는 것을 막기 위해 다음과 같은 조치를 강구했다.

> 토지신고기간이 고시되었을 당시에 그 지역 내의 토지소유권이 계속 소송 중인 사건과 그 후 사정 공시까지의 사이에 제기된 소송사건의 건명·번호·소송의 목적물과 당사자의 주소·성명을 관할 법원으로부터 통지를 받고, 또 전기의 사건 중 본국 사정까지의 사이에 판결이 확정된 것과 화해·취하로 판결에 이르지 않고 끝난 것은 즉시 관할 법원으로부터 통지를 받아 사정과의 연락을 기도했다.[14]

이런 조치가 취해진 것에도 상관없이 고등법원은 1915년 7월 판결 이

---

14 조선총독부 임시토지조사국, 1918, 앞의 책, 188쪽.

유에서 다음과 같은 판단을 내리고 있다.

> 당사자가 그 사정 또는 재결이 있었다고 주장을 할 때는 사법재판소는 반드시 직권으로 이 조사를 할 의무가 없다. 따라서 당사자가 그 주장을 하지 않고 소송을 진행할 경우 혹은 사법재판소의 판결이 토지조사령에 의한 사정 또는 재결과 양양 병립하는 것 같은 결과를 낳은 것이 있다.[15]

이런 고등법원의 판단에 영향을 받아 1915년 12월 이후는 보다 상세한 협정이 토지조사국과 재판소와의 사이에 체결되었다. 그 협정에 기초하여 소송관계 토지의 사정은 다음과 같이 실시되었다.

> 토지조사국에서는 사정기일 전에 판결이 확정되지 않은 사건은 실지조사 당시의 신고인 명의로 사정하고, 사정기일에 임박하여 소송사건 통지를 받게 되어 조사할 시간이 없는 경우에는 조사 불능으로 처리했다. 이들 중 판결 확정 전에 사정한 것과 조사 불능이라고 처리한 사건은 사정 공시 즉시 관할 법원에 그 토지의 사정명의인의 주소·성명을 통지하고, 동시에 확정판결을 기다리지 않고 사정한 것에 대하여는 당사자에게 그 내용을 통지하고 이에 불복할 때는 규정된 기간 내에 고등토지조사위원회에 불복신청을 할 수 있다고 통고했다.[16]

---

15 早川保次, 1921, 『朝鮮不動産登記ノ沿革』, 大成印刷出版部, 70쪽.
16 조선총독부 임시토지조사국, 1918, 앞의 책, 189~190쪽.

이런 취급이 이루어졌던 사건은 전부 6,976건이었다. 그중 판결 또는 화해의 결과가 사정과 일치했던 것이 282건, 소송을 철회한 것이 1,054건, 토지조사의 대상 외 즉 산림 등에 속한 것이 915건이고, 남은 2,425건은 판결 확정 후 타협, 신고 후의 이동, 토지 소재 불명 등이었다고 보고되고 있다.[17] 이 안에는 판결과 사정이 일치하지 않은 것이 포함되어 있었던 것으로 추측되고, 이런 경우 실제 토지소유자가 누구인지 법적으로는 판단하는 것이 불가능했다. 즉 소유권 판정에서 토지조사령에 기초한 소유권과 사법재판소의 판결에 의한 소유권이 서로 저촉될 경우, 이를 조화할 만한 법규가 존재하지 않았다.[18] 이 점은 토지조사령의 식민지적 '행정처분'이 일본 민사소송법 등과 서로 모순되어 나타난 현상이다. 그러나 현실적으로는 '사업'의 사정 또는 재결로 토지소유권이 확정되고 '원시취득'의 자격이 부여되었다.[19]

2) 장부 조제와 장부 관계도

(1) 토지조사부, 지적도, 토지대장, 토지대장집계부, 지세명기장의 조제

임시토지조사국에서 처음 만든 장부는 토지신고서에 기초하여 현지의 조사를 바탕으로 작성한 실지조사부(〈그림 1-2〉)이다. 토지조사의 결

---

17 조선총독부 임시토지조사국, 1918, 앞의 책, 190쪽.
18 조선고등법원, 『민사판결록』 4, 202쪽.
19 판결과 사정이 일치하지 않아 문제가 된 경우는 몇 건이 되지 않았던 것으로 보이고, 이런 경우도 결국 사정으로 귀결된 것으로 보인다(남기현, 2019, 「일제하 토지소유권의 원시취득 연구」, 성균관대학교 박사학위논문).

〈그림 1-1〉 토지조사부　　　　〈그림 1-2〉 실지조사부

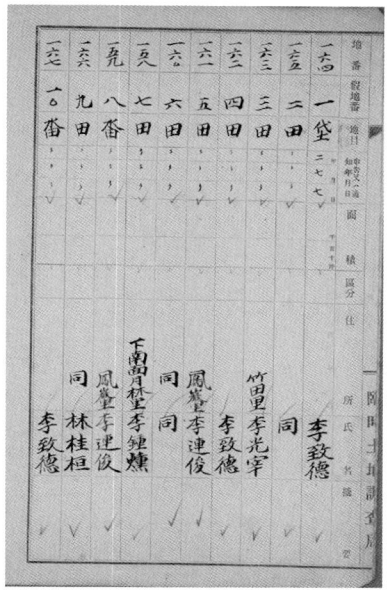

출처: 『창원군 부내면 내동리 토지조사부』　　출처: 『창원군 부내면 내동리 실지조사부』

과로 조제한 장부는 토지조사부와 지적도이고, 이를 근거로 소유권을 실제 활용할 목적으로 토지조사국에서 작성하여 부·군·도에 이관한 장부가 지적도, 토지대장, 토지대장집계부, 지세명기장이다.

토지조사부와 지적도는 소유권의 사정원부이다. 토지조사부는 리 단위로 지번순으로 지목, 면적, 사정, 연월일, 소유자의 주소, 성명 등을 기록한 장부이고(〈그림 1-1〉), 지적도(〈그림 1-3〉)는 각 리에 소재한 조사 대상 필지를 측량하여 실모습을 축척 1/600, 1/1,200, 1/2,400로 작성한 원도(〈그림 1-4〉)를 그대로 복제한 도면이다.

제1장　토지소유권 사정과 장부　417

<그림 1-3> 지적도의 예

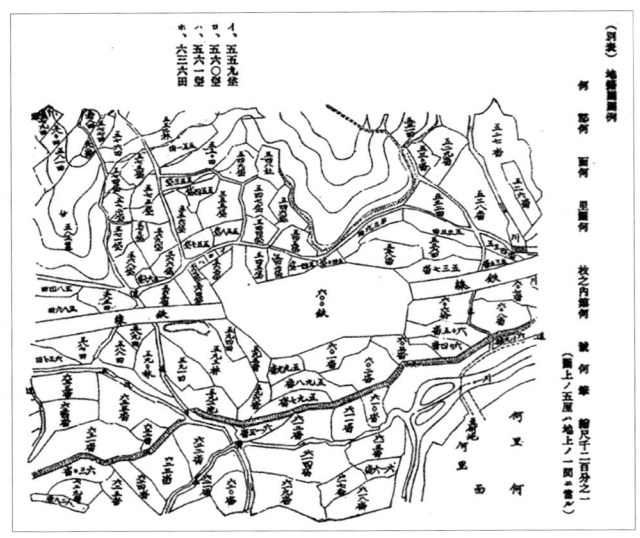

출처: 朝鮮總督府, 『朝鮮總督府官報』 제25호 1913.9.30.

<그림 1-4> 동면 월잠리 원도

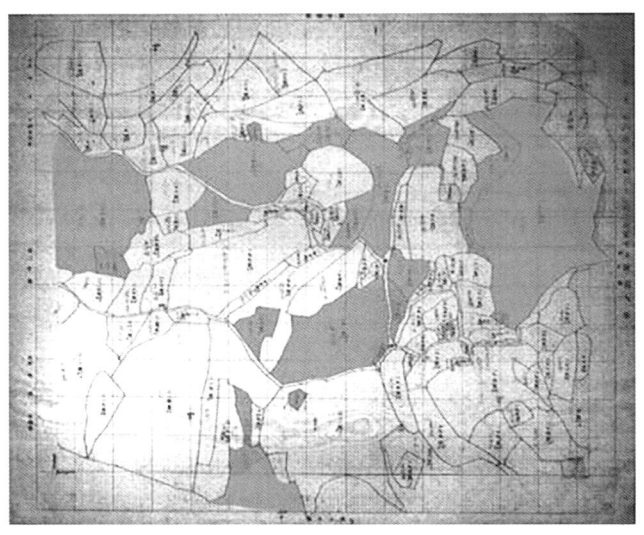

출처: 『창원군 동명 월잠리 원도』

<그림 1-5> 토지대장   <그림 1-6> 토지대장집계부

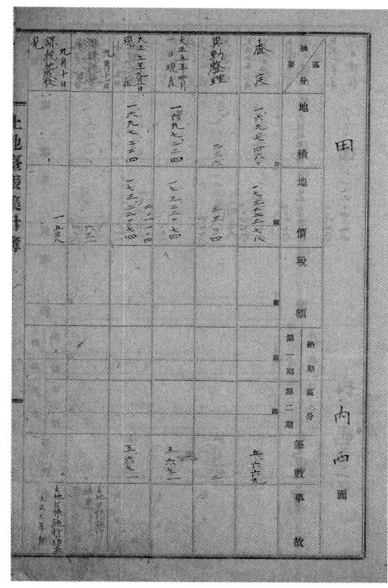

출처: 『창원군 동면 신방리 토지대장』   출처: 『창원군 토지대장 집계부』

　원도는 필지마다 지목, 지번, 소유자명이, 지적도는 지목과 지번이 표기되어 있다. 토지대장은 토지조사부의 기준에 따라 리를 단위로 지번 순에 따라 한 장에 일필지의 지적에 관한 일체의 사항, 즉 토지의 소재리와 지번, 등급, 지목, 면적, 지가, 적요, 변동연월일, 사고, 소유자, 주소, 성명 등을 등록한 장부이다(〈그림 1-5〉). 토지대장집계부는 토지대장의 내용을 국유지와 민유 과세지, 민유 불과세지로 분책하고, 면을 단위로 지목별 지적, 지가, 필수 등의 합계를 지세납기별로 기록한 장부이다(〈그림 1-6〉). 지세명기장은 면별로 각 소유자의 토지를 필지별로 동리, 지목, 지가, 지적 등을 연속하여 기록하고 후일 지세를 기입하여 징세용에 제공하

<그림 1-7> 이동지조사부   <그림 1-8> 지세명기장 양식

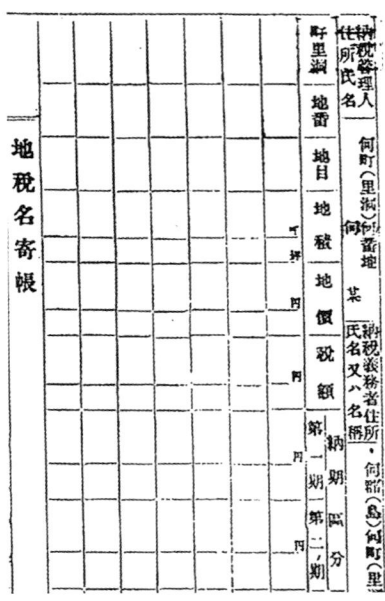

출처: 『창원군 부내면 내동리 이동지조사부』   출처: 朝鮮總督府, 『朝鮮總督府官報』 제1821호, 1918.8.30.

기 위한 장부이다(<그림 1-8>). 임시토지조사국은 1911년 11월 토지조사부, 1913년 1월 토지대장, 1914년 1월 토지대장집계부와 지세명기장의 제조에 착수하여 1918년 3월 완료했다.

2) 이동지 정리와 장부 관계도

토지소유권의 사정일은 신고일 현재로 하는 것을 원칙으로 했다. 따라서 신고를 한 후부터 사정 공시일까지의 사이에 생긴 토지이동(소유권의 이전, 주소·성명의 변경, 지목의 변경, 분할 또는 합병 등)은 토지조사국에서 이

동관계를 조사하여 이동지조사부를 작성하고, 토지대장과 기타의 장부와 지도를 인계 당시와 일치하게 정리한 다음 부군에 인계했다. 정리 작업은 조사국에서 국원을 부·군·도청에 파견하여 지주에 이동신고서를 제출하도록 하고 조사를 거쳐 이동지조사부(〈그림 1-7〉)를 작성했다. 1913년 12월 경성 외 28시가지에 착수하고, 1917년 3월 외업을 완료했다. 정리필수는 81만 8,364필로 내업 필수 100에 대하여 9.5필로 약 1할 가량 되었다. 다음 〈표 1-9〉는 대한제국과 일제가 토지조사를 하면서 작성한 토지장부의 관계도이다.

〈표 1-9〉 한말 일제시기 토지장부 관계도

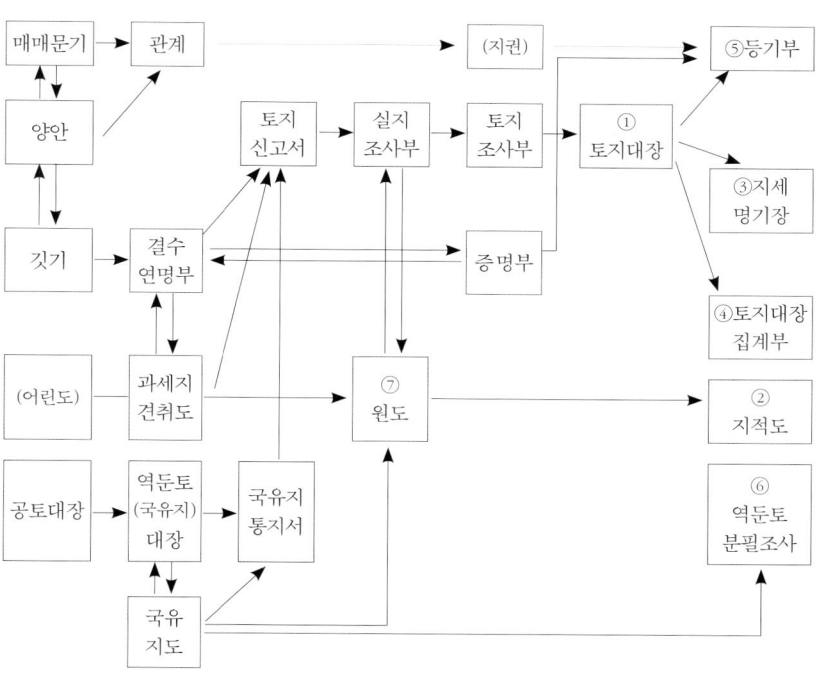

비고: ①~⑦은 토지조사 사업 이후에 계속 사용한 장부이다.

제2장
소유권 분쟁의 유형과
지역별 분포

토지조사에서 조사 대상으로 삼은 물권은 소유권이었으며, 소유권을 확정하는 사정작업이 핵심 사업이었다. 사정의 기초자료는 민유지에서는 지주가 제출한 토지신고서, 국유지에서는 해당 관청이 제출한 통지서였다. 조사원은 이를 실지와 대조하여 기재사항에 이상이 없으면 신고와 통지대로 소유자를 확정하는 절차를 밟았다. 그 이외에 이해관계인의 신고, 소유권에 의문이 있는 경우, 신고나 통지를 하지 않은 경우, 분쟁지 등은 다시 조사하여 확정하는 절차를 밟았다. 이들을 통칭 '분쟁지'라고 했다.

소유권 분쟁은 민유지의 경우 한 필지당 토지신고서를 2명 이상이 제출하여 소유권을 확정하기 어려운 경우였다. 조사원이 먼저 화해를 시도하고 서로 의견이 일치하면 '화해서'를 작성하여 토지신고서에 첨부했다.[1] 화해가 안 되면 증거서류 진술서 등을 제출하게 하고, '전말서'를 작성하여 분쟁지 심사에 착수했다.[2] 국·민유 분쟁지는 토지신고서와 국유지통지서를 동시에 제출한 경우로 관계 관청에서 국유지의 근거를 조사하여 가능한 한 설명서를 교부하도록 했다.[3]

임시토지조사국에서는 분쟁지 조사규정을 만들고, 총무과 내에 계쟁지계를 두고 분쟁사무를 담당하도록 했다. 초기에는 각 과장이 합의 심사했으나 1913년 이후에는 5인의 고등관으로 구성된 분쟁지 심사위원회에서 심사 검열한 다음, 임시토지조사국장이 최종 확정했다. 조사사항은 관계 서류의 대조, 소유권원 및 점유, 실지의 상황, 양안 기타 참고부서, 납세사실, 참고인의 진술, 법규 또는 관습조사 등이었다.[4]

---

1   조선총독부 임시토지조사국, 1918, 『조선토지조사사업보고서』, 188~190쪽.
2   조선총독부 임시토지조사국, 1918, 위의 책, 85쪽.
3   조선총독부 임시토지조사국, 1918, 위의 책, 26~28쪽.
4   조선총독부 임시토지조사국, 1918, 위의 책, 180~187쪽.

〈표 2-1〉 조사 필수와 분쟁 필수

조사 필수 ⓐ	분쟁			소유권 분쟁			경계 분쟁		
	총필수 ⓑ	화해 취하 ⓒ	분쟁 ⓓ	국유지	민유지	합	국유지	민유지	합
19,107,520	99,445	26,423	73,022	64,449	34,689	99,138	121	186	307
%	0.52 ⓑ/ⓐ	26.6 ⓒ/ⓑ	73.4 ⓓ/ⓑ	65	35	100	39	61	100
분쟁 건수	33,937								

비고: 재판 건수 총 6,976건, 판결과 화해 2,582건, 취하 1,054건, 임야 등 조사 외 915건.
사정에 불복하여 고등토지조사위원회에 재결을 신청한 것은 포함되지 않았다.
출처: 조선총독부 임시토지조사국, 1918, 『조선토지조사사업보고서』, 123~124, 190~191쪽.

    분쟁은 〈표 2-1〉에서 보듯, 총 3만 3,937건, 9만 9,445필로 전체 조사 필수의 0.52%였다. 200필당 1필이었다. 그중 26.6%는 화해 취하되었으며, 실제 분쟁은 이 중 73.4%로 전체의 0.38%가량이었다. 여기에 재판에 계류 중이어서 계산되지 않은 것이 6,976건이고, 이 중 2,582건이 판결이나 화해로 종결되었다. 분쟁의 비중이 매우 낮은 것처럼 보이지만, 지역에 따라 사정이 달랐다. 분쟁 통계는 겉으로 표출된 분쟁으로만 제한된 것이다. 일본인 조사자들은 조선인들이 소유권 욕심으로 무조건 분쟁을 일으킨다는 인식 아래 분쟁을 제한하는 모습을 보였다.[5]

    첫째, 소유권과 도지권 같은 유형의 관습물권이 서로 대립할 경우 후자의 물권적 성격을 인정하지 않는 방향으로 정리했다. 국·민유 분쟁에서 중답주나 도지권의 물권성을 부정하고, 공토를 국유지로 확정한 바 있었다. 토지조사에서도 지주적 토지소유권을 배타적 소유권으로 확정했으며, 관습물권은 조사 대상에서 제외했다. 일제초기 법원 판결에서 관습물

---

[5] 조선총독부 임시토지조사국, 1917, 『측지과 업무전말서』, 162쪽.

권을 인정하는 모습을 보이기도 했지만, 사업 후에는 관습물권의 법적 지위를 임차권으로 판결하는 모습을 보였다.

둘째, 일본인들이 소유권 취득 과정에서 대한제국의 법에 어긋난 불법행위나 공사권력을 동원한 강압으로 거래계약을 체결했음에도 불구하고 계약서나 증명 같은 서류가 있는 경우는 합법적 거래로 인정하여 화해나 조서 작성대상에서 아예 제외했다.

셋째, 분쟁이 발생하지 않은 동리도 많았지만,[6] 한 건이 한 동리 내지 여러 동리를 포괄하고, 대상자가 수백 명인 경우도 적지 않았다. 전국 각지의 비중은 상당한 편차를 보였으며, 지역에 따라 토지조사가 곧 분쟁이라고 할 수 있을 정도였다.

통계상의 분쟁은 겉으로 드러난 것만을 대상으로 한 상당히 제한된 것이라는 한계를 인정하고 지역별, 유형별로 분쟁 실태를 살펴보자.[7] 분쟁은 전남, 경기, 황해, 경남 등 수전지대에서 많이 발생했으며, 강원, 충북과 북쪽 지방 등 한전(旱田) 지대에서는 발생 빈도가 낮았다. 관서·북은 분쟁이 매우 적었으나 평북은 비교적 높은 분쟁률을 보였다. 분쟁 다발 지역의 특질은 일본인이 농장을 건설하기 위해 집중적으로 투자한 큰 강 유역의 수전지대나 국유지가 많이 분포한 지역이었다. 부·군·도별로 살펴보면, 그러한 특질이 두드러지게 나타난다.

분쟁은 구제도와 신제도에서 차이를 보였다. 먼저 구제도의 실태를 보

---

6   조선총독부 임시토지조사국, 1918, 앞의 책, 123쪽; 『국보』 84, 1915.11.2. 황해도 지역의 국유지에서 그 예를 볼 수 있다.

7   여기서 이용한 자료는 조선총독부 임시토지조사국 측지과에서 '사업'을 종료하면서 작성한 『측지과 업무전말서』이다. 측지과는 1913년 9월 10일 사무분장규정을 개정하여 신설된 것이고, 개정 이전에는 측량과 측지과였다. 1917년 7월 6일 업무를 종료했다.

자. 경기도의 경우, 건수는 경성부, 필지 수는 강화군이 압도적이었다. 다음으로 음죽군, 포천군, 연천군, 양주군, 광주군, 용인군, 수원군, 남양군, 시흥군 등 경성을 중심으로 남북의 평야지대에 넓게 분포되어 있다. 구제도를 시행한 지역에서는 무신고 필지가 적지 않았으며, 이해관계인 신고는 없었다. 화해는 한 건도 없고 모두 조서를 작성했다. 소유권에 의심이 있는 토지는 이천군에 5필지가 있을 뿐이었다. 경기도에서 특히 주목되는 것은 통지 없는 국유지가 없었다는 점이다. 이곳은 국유지 실지조사가 미실시 되어 임시조사국에서 모든 토지를 일괄 조사했기 때문에 관청에서 통지할 필요가 없었을 것이라고 판단된다.[8] 다른 지역도 마찬가지였다. 351만 528필지 가운데 무신고 필지가 3,204필이었으며, 분쟁지도 화해 건수는 없고, 3,373건, 3만 1,447필 모두 조서를 작성했다. 소유권에 의심이 있는 건수는 8건, 12필에 불과했다. 조선총독부 기관지『매일신보』에서는 타인 신고문제로 신고 시 주의사항을 계속 보도하는 등 신고가 제대로 시행되지 못한 모습을 자주 보도하였지만, 통계표에서는 보이지 않았다.

신·구제도를 비교하면, 구제도에서는 분쟁률이 0.89%이고, 신제도에서는 0.33%로 화해를 포함해도 0.37% 정도였다. 구제도가 분쟁률이 높은 것은 분쟁이 많은 경성과 부산이 이때 실시되었기 때문이기도 하지만, 신제도에서는 결수연명부를 활용하여 신고를 하고, 화해 조정도 적극적으로 시행한 결과로 보인다.

전남은 두 가지 특징을 보여주었다.[9] 하나는 섬이 많고, 분쟁도 많이

---

8   국유지 실지조사가 그대로 반영되었기 때문인지, 아니면 민유지만 조사 대상으로 삼은 것 때문인지 실증적 검토가 필요하다.

9   각군에 대한 통계자료는 최원규, 2019,『한말 일제초기 국유지 조사와 토지조사사

발생했다는 점이다. 섬 지역인 완도, 제주도(제주군, 대정군, 정의군), 진도를 비롯하여 섬이 많은 여수, 순천, 무안 등이 그러한 지역이다. 무안군, 나주군, 함평군, 장성군 등 영산강 평야지대, 섬진강 유역 안, 구례군도 분쟁률이 높았다. 궁방전, 둔전 등 국유지가 집중적으로 소재한 지역이었다. 강 하류의 수전 지대가 분쟁률이 높았다. 이곳은 궁삼면 사례에서 보듯 개간지가 많고 관습물권이 대거 존재할 가능성이 높았다. 지가는 비교적 헐한 곳이었다. 일본인의 토지 투기와 관련하여 분쟁이 많이 발생한 것으로 보인다. 분쟁이 많은 지역은 화해 건수도 많았다. 함평군, 무안군 지역이 많았으며, 무안군의 섬 지역은 1건당 20필 정도로 규모도 컸다. 해남군과 제주도에는 무신고지가 많았다.

경남의 특징은 첫째, 부산의 분쟁률이 대단히 높았다. 일본인 상호 간에 시가지 건설 과정에서 발생한 것으로 보인다.[10] 둘째, 김해군, 창원군, 밀양군, 양산군, 창령군 등 낙동강 유역에 분쟁이 많았다. 일찍이 청일전쟁 무렵부터 일본인이 이곳에 농장을 건설하기 위해 적극 진출한 곳이다.[11] 아울러 공토도 많이 존재했다. 셋째, 통영군의 분쟁률이 높았다. 섬이 많고 수군 통제영이 있던 곳이다. 국·민유 분쟁과 관계된 것으로 보인다. 넷째, 진주군을 비롯한 함안군, 의령군, 함양군 등 남강 일대의 평야

업』, 혜안, 369~373쪽에 실려 있다.

10 『매일신보』, 1914.7.1, 토지계쟁의 조사. "민간 계쟁 중 가장 현저한 곳은 부산 부근으로 서부, 즉 정차장 후면에 약 1리에 걸쳐 거의 전부가 1필에 대하여 소유권을 주장하는 자가 3인 내지 6인으로 건수가 510여 건이오."

11 일본인 농장의 성립과 분포는 淺田喬二, 1967, 『日本帝國主義と舊植民地地主制』, 御茶の水書房에 잘 분석되어 있다. 전북, 경남 지역 등의 일본인 지주제는 최원규, 2021, 『일제시기 한국의 일본인사회-도시민 지주 일본인농촌』, 혜안, 181~412쪽이 참고된다.

지역도 비교적 분쟁률이 높았다.

전북의 분쟁률은 비교적 낮았으나 동진강, 만경강의 일부 평야 지역은 높은 편이었다. 이곳은 한말 균전 문제로 왕실과 농민 사이의 토지분쟁이 십 수년간 계속되는 등 많은 문제를 안고 있었지만 임시제실유급 국유재산조사국에서 민유로 환급하여 큰 분쟁은 정리되면서 다른 지역에 비해 분쟁이 적었던 것으로 보인다. 이러한 가운데 분쟁이 빈번했던 지역은 김제군과 인근의 익산군, 옥구군 등 일본인 농장 집중 지역이다. 그리고 정읍군, 고창군, 부안군도 분쟁이 많았는데, '통지 없는 국유지'의 건수가 상당한 것으로 보아 국유지 문제가 주원인이었을 것으로 보인다.

황해도는 국·민유 분쟁이 두드러진 지역으로 추정된다. 이곳은 궁방전이 집중적으로 설치되었던 곳으로 동양척식주식회사가 설립되면서 정부 출자지가 적지 않았다. 분쟁은 재령군이 754건, 3,069필지로 압도적 발생 건수를 보였다. 황주군은 재령군보다 약간 낮은 편이지만, 화해 건수는 296건, 375필로 더 많았다. 옹진군, 봉산군, 연백군, 해주군 등이 뒤를 따르고 있다. 내륙의 한전 지대는 분쟁이 거의 없다는 점이 특징적이다.

관서, 관북, 관동, 호서 지방은 분쟁이 그다지 많지 않았다. 북쪽 지방에서는 평북이 두드러졌다. 특히 청천강 일대의 정주군, 용천군, 박천군 등이 대표적인 지역이다. 평남에서는 대동군, 강원도에서는 춘천군과 원주군, 함남에서는 정평군, 함흥군, 북청군, 함북에서는 경성군과 성진군이 대표적이지만 다른 지역에 비하면 분쟁률이 낮은 편이었다. 평북과 평남은 수전 지역의 분쟁이 높은 편이었다. 이 지역은 중도지 등 관습물권이 폭넓게 존재했지만, 조사 대상이 아니라서 분쟁은 적은 편이다.

충남에서는 보령군의 섬 지역이 분쟁률이 가장 높았다. 공주군, 부여군, 임천군, 비인군 등이 뒤를 이었다. 충북에서는 옥천군과 제천군의 분쟁률이 높았다. 옥천군은 '통지 없는 국유지'의 비중이 높은 것으로 보아 국유지에서 분쟁이 많이 발생한 것으로 보인다.

시가지는 토지조사가 일찍 시행되었으며, 분쟁도 특이한 모습을 보였다. 시가지는 거류지가 설치되었던 지역과 그렇지 않은 지역으로 구분할 수 있다. 먼저 거류지에는 분쟁이 거의 없거나 낮았을 것으로 판단된다. 거류지는 설치 당시부터 구획을 정하여 토지대장과 지적도를 만들고, 경매방식으로 불하하고, 등기제도와 지계제도를 시행했기 때문이다.[12] 진남포, 군산, 인천, 목포, 부산, 마산, 원산 등 각 부의 일부 지역이 여기에 해당한다.[13]

반면 거류지와 주변 지역은 일본인들이 불법적으로 잠매를 극심하게 전개하여 상대적으로 분쟁률이 높았을 것으로 보인다. 옥구군, 무안군, 나주면, 김해군, 강경면 등이 그러한 지역이다. 그리고 경성부, 부산부 등 일본인이 대거 진출한 대도시는 분쟁률이 대단히 높았다. 조선인들이 주로 거주하며 상권을 유지하던 곳은 상대적으로 낮았지만, 다른 지역에 비해서는 높은 편이었다. 대구와 진주를 비롯하여 평양, 수원, 인천 등이 여기에 속한다. 도시화의 진전, 일본인의 침투 시기와 정도에 따라 분쟁률에서 차이를 보인 것으로 판단된다. 청주, 공주, 대전, 광주, 김천, 전주를 비롯하여 평북과 함남·북의 시가지 지역은 분쟁이 거의 없었다.

도서 지역은 경남의 김해, 통영, 고성, 하동, 사천, 남해, 전남의 무안, 영암, 영광, 해남, 장흥, 고흥, 진도, 완도, 제주, 여수, 광양, 충남의 보령, 서

---

12 지계제도는 최원규, 2001, 「19세기 후반 지계제도와 가계제도」, 『지역과 역사』 8, 94~105쪽 참조.

13 통계에서 분쟁은 인천만 9건, 19필지였다. 다른 지역은 부의 실태로 볼 때 분쟁이 거의 없었다고 판단된다. 조선총독부 임시토지조사국, 1917, 『측지과 업무전말서』 참조.

산, 전북의 옥구, 부안, 경기의 수원, 부평, 시흥, 강화, 황해의 연백, 해주, 옹진, 평북의 정주, 선천, 의주, 용천 등이 대표적이다.[14] 전남의 경우 무안, 완도, 제주, 진도 등은 심각한 수준이고, 여수, 영암, 해남 등도 적지 않았다. 경남은 남해를 제외하고는 대체로 분쟁률이 높았다. 경기도와 황해도는 대부분 분쟁이 많았다. 평북은 선천을 제외하고는 분쟁률이 높았다. 대부분의 도서 지역은 개간과 관련하여 국·민유 분쟁이 제기된 곳으로 보인다. 분쟁은 도시화의 정도, 국유지의 비율, 일본인의 투자 정도, 개간지의 비중 등에 따라 현격한 차이를 보였다.

국·민유 분쟁은 일제가 국유지 실지조사에서 국유지로 확정하는 절차를 거쳤음에도 불구하고 전체 분쟁의 65%를 차지하여 민유지 분쟁에 비하여 비중이 높았다. 국·민유 분쟁지는 국유지 실지조사의 기준에 따라 혼탈입지나 투탁지는 민유로 돌려주었지만 그 이외의 경우는 대체로 국유로 확정된 것으로 보인다. 국·민유 분쟁으로 국유지가 공토 수준 이상으로 양적 확대가 이루어진 것은 아니다. 문제는 농민의 관습물권을 부정하고, 국가가 배타적 소유권을 확보하는 방식으로 처리했다는 점이다.

민유지 분쟁은 국유지에 비해 표면적으로는 비중이 훨씬 적고 별 문제가 없는 듯 보이지만, 이는 조사 방식에서 차이가 있었기 때문으로 보인다. 민유지는 결수연명부에서 지주를 조사 정리하고, 관습물권은 법적으로 인정하지 않고 조사 대상에서도 제외한 조사 방식에서 연유하여 분쟁이 두드러지지 않은 것으로 보인다. 지주와 소작인의 법적 관계는 물권적 관계가 아니라 채권이라는 사적 영역으로 처리했다. 그럼에도 불구하고 일본인 대지주와 주민 사이의 소유권 분쟁이 곳곳에서 적지 않게 발생했다.

---

14   조선총독부 임시토지조사국, 1918, 앞의 책, 415~437쪽.

제3장
국·민유 구분과 소유권 분쟁

1. 무토·유토의 법적 규정과
   와다 이치로의 국유지 인식

토지소유권 사정 과정에서 발생한 분쟁 건수는 총 3만 3,937건, 12만 6,000필로 전체 조사 필수의 0.66% 정도였다. 분쟁은 소유권 분쟁이 9할이 넘었으며, 그중 국유지 분쟁이 65%를 차지했다.[1] 소유권 분쟁이 적지 않게 발생했다는 것은 배타적 소유권이 확립되지 않은 토지가 적지 않았다는 것을 의미한다. 특히 역토, 둔토, 궁방전 등에는 중답주 등 소유권 이외의 물권이 존재했을 뿐만 아니라 소유권의 실천 강도를 보여주는 지대 수준도 작인이 유리한 경우가 적지 않았다. 민유지에도 도지권 같은 물권적 경작권, 관습물권이 각지에 폭넓게 존재했다. 보통 일반 작인들도 독립적인 경영권을 행사하며 지주와 대항하는 경우도 적지 않았다. 그 여파로 대한제국은 법률적으로 작인에게 지세 담당자 층의 지위를 부여하기도 했다.[2] 분쟁은 다양한 토지권 사이의 갈등이며, 그 정리과정이 '사업'의 성격을 보여준다.

여기서는 다음의 두 문제에 주목했다. 첫째, 갑오·광무정권과 일제의 국유지정책과 국·민유 분쟁을 분석하여 '사업'의 본질을 구명하고자 한다. 특히 와다 이치로의 인식과 절수사여지를 중심으로 살펴보려고 한다. 둘째, 김해군과 창원군에서 발생한 국·민유 분쟁 사례를 김해군의

---

[1] 조선총독부 임시토지조사국, 앞의 책, 123쪽.
[2] 최원규, 1997, 「한말 일제초기 일제의 토지권 인식과 그 정리방향」, 『한국 근현대의 민족문제와 신국가 건설』, 지식산업사, 304~305쪽.

국유지도와 국유지통지서, 실지조사부 등을 통해 실상을 보려 한다.

1) 무토·유토의 법적 규정

『조선토지조사사업보고서』에는 "조선에서 토지소유권에 관한 분쟁사건은 그 수가 극히 많다. 특히 그 대부분이 국유지 또는 궁사권호(宮司權豪)가 소유한 토지에 대한 것이라는 데는 달리 그 예를 볼 수 없는 특이한 현상이다"라고 언급한 다음 그 원인을 다음과 같이 분석했다. 첫째, 국초 이래 토지 제도와 세제의 문란에 근거한 것, 둘째, 역대 나쁜 적폐가 그 원인이 되어 일반 상민의 권리는 항상 권세 때문에 압박당하고, 혹은 하등 대가를 주지 않고 곧바로 소유권을 가로챈 것, 셋째, 정부에서 조정한 이외의 세미(稅米)를 부과하여 끝내 그 부당한 과세를 소작관계의 증거로 삼아 완전히 토지소유권을 빼앗는 것 등이 분쟁 사건을 일으킨 주원인이라고 분석하였다.[3] 토지분쟁은 제도문란이나 강압으로 공·사토가 뒤섞이고, 민의 소유권을 빼앗아 발생했다는 등 당시 분쟁을 소유권 분쟁으로 정리하였다.

갑오·광무정권의 정책담당자들도 공토의 권리관계를 어떠한 기준으로 정리할 것인가를 둘러싸고 고민을 많이 한 것으로 보인다. 공토는 법전에서는 유토와 무토로 구분했지만, 명확히 구분하기는 쉽지 않았다. 유토는 소유권이나 경작권의 수준이 매우 다양했다. 임차권적 성격의 경작권부터 중답주나 도지권처럼 소유권을 능가할 정도의 관습물권이 폭넓게 존재했다. 갑오·광무정권의 공토정책은 기본적으로 경작권을 관습 그대

---

[3] 和田一郎, 1920, 『朝鮮土地地稅制度調査報告書』, 朝鮮總督府, 571쪽.

로 인정하는 수준에서 이루어졌다. 그러나 일제는 공토를 국유지로 확정할 때 소유권(수조권적 권리)에 국유라는 배타적 소유권을 부여하고, 그 이외의 관습물권적 경작권 등 모든 권리를 임차권으로 확정했다. 물권적 권리를 박탈당한 중답주 등이 격렬히 반발하여 국·민유 분쟁이 격발했다.

토지조사사업에서 일제가 확정한 소유권의 실체를 알기 위해서 분쟁지심사위원장을 지낸 와다의 견해, 국유지 확정의 기준으로 삼은 유토와 무토의 구분 방식과 내용을 종합적으로 살펴보자.[4] 종래 유토와 무토를 구별하는 기준은 다양했다. 무토가 민유라는 견해는 모두 동의했지만, 유토를 보는 견해는 다양했다. 『속대전』에서는 민결면세(民結免稅)로 결(結)당 쌀 23두를 납부하는 토지와 영작궁토의 부(負)당 조 2두를 납부하는 토지로 구분했다.[5] 균역청사목,[6] 탁지지를 비롯한[7] 다산은 유토(有土)면세, 무토(無土)면세, 영작궁전(永作宮田)의 궁둔으로 구분하고 있다.[8]

『만기요람』 재용편2, 면세조(1808년)에는 궁방전과 영·아문 둔전을 유토와 무토로 분류하고, 이를 다시 매득한 영작궁둔의 유토면세와 윤정(輪定)하는 무토면세, 『속대전』 이전에 지급한 원결(原結)면세의 절수전(折

---

4   이에 대한 연구로는 ① 안병태, 1975, 『조선근대경제사연구』, 일본평론사, ② 이영훈, 1989, 『조선 후기 사회경제사』, 한길사, ③ 박준성, 1984, 「17, 18세기 궁방전의 확대와 소유형태의 변화」, 『한국사론』 11, ④ 이영호, 2009, 「조선 후기 간척지의 소유와 경영 -경기도 안산 인천 석장둔 사례」, 『한국문화』 48, ⑤ 이영호, 2010, 「한말 일제초기 근대적 소유권의 확정과 국유 민유의 분기-경기도 안산 석장둔 사례」, 『역사와 현실』 77, ⑥ 이영호, 2011, 「근대전환기 궁장토 소유권의 경상도 창원용동궁전답 영작궁둔=조200두형의 사례」, 『한국학연구』 24 등이 있다.

5   『續大典』, 1746.

5   『均役廳 事目』結米條, 1752.

7   『度支志』外篇, 宮結條, 1788.

3   정약용, 1817, 『經世遺表』 8, 地官修制, 井田議 4.

受田), 즉 궁가면세의 원결로 구분했다. 즉 유토는 매득한 토지와 절수전으로 다른 곳으로 바꿀 수 없는 토지이며, 도장을 파견하여 부(負)마다 조 2두를 직접 수세하였다.

무토는 호조에서 지급한 실결(實結)의 면세지로 민결면세지라고 부르며, 수세액은 결당 쌀 23두이다. 일정기간 동안 지역을 돌려가며 정하면서 수세하는 토지였다. 이들은 해당 읍에서 수세하여 호조에 납부하고 호조에서 다시 궁방 등에 지급하던 토지였다. 종전에는 궁방에서 직접 수세했지만, '관수관급'으로 수세 방식을 바꾼 토지였다.

유토 가운데 돈을 주고 산 토지는 사토(私土)와 다를 바 없이 취급되었다. 그리고 절수사여지는 아문이나 궁방에서 전적으로 개간한 토지와 민이 노자를 투자하여 같이 개간한 토지로 구분되었다. 절수사여지는 수세액에 관계없이 유토라 불렸으며, 궁방·아문과 민은 서로 자기 토지라고 이해하고 주장하기도 했다. 민은 계약에 따라 궁방(아문)에 지급한 수납액을 결세(結稅)로, 궁방은 지대로 이해한 것으로 보인다.[9] 입장이 서로 달라 양자 간에 수세를 둘러싼 갈등이 빈번하게 일어났다.

갑오개혁 당시 마련한 결호화법세칙(1895년)에서는 유토와 무토를 토지의 고정 여부로 구분했다. 유토를 제1종 유토와 제2종 유토로 구분했다. 제1종 유토는 돈을 주고 산 급가매득지로 소작인으로부터 수확의 반을 징수한 토지, 즉 매득과 타조라는 두 조건을 갖춘 토지라고 정리했다.[10] 제2종 유토는 무토와 같은 민유지이면서 고정된 토지이고, 무토

---

9   이영훈, 1989, 『조선 후기 사회경제사』, 한길사, 506쪽. "일반적으로 제2종 유토는 결당 조 100두의 토지로 용동궁에서는 영작궁둔으로 부르지만 농민의 사실상 토지소유권을 부정할 수 없다. 사실 장민들은 장토가 그들의 소유라고 굳게 믿고 있었다."

10 급가매토의 경우 수확의 반을 거두는 것으로 본다. 도진순, 1986, 「19세기 궁장토에

는 한곳에 정해 놓은 토지가 아니라 돌려가며 옮겨 정하는 토지라고 분류했다. 법전에서 매득지를 유토면세로 조 200두를 납부하는 토지라고 본 것과 차이를 보였다. 제1종 유토는 매득하거나 궁방 등이 자기 힘만으로 개간한 토지로 사토같이 지주·작인의 경작 형태였다. 제2종 유토는 절수·사여에 의해 성립한 것으로 궁방·아문-지주(중답주)-작인의 형태로 보는 견해도 있다.[11]

법전에서는 유토를 결당 조 200두를 납부하는 토지로 언급하고 있지만, 현실적으로 조의 액수는 다양했다. 흔히 조 100두형과 조 200두형으로 구분한다. 결호화법세칙에서는 절수사여한 토지를 모두 제2종 유토=민유지로 분류한 것으로 보인다. 학계에서는 일반적으로 조 200두는 국유지, 조 100두는 민유지로 보고 있다.[12] 결당 수확을 조 600~800두로 계산하면, 조 100~200두는 수세액의 비중으로 보아 민전으로 보아도 무방할 듯하다. 절수사여지의 농민들은 민유지라 주장하는 경우가 적지 않았다.

한편 조선정부는 유토의 수조액을 액수에 관계없이 도(賭)로 표현했다. 때로는 법률적 토지권의 한 형태인 수조권의 수조액으로 세(稅)라고 표현하기도 했다. 조(租)가 쌀 23두인 토지는 민유지라고 대부분 동의하지만, 그 이상의 액을 납부하는 경우 국가와 민은 주장이 서로 달랐다. 국가와 민의 권리관계는 흔히 수조액의 수준으로 표현된다. 유·무토를 둘러싼 분쟁은 국가기관이 수조액의 수준을 높여 받을 때 일어났다. 특히 갑오·광무개혁과 일제의 국유지 확정작업에서 두드러지게 발생하였다.

서의 중답주와 항조」,『한국사론』 13.
11 이영훈, 1989,『조선 후기 사회경제사』, 한길사, 503쪽.
12 宮嶋博史, 1991, 앞의 책; 이영호, 2010,「한말 일제초기 근대적 소유권의 확정과 국유민유의 분기-경기도 안산 석장둔 사례」,『역사와 현실』 77.

결호화법세칙에서는 제2종유토=절수사여지=민유지로 정리한 반면, 갑오승총과 광무사검은 무토=사토, 유토=공토라 분류 정리했다. 일제는 관습조사와 임시제실유급 국유재산조사국에서 공토를 역둔토로 조사 정리하고 국가가 배타적 소유권을 갖는 국유지로 확정했다. 공토 이외의 토지는 민유지로 확정했다. 와다는 무토=민유지, 유토=국유지라는 관점에서 토지조사사업을 추진했다.

2) 와다 이치로의 국유지 인식과 분쟁 사례

와다는 그의 저서 『조선토지지세제도조사보고서』에서 유토와 무토를 다음과 같이 정리했다.[13] 와다는 장토(庄土)는 토지(소유권)를 설정한 것과 징조권(徵租權)을 설정한 것으로 분류했다. 토지를 설정한 것은 ① 한광지의 개간, ② 죄인으로부터 몰수한 토지, ③ 후손이 없는 노비의 토지, ④ 각 영아문의 둔토 및 기타 공전의 이속, ⑤ 민유지의 매수 등이 있으며, 이를 유토면세지 또는 영작궁둔이라고 부른다고 했다. 징조권으로 설정한 것에는 일정한 구획을 정해 그 구역 내 민유지의 조를 거두는 것과 수조지를 윤회이정한 것이 있으며, 이를 무토면세 또는 원결면세라 한다고 했다. 유토면세지는 토지를 사궁에 지급한 것이고, 무토면세지는 민유지의 징조권을 지급한 것이라고 설명하고 있다. 와다는 토지를 설정한 것을 유토, 징조권을 설정한 것을 무토로 보고 있다. 토지의 고정 여부로 유·무토를 구분한 결호화법세칙과 차이를 보였다.

---

13 和田一郎, 1920, 앞의 책, 125~129쪽; 宮嶋博史, 1991, 앞의 책, 473~482쪽 ; 조석곤, 2003, 『한국 근대 토지제도의 형성』, 해남, 135~138쪽에 각자의 해석이 실려 있다.

와다는 절수(折受)나 사패(賜牌)로 지급한 권리는 전토(田土)와 전결(田結) 두 종류인데, 후대에 이르러 양자를 구분하는 일이 명확하지 않게 되었다고 했다. 갑오승총에서 면세의 특전을 폐지했을 때도 유토와 무토의 구별이 명확하지 않고, 서로 뒤섞여 처리되어 국·민유 분쟁이 일어났다고 보았다. 그러면서 소유권 분쟁의 원인을 다음과 같이 정리하고, 토지소유권의 귀속을 결정하는 것이 대단히 곤란하다고 했다. 그러나 자세히 사실을 조사하면 양자는 수조액에서 현저한 차이가 있고, 실지 상황 등의 사실을 수집하면 해결이 용이하다는 견해를 제시했다.[14]

첫째, 영·아문은 국·민유 구별 없이 모두 수세라 칭하여 수세 여부만으로 귀속을 판정할 수는 없다. 1894년 이후에는 수세를 도조(賭租)라 칭했음에도 불구하고, 도조를 소작료와 동일한 의의로 잘못 사용하는 자가 있었다. 둘째, 둔전 명칭은 국유 또는 민유에 관계없이 ○○둔전이라 칭했다. 셋째, 토지소유권 매매증서는 소작권 매매증서와 구별하기 어려운 것이 적지 않다. 넷째, 국유지 실지조사에서 정밀한 국·민유의 구분 조사를 하지 않고 잘못 조사된 것이 있다. 다섯째, 기타 선의나 악의로 양입(量入)하거나 이름을 잘못 부르는 일이 끊이지 않았다는 것이다.

여기서 주목되는 바는 국유지 실지조사가 잘못되어 국·민유 분쟁이 발생했으며, 도조를 소작료라는 명칭만으로는 국·민유를 구별하기 어렵고 조선인 사이의 매매는 소유권이 아닌 소작권 매매가 적지 않다는 것이다. 따라서 공토는 국·민유가 서로 혼입되어 분쟁이 제기되었다는 것이다. 와다는 기본적으로 당시 토지소유권이 명확히 정리되지 않고 뒤섞여 있어 이를 유토=국유지, 무토=민유지라는 기준을 세우고 이를 조

---

14   和田一郎, 1920, 앞의 책, 608~609쪽.

사 정리하여 배타적 소유권을 부여하였다. 이러한 이분법적 구분 때문에 국·민유 분쟁은 발생할 수밖에 없었다. 공토는 거의 모든 토지, 그중에서도 특히 개간권을 둘러싸고 형성된 절수사여지에는 중층적 권리관계가 널리 존재했기 때문이다.[15] 와다는 이때 권리를 박탈당한 자가 분쟁을 제기했다는 인식은 아예 없었다. 입안권으로 형성된 수조권적 권리를 가진 공토주의 권리를 국가의 배타적 소유권으로 간주하고 이를 조사하여 국유지로 확정하였다. 그리고 관습물권을 불법적 권리로 간주하고 이를 전혀 인정하지 않았다.

공토는 세 부류로 구분할 수 있었다. 민결면세지는 무토=민전으로 각 기관에 쌀 23두의 징조권을 부여한 토지로 정리하고, 유토는 다음 두 종류로 구분했다. 하나는 민전을 급가매득한 토지로 각 기관이 배타적 소유권을 행사하던 토지였다.[16] 여기서는 민전지주제와 다를 바 없는 병작반수제가 시행되었다. 또 하나는 절수사여지이며, 여기에는 주로 정액제의 도지와 영세지정(永稅指定)이 시행되었다.[17] 절수사여지는 사실상 민전인

---

15   ④의 토지도 해당될 수 있지만 다른 여러 유형도 혼재되어 그대로 포함시킬 수는 없었다.

16   궁장토의 유형은 안병태, 1975, 『조선근대경제사연구』, 일본평론사, 64~70쪽; 이영훈, 1989, 「궁방전과 아문둔전의 전개과정과 소유구조」, 『조선 후기 사회경제사』, 한길사; 박준성, 1984, 「17, 18세기 궁방전의 확대와 소유형태의 변화」, 『한국사론』 11; 宮嶋博史, 1991, 앞의 책; 이영호, 2010, 「한말 일제초기 근대적 소유권의 확정과 국유 민유의 분기-경기도 안산 석장둔 사례」, 『역사와 현실』 77 등이 참고된다.

17   임시재산정리국, 1908, 「제6류 잡부 舊各宮司等 소속토지와 도세조사」, 『임시제실재산정리국 집무제요』, 41~43쪽. 1908년 토지조사회 위원 유흥세(遊興稅)는 국유지의 도세 유형을 병작, 집속, 도지, 영세지정 등으로 분류했다. 영세지정이니 토지 수확에 대하여 4분의 1을 수입으로 영정(永定)함이니, 가령 그 4분의 2는 작인에게 주고 4분의 1은 중답주의 명칭을 가진 자가 종래로 중간에서 먹는다고 했다. 중답주는 당초 궁토의 소작권을 몰래 매수한 자라고 정리하고 제거 방침에 동의했다.

무주지 명목의 절수지와 무주지를 입안 받아 민과 함께 개간한 소위 '기경자위주' 명목으로 절수 받아 개간한 토지 등이었다.[18] 즉 양안상의 무주진전, 양안 외 무주 가경처(加耕處) 등을 사궁이 절수 또는 사여 받고, 민이 노동과 자본을 투자 개간하여 성립한 토지였다. 수조액은 국가 권력을 매개로 한 사궁의 명목적 소유권(수조권)과 민이 노자를 투자한 대가로 주어진 사실상의 소유권(물권적 경작권)이 서로 타협하여 결정한 것이다. 대체로 수조액은 병작반수보다 저렴한 조 200두형과 조 100두형으로 분류했다.[19] 조 200두형은 '영작궁둔'이라고 부르기도 했다.[20] 조 200두 가운데 100두는 공세·왕세(王稅)의 명목이고, 100두는 토세(土稅)의 명목이라고 인식하기도 했다.[21] 이곳의 지대는 생산량의 1/4~1/3로 민전의 병작반수에 비해 부담이 매우 가벼웠다. 1/4 도세는 흔히 영세지정(永稅指定)이라고 하며, 여기에는 중답주의 중층적 토지권이 존재하여 사궁(1/4)-중답주(1/4)-작인(2/4)이라는 분배관계가 성립했다. 중답주의 권리는 사궁이 인정한 관습 물권이며, 매매·상속·전당 등으로 자유롭게 이전되었던 존재였다.[22] 와다는 이 토지를 유토=국유, 즉 궁을 지주, 중답주는 불법적 존재, 작인은 경작자라는 인식 아래 분쟁을 처리했다.

각 기관과 개간자(중답주 또는 도지권자)는 서로의 권리를 인정하면서

---

18 박준성, 1984, 「17, 18세기 궁방전의 확대와 소유형태의 변화」, 『한국사론』 11, 255쪽.
19 이영호, 2018, 『토지소유의 장기변동』, 경인문화사, 114~164쪽, 석장둔을 100두형과 용동궁 200두형으로 분류했다. 사궁장토는 급가매득지, 조 200두형, 조 100두형, 민결면세지 등으로 분류했다.
20 『續大典』, 戶典 諸田.
21 『忠勳府謄錄』 29책, "모든 전답에는 왕세와 토세가 있다. 왕세는 공가(公家)에 납부하고 토세는 답주에 납부한다."
22 도진순, 1986, 「19세기 궁장토에서의 중답주와 항조」, 『한국사론』 13.

절수사여지를 운영해 갔지만, 양자는 동반자이자 대립 갈등하는 관계였다. 그런데 수진궁에서는 장민(庄民)을 '반타작 상납자'로 인식한 반면, 장민은 이 토지를 '민결면세지'로 언급하는 등 서로 갈등하면서 반대로 인식하는 모습을 보였다.[23] 그리고 용동궁의 둔민들은 "결은 궁결(宮結)이지만 땅은 민의 사토"라고 인식했다.[24] 흔히 조 100두형은 민유지, 조 200두형은 국유지로 인식하기도 했지만, 두 토지 모두 사토 또는 궁토로 보는 등 인식에서 현격한 차이를 보이면서 현실적으로는 수조액을 둘러싸고 갈등하는 모습을 보였다.

와다는 경작권의 물권적 성격을 부정하며 토지조사에 임했다. 그는 절수사여지를 유토=국유지로 취급했다. 사궁장토에는 전결 징조권만 부여한 무토=민전이 혼재하며, 이것이 분쟁 발생의 원인이라고 했다. 와다와 달리 갑오·광무정권은 유토와 무토를 배타적 소유권을 기준으로 구분하지 않았다. 절수사여지에서 수조액은 장토를 만들 때의 기여도에 따라 궁과 민이 타협하여 결정했으며, 그 수준에 따라 다양한 물권적 권리가 발생했다. 수조액은 결세와 도세를 포함한 총액 개념이며, 양자를 엄밀히 구분하여 어느 한편에 소유권을 부여하는 일은 쉽지 않았다.

와다는 조선 토지권의 다양성을 인정하지 않고, 조선의 토지제도는 불비(不備)하고 관리가 불완전하여 국·민유 분쟁이 발생했다는 견해를 보였다.[25] 게다가 조선에는 얼마 전까지도 "토지소유권의 관념이 낮고 인민은 단지 부담해야 할 둔세의 납부만 생각하고, 토지의 권리를 주장하는

---

23 『壽進宮謄錄』地, 건륭26년(1762) 11월.

24 『前整理所指令諸案』.

25 和田一郎, 1920, 『朝鮮土地地稅制度調査報告書』, 朝鮮總督府, 608쪽.

자"가 없었는데, "근래 시운이 변천함에 따라 점차 토지 분쟁이 생겼으며, 인민의 노자로 개간한 것과 전결의 절수에 그치는 것은 민유로서 의심할 바가 없다"고 당시 토지소유권을 둘러싼 인식 변화를 지적하고 있다.[26]

와다의 이 같은 인식 아래 일본민법의 배타적 소유권적 관점, 정치적 관점에서 조선의 권리 수준을 재단하였다고 생각된다. 국가와 민의 관계는 수조액의 수준으로 결정되는 수조권적 관계였으며, 그 안에 존재한 민의 권리는 관습적으로 매매·상속이 가능한 물권, 관습물권이 상당수 존재했다. 이것은 당시 관행이었다. 이때의 분쟁은 일제가 수조권(형식상의 소유권)과 관습물권(사실상의 소유권) 가운데 국가가 전자를 배타적 소유권으로 결정하는 과정에서 후자가 저항하면서 보인 대립의 결과라고 이해해야 할 것이다.

결과적으로 결호화법세칙과 와다는 배타적 소유권의 원칙 아래 유·무토에 대한 소유권의 귀속 기준을 정했다는 점은 동일하다. 그러나 유토를 바라보는 시각에서는 차이를 보였다. 결호화법세칙에서는 제2종 유토를 민유로 보았지만, 와다는 국유로 처리했다. 이러한 가운데 구체적으로 조 200두형 토지는 창원군의 용동궁둔의 예에 따라 영작궁둔의 국유로,[27] 조 100두형 토지는 안산군 석장둔의 예처럼 무토의 민유로 간주하는 기준 아래 국·민유 문제를 정리했다는 견해도 있다.[28] 그러나 김해군에서는

---

26 和田一郎, 1920, 위의 책, 298쪽.
27 이영호, 2011, 「1910년대 경상남도 김해군 국유지실측도와 과세지견취도 비교」, 『한국학연구』 24.
28 이영호, 2010, 「한말 일제초기 근대적 소유권의 확정과 국유 민유의 분기-경기도 안산 석장둔 사례」, 『역사와 현실』 77. 석장둔은 일토양세가 아니라고 하지만, 후술한 바와 같이 조 100두형에는 결세 포함형과 결세 별도형 2종류가 있다.

조 100두형을 민유가 아니라 국유지로 처리하는 모습을 보였다. 같은 조 100두형 토지였지만, 국유와 민유로 소유권을 달리 귀속시켰다.[29] 조 이외의 다른 변수가 작용하여 처리 결과가 달라진 것으로 보인다.

'사업'에서 관계 기관이 국유지통지서를 작성할 때 사용한 근거 장부는 1909년 국유지 실지조사의 결과물인 국유지도 또는 국유지(역둔토)대장이었다.[30] 그러나 이 도부는 여러 문제를 안고 있었다. 조사 당시 유토 가운데 급가매득지 같이 배타적 소유권을 확보한 토지만 국유지로 정리했다면 논란은 적었을 것이다. 그런데 절수사여지도 국유지로 조사 등록하면서 분쟁이 빈발했다. 국유지 조사가 미완성된 채 종결한 결과 국유로 확정한 토지와 확정하지 못한 토지(미조사지와 분쟁지)로 구분되었다. '사업'에서는 이들을 다시 심사하여 민유로 환급하기도 했지만, 국유지 실지조사에서 국유지로 확정 등록된 토지가 민유로 환급된 경우는 아직 보지 못했다.[31] 절수사여지 내의 관습물권은 관행적으로 인정되어 온 물권이기 때문에 도장권이나 일본의 예처럼 대가를 지불하거나 민유로 환급하는 조치를 취해야 했다. 그러나 일제는 아무 대가도 지불하지 않고 조 200두형은 국유로 판정하였다. 조 100두형은 민유로 판정하기도 했지만, 국유로 판정한 경우도 적지 않았으리라 판단된다.

일반적으로 국·민유 분쟁의 근원을 광무사검의 공토강화책에서 찾고 있다. 광무정권은 국가에서 결도를 수취하는 토지를 공토로 장부에 등록했다. 이때 관습물권의 존재를 그대로 인정한 가운데 각 공토주를 시주(소

---

29   수조액은 매우 다양하여 더 많은 사례 분석이 요구된다.
30   朝鮮総督府,『朝鮮総督府官報』제157호 1913.2.10. 역둔토통지 방법에 관한 건.
31   최원규, 2011,「창원군 토지조사사업에서 소유권 분쟁의 유형과 성격」,『한국학연구』24, 99~118쪽.

유주)로 인정하였다.

그러나 일제는 국유지 실지조사에서 공토에서 작동한 경작권의 물권적 권리를 인정하지 않고 공토를 배타적 소유권이 관철되는 국유지로 확정하여 분쟁이 발생했다. 광무사검의 공토와 일제의 국유지는 권리 내용이 달랐다. 광무사검은 공토에 존재한 수조권은 물론 중답주권, 도지권 등의 관습물권을 인정한 반면, 일제는 공토의 관습물권을 박탈하고 수조권적 권리를 배타적 소유권으로 하는 국유지로 확정하였다.

2. 국·민유 분쟁 사례와 판정기준

1) 『조선토지조사사업보고서』의 분쟁 사례

일본민법은 소유권에 사용권, 수익권, 처분권을 보장하고, 이외의 물권은 임차권으로 규정했다. 일제는 이에 준거하여 공토 내에 존재한 중답주나 도지권 같은 관습물권을 제거 대상으로 취급했다. 제거 작업은 1907년 국유지 조사 때부터 본격 추진되었지만, 그 실마리를 제공한 것은 갑오승총이었다. 갑오승총으로 유·무토가 구별되고, 이에 따라 경제적 부담이 달라졌다. 무토는 결세를 납부하고, 유토는 결도를 납부해야 했다는 점에서 차이가 있었지만, 무토와 유토는 탁지부에 결세를 납부해야 했다는 점과 지주에게 지대를 납부한 점에서 동일했다.

그러나 절수사여지 같은 유형의 토지는 국가가 정책적 입장에 따라 공토와 사토를 서로 바꾸어 양전하여 등록하기도 했다. 공토를 사토로 또는 사토를 공토로 다시 돌려놓을 수 있는 규정을 공포하고 양전관리가 실행에 옮긴 것이다.[32] 이때 종전 사토로 환급한 것을 다시 그대로 공토로 회복시키는 경우도 있지만, 제3자에게 매매한 토지를 다시 공토로 환원하는 경우 등 두 유형이 있었다. 대한제국 정부는 공토의 사토화가 진전되자 불법 또는 오류라는 이유를 들어 다시 조사 환수하는 조치를 취하기도 했다. 일제는 1908년 국유와 제실유 조사에서 혼탈입지와 투탁지를 제외한 모든 공토를 대상으로 대한제국과 달리 관습물권을 불법으로 간주하고 이를 박탈하고 국유지로 정리해 배타적 소유권을 부여했다.

공토의 사토화, 사토의 공토화 조치를 단행할 수 있는 조선의 법질서를 감안하면 이들의 권리를 배타적 소유권이라고 일률적으로 정리하기는 어렵다. 갑오승총 이전의 수조액(결도)을 결세로 보고 민에게 돌려주었다가 다시 결도로 판정하여 관리기관이 공토로 다시 전환하는 사태, 동일 토지를 공토→사토→공토로 지위를 변동시키는 일이 발생한 것이다. 국가는 이때마다 불법을 바로잡는다는 식으로 변동의 사유를 들고 있다. 그러나 변동의 실질적 내용은 대체로 수조액 수준을 변동하는 데 그쳤다. 외형적으로 사토가 공토로 된 것이지만, 이러한 변동을 근대적 의미의 소

---

32 A.「농상공부 역토사관규례」: 전답의 공용을 빙자하여 완문을 주어 영매, 권매, 천매하고 천반과 열악한 민전으로 모입하고 품토를 환롱한 것을 상세히 조사하여 기록함. B.「지계감리응행사목」: 각 공토 중에 오랜 세월 팔지 않고 그대로 사토로 한 것은 낱낱이 조사하여 실제대로 기록할 일. C.「역둔토 등 징세방 내훈의 건」: 문)둔토를 동마름이 사적으로 매매하여 그 전답은 전전하여 이리저리 옮겨 다니며… 답) 매매를 인정하지 않고 현재 소작하는 자에게 납조하게 하는 것이 가하며… . D.「구 각 궁사 등 소속 토지와 도세조사」: 영세지정은 그 4분 1분은 중답주의 명칭을 가진 자가 종래로 중간에서 취식함(중답자는 당초 소작권을 사사로이 매수한 자이라). E.「탁지부 소관 국유지 실지조사절차」: 사매지는 사매 국유지 사무처리순서에 따라 재무감독국에 보고하도록 하라.

유권 변동으로 보기는 어렵다.

갑오승총으로 결세를 탁지부에 납부할 때 다음과 같이 여러 변수가 발생했다. ① 결세를 사궁에 납부하다가 무토에서 사토로 환급되어 결세를 탁지부에 납부하는 경우, ② 사궁에 납부하던 결도를 분리하여 결은 탁지부에, 도는 사궁에 각각 별도로 납부하는 경우, ③ 결세를 사궁에 납부했다고 주장했지만, 무토로 전환되는 처분을 받지 못하고 기존 수조액 위에 새로 결세를 부과받아 탁지부에 납부하는 일토양세라 부르는 경우, ④ 기존에 결도를 납부했는데, 이를 지대로 간주하고 그 위에 새로 결세를 부과하여 납부하는 일토삼세라 칭하는 경우 등이다.

이때 새로 탁지부에 내게 된 결세를 양자가 합의하여 분담하는 경우도 적지 않았다. ③, ④는 공토주가 종래의 수조액은 결세가 본래 면제된 것이기 때문에 탁지부에서 새로 승총한 지세는 작인에 부과한 것이라고 주장한 경우이다. 그러나 작인은 공토주의 주장과 달리 결세가 새로 부과되어 일토양세, 일토삼세가 되었다고 주장하며 거납하기도 했다.

갑오승총으로 무토로 환급되었다가 다시 공토로 회수하는 일은 수조권자인 국가기관이 토지의 성격을 판단하여 결정했다. 창원군 창둔은 갑오승총부터 공토→사토(→매매)→공토→민유로 전환되는 과정을 여러 차례로 거친 경우였다. 이때 사토로 환급된 토지를 타인에 매매했음에도 불구하고 다시 공토로 회수하기도 했다. 분쟁은 이 변동과정에서 발생했지만, 수조액을 조정하는 방식으로 분쟁을 그때마다 해결해 갔다.[33] 이 같은 사태는 절수사여지, 주로 조 100두형 토지, 중답주 등이 존재한 토지

---

33 최원규, 2011, 「창원군의 토지소유권 분쟁과 처리」, 『일제의 창원군 토지조사와 장부』 선인, 265~281쪽.

에서 주로 발생되었다고 판단된다.

현실적으로 수조기관과 사토주의 관계는 수조액을 둘러싼 관계이고, 수조액은 타협과 조종의 대상이었다. 사토주는 수조권자와 늘 타협과 대립의 관계에 있었지만, 수조권(형식상의 소유권)과 사토주(사실상의 소유권)의 권리는 서로 인정하고 있다. 공토가 사토로 되면 중답주가 사토주가 되고, 사토가 공토가 되면 사토주가 중답주로 위치가 변한 것으로 보인다. 탁지부에서는 공·사토에 관계없이 수조만 하면 그만이고, 공·사토의 문제는 수조기관과 납조자의 문제이다. 납조자는 작인(중답주)이었다가 사토주가 되기도 했다. 광무양안에 이러한 모습이 잘 드러나 있다.

그러나 일제는 국유지 실지조사를 하면서 공토를 국유지로 확정했다. 이때 일제는 수조권적 권리의 공토를 배타적 소유권의 국유지로 정리하고 중답주는 해체시켰다. 그 결과 공토 시절의 수조액을 둘러싼 분쟁이 소유권 분쟁으로 성격이 바뀌어 나타났다. 와다는 이 과정에서 발생한 6개의 분쟁 사례를 제시했다. ① 선희궁 장토 사례,[34] ② 용동궁 장토 사례,[35] ③ 양향둔(糧饷屯) 사례,[36] ④ 수어둔 사례,[37] ⑤ 목장 사례,[38] ⑥ 종친부둔 사례[39] 등이다. 이들은 모두 국유론과 민유론이 서로 소유권을 주장하며 분쟁한 사례이다. 주요 쟁점 중의 하나가 매매에 대한 견해차였다. 민유론자는 예로부터 계속 매매되어 온 민전으로 궁이나 둔에 결세를 납

---

34 和田一郎, 1920, 『朝鮮土地地稅制度調査報告書』, 朝鮮總督府, 586~587쪽.
35 和田一郎, 1920, 위의 책, 589~590쪽.
36 和田一郎, 1920, 위의 책, 610~611쪽.
37 和田一郎, 1920, 위의 책, 614~615쪽.
38 和田一郎, 1920, 위의 책, 623~625쪽.
39 和田一郎, 1920, 위의 책, 619쪽.

부하던 토지, 개간으로 성립한 민전이 어느 시점에 절수사여가 되어 결세를 납부했다는 것이다.

반면 국유론자는 ① 선희궁의 시장(柴場), ② 용동궁의 둔토로 결세와 도조를 납부하던 토지, ③ 한광지를 절수한 훈둔, ④ 수어영의 둔전으로 1결 소작료 조 100두를 납부하던 토지, ⑤ 국유의 초장=목장, ⑥ 왕이 종친부에 하사한 사패전 등은 대체로 절수사여한 궁둔이며, 각 공토주가 소작인으로부터 도조를 받던 국유지라고 주장했다. 국유론과 민유론은 절수사여지 또는 민전 개간지에서 발생했으며, 납부한 조를 후자는 결세, 전자는 도조로 보는 등 견해가 갈리고 있다. ②, ④의 조는 100두인데, 한편에서는 결세로, 다른 한편에서는 소작료라고 주장하였다. ④는 조 100두형 토지로 역둔토대장에 등록된 경우이며, 이를 결도로 보고 국유라고 주장했다. 반면 민유론자는 수조기관의 견해와 달리 당해 토지를 대대로 매매해 온 민전이라고 주장했다. 궁(둔)과 둔민의 관계는 수조액을 납부하는 것으로 의무가 종결되었으며, 둔민은 자유롭게 자기 권리를 행사하고 있다고 주장했다. 일제가 이러한 공토를 배타적 소유권의 국유지로 확정하는 과정에서 사실상의 소유권자인 민과 형식적 소유권자(수조권자)인 공토주가 소유권을 둘러싸고 분쟁한 것이다.

와다는 국·민유 분쟁의 원인을 분석하면서 매매행위를 다음과 같이 서술하고 있다. "조선인 간에 주고받은 토지소유권 매매증서는 소작권 매매증서와 거의 다를 바 없는 것이 많다. 이들 문기 중에는 이를 구별하기 어려운 것이 적지 않다"[40]라고 언급했다. 사례 ③의 양향둔=절수사여지의 분쟁에서도 국유론자들은 소작권 매매로 간주하고, 매매한 대상물도

---

[40] 和田一郞, 1920, 앞의 책, 608~609쪽.

물권이 아니라 임차권으로 보고 분쟁했다. 이는 대부분 공토 내부에 존재한 관습물권을 매매한 것인데, 국유론자는 이를 소작권, 즉 임차권을 불법적으로 매매한 것으로 간주하였다. 일제는 수조권적 지배권을 일본민법에 따라 배타적 소유권으로 인정하고 중답주적 권리는 불법으로 처리하였다. 혼탈입지나 투탁지는 민유지로, 이 같은 증거가 없는 토지는 국유지로 판정했다. 공토 분쟁에서 매매에 대한 해석을 어떻게 할 것인가가 분쟁의 승패를 결정하는 데 주요한 요인이었다. 매매가 소유권 매매인지, 관습물권 매매인지, 합법인지 불법인지 해석이 다양했다. 다음에서 실상을 보기로 하자.

2) 자여역 창둔 분쟁 사례(1)
- 조선총독부·조선농민·오이케 츄스케의 국·민유 분쟁 사례

창원군 창둔 소유권 분쟁은 조선총독부와 경남 창원 일대의 창둔민 92명, 부산 거주 일본인 자본가 오이케 츄스케(大池忠助) 등 3자 간에 벌어진 분쟁으로 오이케의 소유로 인정하는 것으로 막을 내린 사건이다.[41] 이 사건은 국·민유 분쟁과 민유 분쟁 두 부분으로 전개되었다. 국·민유 분쟁은 갑오승총 이래 토지조사국에서 민유라 판정하기까지의 분쟁이며, 민유지 분쟁은 국·민유 분쟁이 민유로 결정된 이후 이와 관련된 주민과 오이케 사이에 벌어진 분쟁을 말한다. 먼저 국·민유 분쟁은 이곳에서 다

---

41 본 기록은 임시토지조사국 분쟁지심사위원회에서 작성한 『창원군 분쟁지심사서류(인정)16책 내 제3호』, 1916에 근거한 것이다. 이 글은 최원규, 2011, 「창원군 토지소유권 분쟁과 처리」, 『일제의 창원군 토지조사와 장부』, 선인을 주로 참고하여 작성했다.

루고, 민유지 분쟁은 다음 장에서 다루었다.

창둔은 1894년 이래 네 차례에 걸쳐 공·사토를 오가며 소유권이 변동되었다. 창둔은 창원군 자여역 찰방청 역리들이 "100년 전 계금을 각출하여 마련한 자금으로 토지를 전당 잡고 이자 명목으로 지대를 받아 계를 운영했다"는 민유론적 입장과 "본 계쟁지는 계답(契畓)이라고 부르나 민유라 인정하기 어렵다. 현재 각 청에 소속된 청답(廳畓)은 대개 계답으로 국유지로서 아무런 지장 없이 관리되고 있다"는 국유론적 견해로 대별된다. 전자는 창둔민의 견해이고, 후자는 대구재무감독의 견해이다. 임시토지조사국은 분쟁지심사서에는 대구재무감독국의 견해가 부당하다는 민유론적 입장을 취했지만, 창둔민의 주장도 다음과 같이 비판했다. "오이케의 주장은 그 근거가 확실하여 권리 취득의 원인이 극히 명확할 뿐 아니라 목적지에 비추어 오랜 세월 정실하게 점유하여 오는 등 소유권자인 요소에서 하나도 빠진 바 없다"고 오이케의 소유로 인정했다.

창둔 분쟁은 최종적으로 임시토지조사국이 오이케의 소유로 인정할 때까지 총 4차례 전개되었다. 제1기는 1894년 갑오개혁 당시 역을 폐지할 때 채무자의 일부가 그 의무를 이행하고 토지를 반환받아 사토로 회복되었다가, 1895년 을미사판에서 궁내부 사판관이 다시 공토로 판정하여 도전을 징수한 시기(1896.1. 중순~1897.11.26)이다. 승총한 답의 면적은 창둔 중 이미 방매한 750두락은 제외하고, 답 1,214.9두락과 전 32두락이었다. 창둔은 방매한 답과 승총한 전답으로 구분되었다.

제2기는 민유 측에서 궁내부와 군부에 청원하여 이미 납부한 도전과 토지를 반환받은 시기이다. 1897년부터 내장원에서 다시 승총한 1901년까지로 '완전한' 민유의 시기이다. 토지정리는 두 방식으로 이루어졌다. 채무자가 빌린 돈을 반환한 경우는 해당 토지를 채무자에게 돌려주고,

채무를 이행하지 않은 117.8두락은 일본인 오이케에게 잠매하고 차액은 채무자에게 돌려주었다. 외국인 토지소유 금지에도 불구하고 매매한 것이다. 이때 토지는 주민이 돌려받은 것과 오이케에게 방매한 것으로 구분되었다.

제3기는 광무사검으로 창둔을 다시 승총한 1901년부터 창둔민이 창둔 명의를 오이케에게 넘겨 준 1909년까지이다. 이때 승총한 토지는 제2기에서 제외했던 답 750두락까지 포함한 모든 창둔답으로 1,900여 두락이다. 그 가운데 전 38여 두락과 진(陳)·천(川)·탈(脫)·철도 때문에 감소된 답을 제외하면, 1,700여 두락이었다. 조선농민 방매답 750두락, 오이케 방매답 117.8두락, 청계가 채무를 상환받고 주민에게 돌려준 답 1,000여 두락으로 구분된다. 대한제국 정부가 승총과 더불어 창둔민들로부터 결도를 강제로 징수하자 주민들은 사토이니 돌려 달라는 청원운동을 지속적으로 전개했다. 1902년 창둔민은 내장원에 입증 문서를 제출하고 토지를 돌려줄 것을 요구하였다. 내장원이 이를 거부하자 결도(結賭) 거납투쟁으로 맞대응했다.

일제가 1907년 임시제실유급 국유재산조사국을 설립하고 국유재산 조사에 착수하자 주민 대표가 상경하여 돌려 달라고 청원운동을 했으나 뜻을 이루지 못했다.[42] 1909년에는 재무국에서 동척에 출자하기로 결정하였다. 그해 8월 10일 마산재무서에서 주사 사와다 이치마루(澤田一丸)가 조사반과 함께 창원군 동면 신풍역에 도착하자, 주민 200여 명이 몰려가 반대시위운동을 벌였다. 조사반은 일단 조사를 포기하고 돌아갔다. 재무서는 국유지 실지조사를 거쳐 소유권을 확정한 뒤 결정하자고 상부에

---

42 임시토지조사국, 1916, 『창원군 분쟁지 심사서류(인정) 16-3』, 42쪽.

보고했다.

제4기는 국유지 실지조사에서 오이케의 토지만 소유권을 인정하고, 창둔민의 토지는 제외하는 일이 발생했다. 창둔민은 오이케의 힘을 빌려 토지반환운동을 전개하기로 결정했다. 오이케는 본인이 변호사가 아니라는 이유로 토지명의를 자기 명의로 바꾸는 방식으로 토지반환청원운동을 전개하자고 제의하여 주민의 동의 아래 청원운동을 추진했다.

일제는 '사업'을 추진하면서 창둔의 소유권을 결정하기 위해 본격적으로 논의하기 시작했다. 대구재무감독국과 임시토지조사국의 견해가 서로 달랐다. 전자는 내장원의 승총을 그대로 추인하여 국유로 보는 경향이 강했다. 이들이 내세운 증거는 다음과 같았다. 첫째, 계답 가운데 청답이라 칭하는 토지는 승총하는 것이 일반적인 관례이다. 둘째, 민유의 연혁을 증명하는 자료가 없다. 셋째, 창둔민이 반환청원운동을 전개했지만, 내장원은 계속 도조를 받는 등 사실상 점유하여 왔다.[43] 넷째, 국유론자들은 민유로 결정되면 오히려 창둔민이 불리하다고 주장했다. 오이케의 소유로 결정될 경우 소작료 부담이 적지 않을 것이고, 창둔민의 소유로 결정될 경우 오이케에게 빌린 대금을 지급하고 나면 창둔민의 수중에 얼마 남지 않기 때문에 창둔민들은 소작료가 저렴한 국유가 더 나을 것이라고 판단하고 국유를 선호했다는 것이다. 게다가 소유권반환운동은 주민운동이 아니라 주민대표라 사칭한 김창준 등이 양민을 사주하여 일으켰다고 주장했다.

임시토지조사국은 다음과 같은 이유로 민유론의 입장을 취했다. 첫째, 창둔은 광무양안(1904년)에는 時主 社倉, 作○○○이라고 기록되어 있지만, 분쟁 전 도광 26년(1846년) 개량한 양안을 등사한 행심(行審)에는 起主

---

[43] 임시토지조사국, 1916, 『창원군 분쟁지 심사서류(인정) 16-3』, 10쪽.

○○○, 起主 幼學 ○○○, 起主 驛吏 ○○○, 起主 閑良 ○○○, 起主 選武 ○○○ 등으로 등재된 민유이고, 궁내부도 전령으로 1897년 창둔민의 반환청원운동을 받아들여 돌려줄 것을 지시했다. 둘째, 민유론자들은 청계답에 대한 승총은 불법이고, 부패 관습이라고 지적했다. 셋째, 창둔민이 반환운동을 지속적으로 전개함에 따라 국가가 점유권 행사를 제대로 하지 못했으며, 사실상의 점유자는 창둔민이다. 넷째, 국가가 계답을 반환한 후 완전한 민유지로 거래했는데, 이제 승총하면 선의의 제3자의 권리를 박탈하게 된다고 주장했다.

그리고 이 사태는 이용익의 직권남용으로 무고한 인민의 소유지를 강압적으로 빼앗은 다음 도조를 받은 데서 연유한 것이라고 했다. 조사국은 결국 창둔은 국유를 증명할 자료가 완전히 결여되었으며, 반증할 다른 자료가 없는 한 민유로 결정해야 한다는 견해를 보였다.[44] 조사국에서는 민유라는 입장을 계속 주장했지만, 창둔민과 오이케 가운데 누구의 소유로 인정할 것인가라는 또 다른 분쟁이 기다리고 있었다.

대한제국에서 공·사토 문제는 수조액의 문제였지만, 일제는 일본민법의 배타적 소유권의 관점에서 국유지로 처리했다. 이를 계기로 분쟁이 국유 또는 민유라는 이분법적 소유권 분쟁으로 성격이 바뀌었다. 조사국에서는 토지의 공과율[結賭]을 국·민유 판정의 주요한 근거로 보고 조사 작업을 실시했다. 갑오승총 이전의 공과율은 보통 민유지와 같은 비율이었는데, 갑오승총으로 결도를 작인이 납부하게 되었다고 했다.[45] 그런데

44　임시토지조사국, 1916, 『창원군 분쟁지 심사서류(인정) 16-3』, 38쪽.
45　갑오승총에 대하여는 배영순, 1988, 앞의 논문; 조석곤, 2003, 『한국 근대 토지제도의 형성』이 참고된다.

제2기는 민유의 시기로 결세만 결당 80량을 부과했으며, 제3기는 내장원과 경리원이 국유라 주장한 시기로 창둔민이 결도를 모두 부담하도록 강제했다. 제4기는 창둔을 오이케 명의로 하고, 오이케가 소작료를 징수하고 지세를 납부했다고 주장했다. 김해재무서는 「국유지 사매매(私賣買)사건」이라고 주장하면서도 사토처럼 취급했다고 주장했다. 도조는 징수하지 않고 민유지와 같은 수준의 공과만을 부과했다는 것이다. 창원군에서는 결복부(結卜簿), 결수연명부, 과세지견취도 등 과세장부를 작성할 때 창둔을 오이케 명의로 등재하고, 1909년 이후 실제 수납액도 결세와 다름없었으며, 역둔토대장에 분쟁지라고 기록하지 않았다. 그리고 탁지부는 국유를 주장하면서도 국유지소작인허증을 발급하지 못하고 사실상 민유지처럼 취급했다는 것 등이다. 토지조사국 조사관들은 재무서나 탁지부 같은 처리 방식은 사실을 호도한 미봉책이라 간주하고 민유, 즉 오이케의 입장에서 해결하려는 모습을 보였다.

청계는 두 방식으로 토지를 경영했다. 청계가 채권을 근거로 시가(市價) 이하로 매입하거나 전당을 근거로 경영권을 확보한 다음, 전 소유주를 경작인으로 삼아 소작료나 이자 명목으로 헐하게 도조로 징수했다. 청계가 전당권자로 실질적인 소유권을 행사했으며, 피전당권자는 명목상의 소유권자로 실질적으로는 중답주처럼 물권적 경작권이 부여되었다.

사토 시기에는 창둔(전당권자)-사토주(피전당권자)이면서 물권적 경작권자 또는 사토주-작인이고, 공토 시기에는 내장원(공토주)-창둔민(중답주겸 작인)-작인의 관계였다. 국가의 정책에 따라 공토와 사토가 위치가 변동되었으며, 공토로 전환되었을 경우 사토주는 중답주 또는 도지권자의 위치에 놓였다. 수조액은 결도 또는 결세를 오가는 수준이었다.

제4기는 오이케가 소유권을 획득했다고 주장했지만, 대구재무감독국은 내장원의 공토정책을 계승하여 국유로 처리하려는 입장이었다. 그러나 조사국에서는 전령에 따라 민유로 된 이후 계속 거래된 민유지였기 때문에 모든 창둔을 민유로 보아야 한다고 하면서도, 오이케와 주민의 관계에서는 오이케의 손을 들어주었다. 1916년 오이케의 소유로 최종 인정했다.

창원군과 김해군의 국·민유 분쟁을 보면, 민유로 판정된 경우는 창둔 사례 이외에는 보이지 않았다. 국·민유 분쟁에서 대부분은 국유로 결정된 것으로 보인다. 절수사여지는 모두 국유지로 판정되었다고 이해해도 좋을 정도였다. 일제가 국유지 실지조사를 시행한 목적은 역둔토를 국가의 배타적 소유로 확정하여 민전지주제와 같은 방식으로 경영하는 데 있었다. 이 목적을 달성하기 위해 일제는 도지권, 중답주권, 도장권 등 관습 물권을 제거했으며, 이들은 이에 반대하며 국·민유 분쟁을 제기했다.

3) 김해군과 창원군의 국·민유 분쟁
- 실지조사부 사례 -

다음은 김해군과 창원군의 실지조사부에 기록된 국·민유 분쟁지 사례를 통해서 그 실상을 보자. 실지조사부에는 해당 필지의 비고란에 분쟁 당사자인 국과 민을 함께 기록하고, 소유자란에는 승자를 기록했다. 여기서는 국유지통지서에 분쟁지로 표기된 김해군 녹산면 녹산리 소재 사복둔(司僕屯) 분쟁과 김해, 창원군의 전체 분쟁 사례를 구분하여 검토해 보기로 하자.

사복둔 분쟁은 국유지통지서와 국유지도를 검토하면, 분쟁을 제기한 자는 국유지도에 소작인으로 조사된 자와 소작인이 아닌 제3자, 두 경우가 있었다. 이 중 국유지실조사에서 중답주로 권리를 박탈당한 제3자가 분쟁을 제기한 것으로 보인다. 일제가 관습물권(사실상의 소유권)을 강제로 소멸시키고, 실소작인을 임차권자로 확정하여 역둔토지주제를 운영하려는 정책을 실시하는 과정에서 나타난 분쟁이었다.

여기서 국유론자와 민유론자는 서로 견해가 달랐다.[46] 국유론자는 하사 또는 매득한 토지로 양안에 기록되었다는 점을, 민유론자도 매득 후 자작 또는 지주경영을 하면서 결세만 사복시(司僕寺)에 납부했다는 점을 강조했다. 이 토지는 1895년에는 결당 100두를 납부한 '조 100두형'이고, 구 양안에 기주가 사복시로 등록된 토지이다. 광무사검에서도 공토로 조사되어 김해군 공토성책에 등록되었다.[47] 국유지 실지조사에서 국유지로 확정되어 실소작인을 조사하여 국유지대장에 등록하고,[48] 김해군청은 국유지대장에 근거하여 국유지통지서를 제출하였다.

반면, 분쟁은 중답주와 같은 관습물권의 소유자가 국유지 실지조사에서 국유로 확정되었음에도 불구하고 토지신고서를 제출하여 국·민유 분쟁을 제기하면서 시작되었다.[49] 이 토지는 사복둔으로 경작자가 사복시에 조 100두를 납부한 토지로, 갑오승총으로 결세를 탁지부에 납부했음에도 불구하고 국유지 실지조사에서 국유로 확정된 경우이다. 이 같은 경우

---

46 사복둔 분쟁은 조선총독부 임시토지조사국, 1918, 『조선토지조사사업보고서』와 和田一郎, 1921, 『조선토지지세조사보고서』에 같은 내용으로 소개되어 있다.

47 조석곤, 1986, 「조선토지조사사업에 있어서 소유권 조사 과정에 관한 연구」, 『경제사학』 10. 이후 도조가 대폭 상승되었다고 하는데, 이것이 국유지 확정 과정과 어떤 연관이 있는지는 검토가 필요하다.

48 김해군 녹산면 녹산리의 토지신고서와 국유지통지서 실지조사부에서 분쟁 당사자와 분쟁 결과 국유로 확정된 사실을 확인할 수 있었다.

49 조석곤, 1986, 「조선토지조사사업에 있어서 소유권 조사 과정에 관한 연구」, 『경제사학』 10.

는 소관청에서 소유권을 포기하지 않는 한 토지조사국에서 이를 번복하는 일은 없었다. 이 토지는 민전 면세결이 아니라 결세와 도조를 함께 부담한 절수사여지라 판단하고 국유로 확정한 것으로 보인다.

사복둔에서 분쟁을 제기한 자는 소작인으로 조사된 자와 소작인이 아닌 두 부류가 있었다.[50] 후자는 국유지 실지조사 당시 중답주이고, 전자는 관습물권을 지닌 경작자(도지권자)였을 것으로 판단된다.[51] 김해군 녹산면 국·민유 분쟁지는 답이 68필지, 전이 24필지, 황진(荒陳)이 3필지, 대가 1필지 등 총 96필지였다. 분쟁 제기자는 총 8명으로 관습물권자 4명은 중답주, 다른 4명은 실경작하는 도지권자로 판단된다. 이들의 토지와의 관계를 보면, 사복시-중답주-작인, 사복시-경작자(관습물권 소지자), 그리고 스스로 중답주이면서 다른 중답주의 작인으로 존재하는 경우 등 세 가지 유형이었다.[52]

분쟁지 심사자는 분쟁지가 조 100두형의 수조액을 납부하는 토지였음에도 불구하고 배타적 소유권의 국유지로 확정하고 관습물권(중답주권이나 도지권)은 제거했다. 와다는 갑오승총으로 수조권이 소멸되었으며, 사궁장토는 결세와 소작료를 납부하는 토지로 보고 국유라고 정리했다.[53] 결국 외형적으로 수조액은 결세와 도조를 합한 것이며, 도조가 결세를 넘

---

50 국유지통지서의 소작인 주소와 성명란에 각각 소작인을 기록했는데, 성명란에는 국유지 실지조사의 결과로 확정된 소작인을, 주소란에는 분쟁 제기자를 기록했다.

51 김해군 녹산면 녹산리 토지신고서 철에 소재한 국유지통지서(1913.12.20).

52 이들 가운데 가장 많은 면적을 가진 중답주는 이홍현으로 60필, 2만 1,793평 약 7정보가량 되었다. 다음이 최주한으로 17필, 2,017평이었다. 그는 중답주이면서, 중답주 겸 작인이기도 했다. 하경용이란 자는 중답주이면서, 중답주 겸 작인, 타인 중답주의 작인으로 다양한 형태로 토지를 경영하고 있었다.

53 和田一郎, 1920, 『朝鮮土地地稅制度調査報告書』, 朝鮮總督府, 588쪽.

을 경우에는 양의 다소에 관계없이 국유지로 판정한 것으로 보인다. 절수사여지 같은 토지는 국·민유 소유권 판정에서 자의성이 개입될 개연성이 높지만, 대체로 국유지로 판정될 확률이 높았다.

사복둔과 창둔의 차이는 창둔은 '사업' 전부터 끊임없이 민이 분쟁을 제기한 경우이고, 사복둔은 '사업'에서 비로소 분쟁을 제기했다는 점이다. 공통점은 국유지 실지조사에서 조선인의 소유권은 부정당하고, 일본인의 소유권은 인정받았다는 점이다. '사업'에서도 이 판정이 그대로 유지되었다. 균전 지역도 창둔처럼 국유지 조사에서 일본인도 민유로 환급받았다. 반면 나주 궁삼면의 토지는 제실유로 확정되었다. 민족적 처지에 따라 판정을 달리한 것이 우연인지, 아니면 판정기준에서 차이가 있기 때문인지는 의문이다. 기준은 양안에 등재된 내용과 결세 수준이었다. 결세액 쌀 23두 이상 납부하던 토지는 국유로 판정할 가능성이 높았다.

다음은 김해군과 창원군의 실지조사부, 토지신고서를 분석하여 국·민유 분쟁의 실태를 살펴보기로 하자. 토지신고서와 실지조사부에는 분쟁 당사자가 모두 기록되어 있다. 토지조사의 기준에 따라 필지를 구획하여 지번을 부여한 실지조사부를 통해 분쟁의 전반적 실태를 살필 수 있다. 김해군 실지조사부에서 조사한 필지는 12개 면 가운데 58개 리의 총 5만 7,000여 필이었다. 국유지는 2,418필로 4%이고, 민유지가 96%로 압도적 비중을 차지했다. 국유지 가운데 1,667필이 분쟁지였고, 무신고로 국유로 확정된 것이 144필이었다. 동양척식주식회사의 분쟁지는 109필로, 동척소유 107필, 민유 2필로 판정되었다. 순수 민유 분쟁지는 228필에 불과했다. 국유지에서 분쟁 발생률은 69%이고, 31%가 미분쟁지였다. 7할이 분쟁에 휘말렸다. 무신고지를 포함하면 75%가 되었다.

국·민유 분쟁은 일부 면·리에서 집중적으로 발생했다. 가락면의 식만리와 죽동리, 하동면의 괴정리, 월촌리, 조눌리, 초정리 등에서는 100필 이상에서 분쟁이 발생했다. 특히 조눌리는 607필지 가운데 504필지가 분쟁지였다. 괴정리는 절반이 국유지이고, 이 중 84%가 분쟁지였다. 녹산면, 우부면, 하계면 등에도 적지 않은 필지에서 분쟁이 발생했다. 분쟁이 발생하지 않은 리가 다수였지만, 전체 혹은 절반 이상이 분쟁에 휩싸인 리도 있었다.

김해군 국·민유 분쟁에서 조선총독부는 1,630필, 민은 37필에서 각각 승리했다. 승률은 조선총독부가 98%이고, 민은 2%에 불과했다. 조선총독부의 일방적 승리였다. 분쟁지 심사는 국유를 재확인하는 과정이라 할 수 있을 정도였다. 민은 총 8명이 37필지에서 승리했다. 대부분이 오이케 츄스케의 필지이고, 나머지는 조선인 6명의 필지이다. 패배한 민간인 중 조선인은 총 515명이었다. 최지환이 하동면 괴정리 소재 토지 43필에서 패하여 가장 많이 잃었다. 다음은 17필이 1명, 5~9필 60명(12%)이고, 432명이 4필 이하로 전체의 84%를 차지했다. 9필 이하가 96%로 대부분 적은 필지였다. 일본인은 22명이 패소했다. 2명이 20필, 1명이 6필이었다. 나머지 19명은 4필 이하이고, 그중 11명이 1필이었다. 일본인은 소수이고, 필지도 적었다. 일본인의 승률은 50%였지만 조선인은 전패였다.

다음은 동양척식주식회사와의 분쟁이다. 동척 토지는 조선정부가 출자한 출자지와 임대지로 구성되었다는 점에서 국유지와 별 차이가 없었다. 분포 지역은 국유지와 비슷하게 좌부면 불암리, 동상리 등에 집중되어 있었다. 동척 토지는 국·민유 분쟁지보다 분쟁 필지가 적었지만, 동척의 승률은 국유지보다 더 높았다. 분쟁지는 총 109필지였으며, 이 중 2필만 민전이 되었다. 분쟁 제기자는 총 39명이고, 일본인은 쓰즈키 사부로(都築三郞) 1명이었다. 김해군의 국·민유 분쟁은 조선인 1,494필, 일본인

89필 그리고 은하사, 홍업회사 등이 관련되어 있다. 분쟁에서 일본인과 회사 등도 패했지만, 주로 조선인의 토지 상실로 나타났다. 조선인은 전 계층에서 몰락했다. 조선인은 13필, 일본인은 29필에서 승리했다.

창원군 실지조사부에서 파악한 창원군 필지는 10만 필가량 되었다. 이 중 국유는 9%, 동척은 1.6%를 차지했다. 국·민유 분쟁은 김해군과 달리 오이케와 국·민, 국의 3자 간의 분쟁과 소유권에 의심이 있는 두 경우가 있었다. 전자는 오이케의 소유로 확정되었다. 후자는 인정과 취하의 두 경우가 있었는데, 인정은 12필지로 일본인 난바 에쓰조(難波悅藏)의 토지에서 발생했다. 취하는 도로와 시장 부지로 결정된 토지였다. 신고인이 취하하여 국유로 결정되었다. 창원군은 김해군과 달리 국·민유 분쟁, 동척과 민의 분쟁은 거의 없었다. 국유지 실지조사를 거친 토지 가운데 분쟁지는 1건이 있었는데, 국유로 확정되었다. 무신고지와 무통지 토지는 국유가 되었다.

청원군의 국유지는 오이케와의 분쟁지를 제외하면 탁지부 소관 국유지는 변동이 없지만, 국유지통지서를 '편의작성'한 토지와 탁지부 외 관청이 소유한 토지 등을 합하면 창원군의 국유지는 토지조사 이전보다 증가한 편이다. 이곳의 국·민유 분쟁에서는 조선총독부가 대부분 승리했다. 민이 이긴다는 것은 기대하기 어려웠다.

국·민유 분쟁은 주로 절수사여지에서 발생했다. 이들 토지에는 대부분 관습물권이 존재했다.[54] 관습물권자인 중답주나 도지권자들은 국유지 실지조사에서 지위를 박탈당하자 분쟁을 제기하고, 분쟁이 '사업'으로

54　도진순, 1986, 「19세기 궁장토에서의 중답주와 항조」, 『한국사론』 13; 김용섭, 1988, 「한말에 있어서의 중답주와 역둔토지주제」, 『한국근대농업사연구(하) 증보판』 일조각.

이어졌다. 창원군과 김해군의 국·민유 분쟁에서 국유지 실지조사의 결정이 번복된 적은 없었다. 국유지 실지조사에서 국유로 확정된 것은 '행정처분'에 의한 것이기 때문에 사법부에 제소하여 판결받을 대상이 아니었다. 이 결정이 '사업'에서 바뀌면 토지조사 자체가 분란에 휩싸일 우려가 있었기 때문에 분쟁 중인 토지 이외에는 결정을 그대로 준수했다.[55] 김해군의 국·민유 분쟁지는 98%가 국유지로 결정되었다. 오이케의 소유로 판정된 토지도 국·민유 분쟁지였지만, 본래 민유지였다. 그리고 국유지 실지조사에서 국유로 확정된 토지가 다시 민유로 환급된 토지는 보지 못했다.

---

55 최원규, 2011, 「창원군 토지조사사업에서 소유권분쟁의 유형과 성격」, 『한국학연구』 24. 동척과 민 사이에 분쟁 사례는 있었지만, 정부 출자지가 아니라 개간지였으며, 승자는 동척이었다.

제4장
민유지 분쟁과 경작권의 향방

1. 소유권과 경작권의 분쟁과 추이

1) 소유권과 경작권의 분쟁

　민유지에서 소유권 분쟁은 조선인 개인 또는 집단이 조선인 또는 일본 측과 분쟁하는 등 다양한 모습을 보였다. 대부분 이중 소유권 문제로 분쟁이 제기되었다. 사기나 도매 등에서 연유한 권리 다툼도 있겠지만, 내면을 보면 실질적 권리를 행사하지 못한 명목상의 소유권자와 실효적 지배를 하고 있는 현재의 점유자(경작권자) 사이의 소유권 다툼이었다.

　19세기 말 20세기 초 농촌사회는 격동하고 지역에 따라 변동의 편차가 심했다. 개항장 부근에서는 지주경영이 강화되어 갔지만, 농민운동 나아가 농민전쟁이 격발되는 가운데 지주적 토지소유가 위협을 받으면서 농민의 경작권이 강화되는 지역도 적지 않았다. 지주제가 강화되는 가운데, 지역에 따라서는 경작권의 성장을 바탕으로 농민적 상품화가 진전되고 있었다. 관습물권의 성격을 갖는 경작권은 개간과 관련하여 노자를 투자한 반대급부로 획득하는 것으로 당시 일반적인 관행이었다. 개간은 무주지 개간도 있지만, 진전 개간도 적지 않게 볼 수 있었다. 19세기 후반 호남 지역은 극심한 한해가 닥치면서 절반 정도의 군현에서 소유권을 포기한 진전 농민(중소지주 포함)들이 대거 등장했다. 여기에 왕실(國)이나 상인자본이 자본을 투여하여 소유권적 권리를 획득하는 경우가 곳곳에서 등장했다. 이때 진전 개간을 방해하는 '기경자위주'의 소유권 법체계와 반대입장에서 마련한 농과규칙이 등장했다. 이는 진전의 소유권을 개간자에게 주는 법체계로 진전 개간에 크게 영향을 준 것으로 판단된다.

당시 호남 지역의 농민들은 왕실 등 새로 등장한 개간권자에게 진전의 소유권을 넘기고 개간에 참여한 대가로 물권적 경작권을 부여받았다. 중층적 소유관계의 모습을 띠는 중답주 또는 도지권과 같은 관습물권이 광범위하게 등장하였다. 전북의 균전 지역과 전남 나주군 궁삼면 등이 대표적 사례이다. 그러나 개간 후 구 소유권(중답주권)과 개간권(신소유권)이 수조액을 둘러싸고 분쟁이 계속 제기되었다. 균전 지역에서는 이 분쟁이 동학농민전쟁의 한 원인으로 작용하기도 했다.

궁방전이나 역둔토, 부재지주의 개간지에서 경작권은 소유권적 지위에 버금가는 물권처럼 권리가 행사되고 있었다. 물권적 경작권의 존재는 일부 지역의 특수한 부분적인 현상이 아니라 농촌의 일반적인 관행의 한 모습이기도 했다. 현상적으로 지주적 토지소유와 농민적 토지소유가 대립 갈등한 것이다. 그 해결 방안으로 평균분작론, 유길준이나 이기의 감조론 등이 지주와 농민 간의 타협안으로 등장하고, 정부의 정책에도 일정 정도 반영되었다. 갑오·광무정권의 공토정책, 광무 양전·관계사업과 부동권소관법 같은 법제화 작업에서 경작권의 물권화를 겨냥한 모습을 엿볼 수 있었다.

그러나 일제는 한국을 점령하자마자 한국의 농촌사회를 지주제로 재편 강화하여 지배하기 위해 관습조사나 증명규칙, 국유미간지이용법 등의 토지법을 소유권 위주로 마련하고 운영해 갔다. 경작권과 같은 관습물권을 철저히 배제하는 방향이었다. 일제는 이를 위해 경작권의 물권적 성격을 일정하게 뒷받침하는 작인납세제를 해체시키고 지주납세제를 지향하는 작업을 추진했다. 소유권 분쟁에서 경작권자들은 지세 납부를 소유권 주장의 근거로 내세웠으며, 반대로 지주적 입장의 일제는 지세 납부를 소유 문제와 분리하여 해석하고 정책으로 이를 실현해 가고 있었다.

일제는 공토에서 작인납세제를 해체시키는 한편, 민유지에서는 지주를 납세자로 정하고 지주직납제를 실현하기 위해 지주 조사에 착수했다. 결수연명부와 과세지견취도 작성작업이 그것이다. 일제는 일본민법의 예에 따라 생산자 농민이 아닌 지대수납자를 지주로 정리하고, 이에 따라 국유지 실지조사와 토지조사사업을 추진했다. 지주는 시원적 입장에서 구 소유권자를 조사하여 일본민법상의 배타적 소유권자로 법인한다는 방침을 채택했다. 그리고 법인한 소유권에는 다시 번복할 수 없도록 원시취득의 자격을 부여하기로 정했다.

그러나 문제는 토지조사에 필요한 지주 명부가 없다는 점이었다. 일제는 이 문제를 해결하기 위해 지주에게 자기 토지를 신고하도록 하는 신고제를 채택하고 토지조사에 임했다. 여기에는 두 가지 문제가 일었다. 첫째, 토지문기에 호명(戶名) 등록을 허가했던 전과 달리 일제의 토지조사는 민적의 명으로 신고하고 사정하여 배타적 소유권을 부여하려고 했다는 점이다. 호명 안에 존재하는 가족 구성원 사이의 토지소유관계를 확정하여 개인별로 신고해야 했다. 둘째는 호(戶)의 구성원이 아닌 자가 신고하는 일이 없도록 해야 했다. 호명 문제는 가족 내에서 정리하고 신고하면 되었지만, 사회적으로는 가족 구성원이 아닌 자가 신고하여 소유권 분쟁이 발생하는 사태를 방지하기 위하여 본인 신고의 원칙을 선전하고 강조했다. 특히 경성의 토지조사에서 먼 곳에 땅을 소유한 지주들에게 다음과 같은 주의사항을 하달했다.

> 경성은 자본의 소재지로 군·부의 토지에 자본을 투자한 자가 많다. 자기가 소유한 토지에 대하여 조사 집행 시에 선량한 소작인 또는 관리인이 그 일을 지주에게 통고하여 신고서 제출 기타의 수속을 밟도록

주의하도록 하라. 이들 중에는 왕왕 악의로 자기 명의로 신고하는 불령의 무리가 있다. 일면 이를 선의로 해석하여 원격에 거주하는 지주의 손을 번거롭지 않게 함을 본뜻으로 하기도 하나 전과 같은 수단에 나오는 자 등이 있어 쓸데없이 분의를 야기하여 당국자의 손을 번거롭게 할 뿐 아니라 지주의 불이익 또한 적지 아니하다. 원격한 지에 거주하는 자는 … 신고에 게으르지 않는 것이 필요하다."[1]

여기서 지주는 소작인이 신고할 경우 주의하라고 경고했지만, 이는 지주와 소작인이 단순 임대차 관계에 있을 경우였을 것이다. 그러나 현실적으로 지주와 작인의 권리관계를 하나로 일원화하기에는 애매한 경우가 적지 않았다. 물권적 경작권을 가지고 현지를 점유 경작하는 자는 스스로 주인의식을 갖고 신고에 임했을 것이다. 때로는 토지를 매득하고 경작하다 자기 토지라고 신고했는데, 제3자가 지주라고 주장하며 신고한 사례도 있었다.[2]

1894년 동학농민전쟁은 지주적 토지소유와 농민적 토지소유가 충돌한 사건이다. 이 전쟁은 농민의 패배로 귀결되었지만, 지주가 곧바로 주도적으로 농업경영권을 확보하는 일은 쉽지 않았다. 감조론은 이러한 현실을 반영한 개혁론이었다. 현실적으로 농업경영에서 제외된 무기력한 조선인 지주, 잠매 방식으로 토지를 확보했지만 불법이라는 조건으로 조선

---

1 『매일신보』, 1912.3.27. 경성시가에 관한 주의, 원지에 재한 지주의 주의.
2 『매일신보』, 1914.2.10. 토지조사현황. 소작인이 소작지를 자기 소유로 신고한 것을, 지주가 알지 못하고 있다가 조사 도중에 종종 불복신청을 하는 예가 적지 않다고 보도하고 있다. 이 경우는 소작인이 고의로 한 경우도 있지만 원격지 지주의 경우 자기 토지의 소재지를 알지 못하는 경우도 적지 않았다. 지주와 관계없이 제3자로부터 매득 경작하는 사례도 적지 않았던 것으로 보인다.

인에게 경영을 맡긴 일본인 지주들이 적지 않았다. '사업'에서 일본민법의 지원을 받은 지주 신고제는 이들이 소유권을 회복할 좋은 기회였다. 지주와 농민적 토지소유를 지향하는 물권적 경작권자가 신고를 둘러싸고 서로 충돌하였다. 다음 사례를 검토하자.

첫 사례는 경기도 경성부 관철동에 거주하던 오형근(吳衡根)이 점유자(경작자)들에게 제기한 분쟁이다. 그는 분쟁지가 230여 년 전 7대 조비(祖妣) 명안공주가 하사받은 사패전이라는 근거를 제시하며 소유권을 주장했다. 1915년 9월 21일 설덕명(薛德明)이 제출한 '사유신립서'의 일부분이다.

> "본인의 소유 토지는…오형근과 아무 관계가 없거늘 오형근이 무슨 증거와 무슨 마음으로 재판을 일으켰는지…오형근은 의리를 따르지 않고 약육강식한 자야라…(오형근)은 자기 소유라 주장하나, 수십 년 전부터 이 토지에는 1두의 수세도 없었을 뿐 아니라, 본인(설덕명)의 소유로 된 8년 동안 아무 말이 없다가 지금에서야 자기 땅이라 주장하고 있다. 두대원의 전토 몇 천 두락을 다 자기 소유라 하니 극히 한심한 일이다. 임시토지조사국에서 오형근에게 상세히 물으면 그 거짓을 알 것이다."[3]

이 사례는 재판부가 오형근의 사패 증거를 소유권 증거로 채택하고, 제3자로부터 소유권을 매득하여 실질적으로 권리를 행사해 오던 설덕명

---

3 조선총독부 임시토지조사국, 1916, 『창원군 분쟁지심사서류(취하)』 2-1, 제3호, 事由申立書.

의 권리를 인정하지 않은 경우이다. 임시토지조사국에서 후일 재판 결과를 추인했다. 재판부가 현재 실질적으로 소유권을 행사하고 있는지의 여부에 관계없이 사패지를 소유권으로 해석하여 오형근의 소유라고 판정했다. 이미 형해화되어 버린 사패지의 소유권이 '사업'을 계기로 되살아났다.

다음 사례는 오형근이 창원군 부내면 봉암리에 거주하는 권태구(權泰久)와 웅남면 두대리의 10두락의 답을 둘러싸고 벌인 소송이다.[4] 오형근은 이 토지도 사패전으로 230여 년간 대대로 상속받아 소작료를 징수하여 왔다고 주장했지만, 권태구가 이를 부정하며 소송한 경우이다. 사건의 쟁점은 첫째, 사패지인지의 여부, 둘째, 사패지일 경우라도 권태구가 이선달로부터 매수하여 24년간 평온하게 점유해 왔고, 처음부터 '선의의 무과실'이었음으로 소유권을 취득한 것으로 인정할 것인지의 여부였다. 피고는 10여 년 전 원고가 소유권을 방기한 이 토지를 제3자로부터 구입하여 경작해 왔으며, 그동안 소작료는 지불한 적이 없고 지세만 납부했다고 주장했다. 원고는 분쟁 당시까지 소유권을 주장하지 않고 이를 방치한 상태였다.

그러나 재판부는 피고 측 증인이 24년 전 토지를 매득했다고 증언했지만 피고가 그동안 점유해 왔다는 사실을 인정하기 어렵고, 설사 점유하여 경영해 왔다고 하더라도 구한국시대에는 소유권 취득의 시효에 관한 규정이 없다고 정리하고, 오형근의 소유로 판결했다.[5] 일본인 판사는 권태구의 점유 사실 자체를 부정하는 한편, 그가 10여 년간 점유하고 경영

4　조선총독부 임시토지조사국, 1916, 『창원군 분쟁지심사서류(취하)』 2-1, 제6호.
5　조선총독부 임시토지조사국, 1916, 『창원군 분쟁지심사서류(취하)』 2-1, 제6호; 1913년 민제347호 판결.

해 왔다고 가정하더라도 조선의 법규에서는 한 번 주인이 되면 시효가 없이 영원하다고 정리하고, 소작권=임차권이라는 지주적 소유권의 입장에서 조선의 법규를 해석하고 판결했다.[6]

조선은 개간과 관련하여 상호 모순된 이원적 법체계를 가지고 있다. 개간에서 기경자위주 법을 적용할 때 입안권과 개간권의 권리분쟁이 늘 존재한다. 그리고 '기경자위주'에 반하는 '무주전이급타인(無主田移給他人)' 조항이 존재하며,[7] 진황전은 개간자의 소유로 한다는 농무규칙도 설치했다.[8] 이같이 조선에는 상호 모순된 법이 존재하지만, 일본인 판사들은 일본민법의 입장에서 관습물권 등에 대한 배려 없이 지주를 소유권자로 판결했다.

분쟁은 문서상의 소유권과 실질적으로 점유하며 경작하는 사실상의 소유권 사이에 적지 않게 발생했다. 19세기 후반은 양자가 각 지역에서 서로 갈등하면서 자기 위치를 강화해 가는 단계였다. 지주제가 강화되는 곳이 있는가 하면, 부재지주지나 궁방전 등에서 경작권자가 지주의 토지권을 압도하는 모습도 곳곳에서 볼 수 있었다. 일제는 지주의 토지권을 일본민법상의 소유권으로 확정시키는 방향에서 작업을 수행했다. 오형근은 1909년 국유지 실지조사에서 명안궁의 사패지로 자기 토지가 조사되자 이를 근거로 소유권 회복을 시도했다.[9] 공토=국유지로 확정한 기준을

---

5 『한성순보』 제7호 내아문포시, 1883.12.1. 진황지는 개간한 자에게 소유권을 부여한다는 농무규칙을 적용하면 피고의 소유로 보아야 할 것이다.

7 판사는 『대전회통』에 "부동산 권리분쟁은 5년을 상한으로 하지만, 병경 영집자는 연한을 정하지 않는다"는 규정을 적용한 것으로 보인다. 그러나 "10년이 넘을 경우 무주전은 타인에 이급한다"라는 조항을 적용하면 피고의 소유로 볼 수도 있다고 판단된다.

8 한국법제연구원, 1994, 『대전회통연구(2)』, 28~29쪽.

9 이러한 예는 문중 공유지에서도 발생했다. 문중이 11년 동안 소유권자로서의 권리를

사토에도 적용했다.

　민유지 분쟁은 일본인 대지주와 조선인 사이에도 빈번하게 발생했다. 일본 미에현에 거주하는 이시쿠레 노리미쓰(石樑乘光)가 창원군 부내면 북동리에 거주하는 일본인 후루타니 겐이치(古谷堅一)를 대리인으로 삼아 북면 마산리와 신촌리 주민 그리고 북계리와 분쟁했다.[10] 이 사례는 양자가 분쟁 과정에서 서로 화해하고, 주민이 신고를 취소하고 이시쿠레가 새로 신고한 경우이다. 1914년 12월 19일 임시토지조사국에 제출한 진술서에 저간의 사정이 기술되어 있다. 북계리 주민 대표인 북면 면장 황희수가 제출한 진술서를 통해 토지의 연혁을 살펴보자.[11]

> "수백 년 동안 북계리가 소유권을 행사하며 지세 등을 납부해 온 곳이다. … 1909년 지세대장을 만들 때 주민의 협의를 거쳐 토지소유자명을 가명의 김경원으로 신고하여 지세대장에 등재하고,…1912년 과세지견취도와 결수연명부를 만들 때 이 명의를 지주란에 기재했다.… 1914년 2월 2일 일본인 후루타니 겐이치가 나타나 이시쿠레의 소유지라 기재한 표항을 세우며, 1906년 김윤집으로부터 매수했다고 했다."

　이시쿠레가 1906년 매수한 후 8년이 지난 1914년에 나타나 소유권을 주장한 경우였다. 이에 북면 면장과 북계리 주민 60명은 이 토지는 주민이

　　행사하지 않았지만, 문중을 소유권자로 추인한 것이다. (조선총독부 임시토지조사국, 1916,『창원군 분쟁지심사서류(취하)』2-1, 제4호)

10　조선총독부 임시토지조사국, 1916,『창원군 분쟁지심사서류(취하)』2-2, 제5호, 제6호, 제7호.

11　조선총독부 임시토지조사국, 1916,『창원군 분쟁지심사서류(취하)』2-2, 제6호. 진술서.

지세를 납부하는 동리의 소유라는 진술서를 작성하여 임시토지조사국에 제출했다. 그런데 이시쿠레는 분쟁을 제기한 동리 주민이 아닌 다른 동리 주민인 김윤집으로부터 매득했다는 점이 문제의 핵심이다. 김윤집을 리의 대표로 인정할 수 있는지가 문제였다. 즉 리나 문중 같은 구 공동체가 자기 토지를 방매할 경우 누구를 권리행사의 주체로 할 수 있는지가 문제였다.

일본민법에서 종중, 계 등 주민집단의 공동체는 법인으로 인정하지 않았다. 주민들은 리의 소유라고 주장하며 방매한 자의 대표성에 이의를 제기하고 매매를 무효라고 주장했지만, 일본인 재판부는 이를 방매자의 개별 소유지로 인정하고 합법적 거래로 판결했다.[12]

또 하나의 예는 무라이 기치베(村井吉兵衛)의 토지에서 발생한 분쟁이다.[13] 이때의 분쟁지는 이시쿠레의 토지처럼 낙동강 유역인 창원군 동면에 소재했다. 동면 석산리의 김상정이 창원군 동면 일대의 땅이 무라이의 소유로 사정되자 자기 상속지라고 주장하며 불복신청한 경우이다. 재결서와 판결문을 통해 실상을 보기로 하자.

재결서에서 이 땅은 김상정의 주장과 달리 대대로 상속된 땅이 아니라 도광 20년(1840)부터 광서 16년(1890), 즉 금일부터 76년 내지 26년 이전 사이에 타인에게 매득한 토지이고 상속지가 아니라고 했다. 그리고 증거 문기에 기재된 토지가 본건 토지라고 인정하기도 어렵다는 것이다. 지세영수증에 따르면, 1909년이나 1910년 중에 3회 납부한 사실은 인정하여도 그 이전은 입증하기 어렵기 때문에 김상정의 소유로 인정할 수

---

12 무라이 농장의 분쟁은 이영학, 2011, 「한말 일제하 창원군 식민지주의 형성과 그 특질」, 『일제의 창원군 토지조사와 장부』에 분석되어 있다.
13 고등토지조사위원회, 1917, 『(경상남도 창원군) 불복사건심사서류』 2책.

없다고 판결했다.

반면 무라이는 1905년 김성윤(金晟允) 명의로 매수하고, 1909년 구니에다 진사부로(國枝仁三郞) 명의로 변경했다가 다시 사정명의인으로 이전하여 금일에 이르렀다. 그리고 개간사업에 막대한 자금이 들었으며, 구니에다 등의 신문조서에 비추어 사정명의인인 무라이의 소유로 인정해야 한다고 결론을 내렸다.[14]

이 토지는 1913년 소송에서 이미 무라이의 소유로 판결한 바 있는데, 그 이유는 다음과 같다.

> [판결문] "공부(公簿)상 이미 피고의 소유로 명의가 이루어지고 피고가 계쟁지를 현실 점유하고 있다는 것이 인정되기 때문에 계쟁 토지는 피고가 정당하게 소유한 것이라 추정된다. 원고가 주장한 사실은 이를 시인할 이유가 없다(부산지방법원 마산지청 합의부 : 1913년 5월 21일 판결)."

분쟁의 요점은 무라이가 농장을 설치하기 위해 확보한 땅은 김성윤이라는 자가 무라이의 관리인 구니에다에게 판 토지이고, 무라이가 매입하여 증명을 받아 신고하여 사정받자, 김상정이 자기 상속지라고 주장하며 불복신청한 것이다. 김상정이 매매문기 등 증빙서류를 제출했지만 재판부는 이를 받아들이지 않았다. 이 토지는 김상정의 주장처럼 상속지가 아니라 매득지이고, 매매문기와 이 토지가 일치하는지도 의심이 든다고 했다. 그리고 재판부에서는 김상정이 지세도 납부했지만, 3회뿐이고 이

---

14 1917년 9월 6일 조선총독부 고등토지조사위원회, 재결서.

전의 지세 납부 여부를 알 수 없는 등 증거 부족을 이유로 소유권을 인정하지 않았다. 오히려 김상정이 사기꾼이라 주장한 김성윤의 토지라 인정하고 무라이 소유로 재결했다.

판결문에도 이 토지가 무라이의 소유라는 증거는 무라이가 구니에다와 거래한 후 부청에서 증명을 받고 현재 점유하고 있다는 사실만 지적하고 있다. 김상정이 매득하는 과정에서 저지른 행위는 문제 삼지 않았다. 재판에서 토지매매대금의 지급 문제가 거론되었으나 김성윤은 김상정에게 제3자를 통해 이를 전달했다고 하나 김상정은 한 푼도 받지 않았다고 주장했다. 저간의 사정은 알 수 없으나 재판부는 제3자를 대리인으로 보고 매매를 인정하고 김상정의 주장을 배척한 것으로 보인다.

그리고 재결서에는 무라이가 막대한 자금을 들여 개간했다는 점을 특히 강조했다. 낙동강 유역의 토지는 일반적으로 개간지이고 공동체적 성격을 갖는 동리의 소유일 뿐만 아니라 홍수 등 자연재해 때문에 문기에 표기된 사표가 불확실한 측면이 많았다. 점유는 주장해도 배타적 소유권을 주장하기는 힘든 조건의 지역이다. 개간지는 특성상 도지권과 같은 중층적 소유권이 존재하고, 리와 같은 공동체의 소유일 가능성, 균전 지역처럼 중답주와 소유주가 법 적용에 따라 뒤바뀔 가능성 등이 존재했다.

배타적 소유권이 명확하지 않은 토지를 매매할 경우 분쟁은 필연적으로 발생했다. 일제는 동리를 소유 주체로 인정하지 않고 개별 또는 공유지로 일반적으로 판단했다. 매매문기도 사표의 불확실성을 들어 인정하지 않았다. 그리고 김상정이 3차례나 지세를 납부했음에도 불구하고 그 이전의 지세 납부는 증명하지 못한다는 이유로 소유에서 배제하고 있다. 무라이에게 매매한 구니에다나 구니에다에게 매매한 김성윤이 정당한 소유자인지는 검증하지 않고 증명을 거친 토지라는 점을 특히 강조하고 있다. 무라이 같은 일본인 지주들은 관에 소유권 장부가 없는 틈을 타 조선인 브로커를 이용하여 헐값으로 토지를 매득하고, 공사 권력을 동원하여 소유권을 확보했다. 식민지 권력은 증명 이전의 증빙관계는 무시한 채 무라이가 증명을 받고 현재 토지를 점유하고 있다는 실효적 지배를 인정하고 무라이의 소유로 결정했다. 사람 중심으로 작성된 구래의 문기는 토지 중심으로 측량된 증명문기에 비해 필지 표기가 정확하지 못했을 것이다.

2) 물권적 경작권의 소멸

일제는 소유권만 조사하고 경작권은 임차권으로 처리하고 조사 대상으로 취급하지 않았다. 다만 일제는 1912년 「조선민사령」을 제정하면서 통치 문제와 관련하여 예외규정을 두었다.[15]

> 제10조 조선인 상호간의 법률행위는 법령 중 공의 질서에 관계없는 규정으로 다른 관습이 있는 경우에만 그 관습에 따른다.
> 제12조 물권의 종류와 효력은 일본민법 등에 준거하되 조선의 특수한 관습이 있는 것은 여기에 따른다.
> 제13조 물권의 획득과 변경은 등기 또는 증명을 하지 않으면 제3자에 대항할 수 없다.[16]

15　조선총독부는 법전조사국과 취조국이 민법 편찬을 위해 조사한 자료로 『慣習調査報告書』(1913)를 펴내고, 농정 당국의 참고자료로 『小作農民ニ關スル調査』(1912)를 간행했다. 여기서 관습물권을 조사하여 그 성질을 분석했다.
16　朝鮮総督府, 『朝鮮総督府官報』 호외, 1912.3.18.

일제는 조선민사령에서 일본민법을 기본법으로 적용하되 여기서 발생하는 마찰을 줄이기 위해 조선관습도 채용했다. 이리하여 소작을 채권적 성질을 갖는 임차권으로 규정하고, 도지권 등은 예외적으로 물권적 성질을 갖는 영소작으로 처리했지만,[17] 일본민법상의 영소작이 아니라 관습물권으로 인정하고 등기를 요구했다.[18]

도지권은 관습법에서는 소유권과 분리된 독립된 재산권으로 인정되었다. 그 내용은 무기 영대(永代)로, 사용권·수익권·처분권과 전당권을 갖는 것이었다. 따라서 지주도 이를 매수하지 않으면 소멸이나 이동시킬 수가 없었다. 도지권은 강력한 물권적 권리로 지주는 물론 제3자 대항권도 있었다.[19] 도지권은 도지료가 보통 소작료보다 저렴한 정액지대였다. 이 때문에 도지료보다 고율로 소작지를 전대하고 중간에서 이득을 챙기는 전도지권(轉賭地權), 즉 중답주도 발생했다.[20] 이러한 관행은 궁방전에서 주로 발생했으나 민전에서도 광범히 존재했다. 도지는 평남·북, 황해도, 전북, 경남 등에서 집중 발생했으며,[21] 전국 각지에 다양한 명칭으로 고루 분포했다.[22] 19세기 농촌 관행이었다.[23]

도지는 크게 두 종류로 구분되었다. 토지에 일정한 대가를 투여하고

17　朝鮮総督府, 1932, 『朝鮮ノ小作慣行』(하), 367쪽.
18　朝鮮総督府, 1940, 『조선법령집람』 1(하) 제15집 제1관, 13~14쪽. 영소작: 朝鮮総督府, 1932, 『朝鮮ノ小作慣行』(상), 703~704쪽.
19　朝鮮総督府, 1932, 『朝鮮ノ小作慣行』(상), 733~734쪽.
20　朝鮮総督府, 1932, 위의 책(상), 755쪽.
21　朝鮮総督府, 1932, 위의 책(하), 참고편, 종래 『朝鮮ノ小作慣行』 자료 참고. 그리고 평남에서는 도지 관행이 보편화되었다(403~404쪽).
22　朝鮮総督府, 1932, 위의 책(상), 800~806쪽.
23　花島得二, 1942, 『小作權』, 127~146쪽.

소유권자로부터 획득한 원도지(原賭地), 전도지(轉賭地), 도지(賭地), 중도지(中賭地), 영세(永稅), 화리부전답(禾利付田畓), 병경(竝耕) 등과[24] 일반 전답에서 작인들이 지주와 특정한 계약 없이 사적으로 경작권을 매매해서 발생한 수도지(水賭地), 사도지(私賭地), 가도지(假賭地), 소매도지(小賣賭地) 등이다.[25] 가장 전형적인 예는 작인이 노자를 투여해 개간한 간척지, 그중에서도 원격지에서 보상과 관리라는 측면을 고려하여 도지권을 제공한 경우였다.[26] 한국흥업은 토지 구입 과정에서 작인의 중답주권을 인정하는 방식으로 헐값에 토지를 확보하기도 했다.

반면 사도지 같은 후자의 유형은 지주들이 관행적 수준의 지대수취에 차질이 없는 한 작인의 경작권 변동을 일일이 파악하지 않아 발생했다. 이 경우도 오래 계속되면 지주도 인정하지 않으면 안 될 정도로 권리로 성장했다. 도지 관행이 보편적으로 성립해 간 시대적 추이의 한 반영이었다. 경작권 강화와 지대수취의 편리성이라는 두 측면에서 발생했다. 지주의 소유권이 절대성을 확보하지 못한 가운데 작인의 경작권, 즉 용익권이 별도의 배타적 권리로 발전하면서 도지가도 상승했다.[27] 토지 구입자는 도지가를 제외한 가격으로 매득했으며, 도지권을 함께 구입해야 완전한 소유권을 행사할 수 있었다.[28]

---

24 朝鮮総督府, 1932, 앞의 책(하), 참고편, 381~382쪽.
25 朝鮮総督府, 1932, 앞의 책(상), 707, 794쪽.
26 일제시기 개간, 간척은 소작인이 노자(勞資)를 부담하여도 도지권을 설정하는 예가 거의 없었다. 홍성찬, 1990, 「일제하 금융자본의 농기업지배」, 『동방학지』 65, 205~212쪽.
27 허종호, 1965, 『조선봉건말기의 소작제연구』, 한마당, 155, 189쪽.
28 朝鮮総督府, 1932, 위의 책(상), 742쪽.

도지는 자기 노력만큼 수익을 증대시킬 수 있는 구조였다. 도지권이나 병경권을 집중 매득하여 광작하는 농민도 등장했다. 경영권의 집중화 현상이 일어난 것이다.[29] 일본인 소작관들도 통감부 시절 관습조사와 달리 이들이 부근 농민에 비하여 월등히 생산에 노력하는 경향이 있으며, 도지료가 저렴하여 감면이나 태납의 예가 거의 없고 지도하는 데도 유리하다고 평가했다.[30] 이들 지역에는 소작 분쟁도 없다고 했다.[31] 지주도 소자본으로 비교적 광대한 토지를 소유하면서도 경영비를 지출하지 않는다는 장점이 있었다.

그러나 도지는 보통 소작과 달리 지주가 소작권을 마음대로 박탈할 수 없기 때문에 생산력의 증식을 기대할 수는 없다는 평가도 있다.[32] 지주적 농업경영에 적당하지 않다는 것이다. 도지권은 일제초기 크게 변화되었다. '사업' 이전에는 비교적 자유롭고 빈번하게 거래되면서 도지가가 상승하는 경향을 보였으나 이후 점차 쇠퇴했다.[33] 도지권을 매수한 자도 앞 시기에는 소작 희망자가 주류였으나 점차 지주로 바뀌면서 소멸되는 경향을 보였다.[34] 일제는 도지 관행이 지주제의 성장을 제약하기 때문에 일제가 이를 인정하지 않는 방향으로 정책을 취했기 때문이다. 조선총독부는 『조선의 소작관행(朝鮮ノ小作慣行)』을 조사할 때 도지권이 면적과 작인 수가 격감했으며, 남아 있는 도지도 보통 소작지로 변환되는 실정이라

---

29 朝鮮総督府, 1932, 앞의 책(상), 794쪽.
30 朝鮮総督府, 1932, 위의 책(상), 735, 759~761쪽.
31 朝鮮総督府, 1932, 위의 책(상), 794쪽.
32 朝鮮総督府, 1932, 위의 책(상), 758쪽.
33 朝鮮総督府, 1932, 위의 책(상), 741, 761~764쪽.
34 朝鮮総督府, 1932, 위의 책(상), 750쪽.

고 했다.³⁵ 일제가 지주의 소유권에 배타적 권리를 부여하는 토지정책을 취한 결과였다.

일제는 1908년, 1909년 각종 칙령과 훈령을 내려 공토를 국유지로 조사 정리할 때 경작인의 권리를 부정하고 국유지 경영을 민전 지주제처럼 강화하는 조치를 취했다. 일반 사유지에서의 도지권은 조선민사령에서 관습물권으로 보고 허용하기도 했지만, 잠정적인 조치였다. 일제는 관습은 조사자의 의지와 조사 방식에 따라 다양하며, 관습을 하나의 기준으로 정리하여 판결에 적용하기는 쉽지 않다는 견해를 밝혔다. 법원은 일본민법과의 융합을 고려하여 관습 채택에 대단히 신중했다.³⁶ 일본민법과 다른 관습은 인정하지 않는 모습을 보였다. 관습이 존재하더라도 판결은 다른 문제였다.³⁷ 일본민법에 근거하여 조선의 관습을 처리했다.

일제는 도지권이나 화리권 등도 점점 일본민법에 의거하여 그 권리를 부정해 갔다.³⁸ 도지권도 관습물권이 아니라 일본민법상의 영소작권으로 보았다. 일제는 물권적 경작권은 농지개량에 불리하고 중간소작인의 폐해를 유발하니 영구존속은 바람직하지 않다는 입장에서 관습물권을 처리했다. 따라서 영소작인은 등기를 통해 권리를 확보해야만 하고 존속기간도 50년으로 한정해야 한다는 했다. 심지어 화리는 채권으로 간주했다.³⁹

---

35 朝鮮総督府, 1932, 위의 책(상), 710쪽.
36 鍾鍾休, 1989, 『韓國民法典の比較法的 硏究』, 東京, 倉文社, 103~117쪽.
37 朝鮮総督府, 1932, 앞의 책(하), 참고편, 446~447쪽; 조선총독부중추원, 1933, 『民事慣習回答彙集』, 184~185, 202~203, 258~260쪽.
38 軸原壽雄, 1941, 「所謂 禾利賣買と不法原因給付に對いて」, 『司法協會雜誌』 20-29, 6쪽.
39 野村調太郎, 1929, 「朝鮮における小作と法律關係」, 『朝鮮司法協會雜誌』 8-11, 246쪽.

이러한 견해는 그대로 재판에 적용되었다. 법원은 물권의 획득과 변경은 등기 또는 증명을 하지 않으면 제3자에 대항할 수 없다는 민사령 제13조의 규정에 따라 민사령 시행 후 1년 내에 그 득실 변경에 대하여 등기하지 않으면 토지를 매수한 제3자에 대항할 수 없다고 판결을 내렸다.[40]

법원이 관습물권을 영소작권으로 해석하는 인식의 변화로 도지권을 둘러싼 소송이 제기되기 시작했다. 도지권의 주 분포 지역인 압록강 연안과 대동강 연안에서 주로 발생하고 1915년 이후 속출했다. 대부분 도지권의 인정 여부를 둘러싼 소송인데, 지주가 도지권을 부정하고 지주권을 강화하기 위해 제기했다. 법원은 초기에는 도지권을 물권으로 인정하는 경향을 보였다.[41] 그러나 도지 관습을 인정해도 소유권자와 도지권자가 약정한 것을 명확히 판별할 수 없을 경우에는 이를 인정하지 않았다.[42] 1915년 무렵부터는 일본민법의 영소작 규정을 반영하여 이를 부정하는 모습을 보였다. 지주가 패소하는 경우도 있었으나 도지권자가 불리했다. 그 요인은 다음과 같다.

첫째, 일본민법 체계 아래 지주의 소유권은 절대성을 부여받은 위치에 있었다. 정책은 물론 판결에서도 물권적 효력을 부정하는 방향이었다.[43] 지주가 분쟁을 유도하여 도지권을 부정하는 사태도 발생했다.[44] 도지권을

---

[40] 朝鮮總督府, 1932, 앞의 책(상), 778~779쪽. 1923년 평양지방법원 판결 예.

[41] 朝鮮總督府, 1932, 위의 책(상), 제18장 특수소작과 『朝鮮ノ小作慣行』(하), 참고편, 제15장 소작의 개념과 특수소작 관행.

[42] 朝鮮總督府, 1932, 앞의 책(하), 참고편, 411~412쪽; 朝鮮總督府, 1932, 『朝鮮ノ小作慣行』(상), 767~768쪽; 朝鮮總督府, 1930, 『小作ニ關スル慣習調查書』, 95~100쪽.

[43] 朝鮮總督府, 1932, 위의 책(하), 435쪽.

[44] 多田吉鍾, 1923, 「平南中和の賭地權に就いて」, 『朝鮮司法協會雜誌』 2-12, 192쪽.

민법상의 영소작권으로 해석하여 등기를 요구했으며,[45] 소작료 불납으로 도지권 박탈을 노리기도 했다.

둘째, 소송에서 증거 채택 방식도 도지권자에게 불리했다. 관습법을 인정한다고 하면서도 주로 문서에 근거하여 판결했다. 소위 '원시도지(原始賭地)'의 경우 일반적으로 증서를 만들지 않았다. 도지라는 명칭 아래 구두로 인정해 온 경우가 일반적이었다. 또 수해나 해일 등의 피해로 유실된 경우도 많은 실정이었다. 도지 매매문기를 근거로 판결하면 도지권자가 패소했다.[46]

셋째, 도지권에 대한 해석에서 지주가 매득하려고 할 때 정당한 이유 없이 거부할 수 없다는 것이 관습이라고 해석했다. 지주권과 도지권은 엄격히 구분된 권리라는 것을 부정한 것이다.[47] 이러한 상황에서 1915, 1916년 이후 도지는 빠르게 소멸해 간 것으로 보인다. 그중 수전에서는 지주가 빈번히 교체되었으며, 이를 계기로 도지권은 급격히 상실되어 갔다.[48] 지주권이 강화되면서 도지가는 토지가의 3, 4할 정도 되었지만, 지주는 별 어려움 없이 도지권을 확보해 갔다.[49] 1930년 전국의 소작 관행을 조사할 때는 거의 소멸되어 흔적만 남아 있는 실정이었다.[50]

---

45 朝鮮總督府, 1932, 위의 책(상), 1행, 778~779쪽.
46 朝鮮總督府, 1932, 앞의 책(상), 764쪽.
47 조선총독부 중추원, 1930, 『小作ニ關スル慣習調査書』, 41~42쪽.
48 朝鮮總督府, 1932, 위의 책(상), 763~764쪽.
49 朝鮮總督府, 위의 책(상), 791쪽.
50 朝鮮總督府, 1932, 위의 책(상), 764쪽.

2. 민유지 분쟁 사례

1) 나주 궁삼면 분쟁 사례[51]

나주군 지죽, 욱곡, 상곡 등 삼면에서는 19세기 후반 연이은 한해를 당하면서 면민의 소유권 근간이 흔들리기 시작했다. 경저리 전성창이 세금을 대납하고, 이산한 면민들의 진전을 개간하는 비용 등을 제공하는 대가로 면민으로부터 유망민(流亡民)의 토지 1,400두락과 일부 면민의 토지에 대한 매매문기를 받고 매득하면서 시작되었다.[52] 사건은 면민으로부터 전성창 소유 시대를 거쳐 경선궁 시대와 동척 시대 등 3단계로 진행되었다.

제1단계는 주민이 전성창이 개간 비용과 곡식 제공이라는 매매조건을 이행하지 않았다고 하면서 매매 무효를 선언하고 지대 납부를 거부하는 등으로 반발하면서 해당 면 전체가 분쟁에 휘말렸다. 전성창은 면민의 반발을 피하기 위해 토지를 경우궁에 투탁하기도 했다. 이때 분쟁은 면민과 전성창 사이의 토지 매매가 법적으로 어떠한 효력을 갖는지의 여부였다. 당시 소송에서 주민과 전성창은 승패를 서로 나누어가졌다. 면민이 승소했을 때도 전성창은 궁내부를 동원하여 주민들로부터 재판 서류를

---

51 최원규, 2019, 「융희 년간 일제의 국유지 조사와 법률적 성격-전남 나주군 궁삼면 토지 분쟁의 고등법원 판결문을 중심으로-」, 『한말 일제초기 국유지 조사와 토지조사사업』, 혜안 참조.

52 면민이 유망민의 토지를 주인 허락 없이 경저리 전성창에게 매매한 것에 대한 불법성 여부에 대한 문제 제기는 없었다. 농과규칙을 적용한 때문인지 전북의 균전 지역과 달리 이의 제기는 없었다. 김용섭, 1992, 「고종조 왕실의 균전수도문제」, 『한국근대농업사연구』(하)(증보판), 일조각이 참고된다.

탈취하고 압박을 가하며 지대를 강제로 징수했다. 전성창 소유-면민 중답주 또는 도지권자이고, 이들이 다시 작인에게 경작하게 하는 관계가 불안정하게 존재한 경우이다.

제2단계는 전성창이 면민과의 갈등을 피해 경선궁에 매매한 1900년부터 경선궁이 관리하던 시기로 소유 내용이 크게 바뀌는 전환기에 해당한다. 경선궁은 면민이 반발하자 2,000원을 하사하는 등 배려하면서 그 후 8년간 '평온하게' 지대를 수취했다고 한다. 면민이 궁감에게 감사의 뜻으로 불망비(不忘碑)를 건설하기도 했다. 이 시기는 경선궁이 소유하고 면민이 중답주적 성격을 갖는 물권적 경작권을 갖고 경영의 대가로 도지를 납부한 것으로 보인다.

일제가 1907년 임시제실유급 국유재산조사국을 설립하고, 제실유와 국유지를 조사하면서 다시 분쟁이 발생했다. 면민이 이곳 토지를 민유라고 청원하자 조사국장 서리 유성준이 이를 받아들였다가 경선궁이 이의를 제기하자 송병준 위원장 시절 다시 제실유로 변경 확정했다. 이어서 일제가 제실유를 국유화하는 조치를 취하면서 이곳도 국유로 이속했다. 이에 경선궁이 임시재산정리국에 이 토지는 엄비의 사유라고 주장하고 반환을 요구하자 경선궁에 돌려주면서 면민과 분쟁이 시작되었다. 면민이 경선궁의 사유로 환급되자 본래 면민의 소유이니 돌려줄 것을 청원하고 협상을 개시했지만 결렬되었다. 경선궁은 동척에 이를 매도했다. 이때 일제는 모든 공토를 국유지로 확정하면서 중답주를 부정하고 배타적 소유권을 부여했다.

제3단계는 동척 소유의 시기이다. 동척은 1909년 12월 10일 매수한 다음, 각 면장과 이장의 인증을 거쳐 1910년 7월 30일 토지가옥증명규칙에 따라 나주 군수의 증명을 받고, 동년 9월 23일 목포이사관의 사증을 받는 등의 절차를 밟아 법적 소유권자로 지위를 확보했다. 이에 면민은 동척에 환급을 요청하는 협상을 요구했으나 동척이 거부하자 소송을 제기했다. 동척이 분쟁 토지를 매입한 것은 두 가지 점에서 승소할 것이라고 확신했기 때문으로 보인다. 하나는 조사국의 결정은 '행정처분'으로 소유권의 절대성을 확보한 것이라는 법리에 대한 확신과 다른 하나는 경선궁이 분쟁 없이 '평온하게' 지대를 수취했다는 점이다.[53]

궁삼면민은 동척에 소작료 불납동맹과 동척이민배척운동, 토지탈환운동을 전개하는 한편, 1912년 광주지방법원에는 동척을 상대로 토지소유권 확인 및 인도청구소송을 제기했다. 재판은 대구복심법원과 고등법원을 오가며 2차례 진행되었다. 그 결과 동척의 주장대로 조사국이 제실 유라고 결정한 '행정처분'은 사법재판의 대상이 아니라는 이유로 동척소유로 판결했다. 면민은 그 후에도 동척에 계속 저항하면서 토지탈환운동을 전개했지만, 일제 권력의 지원 아래 동척의 지주경영은 일제시기 내내 지속되었다. 궁삼면민의 토지는 해방 후 식민지 지주제의 청산 과정의 일환으로 제기된 농지개혁을 거쳐 면민의 소유로 확정되었다.[54]

이 과정에서 주목할 점은 첫째, 총액제 아래 결세를 납부했다는 이유로 진전을 주민이 소유주의 허락 없이 마음대로 전성창에게 개간을 대가로 방매했다는 점이다. 전성창이 개간이 끝난 후 소유주를 자처하고, 주민은 중답주로 경작의 대가로 지대를 납부한 것으로 보인다. 지대는 일반적인 개간지에 준하여 1/3~1/4이나 정액도지제였다. 중답주의 관습물권은 매매, 상속 등이 보장된 권리였다. 두 권리는 중층적 소유관계였다.『속대

---

53 나주문화원, 2000, 「토지 인도 청구 소송(민476, 광주지방법원)」,『궁삼면 토지회수투쟁자료집』, 93쪽.
54 함한희, 2000, 「해방 이후 농지개혁과 궁삼면 농민의 사회경제적 지위와 그 변화」, 『궁삼면 토지회수 투쟁자료집』, 60~80쪽.

전』에 근거하면 면민을 소유주, 전성창이나 경선궁은 중답주로 정리할 수 있을 것이다. 반대로 경선궁이나 전성창이 매득한 소유주이고, 개간자인 면민은 중답주로 위치를 설정할 수도 있다. 따라서 조사국에서 제실유나 국유지를 배타적 소유권으로 정리할 때 처음에는 민유, 다음에는 제실유로 판정하는 등 혼란을 일으킨 것으로 보인다.

두 번째 유의할 점은 임시재산정리국이 이 토지를 엄비의 사유라는 이유로 경선궁에 환급하고 동척에 팔았을 때의 재판 과정이다. 사유라고 돌려주었으면 사법재판의 대상이 되어야 했다. 그러나 고등법원은 '행정처분'으로 확정된 경선궁의 소유, 즉 제실유라는 이유로 사법재판의 대상이 아니라고 판결하고 동척의 소유로 확정했다. 조사국은 균전과 달리 제실유를 국유로 확정했다 돌려 주었으며, 사법재판도 조사국의 결정을 존중하여 사유 아닌 제실유로 판결했다. 전근대의 소유권은 기경전일 때는 배타적 소유권의 지위를 유지하기도 했지만, 진전화 되면 소유권은 불안전해지고 보호받기 어려웠다. 전근대 소유권의 한계이다.

균전과 궁삼면의 토지는 거의 유사한 모습을 보였으나 판결은 완전히 달랐다. 균전은 민의 권리가 일본인 자본가에게 넘어간 경우이고, 궁삼면 토지는 제실유에서 동척 소유로 확정되었다. 조사국의 판결에서는 차이를 보였지만, 일본인과 동척으로 소유권이 넘어가 민의 권리가 박탈당했다는 점에서 공통적이었다.

2) 자여역 창둔 분쟁 사례(2)
- 창둔민과 일본인 지주의 분쟁 사례

창둔에서 전개된 창둔민과 오이케 사이의 분쟁은 국·민유 분쟁이 진행하는 과정에서 제기되어 1909년부터 본격화되었다. 오이케는 양자 합의에 따라 창둔민으로부터 토지(명의)를 이전 받은 후 '명목상'의 도조를 받고 지세를 납부했다. 김해재무서에서는 오이케가 지대 아닌 지세만 납부하자 토지부 주임 후카미 하치로(深水八郎)를 소환하여 오이케가 이곳을 차지하게 된 사정을 조사한 「사매매에 관한 조사서」를 작성했다. 그 내용은 다음과 같다.[55]

오이케는 1898년과 1909년 두 차례에 걸쳐 창둔의 토지 117두락과 1,587두락을 확보했다. 일찍이 이곳에 진출하여 미곡 무역과 토지 잠매를 해온 그는 이곳이 소유권 분쟁으로 땅값이 싼 것에 주목했다. 117두락은 1898년에 매득한 것이고, 1,587두락은 신용대부를 해 주고 전당 유질로 획득했다고 주장했다. 실 차용액은 대략 2,500원(圓) 정도였는데, 1909년에 이르러 원리금 합계가 8,440원이나 되었다.[56] 이 돈으로 산출한 두락당 지가는 5원 33전이었다. 당시 땅값이 평균 두락당 10원 내외였다가 분쟁 과정에서 두락당 60~70원으로 급증했다. 오이케는 40배 정도의 헐값을 주고 이곳을 차지했다. 탈환운동의 주체들이 오이케로부터 토지반환청원운동의 비용으로 이 돈을 빌려 경성, 마산, 대구 등의 왕복 여비로 지출하고, 창둔민은 한 푼도 받지 못했다고 주장했다.

1909년 국유지 실지조사는 오이케가 이곳을 모두 차지하는 결정적 계기가 되었다. 오이케는 이때 전에 구입한 창둔을 사유로 인정받았지만, 창둔민의 토지는 제외되었다. 창둔민은 오이케의 힘을 빌려 토지반환운

---

55 임시토지조사국, 1916, 「私賣買에 關한 調査書」, 『창원군 문쟁지 심사서류(인정) 16-3』, 165~167쪽.
56 임시토지조사국, 1916, 『창원군 문쟁지 심사서류(인정) 16-3』, 201쪽.

동을 전개하기로 했다. 그가 부산의 일본인 유지로서 힘이 있을 뿐만 아니라 주민들과 달리 매득 토지를 반환받는 데 성공했기 때문이었다. 창둔민은 오이케가 표면적으로 명의만 자기 명의로 하는 방식으로 할 것을 제안하자 이에 동의하고, 모든 문서를 오이케의 소유로 작성했다고 언급했다. 토지전당계약서, 토지허급증서, 매도증서 영치증, 나아가 추수기도 작성했다. 이를 근거로 일제가 작성한 결복부는 물론 결수연명부, 과세지견취도 작성 작업을 할 때도 주민의 토지를 모두 오이케 명의로 등재했다.

그러나 토지조사 과정에서 창둔민과 오이케 사이에 소유권 분쟁이 제기되었다. 창둔민은 형식적으로 오이케에게 명의만 빌려 주기로 계약했다고 주장하며 소송을 제기했다. 반면 오이케는 창둔민과 전당계약을 체결했다가 유질(流質)로 확보한 지주로 소작료도를 징수했다고 주장했다. 김해재무서는 이를 국유지 사매매 사건이라고 주장하면서도 도조를 징수하지 않고 민유지와 같은 액수의 공과만을 부과했다. 1909년 이후 실제 수납액은 결세와 다름없었으며, 분쟁지라는 이유로 역둔토대장에도 기록하지 않았다. 국유지소작인허증을 발급하지 않고 사실상 민유지와 유사한 취급을 했다. 조사관들은 재무감독국의 처리 방식을 사실을 호도한 미봉책이라 간주하고 민유로 간주하고 오이케의 소유로 처리하는 모습을 보였다.

청계는 두 방식으로 토지를 경영했다. 청계는 전당을 빌미로 전답을 시가 이하로 매입하여 지주경영을 하거나 전당으로 경영권을 확보한 다음 전 소유주를 경작인으로 정하고 소작료나 이자 명목으로 도조를 징수했다. 이때 청계는 전당권자로 실질적인 소유권을 행사했으며, 피전당권자는 명목상의 소유권자로 실질적으로는 중답주처럼 물권적 경작권이 부여되어 있었다.

사토의 시기는 창둔(전당권자)-사토주(피전당권자)이면서 물권적 경작권자 또는 사토주이며 작인이었다. 공토의 시기는 내장원(공토주)-창둔민(중답주겸 작인)-작인의 관계였다. 국가의 정책에 따라 공토와 사토가 서로 위치가 변동되었으며, 공토로 전환되었을 경우 사토주는 중답주 또는 도지권자의 위치에 놓였다. 수조액은 결도 또는 결세로 모습이 바뀌었다.

1909년 이래 오이케는 지주경영을 한 증거로 소작료를 징수하며 추수기를 작성하고, 지세를 납부했다. 재무서는 오이케가 납부한 지세를 도조 명색으로 징수한 것이라는 이중적 모습을 보였다. 오이케는 창둔민을 그대로 경작인으로 유지하고, 도조는 최소한의 수준을 유지했다.

창둔민과 오이케가 본격적으로 소유권을 둘러싸고 갈등한 1909~1914년까지 6년간의 소작료 납부 상황을 보면,[57] 1912년까지의 4년 동안은 대부분 납부했지만, 1913년부터는 미납 필지가 증가했다. 오이케는 법적으로 토지소유권을 획득한 뒤 창둔민의 반발을 최소화하기 위한 방안으로 두락당 10원 내외의 위로금을 지급하고 위로금 증서[淚金證書]를 작성했다. 창둔민은 위로금을 받는 대가로 소유권을 비롯한 일체의 권리를 포기하고 작인으로 성실히 경작에 종사할 것을 약정했다. 이는 창둔민의 지위가 물권적 지위에서 임차권적 지위로 바뀐 것을 의미했다. 반면 오이케는 토지에 관한 모든 권리를 확보한 절대적 소유권을 확보했다.

그러나 일부 창둔민은 지가 수준의 보상을 요구하며 종전에 납부하던 비용(=소작료)의 납입을 거부하고 법정 투쟁에 돌입했다. 부산지방법원에 토지소유권 확인과 명의서환청구 소송을 제기했다. 최종적으로 고등법원

---

57 임시토지조사국, 1916, 『창원군 문쟁지 심사서류(인정) 16-3』, (1)과 (2)표 참조.

에 상고했지만 오이케의 소유로 확정되었다. 창둔민은 불복하고 전성창을 사기 혐의로 고소했다.[58]

오이케도 강력히 대응했다. 소작료를 납부하지 않고 저항하는 자는 재산을 가차압(假差押)했으며,[59] 두락당 10원의 위로금을 받고 계약을 체결한 후에는 소작료를 절반법으로 상향 조정했다. 결국 분쟁지심사위원회는 위로금을 소유권과 관계없이 오이케가 창둔민의 불평을 무마하기 위해 보상 차원에서 지급한 것이라고 판정하고, 오이케의 소유로 인정한다고 결론을 내렸다.[60] 결과적으로 창둔민은 오이케로부터 두락당 10원(1/7 이상의 헐값)의 위로금만 받고 토지를 빼앗겼다.

창둔민들은 양안이나 전령 등을 근거로 민유로 반환받는 데는 성공했지만, 관습적 세계관에 머물다가 일본 근대법으로 무장한 일제와 일본인 자본가의 공세를 견디지 못하고 헐값에 토지를 탈취당했다. 오이케는 소유권을 인정받는 동시에 창둔민을 무력화시키며 소유권의 절대적 권리를 확보해 갔다. 오이케는 배타적 소유권을 근거로 경영권까지 장악하고 작인을 바꾸거나 저율의 정액지대를 고율지대화 하는 등 식민지 지주제를 확립해 갔다. 창둔민은 소유권은 물론이고, 공토 시절에 부여되었던 물권적 성격의 경작권조차 상실했다.

창둔과 같은 사례는 전국 각지에서 그 예를 찾아볼 수 있다. 특히 전라북도 지역의 균전수도 문제로 인한 농민의 토지 방매와 일본인 대지주들의 토지 확보 과정은 이와 다를 바 없었다. 황해도에서 한국흥업의 토지

---

58 임시토지조사국, 1916, 『창원군 문쟁지 심사서류(인정) 16-9』, 「창둔 제60호 사건, 진술인 정치원(鄭致元) 1914년 9월」

59 임시토지조사국, 1916, 『창원군 문쟁지 심사서류(인정) 16-3』, 225쪽.

60 임시토지조사국, 1916, 「係爭地審査書」 認定, 『창원군 문쟁지 심사서류(인정) 16-3』

확보 과정, 경남 김해군 진영의 무라이 농장 설립 과정, 동척 농장의 정부 출자지에서의 분쟁 등은 민유지 분쟁이라는 측면에서 창둔 분쟁과 유사했다.

일본인 지주들은 '사업'으로 배타적 소유권을 확보한 다음, 경영권을 장악하고 고율지대에 의거한 식민지 농장경영에 나섰다. 관습물권은 철저히 배제하고 임차관계로 확정했다.

3) 김해군 민유지 분쟁 사례

민유지 분쟁은 김해군의 경우 총 228필지에서 발생했다. 국·민유 분쟁에 비하면 대단히 적었다. 분쟁 관계자는 조선인의 경우 86명이 패하고, 38명이 소유권을 확보했다. 반면 일본인은 57필지를 잃고, 125필지를 획득했다. 일본인 회사는 19필지에서 패했다. 일본인은 주로 조선인과 분쟁을 했으며, 패하기도 했지만, 높은 승률을 보였다. 주로 소토지 소유자로부터 승리했다. 미쓰타케 가메이치(滿武龜一)가 최대 수익자로 9필을 잃고, 68필을 획득했다. 후지와라 겐타로(藤原元太郎)는 10필을 잃고, 27필을 얻었다. 특이한 현상은 일본인 농업회사인 흥업회사(주)는 10필지를 상실한 반면, 상산양행(합명)은 1필지를 상실하고, 7필지를 얻었다. 회사는 주로 일본인과 분쟁을 했다.

조선인은 지주의 토지가 증가하였다. 김규성 24필지, 정택하 8필지, 김병호 6필지를 얻었다. 송씨 문중(7필지), 안양리(1필지), 김해향교(2필지)도 분쟁에서 토지를 확보했다. 일본인은 주로 조선인과 분쟁을 했으며, 오이케는 국가, 조선인과 분쟁하는 모습을 보였다. 오이케는 국·민유 분쟁에서는 모두 이겼지만, 민유지 분쟁에서는 31필지를 잃고, 13필지를 얻었다.

소유권 분쟁의 특징은 전체적으로 민유 분쟁이 국·민유 분쟁보다 더 많았다는 점이다. 북면의 이시쿠레와 주민, 동면 대산면에서 무라이와 주민, 동척과 주민 사이의 분쟁이 대표적인 민유 분쟁이다. 조선인과 일본인의 분쟁에서 주민이 승리한 경우는 없었다. 임시토지조사국에서는 일본인이 주민의 진전을 매득하여 개간했다는 이유로 일본인과 동척의 손을 들어주었다. 일본인의 일방적인 승리였다.

제5장
고등토지조사위원회의 불복신청과 재결

1. 고등토지조사위원회의 구성과 불복신청

1) 고등토지조사위원회의 구성과 재결의 법적 효력

고등토지조사위원회는 1912년 8월 12일 칙령「조선총독부 고등토지조사위원회 관제」[1]에 의해 조직되어, 1923년에 해산되었다. 고등토지조사위원회는 사정에 대한 불복신청과 재심신청의 재결을 행하는 토지소유권에 관한 최고 심리기관이다. 위원회는 처음에는 한국인이 주도하도록 구성했으나,[2] 일제가 이를 개정하여 정무총감을 위원장으로 하고, 위원은 모두 일본인으로 한다고 정했다. 이 기구가 존속하는 기간 동안 조선인은 한 사람도 참여하지 못했다.[3]

위원회는 위원장 1인, 위원 9인, 간사 1인, 서기 및 통역생 약간 명으로 구성되었다. 1917년 불복신청 사건이 증가하면서 위원이 15명, 25명으로 증가했다. 위원장은 정무총감이 겸하고, 위원은 총독의 주청에 의하여 총독부 판사와 고등관, 토지조사국 고등관 중에서 내각이 임명했다. 판사로 위원을 겸한 인원이 5명 이하일 경우는 허가하지 않았다. 간사는 총독부 또는 토지조사국 고등관을 임명했다. 위원수의 증가에 따라 1915년

1　朝鮮総督府, 1920,『高等土地調査委員會事務報告書』, 3쪽.
2　『구한국관보』제4765호, 1910.8.24. 탁지부 대신을 위원장으로 하고, 위원은 내부, 탁지부, 농상공부와 토지조사국 칙·주임관 중 각 2명으로 하되, 통감부 사법청 고등관과 통감부 재판소 판사, 검사 가운데 3명을 위원으로 촉탁할 수 있다고 했다.
3　고등토지조사위원회, 1920,『高等土地調査委員會 事務報告書』, 13~21쪽; 조선총독부 임시토지조사국, 1918,『조선토지조사사업보고서』, 444쪽.

10월 이후는 3부, 1917년 2월 이후는 5부로 나누어 각 부에서 분할 심의를 했다.[4]

토지소유권은 사정과 재결로 최종 확정되었다. 소유권과 경계를 확정하는 사정을 한 후[5] 이의가 있는 자는 공시 기간 만료 후 60일 안에 고등토지조사위원회에 불복신청을 하여 재결하도록 했다. 기간 내 불복신청을 하지 않으면 사정한 대로 확정되었다. 불복 절차에는 재결과 재심이 있는데, 재심은 불법행위로 처벌받을 행위로 한정했기 때문에 일반적으로 재결로 최종 확정되었다.[6]

재심은 고등토지조사위원회에 이의를 신청하는 또 다른 통로였다. 재심신청은 사정의 확정 또는 재결이 있는 날로부터 3년 이내에 하도록 했지만, 신청요건이 대단히 까다로웠다.[7] 한 일본인 법조인은 다음과 같이 언급했다.

"유죄 판결이 확정되지 않으면 재심을 신청할 수 없었고, 허위로 신고했을 경우라도 범죄를 저지를 의사를 증명하여 확정 판결을 구하기가 대단히 어려웠다. 더욱이 벌금형의 경우 형사소송법상 공소시효는 범죄일로부터 3년인데, 사정은 보통 신고당일부터 2~3년이 지나야 비로소 공시가 되기 때문에 사정이 확정될 때에는 이미 공소시효가 지나버렸거나, 시효 기간 내라도 유죄 판결을 구하기가 어려웠다. 유죄

---

4 朝鮮總督府, 1920, 앞의 책, 3~4쪽.
5 朝鮮總督府, 『朝鮮總督府官報』 제13호, 1912.8.14. 제령 제2호. 토지조사령 제9조와 11조.
6 사정과 재결, 재심의 법률적 의미는 早川保次, 1921, 『朝鮮不動産登記ノ沿革』, 大成印刷出版部, 56~62쪽이 참고된다.
7 토지조사령 제16조.

판결이 확정되지 않으면 재심을 신청할 수 없기 때문에 정당한 권리자라도 소유권을 상실하게 된다."[8]

문제는 소유권이 정당한 권리자 이외의 자에게 사정되었을 경우이다. 이때 사정에 앞서 설정한 전당권 증명이나 등기가 정당하더라도 무효로 돌아가게 된다. 사정으로 확정된 소유권은 '원시취득'한 소유권이기 때문에 소유권이 없는 토지에 권리를 설정하는 오류를 범하게 된다.[9] 이러한 경우 종람 후 불복신청을 하지 않아 이를 밝히지 못하면, 그 책임은 소유자가 지도록 정한 소유자 책임주의였다. 토지소유권은 불복신청 등 때를 놓치면 회복할 기회를 완전히 상실하였다.

위원회는 불복신청자와 이해관계자 및 감정인에 대한 소환권, 재결에 필요한 서류의 제출 명령권 등의 권한과 동시에,[10] 재결 결과를 불복신청자, 임시토지조사국, 지방관청에 통지하고 공시할 의무가 있었다.[11] 재결에 따라 토지소유자 또는 경계가 변경되었을 경우 법률적 효력은 사정일로부터 발생한다고 정했다.[12] 토지대장에는 사정으로 종결된 것은 '사정', 재결을 거친 것은 '재결'로 기록했다. 재결은 특정의 법률 사실이나 법률

---

[8] 早川保次, 1921, 『朝鮮不動産登記ノ沿革』, 大成印刷出版部, 58~60쪽. 그리고 "공소시효는 범죄일로부터 시작됨에도 불구하고 고등토지조사위원회에 신청 시기를 사정의 확정 또는 재결일로부터 기산하고 유죄의 판결 확정을 조건으로 하는 것은 실제 권리주장의 길을 폐쇄한 것이다." 早川保次, 1921, 『朝鮮不動産登記ノ沿革』, 大成印刷出版部, 60쪽.

[9] 早川保次, 1921, 위의 책, 60~61쪽.

[10] 토지조사령 제12조.

[11] 토지조사령 제13조, 제14조.

[12] 토지조사령 제10조.

관계를 확인 결정하는 행정처분을 말하며,[13] 토지조사령에 따른 재결은 사정과 같은 법률적 효력을 부여했다.[14]

2) 불복신청 처리 방식과 건수

고등토지조사위원회는 불복신청을 받아 간이(簡易) 사건 처리와 난건(難件) 처리의 2종류로 나누어 사건을 처리했다. 처리방법은 다음과 같다.

첫째, 간이 사건 처리로서는 먼저 간사, 서기가 실지 당사자, 증인 등을 토지 소재 부군 도청에 호출하여 취조하고, 또 신청서의 불비 또는 불명확한 사항에 대하여는 신청인과 사정명의인에 보정 또는 석명하도록 하였다. 그리고 상대방이 승낙하는 것, 재결 예가 있는 것, 확정 판결한 것, 내용 간단하여 사실 명백한 것, 신청기간이 경과한 것, 토지조사가 완료되지 않은 지방의 토지에 대한 것, 성명 글자의 정정, 면적, 지목의 상위 또는 사정 후의 이동에 관한 것, 기타 사정 처분에 해당하지 않는 것과 난건을 구별하여 난건 이외의 것은 즉시 재결서안 또는 반환 혹은 취하 등의 처리안을 입안하여 처리하는 것으로 한다.

둘째, 전항에서 간이 처리 불능하게 된 난건에 대하여는 각 부장이 다시 주사위원을 지정한다. … 각 주사위원은 실지 당사자와 증인 등

---

13 早川保次, 1921, 앞의 책, 61쪽.
14 토지조사령 제11조, 제15조.

을 취조하고 조사를 종료할 때는 조서와 재결서안을 작성하여 부회의 논의에 부친다.[15]

이 두 방법을 보면, 1919년 6월 간이 사건 처리 1만 6,157건, 난건 처리 3,959건으로 전자가 다수를 점했다.[16]

〈표 5-1〉 불복신청 사건 처분표

도명	수리 건수	재결	취하	반환	미제
경기	2058	1346	637	75	
충북	141	80	49	12	
충남	438	299	116	23	
전북	1,815	980	701	134	
전남	5,126	1,410	3,147	569	
경북	816	324	443	49	
경남	3,467	1,614	1,604	249	
황해	1,085	650	394	40	1
평남	857	455	347	55	
평북	1,310	725	549	36	
강원	705	456	230	19	
함남	1,409	637	653	119	
함북	921	412	445	64	
합계	20,148	9,388	9,315	1,444	1

출처: 조선총독부, 1920, 『高等土地調査委員會 事務報告書』, 25~28쪽.

---

15 조선총독부, 1920, 『高等土地調査委員會 事務報告書』, 8~9쪽.
16 조선총독부, 1920, 위의 책, 9쪽.

고등토지조사위원회에 불복신청한 것은 2만 148건, 10만 2,282필이었다.[17] 불복신청 사건의 도별 상황은 〈표 5-1〉과 같다. 그중 취하는 불복신청자가 신청을 철회한 것이고, 반환은 신청기간이 경과한 것과 토지조사를 완료하지 않은 지방의 토지에 대한 것, 성명 글자의 정정, 면적의 증감, 지목의 상위, 사정 후에 이동한 것, 기타 토지조사령 제9조에 의한 사정 처분에 해당하지 않는 것 등이다.[18] 위원회에서 판정한 재결 9,388건 가운데 불복신청인의 신청이 채용된 것이 8,650건으로 92%를 차지했다.[19] 고등토지조사위원회의 재결 과정은 사정 자문기관이었던 도지방토지조사위원회의 자문 실정과는 대조적이었다. 위원회에서 조사국의 원안에 대해 반대의 답신을 했던 것은 불과 12건에 지나지 않았지만, 사정에 불복하여 재결한 건수는 대단히 비중이 높았다.

사정 전의 분쟁과 사정 후의 불복신청 건수를 보면, 분쟁은 3만 3,937건, 9만 9,445필이고, 불복신청은 2만 148건, 10만 2,282필로 총 5만 4,085건, 20만 1,727필이었다. 필수는 분쟁보다 불복신청이 더 많았다. 100필당 1필꼴로 사정과 재결에서 이의가 제기되었다. 여기에 소송관계 6,976건(추정 2만 442필)을 더하면 적지 않은 분쟁이 발생했다.[20] 불복신청의 비중은 건수는 전체의 37%, 필지는 50.7%를 차지했다. 불복신청이 절반을 차지할 정도로 비중이 매우 높았다.[21] 이 가운데 사정 전에

---

17   조선총독부, 1920, 앞의 책, 1쪽. 통계 숫자는 1920년 8월까지이고, 이후 신청 건수는 포함하지 않았다.
18   조선총독부, 1920, 위의 책, 8쪽. 처무규정 제1조 1918.11.14 개정.
19   조선총독부, 1920, 위의 책, 31쪽.
20   소송관계 필수는 분쟁지의 건당 3.9필을 대입 계산하면 2만 442필이 된다.
21   고등토지조사위원회, 1920, 『高等土地調査委員會 事務報告書』.

분쟁을 했다가 다시 불복신청을 제기한 필지는 10% 정도였다. 분쟁과 불복신청한 필지는 대부분 달랐다. 겉보기에 분쟁지심사위원회의 결정에 대부분 승복했다고 말할 수도 있지만, 식민지 권력의 결정에 대항하기에는 역부족이라 판단하고 포기한 것으로 보인다.

재결서에 나타난 불복신청 이유를 보면, 신고나 통지를 하지 않아 사정에서 제외되었기 때문이라고 설명한 경우가 압도적 비중을 차지했다. 간혹 신고나 통지를 했어도 다른 사람으로 사정하는 경우도 있었다. 통상 민유지는 결수연명부를 근거로 토지신고서를, 국유지는 역둔토대장과 지도에 근거하여 국유지통지서를 작성 제출했다. 그런데도 근거 장부와 다른 신고나 통지가 존재하고, 지주총대 등 관련자들이 조사 과정에서 입회했음에도 불구하고 신고나 통지와 다른 내용으로 조사 사정하여 불복신청하는 사태가 적지 않게 발생한 것은 이해하기가 어렵다. 더구나 재결서에 불복신청자가 사정명의인과 합의했다는 언급 이외에 다른 증거 없이 '명의정정 승낙서'만 제출하고 재결을 받는 모습 등을 보면, 일제의 자랑과 달리 '사업'은 부실과 오류가 점철된 조사라고 할 수밖에 없다.

불복신청은 사정 작업과 보조를 같이하여 1915년 이후 급격히 증가했다. 처리실태를 〈표 5-1〉에서 보면, 실 처리 건수는 전체의 47%인 9,388건이었다. 고등토지조사위원회가 재결 대상을 선정한 다음 해야 할 일은 문서의 진위 판정 작업이었다. 매매문기는 19세기 이후 도매, 투매 등으로 문서의 진위와 중복 등이 사회적 문제로 제기된 바 있었다. 그리고 관이 증명이나 지계를 중복 발급했거나[22] 지계 발급 후에 발급조건을

22　朝鮮総督府, 『朝鮮総督府官報』 제1427호, 1917.5.9.

충족하지 못해 분쟁이 발생하는 경우도 있었다.[23] 지방관청에서 발급한 가계나 지계가 신빙성이 문제가 되는 일도 속출했다. 이때 국·민유 분쟁의 처리과정이 주목되었다. 조사국에서 민유라는 확실한 증거를 요구하여 이를 제시하지 못하면 관에서 국유라는 증거를 제시하지 않아도 국유로 판정했다.[24] 지세를 납부해 왔어도 매매문기 등을 제출하지 못해 국유로 판정한 경우도 있었다.[25] 조사국은 특히 국·민유를 판가름할 때 신고자에게 입증 책임을 더 강하게 요구했다.

도별 불복신청 건수는 전남, 경남, 경기, 전북 순이었다. 이 지역은 열람 신청률이 다른 지역보다 낮았으나, 일본인의 불복신청률이 다른 지역보다 높은 비중을 차지했다. 황해도는 전체 건수는 중간 정도에 해당하나, 소유권 불복률은 높은 편이었다. 일본인의 투자가 왕성한 지역이었다.[26] 분쟁에서는 국·민유 분쟁의 비중이 높았지만, 불복신청은 민유지의 비중이 더 높았으며, 그중에서도 일본인의 불복률이 높았다.

도별 불복신청 총 필지 수는 분쟁과 비슷한 정도였지만, 도와 부를 비교하면, 비중 차이가 매우 심했다. 부는 도에 비해 백분비가 인원에서는 2배, 필수에서는 10배가량 더 많은 불복신청이 제기되었다. 민족별로는 일본인 20%, 조선인 80%의 불복신청 비율을 보였지만, 부에서는 일본인 58%, 한국인 42%로 일본인의 비율이 더 높았다. 시가지, 도시화가 진전된 지역일수록 일본인의 분쟁과 불복신청이 많았다. 일본인은 토지 투자의 불안정성을 해소하기 위해 '사업'을 적극 활용했다. 그리고 경계에 대

23　朝鮮総督府, 『朝鮮総督府官報』 제1427호, 1917.5.9.
24　朝鮮総督府, 『朝鮮総督府官報』 제1377호, 1917.2.9.
25　朝鮮総督府, 『朝鮮総督府官報』 제1377호, 1917.3.9.
26　최원규, 2021, 『일제시기 한국의 일본인사회』, 혜안, 181~353쪽.

한 불복신청도 적지 않았다. 이는 사표로 표시할 때보다 선으로 경계 표시를 하면서 소유권 의식이 더 강해졌다는 것을 말해 준다.[27]

불복신청은 조선총독부와 일본인이 조선인 토지를 대상으로 제기한 경우가 압도적 다수를 차지했다. 불복신청자의 국적은 조선인 2만 2,038명, 일본인 6,016명, 중국인 50명 그 외 외국인 39명이었다. 상대적으로 일본인의 비율이 매우 높았다. 국유지라 사정된 토지도 불복신청에 의하여 민유지라 재결된 토지가 다수 존재했던 것을 알 수 있다.

재결서의 표현과 통계만으로 재결을 판단하면, 사정은 조선인을 위한 작업이고, 재결은 사정 과정에서 피해를 본 조선총독부와 일본인들이 불복신청으로 사정으로 잃어버린 토지를 되찾는 작업처럼 보인다. 반대로 사정은 그만큼 조선인 위주로 진행되었다고 해석할 수도 있지만, 이는 사실과 전혀 다른 해석이다. 재결 과정에서 어떤 원인으로 조선인의 소유지가 일본인 소유나 국유지로 바뀌었는지 실체 규명이 요구된다.[28]

재결 분석의 중점 과제는 소유권 재결이 가져온 의미를 추적하는 일이지만, 다음 두 문제도 함께 살펴볼 것이다. 도로 등과 같은 지목을 불복신청 대상에서 제외한 이유와 이에 따른 이해관계, 그리고 경계에 대한 불복신청이 갖는 의미와 원인 분석이다. 이는 단순히 측량 과정의 오류라고 볼 수도 있지만, 사표를 선(線)으로 표시하는 측량 방식의 변화, 필지

---

[27] 최원규, 2011, 「일제초기 창원군 과세지견취도의 내용과 성격」, 『한국민족문화』 40, 324~337쪽.

[28] 종전 재결에 대한 견해는 다음과 같다. 첫째, 분쟁지심사위원회의 결정과 고등토지조사위원회에서 판정할 때, 양자가 동일한 기준으로 추진되었다는 견해와 달랐을 것으로 보는 견해로 나뉘어졌다. 둘째, 국가적 입장에서 추진되었다는 견해와 국유로 된 것보다 민유로 인정된 것이 더 많았으며, 국가에게 일방적이지 않았다는 견해이다. 실상을 종합 검토하여 통일적 견해를 수립할 필요가 있다.

구획의 대면적주의 원칙 등과의 상관관계를 살펴볼 것이다.

소유권 재결은 다음 세 부분을 주로 검토할 예정이다. 첫째, 재결에 따른 국유지, 일본인, 조선인의 소유권 변동의 상관관계와 의미 등을 살펴보고, 둘째, 불복신청의 원인을 토지조사 과정, 사정과 재결의 판정기준, 재판의 판결 등을 중심으로 살펴볼 것이다. 셋째, 분쟁과 재결에 따른 불만을 해소하기 위한 일제의 대응책 등을 살펴볼 것이다.

2. 불복신청 원인과 경계 불복신청

1) 재결 대상과 불복신청 원인

재결 절차는 소유권과 경계를 대상으로 고등토지조사위원회에 '불복신립신청서'를 제출하는 것부터 시작되었다. 소유권과 경계를 확정하는 기준과 방식이 옛 제도와 달라 분쟁과 불복은 발생할 수밖에 없었다. 종전에는 토지소유권을 증명해 줄 공문서나 법적 기구가 존재하지 않았다.[29] 토지 거래는 관습에 따른 사적 절차로 이루어졌으며, 이때 작성한 매매문기가 일반적으로 토지소유권을 증명해 주는 문서였지만, 필수조건

---

29 조선국가의 양안은 양전 당시의 상황만을 보여주고 이후 변화는 볼 수 없다. 그리고 법적으로 확정한 소유권 장부도 아니다. 양안의 법적 성격은 김용섭, 1995, 『조선 후기 농업사연구(증보판)』(1)과 (2), 지식산업사; 박병호, 1974, 『한국법제사고』, 법문사; 이영훈, 1989, 『조선 후기 사회경제사』, 한길사 등이 참고된다.

은 아니고 없는 경우도 적지 않았다고 한다.[30] 이러한 점을 고려하여 일제는 토지신고제를 채택했다. 소유권 분쟁이 제기되면, 조사국에서 관련 문서와 증거자료, 증언 등을 수집하여 소유권을 판정했다. '사업'에서 분쟁이 심하게 나타난 이유는 다양한 관습물권 가운데 소유권만 조사하여 일본민법의 배타적 소유권을 부여한다는 원칙을 정했기 때문이다. 분쟁과 불복신청이 격렬하게 전개될 수밖에 없었다.

임시토지조사국에서 사정을 할 때나 고등토지조사위원회에서 재결을 할 때 우선적으로 할 일은 분쟁이나 재결 대상을 가려내는 일이다. 일제는 소유권과 경계를 분쟁 대상으로 정했지만, 도로, 임야, 구거, 하천, 제방, 해(海) 등과 같이 공공적 용도와 관련된 지목은 아예 이의신청을 할 수 없도록 정했다. 토지신고자가 미사정 대상 지목인 도로 등을 사정 대상 지목으로 신고했다 하더라도 실지조사에서는 신고에 관계없이 '실제 현상'에 따라 조사하여 지목을 표기했다.[31]

매득이나 상속으로 취득한 도로 부지를 자기 소유라고 생각한 자들 가운데 이를 자기 소유로 확정하기 위해 불복신청을 한 사례도 있지만, 임시토지조사국과 고등토지조사위원회에서는 사유지 안에 주민이 통행하는 과정에서 자연스럽게 도로가 만들어진 것이라 해도 그곳의 소유권은 조사 대상에서 제외했다. 도로 등과 같은 지목은 측량하여 원도에 표기했지만, 소유권자는 조사하지 않았으며 불복신청도 받아들이지 않

---

30 和田一郎, 1920, 『朝鮮地稅土地制度調査報告書』, 朝鮮總督府; 박병호, 1974, 『한국법제사고』, 법문사, 44~45쪽.
31 도로의 경계측량도 실제 상황을 중시했지만 조사원이 실제 도로의 경계가 침해받았다고 판단되면 건설 당시의 모습을 복원하여 측량했다. 최원규, 2013, 「창원군 토지조사사업에서 소유권 분쟁의 유형과 성격」, 『일제의 창원군 토지조사사업』, 선인.

았다.[32] 일제는 공공적 성격의 토지는 사유를 원천적으로 배제했다.

불복신청한 지목 가운데 각하한 지목은 도로의 건수가 가장 많았다. 도로라고 각하한 유형은 두 경우가 있었다. 하나는 실지조사 당시의 현상에 따라 도로로 결정된 것에 대하여 불복신청한 경우이고, 다른 하나는 실제 도로가 실지조사에서 다른 지목으로 조사되어 개인 소유로 사정된 경우이다. 이때 이해관계인이 불복신청하면, 고등토지조사위원회에서는 도로라 결정하고 사정한 소유권은 취소하였다.[33] 도로에 대한 불복신청은 경성, 인천 등 대도시나 지방의 시가지에서 주로 발생했다. 불복신청인을 국적별로 보면, 조선인보다 일본인이 훨씬 더 많았다.

다음은 불복신청 사유를 유형별로 살펴보자. 첫째, 가장 많은 비중을 차지한 것은 토지소유자가 토지신고서나 국유지통지서를 제출하지 않아 사정에서 제외되어 불복신청한 경우이다. 국유지의 경우는 관에서 국유지통지서를 제출하지 않아 민이 제출한 토지신고서를 근거로 민유로 사정한 경우가 대부분이었다.[34] 민유지도 토지신고서를 제출하지 않았을 경우는 사정 대상에서 제외했다. 이 경우 고등토지조사위원회에서는 불복신청을 받아들여 오류를 확인하는 절차를 거쳐 재결한 것으로 보인다. 토

32　불복신청한 지목에서 임야는 주로 경기와 경성에서, 하천은 충남의 부여와 논산에서 제기되었다. 임야는 토지조사사업의 조사 대상인 경우와 아닌 경우로 구분되었다. 후자의 경우는 각하했다. 이는 조선임야조사사업에서 조사했다.

33　朝鮮総督府, 『朝鮮総督府官報』 제603호, 1914.8.5. 경성부 서부 적선방에 거주한 히데시마 미네히코(秀島巖彦)가 불복신청한 경우이다. 경성부 적선동 15번대 내의 통로를 도로라 정정을 구한 사례이다.

34　朝鮮総督府, 『朝鮮総督府官報』 제1155호, 1916.6.10; 제1159호, 1916.6.15. 이 경우뿐만 아니라 대부분의 경우 신고나 통지를 제출하지 않아 신청자 불명으로 사정되지 않았다고 기술하고 있다.

지신고와 통지절차의 오류가 적지 않았음을 반증하는 것이다.

둘째, 토지신고서나 국유지통지서를 제출했음에도 불구하고 조사 과정에서 소유자가 바뀐 경우이다. 행정착오로 서로 이웃한 필지끼리 뒤바뀌어 사정된 경우, 불복신청하면 원소유자로 다시 재결했다. 또 하나는 양입(量入) 사정한 경우이다. 이웃한 필지의 일부 또는 전부를 타인 소유의 필지에 포함시켜 조사 사정한 경우이다. 동척의 경우, 동척 토지에 민유지를 양입 사정한 경우와[35] 민유지에 동척 토지를 양입 사정한 경우가 있다.[36] 재결서의 통계상 전자보다 후자가 압도적으로 많았다. 민유지에서도 토지신고서를 제출하지 않아 이웃 필지를 양입 사정한 경우가 적지 않았다.[37]

셋째, 결수연명부에 등록하고 토지신고서도 제출했음에도 불구하고 '실지의 상황'이란 이유로 다른 사람의 토지에 양입 사정한 경우이다.[38] 실지조사 당시 조사원이 토지의 생김새를 보고 토지신고서를 무시한 채 이웃 토지에 속한 것으로 인정하고 양입 사정한 것이다. 조사 과정에서 조사원의 자의성이 오류로 나타나 불복신청한 경우도 적지 않았다.

넷째, 신고일 당시의 소유자와 사정권자, 사정 공시 당시의 소유자가 각기 달라 불복신청한 사례이다. 신고일(=사정일) 당시의 소유자가 신고를 하지 않고 사정 공시일 이전에 타인에 이전했는데, 이 사이 제3자가 토지신고서를 제출하여 사정을 받은 경우이다.[39] 사정 공시일 당시의 소유

35　朝鮮総督府, 『朝鮮総督府官報』 제1234호, 1916.9.12.

36　朝鮮総督府, 『朝鮮総督府官報』 제1155호, 1916.6.10.

37　朝鮮総督府, 『朝鮮総督府官報』 제1178호, 1916.7.7; 제1161호 1916.6.17.

38　朝鮮総督府, 『朝鮮総督府官報』 제1149호 1916.6.3.

39　朝鮮総督府, 『朝鮮総督府官報』 제1161호, 1916.6.17.

자가 신고일 당시의 소유자 명의로 재결해 줄 것을 요청했다. 사정명의자는 신고일 당시의 소유자로 한다는 규정에 근거한 것이다.[40] 신고일=사정일로 정한 토지조사의 행정절차에 대한 이해부족에서 사정 공시일 당시의 소유자가 자기 명의로 재결을 요청하는 경우도 있었다.

다섯째, 소작인, 토지 관리인, 차가인(借家人), 정부 출자지의 경작인 등과 같은 이해관계인이 자기 명의로 신고하여 사정받은 사례이다.[41] 지주가 부재중이거나 나이가 어려 소작인이나 마름, 친척, 면·동리, 차가인 등에 관리를 맡겼는데, 이들이 자기 명의로 신고서를 제출하여 사정받은 경우가 적지 않았다.[42] 이 경우 소유자가 불복신청하여 재결을 받았다.

여섯째, 국유지에서는 국유지 관리자가 국유지통지서를 제출하지 않고 소작인이 신고서를 제출하여 사정을 받은 경우, 일반적으로 국유 측이 불복신청을 하여 재결을 받았다. 이때 사정명의인이 불복신청하는 일도 적지 않았다. 사정명의인이 자기 명의로 사정된 것이 잘못된 것이라고 인정하고 스스로 자기 소유로 사정된 토지를 대상으로 불복신청하여 재결을 요구하였다.[43] 재결서에는 대부분 그 사정을 밝히고 있지 않다. 내부 사정은 알 수 없지만, 역둔토관리규정에 국유라고 신고한 소작인에게 소작권을 준다는 규정을 활용하여 해당 관청이 사정명의인에게 불복신청을 하도록 강요한 것으로 추측된다. 사정명의인은 소작권이라도 확보하기 위해 스

40　朝鮮総督府, 『朝鮮総督府官報』 제1017호, 1915.12.23. 경기도 진위군 서면 송화리에서 향교 재산으로 사정된 경우로 매득자인 이시다 사쿠타로(石田作太郎)가 사정권자를 대리하여 불복신청한 경우이다.

41　朝鮮総督府, 『朝鮮総督府官報』 제1020호, 1915.12.27.

42　朝鮮総督府, 『朝鮮総督府官報』 제601호, 1914.8.3; 제988호, 1915.11.19; 제1233호, 1916.9.11.

43　朝鮮総督府, 『朝鮮総督府官報』 제1162호, 1916.6.19; 제949호, 1915.10.2.

스로 불복신청하라는 요구에 응한 것으로 보인다.[44] 이 같은 사례는 도지권이나 중답주 같은 관습물권이 존재한 곳에서 발생할 확률이 높았다.

또 하나는 국유미간지이용법이나 삼림법과 관련된 대부지에서 발생한 불복신청이다. 국가가 개인에게 대부해 주었을 경우 대부받은 자나 제3자가 토지신고서를 제출하여 자기 명의로 사정받은 경우이다. 이때 대부받은 자가 스스로 불복신청하는 경우가 많았는데, 이는 불하받을 때를 대비한 것으로 보인다.[45]

2) 경계 불복신청

경계 불복신청은 일필지측량 과정에서 필지와 필지 사이의 경계선에 오류가 발생한 경우이다. 일필지측량은 지주총대 등의 입회 아래 토지신고서에 근거하여 현장에서 필지를 측량하는 일이다. 그런데 경계 표시가 토지신고서를 비롯한 구 문서에는 사표로 표기되었기 때문에 오류 발생 가능성이 상존했다. 필지의 경계를 주위의 지형지물로 표시한 사표 대신 선(線)으로 표시해야 했기 때문이다. 지형지물의 어떤 부분을 기준으로 이웃 필지와의 경계를 선으로 표시할 것인가를 둘러싸고 이해관계가 충돌할 가능성이 높았다. 과세지견취도를 작성할 때 선으로 표기한 경험은 있지만, 이것도 옛 사표를 도면으로 표기한 수준이어서 사표의 한계를 벗어나기는 어려웠다. 경계 측량의 오류는 필지의 일부를 타인에게 무상으로 넘겨주는 결과를 초래하기 때문에 분쟁이 일어났다. 고등토지조사위

---

[44] 조선총독부, 『역둔토실지조사개요』, 1911.
[45] 朝鮮総督府, 『朝鮮総督府官報』 제1012호, 1915.12.17; 제1017호, 1915.12.23.

원회에서는 이해관계자가 불복신청하면 다시 측량하여 재결했다.

경계 불복신청건수는 함북과 평북이 가장 많았다.[46] 이는 산간 지방인 북쪽의 높은 경사도, 조선총독부의 북선 개척사업, 일본인의 빈번한 진출과 밀접하게 관련되어 있었을 것이다. 다음은 전북, 경남, 경기의 순인데, 일본인이 농장 설립을 활발히 추진한 지역이었다. 경제관념이 높은 일본인들은 경계에 관심이 높아 불복신청에 적극적이었다.

경계 불복신청자의 유형별 건수는 〈표 5-2〉와 같다. 국유 측이 불복신청한 건수는 48건인데, 그중 경기 지역이 24건이고 조선인을 대상으로 한 불복신청이 32건을 차지했다. 조선인의 건수는 일본인과 비슷한 정도였지만, 일본인과 회사를 합한 건수는 조선인 건수의 2배가 넘었다. 조선총독부(국)와 일본인은 대부분 조선인 토지를 대상으로 불복신청을 했다.

〈표 5-2〉 경계 불복신청자 유형별 건수

구분	합	국	조선인	일본인	회사	공유	기타
상대방 표기가 없는 경우	173	13	47	47	58	2	6
타인 필지 측량	154	48	36	39	27	4	
합계	327	61	83	86	85	6	6

비고: 상대방 표기가 없는 경우는 재결서에 불복신청한 필지의 상대편 소유자가 표기되지 않은 경우이다.

경계 불복신청의 또 하나의 특징은 일본인이 불복 신청한 건수는 39건인데, 그중 19건이 일본인을 대상으로 한 것이었다. 일본인의 불복신청은 시가지, 특히 경성과 부산에서 많이 발생했다. 일본인은 경작지

---

46 고등토지조사위원회, 1920, 『高等土地調査委員會 事務報告書』, 34~35쪽.

보다 소유권 의식이 더 강한 시가지나 대지에서 적극적으로 불복신청을 한 것으로 보인다.

전체적으로 볼 때 조선총독부와 일본인, 회사 등이 조선인 토지를 대상으로 경계 불복신청을 제기하여 소유지를 확대해 간 것으로 판단된다. 동척의 토지는 정부 출자지라는 점에서 대부분 조선인을 상대로 불복신청을 제기했으며, 비중도 적지 않았다. 경계 불복신청의 지역적 발생빈도는 경기 지역이 45건으로 압도적이었으며, 충남 31건, 경남 20건의 순이었다. 이 지역이 그만큼 토지소유권 의식이 강했다는 점을 보여준 것이라 생각한다. 경계에서 재결 건수는 2,055건으로 전체 재결 건수의 9.8%를 점했다.[47]

3. 재결의 도별 실태

고등토지조사위원회에서 불복신청을 심사하여 판정한 재결서는 『조선총독부관보』 제600호(1914.8.1)부터 제1442호(1917.5.26)에 실려 있다. 다음 제시한 표는 재결서의 내용을 통계 처리한 것이다.[48] 각하와 경계는 제외하고 소유권 재결만을 선택했다. 대상은 불복신청자와 사정인, 재결인 등이다. 소유자별로 사정과 재결의 변동을 본 것이다.[49] 재결

---

[47] 고등토지조사위원회, 1920, 앞의 책, 33~35쪽.
[48] 전체 통계와 재결서의 통계는 지역별로 편차가 심했다. 1917년 중반 이후 재결서는 관보에 실리지 않았기 때문에 통계에 넣지 않았다.
[49] 통계표에서 소유권자는 국유, 조선인, 일본인, 회사, 공유로 구분했다. 회사는 동척이

서는 중·남부 지역과 시가지였으며, 전국, 도, 시가지 등으로 나누어 작성했다.[50]

〈표 5-3〉 전국의 재결 건수와 국적별 비중

전국	불복신청 ①		사정 ②		재결 ③		재결에 따른 사정 건수의 변화						
							국(國)		조선인		일본인		회사
	건	%	건	%	건	%	건④	%	건⑤	%	건⑥	%	건⑦
국	244	21	70	6	255	22			228	26	5	5	2
조선인	436	38	873	77	454	40	40	57	374	43	12	13	12
일본인	194	17	94	8	175	15	10	14	90	10	60	64	7
회사	212	19	18	2	184	16	14	20	140	16	16	17	1
공유	51	4	56	5	65	6	6	9	41	5	1	1	1
기타	2	0	28	3	6	0.5							
합계	1,139	100	1,139	100	1,139	100	70	100	873	100	94	100	23

비고: ②의 사정은 불복신청 대상이 된 것이고, 재결에 따른 사정 건수의 변화에서 각 숫자는 불복신청에 따라 사정명의자를 취소하고 재결로 변화된 각 소유자별 합이다.
③=④+⑤+⑥+⑦+(⑧+⑨)
〈표 5-4〉도 동일한 원칙 아래 작성한 것이다.
공유⑧과 기타⑨는 표의 크기 때문에 제외했다. 공유 53건, 기타 28건이다.

〈표 5-3〉은 전국의 재결상황이며 그 특징은 다음과 같다. 첫째 불복신청은 조선인이 436건, 38%로 가장 많이 제기했다. 이어 조선총독부, 일본인, 회사 순이었다. 회사를 일본인 소유라고 간주하면, 일본인의 비중

나 불이흥업과 같이 일본인이 설립한 회사였으며, 조선인 회사는 1건밖에 없었다. 공유는 학교, 향교, 조합, 계 등이다. 기타는 불복신청인이 위 소유자별 분류에서 한 필지에 둘 이상이 속한 경우이다.

50 남부 지역 일부와 북부 지역이 빠졌지만, 재결의 전반적 성격을 살피는 데는 별 무리가 없을 것으로 판단된다.

도 적지 않았다. 인구 비중으로 보면 사정명의인은 조선인이 1,139건 중 873건으로 77%라는 압도적 비중을 점했다. 일본인, 조선총독부, 회사 등의 비중은 23%밖에 되지 않았다. 불복신청은 대부분 조선인 토지를 대상으로 제기한 것이다.

〈표 5-4〉 전국의 재결 필지 수와 국적별 비중

전국	불복신청		사정		재결		재결에 따른 사정 건수의 변화						
							국(國)		조선인		일본인		회사
	필	%	필	%	필	%	필	%	필	%	필	%	필
국	639	29	93	4	712	32			650	37	25	14	2
조선인	835	38	1,766	80	866	39	54	58	741	42	26	14	9
일본인	269	12	180	8	244	11	11	12	118	7	98	54	8
회사	356	16	21	1	223	10	15	16	153	9	30	17	1
공유	112	5	83	4	151	7	13	14	104	6	1	1	1
기타	2	0	70	3	17	1							
합계	2,213	100	2,213	100	2,213	100	93	100	1,766	100	180	100	21

비고: 재결칸의 필수는 위 표와 같이 각각의 필수를 합한 것이다. 여기서 공유와 기타는 표의 크기 때문에 제외했다. 공유는 83필이고 기타는 70필이다.

둘째, 재결은 건수 〈표5-3〉, 필수 〈표5-4〉에서 보듯 소유권에 많은 변화를 가져왔다. 조선인의 건수는 사정에서는 비중이 77%였는데, 재결 후 40%로 큰 폭으로 감소했다. 반면 조선총독부는 6%에서 22%로, 일본인과 회사도 10%에서 31%로 급증했다. 회사는 동척이 압도적으로 많은 비중을 차지했다. 동척은 138건으로, 회사 건수 가운데 75%를 차지했다. 동척 토지 가운데 많은 부분이 정부 출자지라는 점에서 동척 토지의 증가는 조선총독부 토지의 증가라고 해석할 수 있다. 동척 건수의 증가는 역시 조선인 사정명의인 토지의 감소였다. 공유는 56건에서 65건으로 기타는 28건에서 6건으로 감소했다. 재결의 결과 조선총독부에 이어 공유 부분이 가장 많이 증가하고, 다음은 일본인과 회사였다. 오직 조선인의 토지만 감소했다.

셋째, 재결의 변화를 구체적으로 살펴보면, 최고의 수혜자는 국유지였다. 사정에서 국유가 70건(93필)인데, 재결로 255건(712필)을 차지했다. 이 가운데 조선인이 228건, 공유가 18건, 일본인과 회사가 7건이다. 국유는 대부분 조선인의 토지가 재결로 옮겨 간 것이다. 국유지는 사정 건수가 70건인데, 그 가운데 40건이 조선인으로, 일본인과 회사로는 각각 10건, 14건이 옮겨갔다. 일본인과 회사는 7건을 주고 25건을 받았다. 이들은 조선인과 달리 국유지를 3배 이상 더 확보했다.

조선인은 사정명의인 건수가 873건(77%)이었는데, 이 중 288건(26%)이 국유, 230건(26%)이 일본인과 회사로 바뀌었다. 재결의 결과 조선인의 토지는 77%에서 40%(454건)로 비중이 감소했다. 조선인이 불복신청한 건수는 436건이고, 사정건수는 873건인데 재결로 소유지가 454건으로 크게 감소했다. 국유지 40건, 일본인 12건, 회사 12건이 조선인으로 재결되고, 374건은 조선인 사이에 불복신청하여 재결되었다. 조선인 사정지가 주요 불복신청 대상이 되어 국과 일본인으로 소유권이 대거 넘어갔다. 일본인과 회사는 총 112건(94+18) 중 24(12+12)건이 조선인으로, 84(76+8)건이 일본인과 회사 내부의 변동이었다. 그들 사이의 소유권 변동 비중이 높았다. 일본인과 회사는 조선인으로부터 230건(90+140)을 받아 국유가 된 228건보다 많았다.

재결의 결과 조선인의 토지가 국유, 일본인, 회사의 순으로 소유권이 변동되었다. 공유도 조선인의 토지가 41건이나 재결 받았다. 재결은 한마디로 조선인의 사정지가 재결로 다른 곳으로 소유권이 변동된 것이다. 재결 결과, 사정 당시 토지의 77%를 차지했던 조선인이 재결 후에는 40%로 대폭으로 줄었다. 반면 국유는 6%에서 22%로, 회사는 2%에서 16%, 일본인은 8%에서 15%로 공유는 5%에서 6%로 증가했다. 불복신청률은 조선인이 38%, 국유 21%, 회사 19%, 일본인 17%였다. 불복신청 대상 토지는 조선인이 압도적으로 많은 77%였다. 조선인은 대부분 조선인 사이의 불복신청이고, 그 이외의 불복신청자는 조선인 토지를 겨냥하여 불복신청한 것이어서, 결과는 조선인 소유지의 대폭 감소와 다른 부분의 증가로 나타났다.

건수와 필지 수를 비교하면, 〈표 5-3〉과 〈표 5-4〉에서 보듯, 국유지가 22%에서 32%로 대폭 증가하고, 조선인, 일본인, 회사 등은 감소했다. 재결의 최대 수혜자는 국유였다. 물론 전체적으로 보면 사정 전 분쟁에서는 국·민유 분쟁이 압도적 비중을 차지했지만, 재결에서는 민유지에서의 불복신청이 70% 이상을 차지했다.

사정과 재결에서 보인 전국적으로 변화한 모습은 도별 통계에서도 비슷한 모습을 보였지만, 구체적 항목에서는 도별로 차이가 있었다.[51] 다음에서 그 특징을 살펴보자. 전체 불복신청 건수의 18%를 경기 지역이 차지했다. 조선인 토지의 감소와 국유·일본인 회사 토지의 증가라는 점은 유사하지만, 변화의 폭은 적은 편이었다. 다른 지역에 비해 비교적 별 무리 없이 추진된 것으로 보인다. 다만 조선인의 불복신청 건수는 전체 210건 가운데 180명으로 86%를 차지하여, 다른 지역에 비해 높은 편이었다. 재결은 126건, 60%로 사정에 비해 26%로 감소했다. 재결 후 조선인의 토지 감소율은 다른 지역에 비해 낮은 편이었다. 다른 지역의 조선인에 비해 더

51　최원규, 2019, 『한말 일제초기 국유지 조사와 토지조사사업』, 혜안, 365~402쪽.

적극적으로 토지조사에 임한 결과로 볼 수 있지만, 경성을 포함한 경기 지역이 통치의 중심 지역에 속하여 일제가 비교적 일찍부터 토지 지배를 강화해 온 결과 상대적으로 불복신청이 적었던 것으로 추론해 본다.

경남의 불복신청 건수는 전체의 25%를 차지했다. 기본적인 특징은 조선인의 건수가 사정에서는 217건, 76%였는데, 재결은 132건, 46%로 대폭 감소하고 있다는 점에서 유사하지만, 국유지는 재결 후에 오히려 비중이 감소하였다는 점이 특징적이다. 가장 큰 변동은 일본인 회사였다. 사정이 6건이었는데, 재결로 81건이 되었다. 회사의 비중은 2%에서 28%로 급증했는데, 동척의 건수가 두드러지게 증가한 결과였다.

경북 지역은 전체의 13% 정도로 비교적 재결이 적은 편이었다. 조선인 토지의 감소와 국유지의 증가라는 특징을 보였다. 국유 건수가 9건(6%)에서 78건(55%)으로 비약적 증가를 보였다. 지소의 증가가 크게 기여한 것이다. 경남과 달리 일본인과 회사의 비중은 매우 적었다.

전북 지역은 경북과 정반대의 특질을 보여주었다. 국유 측의 불복신청은 거의 없었다고 해도 과언이 아니다. 조선인의 건수는 사정에서 73%였다가 재결에서 20%로 두드러지게 감소했다. 이것은 일본인과 불이흥업 등 일본인 회사의 건수가 대폭 증가한 결과였다.

충남 지역의 재결은 전국적 경향과 유사한 모습으로 진행되었다. 조선인 건수가 대폭 감소하고, 일본인과 국유지 건수가 대폭 증가했다. 국유 건수의 증가는 다른 도와 달리 후술하듯, 도장관이 관아 터를 불복신청하여 재결 받은 결과였다. 평남 지역은 일본인이 보이지 않는 점이 특징이다. 전남과 평남은 토지조사가 아직 진행 중이라 전체 통계가 반영되지 않아 재결의 비중이 적었다.

시가지에서는 일반적인 재결의 특징과 다른 모습을 보여주었다. 사정과 재결에서 다른 지역처럼 큰 변화는 보이지 않았다. 국유지는 건수도 적고 증감도 거의 없었다. 조선인 건수는 감소했지만, 일본인 건수는 이와 비슷한 정도로 증가했다. 일본인의 소유권 확보 노력이 더 강했는데, 시가지에서 더 적극적이었다. 일본인 사이의 불복신청도 많았다.

결과적으로 재결은 조선인을 대상으로 불복신청이 이루어졌으며, 그 결과 국유와 일본인 소유의 확대로 나타났다. 특히 대부분의 지역에서 국유가 민유로 재결되기도 했지만, 민유가 국유로 재결되는 경우가 압도적으로 많았다. 그리고 조선인이나 일본인은 동족 간에 불복하고 재결 받는 일이 적지 않았지만, 재결 결과는 조선인은 대폭 감소되고 일본인은 대폭 증가하였다. 조선인 사정지가 조선인에게 재결되는 것보다 국과 일본인으로 재결되는 비중이 훨씬 컸으며, 여기에 일본인이 조선인 사정지를 대상으로 불복신청하여 재결 받은 비중이 훨씬 컸기 때문이다.

4. 불복신청 사례

1) 분쟁지가 아닌 곳의 불복신청 사례

(1) 국유지의 불복신청 사례

불복신청은 크게 사정 전 분쟁지였던 곳에서 다시 불복신청이 제기된 경우와 사정 후 불복신청이 제기된 경우로 분류할 수 있다. 전자는 분쟁이 제기되었다가 사정한 것에 다시 불복하여 재결로 소유권이 확정된 경우이고, 후자는 분쟁 없이 사정되었다가 불복신청이 제기되어 재결로 소유권이 확정된 경우이다. 먼저 후자를 대상으로 국유지와 민유지의 경우로 구분하여 살펴보기로 한다.

국유를 확정하는데 가장 주요한 근거 장부는 '역둔토대장(국유지대장)'과 '지도(국유지도)'였다. 이 장부는 국유지 실지조사의 결과물로 국유지통지서 작성의 기본 자료였다. 그런데 이 조사는 미조사 지역과 분쟁 등으로 완결된 것이 아니라는 한계를 지니고 있었다. 그 후 일제는 역둔토대장을 보완하는 수준의 작업과 농상공부 등에 속한 국유지를 조사하는 작업을 추진했다.[52] 국유지는 국유지 실지조사를 거친 토지와 그렇지 않은 토지로 구분된다. 전자는 이때 생산한 도부에 근거하여 국유지통지서를 작성했지만, 통지를 하지 않아 민유로 사정된 경우도 적지 않았다. 이들 토지는 대부분 불복신청절차를 거쳐 국유로 재결되었다. 다만 탁지부에서 민의 동의 없이 일방적으로 역둔토대장에 등록하여 국유지로 사정받은 토지는 민이 불복신청하여 민유로 재결되기도 했다.

다음은 역둔토대장에 등록이 안 된 토지라 추정되는 경우이다. 재결서에 역둔토 또는 국유지라고 언급하고 "그럼에도 불구하고" 국유지 통지를 하지 않아 토지신고서에 근거하여 민유로 사정한 경우가 있었다. 이때 도장관이 불복신청하여 국유로 재결 처리한 재결서를 보면, '토지사정명의정정신청서'를 제출한 것 이외에 다른 아무런 설명이 없었다. 통지를 하지 않은 것이 국유지 관리자의 행정적 실수로 인한 단순 누락인지, 아니면 민의 소유권을 인정했다가 기준이 바뀌어 불복신청을 한 것인지 재결

---

[52] 최원규, 2014.2, 「일제의 토지조사사업에서 국유지 통지와 국·민유분쟁 – 창원군과 김해군 사례」, 『역사문화연구』 49, 140~143쪽.

서만으로는 가늠하기 어려웠다.

그러나 사정명의자를 재결로 뒤엎을 때는 현실적으로 지주총대를 비롯한 관계자가 입회한 가운데 실지조사가 진행되는 상황, 그리고 '의심 있는 토지'는 국유지통지서를 편의 작성하도록 하거나, 국·민유 분쟁이 치열하게 전개되는 상황 등을 고려할 때, 누락이나 사무착오 등의 상황보다는 그럴 만한 사유가 있다고 보아야 할 것이다.

다음은 불복신청으로 국유로 재결된 토지의 사정명의인은 누구인지, 각 소유자별 비중은 어떠했는지 살펴보자. 전체 재결 건수 가운데 국유는 총 255건으로 전체의 22%를 차지했다. 이들은 대부분 조선인의 토지를 대상으로 불복신청하여 얻은 결과이다. 각 도장관이 불복신청할 때 한 건에 여러 필지나 여러 군을 합하여 한꺼번에 하는 경우가 적지 않았다.[53] 『토지사정불복신립사건 재결관계』 서류철에서 전라남도는 대략 55건이고, 한 건당 20필이 넘었다는 점을 고려하면 조선인의 토지가 재결 과정을 통해 국유로 된 필지는 더 많았을 것이다.[54]

다음은 국유지라고 불복신청한 주요 사례를 지목별로 살펴보자. 먼저 전답에 대한 불복신청 사례이다. 국유지는 국유지통지서를 제출하지 않아 민유지로 사정되는 경우가 적지 않았다. 이 경우 불복신청은 일반적으로 도장관이 하지만, 사정명의인 본인이 하는 경우도 적지 않았다.[55] 『조

---

53 조선총독부, 1919, 『토지사정불복 신립사건 재결관계』.

54 국가기록원에 소장된 서류철이다. 탁지부 세무과에서 1919년에 마감한 서류철로 『토지사정불복 신립사건 재결관계』로 기록되어 있지만, 국가기록원에서는 이를 『토지사정에 관한 서류』로 제목을 다시 붙였다. 내용은 각 도와 탁지부 사이에 오고 간 서류이다.

55 조선총독부, 1919, 토지사정 불복신립 신청서(전남 세제435호의 1)」, 『토지사정불복 신립사건 재결관계』. 도장관이 고등토지조사위원회에 불복신청을 할 때 서류의 내용은 "전남 稅制○○○○호 토지사정 불복신립서"라는 제목 아래 ① 불복신립인, ② 신

선총독부관보』와 『토지사정불복신립사건 재결관계』철에 제시된 사례를 보자.

조선총독부관보의 사례에서 국유지는 국유지 실지조사와 관련하여 네 유형으로 구분된다. ① 국유로 확정된 곳, ② 미조사지, ③ 분쟁지, ④ 탁지부 소관이 아닌 국유지 등이다. 일제는 국유지 실지조사에 이어 '사업'에서 국유지를 조사하고 사정했지만, 공시 후에 적지 않은 토지를 대상으로 불복신청이 제기되었다. 이 과정에서 민유로 환급되기도 했지만, 국유로 재결된 토지가 더 많았다. 그 사례는 다음과 같다.

먼저, 증빙문서의 효능과 관련된 사례이다. 첫째, 경남 진주군에서 임시토지조사국이 동민이 유지관리하고 결수연명부에 동유로 등재되어 동유로 사정한 토지를, 양안에는 무주지로 등록되고 다른 자에게 옮겨간 흔적이 없다는 이유로 국유로 재결한 사례이다.[56] 둘째, 충남 공주군에서는 국유지 조사반이 민이 사유로 주장했으나 매매문권을 징수해 가고 반환하지 않은 분쟁지에 임의로 국유지소작인허증을 교부하고 민이 신고하지 못한 가운데 국유로 사정하는 일이 발생했다.[57] 공시 후 민이 불복신청하자 도장관이 국유가 아니라고 인정하여 민유로 재결된 사례이다.[58] 이 사

청지의 표시, ③ 신청의 사유, ④ 증빙서류 등을 첨부하는 방식이었다.

[56] 朝鮮総督府, 『朝鮮総督府官報』 제720호, 1914.12.25. 경상남도 진주군 진주면 비봉동 사례.

[57] 통계를 근거로 전국의 국유지는 감소현상을 보인다고 주장하는 견해(이영훈, 1997, 「토지조사사업의 수탈성 재검토」, 『조선토지조사사업의 연구』, 민음사, 518~519쪽)가 있지만, 토지조사가 완결되지 않은 단계의 통계자료는 근거와 기준이 불명확하여 신빙성이 떨어진다. 다만 결수연명부가 작성된 1913년 이후의 통계는 어느 정도 신빙성을 인정할 수 있다.

[58] 朝鮮総督府, 『朝鮮総督府官報』 제1038호, 1916.1.22.

례는 민의 매매문권이 있고, 국유지 대장에 기록이 없어 도장관이 국유가 아니라는 것을 인정한 경우였다. 증거 없이 불법적으로 국유화시킨 토지를 반환한 경우이다.

두 사례는 증거 제일주의에 근거하여 판정한 사례이다. 국·민유 분쟁에서 양측 주장이 서로 부딪칠 때는 사유라는 확실한 증거를 제출할 때만 사유로 인정했다. 예로부터 문기 없이 점유하여 지세를 부담했어도 관문서의 기록을 우선적으로 인정했다. 하지만 관의 증빙이 없을 때는 사문서를 증거로 채용하기도 했다. 사정이나 재결 과정에서 민유라고 소유권을 주장할 때는 국유보다 더 확실한 증거를 요구하는 경우가 많았다.

다음은 개간으로 성립한 관습물권이 국가의 명목적 소유권과 분쟁하여 권리를 박탈당한 사례이다. 첫째, 영릉 소속의 토지분쟁 사례이다. 이규헌이 영릉 토지를 모경(冒耕)하여 결수연명부에 등록했지만 은토라는 이유로 결수연명부에서 삭제했음에도 불구하고 민유로 사정된 경우이다. 그러나 그후 조선총독부가 이 토지에 대해 불복신청하여 국유로 재결받았다.[59] 모경은 개간이 전제된 행위이다. 사정에서는 개간을 근거로 개인의 소유로 정했지만, 위원회에서는 모경이라는 이유로 민의 소유를 사정한 것을 번복하여 국유로 재결했다.

둘째, 충남 공주군의 국유지 실지조사 때 누락된 포둔(砲屯) 사례이다. 재결서에는 국유지 보관자가 근거가 없어 국유로 통지를 하지 않았는데, 박화천이라는 경작자가 신고하여 사정을 받은 사례이다. 도장관이 불복신청하여 국유로 재결되었다.[60] 절수사여지 성격의 포둔을 둘러싸고 국가

---

59 朝鮮総督府,『朝鮮総督府官報』제995호, 1915.11.27.
60 朝鮮総督府,『朝鮮総督府官報』제1149호, 1916.6.3.

와 경작자의 권리에 대한 평가가 사정과 재결에서 서로 달랐다. 결국 경작권자를 배제하고 국유로 재결했다.

셋째, 경기도 이천군 5개 면에 걸친 8건, 11필지의 사례이다. 경기도 장관이 "이 토지는 역둔토로 소작료의 징수 여부에 관계없이 국유가 확실한데 토지조사 때 국유지 통지를 하지 않고 지주총대 등이 입회한 뒤 토지신고서에 기초하여 각 사정명의인의 소유로 인정하고, 제8번째의 토지는 국유가 아니고 강정민의 소유인데 국유로 편입되었다"고 불복신청했다. 토지조사 당시의 오류로 사정명의인이 토지신고를 하여 사정을 받았지만, 불복신청으로 한 필지는 민유로 환급하고, 나머지는 국유로 재결했다.[61] 이 경우도 절수사여지로 보인다. 국유지 실지조사에 누락되어 민유로 사정했다가 번복한 경우이다.

이상 사례는 국유 측이 통지를 하지 않고 경작자가 신고하여 사정받은 경우이다. 국·민유 양자는 입안에 근거하여 성립된 수조권을 매개로 관계가 형성된 것으로 보인다. 국유 측이 명목적 소유권(또는 입안권)을, 민이 개간권인 실질적 소유권(물권적 경작권)을 가진 경우였다. 이 같은 절수사여지는 대체로 국유로 사정했다. 하지만 국유지 통지를 하지 않았거나 실지조사에서 행정오류나 증거미비로 민유로 사정된 것이 있었다. 이에 대해 불복신청한 경우 민을 단순 소작인으로 간주하고 국유로 재결한 것으로 보인다.

다음은 전남도장관이 제출한 총 55건의 토지사정 불복신청서이다.[62]

61　朝鮮総督府, 『朝鮮総督府官報』 제1020호, 1915.12.27. 김해 지역의 국·민유 분쟁에서 분쟁 제기자가 소작인인 경우와 아닌 경우가 있었다. 사정명의인에도 물권적 경작권자가 있었을 것으로 판단된다.

62　조선총독부, 1919, 「토지사정불복신립 신청서 전남 세제435호의 1」, 『토지사정불복

도장관이 불복신청한 대상은 일본인 1건, 조선흥업 1건을 제외하고 모두 조선인이었다. 불복신청서는 두 종류로, 전후 사정을 자세히 기록한 것과 사정명의인이 "이의 없이 동의한다"고 기록하거나 여기에 "역둔토에 속한 국유지"라는 표현을 덧붙인 경우였다.[63]

전자는 6건으로 공통적으로 역둔토대장과 실측도에 등록되어 있다고 주장한 점이다.[64] 토지조사에서 토지신고서나 결수연명부를 근거로 민유로 사정했지만, 재결 과정에서는 이보다 앞서 작성된 역둔토대장을 근거로 국유로 재결한 것으로 보인다. 이 경우 재결서에 개간자나 소작인 등이 토지신고서를 제출할 때, 국유지관리자가 해당 토지가 역둔토대장에 등록되어 있고 지주총대 등이 입회했음에도 불구하고 국유지통지서를 제출하지 않아 민유로 사정되었다고 기록된 내용을 문자 그대로 이해하면, 통지나 실지조사가 부실하게 진행되었다는 것으로 해석된다. 그렇지 않다면 이곳은 국유지 실지조사에서 시행되지 않아 국유지대장이 작성되지 않은 곳으로 보인다. 사정 당시에는 심사결과 경작자의 소유를 인정하여 신고서대로 사정했다가 재결에서는 경작자를 단순 소작인으로 판정해 국유로 재결했다고 이해해야 할 것이다.

대부분의 불복신청은 토지조사가 부실하게 시행되었다고 느낄 정도로 다음과 같이 매우 간단하게 사유를 언급하는 정도였다.

　　신립사건 재결관계』.

63　조선총독부, 1919, 『토지사정불복신립사건 재결관계』. 국유로 재결된 후에는 후속 조치로 "역둔토대장에서 삭제해야 하는 건"을 도장관이 탁지부 장관에게 보냈다.

64　조선총독부, 1919, 「토지사정불복신립신청서 전남세제435호의 1」, 『토지사정불복신립사건 재결관계』, 43~50쪽.

"전항 기재의 토지에 대하여 임시토지조사국장이 이원칠(李元七)의 소유로 사정했어도 이는 오류이다. 국유에 상위 없다는 것은 사정명의인 이원칠도 이의가 없다고 한다. 이에 따라 정정을 요청한다."[65]

이처럼 아무런 증거도 제시하지 않고 사정명의인이 국유라는데 이의가 없다고 인정했다는 것이다. 증빙서류도 '토지소유권 명의정정 승낙서'나 경계분쟁에서는 도면을 첨부한 정도였다. 이외의 다른 불복신청서도 토지와 사정인 명의만 다르고 모든 내용이 동일한 양식에 동일한 내용을 '인쇄한 것처럼' 같은 내용의 신청서를 작성했다. 전남도장관 미야기 마타시치(宮木又七)가 이같이 간단하게 불복신청서를 작성 제출했음에도 불구하고 고등토지조사위원회에서는 국유로 재결했다. 다른 도 역시 모두 동일한 방식으로 신청서를 제출하여 국유로 재결 받았다.[66]

국유 측이 불복신청한 것을 각하한 매우 드문 사례도 있다. 사정명의인이 매수하여 점유, 수익, 납세해 온 토지로 결수연명부에도 등록하고 민유로 사정했는데, 국유 측에서 이곳이 본래 국유지라고 불복신청한 경우다. 도지사가 국유지 실지조사에서 면장이 자기 소유로 확보하기 위하여 직위를 이용하여 국유에서 제외되었으니, 국유로 재결해 달라고 신청하였다.[67] 고등토지조사위원회는 도지사의 주장에도 불구하고 역둔토대장에 등록되지 않았다는 이유로 이를 각하했다. 국유지 실지조사의 결정

---

65 조선총독부, 1919, 「토지사정불복신립 신청서 전남 세제435호의 8」, 『토지사정불복신립사건 재결관계』, 56쪽.
66 도장관은 고등토지조사위원회와의 연락관계 등 불복신청의 전 과정을 탁지부 장관에게 보고했다. 조선총독부, 1919, 『토지사정불복신립사건 재결관계』, 34~41쪽.
67 조선총독부, 1919, 『토지사정불복신립사건 재결관계』, 1917.8.14, 제출 서류.

사항을 중시하였다.

다음은 특수한 지목인 관아 터와 지소에서 제기된 불복신청 사례이다. 불복신청은 모든 지목에서 발생했지만, 충청 지역에서는 관아 터나 창고 부지(고마둔 사창 등의 창고 부지)를 대상으로 불복신청한 경우가 많았다. 갑오개혁 이후 관아가 훼철되면서 황폐되어 진전으로 변하자 농민들이 개간하거나 집을 지어 이용한 토지이다. 대체로 개간지에서는 명목적 소유권자와 개간권자 사이에 점유권 또는 이용권 등의 물권적 권리가 늘 대립했다. 불복신청은 국유지 관리자가 국유지통지서를 제출하지 않고 점유권자가 신고하여 민유나 면유로 사정된 경우에 발생한다.[68]

재결서에는 일반적으로 "국유지임에도 불구하고 임시토지조사국장이 ○○○의 소유로 사정"하자 불복신청하여 국유로 재결했다고 기록되어 있다.[69] 어떻게 이들이 민유지로 사정되었을까? 관아 터가 역둔토대장과 지도에 등록되었음에도 불구하고 왜 국유지통지서를 제출하지 않았을까? 그리고 지주총대 등이 입회했음에도 불구하고 소작인(점유권자)의 소유로 사정된 이유가 무엇일까? 종전 국·민유 분쟁지, 특히 절수사여지에서 분쟁이 제기되었을 때 개간권자를 소유권자로 사정한 사례와 같은 경우일까 등이 의문이다.

일제는 국가의 수조권적 권리와 경작권을 근거로 한 물권적 권리를 둘러싸고 서로 분쟁할 경우, 사정 당시에는 진전 등 토지상태에 따라 경작자의 개간권을 인정하여 소유권자로 인정하기도 했지만, 재결할 때는 일본

---

68 재결서에는 이들을 아예 채권적 관계인 소작인으로 기록했다.

69 朝鮮總督府, 『朝鮮總督府官報』 제1014호, 1915.12.20, 구덕산 해창 부지 사례; 제1015호, 1915. 12. 21.

민법의 소유권 개념을 적극 적용하여 수조권적 권리를 소유권자로 정리한 것으로 보인다. 특히 충청 지역 관아 터의 경우 초기에는 민의 개간에 의한 점유권을 대거 인정하여 민의 소유로 사정한 것으로 보인다. 다른 지역에서는 이러한 사례가 보이지 않는 점으로 보아 사정 단계에서 지역별로 국·민유지를 확정하는 기준이 명확했던 것은 아니었다고 생각된다.

관아 터나 창고 터가 충남북의 일부 지방에서, 지소는 경북과 경남의 일부 지역에서 통지를 하지 않아 타인 명의로 사정되어 불복신청되었다. 지역별로 판정기준에 차이가 있어 통지하지 않았던 것으로 판단된다. 재결은 전국 단위로 소유권 판정기준을 통일시키는 과정이라고 할 수 있다.[70] 재결할 때 공토 내의 개간지를 국유로 확정하는 기준을 마련하여 일률적으로 적용한 것으로 보인다.[71]

일제는 원칙적으로 제언은 국유로 처리했으며, 지목은 지소(池沼)였다. 경북을 비롯한 몇몇 지역에서 상당수의 지소가 개인이나 동리 명의로 사정되었다가 불복신청을 거쳐 국유로 재결되는 모습을 보였다.[72] 총 9개 군에서 134필지, 413명이 여기에 관련되어 있다. 경기, 경남, 충남의 서산과 부여에서는 이와 반대로 각각 1곳의 지소가 국유에서 민유로 재결되었다. 불복 신청인이 1명이라는 점에서 개인소유로 재결한 것으로 보인다. 경북의 경우는 사정인이 여러 명이었다는 점에서 차이를 보였다. 공용관개를 위해 설립한 지소는 국유로 재결되는 모습을 보였다.

일제가 지소를 국유로 처리한 것은 수리 문제를 조선총독부가 주도적

---

70 朝鮮総督府,『朝鮮総督府官報』제1015호, 1915.12.21, 경기도 광주군 중도면 산성리 사례.

71 朝鮮総督府,『朝鮮総督府官報』제1015호, 1915.12.21.

72 朝鮮総督府,『朝鮮総督府官報』제1162호 1916.6.19, 경북 청송군의 경우 청송면 4, 진보면 5, 현동면 2, 현서면 2, 부동면 1, 파천면 1=15곳이다.

으로 처리하기 위한 조치로 보인다. 이러한 의도를 경남 창원군 상남면 토월리의 사례에서 볼 수 있다. 이곳의 답이 각 개인 명의로 사정되었다가 국유로 재결된 경우였다. 사정 당시 이곳의 지목은 연못[池]이었던 곳을 모경하여 답으로 변환된 상태였다. 경남 도장관은 이곳 지(池)가 모경지로 민유로 사정되었지만, 민유라고 인정할 확증도 없을 뿐만 아니라 지방비의 보조를 받아 수축 작업을 시행하기 위해 국유로 재결 신청한다고 했다.[73]

민유 측과 국유 측은 서로 다른 입장에서 변명서를 제출했다. 민유 측은 이 토지는 민유로 증명관리의 증명을 거쳐 등기한 것이며, 계속 소유자가 변경되어 왔다고 했다. 그리고 소작료를 받아 지세를 납부한 영수증을 증거로 이 토지의 소유자라고 주장했다.[74] 반면 국유 측은 이 토지는 국유 지소의 일부인데, 관리 부실로 점차 황폐화되면서 수면 위로 땅이 노출되어 모경한 제언 부지라고 주장했다. 사정명의인과 국유 측이 동의한 점은 지소의 일부를 모경, 즉 개간한 토지라는 점이다. 차이점은 개간 시점이었다. 전자는 오래되었다고 주장한 반면, 후자는 결수연명부를 작성할 무렵이라고 주장했다.[75]

고등토지조사위원회에서는 국유 측의 주장을 받아들여 국유로 재결했지만, 임시토지조사국에서는 오래전부터 개간지로 거래되고 증명했다는 점을 고려하여 개인 소유로 사정했던 것으로 보인다. 재결은 명목적

---

[73] 고등토지조사위원회, 1918, 『경상남도 창원군 불복신립사건 심사서류(3책의 2)』.

[74] 고등토지조사위원회, 「변명서(우정식) 1916.9.9, 변병서(신상문 1916.8.30)」, 『경상남도 창원군 불복신립사건 심사 서류 (3책의 2)』, 1918.11.28.

[75] 고등토지조사위원회, 1918.11.28, 「불복신립이유서(이춘만)」, 『경상남도 창원군 불복신립사건 심사서류(3책의 2)』.

소유권이 점유권(경작권)을 제압하고 배타적 소유권을 확보하는 과정이었다. 지소도 이러한 범주에 속하여 국유로 재결된 것으로 보인다.

(2) 민유지의 불복신청 사례

민유지에서 불복신청은 조선인과 조선인, 일본인과 일본인, 일본인과 조선인 등으로 분류할 수 있으나 여기서는 민족별 이해관계가 반영된 조선인과 일본인의 경우를 대상으로 살펴보기로 한다.

민유지에서 불복신청이 제기된 이유에는 토지소유자가 토지신고서를 제출하지 않아 타인에게 사정된 경우가 많았다. 조선인의 불복신청 건수는 대부분 1인 1건 정도였다. 그 이상 불복신청한 자는 드물었다. 경남 하동의 최인희가 10건으로 가장 적극적으로 불복신청을 했다. 반면 일본인은 조선인보다 적극적으로 불복신청에 참여했다. 오이케 츄스케나 무라이 기치베처럼 일본인 대지주들은 보통 1, 2건을 불복신청했지만, 오쿠라 기하치로이나 오하시 요이치, 야마모토 아이노스케(山本愛之助)은 여러 건을 불복신청했다. 그중 오쿠라는 11건이나 되었다. 전북의 대표 지주였던 그는 농장 설립 초기 잠매할 때 생긴 문제나 개간지에서 발생한 분쟁을 해결하려고 했다. 후지이 간타로(藤井寬太郎)는 투자지가 주로 개간지였다는 점에서 분쟁에 휩쓸릴 여지가 더 많았다.[76] 후지이의 불이흥업은 불복신청 건수가 33건이나 되었다. 25건은 조선인, 8건은 일본인으로부터 확보한 것이었다.[77]

76　최원규, 2021, 『일제시기 한국의 일본인 사회』, 471~476쪽.
77　그중 6건은 후지이 간타로가 자기 이름으로 사정된 토지를 회사 이름으로 바꾸기 위

민유지에서의 불복신청은 세 유형을 볼 수 있다. 조선인이 일본인을 대상으로 한 경우, 일본인이 조선인을 대상으로 한 경우, 동척이 조선인을 대상으로 한 경우 등이다.

다음 사례는 일본인 지주가 동리의 초생지(草生地)를 대거 매입하고 토지신고서를 제출했는데, 임시토지조사국장이 그중 일부 토지를 인정하지 않고 동리민의 소유로 사정한 경우이다. 이에 불복신청을 했지만, 고등토지조사위원회에서 각하한 경우이다.

경기도 진위군 서탄면 금암리 815·816번, 마무리 340·341필지 등 4필지의 잡종지가 대상이었다. 이 토지는 불복신청인 마스모토 기헤(升本喜兵衛: 도쿄 거주)가 1911년 6월 진위 군수의 증명을 거쳐 전 소유자 고노 슈조(河野修造)로부터 매수한 초생지의 일부분이라는 것이다. 고노의 전 소유자인 김동혁이 초생지를 현지의 동리민으로부터 사 모았는데, 그중 금일 분쟁 토지는 종전에 누구의 소유인지 알 수 없다고 했다. 분쟁지는 김동혁이 부근의 초생지를 동리민들로부터 매수하여 고노에게 매도하고, 고노는 다시 불복신청인에 매각하였다. 따라서 김동혁으로부터 불복신청인까지의 권리계승 관계는 이의를 제기할 여지가 없지만, 김동혁에게 해당 토지에 대한 소유권이 있는지 없는지가 문제였다. 김동혁이 누구로부터 분쟁지를 매수했는지 불복신청인이 이를 명백히 주장할 수 없었다는 것이다.

마스모토가 불복신청한 토지는 김동혁이 1907년경 진위 군수의 도움을 받아 동리민을 강제로 군청에 소집하여 계약을 체결한 뒤 실지측량을 하고 관의 증명을 받은 토지였다. 고노와 불복신청인은 선의로 그 소

해 불복신청한 것이다.

유권을 확보했다고 믿고 동리민을 총대로 두고 관리 점유하다 토지신고를 했다. 이때 임시토지조사국은 김동혁이 매수했다고 칭하는 토지 가운데는 실제 매매가 성립되지 않은 토지가 혼입되어 있었다고 판정하고 동리민에게 사정한 것이다. 문제는 김동혁이 원래부터 소유하지 않은 토지의 권리를 그로부터 계승할 수는 없기 때문에, 고등토지조사위원회는 이들의 불복신청을 인정하지 않고 각하했다.[78]

위 사례에서 우리는 사정의 한 원칙을 확인할 수 있었다. 일제는 관권을 동원하여 강압적으로 매매계약을 체결했더라도 일단 성립된 계약은 그대로 유효하다고 인정했다. 불복신청이 각하된 토지는 계약 자체가 성립되지 않았기 때문에 토지조사국에서는 동리민의 소유로 사정하였으며, 고등토지조사위원회는 불복신청을 각하했다. 토지조사국은 토지를 획득하는 과정에서 행한 강압이나 불법적 방법이든, '행위의 불법성'은 문제 삼지 않고 문서계약 위주로 소유권을 판정했다. 물론 거짓 증거는 인정하지 않았다.

다음은 동양척식주식회사(이하 동척)의 불복신청 사례이다. 동척 토지는 정부 출자지로 대부분 동척 소유로 사정되었다. 하지만 동척이 토지신고를 하지 않고, 민이 신고서를 제출하여 민유로 사정된 경우와 군수가 국유지통지서를 제출하여 국유로 사정된 경우가 있다. 이런 경우 사정 공시 후 동척이 불복신청하여 재결을 받았다. 그리고 동척이 민과 분쟁하여 민으로 사정된 것을 동척이 다시 불복신청하여 재결 받은 토지도 있다.

동척이 정부 출자지였음에도 불구하고 왜 토지신고서를 제출하지 않았을까. 불복신청서에서 그 이유를 보면 이해하기 어려운 측면이 있다.

---

[78] 朝鮮総督府, 『朝鮮総督府官報』 제1240호, 1916.9.19. 고위 제518·519호 재결서.

"정부 출자지로 인도 받은 이래 확실히 이를 점유했음에도 불구하고, 임시토지조사국장이 ○○○의 소유로 사정하여 불복신청인(동척)의 소유로 재결을 구한다"는 것이었다.[79] 더구나 "정부 출자지라는 인증을 얻어 소유권 보존증명을 받고…과세지견취도와 결수연명부에 비추어도 ○○○의 소유라고 할 만한 증거가 조금도 없음에 따라 불복신청인의 소유라 정정하고 재결을 구한" 경우도 있다.[80]

동척이 자기 소유였음에도 불구하고 토지신고서를 제출하지 않고 사정명의인이 제출하여 사정받은 경우였다. 왜 그런 일이 발생했을까. 두 경우를 예상할 수 있다. 하나는 행정적 오류로 볼 수 있고, 또 하나는 절수사여지나 투탁지 또는 혼탈입지와 같이 민의 실질적 지배권이 강하여 동척이 소유권자라고 주장하기가 쉽지 않았던 토지였을 수도 있다. 동척이 정부 출자지를 신고하지 않아 사정에서 제외된 필지가 적지 않았다는 것은 행정적 오류라기보다 사정 후에 새로운 증거 확보나 판정기준 등과 관련하여 적극적으로 소유지 확보에 나섰다고 해석하는 편이 나을 듯하다.

동척의 분쟁은 사정 전에 제기된 분쟁과 사정 후 불복신청한 경우 두 가지로 구분된다. 전자의 대표적 사례는 경남 김해 지역의 사례를 들 수 있다.[81] 분쟁은 두 차례 제기되었다. 첫 번째는 실지조사 당시 이곳의 동척 토지에서 분쟁이 많이 발생했으며, 분쟁지심사위원회에서 심사하여 동척

---

79 고등토지조사위원회, 「토지사정불복신립서」, 『경상남도 불복신립사건심사서류』 제16호.

30 고등토지조사위원회, 「토지사정불복신립서」, 『경상남도 불복신립사건심사서류』 제13호.

31 최원규, 2014, 「일제의 토지조사사업에서 국유지 통지와 국·민유분쟁-창원군과 김해군 사례」, 『역사문화연구』 49, 152~165쪽.

소유로 사정한 경우이다. 두 번째는 사정 공시 후 동척이 조선인 사정지를 대상으로 불복신청한 경우로 대부분 동척 소유로 재결했다. 창원 지역에서는 사정 과정에서는 분쟁이 제기되지 않았지만, 사정 후 동척이 수십 건 불복신청하여 재결 받았다. 김해, 창원 지역은 동척이 대부분 분쟁지에서 승리했다는 점이 특징적이다.

동척이 불복신청한 토지는 정부 출자지이지만, 일반적인 국유지와 달리 국유지 실지조사를 하기 전에 동척에 출자한 토지이기 때문에 분쟁률이 높은 편이었다고 생각된다. 동척은 불복신청할 때 군수로부터 "전기의 토지는 1910년 8월 정부가 출자한 것"이라는 것을 인증한다는 내용의 '출자지인증원'을 받아 제출했다. 그리고 동척은 토지사정불복신립서에 정부 출자지라는 점을 공통적으로 언급했으며, 여기에 과세지견취도나 결수연명부를 증거로 재결을 신청한다고 강조하기도 했다.[82]

동척이 자기 소유로 판정받을 만큼 거의 완벽한 증거를 갖고 있으면서 왜 토지신고서를 제출하지 않았을까. 현존하는 경남 창원군의 불복신청 서류를 근거로 파악해 보자. 동척이 재결 받은 건수는 명의 정정이 15건, 양입 사정이 9건, 교체 필지 4건, 경계 5건이었다. 먼저 명의 정정은 양자의 합의로 토지소유권 사정명의정정승락서를 제출하여 명의를 정정한 것이다. 이때 빠지지 않고 제출한 것은 정부 출자지라는 증거였다.

그러나 정부 출자지가 곧 동척 소유라는 등식이 성립하는 것은 아니었다. 확인절차가 필요했다. 민이 분쟁을 제기하거나, 동척이 신고를 하지 않은 필지가 적지 않았지만, 동척이 불복신청할 때 제출한 토지등록부를

---

82 고등토지조사위원회, 「토지사정불복신립서」, 『경상남도 불복신립사건심사서류』 제13호.

보면,[83] 신고의 단순 누락 가능성은 별로 없어 보인다. 동척이 사유를 언급하지 않아 그 이유는 알 수 없지만, 정황을 통해 그 원인을 살펴보기로 하자.

경남 창원군에는 동척이 정부 출자지 이외에 매득한 토지까지 타인에게 사정되자 불복신청하여 재결을 받았다.[84] 동척이 불복신청한 것은 세 경우였다. 다른 소유자의 필지에 양입 사정된 경우, 경계를 잘못 측량하여 발생한 경우 그리고 필지를 새로 구획하면서 구 필지를 분·합필하는 과정에서 오류가 발생한 경우 등이다. 양입 사정과 경계측량의 오류는 실지조사 과정에서 발생한 단순 오류도 있었지만, 필지의 경계 표시인 사표가 갖는 본질적 한계 때문에 발생했을 것으로 판단된다. 사표의 모호한 표기 방식이 동척의 소유지 확대에 일조한 것으로 보인다. 사표의 표기인 지형지물 대신 선으로 경계를 확정할 때, 힘이 강한 동척에 유리한 방향으로 경계선이 확정될 가능성이 높았기 때문이다. 사표는 경계 표시의 모호성 때문에 분쟁이 발생할 여지가 많았다. 특히 필지 사이의 사표 부분에 존재한 토지는 무주지처럼 보이나 실질적으로는 개간 경작하는 경우가 많았다. 이들 토지가 주변 토지에 합필되는 경우 분쟁 발생은 필연적이다. 동척은 경계에 대한 불복신청의 비중이 높았을 뿐 아니라 재결도 대체로 동척의 요구대로 이루어졌다.

다음은 개간 문제와 관련하여 소유권 확정을 둘러싸고 불복신청이 제기된 경우이다. 사궁장토의 경우처럼, 동척도 민유로 방치했다가 재결 과

---

83 고등토지조사위원회, 『경상남도 불복신립사건 심사서류』 제9호 첨부 서류. 동양척식주식회사의 토지등록부 서류철을 첨부했다.

84 朝鮮総督府, 『朝鮮総督府官報』 제1167호, 1916.6.24.

정에서 적극 소유권 확보에 나서 되찾아간 것으로 생각된다. 이러한 예를 조선인이 자기 토지라고 신고하여 사정받은 토지를 동척이 불복신청한 경우를 통해 살펴보기로 하자.

첫째, 경남 창원군 웅남면 적현리 익자 49번 답이 두 필지로 분필되어 동척과 신재수에게 각각 사정된 사례이다.[85] 둘째, 경상남도 창원군 진전면 봉곡리의 세 필지에서 벌어진 사례이다.[86] 셋째, 동척이 정부 출자지로 인도 받은 11필의 토지인데, 임시토지조사국장이 이를 두 필지로 합필하고 그중 한 필지를 최현갑의 소유로 사정한 사례이다. 최현갑이 제출한 토지신고서에는 그 필지를 '新起'라 표기했으며, 임시토지조사국에서는 그의 소유로 사정했다. 그러나 동척은 소작인 최현갑이 동척 소유의 전을 답으로 전환하고 토지신고서를 제출하여 사정받은 것이라고 불복신청을 하여 재결을 받았다.[87] 이 사례는 양쪽이 토지신고서를 제출하고 서로 모순되지 않아 임시토지조사국장이 별도의 필지로 사정했는데, 동척이 두 필지는 별개가 아니라 모두 동척 토지라고 불복신청하였다. 개인이 필지의 한 부분을 개간하고 신고서를 제출하여 분쟁이 발생한 경우라고 생각된다. 동척은 대면적주의의 구획에 따라 주위의 토지를 자기 소유지라고 주장하며 합필했는데, 이때 개간지도 여기에 포함시켜 자기 소유라고 불복신청하였다.

개간지의 소유권을 판정할 때 개간권과 입안권 가운데 무엇을 소유권으로 선택할 것인지가 문제였다. 사정 과정에서는 이용자, 즉 현실의 점유

85　고등토지조사위원회, 『경상남도 불복신립사건 심사서류』 제44호, 1916.6.12.

86　고등토지조사위원회, 『경상남도 불복신립사건 심사서류』 제13호, 1916.6.8.

87　고등토지조사위원회, 『경상남도 불복신립사건 심사서류』 제16호, 1916.8.29. 사정 전에는 전이었는데, 사정할 때 답으로 되어 소작인의 소유로 사정된 경우이다.

자를 소유자로 사정했으나 재결 과정에서는 명목적 소유권자의 입장에서 처리한 것으로 보인다. 이때 동척이 제출한 정부 출자지라는 서면이 재결 받는데 결정적 증거로 활용된 것으로 보인다.

동척이 불복신청으로 소유지를 확대해 간 것은 관보의 재결서로 확인해 보면 대략 138건 정도였다. 이 가운데 조선인을 대상으로 재결 받은 건수는 109건이었다. 도별로는 경남이 138건 중 77건으로 제일 많았다. 다음이 전북, 경기, 충남 순이었다. 경남은 창원, 김해, 사천, 밀양, 동래, 함안, 산청, 진주 등에서 발생했는데, 이 중 창원이 제일 많았다. 전북에서는 전주와 익산이, 경기에서는 서울과 인접한 고양군에서 주로 발생했다.[88] 동척을 둘러싼 불복신청은 조선인이 동척을 대상으로 한 경우는 매우 드물었으며, 대부분 동척이 조선인을 대상으로 불복신청하였다. 대부분 불복신청한 동척의 요구대로 재결되었다. 재결은 동척 소유지의 확대 과정이었다.

2) 분쟁지에서의 불복신청 사례

(1) 민유 분쟁지에서의 불복신청 사례

사정은 분쟁지와 분쟁지가 아닌 경우로 구분할 수 있다. 사정된 두 토지 모두 불복신청 대상으로 재결과 재심이 허용되었다. 먼저 분쟁지를 대상으로 불복신청한 사례이다. 분쟁지와 재결은 심사기준이 다르지 않았

---

88 각 지역의 동척 재결지 실태는 다음과 같다(『朝鮮総督府官報』의 동척관계 재결서).

경기	경남	경북	전남	전북	충남	충북	평남	합계
19	77	2	1	20	11	3	5	138

지만, 결과가 달리 나타나기도 했다. 『조선총독부관보』에 실린 5개의 사례를 검토하여 보자. 일본인과 조선인 사례 2건, 조선인과 조선인 사례 3건이다.

먼저, 일본인과 조선인이 분쟁한 사례 2건이다. 첫째는 경성 원동 소재의 대지를 둘러싸고 사사키 유스케(佐佐木勇助)와 황소사가 분쟁한 사례이다.[89] 임시토지조사국장이 황소사의 소유로 사정했지만, 사사키는 그 사이에 토지가옥소유권 확인과 가옥명도청구소송을 경성지방법원과 복심법원에 제기하여 승소 판결을 얻었다. 그는 판결서 사본을 고등토지조사위원회에 제출하여 재결로 소유를 인정받았다. 이 사례는 사정 결과를 법원 판결로 뒤엎었다는 점에서 특징적이다. 성격이 다른 두 기관이 서로 결론은 달랐는데, 고등토지조사위원회는 법원의 판결을 존중하여 사사키의 소유로 재결했다.

둘째는 창원군 동면 석산리에 거주하는 김상정이 경남 김해군 최대의 지주였던 무라이에 불복신청한 건이다.[90] 김상정이 조상 대대로 상속하여 온 토지라고 하며 불복신청한 토지는 김성윤이 김상정으로부터 매수하여 구니에다 진사부로(國枝仁三郎)에게 매도하고, 무라이가 이를 매수하여 사정받은 토지였다.[91] 무라이는 1908년 마산 이사청에 증명을 받고 농장 경영에 착수했다고 주장했는데, 분쟁은 이때부터 시작되었다. 총 4차례의 심사와 재판이 있었다. 첫 번째는 1909년 김상정이 곽사옥에게 임대해 준 200두락의 토지에서 발생했다. 곽사옥은 무라이가 수확물을 요구

89　朝鮮総督府, 『朝鮮総督府官報』 제832호, 1915.5.14.
90　이영학, 2011, 「한말 일제하 창원군 식민지주의 형성과 그 특질 -村井진영 농장을 중심으로」, 『일제의 창원군 토지조사와 장부』, 선인, 318~332쪽
91　고등토지조사위원회, 1917, 『경상남도 창원군 불복신립사건심사서류』(3책 중 2).

하자 김상정이 아니라 무라이에게 지불했다. 이에 김상정이 마산재판소에 소송을 제기하여 자기 소유로 확인받고 배상받도록 판결을 받았다.[92]

두 번째는 김상정이 1912년에 마산지방법원에 토지소유권 확인과 인도 손해배상 청구사건으로 소송을 제기하여 패소 판결을 받은 일이다.[93] 김상정은 자기 토지를 김성윤이 불법으로 자기 토지처럼 꾸며 구니에다에게 매도하고 다시 무라이가 인수했기 때문에 무라이는 권원(權原)이 없이 점유하고 있다고 주장했다. 그러나 판결에서는 김상정의 소유라고 인정할 만한 증거가 없다고 했다. 계쟁 토지는 무라이와 구니에다 사이에 매매증명 수속이 이미 완료되어 공부(公簿)에 무라이 명의로 등록되었으며, 또 무라이가 분쟁지를 현실로 점유하고 있고 있기 때문에 무라이가 정당하게 소유한 것이라고 추정할 수 있다고 했다. 그리고 원고가 주장한 사실은 이를 시인할 이유가 없음으로 청구는 정당하지 않다고 판결했다.

세 번째는 1913년 대구 복심법원의 판결이다.[94] 법원에서는 판결에 앞서 무라이의 점유권을 인정하고 있었다. 계쟁 토지는 피공소인 무라이가 소유 의사로 이를 점유하고 있으며, 점유권의 효력으로 점유자가 점유물에 행사하는 권리는 적법하다고 추정할 수 있다는 것이다. 반증이 없는 한 무라이가 그 토지의 소유자라고 추정해야 하고, 반면 김상정의 주장은 인정하기 어렵다고 다음과 같이 판결했다.

---

92 고등토지조사위원회, 1917, 「판결 (대구복심법원 민사부 1914. 민공 제585호)」, 『경상남도 창원군 불복신립사건심사서류』(3책 중 2).
93 고등토지조사위원회, 1917, 「판결 (부산지방법원 마산지청 1912. 민제360호)」, 『경상남도 창원군 불복신립사건심사서류』(3책 중 2).
94 고등토지조사위원회, 1917, 「판결 (대구복심법원 민사부 1914. 민공 제585호)」, 『경상남도 창원군 불복신립산건심사서류』(3책 중 2).

공소인(김상정)이 소유권 취득의 원인으로 100여 년 전 조부가 매수하여 소유하여 왔다고 주장했지만, 문기는 20~70년 전의 문기라 양자가 일치하지 않았으며, 문기의 토지와 계쟁 토지가 같은 것인지 인정할 수 없다는 것이다. 그리고 김상정이 곽사옥을 대상으로 승소한 마산재판소의 판결도 제3자인 피공소인을 구속하지 못한다고 했으며, 집강이 군수에 보고한 문기나 여러 신문조서를 보아도 계쟁 토지가 공소인의 토지라고 확인할 수 없다고 했다. 납세영수증과 지세대장에 등록한 것은 인정하여도 과세 토지와 계쟁 토지가 일치하는지, 그리고 결세 납부의 사실만으로 소유권을 확증할 수 없다.

김상정은 일심과 복심 판결에서 이기지 못하자 마지막으로 고등토지조사위원회에 불복신청을 제기했다. 그는 불복신청 사유를 "무라이가 자기 농장 구내에 있다는 이유를 들어, 이는 자기가 매수한 토지라고 무리하게 주장하며 강탈 점령하고, 본인이 알지 못하는 사이에 악의로 자기 소유라 주장했다"라고 언급했다. 그럼에도 불구하고, 임시토지조사국장이 이 주장을 받아들여 무라이의 소유로 사정하여 불복신청을 했다는 것이다.[95]

고등토지조사위원회에서는 1917년 9월 6일 김상정의 불복신청을 각하했다. 위의 판결 내용을 근거로 김상정을 소유자라고 판단하기에는 부족하며, 무라이의 행위가 적법하다는 의견을 제시했다. 무라이는 매득 이래 개간에 막대한 자금을 투여하고 적법하게 점유 지배했으며, 증인의 신문조서

---

95 고등토지조사위원회, 1917, 「토지사정 불복신립」, 『경상남도 창원군 불복신립산건심사서류』(3책 중 2).

에 비추어 무라이의 소유라고 확정하고 김상정의 불복신청을 각하했다.[96]

고등토지조사위원회에서 재결할 때의 문제점은 토지소유자인 김상정이 매매대금을 한 푼도 받지 못했고, 매매 이전도 그가 모르게 이루어졌다고 주장했지만, 이를 전혀 채택하지 않고 김상정의 소유를 부정했다. 매매문기도 김성윤의 계약서만 채택하고 증언도 무라이에 유리한 것만 채택했다. 김성윤은 구니에다의 하수인이고 구니에다는 무라이 농장의 관리인이었다. 김성윤이 김상정이나 주민들로부터 적법하게 땅을 구입한 것인지에 대하여 고등토지조사위원회의 조사나 검토는 재결서에는 보이지 않았다.

그리고 매매문기의 토지와 계쟁 토지, 지세영수증 등을 인정하면서도 이것이 분쟁 토지와 같은 토지인지 의문을 제기하면서 이에 대한 검증 없이 인정하기 어렵다는 의견만 제시하였다. 낙동강 유역의 토지가 범람 등으로 매매문기의 사표가 현장과 일치하지 않았을 수도 있었다. 재결서는 매매문기의 문제점만 제시하고 이를 인정하지 않고, 증명만을 증빙서로 인정하고 소유권을 판정했다.

마산재판소에서 김상정의 소유로 판결했던 사실도 본 판결에서는 제외했다. 그리고 고등토지조사위원회는 무라이가 본래 점유권자인 김상정을 강제력을 동원하여 몰아내고 점령했음에도 불구하고 그가 현재 점유하고 있다는 사실, 그리고 무라이가 '적법하게 막대한 자금을 투자하여' 개간한 농장이라는 점 등을 중시하여 무라이의 소유로 재결했다.

다음은 조선인과 조선인 사이의 분쟁이다. 첫째는 사정하기 전에는 사립진명학교와 윤상건의 다투었다. 양자는 토지조사 이전에 윤상건의 소유

---

96 고등토지조사위원회, 1917, 「재결서(1916년 고위 제5706호)」, 앞의 책(3책 중 2).

라고 화해했는데, 윤상건이 토지신고서를 제출하지 않고 진명학교가 토지신고서를 제출하여 사정권자가 되었다. 이에 윤상건이 결수연명부 등본과 토지소유권 명의정정 승낙서 등의 증거 서류를 제출하고 불복신청하여 재결을 얻어냈다. 결수연명부에 윤상건의 소유로 기록되었지만, 토지신고서를 제출하지 않아 이 같은 일이 발생했다고 했다.[97]

둘째는 국유 측과 사립진명여학교가 국유지통지서와 토지신고서를 각각 제출한 사례였다.[98] 심사 결과 사립진명여학교 소유로 사정되자 경기도장관이 불복신청하여 국유로 재결 받았다. 국유 측은 이 토지가 역둔토대장과 역둔토지도에 등록되었으며, 소작인이 경작하고 있는 국유지라고 주장했다. 국유지 실지조사 결과가 효력을 발휘한 경우이다.

셋째는 문중 대표 2명이 사정명의인이 되자 그 외 문중인인 김병수 외 5명이 불복신청한 사례이다. 김씨 일문이 초량학교에 토지를 기부한 대가로 두 필지의 토지를 받았는데, 대표 두 사람이 사정명의인이 되자 그 외 6명이 불복신청을 하여 재결을 받은 건이다. 토지 공유권 확인 인도와 가옥철거 청구사건에 대해 부산지방법원의 확정판결을 제출했다. 재판에서 사정권자가 패소하자 불복신청인이 판결정본 확정증명서, 진술서 등을 고등토지조사위원회에 제출했다. 사정명의인이 다른 사람이 증여했다는 것을 입증하지 못하여 고등토지조사위원회에서 6명 공유로 재결하였다.[99] 판결이 사정을 뒤엎은 경우이다.[100]

97　朝鮮総督府,『朝鮮総督府官報』제838호, 1915.5.21.

98　朝鮮総督府,『朝鮮総督府官報』제1185호, 1916.7.15.

99　朝鮮総督府,『朝鮮総督府官報』제1377호, 1917.3.9.

100　경기도 광주군 경안면 쌍령리의 신씨가가 수원 지청의 판결을 근거로 최원보로 사정한 것에 불복하여 재결에서 승리한 경우도 있다(朝鮮総督府,『朝鮮総督府官報』

마지막으로 동척과 국유, 조선인 등 셋이 분쟁한 특별한 경우이다. 처음에는 동척과 국유가 분쟁하여 국유로 사정되었지만, 매득해 경작하며 납세하던 제3자인 김삼규가 토지신고서를 제출하지 못했다는 이유로 불복신청하여 재결을 받은 경우이다.[101] 20여 년 전 김삼규가 매득하여 납세 경작하던 토지였는데, 그가 토지신고서를 제출하지 않아 사정 대상에서 제외된 가운데 국유 측과 동척이 분쟁 후 국유로 사정되었다. 그 후 김삼규가 불복신청하여 재결을 받았다. 분쟁 당사자가 아닌 제3자가 불복신청하여 재결 받은 사례이다.

임시토지조사국은 사정의 최고 결정기관이지만, 고등토지조사위원회가 상위기관으로 새로운 증거가 출현했을 경우 사정과 다른 재결을 하기도 했다. 위원회는 소송 중일 경우는 법원의 판결을 존중하여 재결했다. 분쟁지심사위원회에서 사정한 것에 대한 불복신청은 10% 정도에 불과했다. 일반민이 두 번이나 심사를 신청한다는 것은 쉽지 않았을 것이다. 분쟁이 제기되어 사정된 토지를 대상으로 불복신청을 제기하여 재결 과정을 거친 토지는 일반적으로 법원에 소송 중인 토지였다.

(2) 국·민유 분쟁지에서의 불복신청 사례

황해도 신천군에 거주한 염한용과 주민 6명이 신천군, 안악군, 재령군 3개 군에 걸친 구래의 어의궁 소속의 수십만 평의 토지에 대해 불복신청

제1015호, 1915.12.21).

101　朝鮮総督府, 『朝鮮総督府官報』 제1019호, 1915.12.25.

한 사례이다.[102] 염한용과 국유 측의 주장을 정리해 보자. 이곳 토지는 염종수가 개간하고 매득한 토지라고 면장과 주민이 모두 인정했다. 염종수 집안은 그가 처형되고 재산이 적몰되었다가 죄가 풀리자 반환운동을 벌였는데, 풍기군의 토지는 1895년 돌려받고, 이곳은 돌려받지 못했다고 했다.

〈표 5-5〉 황해도 어의궁토의 불복신청 사례

번호	불복신청자	토지소재지	필수	면적
1	조선총독부 염한용	황해도 안악	답38, 대2 전1답1	165,730평
2	조선총독부 염한용과 박시준 외 5인	황해도 신천군 노월면 월음리, 굴산리, 구창리, 만초리, 정예리, 덕성리	답98, 전대 임야, 지소, 잡종지	
3	조선총독부 염한용	황해 재령군 남율면 신서리		145,020평

염한용은 임시제실유급 국유재산조사국에 환급을 출원하여 1908년 돌려받아 지세를 납부하고 소작료도 돌려받았는데, 1909년 임시재산정리국에서 잘못된 것이라고 하며 다시 국유로 환수했다. 염씨가는 다시 임시재산정리국에 환급을 요청했지만 거부당했다. 국유지 실지조사에서는 소작인과 인접 지주 등의 입회 아래 실측하고 역둔토로 취급해 국유로 확정하자 다시 불복신청을 했다. 다른 분쟁관계자들도 이곳은 80년 이후 갈대를 심고 전전매매해 온 곳으로 매득하여 점유 수익하여 왔으며, 그 후 증명을 받고 결수연명부에 등록하여 지세를 납부하여 왔다고 진술했다. 국유지 실지조사에서 국유지로 확정하자 오류라고 주장하며 분쟁을 제기했다.

---

102 조선총독부, 1919, 「토지사정불복신립의 건 변명」, 「신천군 외 2군 소재 토지사정불복 신립의 건」, 『토지사정 불복신립사건 재결관계』. 두 건 모두 도장관이 1918년 2월 15일 고등토지조사위원회에 보낸 서류이다.

국유 측은 이와 반대로 해석했다. 이곳은 풍기군 토지처럼 투탁한 문서증거가 없을 뿐 아니라 주장의 증빙으로는 투탁 사실을 인정할 수 없다고 했다.[103] 죄가 풀렸다고 적몰재산을 돌려주어야 한다는 것도 인정할 수 없다는 것이다.[104] 증거도 옛날의 것은 인정할 만한 것이 없고, 최근 결수연명부와 참고인 등의 진술로 점유, 수익, 납세한 사실은 인정되지만, 대부분 분쟁이 제기된 후의 일이라고 했다. 어의궁토는 관리자를 두고 대부료를 징수하고, 국유지 실지조사에서 국유지로 등록한 것이라고 주장했다.

그러나 주민들은 이곳이 개간지이고, 그 권리를 계속 매매했던 사유지라고 일관되게 주장했다. 국유지 조사에서 투탁은 인정하지 않았지만, 염씨가에서 개간한 것을 인정한 것으로 보아 절수사여지의 성격을 갖는 토지로 보인다. 어의궁의 권리는 수조권적 권리(명목적 소유권)이고 개간자의 개간권은 사실상의 소유권적 권리라고 할 수 있다. 그러나 '사업'에서는 국유지로 사정했다. 더 중요한 것은 국유 측은 국유지라는 확실한 증거를 제시하지 않고, 그간 국유지(실제는 공토임)로 계속 관리해 왔다는 점만 언급했다.

그리고 민유 측에서는 과세지견취도와 결수연명부에 등록되었다는 점을 증거로 자기 소유지라고 주장하지만, 국유 측은 이를 오류로 취급하고 그들을 소작인으로 취급했다. 더구나 민유지가 국유지 사이에 존재할

---

[103] 불복신립인은 이같이 광대한 토지를 소유하면 타인에게 탈취될 우려가 있음으로 57년 전에 어의궁에 투탁했다고 주장했다(조선총독부, 1919, 「불복신립서 부속서류」, 『토지사정불복 신립사건 재결관계』).

[104] 국유 측에서는 주장의 근거가 되는 소유권 취득의 사실과 투탁 관계와 적몰 또는 무죄된 사적 등을 인정할 수 없다.…그리고 소재 동민은 당사자의 주장 사실을 시인했지만 이들은 단지 구전되어 온 것으로 믿기 어렵다고 했다(조선총독부, 1919, 「불복신립서 부속서류」, 『토지사정 불복신립사건 재결관계』).

수 없으며, 주민들의 매매도 위장매매이기 때문에 임시재산정리국에서 환급하지 않았다고 주장했다. 어의궁 장토는 민에서는 투탁지라고 주장하고, 국유 측은 절수사여지로 취급한 것으로 보인다.

결수연명부와 과세지견취도 관계자의 입회 아래 관이 주도한 사업인데, 스스로 장부 내용을 오류라고 부인했다. 양안에도 노명(奴名)으로 기록되었음에도 불구하고 민유로 인정하지 않았다. 그리고 민이 소유권을 행사한 시기는 분쟁 이후라고 하지만, 이미 오랫동안 매매되어 왔던 토지였다는 점은 부인할 수 없다. 임시토지조사국에서는 개간의 물권적 성질을 부정하고 국유지로 사정했으며, 이에 염종수 등이 불복하여 자기 소유로 재결해 줄 것을 요청하자, 황해도와 탁지부에서는 앞의 주장대로 각하해 줄 것을 요청하는 회답을 고등토지조사위원회에 보냈다.[105] 결국 국유로 재결되었을 것으로 판단된다.

---

105 조선총독부, 1919, 『토지사정 불복신립사건 재결관계』. 탁지부 장관이 고등토지조사위원회에 보낸 서류이다. 이 서류에는 재결서가 첨부되어 있지 않아 결과는 알 수 없으나 관이 인정하지 않는 것으로 보아 각하되었을 것으로 판단된다.

제5부
동아시아 각국의
토지조사와 토지소유권

근대국가는 중앙집권적 통치체제를 수립하기 위해 근대식 측량술에 기초한 토지조사사업을 실시했다. 근대적 토지조사는 국가의 통치 영역인 국가 간의 경계를 확정하고 통치 영역에 있는 모든 필지를 측량하여 근대적 토지제도를 확립하고, 지세제도를 수립하는 일이다. 구체적으로는 토지대장과 지적도를 만들고, 이를 토대로 부동산등기제도를 실시하고, 지가에 근거한 지세제도를 실시하는 일이다. 이 과정은 근대국가 수립의 주체들이 전근대의 토지제도와 지세제도를 개혁하며 이루어졌다. 제국주의 국가는 식민지를 확보했을 때도 통치기반을 구축하기 위해 토지조사를 실시했다. 식민지의 구 토지제도를 식민본국(植民本國)이 통치에 편리하도록 '근대적' 형식으로 재편했다.

근대적 토지소유는 일반적으로 일지일주의 배타적 소유권을 수립하는 방향이었다. 이 과정은 지주적 토지소유와 농민적 토지소유의 대결 과정이기도 했다. 지주적 토지소유를 택한 대표적인 국가는 독일과 일본이다. 농민적 토지소유의 길은 프랑스와 미국이 택했다. 영국은 소유권과 경작권을 동시에 인정하는 방향을 택했다. 각국마다 차이는 있지만, 최종적으로는 농지는 농민적 토지소유를 지향한다는 점이다.

동아시아에서의 토지조사는 크게 두 방향이었다. 일제가 주도하는 곳과 일제의 영향권에서 배제된 지역이다. 일제가 주도한 곳은 일본과 일본의 식민지이다. 일제가 주도한 지역은 각 지역마다 구제도에 공통점과 차이점이 있었음에도 불구하고, 일본과 같은 방식으로 토지제도를 일치시키는 방향에서 추진했다. 반면 후자의 지역은 유일하게 일본의 지배에서 벗어난 중국이다. 중국도 토지소유권에 사용·수익·처분권을 부여한 배타적 소유권제로 근대적 토지개혁을 추진했지만, 농민의 경작권을 계속법으로 보장해 주었다는 점에서 차이를 보였다. 제2차 세계대전 후 두 지역은 모두 농민적 토지소유를 지향하는 방향으로 토지개혁을 추진했다는 점에서 공통적이다.

동아시아 지역의 전근대 토지제도는 한국을 제외한 모든 지역이 일토양주적 토지제도였다. 일토양주의 내용은 국가마다 차이는 있었지만, 경작자가 아닌 자에게 소유권을 부여하는 일지일주의 배타적 소유제도로 개혁하는 토지조사를 추진했다는 점은 동일하다. 그러나 소유권 이외의 농민의 경작권 처리 방식은 달랐다. 일제는 본토의 경우 물권적 경작권은 보상하는 방향으로 해체시켜 간 반면, 중국은 끝까지 경작권을 인정하는 방향이었다. 반면 일제는 한국의 구 소유권을 조사하여 이를 추인하는 방식으로 '사업'을 추진하고 모든 경작권은 강제로 임차권으로 정리했다. 이와 관련하여 조선은 다른 지역과 달리 농민적 토지소유, 적어도 물권적 경작권이 보편적으로 존재하지 않는다고 일반적으로 간주한다. 이는 조선만이 갖는 특수성인지, 그렇지 않다면 어느 정도의 수준으로 존재하는지 다른 동아시아 지역과 비교 검토할 필요가 있다.

제1장
일본의 지조 개정과 토지소유권

1. 일본의 지조 개정

일본 지조 개정의 기본 내용은 토지소유자에게 지권(地券)을 교부하고, 산정 지가의 3/100을 지조로 하며, 지조는 금납으로 한다는 3가지이다. 농민투쟁이 고양되고 물품세가 증가함에 따라 1/100로 세금을 줄일 것을 공약했다.[1] 실시 과정에서 정부와 농민의 이해가 가장 날카롭게 대립한 것은 지가 산정이었다. 지가 산정 방식은 처음에는 매매 지가를 기초로 하려고 했으나, 대량 감조해야 할 가능성 때문에 1875년「지조 개정조례」세목을 작성했다. 중앙에서 목적액을 강제로 떠맡겨 감조를 회피하는 지위등급제도를 체계화하여 적용한 것이다. 부·현의 평균 단수(段數)를 결정한 뒤 부·현·군·촌의 1필에 할당하는 방식이었다. 강제 할당한 단미(段米)에 대한 지조 개정 반대투쟁이 촌역인(村役人), 지주, 호농의 지도 아래 촌 단위로 모든 백성이 집단적으로 저항했다.

메이지 정부 초기의 지조 개정은 개조 후에 처음으로 지적(地籍) 확립의 움직임이 있었다. 첫째, 관의 토지조사가 아니라 농민이 십자법(十字法) 또는 삼사법(三斜法)으로 측량하여 1필마다 견취도와 이들을 연결한 일자한도(一字限圖)와 일촌한도(一村限圖), 지권대장 등 지조 징수를 위한 공부를 마련하였다. 이들은 지적제도와 근대적 토지 거래를 충족하는 데는 정밀도에서 대단히 많은 빈틈과 오류가 있었다. 일본정부는 다시 장부 정비작업을 본격 추진했다.

1884년 12월 대장성은 지조의 근본대장을 정비하기 위하여 지조에

---

1 石井寬治, 이병천·김윤자 옮김, 1984,『日本經濟史』, 동녘, 54쪽.

관한 장부 양식을 제정했다. 부·현청에 지조대장과 지도를, 군구역소(郡區役所)에 지권대장과 지조대장을, 정촌호장역장(町村戶長役場)에 토지대장과 토지소유자 명기장, 지도 등을 설치하기로 결정했다. 종래 장부와 실지 사이에 큰 차이를 보였기 때문에 1885년에서 1888년까지 4년간 개조에 버금가는 조사를 실시했다. 1887년 6월 토지공도(土地公圖)를 작성하고, 1889년 3월에는 「토지대장규칙」과 「개정 지조조례」를 공포했다. 등기법은 1886년 제정했지만 1899년 메이지 민법을 공포함에 따라 다시 「부동산등기법」을 제정 공포했다. 근대적인 토지소유제도와 토지관리제도가 제도적으로 완결되었다. 토지소유권을 비롯한 물권 등의 토지권에 대한 양도나 저당 등의 권리변동을 등기부에 등록하여 제3자 대항권에 공신력을 부여한 조치였다. 그 결과 토지 상품화와 부동산담보금융제도가 본격적으로 가동하게 되었다.

지조 개정에서 가장 기본적인 작업은 지조 부담자인 토지소유권을 확정하는 일이었다. 일본정부는 1868년(明治 1) 12월 18일 "각군의 토지는 모두 농민의 소유지여야 한다"는 태정관 포고 제1096호 이래 농지소유 문제를 조세와 공조(公租)의 확보라는 관점에서 다루었다. 1871년에는 전답에 대한 임의경작을 허가하고, 1872년 2월에는 전답의 영구매매를 금지하는 조치를 해제했다. 이 조치로 농민은 농지에 대해 사용·수익·처분의 자유를 갖게 되었다. 메이지 정부의 지조 개정은 토지소유자에게 지가(토지가격)에 일정한 비율을 곱한 금액을 지조(=화폐조세)로 부담하게 하는 토지세제의 개혁이다. 지조 개정은 토지소유자에게 지조를 부담시키는 것이라는 점에서 일지일주라는 개인적 토지소유권의 원칙과 지가가 결정되어야 했다.

토지의 소유자를 확정하기 위한 조치가 지권 교부였다. 지권은 종래의 지지(持地), 즉 소유 토지에 대해 지조 상납을 목적으로 발행했다. 지권은 매매 양도할 때 부·현에서 발행하고 증인세(證印稅)를 징수했다. 2매를 발행하여 1매는 본인, 1매는 원장에 철했다. 외국인에 대한 토지 매매와 금은 거래를 위하여 지권을 질입(質入: 점유 담보)하는 것을 금지했다. 지권 없이 토지를 매매하는 밀매매를 금지하고, 적발되었을 때는 토지와 대금을 몰수했다.[2]

지권을 교부하기 위해서는 지권상의 소유자, 즉 일지일주의 원칙으로 단일한 납세의무자를 확정할 필요가 있었다. 1872년 7월 대장성은 지권을 전국에 교부하도록 포고를 내렸다. 지권은 지조를 부과하기 위해 발행 교부한 것이고, 지권상의 토지에 대한 소유권을 국가가 공인한 것이다.

일지일주의 토지소유권자를 확정하는 일은 매우 힘든 작업이었다. 일본은 도쿠가와(德川) 시기에 지주의 권리를 하토권(下土權), 소작인의 권리를 상토권(上土權)이라고 부르는 일지양주제(一地兩主制)가 성립했으며, 이 중 한쪽을 토지소유자로 확정해야 했다. 일본에서는 봉건적 토지소유권자(대명과 무사계급의 영유권)과 직접 생산자(농민)의 소유권의 대항관계에서 전자를 판적봉환(版籍奉還), 폐번치현(廢藩置縣), 질록처분(秩祿處分)에 의하여 폐기하고, 후자인 지주와 소작인 중에서 토지소유자를 결정해야 했다.

메이지 정부는 토지를 위로부터 지배하고 소작료를 징수 취득하는 자를 소유권자로 인정했다. 지주의 권리를 단일 소유권으로, 소작인의 권리를 단순한 용익권으로 처리하였다. 사용·수익·처분의 자유를 내용으로 하는 토지소유권이 법으로 확립되었다(구민법 제30조, 메이지 민법 제206조). 도쿠가와 시기부터 형성되어 온 기생지주제가 확대 발전하는

---

2   北條浩, 1997, 『地券制度と地租改正』, 御茶の水書房, 39~55쪽.

데 중요한 토대를 제공한 것이다. 이에 지주와 대등하거나 우월한 권리를 가진 영구소작인들이 지권 교부에 불만을 품고 저항하기도 했다.[3]

일본 민법전 작성 책임을 맡은 보아소나드는 일본이 지주제가 아니라 프랑스처럼 자작농이나 소작농 등이 자작농 상태로 되는 것이 바람직하다는 인식 아래 농민적 토지소유를 실현한 프랑스민법의 이념을 살려 토지임차권을 물권으로 정하였다.[4] 그러나 농민적 토지소유론과 지주적 토지소유론이 대립하는 과정에서 전자가 패하고,[5] 후자의 입장에서 제정된 메이지 민법이 1896~1898년에 걸쳐 공포되고, 1899년 7월 16일부터 시행되었다. 기생지주제가 확대되는 발판이 구축되었다.

2. 메이지 민법의 성립과 토지소유권의 성격

메이지 정부가 근대적 토지소유권을 확정한 일본 민법전의 성립 과정이 주목된다. 1870년 에토 신페이(江藤新平)를 수장으로 편찬 작업이 시도되었다. 1878년에는 프랑스 법률학자 귀스타브 에밀 보아소나드

---

3 甲斐道太郎 외, 강금실 옮김, 1984, 『소유권 사상의 역사』, 돌베개.

4 프랑스에서는 혁명기에 근대적 소유권이 성립되었다. 그 내용은 다음과 같다. 토지소유의 본질은 토지의 이용권이고, 이용을 위한 가장 확실한 법 형식으로서 소유권이라는 구성을 취했다고 했다. 그리고 시민혁명에서 토지는 이용되어야 하고 이용되는 것으로서 보호되어야 한다고 했다. 그리고 중세의 중층적 구조를 일원화할 때 징세권자인 영주가 아니라 이용자인 농민에게 소유권을 부여한다는 사고방식에서 근대적 소유권이 출발했다(甲斐道太郎 외, 강금실 옮김, 1984, 위의 책, 107~109쪽).

5 石井寬治, 이병천·김윤자 옮김, 1984, 『日本經濟史』, 동녘, 54쪽.

(Gustave Émile Boissonade)를 초빙하여 민법의 기초를 위탁했다. 1890년 구민법(보아소나드 민법)이 공포되고, 1893년 1월부터 시행하기로 했다. 그러나 1871년 토지 매매금지를 해제하고, 1877년 이래 지주계급이 생겨나고 기생지주제가 진전되면서 구민법 시행반대론이 강력하게 대두되었다.

구민법은 재산편 제30조에 "소유권이란 자유로 물건을 사용 수익 및 처분하는 권리를 말한다. 이 권리는 법률 합의 또는 유언에 의하지 아니하고는 제한할 수 없다"고 규정했다. 이는 프랑스민법과 같이 로마법류의 절대적인 자유 소유권을 채택한 것이다. 이 점은 일반적으로 동의했지만, 타인의 토지사용권, 즉 용익권, 특히 소작의 일반적 형태인 임차권을 물권으로 규정하고 그 자유 양도성을 인정한 점이 문제가 되었다. 지주적 토지소유론자들이 반발했을 뿐만 아니라 지주적 소유권과 소유권의 절대성의 원칙 아래 지조 개정을 추진하던 메이지 정부도 구민법이 구래의 관행에 반한다는 논리로 이의를 제기했다. 이러한 입장을 반영하여 만든 민법이 메이지 민법이었다.

메이지 민법의 임차권은 구민법에 비해 대단히 약했다. 임차권을 물권이 아닌 채권으로 규정하고, 임차권자는 임차권을 자유로이 양도나 전대할 수 없다(민법 제629조)고 정했다. 제605조에 임차권이 등기되어 있으며 제3자에게 대항할 수 있다는 내용을 포함시켰으나 임차인은 임대인에게 임차권의 등기를 강제할 권한이 없었다. 결국 임차권은 채권에 불과했다.

그러나 토지의 용익권(=이용권)은 자본의 흐름에 적합한 형태로 규정할 필요가 있었다.[6] 존속기간이 안정되고, 양도, 전대, 저당권 설정 등의

---

6   영국이나 미국과 같이 자본주의의 발달이 정상적인 형태를 취하여 온 나라에서는 18, 19세기 이미 용익권은 물권화되고 농업이나 주택임대업도 근대적 자본가적 경영으로 행해졌다. 水本浩, 유해웅 옮김, 1980, 『토지문제와 소유권』(개정판), 汎論社,

자유가 보장되고 제3자 대항권을 가진 물권화가 요구되지만, 메이지 민법은 이를 철저히 부정했다(민법 제617조). 일본의 기생지주제는 메이지 민법에서 정한 소유권의 절대성에 힘입어 성장 발전해 갔다.

한편 일본민법의 토지소유권은 서구와 차이가 있었다. 1899년 2월에 공포된 헌법 제27조에 "일본 신민은 소유권을 침해받지 않고 공익을 위해 필요한 처분은 법률이 정하는 바에 따른다"고 규정했다. 소유권의 불가침 선언을 했는데, 이는 미국과 프랑스의 소유권 규정과 표현 형식은 같았다. 그러나 헌법 기초자인 이토 히로부미는 국토와 국민은 국왕인 천황의 절대적인 지배에 따라야 한다는 왕토왕민사상에 입각하여 소유권을 국가인 천황이 국민에게 내린 은혜로 정리했다.[7] 그는 저서 『헌법의해(義解)』에서 다음과 같이 소유권을 정리했다.[8]

"소유권은 국가의 공권력 아래 존립하는 것이다. 그러므로 소유권은 국권에 복종하고 법률의 제한을 받지 않으면 안 된다.····유신 초 원년에 대령을 발하여 마을의 지면을 모든 백성의 소유지로 할 것을 결정하고, 4년에는 각 번적을 봉환하여 영주 지배는 자취를 감추었다. 4년에 토지영구매매의 금지를 해제하고 지권을 발행하여, 6년에 공유지와 사유지의 명칭을 마련하고, 7년에 사유지를 고쳐 민유지라 부르도록 하고, 8년에는 지권에 소유자의 이름을 기재했다. ··· 유럽에서는 군사혁명에 의해 영주의 권리를 폐기했으며, 일본에서는 각 번의 양

38~39쪽.

7 甲斐道太郎 외, 강금실 옮김, 1984, 앞의 책, 202쪽.
8 伊藤博文, 『憲法義解』, 岩波文庫, 1989.

보로 … 개개의 백성에게 혜택을 줄 수 있었다."

프랑스의 인권선언에서 제시한 소유권의 신성불가침 선언은 사적 소유의 자유가 자연권 사상에서 연유한 것이었다. 일본의 성립 배경은 이와 달랐다. 시민혁명이 없었고, 산업자본은 메이지 권력에 의해 보호 육성되며 성장했다. 산업자본은 토지소유와 대립하지 않았다. 대자본가는 토지를 매입하여 사용했기 때문에 토지소유권과 토지이용권이 분열 대립하는 일이 발생하지 않았다. 자본은 지주계급과 협력을 강화해 갔다.

일본에서 법률상 토지의 사용·수익·처분의 자유가 인정된 것은 1871년 논밭의 임의경작을 허가하고, 토지의 영구매매 금지를 해제하면서 비롯되었다. 메이지 정부는 다음 조치로 토지소유자에게 지가에 기초하여 지조를 부담하게 하는 지조 개정을 실시했다. 내용은 '일지일주'라는 개인적 토지소유권의 원칙을 관철하고, 그 수입을 메이지 정부 재정의 기초로 하는 것이었다. 첫 조치로 1872년 전국적으로 지권교부를 시행했다(壬申地券). 지권을 교부하기 위해서는 지권상의 소유자를 확정하여 단일 납세의무자로 하는 '일지일주'가 요구되었다. 지권은 매매할 때 발급했다는 점이 대한제국과 달랐다.

일본정부는 지주와 소작인 가운데 토지를 점유해 사용하는 직접 생산자가 아니라 토지를 위로부터 지배하고 소작료를 취득하는 자를 소유권자로 인정했다. 이들에게 지권을 교부하는 것은 지주적 토지소유를 법적 토지소유권자로 확정하는 것이었다. 1877년까지 실시한 지조 개정으로 일본의 근대적 토지소유권이 확립되었으며, 기생지주제가 확대 발전하는 게 기틀이 마련되었다. 그런데 문제는 지권을 부여할 때 관행상 토지권이 중복된 경우가 적지 않아 일지일주제를 확립하는 일이 쉽지 않았다는 점이다. 도쿠가와 시대 이래 관행상 토지소유권이 모호한 경우가 많았다.[9] 경작권이 완전히 보장된 영소작, 소유권 분쟁이 언제라도 일어날 수 있는 저당지로서의 질지(質地), 토지 개간 시 자금주와 개간자가 합력하여 서로 소유권을 주장하는 개간지, 촌락 공동 이용지인 입회지(入會地)가 적지 않았다.

일본정부가 제시한 원칙은 다음과 같다. 소작인이 개간에 참여하여 부여된 영소작권에는 공동소유 또는 소유권의 분할을 인정했으나, 일반적인 영소작권은 무시했다. 질지는 원소유자에게 돌아가도록 했다. 그러나 토지 매매가 인정되지 않았던 도쿠가와 시대의 관습으로는 저당이 양도의 한 방법이었기 때문에 질주(質主)와 구관과 다른 원칙 적용을 반대한 지방관들이 대거 이의를 제기했다.

개간지에는 자금을 댄 자금주가 저토권(底土權)을 갖고, 노동력을 제공한 농민은 경작할 수 있는 상토권(上土權)을 나누어 갖는 경우가 많았다. 소유권이 중복되었다. 일본정부는 개간주(자본 공여자)를 지주로, 경작인을 소작인으로 하는 것을 원칙으로 했다. 소작인이 처음부터 개간에 참여했을 경우 공동소유 또는 권리관계에 따라 토지를 분할하든가, 어느 한쪽이 나머지 권리를 모두 매입하여 완전한 소유권을 갖도록 하는 등의 방안이 해결책으로 제시되었다. 입회지는 처음에는 그대로 두고 공유지권을 발행했지만, 후에는 명백한 증거가 없는 것은 관유지로 처리했다. 농민들의 관습적인 용익권을 제한하여 관유지를 가능한 한 많이 확보하려고 한 조치였다. 식산흥업과 부국강병을 위한 자원으로 국가가 활용하기

---

9 김용덕, 1989, 『명치유신의 토지세제 개혁』, 일조각, 55~56쪽.

위해 보존할 필요가 있었다.[10]

　일본 지조 개정의 특징은 첫째 토지조사를 중앙정부가 아니라 촌 단위가 주체로 지주와 농민 대표들이 스스로 측량하고 신고하도록 했다. 지주가 옛 검지장(檢知帳)이나 명기장(名寄帳)을 참고하여 토지의 면적과 지가를 신고하도록 한 것이다. 검지장보다 적게 신고한 것은 실측하여 지적도를 작성했다. 일본정부는 1885년부터 1889년까지 토지측량조사사업을 완결했다. 둘째 지권제도를 폐기하고 토지대장을 작성하여 지가를 기준으로 지세를 징수했다.[11] 셋째 지주를 토지소유자로 확정할 때 영소작권, 즉 관습물권은 일정하게 보상했다. 넷째 분쟁지는 행정처분이 아니라 법원의 판결에 따랐다.[12]

　일본에서는 한국과 달리 대부분의 소유권 분쟁은 관의 지도 아래 간단히 해결되어 적극적인 저항을 계속하지는 않았다. 물론 끝까지 승복하지 않고 집단적인 반대운동을 일으킨 경우도 있었다.[13] 지조 개정에서 일어난 소유권 분쟁은 일본정부가 지주, 곧 지조부담자를 확보한다는 목표로 사유권을 인정하는 조치를 취한 것에서 기인했다. 지조 개정은 중복된 토지 권리관계 안에서 안정된 경작권을 누려오던 농민들의 권리를 무시하여 농민의 반발을 초래했다.[14]

　지조 개정은 지주·소작 관계를 확대하고 지주 지위를 강화시켰다. 법

10　김용덕, 1989, 앞의 책, 132쪽.
11　有尾敬重, 1914, 『本邦地租の沿革』, 日本勸業銀行, 73~78쪽; 김용덕, 1989, 위의 책.
12　이영학·문명기, 「일제하 대만과 조선의 '사업' 비교연구-두 사업의 계승성과 차이점을 중심으로」, 미발표 논문.
13　김용덕, 1989, 위의 책, 129쪽.
14　김용덕, 1989, 위의 책, 131쪽.

적 측면에서 지권의 교부를 통해 토지저당 관행과 영소작 관행에서 소작인이 행사하던 권리를 현저히 박탈했다. 1873년 제정된 「지소질입서입규칙(地所質入書入規則)」과 「동산부동산서입금곡대차규칙(動産不動産書入金穀貸借規則)」은 질입에 더하여 서입(비점유 담보)도 법적 보호대상으로 정하여 농촌 고리대의 활동과 지주의 토지집중을 크게 활성화시켰다. 경제적 측면에서는 고율 지조가 농민의 부 축적을 저해하고 농사를 짓지 않거나, 불황 또는 금납화로 인한 상인자본가의 수탈로 많은 농민이 몰락했다. 그리고 입회지를 수탈하여 농민에 타격을 주었다. 몰락 농민이 많아져 지주·소작 관계는 지조 개정을 계기로 현저히 확대되었다.[15]

지조 개정으로 성립된 일본의 지주적 토지소유는 토지의 사용·수익·처분권을 갖는 근대적 소유이지만, 토지 용익권에 대한 종속이라는 근대적 토지소유의 원칙을 충족시키지 않는 한 근대적 토지소유라는 충분한 조건을 갖추고 있었다고 할 수 없다. 영국의 부르주아 혁명기에는 소유권에 대해 용익권이 우위(임차권이 제3자 대항권, 전대권, 양도권을 확보하고 장기계약화한 것)를 점했지만, 일본에서는 보아소나드 민법의 폐기가 상징하는 것처럼 이를 계속 부정했다.[16] 용익권에 대한 지주권의 우위는 지주 자

---

15 石井寬治, 이병천·김윤자 옮김, 1984, 앞의 책.
16 영국의 봉건적 토지소유의 해체 과정 초기에 토지임차권은 인적 권리였지만, 1925년 물권으로 확정되었다. 토지의 16세기 농업 문제는 법적 견지에서 보면 큰 특징이 농민보유지 점유권(copy hold)과 토지임차권(lease hold)의 투쟁인데, 후자가 전자를 압도했다. 1499년 판결에서 제3자 대항력이 인정되었으며, 17, 18세기 시민혁명을 경험하고 자본주의의 발전에 따라 토지임차권은 존속기간이 길어지고, 점차 양도, 전대는 물론 토지개량 비상환청구권도 인정되었다. 18, 19세기에는 토지임대차법이 정비되어 완전한 물적 권리로 전환되었다. 1925년 재산법이 제정되면서 토지소유권과 토지임차권이 토지의 물적 권리가 되었다. 자본주의 발달이 토지임차권을 강화하고 토지임차권의 강화가 자본주의 발달을 유지한 것이다. 水本浩, 유해웅 옮김, 1980, 『토

체의 힘도 있었지만, 토지소유권이 국가권력에 종속된 것에 대한 반대급부로 국가권력이 지주에게 부여한 권력(재판권 등)에 의존한 것이기도 했다.[17] 지조 개정은 농민의 부농적 발전에 고율지조를 부과하여 다시 억눌러 아래로부터의 자본주의적 발전 가능성을 박탈함과 동시에, 권력과 지주가 수탈한 농민적 잉여(지조 소작료)를 소작농민 경영에서 분리된 임노동자와 결합시키는 형태로 자본관계 창출의 전제조건을 만들어냈다.[18]

메이지 민법에서 정한 토지소유권의 자유성과 우월성은 소유권 절대성의 원칙을 낳고, 일본국민의 의식에 정착되었다. 토지소유권을 필요 이상으로 존중하는 풍조가 생기면서 일본의 정상적인 소유권 사상의 전개를 방해했다.[19] 일제가 건설한 식민지에는 이 메이지 민법의 소유권 절대성의 원칙을 일본과 다른 '행정처분'이라는 강제력을 동원하여 더욱 강하게 작동하도록 법제화했다. 한국에서의 식민지 지주제는 지주가 사용·수익·처분권을 한몸에 장악하고 일제의 국가권력의 지원을 받아 농민을 임노동자(賃勞動者)처럼 고용하여 농장을 경영하도록 하는 시스템으로 구조화되었다. 일제 식민지 권력이 한국에 심어놓은 토지소유권의 절대성 관념이 해방 후에도 토지소유권의 기본 축을 형성했다.

지문제와 소유권』(개정판), 汎論社, 41~45쪽.

[17] 甲斐道太郞 외, 강금실 옮김, 1984, 앞의 책

[18] 石井寬治, 이병천·김윤자 옮김, 1984, 앞의 책, 59~60쪽; 石井寬治, 2001, 『日本經濟史』(제2판), 東京大學出版會, 123쪽.

[19] 水本浩, 유해웅 옮김, 1980, 앞의 책, 汎論社.

제2장
대만의 토지조사사업과 토지소유권 처리

1. 청말 청부(淸賦)사업과 토지소유관계

1898년부터 7년간에 걸친 대만의 지조 개정사업은 청의 대만 순무 류밍촨(劉銘傳)의 청부(淸賦)사업, 오키나와와 일본의 지조 개정의 영향을 받아 추진되었다.[1] 일제는 대만 토지조사의 틀을 조선에 도입하여 토지조사를 실시했다. 여기서는 대만의 지조 개정이 목표한 토지소유제도와 조사의 기본틀을 조선의 토지조사사업과 비교 검토하여 일제가 식민지에 시행한 토지조사의 기본목적과 식민지 사이의 차별성을 살펴보려 한다. 일제는 일본에서 중층적 토지소유관계를 해체하고 일지일주의 배타적 소유권 형성을 목표로 지조 개정을 실시한 것처럼, 대만에서도 이를 목표로 토지조사를 실시했다. 대만의 토지소유관계는 일전양전(一田兩佃)·삼전(三佃)의 전형적인 중층적 소유관계였다. 류밍촨이 청부사업으로 토지관행에 대한 개혁사업을 시도했다.

대만의 토지소유관계는 17세기 이후 대륙에서 이주한 수백만 명의 개척사업과 밀접한 관련이 있다. 즉 중국의 일전양주(一田兩主) 관행처럼 대만의 토지소유관계는 대조호(大租戶; 墾戶 = 墾首)·소조호(小租戶; 佃戶 佃

---

1 대만 토지조사사업에 대한 연구는 江丙坤, 1974, 『臺灣地租改正の研究−日本領有初期土地調查事業の本質』東京大學出版會; 宮嶋博史, 사계절 편집부 역, 1983, 「토지조사사업의 역사적 전제조건의 형성」, 『한국근대경제사연구』; 동, 1993, 「동아시아에서의 근대적 토지변혁−구일본제국의 지배영역을 중심으로」, 『경제사학』 17, 별책; 이영호, 2003, 「일본제국의 식민지 토지조사사업에 대한 비교사적 검토」, 『역사와 현실』 50; 이영학, 문명기, 「일제하 대만과 조선의 '사업' 비교연구−두 사업의 계승성과 차이점을 중심으로」(미발표 원고) 등이 있다. 이 가운데 江丙坤의 책이 대만 토지조사사업을 체계적으로 다루고 있어 주로 참고했다. 별도의 주가 없는 것은 이 책에 의지한 것이다.

人)·현경전인(現耕佃人)의 3계급으로 이루어졌다. 대조호는 관청이나 번인(蕃人; 원주민)들로부터 관유지 개발의 허가를 받은 개간권의 취득자로 정부에 지조를 납입할 의무를 지닌 자이다. 대조호가 징수하는 것을 대조(大租)라 하고, 그 권리를 대조권이라 불렀다.

소조호는 황지 개간에 필요한 자본과 노동력을 부담한 실질적인 개간자로 토지에 대한 권리를 강하게 주장했다. 은납화 조치 등을 계기로 대조호와 소조호의 토지 지배력 격차는 크게 벌어졌다. 대조호의 토지 지배력은 계속 악화되어 청말에는 용익에 대한 대부분의 권한을 잃고, 소조호와 약정한 조(租)만 수취하는 존재가 되었다. 19세기 대만의 실질적인 업주는 소조호였으며, 토지조사사업에서 토지소유권자로 확정되었다.[2] 소조호는 대조호가 취득한 개간 허가지의 개간 경영자이고, 대조를 대조호에 납입했다. 이들은 농업경영으로 부를 축적하여 실권을 장악한 자들이었다. 이들은 자유롭게 권리를 처분하고 전대 경작하는 권리를 확보했다.

현경전인은 소조호가 보유한 기간지의 실질적인 경작자로, 조곡(租穀)인 소조를 소조호에 납입했다. 대조호-소조호-현경전인으로 성립된 일본 식민지 초기의 이러한 관계가 60%,[3] 대조를 부담하지 않는 경우가 40%를 점했다. 40%는 대조호가 스스로 개간해 경작하거나 개간 후 개간자와 토지를 분할한 경우이다. 대조호와 소조호를 두가(頭家)라고도 했다.[4]

소조호와 현경전인은 한족 이주민의 증가에 따라 성립한 지주·소작

---

2   臨時臺灣土地調查局, 1901, 『臺灣舊慣制度調查一斑』.
3   臨時臺灣土地調查局, 1901, 위의 책, 173~175쪽.
4   江丙坤, 1974, 앞의 책, 19쪽; 臨時臺灣土地調查局, 1901, 위의 책, 23쪽.

관계이다. 현경전인은 경작권 대신 소조 납입의무를 지닌다. 계약기간은 통상 3년이고, 의무를 이행하면 계약관계는 지속되었다. 실권자는 소조호로 토지를 점유하는 동시에 자유로운 사용, 수익할 권리가 주어졌다. 이 권리가 업주권이며, 토지의 소유권에 가까운 권리였다. 소조호가 업주이다. 소조권은 지주·소작 관계에서 소조를 수취하는 채권이다. 소조호의 소득은 소작료에서 대조, 수조, 번조 등을 뺀 것이다. 현경전인이 대납했다.

대조호는 소조호로부터 대조라는 명칭의 조곡을 받았다. 대조권은 이 외에 어떠한 권리도 갖지 않았다. 수익권은 권리의무자의 변경에 영향을 받지 않으며, 법률상 일종의 물권이다. 대조호는 정부에 정공(正貢)을 납입할 의무가 있으며, 대조에서 지조를 공제한 잔액을 갖는다.

대조호는 소조호의 승낙 없이 권리를 매매 증여 혹은 출전(出典: 전당의 일종)할 수 있다. 소조호도 대조호나 소작인의 동의를 얻지 않고 자유롭게 소조권(업주권)을 이전 혹은 출전할 수 있다. 이 경우 토지 경계를 명확히 한 계약서를 작성하는 것이 보통이다. 대조호의 성명과 대조액을 명기하여 대조의 의무는 새 업주가 부담하도록 했다.[5]

류밍촨은 1전 3주제와 지조 징수체계를 개혁하기 위한 청부사업을 시도했다. 지조율은 단위 면적당 부담은 줄이고, 은전을 색출해 세금을 늘려 공평하게 하는 것에 유의했다. 실권자인 소조호에게 지조 납입 의무를 부여하고, 대조호의 지조 납입 의무를 면제했다. 대조호가 취득하던 대조 가운데 40%를 소조호에게 인도하여 납조하도록 했다. 류밍촨은 전답을 측

---

5   江丙坤, 1974, 앞의 책 20~30쪽

량하고 어린책(魚鱗冊)을 작성하여 재정수입의 증가를 꾀했다.[6]

대조호와 소조호의 관계는 점차 소조호에 유리하게 되면서 토지를 점유 사용·수익·처분 권리는 소조호로 옮겨갔다. 소조호와 현경전인의 관계는 임차관계였다. 첫째, 소조호는 대조호의 승낙 없이 자유롭게 권리를 처분할 수 있고, 현경전인에 경작을 맡길 수 있었다. 둘째, 소조호가 토지를 변경해도 대조호는 이에 대한 청구권이 없었다. 천재지변으로 토지에 손해가 발생해도 수선할 의무가 없었다. 셋째, 대조호는 어떠한 이유로도 소조호를 토지로부터 쫓아낼 수 없었다.

2. 토지조사사업과 토지소유권 처리

일제는 대만을 식민지로 확보한 다음 청부사업을 검토하고, 지조 개정사업을 추진했다. 사업비는 징수하지 않고 단계적으로 사업을 추진했다. 1896년 대만총독부 민정국에 임시토지조사괘를 설치해 토지관습을 조사하는 한편, 1898년 「대만토지조사규칙」, 「대만지적규칙」, 「임시대만토지조사국 관제」, 「고등토지조사위원회 규칙」 등을 공포하고 사업을 추진했다.[7]

지조 개정사업은 3단계로 추진되었다. 첫째, 업주의 토지신고서를 토대로 실지입회 조사, 지반 측량, 분쟁지 처리를 거쳐 업주권을 사정하고 토지대장과 지도를 작성했다. 둘째, 대조권을 공시하고 보상하여 대조권

---

6   臨時臺灣土地調查局, 1901, 앞의 책, 51~52쪽.

7   江丙坤, 1974, 앞의 책, 82~83쪽.

을 해소했다. 셋째 지세 개정을 실시했다. 1902년에 조사를 마무리하고, 1903년 대조권 보상을 실시한 다음, 1904년 지세개정을 단행했다.

일제는 토지소유권을 확립하여 지조를 확정하여 증징하고, 토지 매매를 안전하게 했다. 그리고 대만의 지리 지형을 적확하게 파악하여 통치·치안체제를 확립했다. 조사 면적은 77만 7,850갑[76만 737정보, 1갑(甲)=0.978정보], 분쟁지는 861건(지소 처리 포함 2,000~3,000건), 경비는 535만 7,188엔이 소요되었다. 1904년 11월「대만지조규칙」을 공포하여 지세율을 정하고, 1905년 징수에 착수했다. 1919년 전면적인 지세개정이 이루어졌다.

대만의 토지조사에서는 다음의 점들이 주목된다. 첫째, 일본과 달리 신고주의를 도입했다는 점이다. 업주가 신고서를 제출하고 토지조사를 하는 방식이다. 대만의 신고주의는 대단히 가혹했다. 신고하지 않은 자는 벌금을 내고 업주의 권리를 몰수한다고 규정했다가 이후 업주권을 국고로 귀속한다고 개정했다. 둘째, 업주·경계·지목에 대한 사정은 지방토지조사위원회에서 담당했다. 불복신청이 없으면 지권과 지적이 그대로 확정되었다. 사정에 불복한 자는 고등토지조사위원회에 신청하여 재결을 받았다. 셋째, 고등토지조사위원회는 사법기관의 권력을 갖고 재결권을 행사했다. 지방토지조사위원회는 토지대장과 지도에 등록할 업주 경계 지목을 사정하고 공표했다. 고등토지조사위원회는 사정에 대한 불복신청을 심사하여 재결했다. 사정과 재결은 '행정처분'으로 결정했으며, 이 사항은 소송을 제기할 수 없었다. 이 점이 일본의 지조 개정과 달랐고, 조선과는 일치했다.

사정과 재결로 확정된 소유권에 재심 조항을 설치했다. 재심의 범위를 광범히 하게 정할 경우 사정과 재결로 확정된 업주권이 불확정한 상태로 남게 된다는 우려 속에 재심 청구사항을 대폭 축소했다. 사정과 재결 과정에서 업주 본인이 직접 벌 받을 행위나 위조 변조 등이었다. 이때 가장 중요한 결정사항은 관습에 반하여 사정이나 재결을 했다 하더라도 재심에서 제외했다는 점이다. 일제의 결정에 따라 대부분 토지가 사정이나 재결로 소유권이 확정되었다.

사업의 성과는 다음과 같다. 첫째, 지조 부과에 필요한 사항, 즉 지적=토지의 위치, 면적, 지목과 지권(토지의 업주와 관리인) 납세의무자를 확정했다. 이때 최대의 과제는 일전양주의 소유관계를 일원화하는 것이었다. 일본지주들의 토지 투자와 지세 부담을 확정하기 위해 일본민법의 소유권제를 도입하여 일지일주의 배타적 소유권의 원칙에 따라 대조권을 폐지하고 소조호로 일원화했다.[8] 대조호는 배상을 원칙으로 폐지했다.

둘째, 가장 두드러진 특징은 분쟁이 861건, 지방청 처리 건수를 합해도 2,000~3,000건에 불과했다는 점이다. 분쟁이 적었던 이유는 대조호에게 일정하게 배상하는 것을 원칙으로 소유권을 정리하여 소유권 분쟁의 소지를 최소화했다는 점을 들 수 있다. 공채를 발행하여 국가 부담으로 처리하고, 소조호에게 배타적 소유권을 주는 특혜를 부여했다. 결과적으로 특혜는 지세의 실제 부담자인 농민이 부담했다고 할 수 있을 것이다. 그리고 대조권을 폐지할 수 있었던 것은 조선과 달리 국가가 대조권자가 아니었다는 점과 배상액이 얼마 안 되었다는 점을 들 수 있다. 그리고 대만은 일본처럼 농민적 토지소유를 인정하지 않고 지주적 토지소

---

[8] 대만총독부 참사관이었다가 한국의 부동산법조사회에서 근무한 나카야마 세이타로(中山成太郎)는 상부의 소유권과 하부의 소유권을 일본민법의 소유권인 로마법적 소유관념에 따라 정리해야 한다는 견해를 피력했다. 中山成太郎, 1903, 『民法物權』, 137~139쪽.

유를 토지소유권으로 확정했다. 일본인들의 토지투자는 조선과 달리 토지조사로 지적이 정리된 이후 소조권을 대상으로 이루어졌다.

셋째, 대조권 보상, 지조율 개정을 위한 대조권리 의무자와 대조가격 조사, 지위 등급과 수확 조사, 농산물 가격, 지가, 소조호 소득을 조사했다.

넷째, 토지등기규칙을 공포 시행하여 토지소유권(업주권)을 정리 확인하여 보호하는 조치를 취했다. 대만의 사업은 지세 증징을 위한 토지제도의 균일화와 일본 당업 자본의 진출을 용이하게 하기 위해 토지소유권 문제, 즉 토지의 자유로운 매매와 양도가 가능한 조건을 형성했다.

대만의 지조 개정이 청조의 청부사업과의 차이점은 다음과 같다. 지조 개정은 사적 토지소유권이 미비한 토지를 모두 국유지로 창출했다는 점이다. 소조호에게 자기 토지를 신고하게 한 다음 증거가 충분하면 소유권을 인정하고, 증거가 불충분하거나 미신고지는 국유지로 확정하여 일본인 자본가와 이식자에게 불하했다.[9] 수탈대상지는 첫째는 개간한 무주지였다. 식민지화 이후 업주가 대륙으로 가거나 토벌로 죽은 자들의 소유지였다. 둘째는 미신고지 또는 신고 후 각하한 유주지였다. 셋째는 업주가 없는 미개간지로 산림과 원야였다. 토지조사는 국유지를 창출하여 일본인에게 불하하는 작업이라고 할 수 있다.

대만 토지조사의 중심 작업은 업주권을 사정하는 작업이었다.[10] 1전 3주제라는 소유 형태에서 소조호를 업주로 선택한 사업이다. 이 작업은 류밍촨의 청부사업에서 관습으로 확인한 것을 계승했다. 소조호에게 장

---

9 江丙坤, 1974, 앞의 책, 118쪽.

10 臨時臺灣土地調査局, 1901, 앞의 책, 24~27쪽.

단(丈單; 지권)을 발급하고 일지일주의 권리를 확정하고,[11] 지조 납부의 의무를 부여했다. 토지조사국은 업주가 제출한 신고서와 증거서류를 검사하고 실지조사를 통해 업주를 결정했다. 지적을 관리하기 위해 지도와 토지대장을 작성하고 지방토지조사위원회에서 사정했다. 일제는 기간지에서는 대만인의 기득권을 존중하고 인정했지만, 산림과 원야는 주민의 권리를 인정하지 않고 국유로 결정했다.

업주권 사정은 류밍촨의 청부사업의 성과에 의존했다. 주요 대상자는 업주로서 어린책[12] 기타 관부(官簿)에 등록된 자, 장단(丈單: 지권)을 받은 자, 청부사업 후 업주로서 부조(賦租)하고 현재 지조를 납부하고 있는 자, 재판에서 업주로 된 자 등이었다. 공익에 관한 토지는 제외했다. 자기의 능력과 자본으로 개간한 전답과 산림, 건물부지 등은 업주권을 공인했다.[13]

임시토지조사국은 점유권을 법적으로 인정한다고 했으나[14] 업주권에 한정하고 현경작인의 권리는 부정했다. 대조권은 조선의 수조권과 유사한 권리였지만, 보상금을 받고 해소되었다.[15] 반면 조선에서는 사궁장토의 수조권을 배타적 소유권으로 인정하고, 업주권에 해당하는 중답주나 도지권은 무상으로 해체했다.

대조권 보상금은 공채로 충당하고 추후 지조로 부담했다는 측면에서

---

11   장단(丈單)의 양식은 臨時臺灣土地調査局, 1901, 『臺灣舊慣制度調査一斑』, 54~56쪽에 소개되어 있다.
12   臨時臺灣土地調査局, 1901, 앞의 책, 51~52쪽.
13   江丙坤, 1974, 앞의 책, 194쪽
14   江丙坤, 1974, 위의 책, 196쪽.
15   이영학·문명기, 「일제하 대만과 조선의 '사업' 비교연구-두 사업의 계승성과 차이점을 중심으로」, 미발표 원고.

결국 농민 부담으로 이 문제를 해결한 것이라고 하겠다. 대조권자는 사인(私人)이라는 측면을 고려하여 해체하고, 소요 비용은 농민에게 전가했다. 일본이나 대만은 소유권 분쟁이 극히 적고, 조선에서는 국·민유 분쟁이 대단히 많이 발생했다는 점이 주목된다.[16]

전체적으로 볼 때 대만도 농민적 토지소유를 제외했다는 점은 일본의 지조 개정과 별반 다르지 않았다. 그리고 소조호가 대륙으로 퇴거하거나 기타 사유로 신고하지 않은 토지의 경우 대조권을 인정하지 않고 국유로 확정했다. 업주권이 없는 경우는 국유지로 확정하였다. 일제는 대조권을 정리하여 일전삼주의 토지소유관계를 해체하고, 일지일주의 원칙 아래 토지소유권자를 확정했으며, 이를 근거로 대만 농촌사회는 지주·소작 관계로 이행되었다.

나아가 일제는 토지권리와 거래를 보호하기 위하여 1905년 5월 25일 율령 제3호로 「대만등기규칙」을 공포하고, 1905년 7월 1일부터 시행했다. 등기수속은 일본의 「부동산등기법」에 준했으며, 등기를 요하는 권리는 업주권(소유권), 전권(典權; 질권), 태권(胎權; 저당권), 조경권(厝耕權; 영소작권)의 4종류였다. 이들은 등기하지 않으면 효력이 발생하지 않았다. 이러한 소유권 보장제도를 토대로 일본자본의 토지수탈이 본격화되었다.[17]

---

15 대만에서 발생한 업주권 분쟁 가운데 일본인에 관련된 사안은 주로 시가지에서 발생했다. 분쟁 분석에서 나타난 또 다른 문제는 대조호-소조호-현경전인의 일전삼주 관행에서 소조호가 업주로서 완전히 확립된 경우보다 경작자와 이들로부터 조곡을 받는 두 세력(대조호, 소조호)이 거둔 조곡이 대조와 소조 어디에 속하는지, 현경전인이 단순한 소작인인지 토지의 실권을 갖는 업주인지, 대조호 없는 소조호와 현경전인의 관계에서 업주권자가 누구인지에 대한 명확한 언급이 없었기 때문이다.

17 江丙坤, 1974, 앞의 책, 251쪽.

〈표 2-1〉 토지조사사업에서 지조징수 면적(1904년)

구분	답	전	대	기타	합계
조사 면적	313,693	305,594	122,168	36,395	777,850
구 갑 수	214,734	146,713			361,447

출처: 淺田喬二, 1968, 『日本帝國主義と舊植民地地主制―臺灣·朝鮮·滿洲における日本人大土地所有の史的分析』, 御茶の水書房, 21쪽

    대만은 토지조사사업으로 토지가 전보다 2.2배 증가하고, 지조는 3.5배 증가했다. 그리고 77만 갑에 달하는 토지가 국유지로 편입되었다가 1904년 전주(典主)를 업주로 인정하면서 국유지 편입 건수는 대폭 반감했다.

    일본인 대지주의 토지 확대와 관련하여 대만에서 주목되는 사업은 관유림 불하의 토대를 마련해 준 '임야정리사업'이다.[18] 임야의 소유권은 1895년 공포한 「관유임야취체규칙」으로 확정했다. 소유권을 증명할 지권 또는 기타의 확증이 없는 산림과 원야는 모두 관유로 한다는 무주지 국유의 원칙을 정했다. 1899년에는 무주지를 개간할 경우 관의 허가가 필요하다고 정했다. 그러나 허가 없이 개간, 경작, 조림, 임산물의 채취 등의 방식으로 임야 이용은 계속되었다.

    대만총독부는 1910년부터 1914년까지 5년 간 임야조사를 한 뒤 관·민유를 구분해 임야의 소유권을 확정했다. 거의 모든 임야를 관유림으로 사정했다. 부근 주민이 관행적으로 이용하던 토지는 연고지로 하고, 보관림으로 정하여 연고지 이용자에게 보관료를 받고 사용 수익하게 했다. 이 같은 보관림 조치는 임야에 배타적 소유권을 확정하는 것을 불완전하게

---

18 대만의 임야조사사업은 淺田喬二, 1968, 『日本帝國主義と舊植民地地主制―臺灣·朝鮮·滿洲における日本人大土地所有の史的分析』, 御茶の水書房에 주로 의지하여 작성했다.

하여 임야를 소유주가 아무런 장애 없이 이용하고 처분하는 것을 불철저하게 했다. 대만총독부는 보관림 제도를 폐지하고 1915년부터 1925년까지 '관유임야정리사업'을 실시했다. 관유임야를 존치(存置)가 필요한 임야와 불필요한 임야로 구분하고, 후자를 보관림 이용자인 연고자에게 불하하여 개간 성공지로 매도할 수 있게 했다.

임야조사와 정리사업은 임야를 관·민유로 구분하여 소유권의 소재를 확정한 것이다. 소유권의 귀속을 완전하게 증명하지 못한 임야는 모두 관유임야로 처리했다. 국가가 대규모 임야를 소유하게 되었다. 이들 임야는 일본인 지주 자본가에게 무상 혹은 극히 저렴한 가격으로 불하되어 이들의 거대 토지소유자화를 촉진했다. 관유지 불하 처분법에는 1902년 「대만 관유재산 관리규칙」과 「관유삼림·원야·예약매도규칙」, 「관유삼림원야대도규칙」 등이 있다. 이 법들은 일본인이 관유지를 이용 매수하는 것을 용이하게 했다. 개간, 목축, 식수 등의 경영에 필요한 삼림과 원야는 사업 성공 후 매도하는 것으로 정했다.

관유지 처분법은 일본인 지주 자본가에게 특수산업을 장려하기 위하여 마련한 법이라는 의미를 갖는다. 「장수(樟樹)조림장려규칙」은 국제상품인 장뇌(樟腦)를 생산하기 위해 장수의 조림을 위하여 마련되었다. 그리고 대만사업에서 수위를 점하는 설탕을 만드는 당업(糖業)의 발전을 위해 「당업장려규칙」을 공포했다. 이 규칙은 무상으로 관유림을 대부하여 사업 성공 후에는 무상으로 소유권을 부여하는 조치였다. 사탕수수 경작을 위하여 무상으로 대부한 관유지는 1만 86갑이고, 이 중 사업이 성공하여 소유권을 부여받은 것이 7,571갑이었다.

대만과 조선에서, 일본인 지주 자본가들의 토지침탈 내용과 속도에는 차이가 있었다. 대만에서는 일본인의 토지침탈이 사업 이후 본격화되었지만, 조선에서는 불법적으로 잠매한 토지가 적지 않았다. '사업' 이전에 불법적인 잠매토지를 합법화하고, 국유지를 확보한 다음 민유지 조사가 추진되었다. 수탈 대상 토지는 조선은 답이 주 대상이었다면, 대만은 답보다 전이나 임야가 더 많았다. 제당업의 원료인 사탕수수 재배를 위한 토지침탈이 압도적이었다. 사탕수수 재배와 관련하여 산림과 원야를 국유화하여 불하하거나 불하지 개간지를 무상으로 제공하는 방식으로 소유지를 대폭 확장시켰다.

〈표 2-2〉 일본인 토지소유자의 토지취득 형태별 면적(1941년) (단위: 甲, %)

구분	불하 면적		매수 면적		불하 매수 면적		합계	
	갑	%	갑	%	갑	%	갑	%
면적	28,816	41.3	23,144	33.1	17,840	25.6	69,800	100

출처: 淺田喬二, 1968, 『日本帝國主義と舊植民地地主制』, 御茶の水書房, 16쪽

일본인 대지주들의 대만 진출은 1900년경부터 시작되었다. 러일전쟁 후 1906년부터 대거 진출하기 시작해 1910년 무렵 본격화되었다. 일본인 지주들의 토지 확보 실태를 보면, 불하면적 > 매수면적 > 불하 매수면적 등의 순이었다. 불하 관계 토지가 67%가량을 차지하여 매수 면적보다 압도적으로 많았다. 일본인의 경지 소유 면적을 보면, 답은 5만 3,965갑으로 10.2%, 전은 5만 6,797갑으로 18.8%를 점하고 있다. 일본인은 상대적으로 답이 적은 편이었다. 일본 제당 자본은 전작지대에 더 활발하게 진출했다. 전이 주 구입 대상이고, 관유림은 불하받았다. 대만의 쌀은 일본이 필요한 자포니카 계열이 아니기 때문에 답이 토지 확보의 주 대상은 아니었다. 대농장 경영에서도 직영지 경영의 비율이 높았다.

제3장
중국의 토지권 관행과
토지소유권 처리

1. 중국의 토지권 관행

중국은 토지제도의 근대화 과정에서 동아시아 국가 중 유일하게 일제의 지배를 거치지 않고 외세의 공세를 받는 어려운 조건에서도 독자적으로 개혁을 추진해 갔다.[1] 중국은 전근대 토지제도를 기반으로 자신의 근대화를 추진해 간 반면, 일제는 동아시아 전 지역을 식민지로 지배할 목적 아래 토지조사를 추진했다. 두 지역은 이같이 일제의 식민지와 식민지가 아니라는 점에서 크게 달랐다. 이리하여 두 지역은 토지조사의 지향점은 물론, 사업내용도 동질성과 차별성을 보였을 것으로 판단된다. 여기서는 중국을 앞에 살펴 본 지역과 비교 검토하여 두 지역의 특질을 보기로 하자.

전근대 중국의 국가권력은 개인과 개인 사이의 경제적 교환에 대해서는 조선과 마찬가지로 거의 개입하지 않았다. 따라서 국가의 공문서가 아니라 거래 당사자들이 작성한 계약서가 양자의 권리와 의무관계를 확인하고 보호하는 기능을 했다. 국가의 주 관심은 안정적으로 지세를 징수하는 데 두었으며, 사적인 토지소유관계는 직접 개입하지 않았다. 법으로 소유권에 관한 구체적인 정의를 내리지 않았으며, 농촌 관행에 따라 소유관계가 이루어졌다. 토지소유관계를 입증하는 근거 자료는 매매계약서이며, 여기에 권리와 의무관계를 규정했다.[2] 중국에서 근대적 소유권은 관

---

1 중국의 근대토지권 연구로는 笹川裕史, 2001, 「中華民國時期の土地行政と日本」, 『近代中國と日本』(曾田三郞 編著), 御茶の水書房; 小田美佐子, 2002, 『中國土地使用權と所有權』, 法律文化社; 이원준, 2019, 『근대 중국의 토지소유권과 사회관행』, 학고방 등이 있다. 이 글은 주로 이원준의 책에 의지하여 작성했다.

2 이원준, 2019, 위의 책, 29쪽.

행을 수용 재편하면서 형성되었으며, 이것이 일본제국이 식민지 전역으로 확대한 근대적 소유권과 어떤 차별성을 보이는지 토지권을 소유권과 물권으로 구분하여 그 변화를 살펴보려 한다.

전근대 중국에서는 토지권이 전저(田底)와 전면(田面)으로 분리되었다. 토지소유권자는 법적 소유자로서 전저에 대한 권리만 갖고 전면권자는 토지의 용익물권과 이에 대한 담보물권을 갖는다. 이같이 전근대 중국의 토지소유관계는 '일전양주', '일전다주(一田多主)'라는 관행적 특징을 보였다. 특히 명·청 시대에는 많은 경작자가 토지에 노동력과 자본 투입, 압조(押租; 지대 보증금)의 관행, 활매(活賣; 토지를 되살 수 있는 권리)의 관행, 토지의 전입(典入; 전당) 등과 정액지대의 활성화 등으로 작인에게 토지를 영구히 경작할 수 있는 권리를 인정해 주는 관행이 물권으로 형성되었다. 일전양주가 대거 출현했다.[3] 영구소작권이 전면권으로 발전했으며, 이에 따라 토지소유권이 전저권과 전면권으로 분리되었다.

전면주는 전면권의 소유자이며 작인이었다. 그는 토지소유권의 일부를 보유하고, 이를 자유롭게 매매, 양도, 상속할 수 있었다. 전저주에 지대를 납부할 의무와 감면 요구권을 갖고 있었다. 전저주는 전저권을 근거로 지대징수권과 지세를 납부할 의무가 있었다. 전면주의 이름은 전저주와 함께 토지대장에 나란히 기입되기도 했다. 전저권은 법적 소유권에서 일종의 타물권인 전면권과 분리되었다. 전면주가 지대 납입을 체납해도 전저주가 쫓아낼 수 없었다. 전저주는 전면주가 토지가치의 상승에 기여한 만큼의 보상을 해야 전면권을 확보할 수 있었다. 업주인 전저주의 간섭

---

3   이원준, 2019, 앞의 책, 49쪽. 토지를 영구적으로 계속 소작할 수 있는 권리인 영전권은 정액제 아래서만 토지의 소유권과 사용권이 완전히 분리되어 발생할 수 있었다.

없이 전면주는 전면권을 자유롭게 행사할 수 있었다.[4] 영구소작권과 전면권의 발전은 토지에 대한 지주의 권리가 점차 축소되어가는 과정이다. 토지에는 매가(買價)와 승가(承價)라는 두 가격이 책정되었다. 매가는 전저권, 승가는 전면권에 책정된 가격이다. 토지가격은 매가+승가로 구성되었다.

일전양주의 형성 배경은 다음과 같다. 첫째, 작인이 토지 개간에 참여했을 경우, 그 공을 인정하여 일정한 권리를 부여했다. 농민이 지주의 요구에 따라 노동력이나 자금을 동원하여 개간했을 경우 영구소작권을 허락하는 방식이다. 이 권리가 양도, 상속 등이 가능하게 되면서 일종의 물권적 속성을 갖는 전면권으로 발전한 것이다. 수리 건설이나 국가의 황무지 개간 때도 조건으로 전면권이 부여되기도 했다.

둘째, 농민들이 지주에게 일정한 비용을 지불하고 경작권을 획득한 경우로 압조제의 관행이 여기에 해당한다. 압조제는 지대 납부에 대한 보증금이다. 작인은 압조의 대가로 토지사용권을 획득하였다.[5] 지주가 상환하지 않거나 어려워지게 되면서 작인이 자유롭게 매매·양도할 수 있는 물권, 전면권으로 자리 잡게 되었다.

셋째, 지주가 채무 변제를 위해 전저권을 채권자에게 양도하고 자신은 경작권(전면권)만 유지하는 경우이다. 그리고 지주들이 부역 부담을 피하기 위해 전저권만 판매하는 경우, 지주들이 전출(典出)하면서 전입자(典入者)에게 작인으로 삼아 달라고 요구하는 경우, 토지를 절매(絶賣)할 때 새 소유자에게 경작권을 요구하는 경우, '투헌(投獻; 투탁)'하면서 경작권을

---

4   전면권은 토지와 그 수확물에 기초를 두고 있지만, 전저권은 추상화되어 전저주는 본인의 토지가 어디에 있는지도 모르는 상황에서 권리를 거래하기도 했다.
5   이원준, 2019, 앞의 책, 63쪽.

확보한 경우, 부재지주나 집단 또는 기관이 안정적 경작을 위해 작인에게 영구소작권을 주고 그 권리가 장기간 지속되면서 사용권이 전면권으로 확대된 경우 등이다.[6]

일전양주의 관행은 토지소유권이 전저권과 전면권으로 분화되며 발생했다. 이들은 각각 매매, 상속, 임대, 저당이 가능했다. 전면권은 전저주와 무관한 배타적인 권리였다. 중국의 국가권력은 세원을 확보하기 위해 사유 토지를 등기했다. 전저주는 납세의 의무를 지기 때문에 국가는 이들을 전업주를 관리하는 것과 똑같은 방식으로 관리했다. 전업 또는 전저권이 양도될 때 토지대장을 변경하는 행정절차를 밟았다. 전면권은 과세대상이 아니기 때문에 국가권력이 엄밀하게 관리하지 않았다.

전저권과 전면권은 서로 연관관계가 없이 거래되었다. 전면주는 직접 경작하지 않을 때 타인에게 전대할 수 있었다. 이를 전조(轉租) 또는 전전(轉佃)이라고 했다. 자신의 용익물권 중에서 사용권을 제3자에 임대한 것이다. 업주인 전저주가 받는 지대를 대조(大租), 전면주가 받는 지대를 소조(小租)라고 했다. 작인은 전저주와 전면주에게 지대를 납부했다. 대조액은 정액이고, 전면주의 수입은 수확된 농작물에 따랐다. 전저주(대조)-전면주(소조)-작인의 일전삼주제였다. 대만의 대조호-소조호-현경작인과 비슷하지만 실 내용은 달랐다. 권리는 매매, 임대, 저당 등이 가능한 대상이었다. 일전양주 관행에서 전면주는 공적 자료에서 작인으로 분류되었지만, 현실적인 전면주의 권리는 토지에 대한 독립적인 재산권으로 취급되고, 분가와 상속의 대상이었다.[7]

청말 근대적인 민법전의 초안은 공포되지 못하고 「대청률」을 수정하

---

6   이원준, 2019, 앞의 책, 65~66쪽.
7   이원준, 2019, 위의 책, 77쪽.

여 중국의 민법으로 기능했다. 1909년에 완성되어 20년간 중국의 근대적 민법으로 기능했다. 근대적 개념으로서 소유권은 기본적으로 개인의 독점적 배타적 권리였지만, 전근대 중국에서 재산은 개인이 아니라 가정에 귀속되었다. 「대청민률초안(大淸民律草案)」서 소유권을 소유자가 임의로 그 소유물을 처분할 수 있는 권리, 타인의 간섭을 배제할 수 있는 권리 등으로 규정하고, 동시에 소유자가 권리를 행사할 때 법률을 위반하거나 제3자의 권리를 침해할 수 없다는 일정한 제한을 가했다. 서구의 소유권 개념을 도입한 것이다.

2. 근대 중국의 토지법과 토지소유권

1929년 중화민국 민법은 중국의 전통적 토지소유권 개념과 다른 근대적 소유권 개념을 도입했다. 제765조에 "소유자는 법령이 제한하는 범위 내에서 소유물을 자유롭게 사용·수익·처분할 수 있다". 제773조에는 "법령이 제한하는 경우를 제외하고 토지소유권의 범위는 토지의 상부와 하부에 이른다"고 했다. 그리고 청대의 토지 전매 관행을 용인하면서도 회속(回贖; 반환) 기한을 구체적으로 명시하여 소유권의 보호기간을 최소화하고자 했다. 민간에서 통용되던 전면권은 법제화하지 않았다. 하나의 토지에는 하나의 소유자, 즉 전저권만 존재하도록 법제화했다. 전면권과 가산(家産)제는 제외했지만 이 관행은 여전히 위력을 발휘했다.

그러나 중국 민법은 일본과 달리 소유권의 절대성 이론을 비판하고, 권리남용금지, 공공복리를 중시하는 사조가 도입되었다. 민법 제765조

"소유자가 법령의 제한범위 내에서 소유권을 행사할 수 있다"고 하고 여러 제한을 가했다. 중화민국 토지법(1930년) 제7조 "중화민국 영역 내의 토지는 국민 전체에 귀속된다. 인민이 법에 의거하여 소유권을 취득한 경우에는 사유 토지로 삼는다"고 했다. 그리고 법에 의거하여 소득권을 취득하지 않는 토지, 소유권이 소멸된 경우는 공유토지로 정했다. 1936년 중화민국 헌법 초안에는 더 구체적으로 명시하고 있다.

> 제117조 중화민국 영역 내의 토지는 국민 전체에 속한다. 그 소유권은 법률의 보장과 제한을 받는다. 국가는 인민이 소유권을 취득한 토지에 대하여 토지소유권자가 신고한 토지 가격 또는 정부에서 산출한 토지 가격에 비추어 법률에 따라서 세금을 징수하거나 수용할 수 있다. 토지소유권자는 그가 소유하는 토지에 대하여 충분히 사용할 의무가 있다.
> 제118조 토지에 부착된 광물이나 경제적으로 공공의 이익에 사용될 수 있는 천연자원은 국가의 소유로 하며 인민이 토지소유권을 취득했다고 해도 영향을 받지 않는다.
> 제119조 노동력과 자본을 투입하지 않았음에도 토지의 가치가 증가한 경우에는 토지증치세(土地增値稅)를 징수하는 방법으로 인민의 공공소유로 거둬들인다.

중화민국은 삼민주의(三民主義) 관점에서 사회 전체의 이익을 개인의 소유권보다 우위에 두는 원칙을 세웠다. 중화민국 토지법은 쑨원의 평균지권(平均地券) 주장을 정책 방향으로 설정했다. 토지소유의 주체는 국민 전체이면서 동시에 개인이기도 했다. 인민이 법에 따라 취득한 토지소유권은 사실상 부분적인 사용권과 수익권으로 한정했으며, 최종적인 지배권은 국민 전체인 국가에 있었다. 국민당 정부의 토지제도는 현실적으로는 토지의 개인소유를 인정하되 이념적으로는 국민 전체의 공유를 지향했다. 노동력과 자본의 투입 없이 토지의 가치가 증가한 경우는 국가에서 토지증치세를 징수하여 인민이 함께 누리도록 법 조항에 넣었다. 불로소득을 배제하였다.

중화민국은 전통적 관행을 근대법으로 수용하는 차원에서 전저권과 전면권을 조정했다. 일지일주의 소유권을 법제화하면서도 소유권의 절대성 대신 권리남용금지, 공공복리 개념을 도입했다. 전면권의 소유권적 성격을 인정하지 않았으나 소유권의 절대성도 제한했다. 전저권에서 악용되었던 전전(轉典)이나 압조(押租)를 금지하고, 지대 수준을 대폭 하향 조절했다. 중국 국민당은 쑨원의 정책을 계승하여 경자유기전(耕者有其田)과 이오감조(二五減租)[8]를 실시했다.

중화민국 토지법(1930)에는 소작인의 권리보호를 위한 조항들이 포함되었다. 소작우선권, 토지우선매입권, 정부의 소작지 수매 후 불하, 소작료 수확의 37.5% 제한권 등이 규정되었다. 1927년 「전농(佃農)보호법」과 1932년 「보장전농판법원칙(保障佃農辦法原則)」에서는 압금(押金)이나 담보물 설정을 금지했다. 토지법에는 소작인의 권리보호와 함께 의무 규정도 명시했다.[9] 의무 규정으로 민법 제836조에 2년 치 소작료를 체납했을 때는 지상권, 즉 토지사용권(소작권)을 취소할 수 있다고 정하고, 영전권(永佃權)을 비롯하여 임차한 토지를 타인에 전전하거나 전조하는 것을 금

---

8 소작료를 25%씩 낮춘다는 것으로 37.5%를 상한선으로 설정한 정책.
9 이원준, 2019, 앞의 책, 140쪽.

지했다. 전면권의 권한을 축소한 것이다.

중화민국 정부는 일지일주의 소유권제를 법제화해 지주적 입장에서 토지소유권을 명문화했지만, 소작권을 물권으로 인정하고 이중 소작에서 오는 실 소작인의 피해를 막기 위해 소작권의 전대를 금지하는 방향에서 법제화를 시도했다. 「부동산등기조례」(1922년) 제3조에서 소유권, 지상권, 영전권, 지역권, 전권(典權), 지압권(地押權), 질권(質權), 조차권(租借權) 등을 등기사항으로 정했다. 제4조에는 "관습적으로 오래 이어져 온 물권의 명칭이 위의 조항에서 열거한 것에 부합하지 않을 때는…원래의 명칭에 따라 등기한다"라고 하는 등 중화민국은 관습법을 존중하는 차원에서 토지법을 마련했다.

중화민국 정부는 전시체제에 들어서면서는 국가적 차원에서 활용하기 위해 개인의 토지소유권을 크게 제한했다. 첫째, 쑨원의 경자유기전과 중국 공산당의 토지개혁을 의식하여 자경농을 육성하는 것에 주의했다. 둘째, 천연자원이 풍부한 땅은 모두 국유화의 대상이었다. 셋째, 작인에게 임대되고 있는 모든 토지는 반드시 정부가 소유자에게 토지채권을 발급하여 토지를 수용하고, 모든 토지임대차 계약은 정부기관에 등기하여 관리하도록 했다. 수용된 소작지는 국가에서 원래의 작인이나 항일전쟁 장병들에게 분배하여 경작하도록 했다.[10] 이러한 정신은 1946년 중화민국 헌법에 그대로 수용되었다. "국가는 토지의 분배와 정리에서 자경농과 스스로 토지를 경영하는 사람들을 지원한다는 원칙에 따라야 하며 적당한 경영면적을 규정해야 한다." 즉 토지의 분배와 정리를 통해 경자유기전의

10　이원준, 2019, 앞의 책, 129쪽.

실현을 목표로 정했다.[11]

중화민국 정부는 토지법 개혁을 추진했지만, 일전양주 관행은 농촌사회에서 여전히 지속되었다. 전면권은 독립적으로 상호 간섭 없이 저당, 매매, 분할, 상속, 증여할 수 있었고, 전면주는 전저주의 동의 없이 제3자에게 소작을 줄 수 있었다. 전저권과 전면권은 일종의 소유권으로 간주되어 작동되었다.[12]

청말 신정(新政) 시기에 전면권이 법제화되지 못한 것은 징세 문제 때문만은 아니었다. 기본적으로 일전양주의 중층적 소유권이 근대적 소유권과는 상충되었기 때문이다. 독일의 민법을 모델로 한 「대청민률초안」에서는 단일하고 배타적인 소유권 개념을 적용했다. 이에 「민국민률초안(民國民律草案)」(1925년), 중화민국 민법(1929년)에서는 영전권 개념을 도입하여 전면권의 사회 관행을 부분적으로 수용하고자 했다.

민법 제842조에서 "영전권은 소작료를 납부하고 영구히 타인의 토지에서 경작하거나 목축을 할 수 있는 권리를 지칭한다"고 정의했다. 일본 민법의 영소작권 형태와 유사했다. 여기서 경작권의 영구성을 인정하되 기간을 제한하고 소유권적 의미로서의 전면권 관행은 인정하지 않았다. 그리고 전전(轉佃: 소작권의 임대) 관행을 부정하고, 철전(撤佃: 소작권의 회수권)에 대한 업주의 권리를 강화했다. 영전권은 일전양주 관행을 수용하기 위한 것 같은 형태를 취하고 있었지만, 실제로는 업주가 갖고 있던 전

---

11 이원준, 2019, 앞의 책, 120~121쪽.
12 淺田喬二, 1968, 『日本帝國主義と舊植民地地主制―臺灣·朝鮮·滿洲における日本人大土地所有の史的分析』, 御茶の水書房; 문명기, 2010.2, 「계약 문서를 통해 본 청대 만주의 일전양주 관행의 형성과 변용」, 『역사문화연구』 35. 일전양주의 내면과 조금 다른 경우로, 지린성 일대에는 일전양주와 유사하지만 독특한 토지소유 관행이 형성되었다. 중국인은 전저주이고, 조선인은 전면주의 형태였다.

저권을 소유권으로 인정하고 전면권은 소유권적 성격은 배제하고 사용물권으로 국한했다. 국민정부의 법제화에도 불구하고 현실에서는 전면권이 작동하고 있었다.[13]

중국의 전면권은 소유권이 아닌 영전권으로 권한이 축소되었지만, 물권적 권리는 인정되었다. 중화민국 민법에서 영전권은 물권으로 등기사항이었지만, 임대는 제한하여 이중소작을 방지했다. 전저가와 전면가는 서로 독립적이었으며, 전면가가 전저가보다 높게 형성되었다. 전면주가 전저주보다 이익이 많았기 때문이다. 이러한 추세는 정세의 변환에 따라 더욱 강화되었다. 중국 공산당 세력이 확대되고, 토지개혁 요구가 강화되면서 전저권을 구매하기 꺼리면서 전저가가 하락했다. 중화민국 정부가 각종 납세 부담을 가중시키면서 대조 수취를 통한 전저주의 수익이 감소했다.[14]

중국의 토지소유권은 전저권과 전면권이 분리된 경우로 한국의 중답주와 도지권 형태와 유사했다. 이들 권리는 서로 자유롭게 자기 권리를 매매, 양도, 상속할 수 있었다. 두 권리의 매매는 완전한 별개였다. 지주가 제3자에게 전저권을 양도해도 소작인의 전면권에는 전혀 영향이 없었다. 전면권도 전저주와 무관하게 전면권을 제3자에게 양도할 수 있었다.

중국에서 대부분의 지주·소작 관계는 법률적으로 임대차 관계였지만, 소유권의 절대성 원칙이 관철되는 일본의 임대차와는 성격이 달랐다. 1930년 중화민국토지법에는 임차인 보호조항을 다음과 같이 설치했다.[15] 임차권은 지주가 자경하지 않는 한 계약은 계속 유지하도록 했고, 임대인

---

13 이원준, 2019, 앞의 책, 175쪽.
14 이원준, 2019, 위의 책, 188~192쪽.
15 이원준, 2019, 위의 책, 137~139쪽.

이 경지를 판매할 때는 우선권을 부여했다. 부재지주의 토지를 10년 이상 경작했을 경우 임차인이 경지를 징수해 줄 것을 국가에 청구할 수 있었다. 농사개량에서 특별개량비 청구권, 소작료 37.5% 제한규정, 지주 부담의 지가납세제, 회수한 소작권을 다시 임대할 때 원 소작인에게 원래 임대조건으로 우선적으로 임차권을 부여하도록 했다. 임대차에서 소유권의 권리는 인정하지 않았지만, 물권에 대한 자격은 철저히 보장했다.

청말 민국 시기에는 토지소유권제의 근대화를 추진하면서 전면권을 영전권 개념을 도입하여 근대법 테두리 안으로 끌어들이려 했다. 전저권의 소유권화, 전면권의 물권적 영소작권화가 시도된 것이다. 그리고 일반 지주·소작 관계는 임대차 관계, 즉 지주적 입장의 토지소유권제를 수립하려고 했다. 하지만 소유권의 절대성의 입장이 아니라 임차권을 물권 수준으로 격상시키는 방식으로 농민적 권리를 향상시키는 방향이었다. 당시 중국은 반식민지 상태로 일전양주 관행이 여전히 실시되고 있었지만, 개혁 이념은 평균지권과 경자유기전의 입장에서 해결하려는 것이었다.

1945년 제2차 세계대전이 끝나고, 국민당과 공산당은 중국 대륙을 서로 다른 체제의 근대국가로 재편하기 위해 토지개혁을 실시했다. 국민당은 자본주의 입장에서 토지정책강령을 공포하고, 1946년 4월 토지법을 수정 공포했다. 토지법 제1편 총칙의 지권조정 항목에서 "모든 사유지에 대하여 소유 가능한 면적의 최고 한도를 설정해두었으며 한도 초과분에 대해서는 모든 소유자들이 반드시 정해진 기한 내에 모두 매도하도록 규정했다."[16] 그리고 중화민국 토지법(1946), 토지법 시행법(1946), 중화민국 헌법 제143조에서 "자작농을 양성한다"는 원칙에 따라 국가가 토지의

---

16 이원준, 2019, 앞의 책, 131쪽.

분배 및 정리에 개입하고 개인이 소유할 수 있는 토지 면적의 상한선도 규정할 수 있도록 했다. 국민정부의 토지정책 기본 방향은 토지의 분배와 정리를 통해 평균지권과 경자유기전의 실현을 목표로 정했다.[17]

중화인민공화국의 토지개혁법은 기본적으로 농민토지소유제를 실행하는 것이었다. 구체적으로는 징수 또는 몰수한 모든 토지는 토지가 없거나 적은 농민에게 공평하게 분배하는 토지개혁이었다. 토지개혁의 임무가 일단 완성되면 토지소유권 증명서를 발급하며 토지소유자가 자유롭게 경영할 수 있는 권리, 토지를 매매하거나 임대할 수 있는 권리를 승인한다는 것을 내용으로 했다. 이와 함께 기존의 토지계약관계는 모두 폐지하기로 했다. 토지개혁 이후 중국 사회에서 토지소유는 서구의 근대적 소유권 개념과 달리 개인의 소유권에 대한 절대적 보장에 기초한 것이 아니었다. 국가권력의 강력한 통제 아래 놓여 있었다. 이 때문에 개인의 소유권은 언제든지 부정될 수 있는 성질의 것이었다.

중화인민공화국 초기의 토지개혁은 일전양주의 관행을 종식시키는 것이었다. 지주나 부농이 보유하고 있던 전저권은 몰수하고, 농민의 전면권은 승인하는 정책을 폈다. 농민이 보유하고 있던 전면권에 대해서는 토지를 분배하는 과정에서 그 가격에 상응하는 만큼의 토지를 최대한 보장해 주었다. 중국 공산당은 전면권이라는 권리 자체는 폐지하고, 농민들이 기존에 보유하고 있던 전면권은 토지개혁 과정에서 최대한 보장해 주는 방향에서 일전양주 관행을 개혁했다.

---

17 이원준, 2019, 앞의 책, 120~121쪽.

결론

1.

근대국가는 국가의 영역 내에서 토지를 지배 관리하기 위하여, 그리고 제국주의로 성장하기 위해 확보한 식민지를 지배하는 기초 작업으로 토지조사를 실시했다. 19세기 후반 이후 한국 사회는 근대국가로 전환하기 위한 개혁의 시대를 맞이하는 동시에 강화도 조약 체결과 더불어 제국주의의 식민지로 전락할 위기에 직면했다. 이러한 위기를 돌파하기 위한 각종 개혁 여론이 대두되었다. 토지제도 역시 다양한 개혁안이 제출되고, 일부는 정책으로 실천되기도 했다.

토지개혁론은 한전론, 정전론, 여전론 등 지주제 개혁론과 지주·농민의 타협안인 감조론을 들 수 있다. 현실적 실천 가능성과 관련하여 주목된 견해는 감조론이었다. 동학농민전쟁 당시의 평균분작론과 함께, 지주적 입장의 유길준 안과 농민적 입장의 이기 안이 대표적이다. 이들은 지향점과 내용은 차이가 있었지만, 국가가 토지소유권을 조사하여 지권을 발급하고 작인의 경작권은 안정적으로 보장하고 지대는 낮은 수준의 정액으로 하고, 지세는 지주와 작인이 공동으로 납부하게 한다는 점에서는 공통적이었다.

조선정부는 위기상황을 돌파하기 위해 농무규칙, 갑오승총과 을미사판, 광무사검 등 공토정책, 양전·관계사업 등을 실천에 옮기고 외국인의 토지소유와 점유를 금지하는 법령도 공포했다. 농무규칙은 한광지와 진전의 소유권을 현 개간자에게 준다는 적극적인 진전개발 정책으로, 진전에 존재한 소유권을 부정하고 개간자에게 소유권을 부여한 토지법이었다. 국(왕실)과 지주 자본가들이 19세기 후반 호남 일대를 휩쓴 재해를 극복하기 위해 진전 개간에 참여하여 일정한 성과를 내기도 했지만, 동시에 중답주가 된 진전주(지주지도 포함)와 새 지주(개간 주도자)가 도조와 결세 부담을 둘러싸고 계속 갈등을 노출했다. 그리고 본래 신간지(新墾地)와 진전 개간지 등에서 입안권자와 개간권자 사이에 후자가 투자한 노자(勞資)의 대가로 중답주권이나 도지권이 관습적으로 물권으로 인정되고 있었다. 이곳에는 서로 중층적 권리를 인정하여 비교적 안정적 경영이 이루어지고 있었지만, 때로는 지대 문제를 둘러싸고 대립과 갈등이 심하게 일어나기도 했다. 이러한 일은 공·사토 등 모든 개간지에서 일어났다. 지역적으로는 낙동강, 남강, 영산강, 만경강, 동진강, 재령강, 대동강, 청천강, 압록강 등의 하류 지대에서 주로 분포했다.

당시 지주들 가운데 종가지주, 경영지주, 서민지주 등이 경영권을 확보하여 생산력 증대와 더불어 배타적 소유를 지향했지만, 여러 조건이 이를 저지했다. 19세기 후반 호남 일대는 지주도 살아남기 어려울 정도의 자연재해가 반복되었다. 이러한 자연조건에서 국가가 기간(起墾)을 전제로 한 소유법 체제를 법률과 제도로 유지하는 한 지주가 농민적 토지소유를 저지하고 배타적 토지소유권을 안정적으로 확립하고 유지하는 데는 한계를 보였다.

지주들이 소유권을 배타적으로 행사할 수 있으려면, 신분상의 지원체계가 발동할 수 있을 때, 그리고 자연조건이 뒷받침해 주어야 가능했다. 지주적 토지소유와 농민적 토지소유의 대립은 동학농민전쟁으로 극대화되었다. 이 전쟁에서 농민군이 패배함에 따라 갑오·광무정권은 지주적 토지소유를 전제로 한 근대적 토지제도 개혁을 추진했다.

갑오·광무정권은 지주제 아래 국가가 직접 토지권을 관리하는 근대적 토지권 관리제도를 수립하기 위한 작업을 단계적으로 추진했다. 구체적인 작업은 공토를 조사해 정리하는 작업부터 시행했다. 갑오정권의 대표적인 공토정책은 갑오승총과 을미사판이었다. 갑오승총은 무토는 민전으로 돌려주고, 유토인 공토는 면세조치를 철회하여 작인이 탁지부에 지세, 공토주에 지대를 납부하게 하는 방침이었다. 국가가 공·사토의 모든 토지에서 결세를 징수하는 체제를 수립한 것이다. 공토가 근대의 국유지와 다른 점은 국가에 결세를 납부한다는 점이다. 을미사판은 국가가 공토를 대상으로 '정작인'과 '정액도전'을 내용으로 한 지주경영 시스템을 마련하기 위한 작업이었다. 이는 작인의 경작권을 안정적으로 보장하는 방향에서 지주경영을 하는 시스템이었다.

광무사검은 갑오정권의 정책을 계승하는 것이었지만, 종전의 민에게 환급한 토지를 다시 공토로 환수하는 등 공토강화책을 폈다. 이 과정에서 분쟁이 빈발했다. 분쟁의 주 내용은 중답주 등 관습물권을 인정하는 가운데 벌어진 수조액(결도)의 수준을 둘러싼 분쟁이었다. 분쟁은 유토와 무토를 구분하는 일이 쉽지 않아 발생했다. 토지의 법적 지위가 공토→사토→사토→공토 등으로 계속 변화하면서 공토주와 작인이 새로 납부하게 된 결세(도조) 부담을 둘러싸고 분쟁이 일어난 것이다. 결세는 공토주가 전담하거나 양자가 합의하여 부담 비중을 정하기도 했지만, 작인에게 전담시키기도 했다. 작인들이 '일토양세' 또는 '일토삼세'라 칭하며 저항하는 일이 비일비재하게 발생했다. 당시 분쟁은 수조액의 수준을 둘러싸고 일어났지만, 이것이 후일 소유권 분쟁의 발화점으로 작용하였다.

대한제국 정부는 광무사검과 함께 '구본신참'의 원칙 아래 공·사토를 대상으로 시주와 시작을 조사하고 국가가 이들을 장부에 등록하고 소유권과 지세납부를 직접 관리하는 토지관리체계를 마련하기 위해 양전·관계사업에 착수했다. 이 사업은 파탄에 직면한 조선의 지세제도와 토지제도를 지주적 입장에서 추진한 개혁사업의 일환이며, 동시에 외국인 토지

침투를 막고 국토를 수호할 목적으로 추진되었다. 1898년부터 1904년까지 지속적으로 추진되었지만 일제의 강압으로 중단되었다. 이 사업은 지주적 토지소유와 농민적 토지소유의 극단적 대립인 동학농민전쟁이 전자의 승리로 끝난 뒤, 광무정권이 지주적 입장에서 기존 관행적 질서를 수용하는 가운데 근대국가 건설을 지향하며 추진한 개혁이었다.

광무 양전·관계사업은 시주와 시작을 조사하여 양안에 등록했다는 점이 특히 기주만 조사한 이전 양전과 달랐다. 시주는 소유권을 조사하여 근대의 배타적 소유권자로, 시작은 관습의 범위 내에서 경작권을 물권으로 인정한다는 의미를 제도적으로 부여하기 위해 조사했다. 이 사업의 구체적 특징은 다음과 같다. 첫째, 결세 수취를 목적으로 한 구 양전과 달리, 경지는 물론 삼림·천택·가사 등 전국의 모든 부동산을 조사하여 국가가 소유권을 부여하기 위한 근대적 토지조사였다. 결세는 결부제를 넘어 지가제를 지향하는 방향이었다.

둘째, 시주를 토지소유권자로, 시작을 경작권자로 조사하여 양안에 등록했다. 시주는 토지소유권자로, 경작권자는 관습물권자로 인정하고 결세납부를 공동으로 책임지도록 하기 위해 시주와 시작을 조사한 것으로 보인다. 양안 작성 과정에서 공토의 사토화, 사토의 공토화와 더불어 시주의 작인화, 시작의 시주화 등이 적지 않게 보였다. 양전관리가 권리관계를 조사할 때 자기의 조사기준에 따라 양지아문 양안과 지계아문 양안에 시주와 시작을 서로 다르게 등록한 필지도 적지 않았다. 배타적 소유권이 성립되어가는 과도적 단계의 혼돈된 모습이었다.

셋째, 토지소유권을 확립하기 위해 토지의 실 모습을 파악할 수 있는 전답 도형의 다양화와 전답 도형도제를 도입하고, 사표를 도형도에 표기하는 동시에 열좌와 두락(일경), 양전척 실적 등 절대면적제를 도입했다.

넷째, 관계는 각 필지별로 시주인 대한제국민에게만 발급했다. 시주를 각 필지의 배타적 소유권자로 확정하기 위해 발급한 것이지만, 시주명이 호명이라는 한계를 벗어나지 못했다. 관계는 사람 중심으로 작성한 매매문기와 달리 토지 중심의 문기라는 형식적 변화를 보여 주었다.

다섯째, 관계를 발급할 때 매매문기 등으로 시주를 다시 확인하는 절차를 거쳐 자연인과 단체 모두에게 토지소유권자라는 시주의 자격을 부여하였다. 관계는 자호지번순으로 편철하여 토지대장(군 보관용)과 등기부(지계아문 보관용)의 역할을 할 수 있도록 했다.

광무 양전·관계사업에서 나타난 토지권의 특징은 다음과 같다. 첫째 시주는 1필지 1시주의 원칙으로 양안과 관계에 등록되었다. 외형상 공유는 존재하지 않았다. 시주명에 차명이나 환명은 허용하지 않고, 호명을 전면적으로 허용했다. 양안의 호명은 호적의 명이 아니라 토지소유주가 자유롭게 부친 명칭이다. 호명을 시주명으로 사용한 것은 토지가 호(家)의 소유, 즉 가산(家産)이라는 의식의 발현이었다. 토지문서는 일반적으로 호명을 사용했다. 호명 안에는 호주의 소유 이외에 가족구성원의 개별 소유도 존재한다. 이들 토지는 '일가이산(一家異産)'의 형태이면서 호주가 주도적으로 관리처분권을 행사한 것으로 판단된다. 개별 소유권의 처분은 호주의 허락 아래 행사되었다. 개인이 자유롭게 처분할 수 있는 재산권이라는 근대의 배타적 소유권에는 한계를 보였다.

둘째, 양전에서 시주와 시작은 조사자의 기준에 따라 변동될 가능성이 상존하였다. 두 번 양전한 수원군과 용인군의 두 양안을 비교하면 공토가 사토로, 사토가 공토로 변하는 동시에, 사토의 시주나 제3자가 공토의 시작으로, 공토의 작인이나 제3자가 사토의 시주로 등장하는 등 다양한 변화를 보였다. 이렇게 시주가 양전에서 달라졌음에도 불구하고 지역민은 이 문제에 대해 별다른 이의를 제기하지 않았다. 양명의 내용과 형식에는 별로 개의하지 않은 것으로 보였다. 주민들은 이보다 전품의 상향조정에 따른 결세 부담의 증가에 더 분노하며 분쟁을 제기했다.

셋째, 관계의 시주는 일제가 토지조사사업에서 확정한 토지소유자와 달리 '원시취득'의 권리를 부여한 존재는 아니었다. 소송으로 바뀔 수 있는 존재였다. 그리고 이는 근대의 배타적 소유권처럼 개인이 아니라 호명에게 부여된 소유권이었다. 관계의 시주도 호명, 즉 가산(家産)이라는 의미를 벗어나지 못한 것으로 보인다. 다만 관계는 매매문기처럼 호명을 사용했지만 무명(無名)은 허용하지 않았으며, 주소도 기록하도록 하였다. 무엇보다 관계는 사문기가 아니라 관 증명서라는 점이 중요하다.

당시 각 지주가는 토지조사사업을 앞두고 호명으로 운영되던 가산(家産)을 민적에 등록한 명에 따라 분재하고, 개인별로 토지소유권에 증명을 받는 작업을 추진하였다. 그리고 민적에 등록한 명을 토지신고서와 결수연명부에 지주명으로 등록하였다. 호명의 실명화 작업이다. 이 작업을 추진하면서 재산 소송이 빈번하게 일어나기도 하였다. 호명은 토지상품화의 진전에 따라 분쟁의 씨앗이 되었다. 호명으로 작성된 구래의 매매문기는 일본인이 한국의 토지를 장악하는 데도 매우 유리하게 작용하였다. 이를 막기 위해 대한제국은 호명제 아래 관습적으로 사용되던 호주의 처분권을 증명제도에 제도적으로 도입하려고 시도했다. 그러나 일제는 이를 반대하고 토지가옥증명규칙을 제정했다.

넷째, 양안에서 시주와 시작은 파악 방식이 달랐다. 시주는 전답 도형도에서 보듯, 대부분 1구획 1필지로 파악하고 등록하였지만, 연속된 주변의 여러 토지구획이 일가(一家)의 소유일 경우 이를 한 필지로 묶어 등록하기도 하였다. 이를 반영하여 광무양안의 시주는 필지당 하나의 호명으로만 기록되었다. 호명은 해당 필지 소유자의 대표 명칭이다. 반면 시작은 2명 이상인 경우가 적지 않았다. 광무양안은 호명으로 기록된 시주와 달리 시작은 현재 경작자를 납세자로 하기 위해 있는 그대로 조사한 것이고, 호명은 총액제적 지세제도에 부합하는 방식으로 보인다. 광무정권은 이를 뒷받침하기 위하여 시작의 임조권을 부동산권 소관법에서 물권으로 인정하여 등기대상으로 취급했다고 판단된다.

조선의 지주제는 다양한 형태로 존재했다. 양반지주제가 보편적으로 성립되어 있는 가운데, 서민지주나 경영지주 등이 소유와 경영을 장악하는 방식으로 배타적 소유권을 지향했지만, 이들의 소유권을 보호할 법적·제도적 장치는 마련되지 않았다. 지주는 정치·신분적 권력의 지원을 받을 때만 배타적 권리를 행사하는 지주경영이 가능했다. 이와 달리 개간형, 사패형, 원격지형 지주지는 성립과정부터 그 내부에 관습물권이 중층적으로 형성되어 있었다. 이는 19세기 조선농촌 일부 지역의 특수한 현상이 아니라 전국에 보편적으로 존재했다. 광무 양전·관계사업은 이렇게 형성된 다양한 관습을 근대적 법과 제도로 그대로 인정하는 방향에서 추진한 사업이었다. 전근대 동아시아 각국의 토지권에는 지역마다 형태는 다르지만 다양한 중층적 권리관계가 존재했다.

그러나 일제는 일본 본국처럼 지주에게 배타적 소유권을 부여하고 작인의 경작권을 임차권으로 정리하는 방향으로 한국을 재편성하는 정책을 취했다. 출발점은 1876년 강화도조약을 비롯한 일련의 불평등 통상조약이었다. 이때 조계에서 외국인들에게 영대차지권을 경매로 처분하고, 지계를 발급하는 부동산등기제도를 시행했다. 1883년 조영수호통상조약에서는 조계 밖 10리까지 외국인의 영대차지권을 확대 허용했다. 일본은 최혜국대우 조항을 근거로 가장 활발하게 이 조항을 활용했다. 특히 청일전쟁 이후 조선 내륙의 토지를 불법적으로 차지하기 위한 잠매를 정책적으로 추진했다. 영일동맹조약을 체결한 이후 러일전쟁을 준비하면서 일본인의 이주와 불법적인 토지침탈을 본격화했다. 이들은 잠매, 전당권, 인허가권, 영구 경작권의 매입 등 모든 수단을 동원하여 무차별적으로 토지침탈을 자행했다.

매매문기를 작성하여 교환하는 것으로 토지 거래가 종결되는 구래의 거래관습이 일본인의 대량 토지침탈을 가능하게 했다. 한국흥업이 토지침탈의 전형적인 예를 보여주었다. 한국흥업은 일본제국의 군사력과 관권을 비롯한 공사 권력을 동원하여 공포 분위기를 조성하는 가운데, 주민 집단을 대상으로 연대책임을 조건으로 한 토지매득계약서, 영대토지사용계약서, 차금 토지저당계약서 등의 계약을 체결하여 대한제국 정부의 외국인 토지소유 금지책에 대비했다. 특히 관습물권을 인정해 준다는 조건을 내걸고 토지를 헐값에 매입했다. 매입 후에는 이를 강제로 소멸시켰다.

조선정부의 대응책은 다음과 같았다. 1893년 한성부에 가계제도를 도입했다. 그 후 외국인의 불법적인 가옥 소유와 내국인의 투매, 도매 현상이 빈번해지자 조선정부는 가계제도를 개성, 인천, 수원, 평양, 대구, 전주 등지로 확대 추진했다. 나아가 갑오정권은 외국인의 토지소유와 점유를 법으로 금지하고, 광무정권은 법률 제1호「전당포 규칙」(1897년 8월), 법률 제4호「의뢰외국치손 국체자처단례 개정건(依賴外國致損國體者處斷例改正件)」(1900년 4월) 등을 공포했다. 그러나 이 법은 사후조치법이고, 처벌 대상도 한국인으로 국한하여 토지침탈에 효과적으로 대응할 수 없었다. 대한제국은 제도적으로 이를 막기 위해 양전·관계사업을 실시했다.

2.

일제는 을사늑약 체결 이후 광무양전·관계사업이 예정대로 완료될 경우 일본인의 토지 투기가 제도적으로 봉쇄되어 식민지 지주제를 건설하기 어렵다고 판단하고 이를 저지하기 시작했다. 첫 단계는 일본인 지주·자본가·농민을 투입하여 토지투기를 조장하는 한편, 한국의 농업기반을 밑에서부터 장악해 가기 위한 법적 장치를 마련하기 시작했다. 대한제국 정부는 이와 반대로 일본인의 토지침탈을 막기 위해 1905년 2월 형법대전을 공포하고 토지법 마련에 착수했다.

대한제국 정부와 통감부는 서로 지향점은 다르지만, 토지권을 안전하게 거래하는 수준 정도의 토지거래법이 필요하다는 점은 동의하면서 각기 법 제정 작업에 착수했다. 대한제국 정부는 중단된 양전사업을 다시 실시할 계획으로 일본인의 토지침탈을 반대하는 국민적 여론을 토대로 1906년 7월 부동산권소관법을 기안했다. 이 법안은 ① 외국인의 부동산 소유 금지, ② 지권 발행, ③ 소유권과 임조권에 대한 등기, ④ 가족 별유재산 거래 시 호주허가제 등 부동산권에 대한 국가관리를 목표로 마련한 것이었다. 광무 양전·관계사업의 이념을 계승하는 방향에서 제정한 법이었다. 이 법안은 몇 차례의 조정 과정을 거쳐 1906년 10월 16일 법률 제6호 토지건물의 매매, 교환, 양여, 전당에 관한 법률을 마련했다. 그러나 일제는 이를 곧 사문화시켰다. ①, ③, ④ 항목이 일제의 의도와 정면으로 충돌했기 때문이었다. 일제는 10일 후 10월 26일 토지가옥증명규칙을 공포하고 법률 제6호를 대체했다.

일제가 일관되게 추진한 토지정책은 일본민법과 같은 내용으로 한국의 토지제도를 일치시키는 법제를 마련하는 일이었다. 법의 내용은 한국의 토지소유권을 사용·수익·처분권이 보장된 배타적 소유권으로 정리하고, 경작권을 임차권으로 정리해 지주납세제와 식민지 지주제를 확립하는 것이었다. 이때 일제는 아무런 대가도 지불하지 않고 관습물권을 폭력적으로 제거하는 방향으로 일을 추진했다.

첫째, 일제는 일본의 민법체계를 한국에 그대로 적용한다는 전제 아래 부동산법조사회, 법전조사국 등을 설치해 한국의 관습을 조사 해석하고 토지법을 마련했다. 토지가옥증명규칙, 토지가옥전당집행규칙, 토지가옥소유권증명규칙이 그것이다. 일제가 제정한 증명규칙의 특징은 소유권만 대상으로 하고, 경작권은 제외했다는 점과 호주의 거래승인제도를 채택하지 않은 점이 대한제국의 방향과 달랐다. 이 제도의 구체적 내용은 다음과 같다.

증명규칙은 종래 민간의 거래관습에 동장, 통수의 인증을 기반으로 군수가 증명하여 토지 거래계약에 대한 공적 증거력을 제공하기 위해 마련한 것이다. 일제는 토지대장이 없는 가운데 안정적인 토지 거래를 위해서 실지조사 방식을 도입했지만, 증명에 많은 한계를 보였다. 일본인도 소유권 확보에 불안할 경우에만 주로 이용했다. 토지가옥전당집행규칙은 고리대 자본의 안정적 토지투자를 유도하기 위해 제정했다. 이는 전당권의 집행에 관한 법으로 유질계약과 경매제도를 도입하여 일본자본의 투기활동을 활성화시킨 조치였다. 1907년 한일협약이 체결되면서 일제는 정치적 지배권이 강화되자 토지가옥소유권증명규칙을 제정했다. 이 법은 모든 부동산 소유권을 일반 공시를 통해 증명해 주는 제도였다. 일본인은 잠매 토지나 증거가 불충분한 토지에 대한 권리 확보를 위해 이 법을 이용했다. 그러나 증명은 의무규정이 아니었고, 제3자 대항권도 없는 한계를 갖고 있었기 때문에 초기에는 이용이 제한적이었다.

둘째, 유주지 이외의 모든 무주지를 국가의 소유로 한다고 선언하는 법령을 발포했다. 민유 이외의 미간지를 국유로 하고, 일본인 이민의 개간과 불하를 위해 국유미간지이용법을 제정하는 한편,[1] 민유로 신고하지 않은 삼림을 모두 국유로 선언하는 삼림법을 공포했다.[2] 그러나 이들 법령은 대한제국이 부동산권의 국가관리 제도를 수립하기 이전에 국유지를 확보하기 위해 취한 조치였다. 일제는 비교적 자유롭게 개간하여 소유권을 확보하던 관습법을 금지하고, 허가제와 불하제도를 채택하였다. 이 법령은 기존 조선인의 개간권 박탈이고, 개간 허가권인 입안과 절수제도를 근대적 허가제도로 전환한 것이다. 이러한 방향 전환은 절수사여지의 국·민유 분쟁에서 개간자보다 국가의 입장에서 소유권을 판정할 것으로 예상된다. 일제는 토지조사사업과 임야조사사업에서 소유권 사정작업을 실시할 때 이 법을 근거로 허가 없이 개간한 토지와 무신고 삼림을 국유지로 확정했다. 기본적으로 이 법은 일본인 자본가를 위한 법이었다.

셋째, 공토를 조사 정리하여 배타적 권리를 갖는 국유지로 확정하고, 실지조사를 거쳐 장부를 마련했다. 관습조사에서 기존 공토와 사토라는 분류 방식 대신, 용도에 따라 국유지와 함께 황실의 사적 소유지인 궁방전이나 역둔토 등을 제실유로 분류하고, 이를 조사하기 위해 1907년 임시제실유급 국유재산조사국을 설치했다. 조사국에서는 민에게 이의 제기를 허용한 청원제도와 소작인 신고제를 토대로 현지조사도 실시했다. 이

---

[1] 이영호, 2018, 「국유미간지이용법 제정과 식민지 토지정책」, 『근대 전환기 토지정책과 토지조사』, 서울대학교 출판문화원, 209~211쪽.

[2] 강정원, 2014, 「일제의 산림법과 임야조사연구-경남지역 사례」, 부산대학교 박사학위논문; 최병택, 2009, 『일제하 조선임야조사사업과 산림정책』, 푸른역사; 이우연, 2010, 『한국의 산림 소유제도와 정책의 역사 1600~1987』, 일조각.

조사를 토대로 일제는 1908년 제실유지는 물론 역둔토나 군역전 등을 근대적 배타적 소유 개념의 국유지로 확정하고, 이를 조사하고 관리할 임시재산정리국을 설치했다. 일제는 조사국 관제에 근거하여 조사 확정한 국유지에 배타적 소유권과 사법권으로도 바꿀 수 없는 절대성을 부여했다. 일제는 조사기구가 내린 결정을 '행정처분'이라 부르고, 결정사항은 사법재판의 대상에서 제외했다. 이는 행정처분에 반발하는 한국인의 저항을 일거에 막고, 식민통치체제를 빠른 시일 안에 구축하기 위한 '무단적', '강권적' 방식이었다. 일제는 이러한 행정처분의 절대성의 원칙을 일본본국이 아닌 식민지에만 적용하였다.

다음은 국유지를 조사 측량하는 실지조사 작업을 실시했다. 조사 목적은 역둔토대장의 국유지를 소작인 신고제도를 토대로 해당 토지를 조사 측량하고 소유권과 소작인을 조사하여 국유지대장과 국유지도에 정리하는 일과 지주경영을 통하여 재정수입을 확충하는 데 있었다. 이때 일제는 역둔토에 광범위하게 존재하는 중답주를 비롯한 중층적 권리를 불법적인 존재로 간주해 제거하고, 역둔토를 배타적 소유권의 국유지로 정리했다. 도장권은 대가를 주고 회수했다. 이는 조세수납권 회수에 대한 보상이었다.[3]

일제는 국유지 조사에서 투탁이나 혼탈입지에 해당하는 결세납세형 토지는 환급하고 나머지는 국유로 확정했다. 조사 결과 국유지는 확대되고 지대수입이 크게 증가했다. 이때부터 수조액을 둘러싼 분쟁이 소유권 분쟁으로 성격이 바뀌었다. 일제가 중층적 소유관계를 국유로 일원화시키면서 자기권리를 박탈당한 중답주 등 관습물권(물권적 경작권)의 소유자

---

[3] 배영순, 1980, 「한말 사궁장토에 있어서의 도장의 존재형태」, 『한국사연구』 30.

들이 반발하였다. 국가의 수조권적 권리와 농민의 사실상의 소유권이 대립 갈등한 것이다. 대체로 절수사여지가 분쟁의 직접적 대상물이었다고 판단된다. 일제는 국유지에서 작인납세제를 폐지해 지대만 거두도록 방침을 정하고, 소작료는 도조에 결세를 합한 액수로 정했다. 일제는 공토를 일지일주의 배타적 소유권이 부여된 국유지로 확정하고, 향후 토지조사를 할 때 이 연장선에서 결세 납부를 소유의 근거로 삼지 않았다.

3.

일제의 최대과제는 민유지 조사였다. 조사의 전제는 일본민법의 배타적 소유권제를 도입하여 조선의 토지제도를 일본과 일체화시켜 일제의 조선 식민지 경영을 자유롭게 수행하기 위한 것이다. 일제는 조선의 관습을 조사하여 일본민법의 틀에 맞추어 해석했다. 지주의 소유권은 배타적 소유권으로, 작인의 경작권은 무권리한 임차권으로 해석했다. 이에 맞추어 작인납세제를 폐지하고, 지주납세제를 법으로 정해 실천해 갔다. 먼저 결세 납부 책임을 지던 서원(書員)을 배제하고, 재무감독국-재무서-면의 공전영수원이라는 징수체계를 수립하는 동시에 지주납세제를 실현하기 위한 지주 조사에 착수했다. 1907년 지세납세의 건을 공포하고, 결수신고서 작성 작업에 이어 결수연명부 작성 작업에 착수했다.

일제는 이러한 작업과 동시에 강점 직전 전국의 토지조사를 결정하고 준비작업에 착수했다. 토지조사와 토지관습을 조사하고 조사계획을 수립하는 한편, 부평군을 대상으로 시험 조사를 실시했다. 이어서 토지조사국 관제와 토지조사법을 공포하고, 토지조사에 착수했다. 토지조사법은 국유지 실지조사의 완결을 전제로 민유지를 조사하기 위해 마련한 법제였다. 일제는 격심한 국·민유 분쟁과 조사 거부 등으로 국유지 실지조사가 순조롭게 진척되지 않자 서둘러 종결을 선언하고, 국·민유지 조사 작업을 통합하여 시행하기로 방침을 변경했다.

그러나 토지신고와 측량작업이 순조롭게 진행되지 않았을 뿐만 아니라 계획과 달리 조사 면적과 비용이 확대되고 분쟁지가 다발하는 등 여러 문제가 발생하자 계획을 전면 재검토했다. 1912년에는 토지조사법을 보완한 토지조사령을 비롯하여, 조선부동산증명령과 조선부동산등기령, 조선민사령 등을 공포하는 한편, 결수연명부 완성 작업에 역량을 집중했다.

토지조사법과 토지조사령의 기본 골격은 다음과 같다. 첫째, 토지조사에서 민유지는 지주의 신고, 국유지는 해당 관청의 통지를 근거로 시행하였다. 조사 대상 토지는 전·답 등 과세지와 도로 등 불과세지를 포함한 18종으로 정했다. 임야는 조사 대상에서 제외했다. 신고의 실무는 지주총대가 담당했다.

둘째, 지주에게 신고기간 내에 토지신고서를 제출하고, 표항 설치와 입회의 의무를 부여했다. 입회규정은 측량 시 소유지의 경계를 확정하고 타인 명의로 조사되는 것을 방지하기 위해 마련되었다. 토지신고자는 일본민법에 따라 자연인과 법인을 대상으로 정하고, 토지조사의 편의나 한국의 사정 등을 고려한 특수한 경우를 제시했다. 자연인은 민적부의 명을 기재하는 것을 원칙으로 했다.

셋째, 법인을 비롯한 단체 소유지는 법인에 한하여 단체명의를 인정했고, 그밖에는 공유로 하도록 했다. 종중, 계, 사립학교, 서원 등 각종 향촌의 자치조직은 일본민법 체계에 맞추어 흡수하고 해체하는 것을 원칙으로 정했다. 다만 토지조사 과정에서 마찰을 최소화하기 위해 이들 토지는 연명 또는 상당한 명의인을 대표로 기록하고 단체명을 부기하는 방식을 택했다.

넷째, 신고기간은 군·면 단위로 조선총독부에서 정하여 고시했다. 기간 내에 정당한 이유 없이 신고하지 않으면 불복신청을 못하도록 정하고 국유화한다고 위협했지만, 신고가 지체되어 신고기간을 연장하는 일이 잦았다. 결수연명부를 근거 장부로 활용하면서 신고기간을 연기하는 일은 특정한 사정이 없는 한 금지하도록 했지만, 1915년 무렵에도 주의사항을 강력히 시달하지 않으면 안 될 정도였다.

다섯째, 분쟁지는 화해를 원칙으로 했지만, 보상없는 해결방식이라 적지 않은 분쟁이 발생했다. 이 점을 고려하여 신고는 현장조사주의를 병행하여 처리하도록 했다. 그러나 신고기간은 2~3년이 소요될 정도로 지체되었다. 결국 신고 문제는 분쟁으로 나타나고, 사정 불복사태를 증가시켜 고등토지조사위원회의 업무를 가중시키는 결과를 초래했다.

일제의 토지조사사업에서 최대 난제는 신고의 지체와 분쟁의 다발이었다. 일제는 분쟁을 해결하기 위해 분쟁지심사위원회, 고등토지조사위원회 등의 심사절차와 기구를 강화했다. 심사는 사정·재결·재심의 3심제를 채택했지만, 대부분 사정과 재결에서 종결되었다. 소유권은 사법부의 판결을 존중하여 이를 기다린 후 사정과 재결을 했다. 이 '행정처분'으로 확정된 소유권에는 '원시취득'의 자격을 부여하고, 사법 판결의 대상에서 제외했다. 일제는 국유지 조사처럼 일관되게 사정과 재결이라는 행정처분으로 확정한 소유권에 절대성을 부여하였다.

토지조사의 핵심 작업인 토지신고 상황을 보면, 토지소유권을 사정한 결과 99.6%가 신고한 대로 사정되었다. 분쟁은 국·민유 분쟁이 60%, 민유지 분쟁이 40% 정도였다. 국·민유 분쟁이 '사업'에서 주요한 문제로 대두되었다. '사업'에서 제기된 분쟁은 전체의 0.4% 정도였지만, 일본 판도 내 동아시아 지역에서는 소유권 분쟁이 가장 격심했다. 이는 소유권 확정 기준에 문제가 있었다는 점을 단적으로 보여주는 것이었다.

일제가 토지조사사업을 시행할 때 대부분 민유지는 배타적 소유권이 명확히 확립되었으며, 이를 신고 조사하여 거의 그대로 사정했다는 이해 방식은 검토의 여지가 있다. 일제의 토지소유권 조사 방식은 다음과 같은 내용으로 진행되었다.

첫째, 토지소유권만 조사 대상으로 삼고 경작권은 제외한다는 원칙을 세운 것은 배타적 소유권이 일반적으로 성립되고 경작권은 임차권적 존재라는 것이 전제된 것이다. 그러나 이는 사실의 반영이라기보다 정책적 목표에 따라 결정한 반영물에 불과했다.

둘째, 일제는 관습물권을 법에서 물권으로 인정하지 않았다. 도지권은 인정되기도 했지만, 등기되었을 경우로 한정했다. 1915년 이후는 재판에서도 인정하지 않았다. 관습물권은 대부분 화리처럼 채권 관계로 처리하였다. 그것도 문서가 없는 한 법의 보호를 받기 어려웠다. 전근대 한국에서는 일본민법처럼 물권과 채권이 명확히 구분되지 않았다. 투탁, 전당, 퇴도지, 화리 등과 같은 관습물권이 그러한 존재였다. 중국에서는 물권으로 해석했으나 일제는 이를 모두 채권으로 해석했다. 일제는 관습물권을 박멸시키는 것이 정책의 기본입장이었다.

토지조사의 출발점은 토지소유권 조사인데, 조선에는 소유권을 증명하고 보호해 주는 관문서가 존재하지 않았다. 이 문제를 해결하기 위해 일제는 지주 신고제를 조사 방법으로 채택했다. 이는 명백하게 배타적 소유권이 성립되었다는 것을 전제로 한 정책적 입장이었지만, 지주 장부가 없고 지세도 작인이 납부하는 현실에서 지주의 신고서 작성 작업이 순조롭게 진척되기를 기대하기는 어려웠다. 현실적으로 조선인 지주는 물론 일본인 지주도 적극 동참하기가 쉽지 않았다. 소작인이나 관리인, 대리인 등이 자기 명의로 작성하는 경우가 적지 않았다. 이러한 표면적인 이유 이외에 현실적으로 폭넓게 존재한 다양한 권리관계가 신고 지연 사태를 불러온 것으로 보인다. 와다 이치로는 토지조사사업을 마치면서 조선의 토지는 분쟁지만이 아니라 전체 토지의 소유권이 불분명하다고 극언하기도 했다. 일제는 이를 해결하기 위해 '사업'을 시작한 지 3년이 지날 무렵 지주의 주체적 신고를 포기하고 지주직납제를 목적으로 작성한 지세장부인 결수연명부를 신고서의 근거 장부로 채택했다.

결수연명부는 일제가 일본처럼 생산노동에 존재하지 않는 지주를 소유자로 정의하고, 지주가 지세를 납부하도록 조사 작성한 장부이다. 이 장부는 지주가 소유 토지와 결세액을 필지별로 신고한 서면을 면 단위로 조사하여 속인주의 원칙 아래 리별로 편철한 것이다. 일제는 1907년 이래 결수신고서와 결수연명부 작성 작업을 시도했지만, 작인납세제를 해체하기는 쉽지 않았다. 지주를 조사할 때 늘 작인과 관리자를 함께 조사했다. 결수신고서 작성 단계에는 지주가 지주납세제 자체를 부담스러워했을 뿐만 아니라 작인납세제에서 작인이 독립적으로 경영권을 행사하는 경우에는 소유지를 파악하기도 쉽지 않았던 것으로 보인다.

그러나 결수연명부 작성에서 가장 중요한 것은 지주나 작인의 실명을 확인하여 법적 자격을 부여하는 일이다. 특히 지주의 실명 파악이 과제였다. 이 작업은 단순히 차명, 환명을 금지하는 차원의 일이 아니라 그동안 허용했던 호명 해체작업이 선행되어야 했다. 호명으로 포장된 가산(家産)을 실명의 개별 소유로 확정하여 공부에 등록하는 일이었다. 즉 가산을 해체하고 개별 소유체제를 수립해야 했으며, 이와 더불어 민적부에 실명을 신고 등록하여 법인하는 과정에 뒤따라야 했다.

1909년 민적부를 작성하기 시작하면서 전주재무감독국은 결수연명부에 지주명을 민적부의 명으로 등록하도록 요청하기도 했지만 쉽지 않았다. 일제는 1911년 결수연명부 규칙을 마련하면서 비로소 결수연명부의 소유자명을 민적부의 명으로 기입하는 작업을 전국적으로 강력히 추진할 수 있었다. 이와 동시에 실지에서 민유지를 조사하여 필지의 실 모습과 면적 소유자를 파악하여 도면에 그린 과세지견취도 작성 작업도 추진했다. 이 도면 작업은 결수연명부의 소유자와 과세 내역을 대조 확인하여 기록한 것이다. 일제는 이 작업의 성과에 호응하여 지세 납부 장부인 결수연명부에 토지소유권 장부라는 토지 공부의 자격을 부여하고, 증명의 공부로 활용하여 공신력을 높여 토지소유자의 참여도를 크게 높였다. 이 과정에서 은결을 찾아내 어느 정도 재정적 효과도 거두었다.[4]

　과세지견취도는 행정구획을 결정하는 기초자료로도 활용되었다. 결수연명부는 지주납세제 장부이고 지주에게 납세의무를 부과하는 것이지만, 초기와 달리 일제의 강력한 행정력과 지주의 적극적 참여로 1913년 장부 작업을 완료했다. 일제는 지주에게 지주납세를 의무를 부과했지만, 그 반대급부로 지주에게 배타적 소유권이라는 법적 효력을 부여하고 작인에게 지세를 전가하도록 독려했다. 게다가 지주는 지주납세에 따라 생산물 지대를 받아 쌀값 증가에 따른 수익도 누릴 수 있었다.

　일제는 1907년부터 거의 5~6년이 지난 1913년 1월에야 결수연명부를 토지신고서의 근거 장부로 삼도록 토지신고심득을 개정하고, 6월에는

---

[4]　1910년을 전후한 시기 일본인의 토지 투기열은 더욱 고도화되었다. 이 무렵 전과 달리 증명의 이용도가 높아졌다. 토지 매득자는 증명을 받아야 결수연명부에 지주로 등록되고 지세 납부자로 확정되었다. 이는 일본민법에 의거 지주의 소유권에 법적으로 배타적 소유권을 부여했다는 의미였다.

토지조사의 순서와 방법을 체계화한 임시토지조사규정을 공포했다. 일제는 이때부터를 '신체제'기라고 명명했다. 1914년에는 지세령을 공포하고, 결수연명부를 법적인 지세장부로 사용했다.

결수연명부의 작성 과정은 단순히 지주를 조사하는 것이 아니라 지주의 실명화 작업과 함께 작인을 지세납세자의 지위에서 제거하는 작업이었다. 이 작업으로 작인이 국가와의 관계에서 단절되고, 관습물권도 법적 지위를 보장받지 못하게 되었다. 결수연명부는 개별 토지소유권에 배타적 권리를 부여하는 작업인 만큼 지주와 소유 토지를 파악하는 데 오랜 세월이 걸렸다. 결수연명부 작성 이후의 토지조사 과정은 결수연명부의 지주와 토지를 확인하는 절차에 불과하다고 해도 과언이 아니었다.

일제의 토지조사사업은 결수연명부를 근거로 작성한 토지신고서를 바탕으로 실지조사부, 토지조사부, 지적도 등을 작성해 가는 방식으로 진행되었다. 일제는 이들 장부가 모두 일치하도록 토지조사를 추진했다. 사정장부인 토지조사부와 지적도를 공시한 후에는 토지조사부를 기준으로 토지대장을 작성하고 결수연명부와 대조하여 지세명기장을 작성했다. 결수연명부에 근거하여 토지신고서가 순조롭게 작성되면서 '사업' 속도는 빨라졌다.

결수연명부에 등록된 토지소유자는 사정을 거치지는 않았지만, 증명관리의 증거서면이나 판결로 패소하기 전에는 수정되지 않을 정도로 소유권을 보장받았다. 관습물권을 포함한 모든 경작권은 사적인 관계, 채권관계로 취급했다. 등기하지 않은 소유권 이외의 모든 권리는 인정하지 않았다. 관습물권은 지주가 헐값으로 사들이기도 했으나 대부분 지주가 강제로 소멸시켜 갔다. 때로는 소송이 제기되기도 했으나 일제의 재판부는 패소판결을 내렸다. 한국흥업이나 궁삼면 동척농장처럼 경작권의 관습물권으로 존재하기도 하였으나 식민지 지주들은 이를 무시하였다. 일제의 법도 이를 보호하지 않았다. 작인과 지주의 관계는 임차관계로 확정되었다. 무라이 농장에서는 개간의 대가로 개간자가 중답주적 권리를 행사하고 농장에서도 사적 관습으로 인정했으나 다음 지주인 하자마 후사타로는 이를 강제로 소멸시켰다.[5]

결수연명부와 토지신고서를 토대로 한 토지조사 과정은 지주를 배타적 소유자로, 동시에 경작권을 임차권으로 확정하는 과정이었다. 일제는 문기 없는 관습물권은 불법으로 취급해 인정하지 않았다. 지주의 허락을 받고 등기한 경우에만 물권으로 인정했다. 물권적 경작권은 배타적 소유권이라는 법제 아래 설 자리를 잃었다. 일제는 소작 관행을 조사할 때는 관습물권 중 일부만 특수소작이라는 명칭으로 이들을 조사하였다. 1930년 무렵에는 이들조차 흔적만 남았다. 이러한 예는 일본인 지주의 소유지에서 특히 두드러졌다. 황해도 일대의 동척의 정부 출자지를 비롯하여 한국흥업의 황주농장, 낙동강 일대의 무라이농장, 전북 일대의 균전지역, 궁삼면 일대의 동척농장 등 일본인 농장에서 볼 수 있었다. 일본인들은 중층적 권리인 관습물권이 존재한 분쟁지나 경작권의 물권화를 미끼로 많은 토지를 헐값에 확보하여 대농장을 건설한 다음에는 이 물권을 소멸시켜 갔다.

19, 20세기 초 관습물권, 즉 물권적 경작권의 존재는 전국의 대하천을 비롯하여 각종 해안이나 섬 지역의 개간지에서 흔히 볼 수 있었다. 경기도 한강, 임진강 일대에서도 존재했을 것으로 생각된다. 1920년대 소작

---

5   최원규, 2021, 『일제시기 한국의 일본인 사회-도시인·지주·일본인 농촌』, 혜안, 244~415쪽

쟁의는 소작권의 물권화를 해체하고 소작료를 강제로 올려 받는 문제로부터 제기된 경우가 적지 않았다. 전라남도와 경상남도 일대에서 일어난 소작쟁의, 하자마 농장의 소작쟁의 등은 1/3~1/4할 정도의 낮은 지대 수준으로 경작권을 보장하고 유지되고 있었지만, 지주들이 결국 이를 부정하고 지대 수준을 높이면서 발발하였다.[6]

4.

한말 일제초기 소유권 분쟁 문제는 다음과 같이 정리할 수 있다. 토지조사사업을 주도한 와다 이치로는 한국의 사적 소유권의 수준을 미약하게 보고 경작권의 물권적 성격도 인정하지 않았다. 그러면서도 일본민법을 기준으로 소유권자를 조사하여 배타적 소유권을 부여하는 방식으로 토지조사사업을 추진했다. 와다는 사궁장토, 둔전, 역토 등은 유토와 무토가 혼합되었으며, 유토=국유지(토지 지급), 무토=민유지(징세권 지급)로 구분하였다. 갑오개혁 이후 양자를 구분하는 작업이 추진되었으며, 무토는 결세만 납부하는 토지, 유토는 '일토양세'로 결세와 지대를 납부하는 토지라고 정리했다. 와다는 조 200두형은 국유, 미 23두는 민전으로 보고, 조 100두형은 경우에 따라 판정한 것으로 보인다. 중답주권, 도지권 등의 관습물권은 불법적인 것으로 간주하고 국유로 처리했다.

일반적으로 절수사여지에는 국가의 토지권(수조권 또는 법적 소유권)과 민의 토지권(물권적 경작권 또는 사실상 소유권)이 중층적으로 성립해 있었다. 일제의 국유지 조사는 전자를 배타적 소유권으로 확정하면서 후자

---

5 나주문화원, 2000, 『궁삼면 토지회수투쟁자료집』과 최원규, 2012, 앞의 책, 385~400쪽.

를 해체해 가는 과정이었다. 여기서 분쟁이 발생하였다. 일제는 공토를 국유지로 확정하고, 이의신청이 제기되면 이를 심사하여 혼탈입지와 투탁지는 환급하기도 했지만, 분쟁을 제기하지 않은 토지는 국유로 확정했다.

　토지 분쟁의 출발점은 갑오승총에서 기원을 찾을 수 있다. 갑오승총은 무토는 돌려주고, 유토에서는 작인이 탁지부에 결세를 납부하고 공토주에게 도조를 납부하도록 한 조치였다. 문제는 유·무토를 명확히 구분하는 일이 담당관청인 탁지부에서도 쉽지 않은 일이라 고백할 정도라는 데 있었다. 이 때문에 속공과 환급이 반복되는 일이 빈발했다. 광무사검은 공토에서 사토로 전환된 토지를 다시 공토화하는 공토강화책을 취했다. 물론 공토를 사토로 조사하기도 했다. 공토와 사토는 조사자의 기준에 따라 사토의 공토화, 공토의 사토화, 그리고 사토화 이후 제3자에게 방매한 토지의 공토화 등의 사태도 발생하였다. 이러한 유형의 토지는 중답주·도지권자 등 중층적 권리가 존재하는 개간지에서 가장 빈번하게 일어났다. 전당, 권매, 퇴도지 등에서 소유자가 경작자가 되어 채권자에게 지대를 이자로 납부한 경우에도 발생했다.

　광무정권은 중답주를 제거할 방침을 세우기도 했지만, 실제 조사는 장부를 확인하는 수준이고, 그들의 지위는 거의 그대로 유지된 것으로 보인다. 분쟁은 사토가 공토로 전환되면서 작인이 납부하게 된 결도 부담의 증가가 주 요인이었다. 이때 양자는 형식적으로 공·사토가 전환되었더라도 실질적으로는 수조액을 타협해 조정하는 수준에서 분쟁을 해결한 것으로 보인다. 이때 공토주가 처분권을 행사하여 작인을 농경에서 완전히 배제하는 등의 조치는 보이지 않았다.

　공·사토 분쟁이 소유권 분쟁으로 비화된 것은 일제가 1907년 임시제실유급 국유재산조사국을 설치하여 사유를 가려내고, 1908년 공토를 국유지로 선언하고, 1909년 국유지 실지조사로 장부를 확정하던 때부터 본격화되었다. 이때 투탁지와 혼탈입지는 민유로 환급하고, 이외의 모든 공토를 국유지로 확정하는 과정에서 분쟁이 계속되었다. 나주의 '궁삼면' 경선궁 토지, 창원의 창둔, 전북의 균전 등에서 실상을 볼 수 있다.

나주 궁삼면은 토지소유권의 이전 경로가 복잡했다. 궁삼면의 진전은 개간할 때 매매라는 과정을 거쳤지만, 이 과정이 특이했다. 이산한 주민의 진전을 주인 허락 없이 남은 주민이 개간자 (경저리 전창석)에게 팔았다는 점, 그리고 이산한 농민은 돌아와서도 본인 허락 없이 방매한 토지의 소유권에 대해 별다른 이의 제기를 하지 않고 개간에 참여하여 중답주적 권리를 확보한 점이 주목된다. 균전 지역처럼 진전을 개간해 취득한 신 소유권자 전창석은 구 소유권자와 매매조건 불이행에 따라 소유권을 둘러싸고 갈등하는 등 배타적 소유권으로서의 권리행사에 제한을 받았다. 그 여파로 전창석이 경선궁에 방매한 이후, 1907년 임시제실유급 국유재산조사국에서 면민에게 민전으로 환급을 결정했다가 다시 취소하고 경선궁의 소유(제실유)로 결정하는 등 권리분쟁이 계속되었다. 이후 일제는 제실유를 국유지로 확정하는 조치를 취하였지만, 궁삼면 토지는 경선궁의 요구로 다시 사유(제실유)로 결정하는 조치를 취했다. 이를 계기로 주민이 자기들 토지라고 주장하며 다시 돌려줄 것을 요청했다. 양자는 협상에 들어갔으나 견해 차이로 결렬되고 1909년 경선궁이 동척에 방매하면서 주민과 동척의 분쟁으로 비화되었다. 사정과 재판에서 결국 동척의 소유로 확정되었다.

창원군의 창둔은 국유지 조사를 거쳐 '사업'에서 최종 민유로 결정된 사례이다. 창둔은 갑오승총 이래 공·사토를 반복하다가 광무사검에서 공토로 결정해 결도를 부과하자 둔민이 도조거납운동을 전개했지만, 뜻을 이루지는 못한 경우이다. 일제는 국유지 실지조사에서 광무사검 이전에 사토화되었을 때 오이케가 잠매한 토지는 돌려주었지만, 조선인 토지는 환급하지 않는 차별적 조치를 취했다. 오이케는 이를 계기로 주민들의 토지탈환운동에 동참하게 되면서 이를 주민들의 토지를 차지하는 지렛대로 활용했다. 이 와중에 양자는 창둔을 둘러싸고 소유권분쟁에 돌입했다. 주민들은 오이케가 운동에 주도적으로 참여하기 위한 방안으로 주민의토지를 거짓으로 자기 명의로 바꾸자고 요청하여 모든 증거를 거기에 맞추어 작성했다고 주장했다. 반면, 오이케는 그동안 빌려준 돈의 대가로 주민들의 토지를 전당유질(또는 매득)로 확보했으며 실제 지주경영을 했다고 주장했다. 양자는 소유권 분쟁을 격렬하게 벌였지만 오이케가 사정과 재판에서 주민들의 주장을 저지하고 소유권을 확보했다. 결과적으로 주민들은 국·민유, 민유 분쟁을 거치면서 토지에 대한 대가를 거의 받지 못하고 토지를 상실했다. 반면 오이케는 차금 이자와 지가 상승으로 투자 자본의 10배 이상의 가치를 갖는 대토지를 확보했다.

전북의 균전은 구소유자에서 중답주 경작자로 변신한 민과 개간의 주체이며 새 소유자로 도지를 받던 왕실(國)이 결세와 도조로 구성된 수조액 문제로 계속 갈등했으며, 동학농민전쟁의 한 원인으로 작용하기도 했다. 1903년 무렵부터 민은 본격적으로 균전혁파를 주장했다. 이 시점은 일본인이 상당수의 균전을 잠매한 시기와 일치했다. 마침내 1907년 12월 조사국에서는 균전을 민전으로 환급하는 조치를 취했는데, 이때는 일본인 대지주들이 균전을 대부분 차지한 뒤라고 판단된다.

일본인이 잠매한 앞의 사례는 일본인이 국가(왕실)과 주민의 분쟁을 이용하여 헐값에 주민이나 궁방으로부터 토지를 매득한 경우이다. 국유지 실지조사에서 자기 소유로 확정되면서 본격적인 지주경영에 나선 것으로 판단된다. 이 사례는 일반적인 공토의 국유지화와 달리 국과 민의 분쟁 와중에 일본인이 잠매한 토지는 환급하고 조선인의 토지는 환급하지 않았다는 특징을 보였다. 결국 분쟁에 휩싸인 조선인의 토지는 '사업'에서 일본인의 소유로 판정되었다.

광무사검은 공토에 존재한 토지권을 변동시킨 사업이 아니라 기존의 권리관계를 다시 조사하여 수조액을 조종하는 수준의 사업이었다. 반면 일제의 국유지정책은 공토를 국유지로 확정하고 배타적 소유권을 부여하는 방식이었다. 와다는 국유지 실지조사와 동일한 인식으로 토지조사를 추진했다. '사업'에서 국·민유 분쟁이 심하게 전개되었지만, 김해군의 경우 분쟁지의 98%가 국유지로 확정되었다. 민유 환급지는 김해군과 창원군 일대에 국가와 주민 사이의 분쟁에 오이케가 가세하여 발생한 창둔분쟁 정도였다. 동척의 정부 출자지에서도 국·민유 분쟁보다 동척이 더 높은 승률을 보였다. 김해군의 국·민유 분쟁은 물권적 권리를 박탈당한 경작권자들이 제기한 것이지만, 민이 소유권을 회복한 경우는 거의 없었다. '사업'은 국유지 실지조사에서 결정한 사항을 확인하는 절차에 불과했다. 당시 국·민유 분쟁은 대부분 개간과 관련된 절수사여지에서 발생했으며, 수조권적 권리를 배타적 소유권으로 폭력적으로 정착시키는 과정이었다.

민유지의 신고제도는 일제 식민지 권력이 신고자의 자격과 신고할 내용을 정하여 그에 따라 신고자가 책임지고 신고하도록 하고, 그 적절성 여부를 심사하여 사정하는 토지제도의 근간을 이루는 제도였다. 이 작업은 근대적 '합리성'이라는 명분 아래 폭력적으로 수행되었다. 지주는 토지신고심득에 따라 토지신고서를 작성했으며, 토지소유권은 신고에 이의가 없을 경우 신고자 명의로 확정되었다. 그러나 신고자는 결수연명부 작성 과정에서 필지마다 배타적 소유권자를 확정하는 사전 작업을 거쳐 이미 확정되었다. 새삼 신고과정에서 변동하는 일은 거의 없었다.

　민유지 분쟁은 국·민유 분쟁보다 비중이 낮았는데, 이는 다음과 같은 여러 요인이 작동한 결과였다. 첫째, 일제는 지주신고제를 도입했으나 호명 문제와 중층적 권리관계 등으로 배타적 소유권이 확립되지 않은 토지가 적지 않아 신고서 작성에 어려움이 적지 않았다. 이를 해결해 준 것이 5년여에 걸쳐 작성한 결수연명부였다. 결수연명부 작업은 작인을 임차권자로, 호명의 실명화 작업을 거쳐 지주를 배타적 소유권자로 확정하는 작업이었다. 일제는 신고대상인 소유자를 일본민법에 따라 생산노동에 종사하지 않는 지주를 택하였다. 지주경영이나 작인납세의 관행을 지주 위주로 해석하고 지주의 신고를 강력하게 독려한 결과였다.

　둘째, 경작권은 법적으로 임차권으로 간주하고, 지주와 작인과의 관계는 임대차의 채권관계로 정했다. 경작권은 조사 대상에서 제외했다. 관습물권은 물권적 관계를 문서로 증명할 수 없는 경우는 불법으로 취급했다. 그 결과 민유지 분쟁은 통계상 국·민유 분쟁보다 적었지만, 무시할 만한 수준은 아니었다. 민유지의 분쟁은 조선인 사이의 분쟁이 많았을 것으로 판단되지만, 동리의 범위를 넘는 대규모 분쟁은 대부분 일본인 대지주와 조선인 주민 간의 분쟁이었다.

　분쟁의 주요인은 다음에서 보듯, 조선의 관습법과 일본민법의 차이에서 조선인에게 불리하게 작용되는 경우가 적지 않았다. 첫째, 면·동리, 계, 종중 등의 단체는 계약의 주체로 인정하지 않았다. 이들 공동체의 구성원이 개별적으로 방매한 경우 다른 구성원이 공동으로 대응하기가 쉽지 않았다. 동리민이 공동으로 개간한 토지도 공동체 내부의 소유관계가 명확하지 않았으며, 일본민법에 근거하여 공동체를 법적 대표자로 인정하지 않아 주민이 패소하는 경우가 많았다.

둘째, 구 매매문기가 갖는 법적 한계 때문에 도매, 투매 등이 빈번하게 발생했다고 했으나, 이 문기에서 소유자명을 호명(戶名)이나 무명(無名)으로 기록하는 것이 일반적이었던 것도 하나의 원인이었다. 관습법에서는 호주의 허락없이 방매할 경우 도매로 취급되어 원상 복구하는 것이 일반적 관습이었다.[7] 그러나 대한제국기에는 도매가 일상적으로 일어나 소유자는 황성신문 등에 해당 토지문기는 거짓이니 "내외국인은 속지 말기를 바란다"라고 광고하는 일이 다반사였다. 현실적으로 가족이 방매했을 경우 되찾기는 어려웠던 것으로 판단된다. 선의의 제3자가 매입하였을 경우, 더구나 상대방이 일본인일 경우는 관습법을 적용하기 어려워 되찾을 수 없었던 것으로 보인다. 일본인은 이러한 관습법이 해체되고 있는 상황이 일본인의 토지매득에 오히려 유리하게 작동하였다. 그리고 구 문기와 증명규칙의 증명이 충돌할 경우는 전자는 실지와 부합하지 않는 경우가 적지 않았다. 사실조사에 기반하여 확보한 증명이 더 증거력을 발휘하여 승소하는 경우도 흔히 발생하였다.

셋째, 일본인 지주가 동리의 토지를 공사 권력을 동원하여 집단적으로 대거 매입할 때 두민(頭民)들을 동원한 대리 매매나 주민이 공동으로 책임지는 거래 방식 등을 택하고, 이를 증명 받아 소유권을 확보하는 경우도 적지 않았다. 개인이 개별적으로 거부할 때 주민이 손해배상 책임을 집단으로 지도록 하여 거부할 수 없게 하는 방식이다.

넷째, 전당, 퇴도지, 권매, 화리 등의 방식으로 경작권을 물권으로 매입한 경우도 이를 물권 아닌 채권으로 해석하고 판결하여 소멸시켰다. 물권은 등기된 영소작권 이외에는 인정하지 않았다. 주민들의 도지권이나 중

---

7 김정명 편, 『일한외교자료집성』 6(상), 299쪽. 탁지부대신의 발언.

답주적 권리는 인정받지 못한 채 소멸되고, 지주의 배타적 소유권으로 확정되었다. 한편 공토 내 균전 농민들의 권리와 오이케가 매득한 창둔민의 권리는 모두 중층적 성격의 권리인데 일본인이 잠매하며 소유권으로 사정된 토지라는 특징이 있었다. 사안별 소유권 판정 방식은 일본민법에 익숙하여 이에 근거하여 증거자료를 준비한 일본인에게 유리하게 판정되었다.

토지소유권은 사정으로 확정하도록 정했지만, 이의가 있을 경우 불복신청을 허용하여 고등토지조사위원회에서 재결로 결정하도록 했다. 불복신청 건수는 전체 필수의 0.5% 정도였다. 분쟁지와 합하면 1% 정도의 비중을 점했다. 불복신청은 많은 경우가 신고나 입회를 하지 않아서 발생했으며, 국유지, 한국인, 일본인, 공유지 등 모든 토지에서 제기되었다. 건수는 조선인 사이의 불복신청이 많았지만, 일본인과 조선총독부가 조선인을 대상으로 제기한 것도 이에 못지않게 많았다. 재결 결과 국유지와 일본인 소유지가 대폭 증가하고, 조선인 소유지는 그만큼 감소했다.

첫째, 조선총독부가 제기한 불복신청은 국유지 실지조사나 신고과정이 잘못되어 발생하였고 재결서에 언급되었다. 관아 터, 제언, 역둔토 등이 주 대상이었다. 조선총독부가 사정받은 조선인(주로 개간자)을 대상으로 불복신청하였다. 국유지가 민유지로 재결되는 토지보다 조선인의 토지가 국유지로 재결되는 것이 훨씬 많았다. 민유로 재결된 경우는 1909년 국유지 실지조사에서 민유라는 통보 없이 강제로 국유화하여 발생한 분쟁의 경우 원소유주 명의로 사정한 정도였다.

재결 과정은 불복신청자인 조선총독부가 조선인 사정권자와 합의했다는 사유서만으로 재결 받는 경우가 많았다. 신고나 통지가 잘못되어 불복신청한다는 사유만 재결서에 언급되어 구체적인 다른 사유는 알 수 없었다. 이것이 단순한 행정 착오에서 기인한 것이었다면, 토지조사 과정의 신빙성을 의심하지 않을 수 없다. 그리고 조선인보다 일본인이나 국에 불리하게 진행되어 불복신청한 것이라기보다 조선인이 이들을 대상으로 불복신청을 적극적으로 제기할 수 없는, 강자 주도의 식민지적 토지조사 과정이 이러한 사태를 초래한 것으로 보인다.

둘째, 일본인이나 조선총독부가 불복신청을 적극 제기한 것은 이들이 조선인보다 일본민법에 익숙하여 소유권 확보에 적극 대응한 결과로 보인다. 불복신청은 사정 과정에서 분쟁을 제기하지 못하고 누락된 곳이나 분쟁지 처리결과에 대해 만족하지 못해 다시 제기한 곳인 만큼 더 적극적으로 대응하지 못한 조선인이 상대적으로 피해가 더 컸을 것으로 예상된다. 불복신청을 하지 못하면 재판의 대상에서도 제외되어 소유권 회복은 불가능했다.

셋째, 개간지에 대한 소유권 판정 방식의 자의성이다. 조선인이 공토를 개간하여 소유권을 사정받았지만, 역둔토라는 이유로 사정을 인정하지 않고 국유지로 재결한 경우가 많았다. 그리고 일본인이 대가 없이 점유하여 분쟁이 제기된 경우에는 고등토지조사위원회에서 일본인이 대자본을 투자하여 개간했다는 이유로 조선인 소유자를 배제하고 일본인의 소유로 재결하기도 했다.

넷째, 일본인의 잠매나 공사권력을 동원한 불법적 강제 매득 행위는 문제 삼지 않았다. 형식적 서류만을 근거로 문서는 합법이라고 판정했다. 그리고 구 소유권이 증명의 소유권과 충돌할 경우 소유권을 상실당하는 경우가 많았다. 특히 미간지나 개간 중인 토지는 문기가 없거나 내용이 엉성하여 증명과정에서 작성한 증거 서류에 대항하여 소유권을 입증하기가 쉽지 않아 패소하는 경우가 많았다. 관습법적 증거로는 일본민법에 근거한 증거에 대항하기에는 역부족이었다. 결론적으로 재결은 조선총독부와 일본인에게 유리하게 작동하여 조선인의 토지 감소로 나타났다.

5.

'사업'의 또 하나의 주요한 목적은 지가에 근거한 지주직납 방식의 지세제도를 수립하여 국가가 지주로부터 직접 지세를 거두어 재정을 확보하려는 것이었다. 지세는 1908년 화폐 정리로 결가를 하향 조정하여 20% 정도 감소했다. 그 후 결수연명부를 완결한 1913년까지 은·누결을 확보하는 방식으로 지세를 점증해 갔지만 1~3% 정도 증가하는 선에서 그쳤다. 1914년 결수연명부 완결과 동시에 지세령을 공포하여 등급을 조정하고 결가를 상향 조정하여 지세액은 40% 이상 대폭 증가했다. 지세액은 그 후 1917년까지 거의 변동 없이 그 수준을 유지했다. 일제는 1918년 '사업'을 종결하고 지가제도로 전환하면서 다시 증세를 시도했다. '사업'으로 면적이 증가되었다는 이유였다. 종전의 결가로 거둔 지세를 총지가로 환산하면 11/1,000 정도인데 면적 증가를 반영하면 지세율이 17/1,000이 되어야 한다고 주장하고, 지세액의 급등과 재정 등을 고려하여 지세율을 13/1,000으로 정했다. 그 결과 17% 정도의 증세 효과를 거두었으면서도 일제는 일본보다 30% 이상 지세를 낮게 부과했다며 시혜론을 주장했다.

그러나 이것은 통계상의 오류를 근거로 하는 선전에 불과했다. 일제는 일본의 단보당 수익성이 조선보다 두 배 이상 높았음에도 불구하고 당시 단보당 평균 지가는 조선과 일본이 거의 비슷한 수준으로 책정했다. 조선의 지세율 13/1,000은 일본의 44/1,000에 비해 매우 낮게 책정한 것이지만, 일본과 조선의 수익을 고려하면 일본과 조선의 지세는 거의 비슷한 수준이었다. 일제는 1922년 다시 17/1,000로 지세율을 높여 지세액을 32% 높이고, 1929년에는 공황임에도 불구하고 공시 지가를 올려 5.5% 증세했다. 1935년에는 15/1,000를 적용하여 지세액이 10% 정도 감소한 적도 있지만, 전시체제기인 1942년에는 다시 17/1,000로 조정하여 14.8%, 1943년에는 68.5%로 크게 증징했다. 지세는 증징의 연속이었다.

일제는 토지조사사업으로 40% 이상 면적이 증대했다고 주장하면서 지세 증징은 당연하다고 주장했지만, 증가한 면적은 5% 정도에 불과했다. 이에 반해 지세는 30% 이상 올랐다. 일제는 곡식 가격의 폭등 효과로 이를 무마해 갔다. 일제가 주장한 지세 시혜론은 통계를 통한 착시효과를 노린 선전에 불과했다.

지가제적 지세 부과 방식은 조선시대에는 지역별 정치·경제적 역학 관계, 자급자족 향촌 질서를 감안하여 차등적으로 부과하던 결세를 지위등급조사를 거쳐 생산수준에 따라 전국을 일원화시켜 부과하는 방식으로 바꾼 것이다. 경북이 크게 증가하고, 전남이 큰 폭으로 감소하여 영호남이 뒤바뀌기는 모습을 보였지만 충남을 포함한 이 세 지역이 지세수입의 대부분을 차지했다. 경기는 전과 달리 지세가 대폭 증가했으나 수익성은 여전히 하위를 면하지 못했다. 전반적으로 지가제 도입으로 결가제의 지역적 격차는 해소된 것으로 보인다. 그러나 다른 한편으로는 일제의 지세제도는 지방재정의 철저한 중앙 종속화와 자립적 지방경제의 해체와 이에 따른 지방자치의 소멸을 의미하는 것이었다.

현실적으로 호남의 일본인 지주의 지세 부담은 경기도의 조선인 지주에 비해 높았지만 지가제도는 일본인 지주에게 유리한 지세 부과 방식이었다. 지가는 개량농법 도입에 의한 수익 증대는 고려대상이 아니고, 재래농법에 근거하여 산정한 것이어서 산미 증식의 효과는 지주, 특히 일본인 지주의 수익으로 귀결되었다. 그리고 지가 산정에서 수익의 50%를 비용으로 공제하고, 환원율이 0.9로 일본의 이자율 0.4~0.6보다 높다는 점을 고려하면 식민지 지주제를 위한 지세제도라고도 할 수 있을 것이다.

일제의 조선토지조사사업은 두 단계로 이루어졌다. 제1단계는 토지조사사업 이전 단계로 조선의 관습법을 이용한 토지침탈단계이다. 토지조사로 소유권을 확실히 하기 전에 토지를 확보한 단계이다. 거래제도의 문제를 해결하기 위해 증명제도를 도입한 것은 일본인이 매득 토지의 증거력 확보가 일차적 목표였다. 이 시기는 한국 역사에서 최대의 토지 투기 광풍이 불었다. 일본인들은 아주 헐값으로 토지를 구입하였으며, 땅값은 10배 이상으로 폭등한 곳이 적지 않았다. 제2단계는 토지조사사업 이후의 시기이다. 일제가 제1단계에서 확보한 토지를 포함한 모든 토지에 이의를 제기할 수 없도록 일본민법으로 단번에 소유권을 강제로 정리했다. 일본자본주의가 거침없이 자유롭게 활동할 수 있는 체제를 수립한 것이다. 조선식산은행이 수립되고, 동척이 부동산 대부업에 진출한 것도 이때였다.

6.

일제는 조선 토지조사사업 전에 동아시아에 건설한 오키나와 대만 등에서도 토지조사를 추진했다. 이를 다음과 같이 비교 정리했다. 동아시아 지역의 토지소유관계는 모든 지역이 중층적 소유관계였다. 중국, 대만, 일본은 일전양주제적 토지제도를 일지일주의 배타적 소유권으로 정리하는 것을 원칙으로 했다. 일본이나 대만은 지주적 토지소유를 배타적 소유권으로, 경작권을 임차권으로 정리했다. 대만은 대조권을 유상으로 해소하고, 소조권을 업주로 법인했다. 현경전인은 임차권으로 정리했다. 일본은 봉건적 영주 지배를 해체하고, 농민 소유를 배타적 소유로 법인했으나 내부에는 지주 소작관계가 존재했다. 지조 개정은 지주적 토지소유를 배타적 소유권으로 법인한 것이었다. 농민적 소유라고 할 수 있는 영소작권은 인정하지 않았지만, 양쪽 중 어느 한쪽이 유상 매입하거나 분할 소유하도록 했다는 점이 조선에서의 방침과 차이가 있었다.

일제는 동아시아 지역 각국의 토지조사에서 일본의 소작인, 대만의 현경전인, 한국의 작인 등 경작자는 조사 대상으로 삼지 않았다. 일제는 통치 영역 내에 지주제(식민지 지주제)를 제도화하고 지주납세제를 기본 원리로 삼았다. 경작권은 채권으로 정리했다. 국유지 문제는 조선의 특징이다. 대만과 달리 수조권적 권리로 운영되던 공토를 배타적 소유권의 국유지로 창출했다. 사업의 목적은 재정 확보와 지주납세제를 수립하는 데 있었으며, 토지소유권을 법인하는 것을 우선 과제로 삼았다.

토지조사에서 일본은 농촌사회의 주도로 측량과 소유권 조사를 실시하고 이때 발생한 오류를 수정하고 누락된 것을 찾기 위해 국가가 근대적 방식으로 지적조사를 하고 토지조사를 완결하는 방향이었다. 반면 대만과 한국의 토지조사는 일제가 주도했으며, 지주 신고주의를 택했다. 대만에서는 신고주의에 강제성을 부여하여 신고하지 않을 때는 벌금을 부과하거나 국유화하기도 했다. 대조권이 없는 토지는 국유로 사정했으며, 임야는 입회권을 인정하지 않고 대부분 국유(관유)림으로 확정했다. 국유림 설정은 일본인 지주에게 산림을 무료로 불하하기 위한 사전 작업이며, 이들의 토지 확대에 크게 기여했다.

최종적으로 일제는 일본과 대만을 비롯하여 조선 등 모두 지역에 부동산등기제도를 도입했다. 일본에서는 처음에는 지권을 발급했지만 이후 등기제도로 변환했다. 토지소유권 분쟁은 일본, 대만과 달리 조선이 매우 심하게 전개되었다는 점이 특징적이다. 이들 지역과 달리 조선이 더 배타적 소유권이 확립되었다고 강조하였지만, 오히려 조선에서 소유권 분쟁이 가장 극심했다는 점이 주목된다. 그만큼 조선의 토지조사사업은 강권적으로 수행되었다는 의미이다.

중국 대륙의 근대적 토지개혁은 일제의 통치 지역과 다른 방식으로 진행되었다. 중국에는 '일전양주', '일전다주'가 시행되었다. 특히 개간지에서 소유자의 전저권, 작인의 전면권 등이 중층적 소유권으로 성립되어 있었다. 두 권리는 서로 간섭 없이 자유롭게 매매, 양여, 상속, 전대 등이 보장되었으며, 시장 가격은 전저권보다 전면권이 더 높은 경향을 보였다. 중화민국 정부는 전저권을 사용·수익·처분권이 주어진 배타적 소유권으로 확정하면서 전면권도 영전권(永佃權)이란 이름으로 물권으로 인정했다. 다만 전대는 금지했다.

중국의 토지개혁은 시종일관 쑨원이 주장한 '평균지권'과 '경자유기전'이라는 이념을 적용하여 지주권을 제한하는 방향으로 추진했다. 지주적 토지소유를 배타적 소유로 법제화하면서도 소유권 남용금지의 입장에서 경작권을 최대한 인정하는 방향에서 법을 마련했다. 지대는 제한했으며, 경작권은 지주가 자경할 때는 회수할 수 있었지만, 자경을 그만둘 때는 원경작자에게 돌려주도록 했다. 제2차 세계대전이 끝난 뒤 중화민국과 중화민주주의 인민공화국을 건설하면서 평균 경작 규모로 농민의 소유권을 인정하는 방향에서 토지개혁을 실시했다.

7.

마지막으로 '사업'이 조선사회에 끼친 영향을 정리하면 다음과 같다.

첫째, 부동산등기제도를 실시하여 금융자본이 토지자본을 장악할 수 있도록 했다. 조선식산은행을 설립하고, 동척 금융부가 본격적으로 가동하여 금융자본이 지주를 매개로 농촌 지배를 실현해 갔다. 일제는 산미증식계획의 일환으로 추진한 수리조합 설립이나 공유수면 매립사업 등 토지개량사업 등을 추진할 때 지주를 매개로 적극 추진할 수 있었다. 이에 따른 반대급부로 경기침체와 불황기에는 식민지 지주제를 바탕으로 대출이자 부담의 증가와 쌀값 하락에 따른 수익 감소분을 농민에게 전가하였다. 농업공황이 닥치면서 농민경제의 파탄을 초래하는 원인으로 작용하였다. 이에 대한 반작용으로 농민들은 1920년대 전반부터 소작권의 안정화와 지대감하 등을 주장하며 농민운동을 활발히 전개하였다.[8]

둘째, 일제는 토지조사를 추진하면서 비용 절감과 현지 적응 문제 등을 고려하여 조선인을 하위직에 대거 고용했다. '사업' 추진 과정에서 측량 기술자와 행정인력을 대거 배출하여, 사업이 끝난 후 행정관청, 수리조합, 금융조합 등에 이들 인력을 배치해 말단 관리나 직원으로 임용하여 식민지 지배의 동력으로 활용했다. 일제는 이들을 활용하여 식민지통치체제 구축에 적지 않은 도움을 받은 것으로 판단된다.

셋째, 일제는 국유지 조사에서 공토를 국유지로 확정하면서 배타적 소유권을 부여하고, 농민의 경작권은 임차권으로 정리했다. 이때 관습물권

---

8 김경태, 2016, 「1920년대 전반 소작쟁의의 확산과 "4할 소작료" 요구」, 『사림』 55, 165~169쪽에 농민운동 연구들이 소개되어 있다.

을 빼앗긴 농민의 반발로 국·민유 분쟁이 격심하게 일어났다. 일제는 재정수익을 확보하기 위해 대부와 처분 두 방향에서 국유지를 처리했다. 일제초기에는 소작인에게 대부하는 정책이 주였다. 역둔토 지주제로 지대수익을 확보하기 위한 정책이다.

그러나 국·민유 분쟁의 여파로 국가가 직접 지주경영으로 수익을 확보하는 일이 쉽지 않았다. 일제는 이를 처분하여 재정수입을 확대하는 정책을 취했다. 처음에는 동척에 출자하거나 임대하여 재정 수익을 확보하는 방안을 택했다. 동척은 일본농민을 이주시켜 정부 출자지를 대부 또는 불하하는 정책을 취했지만, 이는 조선농민을 내쫓는 결과를 초래하여 조선농민의 저항이라는 부작용을 낳았다. 이 문제를 해결하기 위해 1912년 10월 29일 칙령 제39호로「역둔토특별처분령」을 공포했다. 이는 자작농 육성 정책의 일환으로 시행한 역둔토 불하정책으로 동척과 역둔토 소작인을 불하 대상자로 정했지만, 1920년까지 처분은 하지 않고 역둔토지주제를 강행했다.

1918년 토지조사사업을 종결하면서 국·민유 분쟁 등으로 '사업'에 대한 부정적 여론이 적지 않았다. 3.1운동에서 공격 대상이 되기도 했다. 민심 안정책과 아울러 재정자립 요구에 따른 대책이 요구되었다. 일제는 1920년 8월「역둔토특별처분령 시행규칙」을 개정하고「역둔토특별처분에 관한 건」을 공포하여 연고 소작인에게 불하하기로 결정했다. 불하받을 의사가 없는 토지는 경쟁 입찰 방식을 택했다. 불입대금 납부기간은 10년으로 정했다. 1923년까지 96%가 계약 체결되고, 사업은 1937년 종결되었다. 일제는 연고 소작인에게 불하했다고 주장하지만, 불하 조건의 강도와 지주적 농정 등의 영향으로 오히려 지주지 확대에 기여한 것으로 보인다.

넷째, 토지조사사업은 전국 토지를 대상으로 토지대장과 지적도, 지형도를 작성하여 도시건설, 철도, 도로, 항만, 간척 등 국책사업은 물론, 공장 건설이나 토지개량사업을 수립할 때 현장 조사 없이 기초 계획을 수립할 수 있는 자료를 제공했다. 특히 국책사업을 수행할 때는 토지수용령을 발동하여 배타적 소유권을 무력화시킬 수 있도록 했다. 조선에서 토지소유권의 절대성은 식민지 국가권력 앞에서는 효력을 발휘하지 못했다. 더욱이 이용권은 철저히 무시되었으며, 보상 대상에서도 제외되었다.

다섯째, 지주는 토지소유권 절대성의 원칙 아래 일지일주의 배타적 소유권을 행사하여 경영권도 완전히 장악했다. 그리고 일제의 지주적 농정의 지원을 받아 성장을 거듭했다. 지주는 소작권 박탈을 무기로 노동 강도를 강화하여 생산량 증대의 과실을 지대로 박탈했다. 농민경제가 어려워지자 농민들은 자작지를 방매하고 농민운동은 갈수록 확대되었고, 농업공황과 더불어 파탄에 직면했다. 1930년대 농촌진흥운동 자작농창정유지정책, 농가부채정리사업, 조선농지령 등이 실시되는 배경으로 작용했다. 자작농창정유지정책의 유상매수·유상분배의 방식은 오히려 지주 경영에 불리한 토지를 처분할 기회를 제공하고, 농민경제에 도움을 주기보다는 금융자본의 농민 지배를 강화하는 역할을 했다.

여섯째, 지주가 배타적 소유권을 무한으로 작동하여 농민경제를 악화시키고, 농민운동을 유발해 식민지체제의 존립을 위태롭게 하자 지주의 권리를 제한하는 법제를 마련했다. 첫 조치가 조선농지령이었다. 소작 기간이나 소작료 등에서 지주권을 미약하게나마 제약하는 조치였다. 1930년대 이후 지주제는 식민지 체제를 유지하는 중심틀로 작동했지만, 일본자본주의 발전에 걸림돌이 되기도 했다. 전시체제기에 일제는 전쟁 수행을 위해 지주와 소작농민을 전면적으로 통제하여 강제동원하는 정책을 실시했다. 이러한 가운데 식민지 지주제는 정체 또는 후퇴하는 경향을

보이면서 영세 소토지 소유자가 증가하는 모습도 보였다.[9]

제2차 세계대전이 끝난 후, 동아시아 각국은 새로운 국가건설이라는 과제에 직면했다. 당시 각국은 지주제를 기반으로 한 농업이 주 산업이고, 발전 정도는 다르지만 공업화도 추진되고 있었다. 기본적으로 지주적 토지소유를 해체하고, 농민적 토지소유를 실현하는 한편, 토지자본을 산업자본으로 전화시키는 일이 국가건설의 급무로 제기되었다. 대한민국, 일본, 대만은 유상몰수·유상분배 방식의 농지개혁, 북한과 중국은 무상몰수·무상분배 방식의 토지개혁을 수행하여 각기 추구하는 자본주의 국가나 사회주의 국가 건설의 기틀을 마련하고자 했다.[10]

해방과 더불어 식민 잔재를 청산하고 자본주의 국가를 건설하기 위한 남한 사회의 첫 과제는 식민지 지주제를 해체하고 농민적 토지소유를 실현하는 일이었다. 이 일은 미군정기에는 귀속농지 불하정책으로 일본인 지주를, 대한민국에서는 1949년 농지개혁법을 제정하고 1950년에 시행한 농지개혁으로 한국인 지주를 청산하고, 농민적 토지소유를 실현하는 것이었다. 한국 토지제도 개혁의 기본적 한계는 임야와 대지를 개혁 대상에서 제외한 점, 일제가 토지조사 사업에서 확정한 토지소유권의 절대성과 원시취득의 효력을 그대로 유지하고, 권리남용 제한에도 대단히 소극적이었다는 점이다. 한국 사회는 토지 용익권 위주의 자본주의적 토지제도 운용에는 여전히 한계를 보이고 있다.

---

9   최원규, 2006, 「일제하 지주제의 확대와 토지소유의 변동」, 『일제하 만경강 유역의 사회사-수리조합·지주제·지역정치』, 혜안, 139~211쪽; 정연태, 2014, 『식민권력과 한국농업-일제 식민농장의 동역학』, 서울대학교 출판문화원, 348~365쪽, 463~490쪽.
10 유용태 엮음, 2014, 『동아시아의 농지개혁과 토지혁명』, 서울대학교 출판문화원.

부록

1. 자료

[자료 1] 전답 산림 천택 가사 관계(官契) 세칙[1]

제1조 대한제국 인민이 전답(산림 천택 가사)가 있는 자는 관계를 반드시 가져야 하며, 구권은 사용하지 말고 하나도 누락됨이 없이 감리소에 납부할 것.

제2조 전답 산림 천택 가사 소유주가 해당 전답 산림 천택 가사를 매매하거나 양여하는 경우에는 관계를 바꾸며, 혹 전질(典質)하는 경우에는 해당 지방관청에 인허를 얻은 후에 시행할 것.

제3조 전답 산림 천택 가사 소유주가 관계를 원하지 않고 매매 혹 양여할 때는 관계를 바꾸지 아니하거나 전질할 때 관허가 없은 즉, 해당 전답 산림 천택 가사를 일절 속공할 것.

제4조 대한제국 인민 외에는 전답 산림 천택 가사 소유주가 될 권한이 없으니 이름을 빌리거나 사사로이 매매와 전질 양여하는 폐가 있는 자는 竝一律에 처하고 해 전 답 산림 천택 가사는 원주(原主) 기록된 사람이 있음을 인정하여 일절 속공(屬公)할 것.

---

① 「完北隨錄」上, 癸卯(光武7年) 2월 27일, 訓令 第1冊(「國史編纂委員會, 「各司謄錄」 53, 全羅道補遺編1, pp.207-208.) ②. 「淳昌郡訓令總謄」, 觀察府第28號訓令, 陰 癸卯 3月初 5日到付(「國史編纂委員會, 「各司謄錄」 53, 全羅道補遺編1, pp.488-489.) 자료 중 ( )은 ①에만 있다.

제5조 관계를 물에 빠뜨리거나 화재 혹은 잃어버린 경우에는 소유자(領有者)가 지방관청에 보고하여 증거가 확실한 후에 다시 발급하되 만약 혹 증거가 없는데도 허가하여 주었다가 발각되면 해당 전답(산림 천택 가사)가액(價額)을 그때 지방관에게 책임을 물어 징수할 것.

제6조 전답 산림 천택 가사 관계를 3장 만들어 첫 번째 쪽은 본 아문에 보존하고 두 번째 쪽은 소유자(領有者)에게 주고 세 번째 쪽은 지방관청 보존안으로 승인한 후에 시행할 것.

제7조 관계를 발급할 때 답 1負에 엽전 5푼, 전 1부에 엽전 3푼, 화전 1負에 엽전 1푼, 산림적 100척에 엽전 2分 (천택 100척에 엽전 2푼) 와가 1칸에 엽전 5푼, 초가 1칸에 엽전 1푼씩을 수입하여 종지와 인쇄비에 응용할 것.

제8조 전답 산림 천택 가사를 매매하는 경우에는 원가 1/100을 빼서 매매인이 절반씩 나누어 지방관청에 납부하여 본 아문에 수납할 것.

[자료 2] 부동산권 소관법[2]

제1조 본법은 인민이 소유한 부동산의 매매 전당(典當) 임조(賃租) 양여 등에 관한 규칙을 정한 것이다.

제2조 본법에 부동산이라 칭하는 것은 답 전 산림 천택 기타의 토지와 가옥 기타 토지의 정착물을 말한다.

제3조 부동산을 매매 전당 임대 또는 양여할 때는 소유주는 확실한 지권

---

2   金正明 篇,『日韓外交資料集成』제6권(上), 342-345쪽.

　　　　으로 사유를 명기하고 그 소재지의 리장과 면장의 증인을 받은 것
　　　　을 첨부하고, 해 지방 군수 혹은 부윤 혹은 감리에 청원하여 인허를
　　　　받아야 한다. 단 경성에서는 통수의 증인을 받은 것을 첨부하고 한
　　　　성부에 청원해야 한다.
제4조 전조의 청원서를 제출할 때는 다음 사항을 기입하고 각 당사자와
　　　　보증인이 날인해야 한다.
　　　　　　1. 부동산 소재지명
　　　　　　2. 사표(경계)와 자호, 부수 혹은 칸(間)수, 보(步)수
　　　　　　3. 매가 혹은 임금 혹은 대금의 액
　　　　　　4. 부동산이 다른 질입 혹은 임대할 경우에는 그 사유
　　　　　　5. 년 월　일
　　　　　　6. 당사자와 보증인의 주소 성명
제5조 당해 관은 등기부를 작성하고 제3조의 청원을 인허할 때마다 전조
　　　　의 사항을 일일이 기입해야 한다.
제6조 등기부를 영구보존하고 열람을 청구하는 자에게는 보여주어야
　　　　한다.
제7조 매매 양여 전당 혹은 임조 등의 사항이 소멸할 시는 제3조와 제4조
　　　　의 규칙에 준하여 등기의 취소를 청구해야 한다.
제8조 당해 관은 전조의 청원을 받고 착오 없다고 인정할 때는 그 사유를
　　　　명기하고 등기를 취소해야 한다.
제9조 가족의 별도로 소유한 부동산으로서 제3조의 사항을 행하려 할 때
　　　　는 해 호주가 서명 날인한 허가장을 얻어야 한다.
제10조 공유 부동산으로서 제3조의 사항을 행하려 할 때는 공유자 3분의
　　　　2이상의 합의로서 가결하고 위임자를 선정한 후 증빙을 첨부해

야 한다.

제11조 전조의 합의에 동의하지 않는 공유자는 자기 부분의 분할을 요구할 수 있다. 단, 분할의 청구를 받은 공유자는 상당한 가액을 물어 줄 수 있다.

제12조 제3조 제4조 제9조 제10조의 규칙에 위반하는 자는 당사자는 태 50에 처하고 보증인은 1등을 감한다. 그리고 허위의 사실을 기입하는 자는 각 일등을 더하고 해 사항은 무효로 한다.

제13조 정당한 소유주 아닌 자가 거짓으로 속여 증인 혹은 인허를 받으려는 자는 다음과 같이 처분하고 보증인은 일등을 감하고, 해 사항은 무효로 한다.

    1. 증인에는 태 70

    2. 인허에는 태 100

수행하여 취재(取財)한 자는 그 장(臟)을 계산하여 사기 취재율로 처단한다.

제14조 전 2조에 의하여 무효로 돌아갈 경우 부정의 사실이 없다고 확인된 당사자와 제3자에 대하여 손해를 배상한다.

제15조 제13조의 행위를 알고 사거나 질에 취하고 혹은 임차하고 혹은 넘겨받은 자는 범인과 동죄에 처한다.

제16조 통수 리장 또는 면장으로서 제13조의 행위를 알고 증인을 날한 자는 범인의 죄에 일등을 감하고 조사에 실착(失錯)한 자는 2등을 감한다 하더라도 태 100을 초과할 수 없다. 단 받은 장물액이 본죄보다 중한 자는 왕법률(枉法律)로서 처단한다.

제17조 당해 관으로서 제13조의 행위를 알고 인허한 자는 범인과 같은 벌에 처하고 조사에 실착한 자는 2등을 감하더라도 금옥(禁獄)

1개월을 초과할 수 없다. 단 취득한 장물액이 본죄보다 중한 자는 왕법률로서 처단한다.

제18조 허여해야 할 증인 인허 등기 또는 등기취소를 태만한 통수 리장 면장 당해 관은 각 태30에 처한다. 그리고 고의로 고장을 낸 자는 각 2등을 더한다.

전항의 행위로 재물을 취득한 자는 태 100에 처하고 취득한 장물액이 본죄보다 중한 자는 부왕법률(不枉法律)로서 처단한다.

제19조 정당한 이유없이 등기부 열람을 거절하거나 방해한 자는 태 40에 처한다.

제20조 등기부를 위조한 자는 징역 7년에 처하고 부정 기입하거나 변개한 자는 2등을 감한다.

제21조 태만 또는 과실로부터 등기부를 상실하거나 훼손한 자는 태 60에 처하고 고의로 상실 또는 훼손 혹은 은익한 자는 징역 3년에 처한다.

단 보관자가 전항의 처위를 행하는 자는 일등을 더한다.

제22조 전 2조의 행위로 인하여 재물을 취득한 자는 장물을 계산하여 그 장물액이 본죄보다 중한 자는 왕법률로서 처단한다.

부칙

제23조 부동산에 관하여 본법에 규정이 없는 것은 현행법령에 의한다.

제24조 본법은 본년 월 일로부터 시행한다.

[자료 3] 결수연명부 규칙[3]

제1조 부군과 면에는 결수연명부를 비치하고 지세를 납부하는 토지에 대하여 다음에 게시한 사항을 등록해야 한다.
    1. 토지의 소재
    2. 자번호
    3. 지목(답 전 택지 잡지)
    4. 면적
    5. 결수 결가급 지세액
    6. 소유자의 주소 씨명 또는 명칭
    전항 제2호의 자번호는 번호를 부여하지 않은 토지에는 자호만을 등록한다.

제2조 결수연명부에 등록한 토지의 소유자에 이동을 생길 때는 제1호 양식(토지소유자 이동 신고서)에 따라 증빙서류를 첨부하여 지체가 없이 부윤 또는 군수에게 신고함이 가하다. 단 토지가옥증명규칙에 의하야 증명을 신청한 시는 본조의 신고를 요치 아니한다.

제3조 토지소유자가 결수연명부에 등록한 토지중 일부분 좌의 각호의 1에 해당할 때 또는 토지의 분할을 필요로 할 때는 제2호 양식(토지분할신고서)에 의하여 부윤 또는 군수에 신고해야 한다.
    1. 지목을 변경할 때
    2. 소유권을 이전할 때

제4조 결수연명부에 등록한 토지를 합병할 때는 제3호 양식(토지합병신고

---

3   朝鮮総督府, 『朝鮮総督府官報』, 제362호, 1911.11.10, 5책, 조선총독부령 제143호.

서)에 의하여 부윤 또는 군수에 신고해야 한다. 단 좌의 각호의 1에 해당하는 토지는 이를 합병할 수 없다.

 1. 지목을 달리하는 것.

 2. 소유자를 달리하는 것.

 3. 도로 하천 구거 용악수로 등으로 나누어 토지가 연속하지 않을 것.

제5조 결수연명부에 등록한 토지의 지목을 변경할 때는 제4호 양식(지목변환 신고서)에 의하여 지체없이 부윤 또는 군수에 신고한다.

제6조 좌의 각호의 1에 해당하는 경우에는 제5호 양식(황지 환기 (개간)(수면매립)(관유지불하 또는 양수) (공용 또는 공공용 폐지)의 신고서)에 의하여 기 토지의 소유자인 사항을 증명한 서류를 첨부하여 지체없이 부윤 또는 군수에 신고한다.

 1. 지세를 면제한 황지를 환기하였을 때

 2. 결수연명부에 등록되지 않은 토지를 개간 또는 수면을 매립했을 때

 3. 관유지의 불하 또는 양도를 받을 때, 단 산림을 제외.

 4. 공용 또는 공공의 용에 제공한 사유로 인하여 지세를 면제한 토지로서 공용 또는 공공의 사용을 폐지했을 때.

제7조 결수연명부에 등록한 토지의 소유자 기 주소, 성명 또는 명칭을 변경할 때는 제6호 양식(주소 성명 변경신고서)에 의하여 지체없이 부윤 또는 군수에 신고한다.

제8조 토지소유자는 기 소유지의 등록사항에 한하여 결수연명부의 열람을 부윤 또는 군수에 신청할 수 있다.

제9조 본령의 신고 또는 신청은 토지의 소재지를 관할하는 부윤 또는 군

수에 이를 해야 한다.
제10조 제2조 내지 제7조의 신고를 게을리하거나 허위신고를 한 자는 과료에 처한다.

부칙
1912년 1월1일부터 시행한다.
지세징수대장 조제규정은 이를 폐지한다.

[자료 4] 토지조사법

제1조 토지는 이 법률의 정하는 바에 의하여 이를 조사함.
제2조 토지는 지목을 정하야 지반을 측량하고 일 구역마다 지번을 부함. 단 제3조 제3호에 게기한 토지에 대하여는 지번을 부치지 아니함을 득함.
제3조 토지의 지목은 좌에 한 바에 의함.
    1. 전답, 대, 지소, 임야, 잡종지
    2. 사사지, 분묘지, 공원지, 철도용지, 수도용지
    3. 도로, 하천, 구거, 제방, 성첩, 철도선로, 수도선로
제4조 지반측량에 사용하는 척도와 지적의 명칭, 명위는 도량형법에의 함.
제5조 지주는 정부가 정하는 기간 내에 그 토지를 정부에 신고함이 가함.
제6조 토지의 조사를 행함에 대하여 필요로 인하는 시는 정부는 지주 또는 그 대리인으로 하야금 실지에 입회케함을 득함.
제7조 지주와 토지의 경계는 지방토지조사위원회에 자문하야 토지조사

국 총재가 이를 사정함.

  전항 사정한 지주와 토지의 경계는 이를 공시함.

제8조 토지조사국 총재의 사정에 대하여 불복이 유하는 자는 그 공시한 날로부터 90일 이내에 고등토지조사위원회에 신립하야 그 재결을 구함을 득함.

  토지조사국 총재의 사정을 거친 사항에 대하여는 전항에 의하야 재결을 구하는 외 소송을 제기함을 득치 못함.

제9조 고등토지조사위원회와 지방토지조사위원회의 조직은 칙령으로 정함.

제10조 정부는 토지대장과 지도를 비하고 토지에 관한 사항을 등록하며 지권(地券)을 발행함.

제11조 정당한 사유 없이 제6조의 입회를 아니한 자는 토지조사국 총재의 사정에 대하여 불복을 신립함을 득지 못함.

제12조 정당한 사유업시 제5조의 신고 또는 제6조의 입회를 아니한 자는 20원이하의 벌금에 처함.

제13조 허위의 신고를 한 자는 100원 이하의 벌금에 처함.

제14조 이 법률은 임야에 이를 적용치 아니함.

  단 다른 조사지 사이에 개재하는 것은 차한에 있지 아니함.

제15조 이 법률 시행에 관하야 필요한 규정은 탁지부대신이 이를 정함.

부칙

본법은 반포일로부터 시행함[4]

◆ 내각 법제국 관보과 『관보』 제4765호, 1910.8.24, 법률 제7호, 1910.8.23.

[자료 5] 토지조사령[5]

제1조 토지의 조사 및 측량은 이 령에 의한다.

제2조 토지는 종류에 따라 다음의 지목을 정하고 지반을 측량하여 일구역별(一區域別)로 지번을 부여한다. 다만, 제3호에 게기하는 토지에 대하여는 지번을 부여하지 아니할 수 있다.

    1. 전, 답, 대지, 지소, 임야, 잡종지

    2. 사사지(社寺地), 분묘지, 공원지, 철도용지, 수도용지

    3. 도로, 하천, 주거, 제방, 성첩, 철도선로, 수도선로

전항의 규정에 의하여 조사 및 측량하여야 하는 임야는 다른 조사 및 측량지 간에 개재하는 것에 한한다.

제3조 지반의 측량에 대하여는 평 또는 보를 지적의 단위로 한다.

제4조 토지의 소유자는 조선총독이 정하는 기간 내에 그 주소, 성명·명칭 및 소유지의 소재, 지목, 자번호, 사표, 등급, 지적, 결수를 임시토지조사국장에게 신고하여야 한다. 다만, 국유지는 보관관청에서 임시토지조사국장에게 통지해야 한다.

제5조 토지의 소유자 또는 임차인 기타 관리인은 조선총독이 정하는 기간 내에 그 토지의 사위(四圍)의 경계에 표항을 세우고 지목 및 자번호와 민유지에는 소유자의 성명 또는 명칭, 국유지에는 보관 관청명을 기재하여야 한다.

제6조 토지의 조사 및 측량을 행함에 대하여는 그 조사 및 측량지역 내의 지주 중에서 2인 이상의 대표를 선정하여 조사 및 측량에 관한 사

---

[5] 朝鮮総督府,『朝鮮総督府官報』제13호, 1912.8.14, 조선총독부 제령 2호, 1912.8.13.

무에 종사하게 할 수 있다.

제7조 토지의 조사 및 측량을 행함에 있어서 필요한 때에는 당해 관리는 토지의 소유자, 이해관계인 또는 대리인을 실지에 입회시키거나 토지에 관한 서류를 소지한 자에 대하여 그 서류의 제출을 명할 수 있다.

제8조 토지의 조사 및 측량을 위하여 필요한 때에는 당해 관리는 토지에 출입하여 측량표를 설치하거나 장애물을 제거할 수 있다.

전항의 경우는 당해 관리는 사전에 토지 또는 장애물의 소유자 또는 점유자에게 통지하여야 한다.

제1항의 경우에 발생하는 손해는 보상해야 하며, 보상금액에 불복하는 자는 보상금액의 통지를 받은 날부터 30일 내에 조선총독의 재정(裁定)을 청구할 수 있다.

제9조 임시토지조사국장은 지방토지조사위원회에 자문하여 토지소유자 및 그 경계를 사정한다.

임시토지조사국장은 전항의 사정을 하는 때에는 30일간 이를 공시한다.

제10조 전조 저11항의 사정은 제4조의 규정에 의한 신고 또는 통지 당일의 현재에 의하여 행한다. 다만, 신고 또는 통지를 하지 아니한 토지에 대하여는 사정 당일의 현재에 의한다.

제11조 제9조 제1항의 사정에 대하여 불복하는 자는 동조 제2항의 공시기간 만료 후 60일 내에 고등토지조사위원회에 제기하여 재결을 받을 수 있다. 다만 정당한 사유 없이 제17조의 규정에 의한 입회를 하지 아니한 자는 그러하지 아니하다.

제12조 고등토지조사위원회는 당사자, 이해관계인, 증인 또는 감정인을 소환하거나 재결에 필요한 서류를 소지한 자에 대하여 그 서류의

제출을 명할 수 있다.

제13조 고등토지조사위원회의 재결은 이유를 附한 문서로서 하고, 그 등본을 변조(卞照)를 제기한 자에게 교부하여야 한다.

전항의 재결은 이를 공시한다.

제14조 고등토지조사위원회에서 재결을 하는 때에는 재결서의 등본을 첨부하여 임시토지조사국장 및 지방관청에 통지한다.

제15조 토지소유자의 권리는 사정의 확정 또는 재결에 의하여 확정한다.

제16조 사정으로써 확정된 사항 또는 재결을 거친 사항에 대하여는 다음의 경우에 사정을 확정하거나 재결한 날부터 3년 내에 고등토지조사위원회에 재심을 제기할 수 있다. 다만 벌에 처할만한 행위에 대한 판결이 확정되는 때에 한한다.

    1. 벌에 처할만한 행위에 근거하여 사정 또는 재결이 있은 때

    2. 사정 또는 재결의 증거가 되는 문서가 위조 또는 변조된 때

제17조 임시토지조사국은 토지대장 및 지도를 작성하여 토지의 조사 및 측량에 대한 사정으로 확정하는 사항 또는 재결을 거치는 사항을 등록한다.

제18조 제4조의 사항에 허위신고를 한 자는 100엔 이하의 벌금에 처한다.

제19조 정당한 사유 없이 제4조의 신고를 하지 아니하거나 제7조 또는 제12조의 명령을 위반한 자는 30원 이하의 벌금 또는 과료에 처한다.

부칙

본령은 공포일부터 시행한다.

종전의 규정에 의하여 행한 처분, 수속 기타 행위는 본령에 의하여 한 것으로 간주한다.

[자료 6] 제령 제16호 토지조사령에 따라 사정 또는 재결을 거친 토지의 등기 또는 증명에 관한 건[6]

제1조 토지의 소유권이 토지조사령에 따라 사정 또는 재결을 거쳐 확정된 경우 이와 저촉한 등기 또는 증명이 있을 때는 토지소유자는 그 등기 또는 증명의 말소를 신청할 수 있다.

전항의 신청할 경우는 신청서에 저촉을 증명하는 서면을 첨부한다. 소유권이외의 권리에 관한 등기 또는 증명이 있을 때는 신청서에 그 등기 또는 증명의 명의인의 승락서 또는 이에 대항 할 수 있는 재판의 등본을 첨부한다.

부동산 등기법 제101조와 제102조의 규정은 제1항의 신청으로 인한 등기 또는 증명에 이를 준용한다.

제2조 기등기 또는 기증명의 토지의 일부에 관하여 토지조사령에 의한 사정 또는 재결을 거쳐 확정된 소유권이 등기 또는 증명과 저촉할 때는 토지소유자는 등기 또는 증명의 명의인에 대하여 토지분할의 등기 또는 증명을 신청할 수 있다.

부동산등기법 제46조의 2와 제50조제3항의 규정은 전항의 신청에 이를 준용한다.

---

5   朝鮮総督府,『朝鮮総督府官報』, 제524호, 1914.5.1.

제3조 토지조사령에 의한 조사의 결과 토지의 분합 면적의 증감 또는 지목 번호 혹은 면적의 단위의 변경을 하기 위하여 그 등기 또는 증명을 신청할 경우에는 신청서에 변경사항을 증명한 토지대장 소관청의 서면을 첨부한다.

전항의 등기신청서에는 부동산등기법 제81조의 서면을 첨부할 것을 요한다.

제4조 토지조사령에 따라 조사의 결과 기등기 또는 기증명의 토지가 미등기 또는 미증명의 토지와 합하여 1필의 토지로 할 경우에 합병의 등기 또는 증명을 신청함에 토지소유자는 먼저 미등기 또는 미증명의 부분에 대하여 소유권보존등기 또는 증명을 신청해야 한다.

전항의 보존의 등기 또는 증명을 신청할 경우에는 신청서에 토지의 전부에 대한 토지대장의 등본과 기등기 또는 기증명의 토지와 합하여 1필의 토지로 함을 증명하는 토지대장 소관청의 서면을 첨부한다.

제1항의 보존의 등기 또는 미증명의 부분은 등기 또는 증명의 수속상 이를 1필의 토지로 간주한다.

제5조 토지조사령에 의한 조사의 결과 토지의 분합 면적의 증감 또는 지목 번호 혹은 면적의 단위를 변경할 때는 등기 또는 증명의 명의인은 등기 또는 증명의 말소를 신청할 수 있다. 이 경우에는 신청서에 제3조 1항의 서면을 첨부한다. 전항의 신청을 할 경우 말소에 대하여 등기 또는 증명상 이해관계를 가진 자가 있을 때는 승락서 또는 이에 대항할 수 있는 재판의 등본을 신청서에 첨부한다.

부동산등기법 제101조와 제102조의 규정은 제1항의 신청으로 인한 등기 또는 증명으로 이를 준용한다.

제6조 등기관리 또는 증명관리 제1조 내지 제3조 또는 제5조의 등기 또는 증명을 완료할 때는 지체없이 그 지(旨)를 그 말소 또는 변경에 대하여 등기 또는 증명상 이해관계를 가진 자에 통지한다.

제7조 기등기 또는 기증명의 토지에 대하여 토지대장 조제후 처음 등기를 신청할 경우에는 신청서에 토지대장의 등본을 첨부한다.

제8조 제2조 내지 제5조에 규정한 등기 또는 증명에 대하여는 등록세를 과하지 아니한다.

제9조 본령은 토지조사령에 의한 사정 또는 재결을 경하여 확정한 소유권에 대하여 재심의 결과 변경을 낳을 경우에 이를 준용한다. 부칙 본령은 공포의 일로부터 이를 시행한다.

2. 연표

[토지조사와 토지법 연표]

연	월	일	사건 내용
1876	2	26	조일수호조규, 호남지역 재해
1877	1	30	부산항 조계조약, 지계제도 도입
			나주 등 호남지역 재해
1883	12	1	농과규칙
	11	26	조영수호통상조약(조계밖 10리까지 외국인 토지 매입 허용)
1893			한성부 가계제도 도입
1887			부안 등 31개읍 재해
1890			김제 등 호남재해
1890	12	30	김제등 11개읍 왕실 개간사업 실시(균전)
1891			전성창 나주 궁삼면 재해지 대거 매득과 개간 시작
1894	7	10	조세 금납화 결정
	8	26	토지 산림 광산을 본국 입적인 이외에 점유 매매 불허
	8	26	갑오승총 궁토 역토 둔토의 출세에 관한 건
1895	9	24	을미사판 역전답 조사에 관한 건
1896	1	1	태양력 건양 연호 사용
1897	3	10	각 역전답을 농상공부에서 군부로 이관
	8	16	광무 연호 사용
1898	6	23	전국의 토지측량을 상주
	7	2	양지아문 설치
	7	6	양지아문 직원급 처무규정

1898	11	2	전당포 규칙, 궁삼면 토지 경선궁 전성창으로부터 매득
1899	4	1	양지 개시, 군산개항
	9	11	용인군민 양지 결과에 항의
	8	17	대한국 국제
1900			개성, 인천, 수원, 평양, 대구, 전주, 가계제도 도입
1901	8	8	한해로 양전 중지
	10	20	지계아문 직원급 처무규정
	2	12	화폐조례
	11	7	이용익, 김중환, 민영선을 지계아문 부총재관에 임명
	11	11	지계아문 직원급 처무규정 개정
	12	2	양전 정지 상주
1902	1	4	양지아문 총재관 이건하 민종묵, 부총재관 이용익 임명
	3	17	양지아문과 지계아문 통합
	8	23	지계아문 지계발행 광고
	10	10	도량형 규칙
	11	20	결가 30량을 가배
1903	2	24	이용익을 지계아문 총재관에 임명
	2	27	지계감리응행사목
1904	1	11	지계아문을 탁지부로 소속하는 건
	4	1	균전장정
	4	19	탁지부 양지국 관제
	9	6	한국흥업(주) 설립과 황주지방 토지투기 시작
1905	4	13	탁지부 사세국 양지과 설치
	7	1	화폐정리개시
	12	21	일본 통감부와 이사청 관제 공포, 이토를 초대 통감으로 임명
1906	5	22	가계발급규칙
	7		부동산법조사회 설립
	8		부동산권 소관법 논의
	10	16	토지건물의 매매 교환 양여 전당에 관한 건

	9	24	관세관 관제
	10	26	토지가옥증명규칙
	11	2	토지가옥증명규칙 시행세칙
	12	26	토지가옥전당집행규칙
1907	1	29	토지가옥전당집행규칙 시행에 관한 세칙
	3		각궁사무정리소 설치
	6	5	내수사와 각 궁 소속 장토 도장을 폐지하는 건
	7	4	국유미간지이용법
	7	6	국유미간지이용법 시행세칙
	7	4	임시제실유급 국유재산조사국 관제
	8	5	각궁사무정리소 소관 장토 감관규칙
	7	30	황제 양위식 거행
	11	27	제실재산정리국 관제
	12		재무감독국 관제, 법전 조사국 관제
1908	1	18	임시제실유급 국유재산조사국 관제개정
			균전은 민유, 창둔은 국유, 궁삼면 토지는 경선궁의 제실유로 결정.
	1	21	삼림법
	4	1	역둔토대장 조제규정, 역둔토 관리에 관한 건(6.25)
	6	20	임시제실유급 국유재산조사국 관제 폐지
	6	25	지세에 관한 건
	6		결수신고서
	6	25	궁내부 소관급 경선궁 소속 재산의 이속과 제실채무의 정리에 관한 건
	7	16	조세징수대장 조제규정
	7	25	토지가옥소유권 증명규칙과 시행세칙
		29	역둔토관리규정
	7	29	국유로 이속한 장토를 역둔토관리규정에 의하여 처리하는 건
	8	6	역둔토 소작료 징수규정
	8	26	동양척식주식회사법
	10	23	역둔토이외 국유전답의 관리에 관한 건

부록 649

	7	23	임시재산정리국 관계
1909	2	8	가옥세법, 주세법, 연초세법
	2	18	국세징수법, 동시행규칙
	5	28	탁지부 소관 국유지실지조사 절차
	3	4	민적법, 민적법 시행심득(3.20)
	7	15	역둔토관리규정 개정
	9	21	도량형법
	12	10	동척 궁삼면 토지를 경선궁으로부터 매득
1910	3	14	토지조사국 관제
	8	22	토지조사국 전주 평야 함흥출장소를 설치하는 건
	8	23	토지조사법과 시행규칙
	8	23	토지신고심득, 지주총대심득
	8	29	합병 공포
	9	15	토지측량규칙
	9	30	조선총독부 임시토지조사국관제
	10		탁지부 소관 국유지 실지조사 종료
	11	5	토지조사에 관한 지방경제와 관습조사규정
	11	29	민유지 조사 발칙
1911	1	1	토지측량개시
	1	25	면사무에 관한 건
	2	8	수확고 등급과 지위등급조사규정
	4	12	국유지 대조표 조사의 건
	4	13	외국인 소유토지 신고취급방의 건
	4	25	이왕가 릉 원 묘 소속지 내 해자내외 구분의 건
	3	23	지방위원회 규칙 폐지
	4	17	토지수용령
	6	20	삼림령과 삼림령시행규칙
	6	29	토지수용령시행규칙, 국유미간지이용법 시행규칙
	9	1	지주납세 권유의 건

	11	7	국세징수령
	11	10	결수연명부 규칙 결수연명부 취급수속(12.29)
	11	29	국세징수령과 시행규칙
1912	2	3	삼림 산야급 미간지 국유사유 구분표준
	3	4	과세지견취도 작성에 관한 건, 작성수속의 건(3.19)
	3	18	조선부동산등기령, 조선민사령
	3	22	조선부동산증명령과 시행규칙
	3	22	조선부동산등기령 시행규칙
	3	30	결수연명부 등록에 관한 건 결수연명부규칙과 취급수속 개정
	4	11	과세지견취도와 결수연명부 대조방의 건
	4	15	결수연명부 취급수속 시행상에 관한 건
	5	7	과세지견취도 작성에 관한 건
	5	9	중요시가지 조사
	6	3	삼림 산야급 미간지 소유권 증명에 관한 건
	7	27	과세지견취도 공시에 관한 건
	6	17	시가지 지가 조사규정
	7	10	토지조사측량 장(章)에 관한 규정
	8	12	조선고등토지조사위원회 관제
	8	12	조선총독부 지방토지조사위원회 관제
	8	13	토지조사령, 토지조사령 시행규칙
	9	5	토지조사령 제3조의 지적 단위 결정의 건
	9	24	기증명토지와 결수연명부 대조의 건
	10	4	과세지견취도와 결수연명부와 대조상 연명부 정정의 건
	10	28	지권발행 폐지의 건
	10	29	역둔토특별처분령
	11	27	기증명토지로서 결수연명부 기재사항과 부합하지 않는 것의 취급 건
	12	7	역둔토처분령 시행규칙
1913	1	17	토지신고심득 개정

	2	6	역둔토 특별처분령에 관한 건
	2	10	역둔토 통지방에 관한 건
	3	3	토지신고서와 결수연명부와의 상위처리방의 건
	3	7	결수연명부와 신고서 대조에 관한 건
	3	27	토지조사령 시행규칙 개정
	3	6	임시토지조사국 조사규정
	5	10	화전 정리에 관한 건
	6	21	지세부과에 관한 건
	8	15	지세 결수연명부 등록자로부터 징수의건 결수연명부규칙 개정
	8	20	결수연명부 정리에 관한 건
	8	23	도지방토지조사위원회 자문의 순서방법
	9	4	토지신고서와 결수연명부와 대조에 관한 건
	10	5	삼각측량실시규정, 도근측량실시규정, 세부측도실시규정, 세부측도시행에 관한 심득
	10	10	전답 지위등급 조사규정, 대 지위등급조사규정
	10	14	결수연명부에 등록해야 할 개간 성공지에 관한 건
	10	31	부제(府制)
	11	5	토지조사료령 시행규칙 개정
	11	20	종중, 기타 단체로부터 신고한 토지에 대한 장부류 정리 방의 건
	12	2	사정 후 재판소와의 연락에 관한 건
	12	29	도의 위치 관할 구역과 부군의 명칭 위치 관할 구역
1914	1	25	부제 시행규칙
	2	3	임시토지조사국의 사정 공시에 관하여 관유지 보관상 주의의 건
	2	5	측지외업 처무규정
	2	7	부군 폐합에 의한 부동산증명 사무처리에 관한 건
	3	9	면동리명 조사에 관한 건
	2	20	동리의 명칭 정리에 관한 건
	3	16	지세령, 시가지세령, 국유미간지 이용법개정, 재해지 지세 면제에 관한 건

	3	30	동·리의 경계변경에 관한 건
	4	21	지세령시행규칙, 시가지세령 시행규칙
	4	25	토지대장규칙
	4	29	국유 제언의 조사에 관한 건
	4	27	관유수면 매립규칙, 하천 취체규칙
	5	1	토지조사령에 의하여 사정 또는 재결을 거친 토지의 등기 또는 증명에 관한 건, 영대차지권에 관한 건 영대차지대장규칙
	5	1	영대차지등기규칙
	5	18	면동리 폐합의 경우 구면동리유토지정리에 관한 건
	6	27	지세사무취급수속, 시가지세사무취급수속
	8	10	역둔토 특별처분령 개정
	8	13	면의 평균수확고와 지위조사방에 관한 건
	9	26	판결의 확정에 의하여 소유권의 귀속결정한 토지의 사정에 관한 건
	9	26	소송토지에 대한 소유권 조사방법
1915	1	16	토지대장의 인계에 관한 건
	1	23	궁삼면 토지 상고공판 개정
	1	26	토지신고서와 결수연명부와의 대조에 관한 건
	2	2	토지신고서와 결수연명부와의 대조사무 폐지에 관한 건
	3	4	준비조사규정
	3	11	토지조사령시행규칙 개정
	3	20	민적법 개정
	5	12	지세령 시행규칙 개정 지세사무취급수속개정
	6	10	토지조사령에 의한 재결의 결과 토지의 소유자 또는 그 강계 이동한 것의 정리에 관한 건
	7	2	지세명기장에 결수기입에 관한 건
	9	4	토지조사에 관한 법칙자 고발의 건
	10	8	토지신고서와 결수연명부와의 연락에 관한 건
	11	6	구증명부와 토지신고서와의 대조에 관한 건
	12	9	불복신립지 통지의 건
	12	22	토지분쟁사건 처리상 재판소와 임시토지조사구과의 연락에 관한 건

1916	2	10	禁山과 封山에 관한 건
	2	14	특별 세부측도실시 규정
	3	8	토지조사와 임야구분조사와의 연락에 관한 건
	5	5	총무과 계쟁지계 내업처무규정
	5	5	계쟁지 조사외업 처무규정
	6	10	화전에 관한 국유지 통지 방의 건
	7	1	외업특별검사규정
	8	7	소득세법 시행규칙
	8	30	국세징수령 개정
	9	16	조선지형도에 관한 건
	11	16	부면에 지적약도 설비의 건
	12	28	토지조사 외업검사에 관한 건
1917	3	2	지적도를 기본으로 하여 역둔토의 분필 정리에 관한 건
	3	6	고등토지조사위원회 사무장정 개정
	5	11	불복신립사건 조사에 관한 건
	5	29	지적사무조사에 관한 건
	6	20	역둔토 분필조사
	6	9	면제, 면제 시행규칙
1918	1	23	역둔토특별처분령 개정
	1	26	지적도의 이동정리에 관한 건
	1	31	토지수용령 개정
	4	29	조선총독부 임야조사위원회 관제
	5	1	조선임야조사령, 동시행규칙
	6	7	조선식산은행령
	6	18	지세령 개정, 시가지세령개정
	6	29	지세령 개정에 관한 건
	7	17	지세령 시행규칙
	7	17	토지대장규칙 개정
	8	9	시가지세령 시행규칙

	8	30	지세명기장 양식에 관한 건
	10	29	토지조사 종료식
1920	8	13	역둔토특별처분령 시행규칙 개정
	8		역둔토특별처분에 관한 건
1922	4	1	지세령 개정
	7	31	고등토지조사위원회 폐지
1928	3		조선흥업 황주지점 농민 토지반환운동 개시
1932	10	11	자작농지설정에 관한 건
	4		조선농지령
1945	9		최고 소작료 결정의 건
1946	2	21	신한공사 설치
	5	7	신한공사설치 개정령
1948	3		중앙토지행정처 설치와 귀속농지불하
1948	7	17	제헌헌법 공포
1949	6	21	농지개혁법
1950	3	10	농지개혁법 개정
	4	28	농지개혁법 시행규칙
1994	12	22	농지법 제정

용어설명

용어	용어설명
가계(家契)	관청에서 발급한 가옥소유권을 증명하는 문서. 1893년 처음 한성부에 도입되고 점차 지방으로 확산되었다. 가옥의 소유자, 소재지, 평수, 종류 등을 기입하였다.
가쾌(家儈)	집을 사고 팔거나 빌리는 흥정을 전문으로 하는 사람. 복덕방이라고도 하며 일종의 공인중개사이다.
갑(甲)	대만의 토지면적 단위. 1갑=0.978정보.
검견법(檢見法)	농산물을 수확하기 전에 미리 작황을 조사하여 소작료율을 결정하던 일. 간수, 간평, 집수라고도 한다.
관계(官契)	지계, 계권, 지권으로 불리기도 했다. 사적 거래에서 사용된 매매문기와 달리 대한제국 정부가 시주의 소유권을 증빙하기 위해 발행한 문기이다.
결부제(結負制)	토지의 생산량을 기준으로 토지면적을 표기하는 방식. 결부제의 기본단위는 파, 속, 부, 결이다. 벼 한 줌을 1파(把), 10파를 1속(束), 10속을 1부(負:卜), 100부를 1결(結)이라 하였다. 조선(국가)은 이를 기준으로 조세를 징수하고 과전을 지급하였다. 결부법은 절대면적을 표시하는 지적 단위가 아니라 수확의 표준·수세의 표준을 나타내는 단위였다. 절대면적이 달라도 수확량이 동일하면 같은 면적으로 파악되었다. 1905년 도량형법에서 면적 단위로 바뀌어 6주척(周尺)평방을 1파, 1결을 1만 파로 정했다. 일제가 정반평제를 도입하면서 폐기되었다.
경무법(頃畝法)	중국에서 쓰던 토지를 재던 면적 단위의 법이다. 전한 이후에는 주척(周尺) 5자 평방을 1(步)보, 240보를 1무(畝), 100무를 1경(頃)으로 하였다. 실학자들이 결부제의 폐해를 극복하기 위한 방안으로 경무법 도입을 주장하였다.
기주(起主)	경작되고 있는 기경전의 전주. 경작하고 있지 않은 토지인 진전(陳田)의 전주는 진주(陳主)라고 하였다.
도근측량(圖根測量)	평판 측량의 기초가 되는 측점을 도근점이라고 하며, 그 위치를 결정하기 위한 측량을 말한다.
도지법(賭地法)	정액지대의 한 형태. 소작료를 미리 협정하고 매년 수확량에 관계없이 일정한 소작료를 징수하는 방법으로 풍흉에 따라 소작료가 변하지 않는 것이 특징이다. 도지법의 소작료율은 통상 생산물의 3분의 1이다. 4분의 1, 2분의 1일 때도 있다. 작인의 물권적 권리를 인정하는 것과 지주가 강제로 시행한 것이 있다. 중도지, 소매도지, 원도지, 무도지, 유도지, 소매도지 지정 등 유형이 다양하다.

용어	용어설명
두락(斗落)	논·밭의 넓이를 나타내는 단위. 마지기라고도 하며, 한 말의 씨를 뿌릴 수 있는 면적이다. 보통 논은 200평이나 지역에 따라 다르다. 광무양전사업에서 면적 단위로 정하여 500평방척을 1두락으로 정했다.
보(步)	거리를 재는 단위의 하나. 주척(周尺)으로 여섯 자
불복신청(不服申請)	행정처분을 위법 또는 부당하다고 권한이 있는 행정기관에 그 취소 또는 변경을 위한 재심사를 청구하는 행위이다. 사정이 부당하다고 고등토지조사위원회에 재심사를 청구하는 행위이다.
비지(飛地)	한 군이나 면의 토지가 다른 군이나 면의 행정구역 내에 있는 땅을 말한다.
사정(査定)	토지조사사업에서 개별 필지의 경계와 소유자를 조사하여 확정하는 것을 말한다. 결정내용을 기록한 장부가 토지조사부와 지적도이다.
사표(四標)	전근대 토지의 경계 표시 방식. 필지의 동서남북 사방에 접한 지형지물(산, 천)이나 이웃 필지의 소유자명을 기록하여 경계를 표기하였다.
삼각측량(三角測量)	삼각형의 한 변의 길이와 두 개의 끼인각을 알면 그 삼각형의 나머지 두 변의 길이를 알 수 있다는 원리를 이용하여 지형을 측량하는 방법.
속전(續田)	조선은 정전의 등급을 6등급으로 분류하였다. 속전은 등외로 경작하기도 하고 묵히기도 하던 토지로 기경할 때만 조세를 부과한다.
야미(夜味)	논두렁으로 둘러싸인 논 하나하나의 구역. 배미 또는 열(䂩), 좌(座)라고도 한다. 열은 논, 좌는 밭의 구획 단위이다.
어린도(魚鱗圖)	중국 명(明)에서 조세 징수를 위해 만든 토지대장. 토지의 필지를 그린 모양이 물고기 비늘 같다고 해서 붙인 명칭이다. 한 필(筆)마다 구획을 표시한 지도를 만들어 지번, 소재지, 지목, 면적, 형상, 조세 부담액, 소유자와 경작자의 성명 등을 기록했다. 실학자들이 도입을 논의하였으며, 사용한 지역도 있다.
원시취득(原始取得)	어떤 권리를 타인으로부터 승계하지 않고 독자적으로 취득하는 것이다. 전주(前主)의 권리를 승계하는 것이 아니라 독립하여 권리를 취득하는 것이므로 원시취득의 경우 전주의 권리는 소멸된다. 비록 전주의 권리에 흠결이 있었다 하더라도 원시취득자는 이에 관계없이 완전한 권리를 취득한다. 전주의 흠도 함께 승계하는 승계취득과 구별된다. 일제는 사정과 재결로 확정된 소유권에 원시취득의 자격을 부여하여 전주의 권리를 완전히 부정하고 절대적 권리를 주었다.
유질(流質)	부동산 담보계약에서 채무자가 채무를 이행하지 않을 때 법률이 정한 방법에 의하지 않은 채 채권자가 담보물을 처분하거나 소유권을 취득하게 할 것을 약정하는 행위. 일본 민법에서 유질계약은 악법으로 금지하였지만, 일본인은 한국에서는 유질계약을 체결하여 농민의 토지를 빼앗아 갔다.
일경(日耕)	날갈이. 소 1마리가 하루에 갈 수있는 밭의 면적. 단위는 1일경=4시경=32각경이다. 광무양전사업에서 1각경=125평방척으로 정했다.
자호지번(字號地番)	양안에서 각 필지에 붙인 일종의 지번. 자호는 천자문(千字文) 순으로 붙이되 한 자당 5결을 단위로 하며, 그 내부의 각 필지는 순서대로 지번을 붙였다.

용어	용어설명
재결(裁決)	이의 신청이나 소원 또는 재결 신청에 대해 권한 있는 행정기관이 내리는 판정을 말한다. 토지조사사업에서는 사정에 이의가 있을 때 고등토지조사위원회에 불복 신청하여 여기서 내리는 최종 판정.
재심(再審)	확정된 판결에서 사실인정에 중대한 흠이 있는 경우 판결의 취소와 이미 종결된 사건의 재심판을 구하는 불복신청 방법. 토지조사사업에서 사정과 재결에 형사상 중대한 흠이 있을 때 재심을 청구할 수 있도록 규정하고 있다.
저당권(抵當權)	채무가 이행되지 않을 때 목적물을 경매해 그 대금에서 저당채권자가 다른 채권자보다 우선 변제받을 것을 목적으로 하는 담보 물권이다.
전답도형(田畓圖形)	양안에 기록한 필지의 모양. '전제상정소 준수조획'에는 방(方)형(정사각형), 직형(직사각형), 제(梯)형(사다리꼴), 규(圭)형(이등변 삼각형), 구고(句股)형(직각삼각형) 등 5도형이었다. 그 후 미(眉)형(눈썹모양형), 원형(동그라미형), 타원형, 호시(弧矢)형(활 모양), 삼각형을 포함한 10도형, 이어서 삼광(三廣)형(장고형), 환(環)형(고리형) 등 다양한 도형이 도입되었다.
전당(典當)	토지, 가옥, 재물, 채권 등을 담보로 돈을 꾸어 주거나 꾸어 쓰는 것을 말한다. 토지의 경우 질권을 취득하여 토지를 직접 경영하거나 채무자로부터 이자로 지대를 받기도 하였다.
정전(正田)	농경지 가운데 휴한 혹은 진황시키지 않고 해마다 경작하는 상경전.
질권(質權)	채권의 담보로 제공된 질물 또는 그 질물 위에 설정된 질권. 전당(典當)이라고도 한다. 채권자에게 점유를 이전하는 점에서 이전하지 않는 저당(抵當)과 구별된다.
평(坪)	일본의 척관법으로 면적을 재는 단위. 1평(坪)은 한 변(1간)의 길이가 6척인 정사각형의 넓이다. 한 변은 1간(間)=6척(尺), 1척은 약 30.3cm, 6척=1간=1.818m이다. 1평은 약3.305785m^2, 1m^2는 0.3025평이다. 평의 상위 단위는 정(町)=3,000평, 단(段)=300평, 무(畝)=30평이다. 토지조사사업 이후 일반화되었다. 현재 공식적으로 사용이 금지되었다.
행정처분(行政處分)	행정청이 행하는 구체적 사실에 관한 법 집행으로서의 공권력의 행사 또는 그 거부와 그 밖에 이에 준하는 행정작용을 말한다. 행정처분은 행정목적에 적합해야 하며, 이에 위반하는 처분은 행정심판이나 행정소송의 대상이 된다. 일제가 사정이나 재결 등의 행정처분을 일본과 달리 소송 대상에서 제외하였다. 식민지적 강제성을 관철시킨 것이다.
화리(禾利)	18·19세기 전북 전주, 삼례, 정읍 지방에서 성행하던 도지권의 일종으로 소작인의 특수부담이나 노자부담의 대가로 발생하였다. 이는 지주의 소유권에 대항할 수 있는 물권적 권리로 지주의 승낙 없이 임의로 그 권리를 매매할 수 있다.
환명(換名)	남의 이름을 자기 이름으로 하는 거짓 행위.
환퇴(還退)	판매한 토지, 가옥 등을 다시 무르는 행위.

비고: 더 자세한 사항은 연세대학교 국학연구원 편, 『한국토지용어사전』, 혜안, 2016 참조.

참고문헌

1. 자료

『토지등기부』(옥구군 서수면).

창원군과 김해군의 토지조사사업자료 (마산합포구청, 김해시청 소장).

『均役廳 事目』,『增補文獻備考』,『受敎輯要』,『日省錄』,『舊韓國官報』,『朝鮮總督府官報』.

『去案』,『局報』,『재무휘보』,『재무주보』,『대한자강회월보』,『東京經濟雜誌』.

『內藏院各牧場驛土各屯土各樣稅額捧稅官章程』(광무 4년 9월).

『完北隨錄』(上),『驛土所管文牒去案』,『內藏院章程綴』,『續大典』,『忠勳府謄錄』.

『前整理所指令諸案』,『壽進宮謄錄』,『財務彙報』,『結戶貨法細則』,『탁지부 공보』.

『各司謄錄(全羅道補遺編1)』,『鎭川郡事訟錄』,『結戶貨法細則』,『司法稟報』.

『전라북도 11군 公私里 산록 외인 잠매성책』, 1904.

『慶尙左道均田使量田私節目』,『調査局去來案』(奎17827).

『한성순보』,『황성신문』,『동아일보』,『매일신보』,『중외일보』.

고등법원 서기과편, 1916,『조선고등법원민사형사판결록』 3.

고등토지조사위원회, 1917,『경상남도 불복사건심사서류』.

＿＿＿＿＿＿＿＿＿＿, 1917,『경상남도 창원군 불복신립산건심사서류』(3책 중 2).

국회도서관 입법조사국, 1964,『舊韓末條約彙纂』上.

＿＿＿＿＿＿＿＿＿＿＿, 1964,『舊韓末條約彙纂』中.

＿＿＿＿＿＿＿＿＿＿＿, 1964,『舊韓末條約彙纂』下.

金正明 篇, 1964,『日韓外交資料集成』, 巖南堂書店.

吉倉凡農, 1904,『企業案內 實利之朝鮮』.

나주문화원, 2000,『나주궁 궁삼면 토지회수투쟁자료집』.

내각기록국,『法規類編』(아세아문화사 영인본).

대구재무감독국, 1908,『융희 2년 재무일반』.

대한민국국회도서관, 1972, 『한국근대법령자료집』.

서울대학교 도서관 편, 1991, 『詔勅 法律』.

神尾太治平, 1912, 『朝鮮不動産證明令義解』, 『大日本帝國議會誌』.

유길준전서 편찬위원회, 1971, 『兪吉濬全書』, 일조각.

이수건 편, 1983, 『慶尙道古文書集成』.

정약용, 『牧民心書』, 『經世遺表』.

朝陽社, 2019, 『朝陽報』 보고사.

島根縣, 1906, 『韓國實業調査復命書』.

한국법제연구원, 1994, 『대전회통연구(2)』.

한국역사연구회 중세2분과 법전연구반, 2009, 『신보수교집록』, 청년사.

동양척식주식회사, 1918, 『동척 10년사』.

_____, 1939, 『동양척식주식회사 삼십년지』.

東川德治, 1917, 『博士 梅謙次郎』.

藤井寬太郎, 1911, 『朝鮮土地談』.

법전조사국, 1908, 『부동산법조사보고요록』.

부동산법조사회, 1906, 『부동산법에 관한 조사』.

_____, 1906, 『조사사항설명서』.

_____, 1907, 『한국부동산에 관한 조사기록』.

_____, 1907, 『土地及建物ノ賣買贈與交換及典當ノ證明ニ關スル規則ト指令等要錄』.

_____, 1906, 『韓國不動産ニ關スル調査記錄』.

星野通, 1943, 『明治民法編纂史研究』.

神尾太治平, 1912, 『朝鮮不動産證明令義解』.

信夫淳平, 1901, 『韓半島』.

外事局, 1906, 『不動産法調査會案』.

越智唯七, 1917, 『新舊對照 朝鮮全道府郡面里洞名稱一覽』.

尹藤博文, 1889, 『憲法義解』.

日本農商務省, 1906, 『韓國農産調査報告』(京畿 忠淸 江原編).

臨時臺灣土地調査局, 1901, 『臺灣舊慣制度調査一斑』.

임시재산정리국, 1911, 『임시재산정리국 사무요강』.

朝鮮總督府 臨時土地調査局, 1916, 『土地調査例規』 3.

田中卯三, 1913, 『小作制度調査(慶尙南北道, 全羅南道)』, 중추원 조사자료.

조선고등법원, 『민사판결록』; 『조선고등법원민사형사판결록』.

조선총독부, 1918, 『朝鮮土地調査 殊地價設定ニ關スル說明書』.

조선총독부, 1918, 『地價課稅ニ關スル統計』.

조선총독부 내무부 지방국 편, 1912, 『不動産證明令關係法令竝例規』.

조선총독부 임시토지조사국(이진호 역주), 2001, 『삼각측량작업 결료보고』, 도서출판 우물.

조선총독부 임시토지조사국, 1916, 『창원군 분쟁지심사서류(취하)』.

_____, 『局報』, 국학자료원.

_____, 1916, 『창원군 분쟁지심사서류(인정)』.

_____, 1916, 『창원군 분쟁지심사조서』.

_____, 1917, 『測地課 業務顚末書』.

_____, 1916 『토지조사예규』 (1), (2), (3), (4), (5).

조선총독부 중추원, 1940, 『朝鮮田制考』.

_____, 1938, 『조선구관제도조사사업개요』.

조선총독부, 1920, 『高等土地調査委員會 事務報告書』.

_____, 1911, 『내무부장회동 자문사항답신서』.

_____, 1918, 『朝鮮土地調査 殊地價設定ニ關スル說明書』.

_____, 1918, 『조선토지조사사업보고서』.

_____, 1911, 『과세지견취도 조제경과보고』.

_____, 1913, 『관습조사보고서』.

_____, 1912, 『小作農民ニ關スル 調査』.

_____, 1930, 『小作ニ關スル 慣習調査書』.

_____, 1911, 『역둔토 실지조사 개요보고』.

_____, 1940, 『朝鮮法令輯覽』(上1)(下1).

_____, 1932, 『朝鮮ノ小作慣行(上)(下)』.

_____, 『朝鮮總督府施政年報(각 년판)』.

_____, 『조선총독부통계연보(각 년판)』.

_____, 1919, 『土地査定 不服申立事件 裁決關係』.

조선흥업주식회사, 1929, 『조선흥업주식회사 25년지』.

_____, 1936, 『조선흥업주식회사 30주년기념지』.

早川保次, 1921, 『朝鮮不動産登記ノ沿革』, 大成印刷出版部.

中山成太郞, 1903, 『民法物權』.

_____, 1907, 『韓國二於ケル土地二關スル權利一般』, 부동산법조사회 편.

中樞院, 1899, 『田案式』.

川上常郎, 1909, 『土地調査綱要』.

탁지부, 『토지조사참고서』 1, 2, 3, 4.

_____, 『한국재정정리보고』 제5회, 1907 하반기 (아세아문화사 영인본).

_____, 1910, 『한국재무경과보고』; 『한국토지조사계획서』.

탁지부 사세국, 1908, 『韓國ノ土地二關スル調査』.

_____, 1909, 『小作慣例調査』.

_____, 1909, 『소작관례조사』.

통감부, 『통감부통계연보』, (각 년판).

_____, 1908, 『한국시정연보』.

통감부지방부, 1909, 『土地證明二關スル諸法令及實例要錄』.

平木勘太郎, 1907, 『韓國不動産二關スル慣例 第二綴』.

_____, 1907, 『韓國土地所有權ノ沿革才論ス』.

한국부동산법조사회, 1907, 『土地建物ノ賣買贈與交換及典當ノ證明二關スル規則及指令等要錄』.

花島得二, 1942, 『小作權』.

和田一郞, 1920, 『朝鮮地稅土地制度調査報告書』, 朝鮮總督府.

荒井賢太郎, 1911, 『臨時財産整理局事務要綱』, 탁지부.

2. 연구 저서

김건태, 2018, 『대한제국의 양전』, 경인문화사.

_____, 2004, 『조선시대 양반가의 농업경영』, 역사비평사.

김양식, 2000, 『근대권력과 토지』, 해남.

김용덕, 1989, 『명치유신의 토지세제 개혁』, 일조각.

김용섭, 1988, 『한국근대농업사연구』(하)(증보판), 일조각.

_____, 1990, 『조선 후기 농업사연구』 2(증보판), 일조각.

_____, 1992, 『한국근현대농업사연구』, 일조각.

_____, 1995, 『조선 후기 농업사연구』 1(증보판), 지식산업사.

김추윤, 2009, 『측량사』, 바른길.

김홍식 외, 1990, 『대한제국의 토지제도』, 민음사.

_____, 1997, 『조선토지조사사업의 연구』, 민음사.

남영우, 2011, 『일제의 한반도 측량침략사—조선말 일제강점기』, 법문사.

박병호, 1972, 『전통적 법체계와 법의식』.

_____, 1974, 『한국법제사고』, 법문사.

박이준, 2007, 『한국근현대시기 토지탈환운동연구』, 선인.

배병일, 2021, 『일제하 토지조사사업에 관한 법적 연구』, 영남대학교 출판부.

배영순, 2002, 『한말 일제초기의 토지조사와 지세 개정』, 영남대학교 출판부.

신용하, 2019, 『조선토지조사사업 수탈성의 진실』, 나남.

_____, 1982, 『조선토지조사사업연구』, 지식산업사.

안병태, 1975, 『조선근대경제사연구』, 일본평론사.

양선아 엮음(이민우, 최원규, 염정섭, 정윤섭, 송찬섭), 2010, 『조선 후기 간척과 수리』, 민속원.

왕현종, 2017, 『대한제국의 토지조사와 토지법제』, 혜안.

왕현종, 이승일, 채관식, 2016, 『일제의 조선관습 조사 자료해제 1 - 부동산법조사회·법전조사국 관련 자료』, 혜안.

왕현종, 2003, 『한국근대국가의 형성과 갑오개혁』, 역사비평사.

유용태 엮음, 2014, 『동아시아의 농지개혁과 토지혁명』, 서울대학교 출판문화원.

이세영, 2018, 『조선시대 지주제 연구』, 혜안.

이영학, 한동민, 이순용, 김성국, 2019, 『일제의 조선관습 조사 자료해제 2—법전조사국 특별조사서·중추원 관련자료』, 혜안.

이영호, 2018, 『근대전환기 토지정책과 토지조사』, 서울대학교출판문화원.

_____, 2004, 『동학과 농민전쟁』, 혜안.

_____, 2001, 『한국 근대 지세제도와 농민운동』, 서울대학교출판문화원.

_____, 2017, 『개항도시 제물포』, 민속원.

이영훈, 1989, 『조선 후기 사회경제사』, 한길사.

이우연, 2010, 『한국의 산림 소유제도와 정책의 역사 1600-1987』, 일조각.

이원준, 2019, 『근대 중국의 토지소유권과 사회관행』, 학고방.

일제 조선관습 조사 토대기초연구팀, 2019, 『일제의 조선관습 조사 종합목록』, 혜안.

정연태, 2014, 『식민권력과 한국농업-일제 식민농정의 동역학』, 서울대학교출판문화원.

鍾鍾休, 1989, 『韓國民法典の比較法的 硏究』, 東京; 創文社.

정태헌, 1996, 『일제의 경제정책과 조선사회』, 역사비평사.

조상원 편, 1985, 『圖解法律用語辭典』.

조석곤, 2003, 『한국 근대 토지제도의 형성』, 해남.

최병택, 2009, 『일제하 조선임야조사사업과 산림 정책』, 푸른역사.

최원규, 2021, 『일제시기 한국의 일본인 사회―도시민·지주·일본인 농촌』, 혜안.

_____, 2019, 『한말 일제초기 국유지 조사와 토지조사사업』, 혜안.

최원규, 김경남, 류지아, 원재영, 2019, 『일제의 조선관습 조사 자료해제 3―조선총독부 중추원 관련자료』, 혜안.

하지연, 2010, 『일제하 식민지 지주제 연구』, 혜안.

한국사연구회, 2008, 『새로운 한국사 길잡이』(상), 지식산업사.

한국역사연구회 토지대장 연구반, 1995, 『대한제국의 토지조사사업』, 민음사.

_____, 2013, 『일제의 창원군 토지조사사업』, 선인.

_____, 2011, 『일제의 창원군 토지조사와 장부』, 선인.

허종호, 1966, 『이조 봉건말기 소작제의 연구』. (허종호, 1989, 『조선봉건말기 소작제연구』, 한마당).

허혜윤, 2018, 『민간계약문서로 본 중국의 토지거래관행』, 학고방.

홍성찬 외, 2006, 『일제하 만경강 유역의 사회사―수리조합, 지주제, 지역 정치』, 혜안.

황보상원, 2009, 『지적측량』, 보명.

金哲, 1965, 『韓國の人口と經濟』, 岩波書店.

甲斐道太郞 외, 강금실 옮김, 1984, 『소유권 사상의 역사』, 돌베개.

江丙坤, 1974, 『臺灣地租改正の研究—日本領有初期土地調査事業の本質』, 東京大學出版會.

宮嶋博史, 1991, 『朝鮮土地調査事業史の研究』, 東京大學 東洋文化研究所.

北條浩, 1997, 『地券制度と地租改正』 御茶の水書房.

石井寬治, 이병천·김윤자 옮김, 1984, 『日本經濟史』, 동녘.

小田美佐子, 2002, 『中國土地使用權と所有權』, 法律文化社.

水本浩, 유해웅 역, 1985, 『토지문제와 소유권』(개정판), 범륜사.

伊藤博文, 1889, 『憲法義解』, 岩波文庫.

林炳潤, 1971, 『植民地における商業的農業の展開』, 東京大學出版會.

趙岡 陳鐘毅, 윤정분 역, 1985, 『중국토지제도사』, 대광문화원.

中村政則, 1979, 『近代日本 地主制史研究』, 東京大學出版部.

淺田喬二, 1968, 『日本帝國主義と舊植民地地主制』, 御茶の水書房.

_____, 1989, 『增補 日本帝國主義と舊植民地地主制』, 龍溪書舍.

3. 연구논문
* 학위논문

강정원, 2014, 「일제의 산림법과 임야조사연구-경남지역 사례」, 부산대학교 박사학위 논문.

김소라, 2021, 「양안의 재해석을 통해 본 조선 후기 전세 정책의 특징」, 서울대학교 박사학위논문.

김익한, 『植民地 朝鮮における地方支配體制の構築過程と農村社會變動』, 東京大學 박사학위논문.

김재훈, 1983, 「한말 일제의 토지점탈에 관한 연구」, 한국정신문화연구원, 석사학위논문.

남기현, 2019, 「일제하 토지소유권의 원시취득 연구」, 성균관대학교 박사학위논문.

주진오, 1995, 「19세기 후반 개화개혁론의 구조와 전개」, 연세대학교 박사학위논문.

최은진, 2020, 「1930년대 조선농지령의 제정 과정과 시행결과」, 한양대학교 박사학위논문.

* 일반논문

김용섭, 1969, 「수탈을 위한 측량-토지조사」, 『한국현대사』 4, 신구문화사.

도진순, 1986, 「19세기 궁장토에서의 중답주와 항조」, 『한국사론』 13.

문명기, 2010. 2, 「계약 문서를 통해 본 청대 만주의 일전양주 관행의 형성과 변용」, 『역사문화연구』 35.

박준성, 1984, 「17, 18세기 궁방전의 확대와 소유형태의 변화」, 『한국사론』 11.

박진태, 1995, 「대한제국 초기의 국유지 조사」, 『대한제국의 토지조사사업』, 민음사.

_____, 1997, 「갑오개혁기 국유지 조사의 성격」, 『성대사림』 12·13.

_____, 1997, 「일제 통감부시기의 역둔토 실지조사」, 『대동문화연구』 32.

_____, 2002, 「통감부시기 황실재산의 국유화와 역둔토 정리」, 『사림』 18.

박찬승, 1983, 「한말 역토 둔토에서의 지주경영의 강화와 항조」, 『한국사론』 9.

_____, 1985, 「동학농민전쟁의 사회경제적 지향」, 『한국민족주의론』 3.

_____, 1997, 「1894년 농민전쟁의 주체와 농민군이 지향」, 『1894년 농민전쟁연구』 5.

배영순, 1982, 「일제하 역둔토불하와 그 귀결」, 『사회과학연구(영남대)』 2-2.

_____, 1987, 「조선토지조사사업에 있어서 김해군의 토지 신고와 소유권사정에 대한 실증적 검토」, 『인문연구』 8-2.

송규진, 1991, 「구한말 일제초(1904-1918) 일제의 미간지정책연구」, 『사총』 39.

신용하, 1967, 「이조말기의 도지권과 일제하의 영소작의 관계」, 『경제논총』 6-1.

윤대성, 「일제의 한국관습 조사사업과 민사관습법」, 『논문집(창원대)』 13-1.

이영학, 문명기 「일제하 대만과 조선의 '사업' 비교연구-두 사업의 계승성과 차이점을 중심으로」(미발표 원고).

이영학, 2007, 「한말 일제하 식민지주의 형성과 그 특질- 村井 진영농장을 중심으로」, 『지역과 역사』 21.

_____, 2011, 「1910년대 경상남도 김해군 국유지실측도와 과세지견취도 비교」, 『한국학연구』 24.

_____, 2013, 「1910년대 과세지견취도의 작성과 그 성격」, 『한국학연구』 29.

이영호, 1987, 「조선시기 토지소유관계 연구 현황」, 『한국중세사회 해체기의 제문제』(하), 근대사연구회, 한울.

_____, 2000, 「일제의 식민지 토지정책과 미간지 문제」, 『역사와 현실』 37.

_____, 2003, 「일본제국의 식민지 토지조사사업에 대한 비교사적 검토」, 『역사와 현실』 50.

_____, 2007, 「일제의 한국토지정책과 증명지권 등기로의 단계적 전환」, 『한국사연구』 142.

_____, 2007, 「창원군 토지조사사업에서 국유지 조사와 활용」, 『역사와 현실』 65.

_____, 2008, 「일제의 조선식민지 토지조사의 기원, 부평군 토지시험조사」, 『한국학연구』 18.

_____, 2009, 「조선 후기 간척지의 소유와 경영 - 경기도 안산 인천 석장둔 사례」, 『한국문화』 48.

_____, 2010, 「대한제국시기 국유지의 소유구조와 중답주」, 『대한제국의 토지제도와 근대』, 혜안.

_____, 2010, 「한말 일제초기 근대적 소유권의 확정과 국유 민유의 분기-경기도 안산 석장둔 사례」, 『역사와 현실』 77.

이영호, 2011, 「근대전환기 궁장토 소유권의 경상도 창원용동궁전답 영작궁둔 = 조200두형의 사례」, 『한국학연구』 24.

이영훈, 1993, 「토지조사사업의 수탈성 재검토」, 『역사비평』 22.

이윤상, 1996, 「제국주의 경제침탈」, 『한국역사입문 3 : 근대·현대편』, 풀빛.

정연태, 1988, 「1910년대 일제의 농업정책과 식민지 지주제」, 서울대학교 석사학위논문.

_____, 1999, 「'식민지근대화'논쟁의 비판과 신근대사론의 모색」, 『창작과 비평』 103.

정태헌, 1997, 「수탈론의 속류화 속에 사라진 식민지」, 『창작과 비평』 97.

조석곤, 「일제하 역둔토 불하에 관한 연구」, 『경제사학』 31.

_____, 1986, 「조선토지조사사업에 있어서 소유권 조사 과정에 관한 연구」, 『경제사학』 10.

_____, 1994, 「토지조사사업과 식민지 지주제」, 『한국사』 13, 한길사.

_____, 1997, 「수탈론과 근대화론을 넘어서」, 『창작과 비평』 96.

_____, 1997, 「토지조사사업에서의 분쟁지 처리」, 『조선토지조사사업의 연구』, 민음사.

최원규, 1985, 「한말·일제하의 농업경영에 관한 연구」, 『한국사연구회』 50·51.

_____, 1995, 「1900년대 일본인들의 토지침탈과 침탈기구」, 『부대사학』 19.

_____, 1995, 「대한제국기 양전과 관계발급사업」, 『대한제국의 토지조사사업』, 민음사.

_____, 1996, 「19세기 양전론의 추이와 성격」, 『중산 정덕기 박사 화갑기념 한국사학논총』, 경인문화사.

_____, 1996, 「대한제국과 일제의 토지권법 제정 과정과 그 지향」, 『동방학지』 94.

_____, 1997, 「한말 일제초기 일제의 토지권 인식과 그 정리방향」, 『한국근현대의 민족문제와 신국가건설』, 지식산업사.

_____, 2000, 「일제초기 조선부동산증명령의 시행과 역사성」, 『하현강 교수 정년 기념논총 한국사의 구조와 전개』, 혜안.

_____, 2003, 「일제 토지조사사업에서의 소유권 사정 과정과 재결」, 『한국근현대사연구』 25.

_____, 2007, 「일제의 토지조사사업에서 경남 창원지역의 토지소유권 분쟁」, 『지역과 역사』 21.

_____, 2009, 「일제초기 창원군 토지조사 과정과 토지신고서 분석」, 『지역과 역사』 24.

_____, 2011, 「일제초기 창원군 과세지견취도의 내용과 성격」, 『한국민족문화』 40.

_____, 2011, 「창원군 토지조사사업에서 소유권분쟁의 유형과 성격」, 『한국학연구』 24.

_____, 2014. 2, 「일제의 토지조사사업에서 국유지통지와 국·민유분쟁 - 창원군과 김해군 사례」, 『역사문화연구』 49.

_____, 2015, 「일제초기 조선부동산 등기제도의 시행과 그 성격」, 『한국민족문화』 56.

_____, 2016. 12, 「和田一郎의 조선토지제도론과 국·민유지 구분」, 『중앙사론』 44.

_____, 2017. 11, 「일제초기 고등토지조사위원회의 재결통계와 사례분석」, 『한국민족문화』 65.

홍성찬, 1990, 일제하 금융자본의 농기업지배」, 『동방학지』 65.

橋本健二, 2018, 「戰後日本の農民層の分解と農業構造の轉換」(www.yahoo.co.jp).

宮嶋博史, 1993, 「동아시아에서의 근대적 토지변혁 - 구일본제국의 지배영역을 중심으로」, 『경제사학』 17, 별책.

_____, 1983, 「토지조사사업의 역사적 전제조건의 형성」, 『한국근대경제사연구(사계절 편집부 역)』.

_____, 1984, 「朝鮮史硏究と所有論」, 『人文學報』 167.

權寧旭, 1965, 「朝鮮における日本帝國主義の植民的山林政策」, 『歷史學硏究』 2.

馬淵貞利, 1975, 「第1次 大戰期 朝鮮農業の特質と3.1運動」, 『朝鮮史硏究會論文集』 12.

四方博, 1976, 「朝鮮に於ける近代資本主義の成立過程 - その基礎的 考察」, 『朝鮮社會經濟史硏究』 上, 國書刊行會.

笹川裕史, 2001, 「中華民國時期の土地行政と日本」, 『近代中國と日本』 曾田三郎 編著 御茶の水書房.

奧平武彦, 1937, 「朝鮮ノ條約港ト居留地」, 『朝鮮社會法制史硏究』, 京城帝大法學會.

찾아보기

1필지 1문서주의 30
3·1운동 377, 381, 627
3심제도 246

ㄱ

가계제도(家契制度) 63~65, 599
가권 185
가대(家垈) 99
가도지(假賭地) 479
가사(家舍) 66, 84, 87, 90, 91, 114, 115, 118, 119, 595
가속(家屬) 147, 151, 176
가옥권 150
가와사키 만조(川崎萬藏) 154
가차압(假差押) 491
가쾌(家儈) 64, 66
간답주(間畓主) 226
간승(間繩) 299
간작(間作: 사이갈이) 341
감조론(減租論) 53, 54, 55, 58, 70, 107, 467, 469, 592
갑오승총(甲午陞摠) 18, 19, 70, 71, 74, 75, 106, 107, 239, 440, 446~448, 451, 455, 458, 459, 592, 594, 613, 614
강제수용 129

개간권(開墾權) 27, 48, 194~196, 219, 306, 324, 441, 467, 472, 523, 526, 535, 544, 565, 602
개간지 27, 35, 46, 49, 78, 188, 196, 200, 208, 209, 219, 233, 307, 324, 330, 333, 354, 410, 450, 467, 476, 486, 526~529, 535, 544, 559, 575, 593, 611, 613, 620, 625
개량농법 343, 345, 347, 363, 622
개량품종 343
개별 배타적 소유 122
개시장(開市場) 64
거간(居間) 126, 131, 160
거납 19, 78, 79, 448
거류지 65, 251, 412, 430
검견법(檢見法) 168, 664
결가(結價) 22, 273, 295, 297, 351, 353, 358, 362, 364, 367, 368, 370, 371, 378
결명(結名) 88, 106
결민(結民) 274, 276, 281, 288, 298
결복부(結卜簿) 456, 489
결부(結負) 50, 56, 57, 78, 86, 88, 95~98, 101, 115, 120, 235, 239, 250, 253, 302, 380, 386, 393
결부제(結簿制) 20, 26, 50, 57, 85, 92, 96, 97, 98, 100, 101, 253, 320, 595

결수연명부 조제의 건 275
결수연명부(結數連名簿) 22, 32, 105, 246, 266, 272, 275, 278, 281~284, 287~289, 291~293, 307, 311, 315, 316, 333, 353, 368, 410, 456, 489, 541
결수연명부를 조제하는 건에 관한 통첩 275
결수할(結數割) 299
결총(結總) 272, 281
결호(結戶) 56, 106
결호화법세칙(結戶貨法細則) 19, 71, 72, 437~439, 444
경매 430
경무법(頃畝法) 50, 57, 58, 92
경선궁 48, 197, 198, 203, 206, 207, 216~220, 484, 485, 487
경영권의 집중화 480
경영지주 44, 593, 598
경우궁 203, 215, 484
경자 양안 91, 95, 96, 102, 208
경작권 강화 466, 479
경저리 전성창 47, 210, 215, 484
경지정리 343
계권 66, 110, 146, 147, 149, 150, 176
계권법(契券法) 146
계권주(契券主) 66
계답(契畓) 452, 454, 455
계쟁지(係爭地) 398, 409, 424, 452, 475
고등토지조사위원회 245, 246, 264, 388, 396, 407, 415, 496, 497, 499, 501, 502, 505~507, 512, 525, 528, 537, 539~542, 545, 567, 568
고리대자본 128, 181

고복채(考卜債) 297, 299
고유(告諭) 292
공권(公權) 52
공동납세제 70
공세(公稅) 46, 442
공수위(公須位) 75, 76
공유(公有) 78, 195
공유지 23, 77, 132, 160, 198, 284, 476, 557, 559
공전 32, 57, 439
공전영수원(公錢領收員) 351, 604
공토 18~21, 23, 25, 28, 29, 35, 36, 45, 70~73, 75~81, 107, 110, 111, 117, 197~199, 209, 214, 218, 220, 227, 229, 239, 274, 324, 330, 421, 425, 428, 431, 435, 436, 439~441, 445~452, 456, 458, 468, 472, 481, 485, 490, 491, 527, 544, 593~596, 602, 604, 613, 616, 619, 620, 624, 626
공토강화책 445
공토정책 20, 28, 36, 70, 79~81, 189, 435, 457, 458, 467, 592, 594
공토주 19~21, 28, 71~73, 79, 107, 115, 189, 234, 239, 441, 445, 448, 450, 456, 458, 490, 594, 613
과세지견취도 246, 255, 288, 296~308, 312, 316, 456, 468, 510, 532, 533, 544, 545, 609
과세지견취도 작성 수속 302
과세지견취도 작성에 관한 건 299
관계 16, 20, 21, 30, 62, 90, 100, 115, 118~122, 147, 396, 421

관계 발급 21, 30, 88, 97, 98, 107, 108, 110, 114, 115, 117~119, 121
관료적 중답주 29
관리 처분권 105, 285
관립한성고등학교 401
관립한성외국어고등학교 401
관몰처분 298
관문서 30, 31, 120, 131, 321, 522, 607
관습물권 20, 28, 34, 35, 37, 47, 48, 76, 77, 111, 116, 117, 132, 171, 179, 209, 239, 259, 281, 296, 307, 324 333, 337, 425, 426, 428, 429, 431, 434~436, 441, 444~447, 451, 458, 459, 462, 466, 467, 472, 481, 482, 486, 492, 506, 510, 522, 560
관습법 27, 34, 63, 144, 230, 234, 268, 478, 483, 585, 617, 623
관은(官隱) 158, 275
광무사검(光武査檢) 18, 26, 75, 77, 78, 80, 106, 148, 220, 229, 236, 238, 239, 439
구고형(句股形) 92
구니에다 진사부로(國枝仁三郞) 537
구마모토 리헤이(熊本利平) 363, 364
구본신참(舊本新參) 55, 85, 594
구정양법사례병열도(丘井量法事例竝列圖) 55
구주(舊主) 102
구획도 85, 107
국가관리체제 87, 116
국유론자 26, 236, 450, 451, 454, 458
국유림 195, 624
국유미간지이용법 166, 182, 194, 201, 268, 326, 467, 510, 602
국유지 실지조사 80, 197, 198, 218, 222, 224~227, 229~231, 233, 234, 236, 239, 240, 281, 394, 398, 410, 431, 440, 445, 446, 449, 453, 454, 457~460, 462, 463, 468, 472, 488, 519, 521~525, 533, 541, 543, 544
국유지 창출론 24, 25
국유지도(國有地圖) 228, 231, 421, 435, 445, 457, 519, 603
국유지통지서 198, 228, 229, 231~233, 239, 316, 324, 329, 332, 410, 424, 435, 445, 457, 458, 462, 502, 507, 508, 509, 519, 520, 524, 526, 541
국조구전(國朝舊典) 85
군산농사조합 129
궁결(宮結) 443
궁내부 소관과 경선궁 소속의 부동산을 국유로 이속하는 건 220
궁둔 235, 236, 436, 450
궁방전 35, 70, 74, 132, 198, 204, 428, 434, 436, 467, 472, 478
궁삼면 27, 35, 47, 210, 214, 215, 217~219, 428, 460, 467, 484, 486, 487, 610, 611, 614,
궁장감관규칙 197
권리남용금지 44, 582, 584
권매(權賣) 49
권매(權買) 76
귀속농지 불하정책 44, 629
귀스타브 에밀 보아소나드 (Gustave Émile Boissonade) 555
규형(圭形) 92

균부균세(均賦均稅) 55, 70, 96
균분 53, 58
균전 35, 47, 137, 208, 210~215, 217, 218, 219, 429, 460, 467, 476, 487, 614, 615
균전 혁파운동 211
균전론(均田論) 54
균전양안(均田量案) 201, 211
균전장정(均田章程) 212
균전제 53
근대적 지세제도 38, 340
근대적 토지관리제도 178
금융공황 185
금주(今主) 102
급가매득지 437, 445
급무팔제의(急務八制議) 56
기(旣)증명토지 287, 290
기간자위주(起墾者爲主) 46
기경자위주(起耕者爲主) 27, 166, 194, 195, 208, 466, 472
기경전 109, 210, 487
기생지주제 554~558
기자 정전(箕子井田) 157, 158
기주(起主) 88, 91, 95, 102, 103, 108, 208, 458, 595
기해 양안 88, 96
김상정 474~476, 537~540
김성규(金星圭) 55, 58
김성윤(金晟允) 475, 476, 537, 538
김옥균(金玉均) 49
김창준 454
김해군 녹산면 녹산리 457
김해군 토지조사사업 25
깃기 272, 274, 275, 421

ㄴ

나주군 궁삼면 분쟁 214
나카니시 조이치(中西讓一) 212
나카야마 세이타로(中山成太郞) 154
낙주 90, 108
남형(欖形) 93
납가(納價)도장 198
내장원(內藏院) 18, 77~79, 199, 235, 236, 452, 453, 454, 456, 457, 590
노명(奴名) 103, 545
노복(奴僕) 276, 284
노전(蘆田) 84, 199, 276
농공은행조례 181
농무규칙(農務規則) 18, 46, 47, 86, 209, 211, 217, 219, 472, 592
농민적 토지소유 22, 26, 27, 35, 38, 44, 54, 267, 381, 467, 469, 470, 548, 549, 555, 569, 572, 593, 595, 629
농상공부 역답 사판규례 76
농업공황 356, 380, 626
농지개혁 486, 629
농촌 관행 57, 77, 100, 101, 120, 478, 578

ㄷ

다모작 341
다와라 마고이치(俵孫一) 260
단보(段步)당 지가 363, 374
단보당 순수익 374
담보물권 161, 180, 579
답주(畓主) 226
대 지위등급조사규정 340
대구재무감독 274, 452, 454, 456

대만 17, 30, 38, 140, 142, 174, 244, 245, 258, 261, 266, 385, 400, 401, 406, 564, 565, 567~575, 581
대면적주의 312, 505, 535
대삼각보점 385
대삼각점 385
대삼각측량 385
대전회통(大典會通) 273
대주(垈主) 84, 88
대한자강회 146, 183
대한전토 매매증권 118
대한전토지계 118
대한제국 전답관계 118, 119
덕의(德義)적 관계 155
데라우치 마사타케(寺內正毅) 260
도근측량 385, 660
도량형법 264
도마름(都舍音) 220
도매 31, 51, 87, 126, 143, 146, 149, 184, 265, 298, 320, 466, 502, 599
도서 지위등급 특별조사 387
도전(賭錢) 71, 76, 234, 236, 452
도장권 198
도조(賭租) 18, 19, 72~75, 78, 79, 211, 220, 235, 236, 440, 450, 454~456, 459, 488, 489, 490
도지(賭地) 79, 163, 211, 216, 441, 478~483, 485
도지권(賭地權) 24, 25, 27, 34, 45, 47, 48, 116, 117, 132, 134, 212, 217, 259, 425, 434, 435, 446, 457, 459, 467, 476, 478~483, 510, 571, 587
도지방토지조사위원회 660

도쿄제국대학 143, 154
도한정책 137
독일 민법전 268
동리계 392
동마름(洞舍音) 220
동유(洞有) 165, 521
동척 132, 216~219, 226, 306, 453, 460, 461, 462, 484, 485~487, 492, 493, 508, 512, 514, 517, 530~536, 542
동학 농민전쟁 55
두락제(斗落制) 30, 50, 57, 90, 98
두민(頭民) 131, 618

ㄹ

레이먼드 에드워드 레오 크럼(Raymond Edward Leo Krumm) 85
로마법 159, 556

ㅁ

마름 76, 78, 106, 224, 279, 330, 509
마산 이사청 537
마산재판소 538~540
마호(馬戶) 71
만기요람 436
만한경영론(滿韓經營論) 127
매도증서 영치증 489
매득지 72, 73, 188, 438, 475
매매명문 120, 121
매매문권 521, 522
매매문기 29, 30, 32, 63, 76, 100, 105, 115, 116, 118, 120, 121, 126, 132, 134, 148, 215, 265, 296, 421, 475, 476, 483, 484, 502, 503, 505, 540

찾아보기 673

맹골군도 49
메이지 헌법 143
면·동리유(面洞里有) 재산관리에 관한 건 336
면부출세지 74
면의 폐합 252
명례궁답 108
명목적 소유권 28, 196, 442, 522, 523, 536, 544
명의정정 승낙서 502, 525, 541
목포이사관 485
목포흥농협회 129
몰락 농민 44, 64, 561
무기 영대(永代) 478
무라이 기치베(村井吉兵衛) 474
무명(無名) 30, 597, 618
무신고 195, 332, 409, 427, 460, 602
무주(無主) 진전 46, 86, 101, 109, 110, 208, 442
무주전이급타인(無主田移給他人) 472
무토(無土)면세 436, 439
물권 19, 20, 24, 28, 33, 35, 53, 58, 70, 80, 107, 132, 134, 148, 174, 180, 212, 218, 239, 267, 268, 354, 410, 434, 444, 446, 451, 457, 478, 482, 553, 555, 556, 579, 585, 587, 588, 593, 607, 611, 618, 625
물권적 경작권 24, 25, 29, 35, 38, 45, 48, 49, 80, 212, 217~219, 222, 234, 307, 434, 436, 442, 456, 467, 469, 470, 477, 481, 485, 489, 490, 523, 549, 603, 611, 612
미(未)증명토지 287, 291, 292
미(眉)형 92, 666

미야자키 게이타로(宮岐佳太郎) 137, 212
민결 절수지 78
민결면세(民結免稅) 436
민결면세지 437, 441, 443
민답주(民畓主) 226
민법전 145, 268, 555, 581
민사관습(民事慣習) 154
민산계권(民産契券) 146
민은(民隱) 275, 280
민적부(民籍簿) 279, 284~286

ㅂ

박영효(朴泳孝) 49
반일운동 142
반환형(半環形) 93
방경지(放耕地) 393
방수(房首) 131
방전조례(方田條例) 55
방축 84
방형(方形) 92
배미 87, 88, 96, 100, 665
배타적소유권 20~22, 24~28, 32, 33, 37, 38, 44, 49, 51, 72, 79, 75, 80, 104, 111, 117, 121, 132, 164, 176, 195, 196, 200, 206, 217, 220, 222, 226, 230, 233, 234, 239, 268, 273, 280, 281, 289, 295, 296, 337, 358, 411, 413, 425, 431, 434, 436, 439, 441, 449~451, 455, 459, 468, 476, 485, 487, 491, 492, 506, 529, 548, 564, 569, 571, 573
법인 24~26, 30, 33, 35, 51, 60, 84, 104, 117, 121, 134, 165, 166, 191, 238, 268, 269, 284~286, 333~335, 337,

468, 474, 605, 608, 624
별명(別名) 276, 284
병경(竝耕) 45, 479, 480
병작(竝作) 45, 163
병작반수 72, 441, 442
보(洑) 207, 346
보수(步數) 299, 319
부농경영 28, 169, 171
부대사업 388, 389, 393, 394, 396
부동산 등기제도 67
부동산권 관리체제 66, 121
부동산권소관법 29, 81, 145, 147, 150, 174, 179, 600
부동산담보금융제도 553
부동산등기부 553, 572
부동산매매시 증명서 발급건 146
부동산법조사회 143, 144, 154, 155, 175, 185, 199, 601
부등형(不等形) 93
부산항 조계조약 60, 655
부재지주 323, 324, 330, 331, 467, 472, 581, 588
부평군의 시범조사 261
분쟁지 심사위원회 424
분쟁지조사 384
불복신립신청서 505
불복신청 37, 155, 238, 245, 320, 330, 388, 400, 407, 410, 411, 415, 474, 475, 496~543, 568, 606, 620
불이흥업 529
비지(飛地) 251, 253

ㅅ

사검위원 78, 211
사계답(私契畓) 78
사권(私權) 156, 166, 269, 279
사답주(私畓主) 226
사도지(私賭地) 168, 479
사문서 116, 321, 522
사법재판소의 판결 411, 415
사복둔(司僕屯) 분쟁 457
사세국(司稅局) 164, 203, 275
사식자(私食者) 229
사실조사주의 177, 186, 288, 291
사유림 195
사유재산권 52
사정 공시 264~266, 388, 410, 414, 415, 420, 508, 531, 533
사정명의인 415, 475, 499, 502, 509, 514, 515, 520, 523~525, 528, 541
사정원부 417
사직대규전(四直帶圭田) 93
사토 18~21, 29, 35, 36, 71~73, 75, 76, 78, 79, 107, 110, 111, 117, 199, 200, 206, 207, 209, 218, 220, 239, 274, 398, 435, 437~439, 443, 446~449, 452, 453, 455, 456, 473, 490, 593~596, 602, 613~615
사패(賜牌) 440
사표(四標) 22, 87, 88, 92, 95, 96, 98, 115, 120, 225, 228, 299, 308, 320, 386, 476, 504, 510, 534, 540
산림 이용권 195
삼각측량 385, 400
삼각형 92

삼광형(三廣形) 93
삼림·산야와 미간지 국유·사유 구분 표준 294, 326
삼림법 194, 195, 201, 207, 268, 321, 326~328, 510, 602
삼정 문란 44
삼직대삼각규전(三直帶三角圭田) 93
상속 34, 61, 104, 198, 212, 229, 333, 408, 409, 442, 444, 471, 486, 506, 537, 579~581, 586, 587, 625
상정(常定) 소작인제 58
서민지주 44, 593, 598
서원(書員) 107, 127, 269, 272~274, 335, 604, 605
선(線) 22, 308, 504, 510
선매권 160
선의의 무과실 471
선의의 제3자 455, 618
선점취득(先占取得) 166
세부측도실시규정 325
세역전(歲易田) 86, 109
소매도지(小賣賭地) 479
소삼각점 385
소삼각측량 385
소유권 보호제도 156
소유권 불복률 503
소유권 절대성의 원칙 628
소유권 취득의 시효 471
소유권반환운동 454
소유권보존등기 또는 증명 558
소유권의 신성불가침 선언 159
소유권의 총괄적 지배권 236, 440, 450
소작권 매매 236, 440, 450

소작농민 26, 379, 562, 628
속강(續降) 86
속공(屬公) 20, 29, 117, 118, 121, 272, 274, 613
속인주의 272, 273, 275, 335, 608
속전(續田) 85, 110, 199, 276, 393
속지주의 272, 273, 275, 335
손해배상제도 148
수도지(水賭地) 479
수리조합 269, 343, 345~347, 378, 402, 626
수조액의 수준 19, 74, 75, 239, 438, 444, 594
수진궁 203, 234, 236, 443
승계적 취득 159
시가지(市街地) 167, 246, 270, 317~319, 331, 340, 347, 349, 364, 384, 387, 389, 390, 395, 406, 428, 430, 503, 507, 511~513, 517
시가지세령 251, 390
시기결(時起結) 109
시기전(時起田) 86
시민권 16, 29, 53
시민혁명 558
시부사와 에이치(澁澤榮一) 130
시오다 요스케(鹽田與助) 170
시작(時作) 20, 21, 55, 57, 78, 84, 88, 102, 106~108, 111, 118, 121, 122, 239, 281, 594~598
시주(時主) 20, 21, 23, 55, 84, 87, 88, 90, 99, 102~108, 111, 115~118, 120~122, 239, 281, 284, 445, 594~598
식민지 지주제 44, 140, 174, 191, 240,

350, 358, 381, 486, 491, 562, 600, 601, 623, 624, 626, 628, 629
식민지근대화론 24, 25, 33
신간입지(新墾立旨) 51
신고율 408, 410
신고제 25, 31, 195, 207, 221, 225, 281, 470, 602, 603, 607, 616
신고주의 195, 226, 274, 278, 321, 409, 568, 624
신구참작(新舊參酌) 150
신국가 건설 44
신기간(新起墾) 278
신체제 246, 610
실답주(實畓主) 226
실질적 소유권 28, 324, 523
심의승(沈宜昇) 134

ㅇ

아이자와 죠산(相澤長三) 134
안산군 석장둔 444
야마구치 게이이치(山口慶一) 154
야마나시 한조(山梨半造) 135
양명(量名) 103, 284, 285, 597
양무감리 58, 85
양무위원 85, 103
양반지주 44, 45, 49, 598
양안 외 무주 가경처(加耕處) 442
양안(量案) 21, 23, 32, 50, 55, 56, 76, 80, 84~111, 114, 116, 117, 119~121, 158, 194, 195, 207, 208, 228, 234, 236, 239, 249, 272, 274, 276, 277, 284~286, 296, 308, 311, 337, 362, 367, 368, 370, 386, 421, 424, 442, 449, 454, 458, 460, 491,

521, 545, 595~598
양입(量入) 262, 340, 440, 508, 533, 534
양전(量田)·관계(官契)사업 17, 18, 80, 44, 55, 58, 63, 67, 80, 81, 103, 121, 122, 142, 147, 148, 174, 191, 194, 239, 467, 592, 595, 596, 598~600
양전비고(量田備攷) 55
양전사목 102
양전척 실적 88, 95, 98, 100, 101, 109, 386, 595
양전척(量田尺) 88, 92
양제대람감제답(兩梯臺欖減梯畓) 93
양제대직답(兩梯帶直畓) 93
양지아문 21, 80, 84, 86~88, 91, 92, 95~100, 104, 106~111, 115, 595
양지아문 시행조례 29, 103, 277
양직대제전(兩直臺梯田) 93
양향둔 235, 236, 449, 480
어린도(魚鱗圖) 56, 421
어의궁 203, 542~545
에토 신페이(江藤新平) 555
역가(役價)도장 198
역둔토 23, 26, 27, 35, 70, 75~78, 80, 197, 198, 201, 204, 207~209, 220~222, 224, 237, 239, 262, 386, 388, 394, 398, 421, 439, 445, 457, 467, 519, 523, 543
역둔토 불하 394, 627
역둔토 이외의 국유 전답의 관리에 관한 규정 207
역둔토 지주경영 394
역둔토관리규정 206, 208, 221, 225, 509
역둔토분필(分筆)조사 393, 394
역둔토소작료 징수규정 222

연락도(連絡圖) 301
열·좌 88, 96, 99, 100
열람 149, 286, 301, 302, 411
염전 84, 199, 343
영구 사용 수익권 128
영년금양(永年禁養) 326
영도법(永賭法) 168
영매입지(永買立旨) 51
영민(領民) 157
영세(永稅) 479
영세지정(永稅指定) 441, 442
영소작권 132, 161, 168, 170, 481~483, 559, 572, 586, 588, 618, 624
영속 소작인제도 133
영작궁전(永作宮田) 436
영조(永組) 61, 65
영토주권 156
예도지(豫賭地) 169
오이시 고우키(尾石剛毅) 128, 218, 306, 451, 461, 529
오이케 츄스케(大池忠助) 212, 529
오쿠라 기하치로(大倉喜八郞) 142, 244, 258, 400, 401, 564, 623
오키나와 142, 244, 258, 400, 401, 564, 623
오형근(吳衡根) 470~472
와다 이치로(和田一郞) 26, 230, 424, 439, 608, 612
왕세(王稅) 442
왕토사상(王土思想) 54, 121, 268
외국인의 토지소유금지법 65, 84, 118, 137, 174, 599
외업(外業) 사무 처리규정 231

용동궁 203, 234, 236, 443, 444, 449, 450
용익물권(用益物權) 150, 161, 579, 581
우각형(牛角形) 93
우메 겐지로(梅謙次郞) 143
원결(原結) 86, 436, 437
원도(原圖) 300, 306~308, 317, 386, 395, 417~419, 421, 506
원도지(原賭地) 479
원산진 개항 예약 60
원시도지(原始賭地) 483
원시취득(原始取得) 34, 117, 196, 230, 413, 416, 498, 597, 606, 629
원정(元定) 45
원형 92, 666
위로금 증서[淚金證書] 490
위조문권 146, 320
유기소작(有期小作) 168
유길준(俞吉濬) 20, 50, 51, 53, 467, 592
유성준 134, 216, 485
유주지 101, 308, 570, 602
유지(溜池) 345, 346
유진억 55
유질(流質) 489, 665
유질(流質)제도 180
유질계약(流質契約) 128, 137, 180, 601
유토(有土)면세 436, 438
유흥세(柳興世) 203, 204
윤경지 392, 393
윤회이정 439
은·누결(隱漏結) 24, 110, 279, 621
은결(隱結) 78, 200, 272, 274~276, 278, 281, 300, 351, 353, 609

은토(隱土) 76, 205, 207, 224~226, 232, 233, 298, 522
을미사판(乙未査辦) 18, 75, 452, 594
의뢰외국치손 국체자 처단예 개정건(依賴外國致損國體者 處斷例 改正件) 599
의병전쟁 182, 227
이동지조사부 420, 421
이민보호법 62
이시쿠레 노리미쓰(石榑乘光) 307, 473, 474
이용익 455
이은(吏隱) 275
이의신청제도 301
이토 히로부미(伊藤博文) 142, 557
인천항 일본 조계조약 60
인허가권 128, 599
인호(人戶) 56
일가이산(一家異産) 29, 104, 111, 596
일경(日耕) 78, 88, 100, 101, 120, 595
일본민법 21, 23, 28, 32~35, 37, 60, 131, 132, 134, 142, 149, 163~166, 168~171, 174, 176, 179, 180, 191, 196, 200, 206, 258, 267~269, 320, 330, 333~335, 337, 444, 446, 451, 468, 470, 472, 474, 477, 478, 481, 482, 557, 569
일본민법 적용론 154
일본의 지조율 373
일사칠궁(一司七宮) 197, 198
일지일주(一地一主) 21, 111, 259, 268, 414, 548, 549, 553, 554, 558, 564, 569, 571, 572, 584, 585, 604, 623, 628
일토삼세(一土三稅) 19, 72, 239, 448, 594
일토양세(一土兩稅) 19, 72, 74, 78, 79, 236~240, 448, 594, 612
일필지(一筆地) 조사 247, 249, 341, 384, 391, 392, 401
일필지측량 247, 317, 341, 385, 386, 510
임대차보호법 44
임시은사금 269
임시재산정리국 164, 169, 196, 198, 204, 206, 207, 216, 401, 485, 487, 543, 545
임시제실유급 국유재산조사국 75, 80, 196, 197, 204, 208, 213, 216, 215, 221, 229, 239, 274, 429, 439, 453, 485, 543, 614
임조권(賃租權) 81, 148, 149, 151, 600
임차권 20, 22, 25, 28, 45, 60, 80, 81, 134, 163, 171, 206, 222, 227, 240, 259, 267, 268, 288, 351, 355, 358, 426, 435, 436, 446, 451, 458, 472, 477, 478, 490, 549, 555, 556, 561, 587, 588
입안(立案) 23, 28, 36, 46, 57, 184, 196, 442, 499, 523, 602
입안권(立案權) 27, 194, 196, 201, 206, 208, 219, 441, 472, 523, 535, 593
입회권 161, 624
잉진전(仍陳田) 210

ㅈ

자강주의 146
자급자족적 경제체제 250

자립적 지방 재정체계 380
자여역 451, 452, 487
자연권 사상 558
자연인 104, 108, 166, 269, 285, 333, 337, 596, 605
자유도한(自由渡韓) 62
작(作)도장 198
작부(作伕)체계 272
작부성책(作伕成冊) 274
작인 출척권(黜陟權) 197
작인납세제 18, 19, 22, 28, 47, 40, 49, 80, 81, 106, 220, 222, 272, 278, 280, 283, 311, 467, 468, 604, 608
잠매자 처벌법 66, 87
잠상(蠶桑)규칙 46
잠조(暫租) 61
장광척 88, 95, 97, 98
장지연(張志淵) 146
재결(災結) 210, 239, 346, 361, 365, 351, 353, 387, 388, 407, 413~416, 476, 496~502, 504~509, 511~528, 532~537, 540~542, 545, 568, 569, 606, 619~621
재래농법 343~345, 363, 380
재무감독국 238, 452, 456, 604
재심 246, 264, 388, 407, 414, 496~498, 536, 568, 569
재정독립계획 367
저당권 161, 179, 556, 572
저당토지차입증서 131
저전(楮田) 84, 198
전가(轉嫁) 107
전결(田結) 56, 440, 443, 444

전답 지위등급조사규정 340
전답매매문권 116
전답매토증권 114
전당(典當) 29, 36, 49, 51, 65, 66, 121, 126~129, 144, 149, 150, 164, 179, 180, 184~186, 221, 298, 377, 442, 452, 456, 488, 489, 566, 579
전당권 49, 161, 164, 177, 179, 182, 314, 315, 412, 456, 478, 489, 490, 498, 599
전당포 규칙 66, 127, 179, 599, 656
전도지(轉賭地) 478, 479
전부(佃夫) 273
전안(田案) 56, 57
전제망언(田制妄言) 55, 56
전지문권 도식 51
전통도(田統圖) 50
전품 85, 86, 109
절대면적 88, 90, 96, 100, 101, 109, 120, 250, 308, 364, 385, 386, 664
절대면적제 20, 55, 58, 91, 92, 97~99, 595
절수(折受) 28, 196, 204, 236, 237, 440, 442, 444
절수사여지(折受賜與地) 72, 73, 76, 79, 206, 434, 437~439, 441, 443, 445, 446, 448, 450, 457, 459-, 460, 462, 522, 523, 526, 532, 544, 545, 602, 604, 612, 616
점유권 32, 106, 157, 455, 526, 527, 529, 538, 571
정·단·평(町·段·坪)제 250
정서 양안 93, 106

정액 도전(賭錢) 76
정액소작료 163
정액지대 49, 79, 164, 478, 491, 579
정작인 정도조(定作人 定賭租) 28
정전(正田) 85, 157, 158
정전구일제(井田九一制) 157
정전론(井田論) 54, 592
정전정답 86, 109
정전제 53
정평제 385
제1종 유토 19, 72, 437, 438
제2종 유토 19, 72, 437~439, 444
제3자 대항권 61, 118, 126, 149, 163, 177, 190, 268, 287, 292, 296, 478, 553, 557, 561, 601
제감제전(梯減梯田) 93
제실림(帝室林) 195
제실유(帝室有) 160, 197~206, 208, 216~219, 229, 447, 460, 485, 487, 602, 603, 614
제언 84, 527, 528, 619
제형(梯形) 92
조계공사 61
조미수호통상조약 61
조사사항설명서 199
조선민법 제정론 154
조선민사령 34, 267, 269, 334, 477, 478, 481
조선부동산증명령 190, 266, 605
조선의 특수한 관습 477
조선지지자료 396
조선흥업 133, 134, 524
조양사(朝陽社) 134

조영수호통상조약 61, 598
조일수호조규 60
종가형 지주 27, 49
종중 소유 166
죽전(竹田) 84, 198, 199
준비조사 314, 317, 318, 384, 391, 395, 401, 661
중답주(中畓主) 27, 29, 35, 45, 47, 76, 77, 79, 116, 132, 134, 209, 211, 212, 214, 215, 219, 221, 222, 226, 227, 410, 425, 434~436, 438, 442, 446, 448, 449, 451, 456, 457~459, 462, 467, 478, 485~487, 489, 490, 510, 571, 593, 594, 603, 613, 615
중도지(中賭地) 226, 429, 664
중추원 183
중층적 권리관계 330, 333, 441, 598, 617
중층적 토지소유관계 73, 564
증담보(增擔保) 180
증명령 31, 190, 191, 266, 286~289, 294, 296, 297, 299, 605
증명령 제15조 287, 292, 293
증명제도 31, 37, 146, 147, 149, 195, 174, 176, 178, 181~183, 185, 186, 190, 191, 194, 266, 288, 296, 412, 597, 623
지가(地價) 16, 22, 157, 187, 348, 350, 356, 359, 361~364, 371~380, 387, 390, 419, 490, 552, 553, 570, 615, 623,
지가산출규정 347, 348
지가산출에 관한 건 347

지계(地契) 55, 114, 115, 502
지계감독 115
지계아문 21, 62, 80, 87~90, 97~101, 107~111, 114~117, 120~122, 595, 596
지계제도 147, 246, 265, 560
지권(地券) 50, 51, 70, 142~144, 147, 246, 258, 259, 265, 421, 482, 552~554, 557, 558, 561, 569, 571, 592, 600, 625
지세 문제 37, 110
지세금납화 353
지세명기장 420
지세율 38, 356, 358, 359, 364, 366, 367, 373, 376~379, 568, 621, 622
지세제도 26, 38, 51, 258, 272, 273, 340, 350, 351, 363, 376, 548
지소 318, 347, 397, 517, 527~529, 543, 568
지심인(指審人) 87, 108
지압(地押)조사 226, 278
지적도 16, 50, 91, 256, 297, 299, 308, 316, 385~388, 393~395, 400, 406, 407, 416~419, 430, 548
지적사무조사에 관한 건 395
지조 개정 반대투쟁 552
지조 개정조례 552
지조(地租)개정 17, 50, 51, 258, 324, 348, 349, 400, 552, 553, 556, 558, 560~562, 564, 568, 570, 572, 624
지주권 34, 35, 37, 77, 148, 163, 169, 170, 482, 483, 561, 625
지주납세제 22, 24, 157, 220, 222, 272, 273, 275, 278, 280, 281, 283, 288, 290, 291, 295, 296, 298, 303, 311, 353, 379~381, 608, 624
지주적 토지소유 22, 26~28, 44, 54, 58, 425, 466, 467, 469, 548, 555, 556, 558, 561, 593, 595, 623, 624, 629
지주총대 131, 261, 265, 297, 315, 316, 318, 319, 326, 328, 502, 510, 520, 523, 524, 526
지주총대 보수금 지급 규정 319
지주총대심득 319
지지자료 조사 394
지지자료 조사위원회 396
지형도 16, 246, 388, 395, 400, 401
지형지모 16, 97, 100, 258
직형(直形) 92, 98, 99
진락성책(陳落成冊) 88
진주(陳主) 88, 90, 102, 108, 208
질권 128, 161, 164, 179, 354, 572, 585
집단 거래방식 131
징세권 70~72, 235, 236, 612
징조권(徵租權) 439, 441, 443

ㅊ

차가인(借家人) 509
차경지(借耕地) 53
차명(借名) 30, 67, 116, 117, 122, 596, 608
찰방청 452
창둔 49, 75, 218, 219, 448, 451~457, 460, 487~192, 614~616, 619
창원군의 용동궁둔 444
채권 21, 22, 35, 36, 164, 180, 268, 314, 333, 431, 456, 478, 481, 556, 566, 607, 618, 624

채권적 차지권 161, 163
처변 재산 104
처분권 24, 105, 158, 164, 180, 197, 285, 446, 478, 548, 561, 562, 601, 613, 625
천매(擅買) 76
천반(川反) 76
초생지(草生地) 194, 277, 530
총리영둔 235, 236
총액제적 조세체계 27
최혜국대우 61, 598
추수기 489, 490
출세결(出稅結) 303
출자지인증원 533
취하 414, 425, 462, 499~501
측량장애물 제거권 264
칠림(漆林) 84

ㅌ

타원형 92
타작법(打作法) 168
탁지부 소관 국유지 실지조사 198, 222, 224, 462
탈경 이작 금지 28, 81
토기점(土器店) 84
토지 건물의 매매 교환 양여 전당에 관한 법률 29, 150
토지 투기열 140
토지가옥소유권증명규칙 31, 181, 182, 325, 601
토지가옥전당집행규칙 31, 179, 601
토지가옥증명규칙 31, 130, 151, 163, 174, 175, 187, 325, 485, 597, 600

토지개혁 17, 38, 53, 55, 548, 549, 585, 587, 589, 625
토지개혁론 44, 45, 592
토지공부(公簿) 27, 286, 289, 312
토지관습 16, 23, 154, 164, 165, 199, 258, 567, 604
토지대장 418, 419
토지대장집계부 419
토지매도증 128
토지매매 열기 191
토지반환청원운동 454, 488
토지방매증 131
토지사정불복신립서 533
토지소관법 기초위원회 147
토지소유권 사정명의정정승락서 533
토지소유권의 절대성 44, 562
토지소유권확보운동 212
토지수용령 129, 160, 270, 628
토지신고서 22, 32, 232, 246, 272, 281, 286, 288, 291, 295, 296, 304, 305, 307, 310~318, 320, 321, 324, 328, 330~334, 336, 351, 353, 356, 368, 369, 384, 410, 412, 416, 424, 458, 460, 502, 507, 508, 510, 519, 524, 529~534, 541, 542, 567
토지신고심득 281, 286, 291, 310, 312, 313, 318, 330, 334, 609
토지신고제 25, 31, 506
토지저당차용증서 131
토지전당계약서 489
토지조사령에 의하여 사정 또는 재결을 거친 토지의 등기 또는 증명에 관한 건 413

토지조사령에 의한 사정 413
토지허급증서 489
토지환수운동 130
통수 147, 177, 184, 601
통지 없는 국유지 325, 328, 329, 332, 427, 429, 430
통호(統戶)규칙 46
퇴전(退典) 67
투매 31, 54, 126, 143, 176, 265, 599
투탁도장(投托導掌) 198
투탁지(投託地) 72, 197, 198, 206, 219, 230, 431, 447, 451, 532, 545, 614
특별소작관례 35
특종소작 35

ㅍ

판적봉환(版籍奉還) 554
평균지가 350, 361
폐번치현(廢藩置縣) 554
폐정개혁안 55
포둔(砲屯) 522
표준지 선정 341
표항 261, 263, 265, 300, 310, 315, 320, 321, 473, 605
프랑스 548, 555, 557, 558
프랑스민법 555, 556
프랑스의 인권선언 558

ㅎ

하자마 후사타로(迫間房太郎) 128
학원 85
한광지 17, 110, 204, 235, 236, 450, 592

한국 시정 개선에 관한 협의회 142,
한국에서 토지에 관한 권리일반 156
한국흥업 126, 130~134, 139, 479, 491
한일협약 182, 202, 601
한전론(限田論) 54, 592
항정(恒定) 소작료제 58
해군성 305
해남 윤씨 49
행심(行審) 454
행위의 불법성 531
행정구역 개편 251, 336
행정처분 34, 135, 196, 206, 233, 406, 414, 416, 463, 486, 562, 568
행정편의주의 255, 335
향장(鄕長) 145
형법대전 146, 185
호명(戶名) 20, 30, 32, 91, 103~105, 107, 111, 120, 122, 284~286, 311, 324, 337, 468, 596~598, 608, 618
호명의 실명화 324, 597, 617
호소카와 모리타쓰(細川護立) 364
호수할(戶數割) 299
호시(弧矢)형 92
호적제도 117
호주 29, 90, 104, 105, 111, 147, 149, 151, 176, 255, 285, 337, 596, 597, 601, 618,
호주 허가 규정 151
혼탈입지(混奪入地) 72, 198, 206, 207, 230, 431, 447, 451, 532
화리(禾利) 36, 168, 170, 171, 479, 481
화속전(火續田) 86
화전 84, 235, 276, 277, 325, 392, 393

환간(還墾) 76, 78
환명(換名) 30, 116, 117, 122, 276, 284
환원율 347, 348, 350, 623
환퇴(還退) 49, 66, 198
활빈당 54
황주농장 134, 611
후지야마(藤山) 135
후쿠다 소베(福田增兵衛) 135
훈련도감 235, 236
훈선법(畢渲法) 396
히라키 간타로(平木勘太郎) 154

동북아역사재단 일제침탈사 연구총서 17

한말 일제 초기 토지조사와 소유권 분쟁

초판 1쇄 인쇄　2022년 12월 10일
초판 1쇄 발행　2022년 12월 20일

지은이　최원규
펴낸이　이영호
펴낸곳　동북아역사재단

등　록　제312-2004-050호(2004년 10월 18일)
주　소　서울시 서대문구 통일로 81 NH농협생명빌딩
전　화　02-2012-6065
팩　스　02-2012-6186
홈페이지　www.nahf.or.kr
제작·인쇄　니케북스

ISBN　978-89-6187-759-6 94910
　　　　　978-89-6187-669-8 (세트)

- 이 책은 저작권법에 의해 보호를 받는 저작물이므로 어떤 형태나 어떤 방법으로도 무단전재와 무단복제를 금합니다.
- 책값은 뒤표지에 있습니다. 잘못된 책은 바꾸어 드립니다.